„Unter dem Volke und mit dem Volke gelebt . . .“

Adam Zeiß.

Zum Umschlagbild:
Das Dokument zeigt einen Pastoralbericht aus dem Jahre 1857, den Pastor Adam Zeiß aus Silixen verfaßt hatte. Sein Bericht beginnt mit den Worten: „Mit dem innigsten Dankgefühl gegen Gott, der mich auch das 40ste Jahr meiner Amtsthätigkeit in der Silixer Gemeinde, wie das 57ste meiner ganzen Dienstzeit als Lehrer und Prediger hat glücklich zurücklegen lassen, ergreife ich die Feder, um Hochfürstlichem Consistorio über den Zustand meiner Gemeinde in Beziehung auf das vorige Jahr gehorsamst zu berichten“ [...].
Adam Zeiß, Stammvater einer lippischen Pfarrerdynastie und eine der markantesten Persönlichkeiten unter den lippischen Theologen des 19. Jahrhunderts, amtierte von 1817-1870 als Pastor in Silixen und von 1834-1857 zugleich als Superintendent der Klasse Varenholz.

„Unter dem Volke und mit dem Volke gelebt …“

Die vertraulichen Berichte der Pfarrer an das Fürstlich Lippische Konsistorium 1840 — 1880

Herausgegeben im Auftrage der Lippischen Landeskirche
von Volker Wehrmann

Detmold 1988

Für die freundliche Gewährung von Druckkostenzuschüssen ist die Lippische Landeskirche dem Ecclesia-Versicherungsdienst in Detmold, dem Landesverband Lippe in Lemgo, dem Landschaftsverband Westfalen-Lippe in Münster, der Lippischen Landes-Brandversicherungsanstalt in Detmold und der Sparkasse Detmold zu Dank verpflichtet.

Gesamtherstellung: Druck+Verlag Topp+Möller, Detmold
Erschienen im Verlag Topp+Möller, Detmold
ISBN-Nr.: 3-9801798-1-8

Vorwort

Im 5. Buch Mose findet sich eine Mahnung, die von geradezu bestürzender Aktualität ist: „Wenn du nun gegessen hast und satt bist und schöne Häuser erbaust und darin wohnst und dein Silber und Gold und alles, was du hast, sich mehrt, dann hüte dich, daß dein Herz sich nicht überhebt und du den Herrn, deinen Gott, vergißt, der dich aus der Knechtschaft geführt hat . . ." (5. Mos. 8,12-14). Vergeßlichkeit kann lebensgefährlich sein. An Vergangenes zu gedenken, kann dazu helfen, daß wir Gegenwart und Zukunft verantwortlich gestalten.

Die verdienstvolle Arbeit von Volker Wehrmann trägt dazu bei, der Vergeßlichkeit zu wehren. Die anschaulichen Berichte aus dem vorigen Jahrhundert nehmen den Leser mit hinein in eine Lebenswirklichkeit, die scheinbar längst versunken ist. Die Menschen im Lipperland lebten im vergangenen Jahrhundert in vergleichsweise bescheidenen Verhältnissen, bedrängt von mancher Enge und Not. Aber sie lebten nicht ohne die Hilfe Gottes. Auch unsere Vorfahren waren ständig in der Gefahr, ihren Glauben dem jeweils herrschenden Zeitgeist anzupassen, aber sie wichen dem notwendigen Streit um die Erkenntnis der Wahrheit Gottes nicht aus. Wir haben keinen Grund, die Vergangenheit zu idealisieren. Aber wir können die Spuren der Treue Gottes im Leben längst vergangener Generationen dankbar erkennen.

Die Berichte der alten Pastoren, die „unter dem Volke und mit dem Volke gelebt" haben, lassen ein großes Verantwortungsgefühl für die ihnen anvertrauten Menschen erkennen. Im Umbruch der Zeit war eine Fülle von geistlichen und sozialen Problemen zu bewältigen. Es ist ermutigend zu lesen, mit wieviel Zuversicht und Eifer sich die Verantwortlichen diesen Aufgaben stellten, ohne der Resignation zu verfallen. Offensichtlich gibt die Erkenntnis der Treue Gottes auch schwachen Menschen Kraft, in ihrem Tun treu zu sein.

Die Berichte aus dem 19. Jahrhundert erscheinen in dem Jahr, in dem sich die Einführung der Reformation in Lippe zum 450. Male jährt. Im Auf und Ab der Geschichte bleibt Gott uns Menschen hilfreich zugewandt. Auch die Menschen im Lipperland haben den Segen Gottes immer wieder erfahren dürfen. Das läßt hoffen.

Detmold, im Oktober 1988

Dr. Ako Haarbeck
Landessuperintendent

Einführung

Ähnlich spannungsreich und vielgestaltig wie die politische und soziale Geschichte des 19. Jahrhunderts verlief auch die religiöse und kirchliche Geschichte. Theologische Lehrstreitigkeiten und kirchenpolitische Auseinandersetzungen haben in diesem Jahrhundert das Bild der Kirche nach innen und außen geprägt. Über die theologischen Lehrkanzeln und die geistlichen Behörden drang der Geist der kirchlichen Erneuerung bis in die Gemeinden, die über Jahrzehnte zu einem Kampffeld verschiedener theologischer Richtungen wurden. Aber auch „von unten", aus dem Kreis der Laien, hatte das religiöse Leben neue Impulse empfangen, die der Entwicklung der protestantischen Kirche förderlich gewesen waren.
In Lippe verlief das kirchliche Leben in den ersten Jahrzehnten des 19. Jahrhunderts zunächst noch in den Bahnen, die das 18. Jahrhundert vorgezeichnet hatte. Noch war die Pfarrerschaft in ihrem Bekenntnis zum theologischen Rationalismus geeint und die äußere Macht der Kirche im täglichen Leben noch ungebrochen in Geltung. Und noch lebte im Volke die alte Frömmigkeit der Väter, von der der Langenholzhauser Pastor Krücke lobend zu berichten wußte: „Wie überhaupt unser Lippervolk sich durch treues Festhalten an dem Hergebrachten und der alten Sitte und altem Herkommen auszeichnet, so hat sich auch überall ein kirchlicher Sinn erhalten. In ihm und dem benachbarten Ravensbergischen Lande möchte derselbe vielleicht im ganzen nördlichen Deutschland, soweit er evangelisch ist, am lebendigsten sein". Selbst ein so kritisch urteilender Theologe wie der Falkenhagener Pastor Melm, der in Lippe zu den schärfsten Gegnern des Rationalismus gehörte, mußte der Kirche im Jahre 1854 rückblickend bescheinigen, daß sie sich „bis zum Jahre 1837 [...] in einer sehr günstigen Lage" befand. Daß es diese Ära gegeben habe, sei „der kirchlichen Verwaltung unter dem Generalsuperintendenten Weerth [1805-1836] zu verdanken".
Spannungen und Gegensätze wurden im kirchlichen Leben erst seit 1840 sichtbar, als auch in Lippe die Kirche in den Sog gesellschaftlicher Wandlungsprozesse geriet, die das traditionelle politische System, die überlieferten Orientierungsweisen und Loyalitäten in Frage stellten. Diese Entwicklung erfuhr in den Revolutionsjahren 1848/49 ihren Kulminationspunkt. Die durch die revolutionären Ereignisse freigesetzten demokratisch-fortschrittlichen Ideen, als „Märzerrungenschaften" deklariert, strömten auch durch die kirchlichen Pforten: Der Ruf nach innerkirchlicher Freiheit, unbeschränkter religiöser Forschung und kirchlicher Repräsentativverfassung, die die Beteiligung der Laien an den kirchlichen Angelegenheiten gewährleisten sollte, zwang die Kirche zum Handeln.
Aber nicht nur durch Anstöße und Einflüsse von außen, auch von innen her — durch den Streit um die „rechte" Kirchenlehre — war das kirchliche Leben bis in die ländlichen Bezirke hinein mächtig in Bewegung geraten. Seit Beginn der vierziger Jahre standen sich auch in Lippe zwei kirchliche Richtungen gegenüber: die noch immer allgewaltige rationalistische Theologie hatte in der neu belebten pietistischen Orthodoxie einen unversöhnlichen Gegner gefunden. Deren Anhänger, die „Erweckten" und „Stillen im Lande", wollten die Aufklärung überwinden und sie beriefen sich dabei auf die

Bekenntnisschriften des 16. Jahrhunderts (die in Lippe offiziell nie außer Kraft gesetzt worden waren). Auf deren Grundlage führten sie ihren Kampf um eine Erneuerung des Glaubenslebens.

Die Auseinandersetzungen wurden mit rücksichtlosem Kampfeseifer bis in die kleinsten Gemeinden getragen, wo über Jahre hinweg Aufregung und Verwirrung herrschten. Eine Vermittlung zwischen den beiden Extremen scheiterte an ihrer unbeugsamen Haltung: Es gab keine Brücke vom „Buchstabenglauben“ und von der Religion des gläubigen Herzens hinüber zum Rationalismus.

Zu den Wegbereitern und Vorkämpfern dieser neuen religiösen Bewegung, die an eine sehr geschwächte und dünne Tradition anknüpfen konnte, zählten in Lippe von den insgesamt 42 Theologen etwa ein halbes Dutzend Pastoren; aber auch Laien, wie der Wüstener Bauer Jobstharde, der „Vater des christlichen Lebens im Lipperlande“, trugen dazu bei, daß weite Kreise — namentlich aus dem Landvolk — in die Bahnen der Rechtgläubigkeit gelenkt und die Bekenntnisschriften als die unerschütterlichen Quellen des Glaubens wieder zur Geltung gebracht wurden. Als im Jahre 1858 der „Leitfaden“ des Generalsuperintendenten Weerth, der als rationalistischer Katechismus über ein halbes Jahrhundert in Kirche und Schule als Religionsbuch gedient hatte, auf landesherrlichen Befehl wieder durch den Heidelberger Katechismus ersetzt wurde, galt in Lippe die Ära des Rationalismus offiziell als überwunden. Daß der Rationalismus auch innerhalb der Pfarrerschaft seine Position eingebüßt hatte, bestätigte das Fürstlich Lippische Konsistorium am 25. Januar 1858, als es mit Blick auf die fast zwanzig Jahre währenden Richtungskämpfe resümierte: „Was den Charakter der Predigtweise betrifft, so ist von der überwiegenden Mehrzahl der Prediger zu sagen, daß sie einen positiv christlichen Standpunkt einnehmen, der bei einer kleinen Anzahl zum strengkonfessionellen geworden ist, während dessen noch wenige sind, deren Predigtweise einen Anflug aus der Schule des alten Rationalismus trägt“.

Der politischen Restauration, die in den fünfziger Jahren im staatlichen Leben die alten Ordnungen wieder in Kraft gesetzt hatte, war die kirchliche Restauration gefolgt, die nun ihrerseits im religiösen Leben den alten Glauben und mit ihm die alte Theologie wieder zur Geltung brachte. Der Sieg der Orthodoxie bedeutete die Rückkehr zur „reinen Lehre“ und damit zur strengen Gebundenheit an das altkirchliche System, das durch den Aufklärungsgeist des 18. Jahrhunderts zersetzt und aufgelöst worden war. Daß sich die Lage der Kirche um 1860 wieder stabilisiert und das kirchliche Leben wieder normalisiert hatte, bezeugen die Worte des Generalsuperintendenten v. Cölln. Er stellte am 6. September 1863 mit Befriedigung fest: „Was die Erscheinungen auf dem Gebiet des kirchlichen Lebens betrifft, so sind Lehrstreitigkeiten in der letzten Zeit nicht mehr vorgekommen; selbst der konfessionelle Gegensatz verläuft meist in unbedeutenden Differenzen um formelles Parochialrecht“.

Die in dem hier vorgelegten Dokumentationsband dargebotenen Texte sind aus der Feder lippischer Pfarrer und Theologen hervorgegangen. Sie zählten als Gelehrte — einer Bezeichnung des 18. Jahrhunderts folgend — zu dem „gesitteten Stand“, aber aus dieser Schicht zu den wenig wirklich Gebildeten, die „unter dem Volke und mit dem Volke gelebt“ haben. Und sie gehörten so ziemlich zu den einzigen, die „mit den Sitten und Verhältnissen, mit dem Charakter und der Sprache der unteren Volksklassen" vertraut waren. Dem Pfarrer kamen „die Lebensereignisse in den einzelnen Häusern [...] fast immer zu Ohren", denn er hielt „den Leuten seine Studierstube von früh bis spät offen". Und so verging „kein Tag im Jahr, wo nicht einer oder mehrere Glieder mit diesem oder jenem geistlichen und leiblichen Anliegen" sich im Pfarrhaus einfanden. Es entsprach noch im 19. Jahrhundert dem Herkommen und einer guten alten Sitte: Wer sich in den Nöten und Bedrängnissen des Lebens nicht zu helfen wußte, vertraute sich dem Pfarrer an, bei dem er — sei es in religiösen oder weltlichen Angelegenheiten — Rat und Beistand fand. „Gern trage ich mein Scherflein zu allen gemeinnützigen Zwecken bei, und wo ich mit der Tat nicht helfen kann, suche ich es mit wohlgemeintem Rat zu tun und bin nicht träge mit herzlichem Zuspruch und Trost", mit diesen Worten hatte der Horner Pastor Brockhausen im Jahre 1857 eine wesentliche Seite des pastoralen Amtsverständnisses berührt.

Dem Pfarrer oblag in erster Linie die geistliche Versorgung der Bevölkerung: Sein Wirkungsbereich war die Gemeinde, in der er Gottesdienst hielt, kirchliche Amtshandlungen vollzog und die Jugend unterwies. Eine solche Tätigkeit setzte eine wissenschaftliche Vorbildung voraus, die auf der Universität erworben wurde. Der Weg, der ins Pfarramt führte, wird auf den folgenden Seiten näher beschrieben (vgl. S. 11-62). Zugleich wird gezeigt, welche „Amtsverrichtungen" dem Pfarrer einer ländlichen Gemeinde in der Mitte des 19. Jahrhunderts überantwortet waren (vgl. S. 63-80).

Zu der Vielzahl pfarramtlicher Verpflichtungen gehörte seit dem Jahre 1840 die Aufgabe, „über alles, was von dem Zustande der Gemeinden ihres Sprengels bekannt geworden ist", der geistlichen Behörde jährlich zu berichten. Was in dieser Beziehung von den Pfarrern innerhalb eines Zeitraums von vier Jahrzehnten geliefert worden ist, wird im Hauptteil dieses Bandes ausführlich dokumentiert (vgl. S. 81-342). Es sind literarische Erzeugnisse, die unter dem Eindruck des unmittelbar Gesehenen und Erfahrenen entstanden sind. Die Berichte der Pfarrer zeigen in schöner Anschaulichkeit, daß bei den meisten von ihnen die Gabe zu beobachten ebenso ausgebildet war wie die Fähigkeit, die eigene Lage und die der Mitmenschen reflektierend zu erfassen und zu beschreiben. Die Überschaubarkeit der örtlichen Verhältnisse, die in Lippe fast überall gegeben war, und die tägliche Berührung mit der Gemeinde hatten den Blick des Pfarrers für die ländlichen Realitäten geschärft: Er sah sich ständig mit dem Familienleben der Gemeindeglieder, ihren Arbeitsgewohnheiten, ihrer derben Fröhlichkeit und Geselligkeit, ihren treu gehüteten Bräuchen und Vorstellungen, ihren festen Begriffen von Recht, Moral und Religion konfrontiert. Wer die Quellen aufmerksam liest, wird eine Fülle von Antworten auf ein Bündel von Fragen erhalten: Von welcher Art waren die überlieferten Traditionen, die die Menschen des 19. Jahrhunderts in ihrer inneren Disposition beeinflußt und geformt haben? Was haben die Zeitmächte bewirkt und inwieweit hat sich durch sie das Bewußtsein der Menschen verändert? Wie hat sich ihr Leben in den konkreten Vollzügen des Alltags gestaltet? Und schließlich und vor allem: Wie war es um das Glaubensleben der Menschen bestellt?

Es entsprach dem kirchlichen Auftrag und dem pastoralen Amtsverständnis, daß sich der Pfarrer mit der ganzen Überzeugungskraft seiner Person in den Dienst der Gemein-

de und des religiösen Lebens zu stellen hatte. Er sollte als „Christi Diener und Haushälter über Gottes Geheimnisse" — so schrieb es die Kirchenordnung von 1684 vor — „ein Fürbild der Gläubigen sein in Wort, im Wandel, in der Liebe, im Geist [und] im Glauben". Es oblag den Kirchenoberen zu prüfen, ob der Pfarrer in seiner Amts- und Lebensführung dem kirchlichen Anspruch in jeder Beziehung gerecht wurde. Diesem Ziel dienten vor allem die Kirchenvisitationen, die von den sog. Klassikalsuperintendenten bzw. dem Generalsuperintendenten von Zeit zu Zeit im ganzen Lande durchgeführt wurden (vgl. S. 343-369).
Das Interesse der Kirchenleitung bei der Revision des kirchlichen Gemeindelebens galt in erster Linie der Frage, ob der Pfarrer mit seinen theologischen Anschauungen fest auf dem Boden „der heiligen christlichen Lehre nach prophetischer und apostolischer Schrift, auch darauf gegründeten Bekenntnisschriften der nach Gottes Wort reformiert-evangelischen Kirche" stand. Diese Frage gewann in den Jahren nach 1840 angesichts der sich verschärfenden theologischen Lehrstreitigkeiten innerhalb der lippischen Pfarrerschaft, in die auch die Gemeinden hineingezogen wurden, zusehends an Bedeutung. Die „theologischen Färbungen und Schattierungen", die im religiösen und kirchlichen Leben in Lippe in der Mitte des 19. Jahrhunderts sichtbar geworden waren, beleuchtet abschließend ein zeitgenössischer Bericht (vgl. S. 371-381).
Zur Wiedergabe der Quellen ist folgendes zu bemerken: Die Texte wurden zur Erleichterung der Lesbarkeit — mit einigen notwendigen Ausnahmen — der heutigen Rechtschreibung angeglichen. Alte Wort- und Satzbildungen sind unverändert erhalten geblieben, Auslassungen innerhalb der Texte werden in der üblichen Weise [...] angedeutet; eckige Klammern stehen auch dort, wo Erklärungen und ergänzende Bemerkungen notwendig waren. Einführende und erläuternde Kommentierungen erscheinen abgehoben von den Quellen in Kursivschrift.
Der Herausgeber hat von vielen Seiten Unterstützung und Anregungen erfahren. Sein besonderer Dank gilt der Leiterin des Landeskirchlichen Archivs in Detmold, Frau Maja Schneider, die bei der Sichtung des umfangreichen Quellenmaterials hilfreiche Dienste leistete.

Volker Wehrmann

INHALT

I. Der Weg vom Theologiestudenten zum Pfarrer

1. Das Studium der Theologie

Die Ausbildung zum Pfarrer vollzog sich im 19. Jahrhundert ähnlich wie die zum Philologen und Juristen nach einer streng reglementierten Ordnung. Zwischen dem Erwerb des Reifezeugnisses und der Amtseinführung lag eine Ausbildungszeit von fünf Jahren, die das Universitätsstudium und das Vikariat umschloß.

Das Studium der Theologie erstreckte sich in der Regel auf drei Jahre (Triennium) und wurde mit der ersten theologischen Prüfung — dem sogenannten examen pro licentia concionandi oder examen pro candidatura — abgeschlossen. In der Mitte des 19. Jahrhunderts waren es vor allem die Universitäten Berlin, Erlangen, Halle, Marburg und Tübingen, die von den Theologiestudenten bevorzugt besucht wurden, weil hier berühmte Theologen wie die „Studentenväter" von Baur, Beck und Tholuck lehrten. Auch für die lippischen Theologiestudenten war der Ruf eines Theologieprofessors häufig der leitende Gesichtspunkt bei der Wahl des Studienortes gewesen: So hatte sich z. B. der aus Lippe gebürtige stud. theol. Bröffel im Sommer 1857 für einen Wechsel von Jena nach Tübingen entschieden, „wozu mich teils der Ruhm der Baurschen Schule [...] und teils die Rücksicht auf die dort herrschende Mannigfaltigkeit der theologischen Richtungen bewog"; für August Meier aus Krentrup war „das, was mich gerade nach Tübingen zog, hauptsächlich der D. Beck" und für August Dreves aus Hillentrup war es „der Ruf des Professors Heppe", der ihn im Jahre 1861 von der Universität Göttingen nach Marburg führte.

Die lippischen Theologiestudenten wurden als „Landeskinder" bereits während ihres Studiums durch das Konsistorium wissenschaftlich betreut und bei Bedürftigkeit auch mit einem Stipendium unterstützt. Der an der Spitze der geistlichen Behörde amtierende Generalsuperintendent erteilte ihnen „Ratschläge [...] über zweckmäßige Anordnung ihrer Studien" und ließ sich „während ihres Aufenthaltes auf der Universität zweimal, nach Ablauf des ersten und des zweiten Jahres, über den Gang ihrer Studien schriftlich Bericht erstatten" (vgl. S. 13). Die Studenten standen damit vor der nicht immer leichten Aufgabe, ihre persönlichen Neigungen und individuellen Fähigkeiten mit den kirchenbehördlichen Vorstellungen und Ansprüchen in Einklang bringen zu müssen.

Das Studium der Theologie beinhaltete eine beachtliche Bandbreite von Einzeldisziplinen: neben den propädeutischen Wissenschaften, den philosophischen Fächern wie Ethik, Metaphysik und Logik, mußten etwa fünfzehn verschiedene theologische Fachgebiete belegt und „praktische Übungen im homiletischen und katechetischen Seminare" absolviert werden.

Nach Abschluß des Universitätsstudiums erfolgte — in einem zeitlichen Abstand von mindestens einem dreiviertel Jahr — die erste theologische Prüfung vor der „Examinations-Kommission" des Konsistoriums, ein Gremium, das sich aus dem Generalsuperintendenten, einem rechtskundigen Konsistorialrat, einem Superintendenten oder Pfarrer zusammensetzte.

Im folgenden soll am Beispiel eines Prüfungsverfahrens veranschaulicht werden, welche Anforderungen an einen Kandidaten im examen pro licentia concionandi gestellt wurden: Emil Zeiß, aus Stapelage gebürtig, hatte sein Theologiestudium an der Universität Zürich im Frühjahr 1857 abgeschlossen und war bereits zu Ostern 1857 als Rektor nach Horn berufen worden, „ohne vorher examiniert worden zu sein", — ein freilich nicht alltäglicher Vorgang. Zeiß hatte sich zunächst für den Schuldienst entschieden in der Überzeugung, „daß diese Arbeit nicht ohne segensreiche Früchte für meinen Predigerberuf bleiben wird". Von Horn aus bat Zeiß am 13. Januar 1858 um die Zulassung zur ersten theologischen Prüfung und gleichzeitig „um die Themata zu den schriftlichen Examens-Arbeiten". Diesem Antrag entsprach das Konsistorium am 1. Februar mit der Aushändigung der Themen, die nach der gesetzlichen Vorschrift innerhalb von sechs Monaten bearbeitet sein mußten. Am 27. August 1858 beantragte Zeiß unter Hinweis auf seine schulischen Verpflichtungen eine Fristverlängerung, die ihm bis Ostern 1859 gewährt wurde. Mitte Juli 1859 legte Zeiß seine wissenschaftlichen Abhandlungen über die folgenden sechs Themen vor: 1. Welche christlichen Religionslehren ergeben sich aus den unbezweifelt echten Schriften des Apostels Paulus? 2. Gibt es Elemente der kirchlichen Lehre von der Dreieinigkeit des göttlichen Wesens schon im Alten Testament und welche? 3. Kurze Geschichte des theologischen Rationalismus in der deutschen protestantischen Kirche und Beurteilung dieser Erscheinung. 4. Welche Moralprinzipien sind im Neuen Testament angedeutet und welche hat man zur Grundlage eines Systems gemacht? 5. Predigt über Matthäus 20,16 „Viele sind berufen, aber wenige sind auserwählt". 6. Katechese über Matthäus 20,1-16 (Gleichnis von den Arbeitern im Weinberge).

Die mündliche Prüfung fand am 4. November 1859 vor dem Generalsuperintendenten v. Cölln, dem Superintendenten Clüsener aus Lage und dem Pastor Arnold aus Wöbbel statt: „Dieselbe währte 3 1/2 Stunden und erstreckte sich auf Symbolik [Lehre vom dogmatischen Unterschied der verschiedenen christlichen Bekenntnisse] und Dogmatik [wissenschaftliche Darstellung der Glaubenslehre], Alttestamentliche und Neutestamentliche Kritik und Exegese [Wissenschaft von der Bibelauslegung], Kirchengeschichte, Homiletik [Lehre von der Geschichte und Theorie der Predigt] und Katechetik [Lehre vom Religionsunterricht], mit welcher letztern Prüfung auch Probe-Katechisation verbunden war".

Über die von Zeiß erbrachten Examensleistungen erteilt das Prüfungsprotokoll die folgende Auskunft: „Einige Fragen aus dem Gebiete der Symbolik und Dogmatik vermochte der Examinand zwar nicht genau zu beantworten, auch hatte derselbe die biblischen Beweisstellen für die Dogmen seinem Gedächtnisse nicht eingeprägt: im übrigen aber zeigte er genügende und zum Teil gute Kenntnisse und läßt einen brauchbaren Katecheten und Homileten hoffen. Die Examinations-Kommission hat deshalb einstimmig erklärt, daß der Rektor Zeiß das erste theologische Examen bestanden hat".

Die von den Studenten der Theologie in der ersten theologischen Prüfung erbrachten Leistungen wurden zum Gesamturteil „wohl bestanden", „bestanden" oder „nicht bestanden" zusammengefaßt. Wer das Examen erfolgreich abgelegt und „bis dahin einen unsträflichen Lebenswandel" geführt hatte, konnte „nach erfolgter gnädigster Genehmigung Serenissimi" in die Liste der Landeskandidaten aufgenommen werden.

Zitate vgl.: Archiv der Lippischen Landeskirche, Konsistorialregistratur Rep. II Tit. 16 Nr. 5, Tit. 17 Nr. 2 und Tit. 18 Nr. 1 A 125, Tit. 22 Nr. 305.

Die Berufung in ein geistliches Amt setzte das Bestehen zweier theologischer Examen voraus: die Kandidaten- und die Predigtamtsprüfung. Die Bedingung für die Zulassung zur ersten theologischen Prüfung war ein ordnungsgemäß absolviertes, d. h. durch Testate bescheinigtes Studium an der Theologischen Fakultät einer Universität. Diese erste Phase in der Ausbildung zum Theologen war in Lippe seit dem Jahre 1840 einheitlich geregelt. Die „Verordnung, Theologie Studierende betreffend" vom 1. Juni 1840 legte die Inhalte des Theologiestudiums fest und sie schrieb vor, welche wissenschaftlichen Leistungen in der Kandidatenprüfung erbracht werden mußten.

Verordnung, Theologie Studierende betreffend, vom 1. Juni 1840

Um dem akademischen Studium der Theologie bei denjenigen Individuen, welche demnächst im hies. Lande angestellt zu werden wünschen, den möglichsten Erfolg zu sichern und dieselben von den an Sie zu machenden Forderungen in Kenntnis zu setzen, wird mit gnädigster Genehmigung Serenissimi verordnet wie folgt:

§ 1

Gleichwie angehende Theologen hies. Landes, welche das Gymnasium zu Detmold oder Lemgo besuchten, in Gemäßheit der Verordnung vom 31. Aug. 1814 vor ihrem Abgange zur Universität ein Zeugnis der Reife extrahieren müssen, so haben diejenigen, welche ihre Vorbereitung zu den akademischen Studien auf einem ausländischen Gymnasium oder durch Privatunterricht erhielten, wenn sie dereinst auf eine Anstellung in der Heimat aspirieren, sich zur Erlangung jenes Zeugnisses der Prüfung bei dem hies. Gymnasio Leopoldino zu unterwerfen.

§ 2

Dieselben sind gehalten, ehe sie die Akademie beziehen, die Ratschläge des zeitigen Generalsuperintendenten über zweckmäßige Anordnung ihrer Studien einzuholen und zu beachten. Auch haben sie diesem während ihres Aufenthalts auf der Universität zweimal, nach Ablauf des ersten und des zweiten Jahres, über den Gang ihrer Studien schriftlich Bericht zu erstatten.

§ 3

Außer den propädeutischen Wissenschaften, Logik und Psychologie, Metaphysik, Ethik und Pädagogik, Religionsphilosophie, Geschichte der Philosophie und Weltgeschichte, sind über folgende theologische Disziplinen Vorlesungen zu hören: Theologische Enzyklopädie; Einleitung in die Bücher des Alten und Neuen Testaments; Exegese des Alten Testaments, insbesondere der Genesis, der Psalmen und des Jesaia; Exegese des Neuen Testaments, insbesondere der drei synoptischen Evangelien, der Johanneischen Schriften und der größeren Paulinischen Briefe; Apologetik; biblische Theologie; Dogmatik; Symbolik; Moral; Kirchen- und Dogmengeschichte; Homiletik; Katechetik; Pastoralwissenschaft und Kirchenrecht.
Wenn sich keine Gelegenheit findet, über jedes der genannten Fächer Vorlesungen zu hören, so ist dieser Mangel durch Privatstudien zu ergänzen. — Überdies sind die Theo-

logie Studierenden verbunden, während des letzten Universitätsjahres an den praktischen Übungen im homiletischen und katechetischen Seminare teilzunehmen.

§ 4

Die nach Vollendung ihrer Studien von der Akademie Zurückkehrenden haben sich unverzüglich bei dem zeitigen Generalsuperintendenten zu melden, danach aber ihr Gesuch um Zulassung zum Examen pro licentia concionandi dem Konsistorium schriftlich einzureichen mit Belegung des Maturitäts-Zeugnisses vom Gymnasium, der Abgangs-Zeugnisse von den Universitäten, so wie der einzelnen Testimonia der akademischen Lehrer über die gehörten Vorlesungen.

§ 5

Wenn die gegebenen Nachweisungen genügen, so werden den Examinanden Aufgaben zu schriftlichen Arbeiten erteilt, deren Einsendung binnen einem halben Jahr erfolgen muß.

§ 6

Falls die eingesandten Arbeiten, die zwar wohl mit Benutzung literarischer Hilfsmittel, sonst aber ohne fremde Beihilfe abzufassen sind, nach dem Urteile der Examinatoren von der Bildung, dem Fleiße und den Kenntnissen des Examinanden ein befriedigendes Zeugnis geben, so wird Termin zur mündlichen Prüfung angesetzt.
Der Umfang der bei dem ersten Examen erforderten Kenntnisse soll sich auf dasjenige erstrecken, was die akademischen Vorlesungen und die denselben zu Grunde gelegten oder sonst gangbaren Lehrbücher über die verschiedenen theologischen Wissenschaften enthalten. In Beziehung auf Exegese des Alten und Neuen Testaments insbesondere müssen diejenigen Bücher, über welche Kollegia gehört sind, richtig übersetzt und es muß von den übersetzten Stellen irgend eine sprachlich-geschichtlich begründete oder sonst durch eine namhafte Autorität gestützte Erklärung gegeben werden können. — Homiletik und Katechetik, Pastoralwissenschaft und Kirchenrecht werden vorzüglich bei dem zweiten Examen berücksichtigt.

§ 7

Wer in dem geforderten extensiven und intensiven Maße der Kenntnisse seinen wesentlichen Mangel und bei den praktischen Übungen des Katechisierens und Predigens die nötigen Unterlagen und die erforderliche Ausbildung derselben zeigt, erhält das Prädikat „Bestanden“ und wird, wenn er bis dahin einen unsträflichen Lebenswandel geführt hat, nach erfolgter gnädigster Genehmigung Serenissimi, unter die Landeskandidaten aufgenommen. Außer dem Kandidatenschein empfängt derselbe die Verordnung vom 18. Dezember 1837, um sich danach hinsichtlich der Fortsetzung der theologischen Studien und des Examens pro ministerio zu richten.
Derjenige, welchem das Prädikat „Bestanden“ nicht erteilt werden kann, darf nach Ablauf eines Jahres, wenn er nicht ganz von seinem Vorhaben abstehen will, um Anset-

zung eines neuen Termins zur mündlichen Prüfung bitten, worauf er eventuell unter die Landeskandidaten aufgenommen oder definitiv abgewiesen wird.
Diese Verordnung soll durch das Intelligenzblatt zur öffentlichen Kunde gebracht, künftig allen Theologie Studierenden bei ihrem Abgange zur Universität eingehändigt und denen, welche sich jetzt auf derselben befinden, nachträglich zugefertigt werden.
Detmold, den 1. Juni 1840
Fürstlich Lippisches Konsistorium

Aus: Archiv der Lippischen Landeskirche, Konsistorialregistratur Rep. II Tit. 16 Nr. 5; vgl. ferner: Nachtrag zu der Sammlung von Verordnungen, die amtlichen Verhältnisse und Pflichten der Prediger und Schullehrer des Fürstentums Lippe betreffend (1837-1854), Detmold 1855, S. 39 f.

„Als ich vor einem Jahr das Gymnasium verließ und die Hochschule bezog, erging es mir, wie es vielleicht manchem, der diesen Schritt tut, ergehen mag. Gewöhnt an das regelmäßige, sich mehr an Regeln und am Buchstaben haltende Lehren und Lernen auf der Schule wurde ich plötzlich in eine ganz andere Sphäre versetzt, wo das Studium nicht mehr das frühere war, sondern ein neues und freies. Es eröffnete sich vor mir eine Aussicht in das ungeheure Feld des Wissens, die einem allerdings eine ganz andere Richtung gab; aber ich wußte dabei noch nicht, wo und wie ich in dem weiten Gebiete der Wissenschaft das Studium anfangen [sollte]. Ich fand keinen anderen Weg, als mich durch meine Kollegien in das Studium führen zu lassen und so mir Kenntnisse in demselben zu erwerben". Mit diesem freimütigen Bekenntnis stellte der aus Langenholzhausen gebürtige Pfarrerssohn und Theologiestudent Theodor Krücke dem Konsistorium im Jahre 1858 die Schwierigkeiten dar, mit denen die Studenten nach dem Übergang von der Schule zur Universität zu kämpfen hatten: Ihnen allen war die Universität eine unbekannte „Sphäre", in der sie sich erst mühsam zurechtfinden mußten. Es war in dieser Hinsicht eine Hilfe, wenn die geistliche Behörde ihre Studenten mit ihrem Rat begleitete und Studienberichte anforderte, die über den Studienverlauf Auskunft erteilten und die Studienleistungen erkennen ließen. Der folgende Studienbericht entstammt der Feder von Emil Zeiß, der später als Pfarrer in Barntrup (seit 1864) und Heiligenkirchen (von 1888-1905) amtierte. Sein Name wurde in Lippe vor allem durch seine künstlerischen Neigungen auf dem Gebiet der Malerei bekannt. Einige seiner liebenswürdigen Aquarelle und Zeichnungen schmücken den vorliegenden Band.

Gehorsamster erster Studienbericht des stud. theol. Emil Zeiß aus Schwalenberg Schwalenberg, den 25. März 1855

Es kann nur erfreulich für einen Theologie Studierenden unseres Landes sein, zu sehen, wie sich Hochfürstliches Konsistorium um seine Studien bekümmert und ihm für seine Studienzeit schon mit Rat und Tat beisteht. Gern ergreife ich daher die Feder, Hochfürstl. Konsistorio über meine bis jetzt zum Studium der Theologie verwandte Zeit von Michaelis 1853 bis Ostern 1855 genau Bericht zu erstatten. Daß ich nicht schon nach Ablauf meines zweiten Semesters meinen Bericht eingesandt habe, hat darin seinen Grund, daß ich schon vorigen Ostern einsah, es würde mit Ende meines dritten

Selbstbildnis von Emil Zeiß (1833-1910).
Als er 1864 Pastor in Barntrup wurde, standen schon zwei Angehörige aus der Pfarrerdynastie Zeiß im Dienst der Lippischen Landeskirche: Großvater Adam Zeiß amtierte als Pastor in Silixen (1817-1870), Vater Wilhelm Zeiß als Pastor in Schwalenberg (1844-1885).
Emil Zeiß war der Wunschkandidat der Gemeinde Barntrup gewesen. Seine Versetzung aus der Rektorstelle in Horn in den Pfarrdienst hatte das Konsistorium gegenüber dem Kabinettsministerium wie folgt begründet: „Zeiß hat während seiner Universitätsstudien mit Störungen zu kämpfen gehabt, welche durch die übergroße Beschränktheit seiner Unterhaltsmittel herbeigeführt wurde; aber er hat später durch Fleiß die Lücken seines Wissens ausgefüllt und hat auch im zweiten Examen einen befriedigenden Beweis seines Bemühens um theologische Fortbildung gegeben. Seine Predigten haben evangelischen Gehalt und werden mit erbaulicher Wärme vorgetragen; seine Lebensführung ist tadellos". Aus: Archiv der Landeskirche, Konsistoralregistratur Rep. II Tit. 22 Nr. 71.

Semesters ein gewisser Abschluß in meinen Studien eintreten, worauf dieser Bericht passender folgen könnte. (Dem Prof. Henke in Marburg gefiel das hier im Lande bestehende Verhältnis zwischen Konsistorium und Theologie Studierenden so gut, daß er sich von mir die darüber gegebene Verordnung geben ließ, um im Herzogtum Braunschweig eine Nachahmung zu erzielen).
Nachdem ich Michaelis 1853 von dem Gymnasium Leopoldinum zu Detmold entlassen war, ging ich nach Marburg, um dort mein längst schon beschlossenes Studium der Theologie zu beginnen. Diese Universität wählte ich nicht, weil sie mit Professoren der Theologie besonders gut besetzt gewesen wäre, sondern hauptsächlich deshalb, weil ich Aussicht hatte, meine an und für sich unsichere Existenz auf der Universität dort einigermaßen gesichert zu sehen. Außerdem trieb mich ein Gefühl der Pietät, da mein Urgroßvater, Großvater und Vater dort sich zur Theologie gebildet hatten. Studieren kann man auf jeder Universität; auch hat gewöhnlich jede Universität ihre Größen, so auch Marburg. Gleich zu Anfang schon beseelte mich der Wunsch, wenn es die Umstände irgend erlaubten, nach einigen Semestern eine andere Hochschule zu beziehen, die durch ihre Größen die Professoren Marburgs ergänzen würde. Hiernach bestrebte ich mich denn, die vorzüglichsten Professoren soviel als möglich zu benutzen, trotz der dadurch für den regelmäßigen Studiengang entstehenden Störungen. Lücken, die so entstanden und notwendig ausgefüllt werden mußten, habe ich durch Privatstudium auszufüllen gesucht.
Manche Vorlesung, von der man sich viel versprechen konnte, kam nicht zustande, teils wegen der wenigen Studenten, die sich unter die verhältnismäßig große Anzahl der Professoren und Privatdozenten verteilen müssen, teils, weil sich die Studierenden, fast nur Hessen, scheuen, bei solchen Professoren, die höheren Orts unbeliebt sind,

Das Pfarrhaus in Stapelage, in dem Emil Zeiß am 2. Juli 1833 als Sohn des Pastors Wilhelm Zeiß geboren wurde. Die Zeichnung des 18jährigen Gymnasiasten aus dem Jahre 1851 ist ein frühes Dokument seiner zeichnerischen Begabung.

zu hören. Die Männer, an die ich mich vorzugsweise gehalten habe, sind Henke, Gildemeister und Weißenborn; der erstere Kirchenhistoriker, der andere Orientalist und letzterer Philosoph. In der Exegese des Neuen Testaments habe ich mich an keinen bestimmten Professor halten können.
Was nun zuerst die Einleitungswissenschaften betrifft, die doch eigentlich den Anfang der Studien hätten ausmachen müssen, so war es mir in Marburg nicht möglich, auch nur eine passende Vorlesung darüber zu hören außer einer über das theoretische Studium überhaupt, öffentlich beim Prof. Henke. Eine Einleitung ins Neue Testament, welche Prof. Ranke von Zeit zu Zeit anzeigt, kommt selten zustande; eine Einleitung ins Alte Testament hatte ich belegt bei Prof. Gildemeister; leider löste sich die Zuhörerschaft nach wenigen Vorlesungen wieder auf. Glücklicherweise sind aber die Einleitungswissenschaften gerade diejenigen, welche den Privatstudien am ersten und unschädlichsten überlassen bleiben können. Da habe ich denn auch nach einem alten Hefte von Schwabedissen Hodegetik [= Anweisung für das Studium eines Wissensgebietes] durchstudiert; ferner einige kleine Enzyklopädien von Wachler. Wirklich lieb geworden ist mir die Enzyklopädie und Methodologie von Hagenbach, in der ich mir oft Rat hole. Zur Exegese des Neuen Testaments habe ich die Einleitung in dasselbe von Credner und Reuß zu Hilfe genommen. Sollte sich mir später Gelegenheit darbieten, Einleitung in das AT sowie in das NT zu hören, so werde ich sie doch noch benutzen und sie gleichsam als Resümee betrachten, das aus der Exegese gezogen ist.

Von historischen Wissenschaften habe ich, um die ausgezeichneten Vorlesungen des Prof. Henke zu genießen, von Anfang an seine vorzügliche Kirchengeschichte gehört. Er liest sie in drei Semestern und es paßt mir gerade gut, daß er in meinem ersten Semester auch mit dem ersten Teile begann. Ganz ausgezeichnet war der letzte Teil, auf den er als den interessantesten auch den meisten Fleiß verwandt zu haben scheint. Er führte uns bis in die Gegenwart und suchte alles auf, uns mit Hoffnung für die Zukunft zu erfüllen. — Zum Privatstudium habe ich Guerickes Handbuch der Kirchengeschichte benutzt, für die alte Zeit tat mir Möllers kirchengeschichtlicher Atlas wesentliche Dienste.

Mit der Exegese des Neuen Testaments ist's in Marburg schlecht bestellt. Der Hauptexeget, Konsistorialrat Scheffer, hat soviel mit Besorgung anderweitiger Geschäfte zu tun, daß er auf sein Heft durchaus keinen Fleiß anwenden kann (dennoch hat er viele Zuhörer, weil er einer der ersten Examinatoren ist). In meinem ersten Semester hörte ich bei ihm die Korintherbriefe. Obgleich sehr wenig gegeben wurde, gelang es mir doch bei diesen leichteren Briefen, in ihr Verständnis einzudringen. Kommentare habe ich bis jetzt bei meinen exegetischen Studien wenig angewandt, dem Rate Hagenbachs folgend, der sie erst für spätere Zeit anrät. Neben den Korintherbriefen bei Prof. Scheffer hörte ich die Thessalonischen Briefe vom Privatdozenten Mangold erklären, und das auf eine so innige und anschauliche Weise, daß der Hörsaal des talentvollen Dozenten stets gefüllt war. Ich fühlte bald selbst, daß er dem Prof. Scheffer weit überlegen war und wählte ihn mir zu meinem Exegeten für das zweite Semester.

Ich hörte dann die Synopse [Zusammenstellung der drei Evangelien des Matthäus, Markus und Lukas] bei ihm, bei deren Betrachtung er nicht zerstörend, sondern vereinend und versöhnend zu Werke ging, ohne jedoch eine scharfe Kritik fehlen zu lassen. Er hat mich mit wahrem Abscheu erfüllt gegen die absurden Schlüsse, welche eine gewisse auflösende Partei bei Vergleichung der drei ersten Evangelien zu machen beliebt. Ganz ausgezeichnet war die öffentliche Vorlesung Mangolds über die Bergpredigt und Matth. 24 und 25, die Eschatologie [die Lehre von den letzten Dingen, d. h. vom Endschicksal des Menschen in der Welt], die ich daneben hörte. Bei ihm verläßt man nie den Hörsaal mit zweifelsschwerem Herzen, sondern gehoben und gestärkt durch Beweise von der Wahrheit und Erhabenheit des göttlichen Worts. Gern hätte ich im dritten Semester wieder bei ihm gehört, aber er las Korintherbriefe. Da ging ich zu einem neu angestellten Erlanger Professor Burckhard, der eine seiner lutherischen Schule getreue Orthodoxie lehrte, welche mir bis dahin unbekannt gewesen war. Er las Apostelgeschichten mit besonderer Berücksichtigung der apostolischen Kirche und berührte, wo er nur Gelegenheit hatte, dogmatische Fragen. Mochte er mir auch oft, z. B. wenn er sich stundenlang über die heiligen Zahlen ausließ, zu weit gehn, so habe ich doch viel Wahres und Schönes bei ihm gelernt, und durch das Kennenlernen seiner Ansichten einen Gesichtspunkt mehr gewonnen, von dem aus man die Erscheinungen auf dem Gebiete unserer jetzigen evangelischen Kirche klarer beurteilen kann.

Die Exegese des Römerbriefs und der Johannischen Schriften habe ich mir noch aufgespart, um sie demnächst auf einer anderen Universität, wo sie besser gelesen werden wird als in Marburg, zu hören. In der Exegese des Alten Testaments habe ich in meinen

Das Gymnasium in Detmold um 1860. Auf dieser humanistischen Bildungsstätte erwarb Emil Zeiß das schulische Rüstzeug für den Beruf des Theologen.

drei Semestern meines Studiums die Hauptsachen schon absolviert. Mit der Erklärung der Genesis habe ich begonnen und aus den Vorlesungen des gelehrten Gildemeisters darüber viel gewonnen. Im zweiten Semester hörte ich über die Psalmen beim Prof. Dietrich; er gibt aber, da er sich fast nur mit Bücherschreiben beschäftigt, im Kolleg sehr wenig, so daß mir der Kommentar zu den Psalmen von de Wette mehr darbot. Im vorigen halben Jahre habe ich von Jesaias studiert, den Gildemeister des erhabenen Propheten würdig zu erklären weiß, wenn er auch demselben wenig von dem zugesteht, was man gewöhnlich sein Buch nennt.
Zu meiner Freude brachte ich schon ziemliche Kenntnisse der hebräischen Sprache mit vom Gymnasium, so daß es mir wenig Mühe kostete zu folgen, besonders, da die Professoren darauf Rücksicht zu nehmen scheinen, daß das Hebräische auf den hessischen Gymnasien wenig betrieben wird. Sehr erfreut war ich darüber, daß mich der berühmte und höchst interessante Prof. Zersch, früher Professor in Erlangen (dem wegen seines Irvingianismus das Lesen verboten ist) [Irvingianismus = Lehre der von dem Schotten Irving, gest. 1834, gestifteten Sekte, die die Rettung des Menschengeschlechts von seiner Sündhaftigkeit nur durch eine Wiederkehr Christi und Einsetzung neuer Apostel für möglich hält] zu seinem hebräischen Privatissimum zuließ, das ich einige Zeit des letzten Semesters besucht habe. Wir lasen bei ihm aus dem 1. Buch Samuelis und übersetzten das Evangelium Matthäus ins Hebräische zurück.
Aus dem Gebiete der Hilfswissenschaften habe ich bis jetzt nur die Philosophie zu meinem Studium erwählt. Beim Prof. Weißenborn, der im orthodoxen Sinne über die

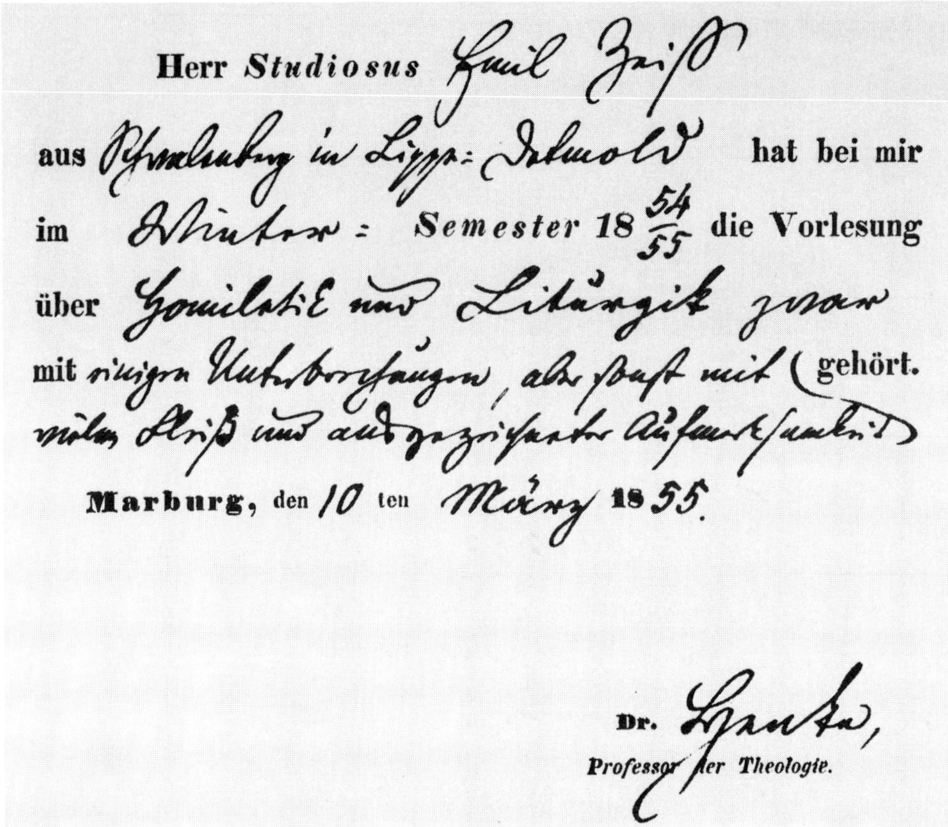

Herr Studiosus Emil Zeiß
aus Schwalenberg in Lippe-Detmold hat bei mir
im Winter-Semester 18 54/55 die Vorlesung
über Homiletik und Liturgik zwar
mit einigen Unterbrechungen, aber sonst mit vielem Fleiß und ausgezeichneter Aufmerksamkeit gehört.

Marburg, den 10ten März 1855.

Dr. Henke,
Professor der Theologie.

Der Marburger Theologieprofessor Henke bescheinigt dem „Studiosus Emil Zeiß aus Schwalenberg“ in Lippe-Detmold“, daß dieser im Wintersemester 1854/55 seine Vorlesung über Homiletik und Liturgik „zwar mit einigen Unterbrechungen, aber sonst mit vielem Fleiß und ausgezeichneter Aufmerksamkeit gehört“ habe. Aus: Archiv der Lippischen Landeskirche, Konsistorialregistratur Rep. II Tit. 18 Nr. 1A[125].

Hegelsche Schule hinausgeht, habe ich zuerst Logik und Metaphysik gehört, oder besser gesagt Metaphysik mit Logik, so verschmolzen, daß die Logik nur einen geringen Platz in der Metaphysik einnimmt. Darauf im zweiten Semester die Geschichte der Philosophie begonnen und im vorigen halben Jahre vollendet (doch nur bis Kant). Im vorigen Semester habe ich mich auch schon in das Gebiet der praktischen Theologie gewagt. Um nämlich die mir von Lic. Mangold als unvergleichlich geschilderte Vorlesung des Prof. Henke über Liturgik und Homiletik von Marburg mitzunehmen, habe ich sie jetzt schon in meine Studien eingereiht. Ich konnte sie recht wohl verstehen und hoffe in ihr einen gerechten Maßstab gefunden zu haben für den so wichtigen Teil meiner späteren Berufstätigkeit.

Zur Abb. rechts: Die Universität Marburg bescheinigt dem Theologiestudenten Emil Zeiß am 31. März 1857, „die in dem angeschriebenen Verzeichnisse genannten Vorlesungen zur vollen Zufriedenheit seiner Lehrer besucht und sich gesetzmäßig betragen“ zu haben. Vgl.: Archiv der Lippischen Landeskirche, Konsistorialregistratur Rep. II Tit. 18 Nr. 1A[125].

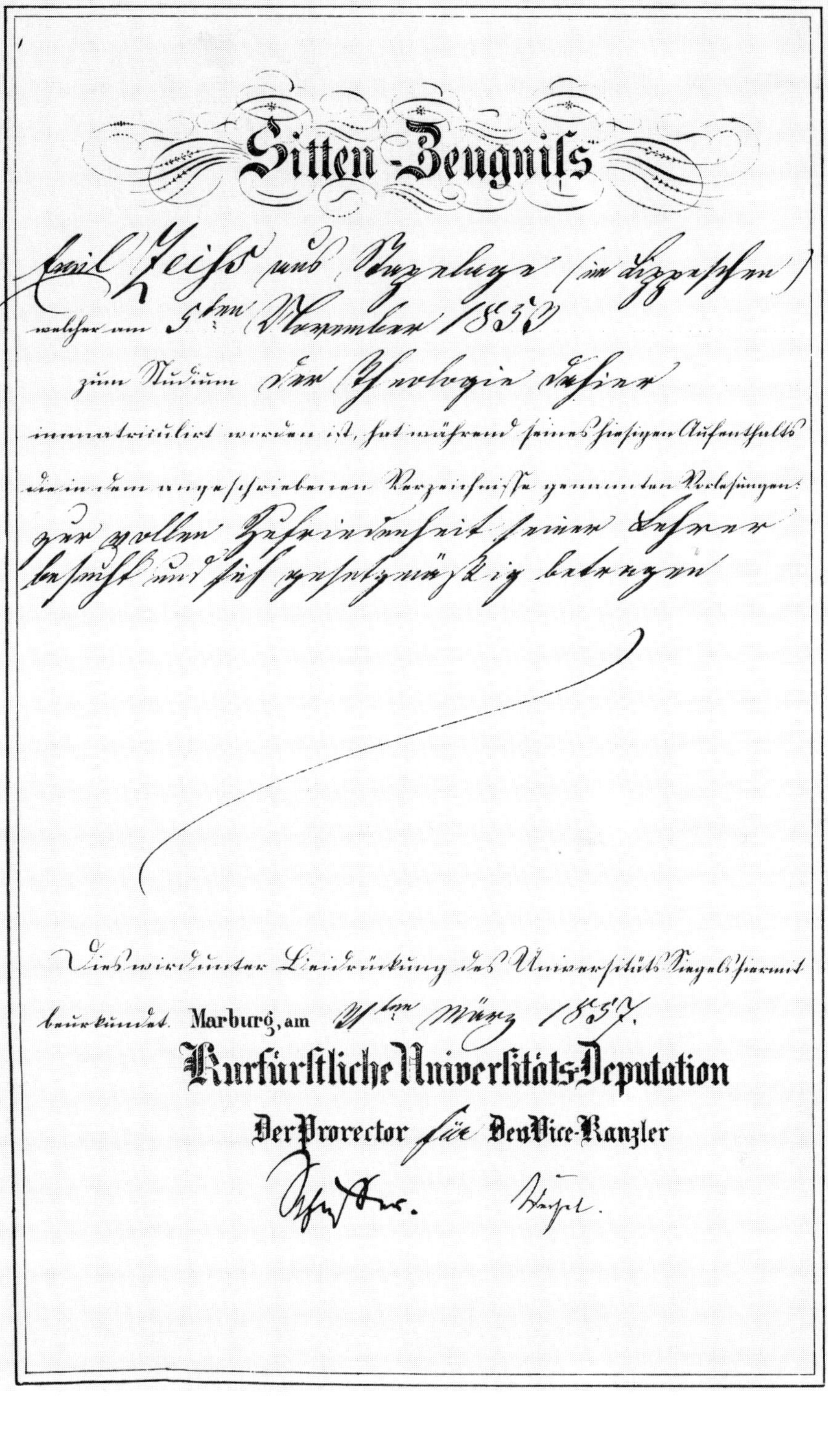

Sitten-Zeugniss

Emil Zeiss aus Wetzlar (im Preußischen)
welcher am 5ten November 1856
zum Studium der Theologie dahier
immatriculirt worden ist, hat während seines hiesigen Aufenthalts
die in dem angeschriebenen Verzeichnisse genannten Vorlesungen
zur vollen Zufriedenheit seiner Lehrer
besucht und sich gesetzmäßig betragen.

Dies wird unter Beidrückung des Universitäts Siegels hiermit
beurkundet. Marburg, am 11ten März 1857.

Kurfürstliche Universitäts-Deputation

Der Prorector für Den Vice-Kanzler

[illegible] [illegible]

Schloß Blonay am Genfer See in der Umgebung von Vevey. Bleistiftzeichnung von Emil Zeiß aus dem Jahre 1855. An diesem Ort — bei der Familie de Blonay — war Zeiß für einige Monate als Hauslehrer tätig.

Da ich von jeher viel Interesse an der Kunst gehabt habe, so suchte ich auch in meiner Theologie das Gebiet der Kunst auf und trieb zu meinem Vergnügen Geschichte der christlichen Baukunst und Malerei. Prof. Henke als erster Bibliothekar wies mir einen angemessenen Gang an, gab mir selbst Kunstwerke, die sonst eben nicht ausgeliehen werden. Einen besonderen Anhaltspunkt gewährte mir auch die prachtvolle Kirche der heiligen Elisabeth in Marburg selbst, die erstfertige Kirche in rein gotischem oder besser deutschem Baustil. Ich lernte diese dem Gotteshaus am angemessenste, erhabene prachtvolle Bauart bewundern und bedaure die vergeblichen Bestrebungen vieler evangelischer Theologen, die da nicht bedenken, daß wir, damals auch noch katholische Christen, noch ebenso viel Recht und Anteil an diesen Kunstwerken des Mittelalters haben wie die jetzige katholische Kirche und einen neuen Baustil für die evangelische Kirche schaffen wollen.

Das waren bis jetzt meine Studien. Was mich jetzt zunächst als Hauptsache beschäftigen muß, wird neben dem Römerbrief das Studium der systematischen Wissenschaften sein, wofür mir wohl in Halle das beste Feld offenstehen möchte. Leider haben sich aber die Umstände für mich so ungünstig gestaltet, daß es mir nicht möglich ist, gleich dieses Sommerhalbjahr mein Studium fortzusetzen.

Als ich nämlich gegen Ende des vorigen Semesters die Unmöglichkeit einsah, irgend hinreichende Mittel für das kommende zu erhalten, nahm ich, um doch die Zeit möglichst nützlich anzuwenden und meinen Eltern nicht zur Last zu fallen, auf vier Sommermonate eine mir durch Lic. Mangold offerierte Hauslehrerstelle in der Schweiz

Der Zürichsee. Aquarell von Emil Zeiß aus dem Jahre 1856. Das Motiv entstand in der Zeit, als Zeiß an der Universität Zürich Theologie studierte.

an, und zwar bei einer adligen Familie auf einem Schloß am Genfer See unweit Vevey. Da ich erst im Juni die Stelle anzutreten habe, so werde ich die Zeit bis dahin anwenden, teils, um in meine bis jetzt gemachten Studien eine Art Abschluß zu bringen, teils um einige homiletische Übungen anzustellen. In meiner Stellung als Hauslehrer werde ich mich eifrigst bestreben, aus allen meinen Verhältnissen Nutzen für meine Theologie zu ziehen. Die pädagogischen Übungen werden schon an und für sich nicht ohne Vorteil für mich sein. Durch mehrere Empfehlungen von Marburger Professoren an Prediger dortiger Gegend werde ich Gelegenheit haben, mich über die sehr interessanten kirchlichen Verhältnisse in der französischen Schweiz näher zu unterrichten. Da ich meinem einen Zögling täglich nur vier Stunden zu geben verpflichtet bin, so werde ich auch Zeit für mich übrig haben, meine rein theologischen Studien wenigstens so weit zu treiben, daß ich keinen Rückschritt zu befürchten brauche.

Übrigens freue ich mich, Hochfürstlichem Konsistorio meinen herzlichen Dank dafür aussprechen zu können, daß es mich in den Stand gesetzt hat, nächsten Herbst dem mir so liebgewordenen Studium der Theologie ferner obliegen zu können; hoffentlich werde ich es dann ohne weitere Unterbrechung vollenden können. Ich verspreche, durch eifrigsten Fleiß in dem mit Lust und Liebe begonnenen Studium sowie durch ein gutes Betragen mich der mir zuteilwerdenden Wohltaten und Unterstützungen würdig zu beweisen.

Aus: Archiv der Lippischen Landeskirche, Konsistorialregistratur Rep. II Tit. 16 Nr. 5.

Bernhard August Wilhelm Drüner, geboren in Donop als Sohn des Amtsvogts Friedrich Drüner, studierte nach dem Besuch des Lemgoer Gymnasiums von 1861 bis 1864 in Halle und Berlin Theologie. Seine Studienberichte, die er jährlich pflichtgemäß dem Konsistorium einreichte, vermitteln einen Einblick in das Pensum, das ein Theologiestudent auf der Universität während seines sechssemestrigen Studiums zu absolvieren hatte.
Nach Abschluß seines Studiums war Drüner nach Petersburg gegangen. Von hier aus bewarb er sich um die Zulassung zur 1. theologischen Prüfung, die er am 25. Juli 1865 vor dem Konsistorium in Detmold bestand. Am 9. August kehrte Drüner „aus der lieben Heimat an den Ort meiner provisorischen Tätigkeit zurück". Er übernahm nunmehr in Petersburg die Leitung einer privaten Erziehungsanstalt, die von der „verschiedensten Nationen angehörenden und daher auf die verschiedenste Weise erzogenen Jugend Petersburgs" besucht wurde. Neben seinen pädagogischen Verpflichtungen widmete sich Drüner durch die Teilnahme an der „jeden Montag abend stattfindenden Konferenz der Petersburger evangelischen Pfarrer" und durch Privatstudien der Theologie. Allerdings fand er hier keine Gelegenheit, sich „auch im praktischen Predigen zu üben". Denn „die Petersburger Prediger scheinen in dieser Sache ohne vorher am hiesigen Konsistorium bestandenen Examen sehr diffizil zu sein, wenigstens ist, wie ich bestimmt gehört, noch an keinen ausländischen Kandidaten ohne spezielle Erlaubnis des Konsistoriums eine Aufforderung ergangen". Seit dem Sommer 1867 weilte Drüner wieder in Donop, wo er sich auf das 2. theologische Examen vorbereitete. Er bestand diese Prüfung am 29. April 1868. Am 28. April 1872 wurde Drüner in Detmold durch Generalsuperintendent Koppen ordiniert.

Gehorsamster Bericht des stud. theol. A. Drüner aus Donop, sein von Michaeli 1861 bis Michaeli 1862 in Halle zugebrachtes Studienjahr betreffend
Lemgo, den 17. September 1862

Nach einem 6 1/2jährigen Besuche des Gymnasiums zu Lemgo habe ich Michaeli 1861 glücklich mein Abiturientenexamen bestanden. Teils aus eigener Neigung, teils auf den speziellen Wunsch meiner Geschwister beschloß ich mit Erlaubnis meiner Vormünder, die Universität Halle zu beziehen. Auf die freundliche Rücksprache mit Sr. Hochwürden, Herrn Generalsuperintendenten von Cölln, wurden mir die für das erste Semester besonders geeigenten Vorlesungen angeraten und habe ich demnach sieben Vorlesungen für den Anfang gehört.
Als Einleitung in mein theologisches Studium hörte ich die „Enzyklopädie und Methodologie" beim Herrn Prof. Tholuck, und was ich von einem akademischen Vortrage erwartete, habe ich hier in reichem Maße gefunden. Nicht nur der bei hohem Alter und körperliche Schwäche dennoch höchst geistesfrische Vortrag, sondern auch die sowohl das Studium der Theologie betreffende Vorlesung selbst waren wohl geeignet, einen jungen Theologie Studierenden Begeisterung und Liebe für sein so wichtiges Studium einzuflößen, zumal man bei mancher interessanten Erzählung zugleich auch eine hohe Idee von der reichen theologischen Erfahrung und Belesenheit des Herrn Dozenten bekam.

Ein zweites Kolleg über die „Synoptischen Evangelien“ bei demselben Professor war auch insofern angenehm und wertvoll, als man durch kein zu schnelles Diktat über die Hauptsachen ein vollständiges Heft bekam. Als Ergänzung hierzu wurde publice „Die Bergpredigt“ gelesen, wobei der Tholucksche Kommentar zugrunde gelegt wurde. Ein 4. und 5. Kolleg, „Die Genesis“ und „Einleitung in das alte Testament“, hörte ich beim Herrn Prof. Hupfeld. Obgleich die Exegese der ersteren nach meinem Urteil in jeder Weise recht tüchtig war, vorzüglich die sprachlich philologische Schärfe recht viel Lehrreiches und Angenehmes darbot, war jedoch die ganze subjektive Auffassung eben nicht geeignet, die jüngeren Zuhörer davon zu erbauen, da man durch die stets negative Kritik so verwirrt wurde, daß man zuletzt wider alles Erwarten nirgends einen Halt zu finden wähnte. In betreff der Einleitung wurde de Wette zum Führer genommen. Scharfe Kritik, eine knappe aber treffende Zusammenstellung machten das Kolleg interessant und lehrreich.

Noch zwei andere Kollegia förderten in etwas meine Kenntnisse auf dem Gebiete der Philologie und zwar eine Vorlesung über die „Geschichte der Philosophie“ beim Herrn Prof. Erdmann und eine über das „Leben und die Schriften Lessings“ beim Herrn Prof. Haym. Beide Kollegia bezeugten durch einen äußerst zahlreichen Besuch, daß beides, Inhalt und Vortrag lebendiges Interesse bei den Zuhörern hervorrief, und wirklich mußte der höchst gediegene Vortrag vorzüglich des ersteren Interesse für jenes Studium und Achtung für den Herrn Dozenten erwecken.

Mein Privatstudium beschränkte sich auf das Lesen mehrerer kleiner theologischer Werke und Biographien sowie vorzüglich auf Erweiterung meiner philologischen Kenntnisse.

Somit war nach beendigten Vorlesungen am 15. März d. J. das erste Semester zurückgelegt. Nach Rücksprache mit mehreren erfahrenen Theologen wählte ich für das folgende Semester acht Vorlesungen und zwar zuerst die „Über das Evangelium Johannes“ beim Herrn Prof. Jul. Müller. Das Studium dieses Evangeliums wurde aus besonderer Vorliebe und durch den gehalt- und liebevollen Vortrag des Herrn Dozenten auf die hohe Wichtigkeit desselben hingewiesen, zum Hauptstudium in diesem Semester gemacht. Zur Erweiterung der exegetischen Kenntnisse im Alten Testament hörte ich die Erklärung des Psalmen beim Herrn Prof. Hupfeld. Mit vielem Interesse habe ich an diesem Kolleg teilgenommen. Die besondere Einleitung sowie die sehr interessante Behandlung der vorkommenden kritischen Fragen riefen eine zahlreiche Zuhörerschaft herzu, die mit stets erneuertem Interesse bis zum Schluß den Hörsaal füllte. Um auch in das Studium der Kirchengeschichte eingeführt zu werden, nahm ich für das verflossene Semester zwei Kollegia in derselben an, den 2. Teil von Karl M. [= Karl, genannt Martell (Hammer), geb. um 690, rettete durch den Sieg über die Araber 732 zwischen Tours und Poitiers die christlich-abendländische Kultur] bis zum 30jährigen Kriege und den 3. Teil bis in die neueste Zeit beim Herrn Privatdozent Möller. Die Vorlesung „Über das Leben Jesu“ beim Herrn Prof. Beyschlag war für die jüngeren Zuhörer nicht so sehr geeignet, da hier zum inneren Verständnis schon eine höhere theologische Einsicht und dogmatische Kenntnisse vorausgesetzt wurden; mit desto größerer Teilnahme hörte ich „Die Leidens- und Auferstehungsgeschichte“ bei

Zeugniß.

Bernhard August Wilhelm Drüner aus Donop, welcher die dritte, zweite und erste Klasse des Gymnasiums und zwar letztere 2 1/2 Jahre besucht hat, wird mit dem Zeugniß der Reife von der Anstalt entlassen.

In der lateinischen und griechischen Sprache hat er sich gute Kenntnisse erworben, so daß er die gewöhnlichen Schriftsteller zu übersetzen und zu erklären versteht, ebenso in der hebräischen, auch in der französischen und englischen, jedoch waren die schriftlichen Exercitien nicht frei von Fehlern. Die deutschen Aufsätze waren stets mit Interesse und Sorgfalt abgefaßt und sowohl dem Inhalt als dem Ausdruck nach zu loben. Gut sind ferner seine Kenntnisse in der Religion, in der Weltgeschichte, in der alten und deutschen Literaturgeschichte, im Ganzen gut in der Mathematik und Geographie.

Von außerordentlichem Eifer zu den Studien beseelt, die er mit inniger Freude betrieb, war er stets fleißig, aufmerksam und in seinen Arbeiten gewissenhaft und pünktlich, gleichwie in seinem sonstigen Verhalten gehorsam, bescheiden und wohlgesittet. Indem wir ihm demnach ein rühmliches Zeugniß ertheilen, scheiden wir von ihm mit den besten Wünschen für sein Wohlergehen.

Lemgo, den 5. Octob. 1861.

Der Rektor des Gymnasiums,
Dr. Brandes.

Wird amtlich beglaubigt.
Lemgo 11 October 1861.
MAGISTRAT ZU LEMGO
Der Magistrat
Gevecker.

Das Lemgoer Gymnasium, aus einer mittelalterlichen Lateinschule hervorgegangen, war die älteste und bis ins 19. Jahrhundert bedeutendste Bildungsinstitution in Lippe.

demselben Herrn Professor. Besonderes Interesse erregte noch die Vorlesung des Prof. Tholuck über „Die Geschichte des Rationalismus", und gerade dieser Vortrag war besonders geeignet, über die reiche theologische Erfahrung und Belesenheit des betreffenden Herrn Professors ein glänzendes Zeugnis abzulegen. Eine Vorlesung „Über das Leben und die Schriften Schleiermachers" bildete den Schluß meiner Kollegia.
Als Privatstudium betrieb ich in diesem Semester die Wiederholung der „Synoptischen Evangelien" und vorzüglich die Kirchengeschichte, wobei ich nebenbei auch meine Sprachkenntnisse zu erweitern strebte.
Mit Genehmigung Sr. Hochwürden, des Herrn Generalsuperintendenten, gedenke ich das nächste Semester noch in Halle zuzubringen, um dann in Berlin meine akademische Laufbahn fortzusetzen und wahrscheinlich zu beschließen. Über letzteres und die Wahl meiner künftigen Vorlesungen erlaube ich mir noch den freundlichen Rat des Herrn Generalsuperintendenten einzuholen.

Zur Abb. links: Das vom Lemgoer Gymnasialrektor Dr. Brandes am 5. Oktober 1861 ausgestellte und vom Magistrat der Stadt beglaubigte Reifezeugnis für Bernhard August Wilhelm Drüner. Seine im Abitur erbrachten Leistungen waren wie folgt beurteilt worden: „Bernhard Wilhelm August Drüner aus Donop, welcher die dritte, zweite und erste Klasse des Gymnasiums und zwar letztere 2 1/2 Jahre besucht hat, wird mit dem Zeugnis der Reife von der Anstalt entlassen.
In der lateinischen und griechischen Sprache hat er sich gute Kenntnisse erworben, so daß er die gewöhnlichen Schriftsteller zu übersetzen und zu erklären versteht, eben so in der hebräischen, auch in der französischen und englischen, jedoch waren die schriftlichen Exercitia nicht frei von Fehlern. Die deutschen Aufsätze waren stets mit Interesse und Sorgfalt abgefaßt und sowohl dem Inhalt als dem Ausdruck nach zu loben. Gut sind ferner seine Kenntnisse in der Religion, in der Weltgeschichte, in der alten und deutschen Literaturgeschichte, im Ganzen gut in der Mathemathik und Geographie.
Von außerordentlichem Eifer zu den Studien beseelt, die er mit inniger Freude betrieb, war er stets fleißig, aufmerksam und in seinen Arbeiten gewissenhaft und pünktlich, gleichwie in seinem sonstigen Verhalten gehorsam, bescheiden und wohlgesittet. Indem wir ihm sonach ein rühmliches Zeugnis ertheilen, scheiden wir von ihm mit den besten Wünschen für sein Wohlergehen". Aus: Archiv der Lippischen Landeskirche, Konsistorialregistratur Rep. II Tit. 18 Nr. 1A[142].

Gehorsamster Bericht des stud. theol. A. Drüner aus Donop, sein von Michaeli 1862 bis Michaeli 1863 in Halle und Berlin zugebrachtes Studienjahr betreffend Berlin, den 5. Oktober 1863

Hatte sich mein Studium theol. in den beiden ersten Semestern in Halle vorzüglich der Exegese [Wissenschaft von der Bibelauslegung] zugewandt, so glaubte ich nach vorher eingezogener gütigster Beratung mit Sr. Hochwürden, dem Herrn Generalsuperintendenten v. Cölln, für das 3. Semester mit der Dogmatik [wissenschaftliche Darstellung der Glaubenslehre] beginnen zu können. Die vom Herrn Prof. Jul. Müller angekündigten Vorlesungen über die „Einleitung zur Dogmatik" sowie „Spezielle Dogmatik" wurden deshalb von mir belegt. Obgleich das ununterbrochene sehr schnelle Diktat manchen Zuhörer hätte abschrecken können, indem man nach beendeter Vorlesung neben einer total ermüdeten Hand sich mit nichts anderem als den bekannten Worten Goethes trösten konnte, so sah man bei einer nach längerer Zeit vorgenommenen Wiederholung dennoch ein, welch einen Schatz man in seinem Hefte nach Hause trug. Bei achtstündigem Lesen wöchentlich wurden beide Disziplinen bis zu Ende geführt, indem bei der speziellen Lehre von der Sünde mehr auf das Müllersche Lehrbuch von der Sünde verwiesen wurde. War schon das klare Exponieren der Dogmata, die scharfe, schlagende Argumentation interessant, so wurde das Interesse besonders rege bei den mehr abweichenden subjektiven Ansichten Müllers wie z. B. der zwar etwas prekären, doch höchst geistvollen Ansicht von dem vorzeitlichen Sündenfalle und der Apokatastasis [vollkommene Wiederherstellung der Schöpfung am Weltende zur ewigen Seligkeit].
Meine exegetischen Studien beschränkten sich in diesem Semester hauptsächlich auf die des Neuen Testaments. Der „Römerbrief", gelesen vom Herrn Prof. Tholuck, nahm bei dem stets interessanten und aufmunterndem Vortrage des Herrn Dozenten, der auch nicht verabsäumte, bei den wichtigeren Stellen auf die betreffenden Dogmata hinzuweisen und am Ende größerer Abschnitte ein kurzes Resümee mit praktischen Winken zu geben, meine Haupttätigkeit in Anspruch; außerdem hörte ich „Pauli-Briefe an den Thessalonicher" bei dem Herrn Prof. Beyschlag und den „An Philemon" bei dem Herrn Prof. Guerike; durch mehr praktische Auslegung war das erstere Kolleg ausgezeichnet, während der letztere Herr Dozent es sich angelegen sein ließ, durch präzise philologische Exegese und scharfe Kritik seinen Zuhörern die Vorlesung liebzumachen. Die Einleitung in das Neue Testament zu hören war mir nicht vergönnt, indem die vom Herrn Privatdozenten Möller angekündigte Vorlesung wegen Mangels an Zuhörern nicht zustandekam, wogegen die von demselben angekündigte und von mir belegte Vorlesung „Neutestamentliche Zeitgeschichte" bei der pragmatischen Darstellung mir einen tieferen Einblick in die Heilsgeschichte verschaffte. Als philologisches Kolleg hörte ich „Über das Leben und die Schriften Goethes", das bei dem gediegenen Vortrage des Herrn Prof. Haym durch manche weniger bekannte Mitteilungen aus dem Leben des großen Mannes sowie durch eine recht gründliche Rezension Goethescher Dramen interessant und lehrreich war.

Somit hatte ich die erste Hälfte meines Trienniums zurückgelegt. Daher beschloß ich, nunmehr mich nach Berlin zu wenden, wohin mich neben dem Ruf einer tüchtigen

Friedrich August Tholuck (rechts) lehrte von 1826 bis 1877 an der Universität Halle Theologie. Ihm galt das erbauliche und seelsorgerliche Moment in der Theologie mehr als das wissenschaftlich-methodische. Tholuck predigte unermüdlich und war ein echter Studentenvater, der seine Schüler in die Glaubenslehre der Erweckungstheologie einführte.
Wie Tholuck in Halle, so sammelte Beck in Tübingen (links) eine große Anhängerschaft um sich, zu der auch lippische Theologiestudenten gehörten. Carl Müller aus Remmighausen z. B., der im Jahre 1875 sein theologisches Studium in Leipzig begonnen hatte, wechselte im Wintersemester 1876/77 nach Tübingen, um hier Beck zu hören. Bereits nach einsemestrigem Aufenthalt in Tübingen erstattete Müller dem Konsistorium am 15. April 1877 Bericht, in dem er Beck in seinem Wirkungskreis schilderte:
„Gleich seine erste Vorlesung über Ethik, die ich hörte, machte einen tiefen Eindruck auf mich. Die Art und Weise, wie er seine Aufgabe als Professor der Theologie auffaßt und löst, ist eine ganz neue, der gewöhnlichen durchaus fremde. Er will nicht auf das Examen vorbereiten, wie er selbst sagt, sondern auf das Leben. Er läßt Theologie Theologie und Philosophie Philosophie sein, treibt weder Dogmen noch Geschichte, sondern, unter Voraussetzung der Bekanntschaft seiner Hörer mit den Resultaten einer objektiven Einleitung, schöpft er seine Lehre unmittelbar aus der Schrift, wobei er nie vergißt zu betonen, daß das Vorgetragene, wenn als Wahrheit erkannt, nicht allein in das Wissen, sondern vor allem in das eigene persönliche Leben aufzunehmen sei. Er wird nicht müde, hierauf immer und immer wieder den Akzent zu legen, wie er denn überhaupt die Schäden des modernen Christentums darin sieht, daß dasselbe mehr zum Gegenstand der Reflexion als des innersten persönlichen Lebens gemacht sei. Dabei spricht er mit einer Lebendigkeit, einem Feuer, ja man möchte sagen zu Zeiten Leidenschaftlichkeit, wie man sie wohl selten bei einem 73jährigen Greise findet". Vgl. Archiv der Lippischen Landeskirche, Konsistorialregistratur Rep. II Titel 17 Nr. 3.

Repräsentation unserer Fakultät auch die mannigfaltigen Schätze antiker und moderner Kunst und Wissenschaft zogen. Unter der sehr reichhaltigen Auswahl der theologischen Vorlesungen nahm ich zuerst die von Herrn Prof. Twesten angekündigte „Ethik" an, die sich durch besondere Gründlichkeit und dabei praktische Verständlichkeit auszeichnete; schade, daß der Herr Dozent oft zu sehr Eklektiker [jemand, der aus verschiedenen philosophischen Systemen das ihm Passende auswählt] war. Die Dogmen-

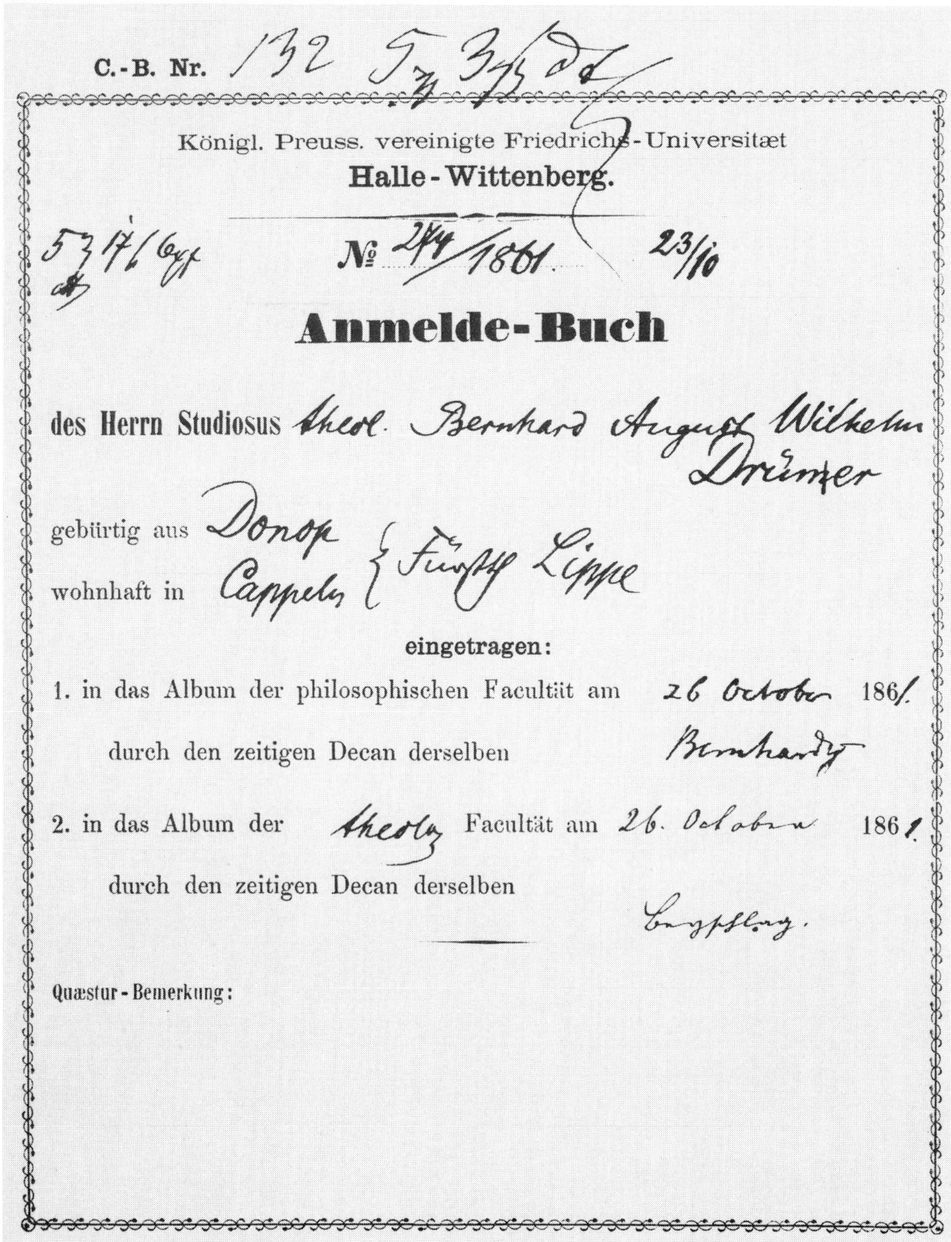

C.-B. Nr. 132

Königl. Preuss. vereinigte Friedrichs-Universitæt
Halle-Wittenberg.

№ 244/1861. 23/10

Anmelde-Buch

des Herrn Studiosus theol. Bernhard August Wilhelm Drüner

gebürtig aus Donop
wohnhaft in Cappeln } Fürstth Lippe

eingetragen:

1. in das Album der philosophischen Facultät am 26 October 1861.
   durch den zeitigen Decan derselben Bernhardy
2. in das Album der theolg Facultät am 26. October 1861.
   durch den zeitigen Decan derselben

Quæstur-Bemerkung:

Studienbuch der Universität Halle-Wittenberg für Bernhard August Wilhelm Drüner aus Donop. Die Studenten der Theologie waren neben der Theologischen zugleich auch in der Philosophischen Fakultät eingeschrieben, da in dieser Fakultät die für das Theologiestudium wichtigen propädeutischen Wissenschaften wie Philosophie, Pädagogik und Geschichte gelehrt wurden. Aus: Archiv der Lippischen Landeskirche, Konsistorialregistratur Rep. II Tit. 18 Nr. 1A[147].

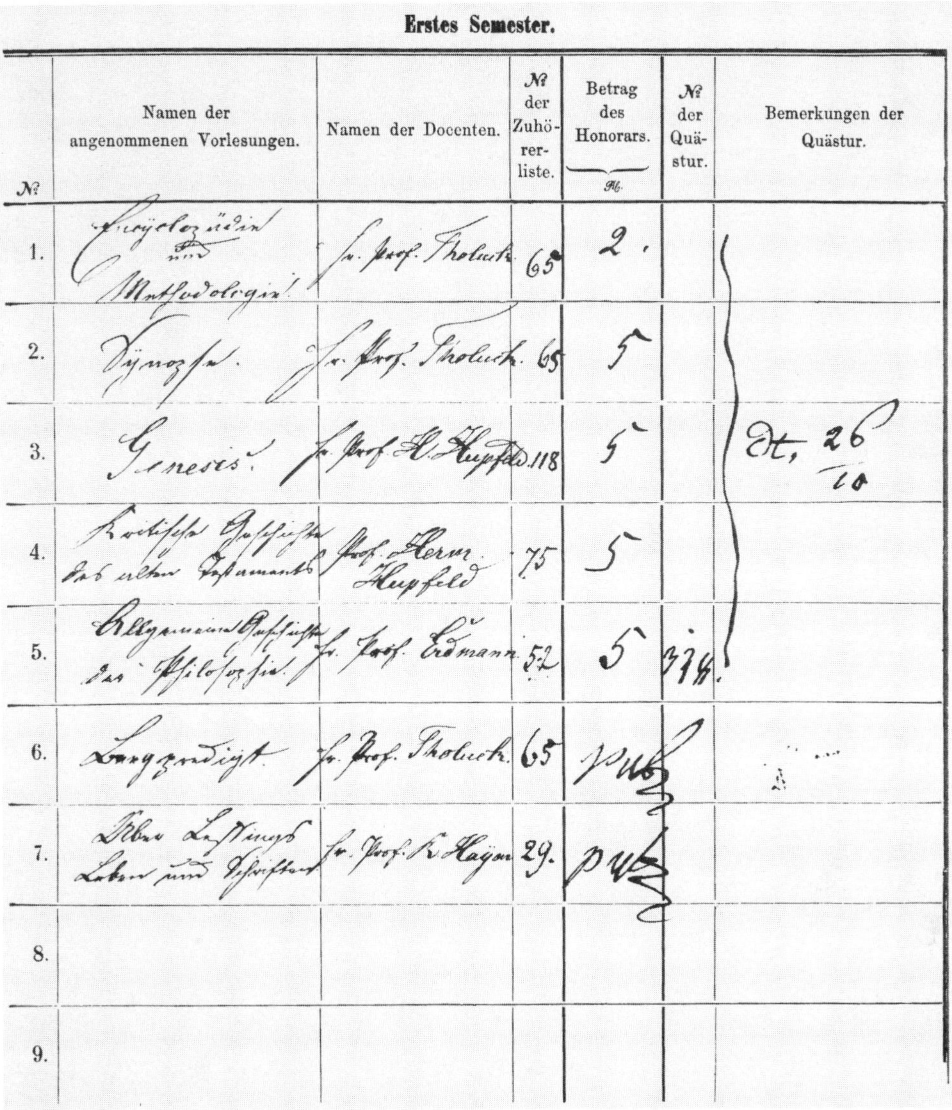

Erstes Semester.

№	Namen der angenommenen Vorlesungen.	Namen der Docenten.	№ der Zuhörer-liste.	Betrag des Honorars. Rt.	№ der Quästur.	Bemerkungen der Quästur.
1.	Encyclopädie und Methodologie.	Hr. Prof. Tholuck.	65	2.		
2.	Synopse.	Hr. Prof. Tholuck.	65	5		
3.	Genesis.	Hr. Prof. H. Hupfeld.	118	5		dt. 26/10
4.	Kritische Geschichte des alten Testaments	Prof. Herrn Hupfeld	75	5		
5.	Allgemeine Geschichte der Philosophie.	Hr. Prof. Erdmann.	52	5	374	
6.	Bergpredigt.	Hr. Prof. Tholuck.	65	[illegible]		
7.	Über Lessings Leben und Schriften	Hr. Prof. R. Haym	29.	[illegible]		
8.						
9.						

Die von Bernhard August Wilhelm Drüner im 1. Semester (vom 29. September 1861 - Ostern 1862) an der Universität Halle besuchten Lehrveranstaltungen: Enzyklopädie und Methodologie, Synopse und Bergpredigt bei Prof. Tholuck; Genesis und Kritische Geschichte des alten Testaments bei Prof. Hupfeld; Allgemeine Geschichte der Philosophie bei Prof. Erdmann; Über Lessings Leben und Schriften bei Prof Haym.

geschichte beim Herrn Prof. Niedner zeugte von den immensen Kenntnissen des Verfassers auf diesem Felde, war leider oft nur zu philosophisch gehalten, so daß wir bei der ängstlichen Genauigkeit kein gedeihliches Ende erreichten. Die Erklärung des „Kolosser- und Epheser-Briefes“ beim Herrn Privatdozenten Nitzsch war durch

genaue philologische Erklärung mehr lehrreich als durch Aufstellung aller möglichen Ansichten interessant. Das mehr kursorische Lesen des „1. Buchs Samuelis" beim Herrn Prof. Benary führte uns einerseits in die Tiefen der hebräischen Sprache, zeigte uns aber auch andererseits, wie weit man bei dem passiven Inspirationsdogma gehen darf.
Was für Anforderungen ein junger Zuhörer an einen akademischen Vortrag gewöhnlich stellt, das wurde dargeboten in der Vorlesung über Homiletik [Lehre von der Geschichte und Theorie der Predigt] und Katechetik [Lehre vom Religionsunterricht] beim Herrn Prof. Steinmeier. Nicht nur der fließende Vortrag, der höchst präzise Ausdruck, sondern auch die schärfste Kritik sowie die schlagendste Argumentation mußten bald die Interessen eines jeden auf das höchste spannen und hohe Achtung vor dem Herrn Dozenten einflößen. Die „Patristik" [Wissenschaft von den Schriften und Lehren der Kirchenväter] beim Herrn Prof. Pieper war auch insofern interessant, als die Erklärung des christlichen Museums im Universitätsgebäude damit verbunden war. Als philosophische Vorlesung hörte ich die „Allgemeine Einleitung in die Philosophie" beim Herrn Prof. Gruppe und als philologische „Über die Haupterscheinungen in der Literatur seit dem sechzehnten Jahrhundert" beim Herrn Prof. v. Raumer.
Meine Privatstudien beschränkten sich in diesen beiden Semestern im ersteren vorzüglich auf die Einleitung in das Neue Testament, weil ich dieselbe vom Katheder nicht hören konnte, was mir jedoch vollständig durch das vortreffliche Handbuch von Bleek ersetzt wurde, sodann auf die Kirchengeschichte, besonders den ersten Teil, indem ich das größere Lehrbuch von Kurz exzerpierte und aus dem Haase nachlas; im verflossenen Semester habe ich mich vorzüglich mit der Exegese des Neuen Testaments beschäftigt, indem ich das Johannes-Evangelium rezitierte und Pauli-Briefe an die Korinther und Galater nach den Kommentaren von Neander und Meyer für mich studierte.
Indem ich schließlich um gütige Entschuldigung wegen verspäteten Einreichens meines Berichtes bitte, da ich gleich nach Schluß der Kollegia eine längere Reise unternahm, erlaube ich mir zugleich die für das nächste Semester zu hörenden Vorlesungen mitzuteilen: 1. Die Weissagungen des Jesaia beim Herrn Prof. Benary, 2. Symbolik [Konfessionskunde] beim Herrn Prof. Twesten, 3. Praktische Theologie beim Herrn Prof. Steinmeier, 4. Psychologie beim Herrn Prof. Trendelenburg, 5. Galater-Brief beim Herrn Prof. Steinmeier und 6. Homiletische und Katechetische Übungen beim Herrn Probst Nitzsch.
Meine Absicht ist, auch das letzte Semester in Berlin zu bleiben, wenn ich vielleicht nicht noch später wegen leichterer Ausführung des praktischen Predigens eine kleinere Universität, etwa Marburg, zu beziehen vorziehen werde.

Aus: Archiv der Lippischen Landeskirche, Konsistorialregistratur Rep. II Tit. 17 Nr. 2, Tit. 19 Nr. 3.

2. Der Kandidat des Predigtamts

Die „Consistorial-Verordnung für die Candidaten des Predigtamts im Fürstenthum Lippe vom 18. Dezember 1837" schrieb im § 5 vor: „Wenn 2 Jahre nach dem ersten Examen verflossen sind und hinreichende Beweise von fortschreitender Tüchtigkeit vorliegen, so können sich die Candidaten zum zweiten Examen bei dem Consistorio melden" (vgl. S. 35). Während dieser Zeit stand der Kandidat — weit stärker noch als in den Jahren des Studiums — unter der Aufsicht der geistlichen Behörde, die seine „ganze Lebensführung" überwachte sowie seine „Fortschritte im theologischen Wissen" und hier vor allem seine „praktische Fortbildung" überprüfte. Wo und wie er sich diese erwarb, blieb weitgehend dem Kandidaten überlassen. In der Regel war der Kandidat einem Pfarrer als Gehilfe zugeordnet; er konnte sich aber auch als Hauslehrer betätigen oder im Schuldienst — als Lehrer an einem Gymnasium, einer Rektor- oder Töchterschule — pädagogische Erfahrungen sammeln, die ihm später in seiner pfarramtlichen Funktion als Schulaufsichtsbeamter zugute kamen.
Während dieser Zeit mußten die im Schuldienst eingesetzten Theologen am kirchlichen Leben der Gemeinde Anteil nehmen, dem Pfarrer bei kirchlichen Handlungen zur Seite stehen und bei seiner Abwesenheit oder Krankheit die Predigt und den Konfirmandenunterricht übernehmen. So kam auch der im Schuldienst stehende Theologe mit Tätigkeiten in Berührung, die er später als Inhaber eines Pfarramtes wahrzunehmen hatte (vgl. S. 63 f.). Denn nur selten wählte ein Kandidat der Theologie den Lehrberuf zu seinem Lebensberuf. Im Verständnis der Theologen galt der Schuldienst stets als Durchgangsstufe zu einem Pfarramt.
Wer es sich leisten konnte, verbrachte die Zeit bis zur zweiten theologischen Prüfung auf der Universität, wo er seine theologischen Kenntnisse vertiefte und häufig noch ein Studium generale absolvierte, indem er Vorlesungen von allgemeinbildender Art besuchte. Da in einer Universitätsstadt bzw. in ihrem Umfeld die Nachfrage nach Hauslehrern immer groß war, nutzten die meisten Kandidaten diese Gelegenheit, um die eigenen Finanzen aufzubessern (vgl. S. 41 f.).
Als Aspiranten auf ein Pfarramt hatten die Kandidaten jährlich eine wissenschaftliche Abhandlung über ein vorgegebenes Thema und eine Predigt über einen selbstgewählten Text auszuarbeiten (vgl. S. 49). Wer auf diesem Wege „hinreichende Beweise von fortschreitender Tüchtigkeit" erbracht hatte, konnte sich zur zweiten theologischen Prüfung — dem „examen pro ministerio" — melden.
Die Predigtamtsprüfung, zu der der Kandidat eine Predigt und eine Katechese nach einem vorgelegten Text anzufertigen hatte, war eine mündliche Prüfung (vgl. S. 50). Den Kern bildeten die Fächer Homiletik, Katechetik, Pastoralwissenschaft, d. h. die Anleitung zur Predigtamtsprüfung, und Kirchenrecht; auch die Pädagogik konnte zu einem Gegenstand der Prüfung gemacht werden. Es waren Gebiete, die in der ersten theologischen Prüfung nur gestreift wurden. Die Beurteilung der Prüfungsleistungen erfolgte wie in der Kandidatenprüfung durch die Prädikate „wohl bestanden" und „bestanden". Erst seit 1887 wurden — in der ersten wie in der zweiten Prüfung — „auch Prädikate über die Leistungen in den einzelnen Disziplinen erteilt unter Beibehaltung

des Gesamtprädikats". Durch die Predigtamtsprüfung war der Kandidat „präsentations-, wahl- und anstellungsfähig" geworden; d. h. er hatte die Qualifikation für die Verwaltung eines Pfarramtes erworben.

Zitate vgl.: Archiv der Lippischen Landeskirche, Konsistorialregistratur Rep. II Tit. 16 Nr. 3 und 5.

Nach der Aufnahme unter die Landeskandidaten wurde der Kandidat als „Candidatus Ministerii Lippiaci" auf die Reversalien verpflichtet. Dieser Akt vollzog sich auf der „Konsistorialstube". Mit der Aushändigung eines „Scheins" zu seiner „Legitimation" wurde dem Kandidaten „die Erlaubnis zum Predigen erteilt".

Die „Kandidaten-Reversalien" von 1857

Ich Endesunterschriebener Candidatus Ministerii Lippiaci gelobe und verspreche mit Hand gegebener Treue an Eides statt nachfolgende Punkte, die ich mit gutem Bedacht gelesen und erwogen, auch freiwillig mit eigener Hand unterschrieben habe, steif und fest zu halten:

1. daß ich zuvörderst Gott dem Allerhöchsten, als dessen Gewidmeter, mit gesunder Lehre, und auf das ich ja Niemand ärgere, mit einem eingezogenen exemplarischen und gottseligen christlichen Leben, nach allem Vermögen dienen will,
2. daß ich dem Durchlauchtigsten Fürsten und Herrn, Herrn Paul Friedrich Emil Leopold, meinem gnädigsten Fürsten und Herrn, will treu und hold sein, und mich, als einem aufrichtigen Untertan wohl ansteht, in allem verhalten,
3. daß ich diesem Hochfürstlichen Konsistorio allen Respekt und Gehorsam beweisen und dessen Gebot und Verbot fleißig nachkommen will,
4. daß ich dem ehrwürdigen Ministerio dieser Fürstlich Lippischen Lande alle gebührende Ehre bezeigen, von keinem derer Prediger übel und verdächtig reden, sondern vielmehr, wenn ich von jemand derselben in vorfallender Gelegenheit bei Zeiten gefordert werde, demselben willig und gern im Predigen sublevieren will,
5. daß ich mich nach allen Kräften befleißigen will, meine Studia fortzusetzen und insbesondere in denen Stücken mich üben, die mir etwa fehlen, oder von denen Herren Konsistorialibus nötig erachtet werden möchten, damit ich mich also zum künftigen Dienst des Herrn anschicke und durch die Hilfe Gottes wohl bereite,
6. daß ich nicht anders, als was mit den Schriften Alten und Neuen Testaments, auch dem darauf gegründeten Glaubensbekenntnis der nach Gottes Wort Reformierten Kirche und Heidelbergischen Katechismus übereinkommt, lehren will,
7. daß ich von meinem vorgenommenen Zweck ohne erhebliche besondere dem Konsistorio denunzierten Ursachen nicht ablassen, sondern dabei bis etwa der Herr mich zu seinem Dienst berufen möchte, durch dessen Gnade getreulich und festiglich verharren will,
8. dieses Alles und was sonsten noch von einem christlichen Candidato Ministerii erfordert werden mag, verspreche ich nochmalen an Eidesstatt durch des Herrn Beistand aufrichtig zu halten.

Urkundlich dieser meiner eigenhändigen Unterschrift.

Aus: Zweiter Nachtrag zu der Sammlung von Verordnungen, die amtlichen Verhältnisse und Pflichten der Prediger und Schullehrer des Fürstentums Lippe betreffend (1853-1874), Detmold 1874, S. 33 f.

Ein bedeutender Schritt auf dem Weg zur Vereinheitlichung der Pfarrerausbildung war die im Jahre 1837 unter der Federführung des neu ins Amt berufenen Generalsuperintendenten Althaus erlassene Verordnung für die Kandidaten des Predigtamts, die die zweite theologische Ausbildungsphase — das Vikariat — erstmals einer festen Regelung unterwarf. In den acht Paragraphen dieser Ausbildungsverordnung war festgelegt, welche Leistungen von den Kandidaten bis zur Predigtamtsprüfung zu erbringen waren. „Die Verordnung [. . .] hat mir innige Freude gewährt, denn es ist damit offenbar ein wichtiger Schritt zum Besseren geschehen", mit diesen Worten hatte Superintendent Zeiß die neue Verordnung begrüßt, indem er zugleich die Erwartung aussprach: „Durch strenges Halten auf Beobachtung derselben werden nicht nur solche jungen Leute, denen es ebenso sehr an Talent und Geschicklichkeit als an Lust und Eifer fehlt, dem Predigtamt einst würdig vorzustehen, vom Eintritt in dasselbe zurückgehalten, sondern auch die besseren Kandidaten in ihrer Bildung umso eifriger fortzuschreiten veranlaßt werden".

Konsistorial-Verordnung für die Kandidaten des Predigtamts vom 18. Dezember 1837

Da es allgemein anerkannt ist, daß die Vorbereitung zu einer würdigen und gesegneten Verwaltung des Predigtamts sich nicht auf die Universitätsjahre beschränken darf, sondern auch nach denselben mit Ernst und Ausdauer fortgesetzt werden muß; da es überdies für die geistliche Oberbehörde wichtig ist, sich in genauerer Bekanntschaft mit dem weiteren Bildungsgange und der ganzen Lebensführung der künftigen Prediger und Seelsorger des Landes zu erhalten: so wird in dieser Hinsicht hiermit Folgendes erklärt und verordnet.

§ 1

Nach dem ersten Examen werden diejenigen, welche dasselbe zur Zufriedenheit bestanden und sowohl über die von ihnen erworbene wissenschaftliche Tüchtigkeit, als auch über ihre Gabe der Mitteilung und des Vortrages die erforderlichen Beweise abgelegt haben, unter die Aufsicht und Leitung des Konsistoriums und speziell unter die des Superintendenten der Klasse gestellt, in welcher sie wohnen. Diejenigen, welche sich während ihrer Kandidatenjahre im Auslande befinden, sollen zu dem Bereiche der Detmolder Klasse gerechnet werden.

§ 2

Sie sind verpflichtet, jährlich zu Michaelis an den betreffenden Superintendenten, mit welchem sie sich auch außerdem, soweit es Zeit und Umstände erlauben, zu benehmen haben, einen Bericht über ihre Studien sowie über ihre sonstigen Beschäftigungen und Verhältnisse, mit besonderer Hinweisung auf dasjenige, was von ihnen für ihre praktische Fortbildung geschehen ist, abzustatten und denselben spätestens am 3. Oktober einzusenden.

Ich Endes unterschriebener Candidatus Ministerii Lippiaci gelobe und verspreche mit Handgegebener Treue an Eides statt nachfolgende Puncte, die ich mit gutem Bedacht gelesen und erwogen, auch freiwillig mit eigener Hand unterschrieben habe, steif und fest zu halten:

1) daß ich zuförderst Gott dem Allerhöchsten, als deßen Diener ich mich widme, die ihm gebührende Ehre, und auch daß ich bei Niemand ärgere, mit einem eingezogenen exemplarischen und gottseligen christlichen Leben, nach allem Vermögen dienen will.

2) Daß ich dem Durchlauchtigsten Fürsten und Herrn, Herrn Paul Friedrich Emil Leopold, meinem gnädigsten Fürsten und Herrn, will treu und hold sein, und mich, als einem aufrichtigen Unterthanen wohl ansteht, in allem verhalten

3) daß ich dessen Hochf. Consistorio allen Respect und Gehorsam beweisen und dessen Gebot und Verbot fleißig nachkommen will.

4) daß ich dem sämmtlichen Ministerio dieser Fürstlich. Lippl. Lande alle gebührende Ehre bezeigen, und keinem derer Predigern übel und verächtlich reden, sondern vielmehr, wenn ich von Jemand derselben zu verhaltender Gelegenheit bei Zeiten gefordert werde, denselben willig und gern im Predigen sublevieren will.

5) daß ich nach meinen Kräften beflissen seyn will, meine Studia fortzusetzen und insbesondere in denen Büchern mich üben, die mir etwa fehlen, oder von denen Herren Consistorialibus nöthig erachtet werden möchten, damit ich mich also zum künftigen Dienst desto besser vorbereite und durch die Hülfe Gottes wohl bereite

6

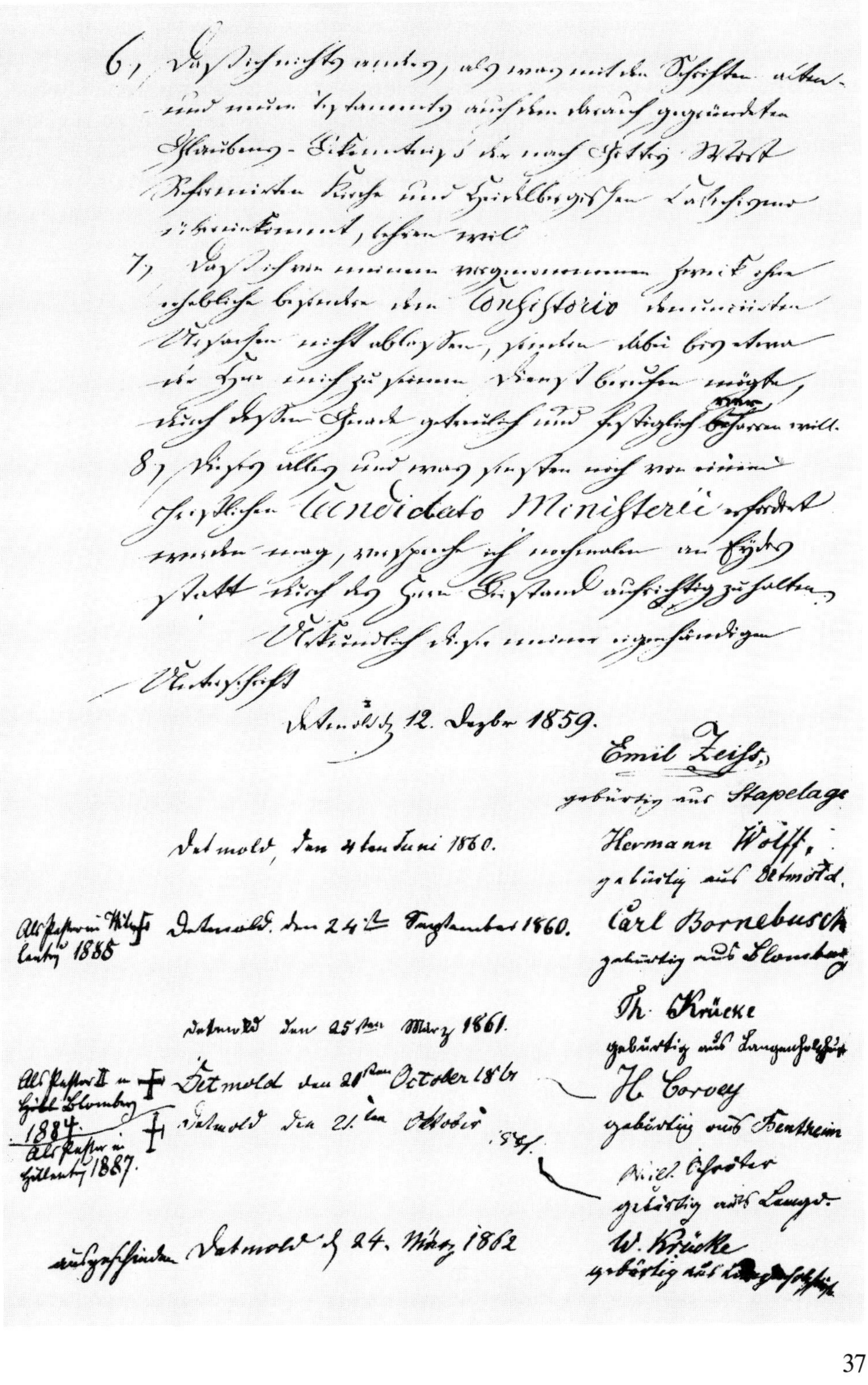
6, Daß ich nichts anders, als was mit den Schriften alten und neuen Testaments auch dem darauf gegründeten Glaubens-Bekenntniß der nach Gottes Wort Reformirten Kirche und Heidelbergischen Catechismus übereinkommt, lehren will.

7, Daß ich mir meinen vorgenommenen [illegible] ohne erhebliche besondere dem Consistorio [illegible] Ursachen nicht ablegen, sondern dabei beharren, [illegible] mich zu seinem Dienst berufen möchte, auch dessen Gnade gebrauchen und fleißig [illegible] will.

8, Dieses alles und was sonsten noch von einem geistlichen Candidato Ministerii erfordert werden mag, verspreche ich nochmalen an Eides statt durch des Herrn Beistand aufrichtig zu halten.

Urkundlich dieser meiner eigenhändigen Unterschrift

Detmold, 12. Dezbr 1859. — Emil Zeiß, gebürtig aus Stapelage

Detmold, den 4ten Juni 1860. — Hermann Wolff, gebürtig aus Detmold.

Als Pastor in [illegible] 1888 — Detmold. den 24ten September 1860. — Carl Bornebusch, gebürtig aus Blomberg

Detmold den 25ten März 1861. — Th. Krücke, gebürtig aus Langenholzhausen

Als Pastor II in Stadt Blomberg 1884. ✝ — Detmold den 21ten October 18[illegible] — H. Corvey, gebürtig aus Bentheim

Als Pastor in Hillentrup 1887. ✝ — Detmold den 21ten Oktober [illegible] — Wilh. Schröder, gebürtig aus Lemgo.

ausgeschieden — Detmold d. 24. März 1862 — W. Krücke, gebürtig aus Langenholzhausen

§ 3

Diesem Berichte haben sie eine von ihnen ausgearbeitete Predigt über einen selbstgewählten Text und eine Abhandlung über ein aufgebenes Thema beizufügen. Die Aufgaben, von welchen sie unter mehreren eine wählen, sollen ihnen, nach Beratung darüber mit den Superintendenten, vom Konsistorium jedes Mal mindestens ein halbes Jahr vor dem bemerkten Einlieferungstermin mitgeteilt werden.

§ 4

Die Superintendenten haben jährlich über die in ihrem respekt. Sprengel wohnenden Kandidaten und die von denselben gelieferten Arbeiten binnen vier Wochen nach Empfang derselben an das Konsistorium zu berichten, welches das Weitere verfügt.

§ 5

Wenn 2 Jahre nach dem ersten Examen verflossen sind und hinreichende Beweise von fortschreitender Tüchtigkeit vorliegen, so können sich die Kandidaten zum zweiten Examen bei dem Konsistorium melden. Jedoch ist es ihnen auch verstattet, längere Zeit darüber vergehen zu lassen, nur daß ihnen weiterhin, ohne dasselbe wohl bestanden zu haben, die Ordination nicht bewilligt wird.

§ 6

Bei dem zweiten Examen soll im allgemeinen auf die gemachten Fortschritte in theologischem Wissen, im Besondern aber auf größere Vertrautheit mit der heiligen Schrift, auf Homiletik und Katechetik und die Leistungen in dem einen wie in dem andern Fache Rücksicht genommen werden.

§ 7

Diejenigen, welche sich nicht etwa zu entfernt im Auslande aufhalten, sind verpflichtet, jedes Jahr einmal, wenn die Aufforderung dazu an sie ergeht, unentgeltlich in hiesiger Hauptkirche zu predigen.

§ 8

Sämtliche Kandidaten bleiben bis zu ihrer definitiven Anstellung als Pfarrer an die bezüglichen Punkte dieser Verordnung gebunden. Sie würden es sich selbst zuzuschreiben haben, wenn sie durch wiederholte, aus Fahrlässigkeit herrührende Kontravenienzen ihre sonstigen Ansprüche auf Beförderung, welche überdies keineswegs aus-

Zu den Abb. S. 36/37: Zwei Seiten aus dem sogenannten Kandidatenbuch der Lippischen Landeskirche. Sie beinhalten den Wortlaut der „Kandidaten-Reversalien" (vgl. S. 34) und die Namen der Kandidaten Emil Zeiß aus Stapelage, Hermann Wolff aus Detmold, Carl Bornebusch aus Blomberg, Theodor Krücke aus Langenholzhausen, Hermann Corvey aus Bentheim, Wilhelm Schröter aus Lemgo und Wilhelm Krücke aus Langenholzhausen. Aus: Archiv der lippischen Landeskirche, Konsistorialregistratur Rep. II Tit. 16 Nr. 1 (Nr. 372).

schließlich oder auch nur hauptsächlich auf Anciennetät gegründet werden können, vereitelten.
Konsistorium versieht sich indessen zu ihnen des Besten und hat bei obigen Bestimmungen und dem strengen Halten auf dieselben keine andere Absicht, als zur Heranbildung würdiger, geschickter und treuer Arbeiter im Weinberge des Herrn seinerseits nach Kräften mitzuwirken. — Es soll diese Verordnung durch das Intelligenzblatt bekannt gemacht, allen jetzigen Kandidaten des Predigtamts zugesandt, künftig aber denen, die das erste Examen gemacht haben, sofort zur Beachtung übergeben werden.

Aus: Archiv der Lippischen Landeskirche, Konsistorialregistratur Rep. II Tit. 16 Nr. 3.

Der Kandidat des Predigtamts Hermann Goedecke hatte am 1. Juni 1842 vor dem Konsistorium seine erste theologische Prüfung mit Erfolg bestanden. Seine schriftlichen Prüfungsleistungen zeugten „in erfreulicher Art von der besonnenen und gemäßigten theologischen Richtung des Verfassers, der sich überhaupt für seinen Beruf gut zu qualifizieren scheint". Da Goedecke nach bestandenem Examen keine Anstellung als Hilfsprediger fand, suchte er anderweitig eine sinnvolle Beschäftigung: Er setzte in Berlin seine wissenschaftlichen Studien fort und betätigte sich zeitweilig als Hauslehrer in Schlesien. Im folgenden Bericht legte Goedecke über seine Tätigkeit vor der geistlichen Behörde Rechenschaft ab.

Studienbericht des Kandidaten Hermann Goedecke
Schloß Schönfeld bei Schweidnitz (Berlin, Unter den Linden 6),
den 24. September 1843

Der hohen Verordnung gemäß, welche von einem Hochfürstlichen Konsistorium den Kandidaten des Landes in betreff ihrer Studien und sonstigen Verhältnisse gestellt ist, unterfange ich mich, der mir obliegenden Pflicht mich zu entledigen und Ew. Hochwürden hiermit über meine wissenschaftlichen Beschäftigungen und anderweitigen Verhältnisse zu berichten.
Die ersten fünf Monate nach dem Tage meiner ersten Prüfung verlebte ich noch im elterlichen Hause zu Detmold, eine Zeit, welche ich zwar nicht ausschließlich für Studien verwenden konnte, sondern meiner etwas angegriffenen Gesundheit halber auch zur Erholung benutzen mußte. Da es jedoch nicht möglich ist, ohne eine wissenschaftliche Beschäftigung mit sich selbst zufrieden sein zu können, so durfte ich auch neben der Zeit der Erholung nicht von jener ablassen. Zum Gegenstand meiner Beschäftigung war jedoch hauptsächlich nicht etwas aus dem Gebiete der Theologie genommen, sondern eine der neueren Sprachen, nämlich die englische, deren Studium mir sehr notwendig war, einerseits, weil ich mich früher nicht genug mit derselben hatte beschäftigen können, andererseits aber auch, weil meine in der Zukunft zu erwartenden Verhältnisse ihre Kenntnis durchaus forderten. Indem ich die Wahl der Lektüre und Einrichtung dieses Studiums weiter nicht berühre, will ich noch das nennen, was außerdem aus dem theologischen Gebiete mich beschäftigte: dieses war freilich, wie schon erwähnt, nicht bedeutend, da ich außer dem Studium Schleiermacherscher Predigten und zweier eigenen zu Lemgo und Detmold gehaltenen Predigten nichts anführen kann, was man als wichtig genug hierher rechnen könnte.

Bekanntlich verließ ich Detmold im Anfang November desselben Jahres aus Gründen, welche ich Ew. Hochwürden schon früher mitgeteilt habe, indem ich nämlich nochmals zur Universität Berlin zurückging, um mein Studium daselbst fortzusetzen. Hier war es anfangs meine Absicht, ohne akademische Immatrikulation die betreffenden Vorlesungen zu besuchen, fand aber dieses trotz meiner Besprechung mit dem Rektor nicht möglich und löste also von neuem die Matrikel, ließ mich jedoch nicht beim Dekander Theologischen Fakultät, sondern beim Dekanat der Philosophischen einschreiben. Die Wahl unter den sich darbietenden Vorlesungen war schwierig und zwar deshalb, weil sich viele gleich wichtige fanden, manche aber auch aus einem andern Grunde nicht gewählt werden konnten. Derselbe war nämlich die zu befürchtende Kollision mit einigen von mir zu gebenden Privatstunden, welche jedenfalls zu vermeiden war. Endlich fiel meine Wahl 1. auf Ranke's „Neuer Geschichte vom Anfang der französischen Revolution bis auf die neueste Zeit", 2. auf Mundt's Vorlesung über Literatur und 3. auf Dove's Meterologie und Klimatologie.

Ranke's Vorlesung über neuere Geschichte versprach viel interessante oder bisher von den Historikern noch unberührte Fakta, blieb aber im Verlauf des Semesters oft hinter den gehegten Erwartungen zurück. Denn wenn auch viele Fakta berührt wurden, welche bisher in den Handbüchern der Geschichte nicht offen und unverhohlen genug mochten behandelt sein, so geschah jenes doch nicht immer auf die Weise, welche vielleicht von den meisten Zuhörern gewünscht wurde. Davon abgesehen, daß man in dieser Vorlesung nicht immer eine bloße nackte Darstellung der Tatsachen fand, sondern vielmehr oft bloß eine Kritik der Tatsachen, so schien es doch eben vielen, als sei selbst diese Kritik oft nicht die, welche man in dem abgegrenzten und nur für einen engeren Kreis bestimmten Raume eines Universitäts-Auditoriums unumwunden vernehmen dürfte, selbst wenn einer Veröffentlichung des Vorgetragenen durch die Presse manches entgegenstehen könnte. Immerhin möge dagegen eine Darstellung der Tatsachen einer historischen Vorlesung nicht fehlen, diese jedoch (was im besprochenen Falle vorzüglich stattfand) auch von der Kritik begleitet oder vielmehr durchflochten sein, was denn auch stets mehr oder minder durch den stetigen Fortgang der Tatsachen bewirkt wird. Bei allem sonst Vortrefflichen dieser Vorlesung ereignete sich aber auch das, was leider so vielen Dozenten widerfährt, nämlich anfangs alle Gegenstände mit der größten (oft zu großen) Ausführlichkeit zu behandeln, dagegen die am Ende vorkommenden außerordentlich kurz abzutun. Dieses Schicksal traf in unserem Falle die Geschichte der Zeit von 1812 bis jetzt, welche kaum den dritten Teil der Zeit ausfüllte, die zu den vorhergehenden Tatsachen verwandt war. Freilich mochte es schwierig sein, Gegenstände der neueren Zeit nach eigener Überzeugung ausführlich zu behandeln, dann aber ist auch nicht einzusehen, wie die Zeit von 1812 bis jetzt ein ganzes Semester ausfüllen könnte, wie es anfangs im Plane des Herrn Prof. Ranke lag.

Herrn Dr. Mundt's Vorlesungen über Literatur hatten in den ersten Versammlungen schon einen zahlreichen Zuhörerkreis herbeigezogen, welcher im Laufe des Semesters auch nicht an Größe verlor. Mundt's besondere Stellung zur neueren Zeit ließen erwarten, daß hier manches sonst noch nicht öffentlich gehörte Wort ausgesprochen werden würde. In dieser Erwartung wurde man auch nicht getäuscht: Herr Dr. Mundt griff mit einer Unbefangenheit und Kaltblütigkeit, aber oft auch mit beißendem Witz und Spott Gegenstände an, welche früher ihre Kritiker wohl noch immer in gewisser Ferne und Respekt gehalten hatten; allein zu oft mochte es auch nur bloß die Ironie sein, welche die Stelle der Kritik vertrat, so daß dem Zuhörer wohl im Augenblick ihres empfindlichen Schlages ein gewisser Eindruck wurde, nicht immer aber eine klare oder ohne Sophismen [= Trugschlüsse] gegründete Ansicht, die durch ihren positiven Gehalt zum bleibenden Eigentum werden konnte. Ein näheres Eingehen auf das in der Vorlesung Gegebene selbst würde hier unstreitig zu weit führen und auch dann weiter nichts beurteilt werden können als was bereits in den schon gedruckten Vorlesungen offen vorliegt.

Dove's Vorlesung über Klimatologie und Meterologie gewann mir gleich anfangs viel Interesse ab und hoffte somit einen längst gehegten Wunsch befriedigen zu können, nämlich auch einige Bekanntschaft mit dem Gebiete der Naturwissenschaften zu machen. Leider aber ging dies Kolleg bald für mich verloren, da eine französische Konversationsstunde die für dasselbe bestimmte Zeit in Anspruch nahm.
Dieses letztere führt mich auf die übrigen Gegenstände, mit welchen ich mich außer der Kollegienzeit beschäftigte. Es waren dies die englische und französische Sprache, da mir dieselben besonders wichtig waren. Der Grund davon lag in der Absicht, welche mich überhaupt nach Berlin geführt hatte, nämlich dort eine Hauslehrerstelle zu erlangen und an der dortigen Universität nebenbei die zur weiteren Fortbildung nützlichen Vorlesungen zu hören. Ich füge dieses Ew. Hochwürden bereits Bekannte nochmals hierher, um nicht durch bloße Voraussetzung desselben eine Lücke im dem Berichteten zu lassen.
Die französische Sprache übte ich nicht bloß durch Bücherstudium, sondern auch praktisch durch Konversation, indem ich zu diesem Zwecke bei einem französischen Lehrmeister in einem Konversationszirkel getreten war und außerdem noch mit einem Kandidaten der französischen Gemeinde praktische Übungen anstellte. Die englische Sprache suchte ich mir zuerst nur durch Lektüre und grammatikalisches Studium anzueignen, wählte aber doch hierbei eine Methode, welche vorzüglich den praktischen Gebrauch der Sprache erzielte.

Außer diesen Gegenständen wünschte ich jedoch noch eine theologische Beschäftigung zu haben und suchte diese in den homiletischen Übungen im Seminar des Herrn Prof. Strauß sowie im Seminar des Herrn Prof. Hengstenberg zu finden. Das erstere verließ ich jedoch schon nach der dritten Versammlung wieder, da ich das, was ich dort suchte, noch immer nicht fand, behielt aber das letztere bei, zudem, da es in eine Abendstunde fiel. Es wurde in demselben der Prophet Hosea aus dem Urtexte ins Lateinische übersetzt und auch lateinisch erklärt und gewährte wirklich oft viel Interesse, besonders durch die oft vorkommenden Disputationen. Hengstenbergs eigentümliche Richtung aber genauer kennenzulernen, dazu fand sich in den Versammlungen der Seminarmitglieder keine Gelegenheit, da überhaupt die Erklärung wenig über das Philologische hinausging. Der Grund, warum ich gerade diese und nicht eine andere theologische Vorlesung wählte, lag einesteils darin, daß das Kolleg in eine Abendstunde fiel, wo ich nicht so leicht durch andere Sachen vom Besuche abgehalten werden könnte, anderenteils aber auch darin, daß es mein Wunsch war, Herrn Prof. Hengstenberg näher kennenzulernen, welcher allein von den Berliner theologischen Professoren mir noch unbekannt geblieben war. Eine weitere Beschäftigung mit meinem Berufsfache als dieses erlaubten meine Verhältnisse nicht und wurde mir selbst von Ew. Hochwürden vor der Hand auch nicht anempfohlen.

Als ich mich nun im Laufe des Semesters 1842/43 verpflichtet hatte, als Erzieher in das Haus des Grafen von Pückler zu treten, durfte ich den einmal eingeschlagenen Weg hinsichtlich der neueren Sprachen nur noch bestimmter verfolgen, um in dieser Beziehung das Erwartete leisten zu können. Vor meiner Abreise nach Schlesien vertraute mir noch der holländische Minister Schimmelpenninck van der Oye seinen Sohn zum Unterricht und zur Erziehung an, der sonach ganz in die Familie des Grafen aufgenommen wurde. Dieses erschwerte jedoch meine Stellung nicht, vielmehr war es mir erwünscht, für meinen andern Zögling einen passenden Schulgefährten bekommen zu haben. Die Unterrichtsgegenstände für die beiden Knaben bestehen für jetzt nur in Religion, Geschichte, Geographie, Latein, Französisch, Englisch, Lesen, Rechnen, Schreiben, Deutschen Stilübungen und Musik und nehmen wöchentlich eine Zeit von 26 Stunden in Anspruch. Da ich jedoch nicht bloß in didaktischer Hinsicht auf meine beiden Zöglinge einzuwirken habe, sondern auch in pädagogischer, so waren meine Beschäftigungen außer den Lehrstunden doch so einzurichten, daß eine gewisse Aufsicht über meine Schüler dabei möglich war. Meine Mußezeit beträgt deshalb außer der Zeit der körperlichen Erholung täglich wohl nur zwei Stunden, in welchen ich ohne bedeutende Störungen meinen eigenen Studien nachgehen könnte.
Diese Zeit habe ich nun zu verschiedenen Zwecken benutzt. Vor allem setzte ich das Studium der neueren Sprachen, soweit es möglich war, fort, machte mich daneben aber auch mit dem bekannt, was für mein Berufsfach von Wichtigkeit war. Hier wählte ich zuerst die Pädagogik und Didaktik nach Prof. Beneke, welche mir früher schon in Berlin durch die Vorlesung desselben bekanntgeworden war. Hiernach griff ich zu „Suabedissens philosophischer Religionslehre“. Nachdem ich das Buch durchstudiert hatte, fand ich zwar, daß es philosophisch klar geschrieben sei, daß es aber hinsichtlich des eigentlich christlichen Gehaltes zu wenig befriedigte und besonders die Lehre von Christus als dem „Erlöser“ mehr parenthetisch [= nebenbei gesagt] als vielmehr wirklich wie es aus dem notwendigen Fortgange der philosophischen Konstruktionen hervorgegangen erschien. Hierauf ergriff ich Schleiermachers „Glaubenslehre“, über welche ich mir jedoch kein Urteil anmaßen will, zudem, da ich bis jetzt in derselben noch nicht weit vorgedrungen bin. Nebenbei erregt auch die diesen Sommer erschienene „Religiöse Glaubenslehre“ von Bretschneider meine Aufmerksamkeit, zumal da sie einer kurzen Einsicht nach zu urteilen wichtiges und besonders die neuere Dogmatik betreffendes verspricht. Theologische Zeitschriften und Journale sind freilich bis auf den in Breslau vom Prof. Suckow herausgegebenen „Propheten“ nicht in meine Hände gelangt, da in einem unter den hiesigen Geistlichen existierenden Leseverein eine bedeutende Unordnung herrscht, welche wohl darin ihren Grund haben mag, daß an jenem Vereine wenigstens gegen 30 Prediger und Kandidaten teilnehmen und so auch den letzten des Zirkels nur „Jahre alte“ Hefte in die Hände gelangen. Mit der hiesigen

evangelischen Geistlichkeit näher bekannt zu werden hatte ich nicht hinreichend Gelegenheit und meine Bekanntschaft beschränkt sich bloß auf den im hiesigen Dorfe Domanze wohnenden Superintendenten und einen Kandidaten, der als Hauslehrer hier in der Nähe fungiert [. . .]. Dagegen wurde mir im Laufe dieses Sommers Gelegenheit, die Universität in Breslau zu besuchen, wo ich jedoch für diesmal nur Schulz und Middelsdorf hören konnte, den ersteren in der Erklärung des Lukas, den letzteren bei den Psalmen. Weiteres über diese Männer zu urteilen will ich unterlassen und nur hinzufügen, daß nach eigenen Bemerkungen und eingezogenen Erkundigungen der wissenschaftliche fortstrebende Geist jetzt dort nicht in dem Maße lebendig ist, wie man es wohl wünschen könnte: ein spärlicher Katalog und keine Vorlesung am Nachmittag deuten hierauf schon etwas hin.
In homiletischer Beziehung versuchte ich mich zweimal in der benachbarten Pfarrkirche und gedenke nach meiner Rückkehr nach Berlin darin fortzufahren. Welche Vorlesungen sich mir nach meiner Rückkehr nach Berlin (welche am 8. Oktober stattfinden wird) darbieten werden und welche ich gerade werde besuchen können, kann ich bis jetzt noch nicht bestimmen, wünschte jedoch entweder praktische Theologie, Kirchenrecht oder Philosophie der Geschichte hören zu können, in welcher Beziehung ich um den freundlichen Rat Ew. Hochwürden bitte. Dazu füge ich zugleich die andere Bitte, daß Ew. Hochwürden überhaupt in dem, was ich hauptsächlich in meinen Studien zu beachten habe, mir Ihren geneigten Rat möchten zuteil werden lassen.

Stellungnahme des Konsistoriums vom 24. September 1843 zu dem Bericht des Kandidaten Goedecke:
Konsistorium hat [. . .] gern gesehen, daß seine äußeren Verhältnisse sich günstig gestaltet haben und hofft, daß dieselben, namentlich durch den teilweisen Aufenthalt in Berlin, auch seiner ferneren wissenschaftlichen und praktischen Ausbildung förderlich sein werden. In dem angefangenen Studium der Schleiermacher'schen Glaubenslehre wird fortzufahren und daneben als leichtere Lektüre das neueste Werk von Bretschneider zu benutzen, die Exegese, insbesondere des NT sowie die erbauliche Beschäftigung mit der Bibel überhaupt nicht zu vernachlässigen, und was die praktische Theologie betrifft, Theremin's Vorlesung zu hören sein, während der Eintritt in dessen homiletisches Seminar als sehr wünschenswert erscheint. Die Aufgaben zu Kandidaten-Arbeiten pro 1843/44 sollen dem K. Goedecke demnächst zugestellt werden und wird es erwartet, daß er weiterhin den Bestimmungen der §§ 2 und 3 der Verordnung vom 18. Dezember 1837 nachkomme.
Aus: Archiv der Lippischen Landeskirche, Konsistorialregistratur, Rep. II Tit. 16 Nr. 2.

Leopold Hunecke, geboren am 20. August 1846 in Bad Salzuflen, war nach dem Studium in Marburg und Berlin und nach Ablegung der 1. theologischen Prüfung, die er am 26. Juli 1869 „wohl bestanden" hatte, am 26. Juli 1869 unter die Landeskandidaten aufgenommen worden. Hunecke wählte während seines Vikariats den praktisch-theologischen Dienst, indem er als Hilfsprediger nach Bremen ging. Hier bot sich ihm ein weites Erfahrungsfeld, denn im liberalen Bremen waren so ziemlich alle theologischen Richtungen vertreten. Über das kirchliche Leben in Bremen und über seine Begegnungen mit den dort tätigen Pfarrern wußte Hunecke anschaulich zu berichten. Sein Studien- und Tätigkeitsbericht, „frisch und anregend geschrieben", lieferte nach den Worten des Generalsuperintendenten Koppen den Beweis, „daß der Kandidat Hunecke sowohl in praktischer wie wissenschaftlicher Beziehung eifrig tätig gewesen ist". Am 10. Mai 1871 bestand er in Detmold seine 2. theologische Prüfung. Nach zweijähriger Tätigkeit als „Gehilfsprediger" in Talle wurde Hunecke nach Lemgo berufen, wo er von 1873 bis zu seinem frühen Tod am 6. April 1876 als Pfarrer amtierte.

Studienbericht des Kandidaten Leopold Hunecke
Bremen, den 22. September 1870

Wenn ich zurückblicke auf das verflossene Jahr, so habe ich zunächst allen Grund, die Gnade des treuen Gottes zu rühmen, dem ich es ja in letzter Beziehung zu verdanken habe, daß ich hier in Bremen ein Jahr zubringen durfte, reich an Erfahrungen, ein Jahr, in welchem sich mir Gelegenheit genug dargeboten, mich im unmittelbaren Dienste der Kirche praktisch ausbilden zu können, in welchem ich aber auch Zeit und Muße gefunden habe, mich wissenschaftlich zu beschäftigen.
Ich brauche es wohl nicht erst zu sagen, daß die hiesige Stellung manche Schattenseiten hat, aber auf der anderen Seite bietet sie doch auch, wenn man nur bescheidene Ansprüche macht, manches Erfreuliche. Ich bin hier gern gewesen, habe auch manches gehört und erfahren, was mir schon von großem Nutzen gewesen ist und späterhin vielleicht noch sein kann.
Zu den Schattenseiten gehört namentlich, daß man nicht in einer bestimmten Kirche, sondern in sieben Kirchen zu predigen hat, bald auf diese, bald auf jene Kirche geschickt wird, bald z. B. in St. Pauli, bald in St. Stephani predigen muß, und die notwendige Folge davon ist, daß man in den verschiedenen Kirchen den Zuhörern ein Fremdling bleibt, nie mit ihnen bekannt und vertraut werden kann. Und ein solches Verhältnis hat denn auch auf die Predigten die Einwirkung, daß letztere für die Zuhörer oft zu abstrakt, nicht konkret genung sind. Das Band, das den Prediger mit der Gemeinde verbindet, fehlt hier, ich kenne die Bedürfnisse der Gemeinde nicht, ich weiß nicht, welcher Teil der christlichen Lehre in dieser oder jener Gemeinde besonders betont werden muß. Es kommt oft vor, daß, wenn ich mich hinsetze, um eine Predigt auszuarbeiten, ich noch gar nicht einmal weiß, auf welcher Kanzel und für wen ich die Predigt zu halten habe, ob für Pastor Vietor oder Schwalb oder sonst einen anderen, da zuweilen noch am Sonnabend eine Vertretung gewünscht wird. Einen Anknüpfungspunkt habe ich allerdings, und das ist der, daß ich zu Christen rede, die gern selig werden wollen, auf deren Erbauung ich also hinwirken soll, aber wenn man fast an

jedem Sonntage andere Zuhörer hat, so kann man nicht so herzlich reden wie man gern möchte.
Wenn es mir auch wohl mit der Zeit gelungen ist durch Gottes Gnade, einen kleinen Kreis von bestimmten Zuhörern zu sammeln, so habe ich doch im allgemeinen aus Erfahrung zu berichten, daß der Kirchenbesuch oft ein schwacher war. Ich will es nicht verschweigen, daß es mich oft schmerzlich berührt hat, wenn ich die vielen Bänke leer fand, aber ich darf es auch gestehen, daß es auf die Ausarbeitung meiner Predigten nicht von Einfluß gewesen ist. Ein tröstlicher Gedanke, der mir Freudigkeit und Kraft gab, mich durch so bittere Erfahrungen nicht deprimieren zu lassen, war für mich der, vielleicht doch dem einen oder anderen unter den wenigen unter Gottes Beistande behilflich gewesen zu sein in seinem Christenberufe. Man erträgt es höchst ungern, wenn man sieht, wie in den großen Kirchen so viele, viele Bänke leer bleiben und man zuweilen auf der Kanzel in Verlegenheit kommt, nach welcher Seite hin man sprechen soll, aber so etwas ist doch wohl zuweilen ein heilsamer Dämpfer für selbstüberhebende Neigungen.

Doch ich will von den Schattenseiten nicht weiter reden, die Lichtseiten lassen manches Unangenehme vergessen, wenngleich ich gestehen muß, daß ich mich jetzt, wo ich ein ganzes Jahr hindurch von einer Kanzel auf die andere geschickt bin, doch recht danach sehne, in einer bestimmten Gemeinde arbeiten zu dürfen.
Der nächste große Nutzen, den die hiesige Stellung bietet, besteht darin, daß man in einer Stadt lebt, in der bei aller Unsittlichkeit und Leichtfertigkeit, die auch Bremen in etwas mit größeren Städten teilt, doch im allgemeinen ein reges kirchliches Leben herrscht. Man lebt in religiös und theologisch sehr angeregten Kreisen, man findet in einzelnen Familien zuweilen eine geradezu theologische Bildung, die mich oft in Erstaunen gesetzt hat. Die Anhänger Wenkens zeichnen sich durch eine so gründliche Bibelkenntnis aus, daß mich einige oft sehr beschämt haben.

Die hiesigen Pastöre, mit Ausnahme einiger, welche dem Protestantenverein angehören [einer seit 1863 bestehenden Vereinigung liberaler Theologen, die für die Verständigung des Protestantismus mit der modernen Kultur eintraten], sind mir sehr freundlich und liebevoll entgegengekommen; ich habe namentlich an Pastor Iken und Funcke, mit denen ich näher bekanntgeworden bin, eine tüchtige Stütze gefunden. In den ersten Wochen hatte ich nicht viel zu predigen, ich habe diese Zeit benutzt, um die eigentümlichen Verhältnisse Bremens kennenzulernen und gefunden, daß Pastor Vietor nicht so Unrecht hat, wenn er sagt: ,,Wir leben hier im Buch der Richter, da kann ein jeder tun, was ihm gefällt". Die freien Sonntage benutzte ich anfangs dazu, um zu hören, wie die Verschiedenheit in den theologischen Richtungen sich äußert. Welche Verschiedenheit! Selbst der sentimentale Rationalismus mit seinem Allvater jammert hier noch herum. Pastor Schwalb sprach es offen auf der Kanzel aus: „Jesus ist ein religiöser Schwärmer gewesen, dem die schönsten Pläne durch den Eigensinn der Juden mißglückt sind". In einer anderen Predigt behandelte er mit der ihm eigentümlichen Dreistigkeit (das passendere Wort wage ich nicht zu nennen), daß Jesus mit dem „Eins ist not!" habe sagen wollen: „Martha, mach keine Umstände, ich bin mit Einem Gericht zufrieden!" Er hatte eine volle Kirche, weiß sonntäglich seinen neugierigen Zuhörern neue Frivolitäten aufzutischen; seine Predigten sind rhetorische Prachtstücke, seine Sprache recht kunstvoll.

Geht Schwalb mit seinen religiösen Anschauungen weit über die des Protestantenvereins hinaus, so ist Pastor Kradolfer, wenigstens in seinen Predigten, ein besonnener Vertreter desselben. Man kann ihm doch schon eher zuhören, weil er die bitteren und oft gehässige Polemik seiner Gesinnungsgenossen vermeidet und den ,,Bruderkrieg" nicht auf die Kanzel bringt. Seine ruhige und klare Auseinandersetzung, seine ruhige und würdige Haltung auf der Kanzel sind nachahmenswert.

Der eifrige Apologet [=Verfechter] des Protestantenvereins, Pastor Manchot, zeichnet sich dadurch aus, daß er gar gelehrte Sachen in seinen Predigten vorbringt und höchst unklar und unverständlich predigt. Ich habe ihn einige Male gehört, aber immer war die Partition [=Zerlegung des Begriffsinhaltes in seine Teile] fertig, ehe er den Text vorgelesen und seine Einleitungen paßten zu jedem Texte, d. h. es waren besondere Predigten, die zu der eigentlichen Predigt in keiner Beziehung standen.

Geradezu eine totale Entstellung des kirchlichen Lehrbegriffs hört man bei Pastor Nonnweiler, der seine Zuhörer am liebsten über die neuesten Forschungen auf dem Gebiete der Theologie und Naturwissenschaft belehrt, sehr oft es auch vorzieht, das Buch der Geschichte in seiner Predigt durchzublättern und statt christlicher Reden historische Vorträge zu halten. So war z. B. vor einigen Sonntagen eine „Parallele zwischen dem alten Rom und dem jetzigen Frankreich" das Thema seiner Betrachtung. Wer eine bilderreiche und kunstvolle Diktion in Predigten liebt, kann in dieser Beziehung von ihm lernen.

In den Predigten des Pastors Henrici habe ich Steinmeyers Prinzipien praktisch durchgeführt gefunden. Sie waren, so oft ich zugegen war, tief durchdacht und sorgfältig ausgearbeitet; die Textauslegung war sehr gründlich und die Textanwendung meistens sehr zutreffend. Was ihm an Einfachheit und Klarheit abgeht, das besitzt Pastor Vietor im reichsten Maße. Ich habe seine Predigten sehr gern gehört und daran gesehen, wie Einfachheit und Tiefe, allgemeine Verständlichkeit und gründliche Exegese sich sehr wohl miteinander vereinigen lassen.

Pastor Thiekötter hat, wie mir scheint, ein ganz besonderes Charisma [= Gnade, Berufung], seine Zuhörer zu fesseln. Seine poetisch angelegte Natur kommt ihm sehr gut zustatten, auch auf solche einzuwirken, denen, wie man zuweilen hören kann, in ihrer albernen Weisheit die Predigten Vietors zu einfach sind und seine Sprache zu schmucklos. Die echt populär gehaltenen und recht herzlichen Predigten des Pastors Funcke müssen eine Anziehungskraft ausüben auf den, der in die Kirche geht, um etwas fürs Herz sich zu holen, nicht aber, um nachher kritisieren zu können. Ich habe in seinen Predigten zuweilen eine höchst originelle Textbehandlung gefunden, der Steinmeyer jedenfalls seine Billigung versagt haben würde, aus der ich jedoch manche recht nützliche Winke schöpfen konnte. (Ich, als Anfänger, habe mir mit dem obigen kein Urteil anmaßen, sondern nur damit sagen wollen, wie es in homiletischer Beziehung nicht bloß sehr anregend, sondern auch instruktiv gewesen ist, in Bremen ein Jahr gewesen zu sein).

In den Wintermonaten wurde ich weniger als in den Sommermonaten, in welchen ich fast an jedem Sonntag und meistens zweimal gepredigt habe, in Anspruch genommen. Ich war daher auch gern bereit, der Aufforderung des Pastors Iken, die Bibelstunde in seiner Gemeinde für den Winter zu übernehmen, zu entsprechen. Ich habe in etwa zwölf bis vierzehn Stunden das Leben Abrahams behandelt. Anfangs schrieb ich die Vorträge wörtlich nieder, nachher habe ich die Gedanken nur skizziert und nach einer genauen Disposition gesprochen. Jedoch will ich gleich hier bemerken, daß ich es mir zum strengsten Gesetz gemacht habe, meine Predigten wörtlich zu konzipieren und zu memorieren und bisher niemals von dieser Regel abgewichen bin [. . .]. An den vierteljährlichen Pastoralkonferenzen habe ich regelmäßig teilgenommen, auch wurde es mir gestattet, in den theologischen Lesezirkel einzutreten.

Im vorigen Winter zeigte Bremen recht, daß es Sinn habe für Wissenschaft und Kunst. Wir wurden mit wissenschaftlichen und unwissenschaftlichen, theologischen und naturwissenschaftlichen Vorträgen förmlich überschüttet. Oft in einer Woche drei bis vier Vorträge. Pastor Schwalb gab sich alle erdenkliche Mühe, in sechs Vorträgen, von denen ich die drei letzten über das Johannische Evangelium gehört habe, die Unechtheit der Evangelien unter Baurs Ägide [= Schutz, Obhut] zu beweisen. Wenn Frivolitäten Beweise sind, dann ist es ihm trefflich gelungen. Die übrigen Gesinnungsgenossen lieferten in ihrer Weise eine Darstellung des vorreformatorischen Zeitalters. Einige Vorträge waren meiner Ansicht nach recht gründlich und zeugten von Quellenstudium, doch wurde mir die Lust, ferner zuzuhören, durch die bittere Polemik (namentlich gegen die „Berliner Hoftheologie“ gerichtet), mit welcher fast ein jeder Vortrag eingeleitet und geschlossen wurde, ganz und gar verleidet. Von der hiesigen Schul-Deputation wurde mir das Anerbieten gemacht, aushilfsweise für das Sommerhalbjahr an der Realschule Unterricht in der biblischen Geschichte zu übernehmen. Ich habe, da es mir überlassen wurde, die Tageszeit, in welcher ich die Stunden geben wolle, zu bestimmen, das Anerbieten angenommen und seit April wöchentlich zwölf Stunden unterrichtet. Es ist mir allerdings noch freie Zeit übrig geblieben, um weiter studieren zu können, aber ich muß doch gestehen, daß außer der Vorbereitung für die Predigt ein zwölfstündiger wöchentlicher Unterricht das Maximum ist, was ich, wenn ich daneben gehörig privatim arbeiten will, mit gutem Gewissen übernehmen kann.

Meine Privatstudien erstrecken sich hauptsächlich auf das Gebiet der exegetischen und praktischen Theologie. Aus der alttestamentlichen Exegese ist es, außer einigen Psalmen, hauptsächlich der Prophet Jesaja, den ich [. . .] gelesen habe mit Benutzung des Kommentars von Knobel. Von den Büchern des Neuen Testaments habe ich die synoptischen Evangelien gelesen und dabei den herrlichen Kommentar von Bleek benutzt. Aus der systematischen Theologie ist es die Ethik, mit der ich mich eingehender beschäftigt habe. Wuttkes Ethik habe ich dabei zugrundegelegt, die Ethik von Harleß teilweise nochmals durchgelesen. Die historische Theologie hat, ich muß es bekennen, im vorigen Jahre keinen eifrigen Schüler an mir gefunden. Das Studium der Kirchen- und Dogmengeschichte ist nicht von Belang. Mit der Symbolik („Möhler“ und „Matthes“) habe ich mich jedoch längere Zeit hindurch beschäftigt und ich glaube, es sagen zu können, ziemlich genau.

Hauptsächlich ist es die praktische Theologie und namentlich die Homiletik, der ich manche freie Stunde gewidmet habe. Durch den Verkehr mit einigen Anhängern Wenkens wurde ich darauf hingewiesen, mich näher mit Wenkens Schriften zu beschäftigen und diese Beschäftigung ist eine sehr lohnende gewesen. Außer Wenkens Homilien sind es namentlich die Predigten von Nitzsch, Steinmeyer und Brückner gewesen, denen ich meine Aufmerksamkeit zugewandt habe.
Zum Schluß will ich noch hinzufügen, daß es mir in den letzten Monaten vielfach nicht möglich gewesen ist, in Ruhe auf der Studierstube zu arbeiten und ich muß offen bekennen, daß ich mich gern habe stören lassen durch eingelaufene Siegesnachrichten von unserem tapferen deutschen Heere [gemeint war der am 19. Juli 1870 ausgebrochene deutsch-französische Krieg: die Siegesmeldungen deutscher Truppen von französischem Boden, namentlich von der Schlacht bei Sedan am 1. September 1870 und über die tags darauf erfolgte Gefangennahme Napoleons III.].

Aus: Archiv der Lippischen Landeskirche, Konsistorialregistratur, Rep. II Tit. 20 Nr. 1.

Während des Vikariats hatten die Kandidaten weitere Belege ihrer wissenschaftlichen Bildung und Beweise ihrer theologischen Fortbildung zu liefern. Dies geschah — wie an zwei Beispielen gezeigt wurde — durch die Vorlage von Studien- und Tätigkeitsberichten und zugleich durch die Ausarbeitung „einer Abhandlung über ein aufgegebenes Thema". Über die aus den verschiedenen theologischen Gebieten gewählten Themen hatte sich der Generalsuperintendent zuvor mit dem Superintendenten verständigt. Bei der Auswahl der Themen galt als leitender Gesichtspunkt: „1. die Kandidaten dadurch zum Studium der wichtigsten theologischen Schriften zu veranlassen und in ihrer wissenschaftlichen Ausbildung zum Fortschreiten zu ermuntern; dann aber auch 2. mit dem, was zu den Amtsgeschäften des ev. Predigers und zur zweckmäßigen Verrichtung derselben gehört, sie bekannter und vertrauter zu machen; 3. vor der Gefahr, einst bei der Abwartung eines geistigen Berufes in handwerksmäßigem geistlosem Schlendrian zu versinken, sie zu bewahren und 4. mit dem lebhaften Gefühl der Würde und Wichtigkeit des Predigeramtes sie zu erfüllen sowie für treue und zweckmäßige und gewissenhafte Ausrichtung desselben sie zu begeistern".
Es soll nicht unerwähnt bleiben, daß es schon damals Theologen gab, die die starren Prüfungsvorschriften kritisierten und auf eine Liberalisierung des Prüfungsverfahrens drängten. So hielt es der Superintendent Zeiß schon im Jahre 1838 für „nicht unpassend, wenn den Kandidaten selbst in Zukunft vergönnt würde, die Gegenstände näher zu bezeichnen, über welche sie nachzudenken und sich auszusprechen wünschten, jedoch so, daß von mehreren vorgeschlagenen Aufgaben diejenigen von Hochfürstlichem Konsistorium bestimmt würden, welche bearbeitet werden sollten". Ein gewichtiger Grund rechtfertigte laut Zeiß ein solches Verfahren: „Man würde daraus auf die eigentümliche Richtung ihres Geistes schließen können". Daß von den Kandidaten der Theologie ein hohes Maß an theologischen Kenntnissen und literarischer Bildung gefordert wurde, verdeutlicht der Themenkatalog, den der Superintendent Melm im Jahre 1870 dem Konsistorium unterbreitete.

Gehorsamste Vorlage einiger Aufgaben zur Auswahl für Abhandlungen der Kandidaten des Predigtamts, von Superintendent Melm Falkenhagen, den 8. Februar 1870

In Beziehung auf das hohe Reskript erlaube ich mir, von fraglichen Aufgaben einige hierbei in Vorschlag zu bringen. Vielleicht möchte die Aufgabe unter Nr. VII der Anlage etwas Auffallendes haben und deshalb näherer Motivierung bedürfen.
Ich habe diese Aufgabe aufgestellt: 1. weil es überhaupt zu wünschen ist und sich geziemt, daß junge Theologen und künftige Prediger die Werke der Heroen unter den Dichtern fleißig studieren und eine klare Anschauung ihrer Verhältnisse zum Christentum sich verschaffen; 2. weil eine genaue Kenntnis vor allem Shakespeare's durch dessen universelles Ansehen vorzüglich dazu helfen kann, die mannigfachsten Angriffe und Spöttereien der Weltmenschen gegen christliche Lehrer und christliches Wesen zurückzuschlagen und zu überwinden; 3. weil Shakespeare, besonders vom evangelischen christlichen Standpunkte angesehen nach Maßgabe des Worte Gottes, eine so hervorragende Stelle unter den größten Dichtern aller Zeiten einnimmt, daß selbst in der Evangelischen Kirchenzeitung von Hengstenberg früher zum öfteren eben darüber ausführliche Abhandlungen veröffentlicht worden sind [. . .].
Aufgaben zur Auswahl für Abhandlungen der Kandidaten des Predigtamtes:

I. Die Authentia der neutestamentlichen Schriften des Apostels Johannes, vornehmlich des Evangeliums St. J., mit besonderer Berücksichtigung der Forschungen darüber von Dr. Constantin Tischendorf und Dr. Hofsterde de Groot.

II. Systematische Darstellung und Vergleichung der Haupt- und Grundgedanken für die Theologie und Dogmatik der christlichen Kirche in dem Buche Hiob und in den Briefen St. Pauli an die Römer.

III. Kurzgefaßte Darstellung und Charakteristik der speziellen Tendenz und Richtung, welche nach den einzelnen neutestamentlichen Briefen des Apostels Paulus in jeden derselben besonders, aber in Harmonie mit den anderen Paulischen Briefen, für die Bildung und den Ausbau der christlichen Lehre und Kirche zu erkennen und zu unterscheiden ist.

IV. Der Rationalismus nach den Grundzügen und Konsequenzen seiner Lehre über den Urstand und den Sündenfall des Menschen und seine Verwandtschaft und Übereinstimmung darin mit dem Lehrsystem des römischen Jesuitismus gegenüber der Lehre der evangelischen Kirche.

V. Der Pietismus nach seinem Grunde und Wesen sowie nach seinem Verhältnis einerseits zu der evangelisch-kirchlichen Lehre und Ordnung, andererseits zu den unkirchlichen Richtungen der radikalen humanistisch-subjektivistischen Systeme und Bestrebungen des Rationalismus.

VI. Die Notwendigkeit der Herstellung und Gestaltung der evangelischen Kirchenverfassung in Konformität mit dem Lehrsystem der Dogmatik und Ethik der evangelischen Kirche.

VII. Nachweisung des hervorragend christlichen, vorzugsweise evangelisch-christlichen Charakters in Shakespeare's dramatischen Dichtungen.

Aus: Archiv der Lippischen Landeskirche, Konsistorialregistratur Rep. II. Tit. 16 Nr. 3.

Die Kandidaten mußten innerhalb von vier Jahren nach dem 1. theologischen Examen die Predigtamtsprüfung bestanden haben, wollten sie nicht den Status als Landeskandidat verlieren. Um diese Frist zu wahren, bat Rektor Emil Zeiß aus Horn, der seit seinem 1. Examen bereits drei Jahre im Schuldienst stand, im September 1862 um die Zulassung zum „examen pro ministerio". Am 12. November bestand Zeiß gemeinsam mit den Kandidaten Wolff und Bornebusch vor den „Examinatoren", dem Konsistorialpräsidenten de la Croix, dem Generalsuperintendenten v. Cölln, den Superintendenten Clüsener und Rohdewald sowie dem Pastor Arnold das 2. theologische Examen. Welche Leistungen die einzelnen Kandidaten gezeigt hatten, läßt sich aus dem Prüfungsprotokoll nicht erkennen, da in ihm lediglich die Prüfungsgebiete erfaßt wurden: „Gegenstände der Prüfung waren: aus Dogmatik und Symbolik die Lehre von den Sakramenten; aus der Ethik das Verhältnis der Ethik zur Dogmatik und deren Gliederung; aus der Neutestamentlichen Exegese und Kritik; der Brief an die Hebräer mit speziellem Eingehen auf Kap. 12; Homiletik und Katechetik und Probekatechisation und Erörterung der Ordnungen des christlichen Kirchenjahres; Prophet Jesaias, Plan und Kritik des Buches und Exegese der Kapitel 53 und 60; Ursprungsgeschichte der reformierten Kirche; Kirchenverfassung in ihren Anfängen. Die von den Examinanden eingereichten Predigten und Katechesen waren geprüft und wurden beurteilt. Die Examinatoren erkannten einstimmig, daß die Examinanden die Prüfung bestanden haben".

Gehorsamste Bitte des Rektors Zeiß zu Horn, zweites theologisches Examen betreffend. Horn, den 10. September 1862

Da der Unterzeichnete sein erstes theologisches Examen am 4. November 1859 absolviert hat, mithin die Zeit, welche gesetzlich zwischen dem ersten und zweiten Examen eingehalten werden soll, zwei Jahre nämlich, längst verstrichen ist, so glaube ich nunmehr Hochfürstlichem Konsistorium die gehorsamste Bitte vortragen zu dürfen: Hochfürstliches Konsistorium wolle hochgeneigtest die Zulassung zu meinem zweiten theologischen Examen genehmigen und dazu Termin in bald passender Zeit anzuberaumen. Soviel in meinen Kräften stand, habe ich die Zeit, welche mir bei Verwaltung meines besonders mühevollen Rektordienstes vergönnt war, dazu verwandt, die Lücken auszufüllen, welche in meinen theologischen Studien geblieben waren, sowie auch die für meinen künftigen Beruf förderlichen Kenntnisse zu erweitern. Insbesondere habe ich auch mannigfach Gelegenheit gefunden, den Herr Pastoren des Landes durch Übernahme von Predigten behilflich zu sein und mich dadurch für mein zukünftiges Amt passend vorzubereiten. Was meine theologischen Studien aus der letzten Zeit im Speziellen betrifft, so habe ich die reformierte Dogmatik nach Heppe durchgearbeitet, mich auch mit den Symbolen unserer Kirche näher bekanntzumachen gesucht. Als Exegetica habe ich betrieben aus dem Alten Testamente das wichtigste aus dem Propheten Jesaias, den Dekalog [= die Zehn Gebote] und den Segen Jakobs; aus dem Neuen Testamente das Evangelium Johannis und den Hebräerbrief. Auf dem historischen Gebiete habe ich mich besonders mit der Geschichte der Ausbreitung des Christentums und mit der Reformationsgeschichte beschäftigt. Mit dem Kirchenrecht habe ich mich nach Richters Handbuch bekanntzumachen gesucht [...].

Aus: Archiv der Lippischen Landeskirche, Konsistorialregistratur Rep. II Tit. 18 Nr. 1 A 140.

3. Die Verpflichtung auf das Amt

Nach dem zweiten theologischen Examen erfolgte die Ordination, d. h. die kirchliche Bestätigung zum Amt der öffentlichen Verkündigung. Dieser feierliche Akt bedeutete nicht, daß der Pfarrer damit schon Inhaber einer Pfarrstelle gewesen wäre, denn die Berufung in ein Amt setzte zunächst einmal die Vakanz einer Stelle voraus. Da der Zeitpunkt der Emeritierung eines Pfarrers aber amtlich nicht festgelegt war, blieb die Frage stets offen, wann eine Stelle jeweils neu zu besetzen war. Für die Landeskandidaten kam erschwerend hinzu, daß zeitweilig ein drückendes Überangebot an Bewerbern herrschte. So gab es z. B. in den Jahren 1838/39 rund 20 Pfarramtsaspiranten im Lande, von denen keiner seine „Hoffnung auf eine Pfarrstelle begraben" wollte. Angesichts dieser Situation beklagte der in Hillentrup bei Pastor Dreves als Hauslehrer tätige Kandidat Gustav Otto Krecke, dem „das Predigeramt Ziel meines Lebens" war, in einem am 1. November 1840 an das Konsistorium gerichteten Schreiben sein Schicksal mit den Worten: „Unsern Landeskandidaten wird jetzt Veranlassung genug gegeben, die Geduld, welche sie predigen, auch im Leben auszuüben. Doch muß ich gestehen, daß das Predigen leichter ist als das Tun und daß es mich oft einen schweren Kampf kostet, den Mißmut durch Geduld zu überwinden". Krecke mußte noch acht Jahre im Wartestand verbringen, bis ihn im Jahre 1848 die Gemeinde Augustdorf zum Pfarrer berief.
Bei der Besetzung eines Pfarramts wurde in der Regel nach dem Anciennitätsprinzip und zwar auf der Grundlage des sogenannten Kandidatenbuchs verfahren. In diesem Buch, das seit 1710 beim Konsistorium geführt wurde, waren die Namen derjenigen verzeichnet, die das e r s t e theologische Examen bestanden und die den Wunsch geäußert hatten, in den lippischen Kirchendienst übernommen zu werden. Diese Regelung hatte bis zum Jahre 1859 Bestand. Die Änderung, die dann eintrat, hatte „Durchlaucht zu bestimmen geruht". Sie schrieb vor, „daß die Anciennität nach dem z w e i t e n Examen zu berechnen sei" mit der Begründung, „ da erst durch die Ablegung dieses Examens die Fähigkeit zur Anstellung als Pfarrer erworben" werde.
Die geistliche Behörde konnte, mußte die Stellen aber nicht zwingend nach dem Anciennitätsprinzip besetzen. Sie war de facto frei in ihren Entscheidungen. Der folgende Berufungsvorgang zeigt, nach welchen Kriterien in Einzelfällen entschieden wurde.
Als im Jahre 1858 die Pfarrstelle in Barntrup durch die Berufung des Pastors Krücke nach Langenholzhausen frei wurde, entsprach das Konsistorium der Bitte des Barntruper Kirchenvorstandes auf Wiederbesetzung der Stelle mit dem Hilfsprediger Neubourg aus Detmold, ungeachtet der Tatsache, daß dienstältere Kandidaten ihren Anspruch geltend machten und sich dabei auf das bei früheren Besetzungsverfahren häufig gewahrte Anciennitätsprinzip beriefen. Der Generalsuperintendent v. Cölln benannte dem lippischen Kabinettsministerium die Gründe für die Ausnahme von der Regel: „Unter den älteren Landeskandidaten, welche sich bei der entstandenen Pfarrvakanz beworben haben, sind weder Wendt noch Kotzenberg ihrer Eigentümlichkeit nach geeignet, den Bedürfnissen der Barntruper Gemeinde ein Genüge zu tun und Schmidt ist bereits für die Pfarrstelle in Lieme vorgeschlagen [...]. Der Kandidat und Hilfsprediger Neubourg, um dessen Berufung an die Pfarrstelle zu Barntrup die dortige Gemeinde

durch ihren Vorstand bittet, ist wohl geeignet, den daselbst an den Geistlichen zu machenden Anforderungen zu entsprechen. Er hat einen rechten, auf das positiv Christliche gerichteten Sinn und ist durch seine Stellung und Amtstätigkeit hier in Detmold im Predigen, in der Seelsorge und auch im Katechisieren geübt worden. Was ihm darin noch an Gewandtheit und an Umsicht mangeln mag, wird seine Liebe zum Berufe ersetzen".

Mit ihrer Unterschrift unter die sogenannten Prediger-Reversalien leisteten die ins Pfarramt berufenen Theologen ihr Amtsgelübde (vgl. S. 53f.). Dieses Verfahren schrieb bereits die Kirchenordnung von 1684 verbindlich vor. In dem Kapitel „Von Ordination und Introduktion der Prediger" war festgelegt, daß der Geistliche nach erfolgter Ordination „die am Konsistorio befindlichen Reversalpunkte [...] unterschreiben" und „auch in allen Stücken seines Dienstes sich dieser Kirchenordnung gemäß zu verhalten, angeloben" sollte.

Die Reversalien mit ihren 16 Paragraphen bestimmten den Umkreis pfarramtlicher Aufgaben und sie dokumentierten den Geist, in welchem der Pfarrer das ihm „von Gott [...] anbefohlene Amt" zu verrichten hatte. Nach der feierlichen Einführung in das Amt, der sogenannten Introduktion, die sich in Gegenwart des Superintendenten und einiger Amtsbrüder vollzog (vgl. S. 61), nahm der Pfarrer seinen Dienst in der Gemeinde offiziell auf.

Zitate vgl.: Archiv der Lippischen Landeskirche, Konsistorialregister Rep. II Tit. 16 Nr. 1; Tit. 20 Nr. 7; Tit. 21 Nr. 1; Tit. 22 Nr. 71; ferner: Lippische Kirchenordnung von 1684, in: Landesverordnung der Grafschaft Lippe, 1. Bd.; Lemgo 1779, S. 508 f.

Die „Prediger-Reversalien“ von 1857

Ich, . . . , ein ordentlicher und berufener Diener der Kirche Gottes zu . . . , gelobe und verspreche mit Hand gegebener Treue an eines ausgeschworenen leiblichen Eides statt, nachfolgende Punkte, die ich mit gutem Bedacht gelesen und erwogen, auch freiwillig mit eigener Hand unterschrieben habe, treu und unwandelbar festzuhalten.

1.

Daß ich das von Gott mir anbefohlene Amt fleißig und mit gewissenhafter Treue nach allen meinen Kräften verwalten will.

2.

Daß ich alle vornehmsten Artikel der heiligen christlichen Lehre nach prophetischer und apostolischer Schrift, auch darauf gegründeter Bekenntnisschriften der nach Gottes Wort reformiert-evangelischen Kirche, namentlich der Augsburgischen Konfession und des Heidelberger Katechismus ohne Zutun einiger Menschensatzung, Verfälschung oder Verkehrung der mir anbefohlenen Gemeinde vortragen, von den Streitpunkten moderate und mit der Schrift reden, mich unzeitigen Scheltens und verbotenen Verdammens aber gänzlich enthalten will.

3.

Daß ich in Bedienung der heiligen Sakramente als allein auf Christi Einsetzung sehen und mich dabei an die landesherrlich genehmigte Agende halten will.

4.

Daß ich zu rechter Zeit und ordentlich alle Pflichten und Obliegenheiten meines Amtes verrichten, durch keine andere Geschäfte mich daran verhindern lassen, auch nach Vorschrift der Kirchenordnung die Hausbesuche fleißig halten will und zwar zu der Zeit, die nach Verhältnis der Beschäftigung der Pfarrkinder dazu am passendsten ist.

5.

Daß ich insbesondere die Kranken und Sterbenden besuchen, unterrichten, vermahnen und trösten, auch wenn es verlangt wird bei Begräbnissen christliche Gesänge anordnen, Leichenpredigten halten und mich dazu allezeit bereitfinden lassen will. Daß ich sogenannten Konventikeln oder außerkirchlichen Versammlungen zur Erbauung, sei es in oder außer meiner Gemeinde, namentlich durch eigene Teilnahme an denselben, keinen Vorschub leisten, dagegen es mir mit allem Fleiße angelegen sein lassen will, durch erbauliche Predigten die Teilnahme an den öffentlichen Andachtsübungen in der Kirche zu fördern und den Sinn für häusliche Andacht in der Familie zu beleben.

7.

Daß ich mich, so viel an mir ist, mit jedermann, sonderlich aber mit denen, welche zu der mir anbefohlenen Kirche mit bestellt sind oder sonst in der Schule mitarbeiten, in Liebe und Freundschaft begehen, mit denselben in Frieden und Einigkeit leben und hingegen alles Gezänk und Uneinigkeit, wodurch das Evangelium möchte gelästert werden, vermeiden will.

8.

Daß ich auf die Schulen der Gemeinde fleißig achthaben, dieselben ordnungsmäßig besuchen, die Unterweisung der Jugend nach Kräften fördern und stets dahin sehen will, daß die Kinder zur Schule gehalten und treulich unterrichtet werden, auch selbst an Sonntagnachmittagen öffentlich in der Kirche ohne Versäumnis mit der Jugend katechisieren will.

9.

Daß ich für meine Person nach allem Vermögen und Amtsgebühr in meinem öffentlichen und häuslichen Leben mit Worten, Werken, Gebärden, Kleidung und sonst keinen Anstoß geben, sondern aufrichtig, ehrbar, nüchtern und gottselig mich verhalten, auch alles Spielen in öffentlichen Häusern vermeiden und die Erbauung meiner Gemeinde durch meinen ganzen Wandel wie durch meine Lehre stets vor Augen haben will.

10.

Daß ich auf die ganze Gemeinde in allen ihren Gliedern mit christlicher Wachsamkeit und Treue achthabe und besonders als ein guter Hirte der Herde, unter welche mich der heilige Geist gesetzt hat, dafür sorgen will, daß die Betrübten getröstet, die Schwachen gestärkt, die Halsstarrigen gestraft und die Irrenden zurechtgebracht werden.

11.

Daß ich die Zuhörer, welche hartnäckiger Weise dem Geiste Gottes und seinem Amte widerstreben und sich zum Ärgernis der Gemeinde nicht wollen weisen lassen, wo sie ordentlich und gebührlich ermahnt worden, entweder meinem ordentlichen Superintendenten bei der Visitation oder wenn sich diese verzöge, dem Konsistorio anzeigen und das nicht um Gunst oder Ungunst oder einiger andern Ursachen halber unterlassen will.

12.

Daß ich mir die Armen und Notleidenden vorzüglich empfohlen sein lassen, zu ihrer Unterstützung nach Kräften behilflich sein und allem, was jetzt oder künftig geschieht, um das Armenwesen im Lande zu ordnen und zu verbessern, mit Eifer nachkommen will, damit die armen Gliedmaßen Christi soviel möglich unterhalten werden.

13.

Daß ich die zur Pfarre gehörigen Gebäude, Güter, Renten und Gerechtigkeiten um Privatnutzens willen aus Versäumnis oder sonst nicht will ändern oder abfallen lassen, sondern vielmehr dahin sehen, daß alles durch gebührliche und zulangende Mittel in gutem notdürftigem Stand und Wesen erhalten und auf die Nachkommen überliefert werde.

14.

Daß ich mich aller weltlichen mit meinem Stande nicht verträglichen Ämter, gleich wie aller wucherlichen Kontrakte enthalten, ohne besondere Erlaubnis Konsistoriums nicht außer Landes verreisen noch einige so nicht wirklich im Lippischen ministerio stehen oder vom Konsistorium keine licentiam proponendi haben, auf meine Kanzel kommen und predigen, sondern selbst nach meinem Vermögen dies meine höchste

Sorge sein lassen will, daß Christo viele Seelen gewonnen und zugeführt werden, ohne jedoch den mir zugewiesenen Kreis meiner geistlichen Wirksamkeit zu überschreiten oder in eines anderen Amt zu greifen.

15.

Daß ich von meinem angenommenen Kirchendienste von mir selbst nicht abstehen noch denselben verlassen will, ich sei denn von meiner gnädigsten Landesherrschaft meiner Pflicht entbunden und habe von dem geistlichen Konsistorio, welchem ich allen Gehorsam zu leisten habe, ordentlich Urlaub genommen.

16.

Daß ich dem Durchlauchtigsten Fürsten und Herrn Paul Friedrich Emil Leopold zur Lippe treu und hold sein, Sr. Durchlaucht so viel an mir ist, Frommen und Nutzen schaffen, Schaden wehren und abhalten, wie einem treuen Untertan gebührt, dieses Gelöbnis und Zusage mich stets erinnern und der jedesmaligen Landesherrschaft als unserm Summo Episcopo und deren Kommissarien bei dem Konsistorio, ohne einige Rücksicht auf andere, wer sie immer sei, folgen und gehorchen, mich auch davon auf keinerlei Weise abschrecken lassen will. Dieses alles und was sonst noch von einem gehorsamen, treuen, frommen, rechtschaffenen und fleißigen Kirchendiener erfordert werden möchte, verspreche ich nach allem Vermögen zu leisten, so wahr und gewiß ich begehre, daß Jesus Christus der getreue Erzhirte und gerechte Richter mir die Krone der Herrlichkeit am Tage der Erscheinung zum großen Gericht geben solle.
Alles getreulich und ohne Gefährde.
Urkundlich dieser meiner eigenhändigen Unterschrift.
Geschehen

Aus: Archiv der Lippischen Landeskirche, Konsistorialregistratur Rep. II Tit. 21 Nr. 1.

Da viele Pfarrer bis ins hohe Alter in ihrem Amt verblieben — Superintendent Adam Zeiß (1779-1870) verwaltete die Pfarre in Silixen noch mit 90 Jahren —, waren die Möglichkeiten des theologischen Nachwuchses, in eine Pfarrstelle zu gelangen, sehr begrenzt. Die Pfarramtsbewerber mußten sich in der Regel auf eine lange Wartezeit einstellen und sich während dieser Zeit mit einer kirchlichen Aushilfstätigkeit begnügen oder sie mußten in den Schuldienst ausweichen. Rudolf Brockhausen z. B. hatte fast 15 Jahre als Rektor in Blomberg im Schuldienst gestanden, bevor er im Jahre 1844 auf die zweite Pfarrstelle nach Horn berufen wurde. Doch selbst diese späte Berufung war mit unerfreulichen Begleiterscheinungen verbunden, da sich Mitbewerber übergangen fühlten, die ihren Anspruch aus dem Anciennitätsprinzip glaubten herleiten zu können. Zu ihnen gehörten die beiden Pfarramtsaspiranten Gustav Otto Krecke aus Lieme und Gustav Meyer aus Bad Meinberg.

Gehorsamste Anfrage des Kandidaten Krecke, der wievielste Landeskandidat er sei? Lieme, den 3. Juli 1843

An Hochfürstliches Konsistorium!
Ich bin zweifelhaft, welche Stelle ich in der Kandidaten-Liste einnehme, ob ich der elfte oder zwölfte Kandidat bin. Der Herr Kandidat Weßel aus Schötmar hat nämlich mit mir zugleich das erste Examen gemacht. Als das Examen zu Ende war, wurde vom seligen Herrn Generalsuperintendenten Weerth über uns beide dasselbe günstige Urteil gefällt und keinem ein Vorzug eingeräumt, wie sich dessen der Herr Generalsuperintendent Althaus und der Herr Konsistorialrat Böhmer, die beiden Herrn Mitexaminatoren, noch wohl erinnern werden. Wir standen als vollkommen gleich, wenn auch der Name Weßel zuerst bei der Anzeige im Intelligenzblatt genannt ist. Einer mußte ja zuerst genannt werden. Die Sachen aber haben sich meiner Meinung nach dadurch anders gestellt, daß ich schon am 8. November 1838 mein zweites Examen gemacht habe, Weßel aber erst Ostern 1842, so daß mir, wie mir scheint, jetzt unbezweifelt der Vorzug gebührt. Diese Meinung hat auch der Herr Konsistorialrat Böhmer, denn als ich ihn nach Ablegung meines zweiten Examens besuchte, äußerte er, daß ich Weßel jetzt vorgekommen sei. Und es gründet sich diese Meinung auf die allgemeine Wahrheit, daß eine Behörde an niemanden Forderungen zu machen berechtigt ist, wenn sie nicht etwas dafür gibt. Konsistorium wird gewiß dieselbe Meinung hegen und ich würde daher in dieser Sache gar nicht anfragen, wenn ich nicht durch hier und da gemachte Bemerkungen unruhig geworden wäre. Auch wird Konsistorium meine Anfrage mit den jetzigen höchst mißlichen Zeitverhältnissen entschuldigen.

Die Stellungnahme des Konsistoriums vom 10. Juli 1843 auf die „Gehorsamste Anfrage" des Kandidaten Krecke:
Dem K. Krecke wird auf seine Anfrage unverhalten, daß die Anciennität der Kandidaten nach dem ersten Examen gerecht zu werden pflegt, auf dieselbe jedoch in Gemäßheit des § 8 der Verordnung vom 18. Dezember 1837 keineswegs ausschließlich oder auch nur hauptsächlich Ansprüche auf Beförderung gegründet werden können.
Aus: Archiv der Lippischen Landeskirche, Konsistorialregistratur, Rep. II Tit. 16a Nr. 1 und Tit. 16 Nr. 2.

Wiederholte gehorsamste Anfrage des Kandidaten Krecke, der wievielste Landeskandidat er sei? Bad Salzuflen, den 3. August 1843

Alles, was mir Hochfürstliches Konsistorium im hochverehrlichen Reskript vom 10. v. M. hochgeneigtest mitgeteilt hat: „Die Anciennität der Kandidaten wird mit Berücksichtigung der Verordnung vom 10. Dez. 1837 nach dem ersten Examen gerechnet" ist mir sehr wohl bekannt. Da aber diese hochgeneigte Mitteilung bei meiner Anfrage nicht in Betracht kommt, so schließe ich daraus, daß ich mich unklar ausgedrückt habe. Ich nehme mir daher die Freiheit, meine Anfrage noch einmal nach Kräften deutlich hinzustellen und die dabei notwendigen Bemerkungen hinzuzufügen: Komme ich eher in der Kandidatenliste oder der Kandidat Weßel zu Schötmar? oder: Bin ich der zwölfte Kandidat oder er? Ich kann nämlich darüber in Zweifel sein, weil das erste Examen nicht entschieden hat, indem über uns beide der selige Herr Generalsuperintendent Weerth dasselbe Urteil gefällt hat; ich muß voraussetzen, daß mir der Vorzug dem Rechte gemäß gebühre, weil ich das zweite Examen 3 1/2 Jahr eher gemacht habe. So wird mir denn Hochfürstliches Konsistorium diese wiederholte gehorsamste Anfrage verzeihen, der wievielste Landeskandidat ich jetzt sei und bitte nochmals gehorsamst, mich darüber hochgeneigtest in Kenntnis zu setzen.

Die Antwort des Konsistoriums vom 7. August 1843 auf die „Wiederholte gehorsamste Anfrage" des Kandidaten Krecke:
Dem K. Krecke wird auf dessen abermalige Anfrage [...] erwidert, daß sich in dem Kandidatenbuche sein Name nach dem des jetzigen Pfarradjunkt Weßel zu Schötmar eingetragen findet und er sich demgemäß als den 12. Landeskandidaten, von Hildebrand an gerechnet, betrachten kann. Da es den Kandidaten überlassen bleibt, sich schon nach zwei oder erst nach mehreren Jahren zum 2. Male examinieren zu lassen, falls sie sonst dazu als qualifiziert erscheinen, so erwirbt sich derjenige, welcher das 2. Examen früher als ein andrer besteht, bloß dadurch kein Vorrecht vor diesem.

Aus: Archiv der Lippischen Landeskirche, Konsistorialregistratur Rep. II Tit. 16 Nr. 2.

Gehorsamste Anfrage des Kandidaten Gustav Meyer, seine Anstellung betreffend Bad Meinberg, den 8. Dezember 1843

An Hochfürstliches Konsistorium!
Unterzeichneter fühlt sich gedrungen, einem Hochfürstlichen Konsistorio die gehorsamste Bitte auszusprechen, daß es Hochdemselben doch gefallen möchte, ihn von einer großen Unruhe zu befreien.
Die Besetzung der Pfarrstelle zu Horn durch den Herrn Rektor Brockhausen kann nämlich dem Unterzeichneten nicht anders erscheinen als eine beschämende Zurücksetzung seiner, die ihn mit mancherlei Besorgnissen erfüllt. Da nämlich in der Reihe der Kandidaten der Herr Rektor Brockhausen um mehrere Jahre hinter ihm steht, so kann sich Unterzeichneter des Gedanken nicht erwehren, daß die Zurücksetzung hinter einen so viel später eingetretenen Kandidaten durch ihn selbst irgendwie verschuldet

sein müsse. Umsomehr muß er als Grund dieser Zurücksetzung eine neuerdings erst eingetretene Verschuldung vermuten, weil ihm noch im verflossenen Sommer durch eines der verehrten Mitglieder des Hochfürstlichen Konsistoriums die Zusage wurde, daß er bei Besetzung der Pfarrstelle keiner Bevorzugung eines der nachfolgenden Kandidaten sich zu versehen habe. Eine Aufdeckung dieser mutmaßlichen Schuld oder des sonstigen Grundes seiner Zurücksetzung glaubt daher Unterzeichneter sich zu seiner Beruhigung erbitten zu dürfen, da er sonst sich nicht erklären könnte, warum ihm, nachdem er in einer elfjährigen Kandidatenzeit allen Verpflichtungen seiner Stellung treulich nachzukommen sich bemüht und nachdem er alle Dienstleistungen gegen die Kirche, der er angehört, gehorsamst übernommen hat, die Hoffnung auf Anstellung ferner gerückt worden ist [...].

Nachdem das Konsistorium das Anciennitätsprinzip häufig zur Grundlage seiner Entscheidungen gemacht hatte, war es begreiflich, daß die Pfarramtsbewerber dieses Kriterium in den Stellenbesetzungsverfahren durchgängig gewahrt und angewandt sehen wollten, zumal die geistliche Behörde selbst wiederholt bekundet hatte, daß „zwar die Anciennität bei Anstellungen nicht als unbedingt entscheidend, aber doch als ein nicht unbedeutendes Moment zu betrachten" sei. Die Anciennität war eben nur ein Aspekt unter vielen anderen Faktoren, die bei der Berufung in ein Pfarramt eine Rolle spielten. Den Versuchen der Pfarramtsbewerber, auf das Stellenbesetzungsverfahren Einfluß zu nehmen, wußte das Konsistorium zu begegnen. Wer die Behörde mit seinen „Gehorsamsten Anfragen" bedrängte und gar zur Rechenschaft nötigte, mußte das Risiko einer Zurechtweisung in Kauf nehmen. So zögerte das Konsistorium auch nicht, dem Pfarramtsbewerber Meyer auf seine Vorstellung hin eine deutliche Abfuhr zu erteilen:

Dem K. Meyer wird auf seine Eingabe vom 8. D. [=Dezember] unverhalten, wie es ihm nicht zusteht, gegen die durch landesherrliche Gnade erfolgte Verleihung der 2. Pfarre in Horn an den R. Brockhausen, der nahe an 15 Jahren als Rektor in Blomberg fungierte, Widerspruch zu erheben und zwar umso weniger, da er eben nach dem Anciennitäts-Verhältnisse noch mehrere Kandidaten vor sich hat, welche in dieser Hinsicht erst zu berücksichtigen gewesen sein würden. Übrigens ist auch besagtes Verhältnis als Norm bei Beförderungen der Kandidaten zu einer Pfarre durch kein Gesetz begründet. Es sollen vielmehr nach Cap. III, 5 der Kirchenordnung vom Jahre 1684 „wohlverdienter Prediger Söhne", ingleichen die etwa „am Dienste der lateinischen Schulen sich fleißig gezeigt" besonders berücksichtigt werden; gleichwie die Landesherrschaft sogar freie Hand hat, auch ausländische Kandidaten oder Prediger je nach den Umständen zu berufen, Landeskandidaten aber nach § 8 ibid. [ibidem = ebendaselbst] sich wohl um Beförderung in geziemender Bescheidenheit melden mögen, jedoch keineswegs sich ungestümes Sollizitieren [=Nachsuchen] erlauben sollen.

Aus: Archiv der Lippischen Landeskirche, Konsistorialregistratur, Rep. II Tit. 16 Nr. 3.

Nur wenige Landeskandidaten hatten das Glück, in der Zeit bis zu ihrer Berufung in ein Pfarramt mit dem Pfarrdienst verbunden zu bleiben. Dies war der Fall, wenn sie als „Gehilfsprediger" — als Pastor collaborator — einem Pfarrer zur Seite gestellt wurden. Die Anstellung als Hilfsprediger erfolgte aber nur dann, wenn der Amtsinhaber aus Krankheits- oder Altersgründen seine Dienstgeschäfte selbst nicht mehr voll ausüben konnte. Er fand dann in dem Pfarradjunkt eine Stütze bei der Wahrnehmung seiner Amtshandlungen. Durch den Dienst in der Gemeinde konnte sich der junge Theologe in der praktischen Seelsorge üben und sich damit auf das Amt unmittelbar vorbereiten. Die Pfarramtsgehilfen mußten vor der geistlichen Behörde dann den glaubhaften Beweis erbringen, daß sie neben ihrer praktischen Betätigung auch ihre literarisch-theologische Fortbildung nicht vernachlässigt hatten.

Gehorsamster Bericht des Gehilfspredigers Krecke über seine Gehilfentätigkeit und sein Studium von Ostern 1844 bis Ostern 1845
Oerlinghausen, den 29. März 1845

Hochfürstliches Konsistorium verlangen von mir einen Bericht über meine Gehilfentätigkeit und meine Studien. Was zuerst jene betrifft, so bin ich in den einzelnen Punkten in meiner Vokation nachgekommen. Nur habe ich außerdem auf den Wunsch des P. P. [Pastor primarius = erster Pastor] Volkhausen die drei Schulen außerhalb Oerlinghausens besucht, die Krankenabendmahle größtenteils ausgeteilt, die Taufen und Kopulationen außerhalb der Kirche verrichtet und aus eigenem Antriebe drei Konfirmanden, die aus dem öffentlichen Konfirmandenunterricht wegen Beschränktheit des Verstandes und früherer Verwahrlosung keinen Nutzen ziehen konnten, im letzten Vierteljahr privatim wöchentlich drei Stunden nach einem eigens dazu entworfenen Plane unterwiesen.
Was zuletzt diese betrifft, so habe ich mich mit der Lektüre von Predigten, besonders der Reinhards, beschäftigt, um zu einem bestimmten Urteile darüber zu kommen, Auszüge daraus gemacht und hin und wieder Katechisationen von Dinter [Konsistorial- und Schulrat (gest. 1831), vertrat eine rationalistische Theologie] gelesen. Meine Bibelstudien waren nicht von Bedeutung. Aus dem Alten Testamente habe ich einige Psalmen und zwar teilweise diejenigen, welche in der Dinterschen Schullehrer-Bibel mit A bezeichnet sind, im Grundtexte mit Benutzung des de Wette'schen Kommentars und dessen Übersetzung, im Neuen Testament habe ich die beiden Briefe an die Galater in der Grundsprache, die beiden Briefe an den Timotheus, Titus, den 1. Brief Petri und, wenn ich nicht irre, auch den 2. in der Lutherischen Übersetzung mit Benutzung der Lisko'schen Predigerbibel gelesen und aus Cordners Buche über Ursprung, Inhalt und Zweck des Neuen Testaments mir einen Auszug gemacht. Ich habe den Entschluß gefaßt, nach Anleitung dieses Auszuges das ganze Neue Testament durchzulesen und damit auch schon angefangen. Zu meinem Bibelstudium könnte ich vielleicht auch die Lektüre des Laienevangeliums von Sallet rechnen. Von kirchengeschichtlichen Werken habe ich gelesen Wessenbergs große Kirchenversammlungen und Leben und Wirken Oberlins von Stöber teilweise vollständig, aber die beiden letzten Bände von Hagens Reformationsgeschichte — der erste Band ist leider in der theologischen Lesegesell-

schaft nicht in Zirkulation gesetzt —, den Hauptinhalt dieser Werke habe ich ebenfalls niedergeschrieben. Es ist dies meine Gewohnheit fast bei allem, was ich lese, um mir den Inhalt besser einzuprägen, damit ich mir, wenn auch nicht extensive, doch wenigstens intensive Kenntnis erwerbe. Von kritischen Schriften habe ich gelesen Streit der Kritik gegen Kirche und Staat von Edgar Bauer, das neue Evangelium der Gegenfüßler des Christentums von K. A. Streicher und die Religion der Zukunft von Friedrich Feuerbach.
Ferner habe ich mich mit der Lektüre folgender Zeitschriften beschäftigt: der Darmstädter und der Evangelischen Kirchenzeitung und der Studien und Kritiken. Neuerdings habe ich mir auch die katholische Kirchenreform, von Ronge und Czarsky herausgegeben, verschrieben und mir sämtliche, soweit ich sie kenne, auf die Bewegung in der katholischen Kirche sich beziehende Schriften angeschafft, um derselben Schritt für Schritt zu folgen. Dazu nehme ich an der Schötmarschen und Lemgoer Predigerkonferenz teil. Das sind meine theologischen Studien soweit ich mich deren erinnere.
In bezug auf die äußerliche geistliche Amtsführung habe ich die Gesetzsammlung für die lippischen Prediger und Schullehrer durchgelesen und nehme an den hiesigen Kirchendepurtiertenversammlungen Anteil.
Außerdem beschäftige ich mich in etwas mit dem Kommunismus und Sozialismus, habe darüber eine Schrift von dem nordamerikanischen Prediger Channing, die Garantien der Harmonie und Freiheit von Weitling teilweise und andere gelesen wie ich auch die beiden sozialistischen Zeitschriften, die Triersche Zeitung und das Weser-Dampfboot hatte. Auch habe ich mich seit meinem Aufenthalte in Oerlinghausen auf ein Feld begeben, das mir früher durchaus fremd war; ich beschäftige mich nämlich auch mit der Politik. Überhaupt ist es mein Streben, mir ein genaues, ins einzelne gehende Bild von der Gegenwart zu entwerfen und darauf fleißig meine Gedanken zu richten. Denn ich kann die Ansichten derer nicht billigen, die da meinen, das Verständnis unserer Zeit, die so reich und groß ist wie kaum eine andere, sei leicht und werde wie im Schlafe gefunden oder es sei überflüssig, sich um seine Zeit zu bekümmern und es lohne sich nicht der Mühe, ihr ein ernstes Nachdenken zu widmen.
In meinem Tagebuch lege ich meine Gedanken über unsere Zeit nieder. Zugleich aber soll es sich beziehen auf die Erfahrungen, die ich in meinem Berufe, in meiner Umgebung und in mir selbst mache. Die humanistischen Studien habe ich in etwas vernachlässigt. Sie bezogen sich fast nur auf den Shakespeare. Ich will mich ihnen indes mit neuem Eifer wieder zuwenden, da nach meiner Meinung sie gerade das Predigtamt am allerwenigsten entbehren kann.
Das sind ungefähr meine Studien im vergangenen Jahre. Alles habe ich nicht angeführt, wie ich mich eben erinnere. Zum Schluß bitte ich Hochfürstliches Konsistorium noch ergebenst um sein Urteil, ob ich in dieser Art meine Studien fortsetzen soll.

Stellungsnahme des Konsistoriums vom 7. April 1845:
Es ist Konsistorio angenehm gewesen, aus dem Berichte des K. Krecke [...] zu ersehen, daß derselbe seit seinem Aufenthalte in Oerlinghausen sowohl amtlich sich einer regen Tätigkeit beflissen als auch seine Studien soviel als möglich fortgesetzt und seinen Gesichtskreis zu erweitern gesucht hat. In letzterer Beziehung wolle er sich nur vor

Zersplitterung hüten und neben der Beschäftigung mit der Tagesliteratur stets gründliche Studien, wozu immerhin auch die Beschäftigung mit den Klassikern gerechnet werden mag, hergehen lassen [...].

Aus: Archiv der Lippischen Landeskirche, Konsistorialregistratur Rep. II Tit. 26 Nr. 4 (Nr. 1056).

Die Introduktion, d. h. die Einführung in das Pfarramt, vollzog sich nach einem festgelegten Ritus in der Kirche vor der versammelten Gemeinde in Gegenwart geistlicher und weltlicher Repräsentanten.

Gehorsamster Bericht des Superintendenten Rohdewald, die Ordination und Introduktion des an die Pfarrstelle zu Barntrup berufenen Rektors Kand. Zeiß betreffend
Brake, den 17. März 1865

Nachdem von Hochfürstlichem Konsistorio durch Kommissorium [=Vollmacht] vom 26. Okt. die Introduktion und hinterher auch durch Reskript vom 7. November ejd. a. [= ejusdem anni = des nämlichen Jahres] die zugleich mit derselben vorzunehmende Ordination des für Barntrup berufenen Pastors, Rektors Zeiß zu Horn, mir aufgetragen worden, habe mit selbigem mich zunächst über dazu anzusetzenden Sonntag und die Ordnung der Doppelfeier benommen und ihm den Text zu seiner alsdann vorher zu haltenden Predigt gegeben. Weiter habe, mir bei der Ordination zu assistieren zwei der nächstwohnenden Prediger, Pastor Neubourg zu Blomberg und Pastor Mörs zu Bega, unter Zusage ihrer Vertretung bei ihrer eigenen Gemeinde durch einen Kandidaten ersucht und der Feier zu Barntrup von Amts wegen beizuwohnen, den Amtmann Neubourg zu Alverdissen eingeladen. Die beiden Amtsbrüder haben die erbetene Assistenz auch bereitwillig übernommen und der geladene Beamte seine Teilnahme zugesagt.
Der zu introduzierende Pastor besorgte an Ort und Stelle selbst nach Abrede die zeitige Ankündigung der bevorstehenden Feier bei der Gemeinde und die Einladung von deren Ältesten und Dechen wie auch des Bürgermeisters Schlüter zu Barntrup. Der für die Feier anberaumte Tag war der dritte Adventssonntag (11. Dezember 1864); deren Hergang folgender:
In der freundlichen Kirche [...] fand sich bei unserem Eintritt die Gemeinde schon versammelt und darf ihr bezeugt werden, daß sie erst gleich schon durch ihre zahlreiche Anwesenheit — die Kirche war unten im Schiffe und oben auf den Priechen ganz gefüllt — und hinterher durch ihre andächtige Stille und Aufmerksamkeit eine löbliche Teilnahme an der Feier des Tages bewiesen. Diese wurde eröffnet mit dem Singen des Adventsliedes Nr. 2 „Es kommt der König aller Ehren“, das sich besonders zum Eingangsgesang wohl eignet. Das Altargebet war ein selbsteigenes des jungen Liturgen, der Pastor als Vorsänger etwas wort- und blumenreich, aber doch übrigens angemessen und durch Herzlichkeit ansprechend.
Als Bibellektion war ihm das herrliche apostolische Zeugnis vom christlichen Predigtamt 2. Kor. 5,18-6,10 angegeben. An die Altarfeier schloß sich zunächst der Gemeindegesang; sie sang Nr. 337 „Mir nach, spricht Christus“. Der dann folgenden Predigt

lag zu Grunde 1. Kor. 4,1-5, die Epistel dieses, des dritten Adventssonntags, die sich durch ihren der Feier des Tages aufs beste entsprechenden Inhalt so ungesucht als Text dargeboten hatte, daß meine Empfehlung desselben mit dem eigenen Wunsche von Zeiß bei dessen Verabredung zusammentraf. Die von diesem darüber gehaltene Predigt war eine wohlgeordnete und -vorgetragene, nicht gerade tiefgehend und ergreifend, aber doch schriftgemäß und durch würdige Gesinnung und durch ein warmes Herz ansprechend. Nachdem erst im Eingange mit Anknüpfung an die Adventszeit, er der großen Bedeutung dieses Tages und der hohen Wichtigkeit seiner Doppelfeier für ihn selbst gedacht hatte als der nunmehr die kirchliche Weihe zum Predigtamt erhaltene und zugleich als an diese Gemeinde berufene Prediger, wirklich in dasselbe eintreten sollte, ging er sodann näher ein auf den eben darauf bezüglichen Text und wies nach, wie der Apostel sich darin, von ihm selbst ausgehend, in lehrreichen und beachtenswerten Worten ergehe und auslasse: Über die christlichen Prediger und zwar in dreierlei Hinsicht: I. Wofür sie von jedermann in der Gemeinde zu halten; II. Was von ihnen nur gefördert werden dürfte; III. Wem allein das Recht, sie zu richten, zustehe.
An die Predigt schloß sich zunächst der Gesang der Gemeinde; es wurden aus dem Liede Nr. 428 die drei letzten Verse gesungen. Unter dem Singen des letzten Verses trat ich mit meinen beiden Assistenten vor den Altar und unterhalb der Stufen des Chors Ordinandus et Introducendus in angemessener Entfernung uns gegenüber.
Erst ein Jahr und ein Monat waren verflossen, seitdem ich auch hier als Superintendent im Amt vor der Barntruper Gemeinde so gestanden hatte, zur Kirchenvisitation gekommen. Darüber sprach ich mich zuerst gegen die Gemeinde aus, indem ich gewissermaßen das, damals erst zu ihnen gekommen, jetzt ich schon wieder käme, zu entschuldigen hätte, es aber auch leicht könnte, da eine so baldige Versetzung ihres Pastors ich so wenig wie sie auch nur geahnt, geschweige denn erwartet hätte, auch mich darüber freuen könnte ich eigentlich nicht, denn wo ein rechtes Verhältnis zwischen Prediger und Gemeinde bestände, da würde durch längeres Verbleiben in ihrer Mitte sein Verband mit ihr ein inniger und fester und sein Wirken auf und für sie ein tiefer eingreifendes, nachhaltigeres. Allein was ihr genommen sei durch das Weggehen des vorigen Pastors, das werde der Herr der Gemeinde hoffentlich wiedergeben eben durch den jetzt zu ihr kommenden neuen Pastor; sie möchten ihm nur auch mit rechter Liebe und Ehrerbietung vertrauend entgegenkommen und vor allem nicht vergessen, fleißig für ihn zu beten. Übrigens werde das rechte christliche Verhalten zwischen Gemeinde und Prediger weiterhin noch zur Sprache kommen. Aus eben diesem Grunde dürfte ich mich auch kurz fassen in meiner Ansprache an den jetzt zu Ordinierenden und Introduzierenden. Was ich ihm als väterlicher Freund besonders ans Herz zu legen hatte, das knüpfte ich an 2. Tim. 2,3-5; da lehre der Apostel, wodurch ein christlicher Prediger sich bewähre als ein guter Streiter Christi, nämlich: I. Durch still = geduldiges Leiden; II. Durch streng = gewissenhaftes Weisen; III. Durch recht = kämpfendes Streiten.
Der feierliche Akt erst der Ordination und sodann an diese angeschlossen auch der Introduktion geschah darauf nach Vorschrift der Agende und, nachdem sie erst noch gesungen Nr. 285 Vers 3, wurde die Gemeinde mit dem Segen entlassen [...].

Aus: Archiv der Lippischen Landeskirche, Konsistorialregistratur Rep. II Tit. 22 Nr. 71.

4. Die Amtsgeschäfte

In der im Jahre 1713 von dem Haustenbecker Pastor Johann Daniel Geller angelegten und von seinen Amtsnachfolgern fortgeschriebenen „Chronica ecclesiastica“ der Gemeinde Haustenbeck findet sich unter dem 20. Mai 1851 der folgende Vermerk: „Im Jahre 1851 hat der zeitige Prediger Meyer mit dem Presbyterium eine genaue Aufzeichnung der sämtlichen Amtsverrichtungen des Predigers wie auch der vornehmsten Sitten und Rechte, welche im Wechselverhältnis zwischen Prediger und Gemeinde bestehen, vorgenommen. Die Absicht dabei ist es, daß die in hiesiger Gemeinde bestehenden bewährten Ordnungen unverändert der Nachkommenschaft überliefert werden möchten“. In seiner Niederschrift hatte der Haustenbecker Pastor Meyer sein pastorales Wirkungsfeld dargestellt und das Spektrum seiner pfarramtlichen Tätigkeit beschrieben. Der Inhalt seines „Memorandums“ war „in mehreren Sitzungen des Presbyteriums sorgfältig besprochen und beleuchtet“ worden, so daß die Gemeinde erkennen konnte, „was sie hat und was ihr not tut“. Die Darstellung des Pastors Meyer zeigt in schöner Anschaulichkeit, welche Amtsfunktionen ein Pfarrer in einer ländlichen Gemeinde in der Mitte des 19. Jahrhunderts wahrzunehmen hatte.

Nachweis der Amtsverrichtungen des Predigers wie auch der vornehmsten Sitten und Rechte im Verhältnis zwischen Prediger und Gemeinde zu Haustenbeck
Von Pastor Gustav Meyer
Haustenbeck, den 13. Juli 1851

1. Was das Predigen anlangt

Außer den Morgenpredigten an jedem Sonn- und Festtage sind auch Nachmittagspredigten zu halten am ersten Weihnachts-, ersten Oster- und ersten Pfingsttage. Am Karfreitag und Himmelfahrtsfeste findet nachmittags kein öffentlicher Gottesdienst statt. Der Gottesdienst beginnt im Winter um 10 Uhr, von Sonntag nach Ostern aber bis Sonntag vor dem Herbstbußtag incl. um 9 Uhr, nachmittags um 2 Uhr.
Zu den drei Nachmittagspredigten an den ersten Festtagen findet sich hauptsächlich die Jugend der Gemeinde zahlreich ein, wogegen alsdann morgens hauptsächlich die Eltern kommen, das Festopfer darzubringen. Auf diese Verschiedenheit der Zuhörer wird die Predigt Bezug zu nehmen haben, wie auch in der Gemeinde erwartet wird.
Am ersten Weihnachtstage ist statt der Nachmittagspredigt in letzter Zeit ein Frühgottesdienst von 6 bis 7 Uhr bei erleuchteter Kirche gehalten und am Karfreitag, abends von 5 bis 6 Uhr, eine sogenannte Begräbnispredigt über das Begräbnis des Herrn.
Die monatlichen Bettage, an denen vordem die Lehrer der Gemeinde öffentlich in der Kirche katechisieren mußten, sind leider schon seit einigen Jahrzehnten eingegangen. Statt dessen haben die Lehrer jetzt angefangen, einmal jährlich an einem Sonntagnachmittag öffentlich in der Kirche zu katechisieren, damit jedes Gemeindeglied vernehmen könne, wie sie ihren Religionsunterricht erteilen.
Bei Vorlesung des Kanzeltextes steht die ganze Gemeinde auf. Beim Ausgange aus der Kirche gehen die sämtlichen Männer, alsdann erst folgen die Frauen.

2. Die Kinderlehre oder Sonntagskatechisation

Sie wird vom Prediger im Sommerhalbjahr gehalten, solange der Gottesdienst um 9 Uhr beginnt, und zwar nachmittags von 3 bis 4 Uhr. Die Kinderlehre fällt aus an den Abendmahls-Sonntagen. Es erscheinen zu dieser Katechisation eigentlich nur die schon konfirmierten Kinder, und zwar zwei Jahre lang nach der Konfirmation; indes pflegen auch die, welche noch im Konfirmandenunterricht sind, mit dabei zu sein. Als Stoff zu diesen Kinderlehren ist von der Kirchenordnung der Heidelberger Katechismus vorgeschrieben; indes hat es die Gemeinde lieber, daß Auslegung der Heil. Schrift im Zusammenhang vorgenommen wird und gern wird es gesehen, daß daneben den Kindern jedesmal ein Psalm zum Auswendiglernen aufgegeben und vorher kurz erklärt wird.

3. Konfirmandenunterricht

Derselbe wird erteilt vom Reformationsfest bis Palmsonntag [31. Oktober — Sonntag vor Ostern] und dann wieder von Johanni bis Michaeli [24. Juni - 29. September], mindestens dreimal wöchentlich, und zwar morgens vor dem Beginn oder nach dem Schlusse der Schulstunden.
Die meisten Kinder wohnen dem Unterricht zwei Jahre lang bei (nach altjüdischer Sitte und Christi Vorbilde vom zwölften Jahre an den Tempel besuchend), doch werden sie im ersten Jahre mehr als bloße Zuhörer behandelt. Auf diese Weise ist es möglich, neben dem Katechismus auch Bibelkunde zu treiben.
So lange es die Kälte nicht verbietet, findet der Unterricht in der Kirche statt, sonst im Schulzimmer, welches vom Lehrer für den Konfirmandenunterricht geheizt werden muß, jedoch muß der Prediger dazu das Holz liefern.
Am Tage der Annahme werden die Kinder von Vater oder Mutter oder Vormund dem Pastor in seinem Hause zugeführt und muß alsdann die Hälfte der Gebühren bezahlt werden.
Sehr erwünscht ist es der Gemeinde, wenn auch die aus der Kinderlehre schon entlassenenen Konfirmierten wenigstens einmal im Jahre zu einer besonderen Besprechung vom Pastor eingeladen werden, und pflegt dies gewöhnlich an den beiden Bußtagen nachmittags zu geschehen, weil meistens an diesen Tagen die auswärts Dienenden zum Abendmahl kommen.

4. Taufe

In der Regel werden die Kinder, nachdem sie tags zuvor von der Hebamme angemeldet und ins Kirchenbuch eingetragen worden sind, sonntags am Schlusse des Morgengottesdienstes, vor Entlassung der Gemeinde durch den Schluß-Segen, getauft. Nur bei Nottaufen und bei sehr großer Kälte findet eine Ausnahme statt. Im letzteren Falle geschieht die Taufe im Pfarrhaus. Indes werden auch wohl uneheliche Kinder ebenda oder an einem Wochentage in der Kirche getauft.
Rücksichtlich der Gevattern [= Paten] besteht die Sitte, nicht unter zwei und nicht über vier zu nehmen, und die Aufforderung zur Gevatternschaft darf nicht ausgeschlagen werden, auch bei unehelichen Kindern nicht, wenn nicht Verwandte eine nähere Verpflichtung haben.

Pastor Gustav Meyer, geboren am 11. Juli 1812 in Bad Salzuflen als Sohn eines Medizinalrats, studierte von 1830-1833 in Göttingen und Halle Theologie. Er amtierte von 1845-1851 als Pfarrer in Haustenbeck, anschließend in Wüsten (1851-1860), Detmold (1860-1869) und Heiden (1869-1881). Meyer gehörte zum Kreis jener Pfarrer, die in ihrer Glaubenshaltung von der Erweckungstheologie geprägt waren. In Haustenbeck verfaßte Pastor Meyer den hier abgedruckten Bericht, in dem er die „Amtsverrichtungen des Predigers" in einer ländlichen Gemeinde beschrieb.

Es ist üblich und wird von der Gemeinde gern gesehen, daß bei jeder Taufe eine kurze Ansprache über ein passendes Schriftwort dem Gebrauche des Formulars vorangeschickt werde, damit letzteres durch die häufige Wiederholung nicht ermüde. Diesen Tauftext pflegen die Gevatter den Eltern mitzuteilen, damit er nebst dem Geburtstag und den Namen des Täuflings in die Familien-Bibel eingeschrieben werde.
Sehr gern wird es gesehen, daß der Pastor am Nachmittage in der Gevattern-Gesellschaft bei den Eltern des Täuflings, wenn auch nur auf kurze Zeit, erscheine, um der Wöchnerin seinen Segenswunsch zu bringen und an der Familienfreude teilzunehmen. Im Behinderungsfalle wird es wenigstens erwartet, daß der Pastor in der Zwischenzeit, ehe die Wöchnerin ihren Kirchgang hält, dieselbe freundlich anspreche, mit Erinnerung etwa an einen Dankpsalm wie den 116ten und sich teilnehmend erkundige nach Mutter und Kind, damit nachmals beim Kirchgange die Fürbitte für beide desto herzlicher werde.

5. Konfirmation

Sie findet jährlich nur einmal statt, am Palmsonntag, aber dann, statt der Predigt von der Kanzel, — Prüfung, Ansprachen vom Altare aus und Einsegnung den Kern der Feier ausmachen. Die erste Abendmahlsfeier der Eingesegneten findet darauf am Karfreitag mit der übrigen Gemeinde statt.
Ausnahmsweise wird noch ein zweites Mal konfirmiert, kurz vor dem Herbst-Bußtag, wenn nämlich für einzelne arme Kinder des Vermietens wegen dies dringend gewünscht würde; jedoch geschieht es dann im Pfarrhause oder an einem Wochentage

in der Kirche in Gegenwart des Presbyteriums und der Eltern. Das erste Abendmahl empfangen diese Konfirmierten sodann am Herbst-Bußtag.
Am Tage vor der Konfirmation schmücken die Kinder die Kirche unter Beihilfe des Küsters.
Während der Fastenzeit ist sonntäglich eine spezielle Fürbitte für die Konfirmanden üblich, sich anschließend an das Altargebet.
Die Gemeinde wünscht, daß bei jeder Konfirmation das apostolische Glaubensbekenntnis von einem oder zweien der Konfirmanden hergesagt und im Namen aller feierlich als der gemeinsame Glaubensgrund bekannt werde.

6. Abendmahlsfeier nebst Vorbereitung

Das heilige Abendmahl wird sechsmal im Jahre ausgeteilt und zwar 1. am Sonntag nach Neujahr, 2. am ersten Sonntag der Fastenzeit, 3. am Karfreitag, 4. am Sonntag nach Johanni, 5. am Herbstbußtag und 6. am letzten Sonntag des Kirchenjahres. Es treten dabei, wenn die Kommunikantenzahl gering, je zwei, wenn groß, je vier Personen zum Altare heran.
Bei Kranken-Kommunionen, wobei der Küster das Hinschaffen der Geräte und des Talars besorgt, pflegen sich die Familienglieder und Nachbarn zu versammeln, ohne daß jedoch einige, wie es bei einer Communio geschehen sollte (Vide Kirchenordnung X, 24 und 25) das heilige Abendmahl mitgenössen. Gern wird es meistens gesehen, daß vorher ein Gesang angestimmt wird.
Die Anschaffung des Brotes und Weines liegt dem Pfarrer ob, wofür er die Auslagen der Kirchenkasse berechnet. Die Bereitung der Elemente für den Altar besorgt der Küster. Auf 30 Kommunikanten wird eine Flasche Wein gerechnet und für 1 Sgr. Brot. Das Übrigbleibende ist des Küsters Eigentum, jedoch ist es üblich, wenn Kranke in der Gemeinde sind, daß diesen davon gesandt werde.
Die Vorbereitung findet immer am Tage vor der Kommunion, nachmittags um 2 Uhr statt, und wird dazu dreimal, um 12, 1 und 2 Uhr geläutet. Der Vorlesung des Beichtformulars geht immer eine erweckte Ansprache über einen Schriftabschnitt voraus, vom Altare her gehalten. Wenn die drei Fragen an die Beichtenden gerichtet werden sollen, erheben sich dieselben und bleiben von da an stehend. Der Opfergroschen wird unter Gesang auf den Altar gelegt, und dann erst die Beichtgemeinde mit dem Segenswunsche und nach stillem Gebete entlassen.
Jedesmal müssen der Vorbereitung zwei Kirchenälteste pflichtgemäß beiwohnen, also abwechselnd, und nach ihrer Beendigung begeben sich diese ins Pfarrhaus, wo dann etwa bei einer Tasse Kaffee Angelegenheiten der Seelsorge besprochen werden. (Vide Kirchenordnung X, 10).
Es knüpft sich an die Abendmahlsvorbereitung eine für die Sittlichkeit in der Gemeinde von großer Bedeutung gewesene Handhabung der Kirchenzucht. Wenn nämlich Gemeindeglieder in offenbare Sünde gefallen sind (Kirchenordnung X), namentlich in Sünde gegen das siebte Gebot, so erwartet die Gemeinde und auch die Gefallenen selbst, daß der Seelsorger sie von der Kommunion abmahne oder suspendiere, bis sie Buße getan und Besserung feierlich angelobt haben. (Vide Kirchenordnung X, 9). Hat

Die Kirche in Haustenbeck, ein schlichter dörflicher Bau in der Grundform eines Bauernhauses, der keine Anlehnung an städtische Vorbilder erkennen läßt. Haustenbeck wurde im Jahre 1939 aufgelöst und in den Truppenübungsplatz Senne einbezogen. Heute erinnern nur noch einige Häuser und die Kirche als Ruinen an die Existenz dieser Ortschaft.

ein Gefallener sich innerlich dazu entschlossen und begehrt er wieder zu des Herrn Altar hinzugelassen zu werden, so meldet er sich zu dem Ende einige Tage vor der Kommunion (etwa begleitet von einem Kirchenältesten, den er um diese Begleitung bittet) bei dem Seelsorger, welcher sodann seinen Seelenzustand prüft und ihm die nötigen Weisungen erteilt. Am Tage der öffentlichen Beichte aber bleibt der Reuige nach ihrer Beendigung in der Kirche zurück und ebenso die anwesenden Kirchenältesten. Die letzteren treten mit dem Pastor an den Altar, und da an heiliger Stätte legt der reuige Gefallene sein feierliches Bußbekenntnis ab und gelobt mit feierlichem Handschlag den Stellvertretern der Gemeinde, daß er hinfort kein ähnliches Ärgernis wieder geben wolle. Das Bekenntnis und Gelübde wird meistens in eine Frage des Seelsorgers zu fassen sein, worauf das Ja gesprochen wird, an welches sich dann auch die Zusicherung der Sündenvergebung und der nunmehrigen Wiederversöhnung mit der Gemeinde anschließen mag. (Sollte jemand sich dieser kirchenordnungs- und observanzmäßigen Sitte nicht fügen wollen, so muß er wenigstens so lange sich vom Abendmahle fernhalten, bis von Konsistorio weitere Weisung eingeholt worden ist. (Vide die Verordnung vom 23. Januar 1843).

Um die zu handhabende Kirchenzucht bei den Betreffenden in Erinnerung zu bringen, wird jährlich am Neujahrstage unter den Publikanden bei Erwähnung der unehelichen Geburten auch ihrer unverehelichten Eltern gedacht, deren Zahl, so weit sie bekannt sind, genannt wird, und daran wird dann noch die stehende Bemerkung geknüpft: daß diese Personen nicht eher am Altare erscheinen dürften als Kommunikanten oder Gevattern, als bis sie vor dem Pastor und den Kirchenältesten ihre Bußfertigkeit feierlich erklärt und zugleich gelobt hätten, nicht wieder der Gemeinde solch Ärgernis zu geben und zwar feierlich am Altare als vor Gottes Angesicht, damit ihnen auch feierlich die Vergebung ihrer Sünden und Wiederversöhnung mit der Gemeinde (Kirchenordnung XII, 10) zum Troste für ihre betrübten Gewissen im Namen Gottes erklärt und zugesprochen werden könnte; bis dahin aber hätten sie sich anzusehen als solche, die ihren Bund mit Gott offenbarlich und aufs gröbste gebrochen und deshalb auch nicht beim Bundesmahle erscheinen dürften.

7. Kopulation und Proklamation

Die Proklamation geschieht von der Kanzel nach dem Schlußgebet, etwa mit der Übergangsformel: „In unser Gebet schließen wir auch noch ein usw." Danach folgen etwaige andere kirchliche Bekanntmachungen und dann erst bürgerliche Publikanda.
Die Kopulation geschieht nach altem Brauch etwa 10 Minuten nach dem Schlusse des Morgengottesdienstes in der Kirche. Das Brautpaar wird dann herbegleitet von einem Chor Altersgenossen und von Musik, welche letztere aber nicht weiter kommen darf als bis an die Grenze des Kirchhofs. Am Altare erwartet der Pastor den Festzug, der sich im Halbkreise umherordnet; es wird ein Vers gesungen mit Orgelbegleitung (von alters her aus Nr. 476: „Herr, nichts kann auf dieser Erden" usw.), es folgt eine kurze Ansprache über ein Schriftwort und darauf die Ablesung des Formulars (Agende Nr. 3), wobei Ringe gewechselt werden; und ein Vers des obigen Liedes beschließt die Handlung. (Die sämtlichen Mitglieder des Festgeleites pflegen danach eine kleine Gabe, etwa 1/2 Groschen, auf dem Altare für den Pastor zu opfern).
Bei diesem Hergang hatten aber arge Mißbräuche sich eingeschlichen. Das ganze Geleit des Brautpaares pflegte während des Gottesdienstes in den Häusern der Brautleute zu zechen und man kam sogar betrunken ins Gotteshaus. Seit 1847 ist daher mit Einstimmung des Presbyteriums der Gemeinde kundgetan, daß fortan der Prediger sich erbiete, die Kopulation (ebenso wie die Taufe) vor versammelter Gemeinde, noch vor dem Schlußsegen, zu verrichten; jedoch solle dies nur bei wahrhaft ehr- und tugendsamen Brautpaaren geschehen, bei glaubhafter Keuschheit, und solle daher diese Trauung als eine Auszeichnung anzusehen sein, die der Pastor freiwillig gebe und welche niemand von ihm fordern könne; wogegen unkeusche Brautleute nach früherem Brauche nicht vor versammelter Gemeinde getraut werden sollten. Seitdem ist denn auch diese Auszeichnung als etwas sehr Ehrenvolles angesehen und erprobt worden, der Hochzeitszug kommt nun vor Beginn des Gottesdienstes, der frühere Unfug ist abgeschnitten, und der hereinbrechenden Unkeuschheit ist ein starker Damm entgegengesetzt.

Beim Ausgange aus ihren Häusern pflegen die Brautleute folgende Verse zu singen nach der Melodie: „Wie schön leucht' uns der Morgenstern".

1. Im Hause der Braut die Jungfrauen:

Wie herrlich leucht't der Gnadenstern,
Voll Güt' und Liebe von dem Herrn,
Im Stande heilger Ehe!
Fängt Jemand ihn mit Jesu an,
Dem ist Gott gnädig zugetan,
Dem hilft Er aus der Höhe.
Denn Er
Selber
Schafft die Triebe reiner Liebe in den Herzen,
Und versüßt des Kreuzes Schmerzen.

2. Im Hause des Bräutigams die Jünglinge:

Wie lebt ein frommer Mann beglückt,
Wenn Gott ihm eine Gattin schickt,
Durch die er wird gesegnet;
Wenn Eins das Andre zärtlich liebt
Und ihnen Gott den Frieden gibt
O wie viel Wohlsein regnet
Täglich
Reichlich
Auf die Seelen, die Gott wählen, die sich lieben
Und zugleich das Gute üben!

3. Im Brauthause Jünglinge und Jungfrauen:

Wenn Mann und Weib zu Dir aufsehn,
Und unverrückt beisammen stehn
Im Bande reiner Treue,
Da geht das Glück im vollen Lauf,
Da sieht man; wie der Engel Hauf
Im Himmel selbst sich freun.
Kein Wurm,
Kein Sturm
Kann zernagen, kann zerschlagen, was Gott gibet
Dem Paar, das in Ihm dich liebet.

Verwitwete und mehr noch unkeusche Personen ziehen meistens die Trauung in ihren Häusern oder im Pfarrhause vor; es wird aber auch wohl aus anderen Gründen die Haustrauung begehrt.

Am Abend vor der Trauung erscheint das Brautpaar im Pfarrhause, um sich ins Kirchenbuch eintragen zu lassen und die Gebühren zu bezahlen. Alsdann ist auch Gelegenheit zu seelsorglicher Befragung und Ermahnung. (Kirchenordnung XV, 17). Die Brautleute pflegen alsdann auch dem Pastor einen selbstgewählten Trauungstext vorzuschlagen.
Die alte Sitte, daß zu jeder Aussteuer vor allem andern Bibel, Gesangbuch und Habermanns Gebetbuch gehören, scheint wieder in Aufnahme zu kommen, nachdem sie eine zeitlang vergessen war.
Im Hochzeitshause darf die Tanzmusik nicht eher beginnen als nach dem Schlusse des Nachmittagsgottesdienstes, oder, falls die Trauung im Hochzeitshause vollzogen wird, nicht eher, als bis die Trauung geschehen ist. Bei Haustrauungen pflegt ebenso wie in der Kirche vorher und nachher ein Vers gesungen zu werden, weshalb der Küster dabei zugegen sein muß.

8. Beerdigung

Bei jedem Todesfall kann eine Leichenpredigt verlangt werden, doch geschieht dies meistens nur bei Erwachsenen. Noch nicht konfirmierte Kinder und in der Regel auch die Einlieger pflegen still beerdigt zu werden.
Bei jeder sogenannten stillen Leiche wird vom Prediger der Mitgang erwartet, jedoch hat die Gemeinde kein eigentliches Recht, ihn zu fordern, weshalb der Prediger bei wichtiger Abhaltung auch fehlen mag. Nimmt er aber teil, so empfängt er die Leiche am Kirchhofstor und spricht am offenen Grabe die Grabliturgie.
Ist eine Leichenpredigt begehrt worden, die nie des Nachmittags, sondern immer morgens gehalten wird, so empfängt der Pastor den Sarg auf dem freien Platze vor der Schule, bis wohin die Leiche gefahren wird. Es wird darauf gesehen, daß man hier grade um 9 Uhr oder winters um 10 Uhr ankommt, also zur Stunde, wo der Sonntagsgottesdienst beginnt, damit auch andere Gemeindeglieder, die am Gefolge nicht teilnehmen, sich zur Predigt einfinden können. Ehe die Träger den Sarg aufnehmen, gibt der Pastor durch Abnehmen des Hutes für das ganze Gefolge das Zeichen zum stillen Gebete, geht dann neben dem Küster unmittelbar vor dem Sarge her, während die singenden Schulkinder ihnen vorangehen unter Absingung des Liedes: „Christus der ist mein Leben“. Am offenen Grabe folgt die Liturgie, jedoch abgekürzt, und gleich nach der Beerdigung zieht der ganze Zug in die Kirche. Nachdem alle Mitglieder des Gefolges eine Gabe in den Armenstock gelegt haben, wird ein Gesang angestimmt und darauf die Predigt. Am Schlusse derselben wird auf die vornehmsten Leidtragenden, die meistens beisammen sitzen, Rücksicht genommen, und zuletzt das vom Küster aufgesetzte Personale vorgelesen. Hierauf singt noch der Schülerchor von der Orgel oder wohl auch die ganze Versammlung den Vers: (N. 305 V. 8) „Hier will ich nun ewig wohnen“. Würde aber dieser Vers auf den Gestorbenen keine volle wahre Anwendung leiden, so wird vom Pastor ein anderer Vers angesagt. (Kirchenordnung XVII, 10). Noch weitere Specialia besagt die Küster-Instruktion.

Findet die Beerdigung am Sonntag statt, so geschieht es auch dann nicht nachmittags, sondern morgens, und die Predigt braucht dann nicht grade eine förmliche Leichen-

Pastor Schönfeld aus Reelkirchen waltet seines Amtes: Hoch zu Roß folgt der betagte Pfarrer dem Sarg auf dem Weg zum Friedhof. Eine Tuschzeichnung des 21jährigen Theologiestudenten Emil Zeiß aus dem Jahre 1854. Zeiß muß das Motiv aus der Erinnerung entworfen haben, denn Schönfeld war bereits am 7. Mai 1850 im 87. Lebensjahr und im 62. Jahre seiner dortigen Amtsführung verstorben.

predigt zu sein, sondern es genügt, wenn nur am Ende auf den vorliegenden Fall Rücksicht genommen wird.
Bei Leichenwachen darf es nicht außer Gebrauch kommen, daß ein Gesang gesungen wird wie etwa: Nr. 485: „Meine Lebenszeit verstreicht".
Mörder und Selbstmörder (nicht aber Unglückliche, welche sich im Wahnsinn getötet) werden nicht in die Reihe der als Christen Gestorbenen begraben, sondern abseits in die Ecke oder unter die Mauer. Wer lange Jahre Kirche und Abendmahl verschmäht hat und unbußfertig gestorben ist, wird ohne die kirchlichen Ehren begraben, und für solchen kann auch eine Leichenpredigt nicht gefordert werden. (Kirchenordnung XVII, 18).

9. Kirchengebet

Fürbitten für Kranke werden zuweilen begehrt und geschehen dann unentgeltlich. Solche wie überhaupt alle Fürbitten finden ihren Platz am Ende des Kanzelgebets vor dem Vaterunser.
Wenn Wöchnerinnen ihren Kirchgang halten (es geschieht meistens am sechsten Sonntag nach der Entbindung und vorher pflegen sie das Haus nicht zu verlassen), so gehen sie beim ersten oder zweiten Gesange um den Altar, sich so dem Pastor und der Gemeinde darzustellen, und legen dabei 2 1/2 Sgr. auf den Altar für den Pastor, der

sodann in der Fürbitte für ihre Genesung dankt und auch des Kindleins gedenkt. Gefallene Frauenspersonen erhalten bei ihrem Kirchgang keine Fürbitte, sondern kommen am Abend vorher mit einem Kirchenältesten zum Pastor und erhalten da eine Ermahnung. Erst wenn dies geschehen, dürfen sie Kirchgang halten.
Wenn im Frühjahr die Hollandgänger ausziehen, etwa hundert an der Zahl, gemeiniglich auf einen Montag, so wird auch ihrer fürbittend am letzten Sonntag gedacht und ebenso, wenn sie zur Erntezeit heimkehren, danksagend.
Die Hollandgänger ziehen gewöhnlich in corpore [= alle zusammen] aus und kehren auch großenteils so wieder. Sie erwarten, daß ihrer beide Male auch in der Predigt Erwähnung geschehe. Spezielle Ermahnungen, Warnungen, Ermunterungen finden um die Zeit offene Ohren. Auch werden wohl Bücher aus der Dorfsbibliothek zum Mitnehmen geliehen und sehr dankbar ist man in der Fremde, wenn ein Brief vom Seelsorger einläuft, der auch spezielle Nachrichten und Grüße aus der lieben Heimat bringt. Ein solcher Brief, zu dessen Anhörung der Bote alle Haustenbecker an einen Ort zusammenberuft, wird auch regelmäßig von mehreren beantwortet.

10. Kirchengesang

Etwa 50 Melodien für den Kirchengesang sind der Gemeinde durchweg bekannt. Der Prediger erfährt und bestimmt dieselben durch Vereinbarung mit dem Presbyterium und den Lehrern.
An den drei ersten hohen Festtagen ist die Gemeinde gewohnt und liebt es sehr, daß ein Kinder- oder Jünglingschor von der Orgel herab ein mehrstimmiges Festlied singt, eingeflochten in die Altarliturgie; auch bei der Konfirmation, Karfreitag und Himmelfahrt pflegt dies zu geschehen. Die gegenwärtig üblichen und meist stehenden sind folgende:
Weihnachten: Jesus ist kommen, Grund ewiger Freude. Hoch tut auf, ihr Tore der Welt. Schönster Herr Jesu.
Advent: O du fröhliche, o du selige.
Erster Fastensonntag: O Lamm Gottes unschuldig.
Karfreitag: Christ, du Lamm Gottes.
Ostern: Einer ist König, Immanuel sieget.
Himmelfahrt: Wo findet die Seele die Heimat, die Ruh,
Pfingsten: Zeuch ein zu deinen Toren.
Konfirmation: Die wir uns allhier beisammen finden; und andere.

11. Altarliturgie

Während der Passionszeit wird die Leidensgeschichte in ihrer Gesamtheit, so wie sie alten Gesangbüchern angehängt ist, auf die sechs Sonntage verteilt, vorgelesen. (Kirchenordnung XXIII, 19).
Außergewöhnliche Fürbitten, wie z. B. für die Konfirmanden an den Fastensonntagen, werden in die Liturgie eingeschoben, auch wohl ein freies Herzensgebet dem Gebet aus der Agende hinzugefügt.

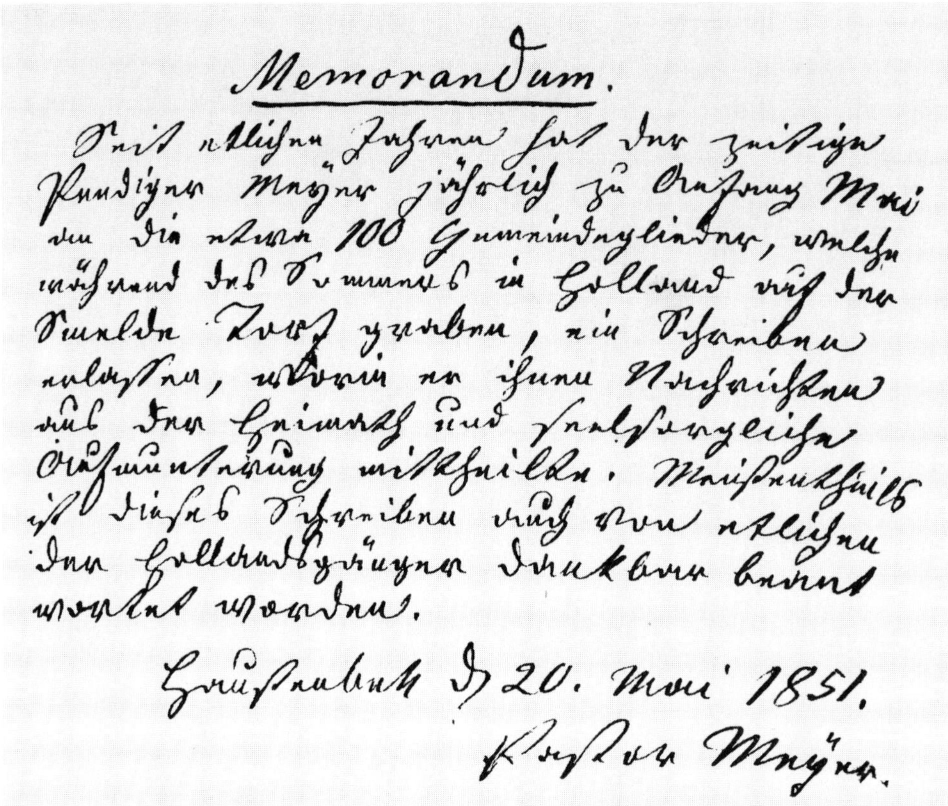

Memorandum.

Seit etlichen Jahren hat der zeitige Prediger Meyer jährlich zu Anfang Mai an die etwa 100 Gemeindeglieder, welche während des Sommers in Holland auf der Smelde Torf graben, ein Schreiben erlassen, worin er ihnen Nachrichten aus der Heimath und seelsorgerliche Aufmunterung mittheilte. Meistentheils ist dieses Schreiben auch von etlichen der Hollandsgänger dankbar beantwortet worden.

Haustenbeck d. 20. Mai 1851.

Pastor Meyer.

Über die als Torfstecher und Grasmäher nach Holland wandernden Haustenbecker und ihre geistliche Betreuung heißt es in der Kirchenchronik der Gemeinde unter dem 20. Mai 1851: „Seit etlichen Jahren hat der zeitige Prediger Meyer jährlich zu Anfang Mai an die etwa 100 Gemeindemitglieder, welche während des Sommers in Holland auf der Smelde Torf graben, ein Schreiben erlassen, worin er ihnen Nachrichten aus der Heimat und seelsorgerliche Aufmunterung mitteilte. Meistenteils ist dieses Schreiben auch von etlichen der Hollandsgänger dankbar beantwortet worden".
In den sechziger Jahren des 19. Jahrhunderts verlagerte sich die Tätigkeit der Haustenbecker vom Torfstechen und Grasmähen immer stärker auf das Zieglergewerbe. Sie wanderten jetzt als Ziegler nach Holland, später verstärkt nach Dänemark, Schweden und Rußland, wo sie über die Hälfte des Jahres zubrachten. Wenn sie im Herbst zurückkehrten, hatten sie einen stattlichen Verdienst von 90 oder 100 Talern in der Tasche. „Doch die wurden nicht leichtsinnig vertan, die wurden hingelegt, ein Jahresverdienst zum andern, und dann wurde ein Haus gebaut; denn wer in Haustenbeck ein rechter Kerl sein wollte, der mußte mit dreißig Jahren seinen eigenen Besitz haben. Vgl. Archiv der Lippischen Landeskirche, Bestand: Pfarrarchiv Haustenbeck Nr. 131, ferner: Hans Sprenger, Haustenbeck — Ein Buch der Erinnerung —, Detmold 1939; S. 179.

12. Gebühren und Scheine

Dreimal wird ein Festopfer dargebracht und zwar an den ersten hohen Festtagen, am Schlusse des Gottesdienstes, wobei alle Anwesenden unter Gesang um den Altar gehen. Nach der Darbringung sagt der Prediger vom Altare her Dank und spricht darauf den Segen. Die übrigen Gebühren sind im Katasterbuche angegeben. Diese werden sämt-

lich vor dem Praestandum [= zu Leistenden] berichtigt, also z. B. die Leichengebühren vor der Beerdigung, die Taufgebühren vor der Taufe. (Zu den Taufgebühren gehört auch ein Groschen von der Hebamme und ein halber Groschen von ihrer Gehilfin).
Niemand in der Gemeinde wünscht die Zusammenwerfung der Stolgebühren [= Pfarramtsnebenbezüge] in eine Gesamtzahlung aus der Kirche. Vielmehr sind alle darin einig, daß die Entrichtung der Akzidenzien im einzelnen, wenn auch mit kleinen Übelständen verbunden, doch eine nicht zu ersetzende Vermittlung der Seelsorge darbiete, wogegen die kleinen Übelstände gar nicht in Betracht kommen.

13. Beaufsichtigung des Küsteramts

Beim Eintritt eines neuen Küsters ist derselbe vom Pastor feierlich in sein Amt einzuführen, d. h. er wird sonntags am Schlusse des Gottesdienstes der Gemeinde am Altare unter Assistenz der Kirchenältesten vorgestellt, wobei ihm die sein Amt betreffenden Punkte aus der Kirchenordnung vorgelesen, seine spezielle Instruktion ihm überreicht und sein Jawort und Handschlag in Empfang genommen werden. Prediger und Presbyterium haben die genaue Befolgung seiner sämtlichen Pflichten zu überwachen.
Es ist in der Gemeinde eine Deutung des verschiedenartigen Geläutes gänge und gäbe, für deren Bewahrung wohl mag Sorge getragen werden.
Das Sonnabends-Vespergeläut wird gedolmetscht:

⊥ ⏑ ⊥ ⏑ ⊥ ⏑ ⊥ ⏑
Rüstet euch ihr Christenleute!

Das Zusammenläuten zur Kirche:
⊥ ⏑ ⊥ ⏑ ⊥ ⏑ ⊥
Gott der Herr ist Sonn' und Schild (ja)

Das Ausläuten mit einer Glocke:
⊥ ⏑ ⏑ ⊥ –
Danket dem Herren!

Das Leichengeläut:
– ⊥ – ⊥ – ⊥ – –
Schaff in mir, Gott, ein reines Herz
– ⊥ – ⊥ – ⊥ – ⊥
Und gib mir einen neuen Geist.

Uralte Sitte legt es dem Küster auf, daß er zum ersten Pfingsttage die Kirche mit Maizweigen dekoriert und den Konfirmanden am Palmsonntag zum Schmücken des Altars behilflich ist, wobei auch Zweige der Palmweiden rings ums Chor nicht fehlen dürfen.

14. Presbyterium

Es besteht aus vier Ältesten und zwei Dechen. Die ersteren bleiben in ihrem Amte lebenslang und ergänzen sich durch eigene Wahl nach Beratung mit dem Prediger. Die anderen werden von den Ältesten auf sechs Jahre gewählt, und ein jeder dient drei Jahre als Kirchen- und drei Jahre als Armendeche. Sie haben auch abwechselnd den Klingelbeutel umherzutragen. Das Dechenamt darf von dem Gewählten nicht anders als aus erheblichen Gründen abgelehnt werden.

Ist ein Kirchenältester gewählt worden, so wird sein Name der Gemeinde von der Kanzel bekannt gemacht, damit Gelegenheit gegeben werde, im Laufe der Woche gegen seine Wahl etwaige Einwendungen zu erheben. Geschieht dies nicht, so wird die Bestätigung der Wahl bei dem Klassen-Superintendenten nachgesucht und darauf Wohllöblichem Amte angezeigt. Hierauf geschieht die Einführung nach dem Schlusse des Gottesdienstes am Altare, unter Assistenz der übrigen Kirchenältesten mit Gebet, Vorlesung des Formulars aus dem libellum agendorum [= Kirchenbuch] und Vorhaltung ihrer Amtspflichten nach der Kirchenordnung. (Kap. XI, 8 u. 10). Die erwählten Dechen bedürfen der Bestätigung nicht nur des Superintendenten, sondern auch des Amtes; ihre Einführung in die Gemeinde geschieht aber nur durch Bekanntmachung ihrer Namen von der Kanzel.

Das Amt des Kirchenältesten wird sehr in Ehren gehalten und hat noch eine innere Wahrheit in den Augen und Herzen der Gemeinde, was schon daraus hervorgeht, daß neuerdings zwei Kirchenälteste ihr Amt niedergelegt haben, weil sie nebst ihren Hausgenossen nicht mehr in jeder Beziehung sich in Einklang sahen mit den biblischen Vorschriften: 1. Tim. 3,4.5, 1. Petr. 5,3., Tit. 1,6.

In den Sitzungen, welche nicht gerade regelmäßig monatlich stattfinden, sondern je nachdem Veranlassung vorhanden ist, mindestens aber doch alle Vierteljahre, wird in der Weise verfahren, wie es die Kirchenordnung in dem trefflichen Kap. XI vorschreibt, auf dessen Inhalt überhaupt oft zurückgegangen wird, wie denn auch andere Kapitel derselben in diesen Sitzungen nicht selten zur Erbauung und Nachachtung vorgelesen werden. Der eigentliche Lebensnerv des Presbyteriums ist die oben im sechsten Abschnitt näher bezeichnete Handhabung der Kirchenzucht.

Einer der Kirchenältesten oder der Pastor selbst hat ein Verzeichnis zu führen über die unverehelichten Väter und Mütter der unehelichen Kinder, damit ein jeder derselben seiner Zeit möge „kirchlich zensuiert“ und keiner vergessen werde.

15. Armenpflege

Neuerdings ist der Armenvorstand seitens der Behörde so geordnet, daß die beiden Dechen, die beiden Dorfsvorsteher und der präsidierende Prediger in den etwa monatlichen Sitzungen, die im Pfarrhause stattfinden, gleiches Stimmrecht haben.

Die Bedürfnisse der Armen werden aus den kirchlichen Armenmitteln bestritten, bis dieselben erschöpft sind, worauf dann Anweisungen, vom Prediger, einem Vorsteher und einem Dechen unterzeichnet, auf die Amtsgemeindekasse ausgestellt werden, sofern dieselbe nicht schon im voraus angemessene Zuschüsse angewiesen hat. Die Rechnungsablage geschieht vom Armendechen zu Neujahr [...] und vom Vorsteher in der Amtsgemeinderatssitzung zu Ostern.

Die Hauptsache wird immer bleiben, daß die zu Recht bestehenden leitenden Grundsätze der Armenpflege (Kirchenordnung XX, 10 und die folgenden §§) treulich befolgt, und daß die Armen aufs genaueste gekannt und deshalb vielfach besucht werden, weil nur so über das wahre Bedürfnis und die rechte Verwendung der Gaben gewacht werden kann. Es haben sich deshalb gegenwärtig sämtliche Mitglieder des Armenvorstandes und ebenso auch die Kirchenältesten verpflichtet gefühlt, alle einzelnen Armen zu sorgfältigster Überwachung und Beratung unter sich zu verteilen, so daß einem jeden zwei bis drei Familien zugefallen sind, über die er dann in den monatlichen Versammlungen speziell berichtet.
Im September werden diejenigen Armen, welche unentgeltlich Armenholz zu empfangen wünschen, durch eine Aufforderung von der Kanzel veranlaßt, sich beim Pastor zu melden. Dieser trägt ihre Namen in eine Liste ein, revidiert dieselbe mit dem Armenvorstand und sendet sie dann bei Fürstlicher Rentkammer mit gehöriger Befürwortung ein.

16. Gemeindebesuche

Von jedem neu eintretenden Pfarrer erwartet die Gemeinde, daß er in den ersten Monaten alle einzelnen Familien besuche, wobei die vier Kirchenältesten, ein jeder in seinem Distrikt, ihn zu begleiten bereit sind.
Späterhin werden Besuche erwartet 1. von allen Kranken, nach denen daher der Pastor sich zu erkundigen hat; 2. von jeder Wöchnerin vor ihrem Kirchgange; 3. in jedem Leichenhause; 4. von den Eltern der Konfirmanden; 5. von sittlich Gefallenen; 6. von Verlobten und wo sonst bedeutende Glücks- oder Unglücksfälle vorgekommen sind. Diejenigen Häuser, welche im Laufe des Jahres nicht schon bei dieser oder jener Veranlassung besucht worden sind, mögen dann im Winter, wo die Arbeit weniger stört, nachträglich besucht werden, so daß jährlich in jedes Haus der Seelsorger wenigstens einmal kommt. Freundschaftliche Besuche mit Weib und Kind werden in vielen Häusern an den Sonntagnachmittagen sehr gern gesehen.

17. Beaufsichtigung der Schulen

Die Einführung eines neu eintretenden Lehrers geschieht in der Schule, im Beisein der Kirchenältesten und des Schulvorstandes, wobei der Prediger, anknüpfend an ein Bibelwort, eine Anrede an Lehrer und Kinder zu halten hat.
Die Sitte fordert, daß jedesmal bald nach der Konfirmation bei Entlassung der konfirmierten Kinder aus der Schule der Pastor zugegen ist und zu den Abschiedswünschen des Lehrers auch die seinigen hinzufüge. Über die halbjährige Schulprüfung und was sonst hierher gehört, besagen das Nähere das Schulgesetz und die Protokolle der Schulvorstandssitzungen.
In den Singstunden werden neben den 50 gebräuchlichen Choralmelodien auch etwa zwei Dutzend auserlesene Volkslieder eingeübt, d. h. mit Text und Ton perfekt auswendig gelernt, so daß diese ein Gemeingut der ganzen Dorfsjugend werden. Dieselben werden dann beim Schulfest, Haushebungen, Hochzeiten usw. gern gesungen und dem Eindringen schlechter Lieder wird somit gewehrt.

Am Sonntag nach Pfingsten ist Schulfest, d. h. die Lehrer ziehen mit der ganzen Schuljugend nachmittags in den benachbarten Wald, das Eckelau, wo unter Spielen, Turnübungen und Gesängen der Frühling genossen wird. Für Weißbrot und Bier schießen die Kinder selbst das nötige Geld zusammen.
Regelmäßige Konferenzen mit den Lehrern im Pfarrhaus, namentlich in der einsamen Winterzeit, können selbstredend nicht bloß für die Schule, sondern auch außerdem noch vielseitigen Gewinn bringen.

18. Katholische Familien

Es wohnen in der Gemeinde zwei katholische Familien, welche nach Lippspringe sich zur Kirche halten. Dieselben sind zu allen Parochialabgaben dem hiesigen Pfarrer verpflichtet und nicht minder auch dem Küster. Namentlich haben sie auch das jährliche Festopfer von drei Groschen zu zahlen, welches der Kirchendeche von ihnen für den Pastor erhebt. Ihre Kinder werden hier getauft, ihre Leichen hier beerdigt und ebenso werden auch ihre Trauungen nach beigebrachter Bescheinigung im hiesigen Kirchenbuche eingetragen. Es ist wohl einzelne Male ihren Wünschen nachgegeben, ihre Täuflinge und Leichen nach Lippspringe bringen zu dürfen; indes ist dahin zu sehen, daß durch Verjährung nicht ein Recht daraus zu werden scheine.

19. Kirchenregistratur

Die Kirchen-Chronik, beginnend mit dem Jahre 1713, worin manches Interessante, ist fortzuführen durch Eintragung alles Merkwürdigen aus dem kirchlichen und Gemeinde-Leben.
Die völlig lückenlose Gesetzsammlung für unser Land, ein sehr nutzbarer Besitz für den Pfarrer, ist von Zeit zu Zeit zu ergänzen durch die jährlich neu erlassenen Gesetze, deren Einband die Kirchenkasse zu tragen hat. Es ist darin die (fleißig zu studierende) Kirchenordnung vom Jahre 1684 im ersten Bande enthalten und ist kein anderes Exemplar derselben hier vorhanden. Die Konvolute [= Bündel mit Schriften] mit Zirkularen usw. sind von Zeit zu Zeit zu ergänzen.

20. Dorfbibliothek

Die durch ein Geschenk Konsistorii kürzlich fundierte Sammlung von auserlesenen Volksschriften für jung und alt, welche gegenwärtig 33 Bände zählt, ist fleißig in Umlauf zu setzen und für ihre Erhaltung wie Vermehrung bestens Sorge zu tragen. (Eine nicht zu verachtende Vermittlung der Seelsorge!).
Noch ist die treffliche Sitte in der Gemeinde vorhanden, wenn auch freilich nicht mehr in allen Häusern, daß an jedem Sonntagnachmittag der Hausvater spricht: „Nun, Kinder, kriegt die Bibel auf den Tisch!“ Daß diese Sitte nicht etwa durch Vielleserei Abbruch leide, dahin ist aufs allergewissenhafteste zu sehen.
Die Gemeinde ist gewohnt, sich verschiedene Bibelausgaben, Schriften des Norddeutschen Vereins und vor allem auch Habermanns Gebetbuch im Pfarrhause kaufen zu können, weshalb daselbst Vorrat anzuschaffen ist. Arme Konfirmanden erhalten ein Gesangbuch gratis durch Vermittlung der sogenannten Bücherkasse.

21. Dorfsitten

Der hier eintretende Pfarrer wird sich über dieses Gebiet bald und vielfach zu instruieren haben, da die alten Sitten hierorts noch große Bedeutung haben. Die Geschlossenheit und Abgeschiedenheit der Gemeinde, auch ihre Entstehung hat manches Eigentümliche zur Folge gehabt, womit der Pfarrer sich sorgfältigst bekannt zu machen hat, wenn er hier heimisch zu werden wünscht. Einzelnes möge demnach hier folgen:

1. An den drei ersten hohen Festtagen und am Karfreitage pflegt niemand ins Wirtshaus zu gehen. Das sollte im Konfirmandenunterricht nicht unerwähnt und unbelobt bleiben.
2. Die tägliche Hausandacht, die jetzt gottlob wieder in fast allen Häusern besteht, pflegt so gehalten zu werden, daß morgens beim Kaffee der Hausvater den Morgensegen aus dem Habermann laut vorbetet und daß abends vorm Schlafengehen eins der Kinder das betreffende Kapitel aus der Bibel vorliest nach der Ordnung in Zahn's Bibelkalender, der in allen Häusern ist.
3. Bald nach Neujahr sind sechs Klafter Deputat-Holz für den Pastor anzufahren, und es haben dies von alters her die bestbespannten Kolonen unentgeltlich getan. Es soll aber ja kein Recht daraus werden, und deshalb wollen jedesmal wieder einzelne darum ersucht sein. Jeder Geleiter eines Holzwagens empfängt sodann im Pfarrhaus eine tönerne Pfeife, Tabak, eine Flasche Bier und freundliche Unterhaltung.
4. Für die Frauen der Gemeinde gibt es einen höchsten Schmuck, (namentlich leuchten dabei sehr breite Spitzen an den Mützen), welcher nur dann von ihnen angelegt wird, „wenn sie an Gottes Altar treten", also nur an den drei ersten hohen Festtagen bei Darbringung des Festopfers, oder wenn sie als Gevattern oder Brautjungfern oder bei ihrem ersten Kirchgange nach dem Wochenbett am Altar erscheinen. Auch diese schöne Sitte mag im Konfirmandenunterricht gelegentlich nicht unerwähnt und unbelobt bleiben.
5. Hier und da steckt noch mancherlei Aberglaube in der Gemeinde, z. B. vom Besprechen des Blutes bei Verwundungen, vom Besprechen des Viehs und dergl. Auch gehört dahin, daß man mit kleinen Kindern, welche lange kränklich gewesen sind, in die Paderbornschen Klöster geht, um für sie den Segen eines Pastors zu holen. Über dergleichen ist gelegentlich das rechte Licht zu verbreiten.
6. Am zweiten Pfingstnachmittag wird jährlich von den jungen Burschen Schützenfest gefeiert, bestehend in einem Scheibenschießen, dem abends ein Tanzvergnügen sich anschließt. In der Nacht auf den ersten Pfingsttag werden von den Schützen vor dem

Zur Abb. rechts: Trachten aus der Soester Börde und dem Fürstentum Lippe. Die Sitte, Trachten zu tragen, begann bereits um 1850 auszusterben. Nur an der südlichen Grenze Lippes, in der Senne sowie in der Gegend um Sabbenhausen wurde bis zur Jahrhundertwende an der Tracht festgehalten. Die beiden Frauen auf der Abbildung rechts sind in der Tracht der Lipper Senne gekleidet. Charakterisch ist die Seidenhaube der rückwärts gewandten Frau. Der Form nach ist sie der Goldhaube gleich, aber sie hat statt des weißen einen krausenartigen schwarzen Strich, der bei den Ohren den Kappenkopf verläßt, einen förmlichen Kreis bildet, so daß das Haar zwischen ihm und dem unteren Kappenrande zu sehen ist. Diese Hauben wurden besonders in Haustenbeck getragen. Pastor Meyer wird die Haustenbecker Frauen noch des Sonntags auf dem Kirchgang so vor sich gesehen haben. Vgl. Franz Jostes, Westfälisches Trachtenbuch, Bielefeld, Berlin und Leipzig 1904, S. 198 f.

Pfarrhaus und den Kirchentüren Maibäume aufgepflanzt, und am zweiten Pfingstnachmittag erscheint das ganze Schützenkorps, den König und Herzog an der Spitze, mit voller Musik vor dem Pfarrhause, um vor dem Herrn Pfarrer zu präsentieren und die Ehrensalve zu geben. Sie erwarten dafür ein Lebehoch auf ihren „Sennekönig“, eine freundliche Ermahnung an ihn, daß er sein Volk in guter Ordnung erhalte und kein Branntweintrinken erlaube, und endlich eine Gratifikation für ihre Schützenkasse. Gegenwärtig herrscht bei diesem Volksfest der Geist harmloser Fröhlichkeit, so daß man etwa fragen kann: „Freude in Ehren soll niemand wehren!“ und so lange es Sitte bleibt, daß nur wackere, ehrenhafte Burschen in den Vorstand gewählt werden, wird man sich dieses Volksfests wohl nur freuen können. Sollte aber Unfug bei diesem Schützenfeste einreißen, so wird der Prediger wohltun, sich in keiner Weise dabei zu beteiligen. Auch ist zu wünschen, daß ein anderer Tag dazu gewählt werde als der heilige Pfingsttag, etwa der Tag nach Pfingsten [...].

Die obige Schrift ist am 13. Juli des Jahres 1851 in Gegenwart des zeitigen Predigers Meyer, des zeitigen Küsters Tiemann, sämtlicher Mitglieder des Presbyteriums und sämtlicher Repräsentanten vorgelesen, wohl erwogen und einstimmig gutgeheißen worden. Die darin enthaltenen Pflichten, Rechte und Sitten sind daher auf dem Wege ordentlicher Übereinkunft zu einem bleibenden Gemeindebesitz gestempelt und versiegelt worden. Der Herr wolle diesen kostbaren Besitz unverändert der Gemeinde bewahren bis auf die späte Nachkommenschaft!

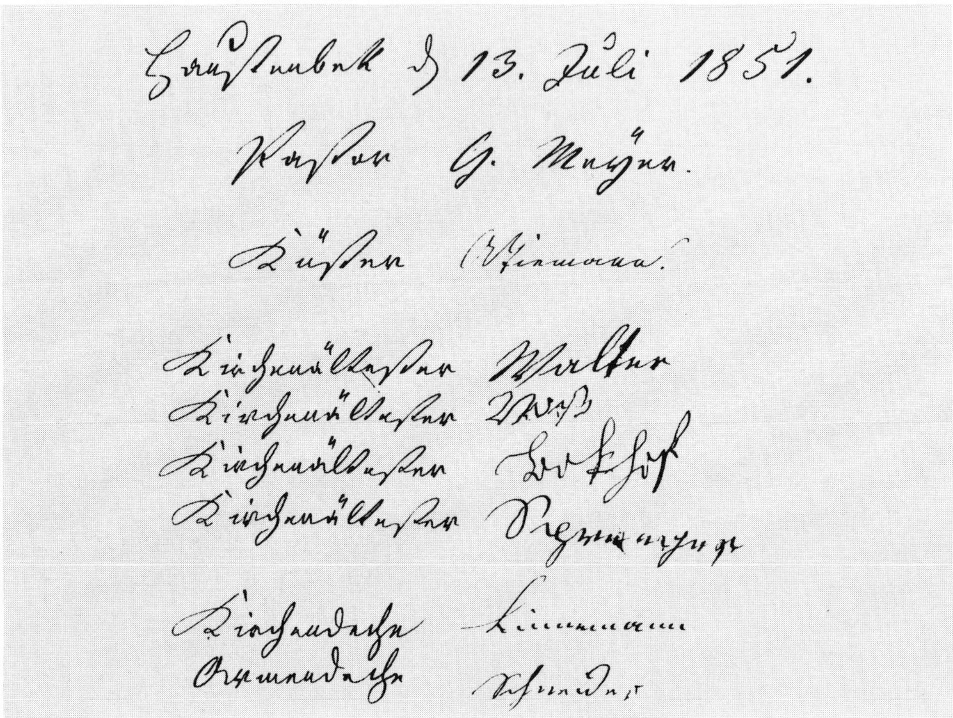
Haustenbeck d. 13. Juli 1851.
Pastor G. Meyer.
Küster Tiemann.
Kirchenältester Walter
Kirchenältester
Kirchenältester
Kirchenältester

Aus: Archiv der Lippischen Landeskirche, Bestand: Pfarrarchiv Haustenbeck Nr. 130 und Nr. 131.

II. „Es ist nicht leicht für den schreibenden Pastor, ein anschauliches Lebensbild von der Gemeinde zu malen..."

Das Leben in Lippe im Spiegel von Pastoralberichten 1840–1880

Nach der Kirchenverfassung bildeten die Superintendenten zwischen den Pfarrern in den Gemeinden und dem Konsistorium als geistlicher Oberbehörde die „erste Instanz", der zum einen die Aufgabe zufiel, die Pfarrer in ihrer Amts- und Lebensführung zu überwachen und „darauf zu halten, daß letztere allen Obliegenheiten ihres Berufes treu nachkommen und sich dem Dienste der ihnen anvertrauten Gemeinden mit Fleiß und Eifer widmen" (vgl. S. 343). Zum anderen oblag den Superintendenten die Pflicht, „über alles, was von einiger Bedeutung in kirchlichen Angelegenheiten an sie gelangt oder von ihnen ausgeht [...] oder was sonst von dem Zustande der Gemeinden ihres Sprengels bekannt geworden ist, dem Konsistorium jährlich einen Generalbericht zu erstatten". Die Informationen dazu sollten die Pfarrer — wie es die am 10. Juni 1839 erlassene „Instruktion für die Klassikal-Superintendenten" vorschrieb — liefern und zwar durch Berichte, „welche die Prediger von dem Jahre 1840 an jedes Mal mit dem 1. März dem Superintendenten ihrer Klasse einzusenden haben". Was Superintendenten und Konsistorium von den Pfarrern zu erfahren wünschten, war im § 6 der Instruktion näher bestimmt. Die Pfarrer, so heißt es dort, sollten sich „über dasjenige, was ihre Wirksamkeit hemmt oder fördert, über Ab- oder Zunahme der Kirchlichkeit, über herrschende Zucht und Sitte oder Mangel an derselben, über das Ältesten-Wesen, über etwaige besondere religiöse Bewegungen und außerkirchliche Zusammenkünfte zur Erbauung oder was ihnen sonst irgend in kirchlicher und religiös-sittlicher Beziehung erheblich und bemerkenswert scheint, äußern und etwaige Vorschläge zum Besseren in Anregung bringen".

Der breitgefächerte Themenkatalog zeigt, daß die Pfarrer ihre Berichte vor allem als eine Bestandsaufnahme ihres pastoralen Wirkens zu betrachten hatten. Denn sie sollten Rechenschaft ablegen über ihre „Amtsverrichtungen" und damit den Nachweis erbringen, daß sie ihren kirchlichen Auftrag erfüllt hatten, nämlich: das Glaubensleben zu fördern und zu festigen, die Volkslaster zu bekämpfen und den geistlich, leiblich und wirtschaftlich schwachen Gliedern der Gemeinde in ihren Lebensnöten beizustehen. In der relativen Abgeschiedenheit der ländlichen Gemeinden war der Pfarrer so ziemlich der einzige Gebildete, der mit und unter dem Volke lebte. Er konnte täglich die durch Gewohnheiten, Sitten und Traditionen festgelegten Verhaltensweisen der ländlichen Menschen beobachten und das Leben in der Gemeinde in seinen spezifischen Erscheinungsformen studieren. Bereits im 18. Jahrhundert hatten lippische Pfarrer den Beweis erbracht, daß sie die Fähigkeit zu volkscharakterologischen Studien besaßen, wie beispielsweise der Oerlinghauser Pastor Georg Konrad von Cölln (1765–1789), der nach dem Urteil eines Zeitgenossen „das Volk wirklich studiret" hatte und im Jahre 1784 im „Westphälischen Magazin zur Geographie, Historie und Statistik" einen „Bey-

trag zur Charakteristik des Lippeschen, Rietbergischen und Paderbornischen Bauern" veröffentlichte. Zwei Jahre später war der im benachbarten Jöllenbeck amtierende Pastor Johann Moritz Schwager dem Oerlinghauser Pastor gefolgt, indem er im „Westphälischen Magazin" von 1786 einen Beitrag „Über den Ravensberger Bauer" erscheinen ließ. Was hier aus der Initiative einzelner Pfarrer hervorgegangen war, wurde rund fünfzig Jahre später zu einem amtlich dekretierten Auftrag: die Pfarrer mußten seit dem Jahre 1840 ihrer vorgesetzten Behörde kontinuierlich über die kirchlich-religiösen Zustände und sozialen Verhältnisse in ihren Gemeinden berichten.

Daß diese Berichte nicht in allen Einzelaspekten einen Anspruch auf absoluten Wahrheitsgehalt erheben konnten, liegt auf der Hand. Denn auch die Pfarrer besaßen nicht in allen Fällen „die Gabe zu scharfer Auffassung und genauer Beurteilung menschlicher Verhältnisse und Zustände", so daß es in Einzelfällen zu Bemerkungen und Urteilen kam, die — wie Superintendent Rohdewald im Jahre 1863 bemerkte — „subjektiv wahr und darum doch nicht objektiv richtig" zu sein brauchten. So hatte der seit 1866 in Schlangen amtierende Pastor Schmidt bei seiner Berichterstattung sich selbst der Gefahr ausgesetzt gesehen, „nach der einen oder anderen Seite zu weit zu gehen, zu schön zu färben oder die grellen Farben zu stark aufzutragen". Dem Pastor Brockhausen aus Horn war die Abfassung des Pastoralberichts „immer als eine schwierige, häkliche Sache vorgekommen", denn „rühmt der Berichterstatter viel von sich und seiner Wirksamkeit, so macht er sich mit Recht verdächtig; verdächtig macht er sich aber auch, wenn er bescheiden nichts von sich rühmen mag".

Mit seinen Berichten in die Kritik geraten war der Falkenhagener Pastor Melm, nachdem er seine ständigen Auseinandersetzungen mit den Lehrern der Gemeinde wiederholt zum Gegenstand anklagender Ausführungen gemacht hatte (vgl. u. a. S. 157f.). Als Melm in seinem Bericht von 1863 die ihn bewegende, dem Konsistorium gleichwohl leidige Sache erneut zur Sprache brachte, schrieb Superintendent Rohdewald dem Generalsuperintendenten: „Sein Bericht ist nicht mit Tinte, sondern mit Galle geschrieben, voller Bitterkeit von Anfang bis zu Ende". Auch den Liemer Pastor Krecke traf die Kritik seiner Vorgesetzten, da er, wie Superintendent Clüsener bemängelte, seine Berichte „viel zu oberflächlich" abgefaßt hatte, „als daß man sich von dem Zustande seiner Gemeinde daraus unterrichten könnte".

Es gab aber auch Pfarrer, die offen bekannten, daß es ihnen an Stoff für ihre Berichte fehle, wie den Lüdenhauser Pastor Weßel, der schon nach vierjähriger Berichtszeit seinen Schilderungen „kaum noch in jedem Jahr etwas Interessantes hinzuzufügen" wußte. Der schon betagte Pastor bat deshalb, ihn von der Berichterstattung zu befreien, knüpfte an seine Bitte aber die Bedingung, „wegen Nichteinsendung keine strenge und schwere Ahndung befürchten und empfinden" zu müssen. Weßel fand jedoch bei der geistlichen Behörde kein Gehör: Sie erinnerte den Pastor mit Nachdruck an seine Pflichten und forderte ihn auf, auch weiterhin zu berichten.

Wie der Lüdenhauser Pfarrer, so sahen sich bald auch andere Pastoren des Landes vor die Schwierigkeit gestellt, ihre Jahresberichte mit Neuigkeiten zu füllen. Die Klagen, die sie führten, zeigten einen einheitlichen Tenor: „In unseren Landgemeinden, wo das ganze Leben einen gleichmäßigen, einförmigen Gang geht, ist es im wesent-

lichen immer dasselbe Bild, das man davon zu entwerfen hat". Pastor Cronemeyer aus Lieme brachte das Problem poetisch auf den Nenner: „Still und friedlich wie die Bäche, die die Liemer Pfarre umgeben, fast das ganze Jahr hindurch dahinfließen, ebenso ruhig und still ist in den letzten Jahren das Leben unserer Gemeinde dahingegangen".

Einzelne Pfarrer sind denn auch in ihren Berichten der Gefahr, „sich selbst zu wiederholen und insoweit immer Einerlei zu schreiben", nicht entgangen. Demgegenüber war es der Pfarrerschaft in ihrer Mehrheit gelungen, ein facettenreiches und wirklichkeitsgetreues Bild von der „Physiognomie" ihrer Gemeinden zu entwerfen. So hatten die Berichte der Pastoren Rohdewald und später Arnold aus Wöbbel, Neubourg aus Blomberg, Pothmann aus Talle, Goedecke aus Brake, Zeiß aus Barntrup, Credé aus Wüsten und Meyer aus Detmold den Beifall des Konsistoriums gefunden, da ihre Schilderungen „für die berichtempfangende Behörde durch ihre Anschaulichkeit und Lebenswahrheit [...] anziehend und unterrichtend" gewesen waren.

Im Jahre 1873 wurde die Weisung an die Pfarrer zur Berichterstattung dahingehend modifiziert, daß künftig nur noch in den Fällen zu berichten war, wenn sich in den Gemeinden „wesentlich Neues" ereignet hatte. Die Folge war, daß viele Pfarrer von sich aus auf die Abfassung weiterer Berichte verzichteten. Die fortan nur noch spärlich übermittelten Nachrichten aus den Gemeinden veranlaßte das Konsistorium im Jahre 1879, die Pfarrer von ihrer Pflicht zur Berichterstattung in der Art, wie sie durch die Konsistorialverfügung vom 10. Juni 1839 festgelegt worden war, zu entbinden.

Während der vierzigjährigen Berichtszeit war in den Kreisen der Pfarrer wiederholt die Frage gestellt und erörtert worden, welchen Zielen die Pastoralberichte dienen sollten. Pastor Credé aus Wüsten lieferte auf diese Frage im Jahre 1863 im Sinne des Konsistoriums eine erschöpfende Antwort: „Die Verordnung Hochfürstlichen Konsistorii, wonach jeder Pastor des Landes alljährlich einen Pastoralbericht schreiben muß, hat ihr Recht und ihren guten Grund; denn es liegt ja der Kirchenbehörde ob, von den Zuständen der ihr untergebenen Gemeinden sich Kenntnis zu verschaffen; sie muß erfahren und wissen, in welchen Stücken der Gemeinde es gut stehe und in welchen schlimm; ob das christliche Leben innerlich und äußerlich (oder nur äußerlich) im Fortschritt oder im Rückschritt oder im Stillstand, der auch Rückschritt ist, begriffen sei; was zur Beseitigung der etwa sich findenden Notstände getan werden müsse und könne und dergleichen mehr. Ohne Pastoralbericht aber, welcher dem Kirchenregiment einen Blick in das Wesen und Leben der Gemeinde eröffnet, wäre das nicht möglich, darum um so weniger möglich, weil von der Behörde verordnete Synoden gar nicht und Kirchenvisitationen sehr selten vorkommen. Es würde also dem Kirchenregiment eine Kenntnis der Gemeindezustände gänzlich entgehen".

Zitate vgl.: Archiv der Lippischen Landeskirche, Konsistorialregistratur Rep. II Tit. 26 Nr. 4 (Nr. 1056).
Ferner: Der lippische Landmann am Ende des 18. Jahrhunderts in zeitgenössischer Beurteilung, von Volker Wehrmann, in: Lippische Mitteilungen aus Geschichte und Landeskunde, 47. Bd., Detmold 1978, S. 126.

Almena, 21. Februar 1840
Pastor Siek

Wenn christliche Religionsmitglieder sich über ihre Stellung zu ihren Gemeinden erklären sollen, so haben sie zuvor zu erwägen, was sie in Beziehung auf ihren Beruf, ihrer Bestimmung sind und sein sollen. Sie sind, wie der Apostel Paulus (1. Kor. 4,1-2) richtig bemerkt, nicht Herren der Christengemeinde, sondern Diener Jesu Christi und Haushalter über Gottes Geheimnisse, von welchen man aber Treue erwartet. Als Diener Jesu Christi sind sie verpflichtet, die Religions- und Sittenlehre Jesu Christi, seinem Befehl und Beispiel gemäß, unter ihren Mitmenschen zu verkünden, das hochwichtige Geschäft der religiösen Erleuchtung, sittlicher Veredlung und Beruhigung derselben, welches Christus nebst seinen Aposteln hienieden mit einem so segensreichen Erfolg begann, fortzusetzen, dadurch die ihnen anvertrauten Seelen in ihrem religiösen Glauben und Leben zu befestigen, ihnen zum Frieden mit Gott und sich selber zu verhelfen und auf diese Weise die Zwecke des Reiches Gottes zu fördern. Christliche Prediger sind Haushalter über Gottes Geheimnisse, über die heilsamen Wahrheiten des Evangeliums, welche vor Christi und seiner Apostel Zeiten einem großen Teile des menschlichen Geschlechts noch unbekannt waren, die aber durch Christus' seine Apostel und deren Schüler ihren Zeitgenossen kundgetan wurden und nachher bis auf diesen Augenblick unter der Mitwirkung des göttlichen Geistes sind ausgebreitet worden.
Christliche Prediger sind in der wichtigsten Angelegenheit des Lebens die Ratgeber ihrer Mitmenschen, die Führer und Begleiter derselben auf dem Wege zur himmlischen Heimat. Wollen sie diese Bestimmung erreichen, so müssen sie sich auch durch die Eigenschaften auszeichnen, welche vom Apostel (1. Tim. 3,1-13. Tit. 1,7-9 und Tit. 2,7-8) namhaft gemacht werden und das Entgegengesetzte meiden. Nach 1. Kor. 3,9 sind christliche Prediger Gottes Mitarbeiter in dem Reiche der Wahrheit, Tugend und Glückseligkeit, und die uns anvertrauten Seelen haben wir bildlich als Gottes Ackerwerk und Gebäude zu betrachten.
Jeder evangelische Prediger muß aber, wenn er ein rechtschaffener Diener Gottes und Jesus Christi sein will, seiner Gemeinde zum Vorbilde in gesunder Lehre und gottseligem Wandel dergestalt dienen, daß er achthabe auf sich selbst und auf die Herde, über welche er als Lehrer und Hirt ist gesetzt worden, eingedenk dessen, daß es ihm obliege zu wachen über die Seelen, welche ihm anvertraut worden (vgl. Kirchenordnung vom Jahre 1684 Cap. VI § 2).
Nach meiner Überzeugung soll der christliche Prediger praktischer Religionslehrer sein, mithin als solcher Beförderer echter Religiosität und reiner Moralität in der ihm anvertrauten Gemeinde nicht etwa nur durch öffentliche Religionsvorträge und Handlungen der öffentlichen Gottesverehrung, sondern mehr noch durch Privatbelehrungen bei den Hausbesuchungen, vorzüglich aber durch ein exemplarisches Leben werden.
Fortsetzung, Pflege und Erhaltung des wahren Christentums im Leben der christlichen Gemeinde ist demnach das wichtige Geschäft der Geistlichen und sie sind zugleich die Hirten der ihnen anvertrauten Herde.
In der ganzen Zeit meiner Amtsführung gab ich mir Mühe, durch Lehre und Beispiel dahin zu wirken, daß meine Gemeinden mich als ihren Vater und Freund ansehen konn-

ten, dem das geistige Wohl seiner Pfarrkinder am Herzen liege und es so gern befördere, der aber auch zugleich darauf Bedacht nehme, ihr leibliches Wohl zu fördern und ihren äußeren Zustand zu verbessern, dieses aber nicht so sehr als Zweck sondern als Mittel betrachte, um dadurch zugleich die geistige Wohlfahrt derselben zu befördern. Mein Streben war zugleich dahin gerichtet, mir die Liebe und das Vertrauen meiner Gemeindeglieder zu erwerben und zu sichern, so wie ich denn dafür sorgte, daß ich auf ihre Wertschätzung billige Ansprüche machen konnte, weil ich fest davon überzeugt bin, daß der Prediger nur in dem Fall auf den Geist, das Herz und Leben seiner Pfarrkinder wohltätig einwirken könne, wenn er von denselben wirklich geachtet und geliebt wird und solche Achtung und Liebe das Zutrauen, welches sie ihm schenken, zur Folge hat. So wie eine segensreiche Verwaltung des Predigtamts von einer tüchtigen Ausbildung des Geistes, von der eigenen theologischen Fortbildung, von stets zunehmender Reife und Fülle des Geistes und der Erkenntnis sowie auch von der erforderlichen Menschenkenntnis und Pastoralklugheit abhängt, so hemmt das entgegengesetzte vorzüglich auch der Zeitgeist, insofern er zum Unglauben oder Aberglauben führt, die Wirksamkeit des Predigers in Beziehung auf sein Amt. Was das erste anlangt, so war ich stets bemüht, durch eine weise Benutzung der Zeit und Hilfsmittel mich für mein Amt immer mehr auszubilden und benutzte zugleich die vielfachen Erfahrungen, welche ich während meiner Amtsführung sammelte. Was aber den verdorbenen Zeitgeist betrifft, so suchte ich demselben dadurch entgegenzuarbeiten, daß ich hier dasjenige benutze, was die Wissenschaft, Menschenkenntnis und Pastoralklugheit mich gelehrt hat.

Der Prediger kann aber auch noch andere Mittel anwenden, wenn er in Beziehung auf seine Gemeinde segensvoll wirken will. Dahin gehören unstreitig wiederholte Hausbesuchungen, welche aber zweckmäßig eingerichtet sein müssen und dazu hauptsächlich dienen können, die geistigen Bedürfnisse der Gemeindeglieder kennenzulernen sowie auch die Liebe und das Zutrauen derselben zu erlangen; ferner die große Kunst, biblisch zu predigen, d. h. nicht nur in der Sprache der Bibel, sondern auch im Geiste derselben zu reden, ohne dadurch weder dem Schwachen anstößig zu werden noch den Aufgeklärtesten unbefriedigt zu lassen. Diese Kunst muß sich der christliche Prediger erwerben sowie auch die erforderliche Geschicklichkeit, populär zu predigen. Populär ist unstreitig ein zusammenhängender Vortrag über eine Religionswahrheit, wenn er dem Volke verständlich und den geistigen Bedürfnissen desselben angemessen ist. Die wahre Popularität einer geistigen Rede besteht aber nicht sowohl in Worten als vielmehr in Gedanken, in der Geschicklichkeit, Wahrheiten der Religion, die an sich wichtig und für die praktische Religiosität fruchtbar sind, durch eine logisch richtige Anordnung der Gedanken, durch eine lichtvolle Darstellung so zu versinnlichen und zu veranschaulichen, daß sie jedem Zuhörer von gesundem Menschenverstande und einiger Kenntnis einleuchtend sind und ihm gleichsam aus seinem eigenen Ideenvorrate geschöpft zu sein scheinen.

Wenn ich ferner über Ab- oder Zunahme der Kirchlichkeit allhier mich erklären soll, so glaube ich zuerst den Begriff der Kirchlichkeit bestimmen zu müssen. Kirchlichkeit wird offenbar von Kirche abgeleitet. Kirche [...] drückt in der Urbedeutung des Wortes nichts weiter aus als den Begriff des Gemeinsamen, zu einem Zwecke Zusammenberufenen und Zusammengetretenen. Dieser Begriff wird genauer bestimmt und enger begrenzt, wenn von einer christlichen Kirche die Rede ist, indem nun nicht mehr das Gemeinsame jeder denkbaren Art überhaupt, sondern nur das Gemeinsame im Glauben und der Ausübung dieses Glaubens der Christen gemeint sein und das Objekt des Begriffs abgeben kann. Hiernach wäre damit der Begriff einer christlichen Kirche angegeben, wenn man behauptet: Christliche Kirche ist eine Gemeinschaft oder ein Verein derjenigen Menschen, welche über das Wesentliche des Christentums einverstanden, sich zur Erreichung der Zwecke desselben miteinander vereinigt haben, oder: Christliche Kirche ist eine Gesellschaft von Menschen, welche ihren religiösen Glauben und ihr religiöses Leben dem Geiste der Lehre Jesu Christi gemäß nach gemeinsamen Überzeugungen zur öffentlichen Gottesverehrung gestellt hat, oder: Christliche Kirche ist ein freier Verein der Gläubigen zur gemeinschaftlichen Gottesverehrung unter Jesu ihrem Herrn und Haupte (Eph.1,22) oder was damit gleichbedeutend ist zur Aufnahme des sittlichen Gottesreiches in die Gemüter (Matth.13).

Besagte Kirche will nun die Religion, welche eigentlich doch nur etwas Inneres, eine Richtung des menschlichen Gemüts auf das Göttliche, Übersinnliche und Ewige ist, zur äußeren Anschauung bringen, folglich unter einer bestimmten, in die Sinne fallende Form, äußerlich darstellen und so eine öffentliche gemeinschaftliche und häusliche Gottesverehrung begründen. Kirchlichkeit, von Kirche abgeleitet, wird demnach die Geneigtheit und das Streben der Christen bezeichnen, sich diesem Gemeinsamen in Bekenntnis und Ausübung des Christentums möglichst anzuschließen. Diese Kirchlichkeit beruht aber nicht einzig und allein auf der Teilnahme an dem gemeinsamen Glauben der religiösen Gesellschaft, sondern sie bezieht sich auch auf das religiöse Leben, was den religiösen Glauben beurkundet sowie denn auch wesentlich und notwendig auf die willige, freie und frohe Teilnahme an der öffentlichen Gottesverehrung und Abendmahlsfeier, wodurch der gemeinsame gläubige und fromme Sinn, welcher in dieser Religionsgemeinschaft lebt, auf eine angemessene Weise sich kundtun will und muß. Jenes wäre demnach etwa die theoretisch dogmatische und dieses die liturgisch-praktische Seite der Kirchlichkeit [...].

Was das Ältesten-Wesen im Kirchspiel Almena betrifft, so habe ich zu bemerken, daß in demselben sechs Personen vorhanden sind, welche in den verschiedenen Bauerschaften aufzufinden sind. Diese sechs Personen sind nicht nur von den Ämtern Varenholz und Sternberg als verständige und sehr rechtliche Männer anerkannt, welche sich zugleich durch einen religiösen Sinn auszeichnen, wodurch sie denn auch auf die Gemeinde wohltätig einwirken können. Zu meiner Zeit sind zu Almena im hiesigen Pfarrhause an den monatlichen Bettagen und zwar nach geendigtem Gottesdienste Presbyterial-Versammlungen gehalten worden, woran der Prediger mit den Schullehrern, die Ältesten, Kirchen- und Armendechen teilnahmen. Die Verhandlungen des Presbyterii leitete und protokollierte ich, der zeitige Prediger.

Ich machte die Ältesten mit ihren Obliegenheiten bekannt und benutzte dazu die Anweisung, welche unsere Kirchenordnung darüber erteilt sowie die Verhandlungen der westfälischen Provinzial-Synode über Kirchenverfassung und Kirchenordnung vom Jahre 1819. Als Hauptgegenstände, worauf das Presbyterium der angezogenen Kir-

chenordnung von 1684 gemäß zu achten habe, wurden angenommen: 1. der öffentliche Gottesdienst, 2. der Unterricht der Jugend in der Schule und der Kirche, 3. das Armenwesen und 4. Leben und Wandel der sämtlichen Glieder in der Gemeinde.
Es wurde ad 1. bemerkt, daß das Presbyterium darauf zu achten habe, daß der öffentliche Gottesdienst gehörig und zur rechten Zeit gehalten, jede äußere Störung dabei möglichst vermieden und die fleißige, zweckmäßige Teilnahme an derselben sowie an der Abendmahlsfeier befördert werde. Das Presbyterium muß 2. darauf halten, daß die schulfähigen Kinder durch einen regelmäßigen Schulbesuch sich auszeichnen, um demnächst mit Nutzen den Konfirmandenunterricht empfangen zu können; auch bei bekannter Armut der Eltern dafür sorgen, insofern es tunlich ist, daß deren Kinder mit den nötigen Lehrmitteln unentgeltlich versehen werden. Jeder Älteste muß 3. die Bedürfnisse der Armen in seinem Bezirke, welche sich bei ihm melden, dem Prediger und den Armendechen anzeigen, auch über die Lage derer, welche ihr Gesuch, Unterstützung betreffend, dem Prediger und den Armendechen vortragen, sein Urteil aussprechen und bemerken, wie die Armen etwa zu unterstützen sind, wenn man nicht nur ihr leibliches Wohl befördern und ihren äußeren Zustand verbessern, sondern auch dadurch zugleich ihr geistiges Wohl fördern will. Sodann haben ferner das Presbyterium und der Armenvorstand darauf zu sehen und dafür zu sorgen, daß man, so viel wie möglich und tunlich ist, ohne den Armen dadurch das Erforderliche zu entziehen, die Hilfsmittel zur Befriedigung ihrer Bedürfnisse vermehren oder ergiebiger mache. Endlich müssen 4. die Ältesten mit dem Prediger auf den Wandel der Gemeindeglieder sorgfältig achten und ihnen mit einem guten Beispiel darin vorleuchten. Es wurden zugleich auch einige Mittel angegeben, welche vom Prediger und dem Presbyterio angewendet werden müssen, um z. B. Zucht und Sitten der Gemeinde, Ruhe und anständiges Betragen bei gottesdienstlichen Übungen zu erhalten sowie auch die Glieder in der Gemeinde zur Gottesfurcht und Tugend zu leiten. Die Mittel, welche in dieser Beziehung genannt wurden, sind: ein exemplarischer Wandel, Belehrung, Ermahnung, Warnung und Rüge, mit der nötigen Vorsicht erteilt [...].

Wenn ich mich zuletzt über etwaige besondere religiöse Bewegungen und außerkirchliche Zusammenkünfte zur Erbauung in der gegenwärtigen Zeit erklären soll, so glaube ich zuvor in Beziehung auf diesen Gegenstand dasjenige bemerken zu müssen, was von Ammon in seiner Sittenlehre „Von der Erhaltung der Einheit mit der Kirche" sagt: „Da sich Christus unverkennbar als das Haupt der Gemeinde beweiset, so muß jeder einzelne mit ihr als ein Glied mit dem Leibe verbunden bleiben. Diese Gemeinschaft setzt eine Einheit der Lehre, der Liebe und der gemeinschaftlichen Gottesverehrung als des äußeren Bandes der Gemeinde voraus. Jeder einzelne muß auch wieder mit der Kirche durch Reinheit des Glaubens, des Wandels und der äußeren Gottesverehrung als der Bedingung und Folge beider verbunden bleiben, solange die Kirche selbst in der wahren Gemeinschaft mit Christo beharrt. Mit dieser öffentlichen Gemeinschaft hängt die Familienandacht so genau zusammen, daß ein dritter Kultus in besonderen religiösen Konventikeln als unkirchlich, eigenmächtig und von Christo abführen, vollkommen ausgeschlossen wird". In unserer Kirchenordnung werden solche besonderen und verdächtigen Konventikel gleichfalls verboten (vgl. Kap. XXIII § 20). Was das

Konventikelhalten betrifft (sagt Claus Harms in seiner Pastoraltheologie), es sei in unserem oder in eines anderen Hause, so muß ich aus Vernunfts- und Erfahrungsgründen davon abraten. Der reine Gewinn solcher Stunden scheint mir so viel Nachteiliges hinter sich her zu ziehen, das wohl nicht ferne zu halten ist. Lieber wollt' ich raten, einen öffentlichen Gottesdienst mehr einzuführen, versteht sich, nach erwirkter Erlaubnis der Kirchenobersten.
Was mich anlangt, so glaube ich hier in Beziehung auf den soeben berührten Gegenstand folgendes bemerken zu müssen. Wenn ein Kirchlein in der Kirche sich bildet oder wenn einige Christen nach der öffentlichen Gottesverehrung an Sonn- und Festtagen oder an anderen Tagen zu ihrer Erbauung sich etwa noch in einem Privathause versammeln, so muß eine solche Andachtsübung vom Prediger des Orts gehörig geleitet werden. Der christliche Prediger gebe sich aber alle mögliche Mühe, seine Pfarrkinder in seiner Kirche dadurch fleißig zu versammeln, daß er sie durch eine gründliche und fruchtbare Erklärung des göttlichen Wortes sowie auch durch echt biblische Vorträge, die dem Geiste der Lehre Jesu und der Apostel entsprechen, erbaue. Geschieht dieses vom christlichen Prediger und verbindet er damit ein musterhaftes Verhalten, so werden besagte Konventikel ein Ende nehmen und nur noch die Andachtsübungen in den Häusern der Christen (die Familienandacht) fortdauern, worauf der Prediger auch sorgfältig zu halten hat. In der Gemeinde Almena sind bislang keine außerkirchlichen Zusammenkünfte zur Erbauung (Konventikel) veranstaltet.

Falkenhagen, 23. Februar 1840
Pastor Melm

Die Stellung des evangelischen Pfarrers zu seiner Gemeinde in gegenwärtiger Zeit wird wesentlich bedingt durch den Standpunkt und die Richtung, wofür er selbst in Hinsicht des christlich-kirchlichen Glaubens und Lebens sich bekennt, und es kann von der ersteren heutigentags nicht offen die Rede sein, ohne über diese sich zu erklären.
Durch die Zucht der heilsamen Gnade Gottes bin ich dahin gebracht, mit unserer Kirche von Herzen zu bekennen, daß allein das Wort Gottes, wie es in den über allen Menschenweisheit und menschliche Autorität erhabenen Offenbarungen Alten und Neuen Testaments erhalten ist, Richtschnur und Regel des wahren christlichen Glaubens und Lebens sei und sein könne, daß folglich in keinem andern Heil sei als in dem, in welchem die Fülle aller Gottesoffenbarungen den Menschen historisch gegeben ist, daß also auch der Mensch gerecht werde nicht durch eigenen Verdienst und Geisteswerke, sondern allein durch den Glauben an Jesus Christus, den eingeborenen Sohn Gottes; so wie endlich dieser einziger Herr und das einzige Haupt seiner Kirche ist, von dem ein jeglicher dereinst empfangen wird, je nachdem er geglaubt hat und im Glauben treu erfunden wird.
Danach normiert sich die ganze Stellung und das Verhalten zur Gemeinde und Kirche überhaupt. Beständiges Ziel dabei bleibt: Jesum Christum, gestern und heute und demselben auch in Ewigkeit, zu verkündigen allem Volke und in allen Stücken als den, welchen Gott gesandt hat, die Sünder selig zu machen und auf diesem einigen Grunde — denn einen anderen kann niemand legen — die Gemeinde, das ist seinen Leib zu

erbauen zu einem Tempel des heiligen Geistes. Daraus ergibt sich folgerecht für das Verhalten des Knechts Christi zur Gemeinde und ihren Gliedern, daß nicht Menschendienst dabei irgend in Betracht kommen kann, daß er vielmehr zu ihnen allen, wes Standes und Vermögens, wes Alters und Geschlechts sie sein mögen, in einem gleichen Verhältnis und ohne Menschenfurcht und Schmeichelei frei dasteht als der Diener am Wort, welches er daher auch allezeit, sowie es zum Bau und Wohl der Gemeinde erforderlich ist, ohne Ansehen der Person gebraucht. Das alles aber nicht aus eigener Macht oder vermöge eignen Ansehens — denn was ist das? —, sondern nur vermöge des über alle Persönlichkeit erhabenen Berufs unter dem gnädigen Beistande dessen, der allein tüchtig macht zum Amt, das die Versöhnung predigt.
Daraus entsteht ferner, daß zwar immer wohl einzelne, die getroffen werden von dem Worte der Wahrheit, es ungern vernehmen und sich darüber vielleicht auch übel halten; die Gemeinde Gottes aber bleibt dabei zusammen und fest verbunden im Geist der Liebe und des Friedens, welches ist das Band der Vollkommenheit; und das Verhältnis des Pfarrers zu ihr ist ein wahres und reines; Sekten- und Parteigeist oder Menschenansehn über den Glauben kann nicht aufkommen und Spaltungen bleiben fern, ausgenommen die eine große, die eben dadurch hervorgerufen ist, daß Sterbliche sich mit der Autorität der Gottheit bekleideten und nun mit angemaßter Gewalt aus dem Glauben einen Knechtsdienst machten, welches auch da innerhalb des Schoßes der evangelischen Kirche zu befürchten ist, wo sich, wie jetzt häufig, die menschliche Autorität fehlender Weisheit und Wissenschaft dieser Welt über die alleinige Autorität Christi zu erheben sucht [...].

Talle, 28. Februar 1840
Pastor Pothmann

Die Gemeinde Talle, welche ungefähr 3000 Seelen zählt, umfaßt 6 Bauerschaften und dehnt sich 3/4 — 1 Stunde ins Gevierte. Hohe Gebirge durchziehen den Pfarrdistrikt und können die Bewohner desselben mit Ausnahme der Bauerschaft Matorf nur mit Mühe einen geringen Ertrag ihren bergigen Ländereien abgewinnen. Darum herrscht denn im ganzen mehr Armut als Wohlhabenheit, wozu denn manche Fehler, an welchen die Pfarrdistriktsbewohner leiden, das ihrige dazu beitragen.
I. Von den herrschenden Fehlern und Lastern: Zu den allgemeinen Fehlern, welche in der Gemeinde Talle herrschen, gehört vor allem große Wollust. Augenblicklich büßt noch ein Bursche die vor etwa einem Jahre begangene Sodomiterei [=widernatürliche Unzucht mit Tieren] in Detmold ab. Uneheliche Geburten sind nicht ungewöhnlich und geben dann und wann einen gegründeten Verdacht zum Ehebruch ab. Wenigstens sind gegenwärtig noch 2 Individuen deshalb in gerichtlicher Untersuchung. Hier gibt es mehrere Dirnen, die das 4. uneheliche Kind zur Welt gebracht haben und der sogenannten wilden Ehen wurden unter 3/4 Jahren 3 gestört.
Verderblich äußert sich auch in den Folgen unter vielen der Hang zum Vergnügen. Manche gehören zu den stehenden Gästen der Krüge. Reiz zu geistigen Getränken sowohl als auch Lust am Kartenspiele (nicht selten Hazard) zieht sie dahin. An einigen Trunkenbolden, unordentlichen Hauswirten und schlechten Ehegatten kann es also hier

Die Kirche in Talle, erbaut zwischen 1485 und 1492. Tuschzeichnung von Emil Zeiß aus dem Jahre 1868. Die Kirche war auf Veranlassung Pastor Pothmanns im Jahre 1873 neu ausgeschmückt worden.

nicht fehlen. Ihre Trink- und Spielgelage ziehen sich oft bis spät in die Mitternacht hinein und dadurch werden diese dann abgehalten, am öffentlichen Gottesdienste öfter Anteil zu nehmen.
Leider mangelt bei sehr vielen ein religiöser Sinn, weshalb denn so oft auch der Sabbat durch Arbeiten, welche den Wochentagen angehören, entheiligt, über das Allerheiligste sowohl als auch über Lehrer der Religion verächtlich gesprochen wird. Überhaupt ist hier und da Klatschhaftigkeit im vollen Schwunge und findet die Verleumdung, Lüge, Wortentstellung und Verdächtigung darin zum Gedeihen einen guten Boden. Endlich darf die meistens übliche Gewohnheit des unleidlichen Kollektierens der liederlichen Müßiggänger, alt und jung, sowie die allgemeine Roheit und Grobheit nicht übersehen werden, welche letztere ja sogar landessprichwörtlich geworden ist.
II. Vorschläge zum Besseren: Obiges ist nun freilich kein gutes, aber leider ein treues Bild der hiesigen Gemeinde. Weiß ist also das Feld und Zeit, daß darin geschnitten werde. Dazu bedarf es außer der gewissenhaften Pflichterfüllung des Predigers und der Lehrer auch einer gehörigen Justiz- und Polizeiverwaltung von seiten der Obrigkeit. Nicht wenig förderlich zur Abstellung dieser Mängel würde es sein, wenn treue, rechtliche und moralische gute Unterbediente angestellt würden, in deren Händen gewissermaßen bei der weiten Entfernung vom loco die Polizeipflege beruht. Namentlich hätten sie über die vorhandenen Polizeigesetze als über verbotene Spiele, vorhandenes gutes

Bier in Krügen, über Polizeistunde, über die Nichtentheiligung durch Werkarbeiten an Sonn- und Festtagen streng zu wachen; die Erlaubnis zu Tanz und Lustbarkeiten dürfte nicht so oft erteilt, das Patrouillegehen in kleineren Dörfern müßte abgestellt werden, weil entweder Personen beiderlei Geschlechts die Ronde [franz.=Runde] machen oder die Burschen unerlaubte nächtliche Visiten abstatten und so zur Unzucht vielfach Gelegenheit haben; die delicta carnis [=das Verbrechen der Unzucht; Vergehen gegen das sechste Gebot] müßten strenger geahndet werden und nicht, wie hier, die erhöhten Gebühren für Prediger, Küster und Hebammen, ohnerrachtet der Verordnungen vom 20. September 1796 und 5. Februar 1805 abgesprochen und die Kinder so leichtfertig dem Armenfonds zur Erziehung übergeben werden, wodurch der Wollust nur eine Brücke gebaut wird.
III. Kirchlichkeit und Stellung des Predigers zu seiner Gemeinde: Über Besuch des öffentlichen Gottesdienstes ist im ganzen nicht zu klagen und dürfte derselbe eher zu- als abgenommen haben. Durch die während der Anwesenheit des jetzigen Predigers zu Talle vorgenommenen Bauten als Kirchenheider Schule, des Pfarrhauses, Reparatur an der Bavenhauser Schule, des Küsterhauses und der Kirchhofsmauer ist allerdings das Einverständnis des Predigers mit manchen seiner Gemeindeglieder in etwas gestört, jedoch schmeichelt sich derselbe, daß mit der Zeit auch dieses wiederhergestellt werde, so wie er glaubt, daß er des ohngeachtet die Achtung der Bessergesinnten augenblicklich völlig besitze.
IV. Ältesten-Wesen und religiöse Bewegung: Auch die Gemeinde Talle ist von dem Konventikelwesen angesteckt und hat Pillenbruch, Brüntorf und Welsdorf mehrere Pietisten aufzuweisen. Nach Anzeige des Kirchenältesten zu Pillenbruch nehmen einige derselben am Abendmahle in der Kirche St. Marien zu Lemgo Anteil, so wie sie sich auch zu dieser oder der Valdorfer halten. An häufigen Zusammenkünften in Brüntorf und Welsdorf, um sich durch Gebet und Gesang und was sonst in den Konventikeln vorkommen zu erbauen, fehlt es nicht.

Lipperode, 1. März 1840
Pastor Knoll

1. Der Pfarrer lebt in seiner Gemeinde in Friede und Einigkeit. Obstinate [=eigensinnige] Glieder der Gemeinde, die sich der Zucht und Aufsicht des Pfarrers entziehen, weil er sie persönlich auf ihre Fehler aufmerksam gemacht hat, gibt es auch hier, aber nur einzelne wenige. Der Pfarrer hat, Gott sei Dank, die Liebe und das Vertrauen seiner Gemeinde.
2. Daß der Pfarrer nicht überall so nachhaltig wirken kann als er wünscht, liegt großenteils daran, daß 1/3 seiner Gemeinde katholisch ist, nicht minder in der großen Armut so vieler Familien, indem erstere bekanntlich so häufig und vielfach die Mutter der Sünde ist.
3. Die Kirchlichkeit hat seit seinem Hiersein (1829) nicht ab- sondern zugenommen. Der evangelische Teil seiner Gemeinde besteht aus etwa 300 Seelen, ungefähr 150 Konfirmierten. Von diesen besuchen 40 sonntäglich regelmäßig die Kirche, 14 abwechselnd alle 14 Tage, 40 alle 3 bis 4 Wochen, 10 lassen sich selten sehen, 20 kommen gar nicht

(10 wegen Alters, 10 wollen nicht kommen). Der Pfarrer hat gewöhnlich 70, 80 bis 90 Zuhörer, an den Feiertagen 100—110. Manche Glieder der Gemeinde werden vom fleißigen Besuch des Gotteshauses abgehalten, indem sie als Tagelöhner, Maurer und Zimmerleute in Lippstadt arbeiten und von ihren (nicht kirchlich gesinnten) Brotherren sonntags ihren Wochenlohn in Empfang nehmen müssen. Wäre Lippstadt rein lippisch, so würde Referent darauf antragen, daß dieserhalb ein Verbot erlassen würde. Noch kann Referent nicht unerwähnt lassen, wie der lippische Buß- und Bettag zu Michaeli (wozu auch den Lippstädtischen Pfarrern von Detmold aus die vorgeschriebenen Texte gesandt werden) in Lippstadt auf eine unverantwortliche Weise zu einem gemeinen Werktage herabgewürdigt wird (vor 2 Jahren war an diesem Tage Komödie), was auch auf den hiesigen Kirchenbesuch an diesem Tage nachteilig wirkt, indem mehrere Lipperoder Tagelöhner von ihrem weltlich gesinnten Brotherrn an demselben zur Arbeit gezwungen werden [...].

3. Die Zucht und Sitte in der Gemeinde hat sich gebessert. Die Zahl der unehelichen Kinder war in den früheren Jahren abwechselnd zwischen 1 bis 2 jährlich. Im Jahre 1838 und 1839 ist kein uneheliches Kind in der Gemeinde geboren. Delicta carnis sind in 11 Jahren nur einmal bestraft worden, indem ein Mädchen, welches das 5. uneheliche Kind gebar, auf 1/2 Jahr nach Detmold ins Strafwerkhaus kam [...]. Mehrere Mädchen haben 2 uneheliche Kinder, ohne deshalb in irgend einer Weise bestraft worden zu sein. Nächstens kommt eine liederliche Dirne namens Wilhelmine Austenfeld mit dem 3. unehelichen Kinde nieder; ob aber hiesiges Amt gegen diesselbe gesetzlich verfahren werde, steht dahin. Es wäre höchst wünschenswert, wenn die desfalsigen Landesgesetze auch auf hiesiges Amt Anwendung fänden und diese wichtige Angelegenheit nicht dem willkürlichen Ermessen des Beamten überlassen würde. Es ist in dieser Hinsicht besser geworden als es war, indem der Pfarrer namentlich bei der Taufe unehelicher Kinder im ernsten und strafenden Tone auftrat; aber ohne das weltliche Schwert vermag das Schwert des Geistes, welches ist das Wort Gottes, nicht alles auszurichten. Übrigens erlaubt sich Referent die Bemerkung, daß die meisten Mägde in Lippstadt, wo Militär liegt, zu Falle kamen. Von Ehebruch in der Gemeinde ist nichts zu Ohren des Pfarrers gekommen. Streitigkeiten in den Familien, namentlich in den Ehen, kamen öfter vor, wurden aber meist vom Pfarrer ohne Dazwischenkunft der Obrigkeit geschlichtet. Klagen auf Ehescheidungen selbst sind in den 11 Jahren seines Hierseins nicht vorgekommen.

4. Ein Presbyterium ist in hiesiger Gemeinde nicht vorhanden. Referent hofft, daß diese vor 2 Jahren von Hochfürstlichem Konsistorio in Anregung gebrachte so wichtige Angelegenheit [...] zur Ausführung kommen möge.

5. Religiöse Bewegungen und Konventikel finden in der Gemeinde gar nicht statt, wie denn in hiesiger Gegend partout nicht davon die Rede ist.

6. Im vorigen Jahre sind der Kirche, Pfarre und den Armen keine Schenkungen zuteil geworden.

7. Zu Zeiten des verstorbenen Beamten Drost Rose war es üblich, daß von Tänzereien und sonstigen Gelagen (deren Teilnehmer zum großen Teil Ausländer sind) ein Gewisses (je nachdem die Gelage kürzer oder länger dauerten, 1 Gulden resp. 1 auch 2 Reichs-

taler) an hiesige Armen gegeben wurde. Trotz dieser Hinweisungen seitens des Pfarrers hat der hiesige Beamte die Sache unbeachtet gelassen. Es wäre zu wünschen, wenn diese höchst löbliche, in den übrigen Teilen des Landes übliche Sitte auch hier wieder eingeführt würde (wer 1 Reichstaler verjubelt, kann auch wohl 1 Groschen an die Armen geben), nicht minder, wenn, wie im Lippischen, in den Wirtsstuben der Krüge des hiesigen Amts sogenannte Armenbüchsen aufgehängt würden, in welche die Gäste bei Streitigkeiten im Spiel das objectum litis [=Opfer bringen] oder wenn jemand ein Fluchwort ausstieße, ein Gewisses zu geben vom Wirte gezwungen werden könnten.

Horn, 3. März 1841
Pastor Wippermann

Auch in dem vergangenen Jahre muß ich der Gemeinde das Zeugnis geben, daß sie im ganzen die gottesdienstlichen Zusammenkünfte fleißig besucht hat. Wenn einzelne Honoratioren unter den Studierten und den Kaufleuten weniger Anteil an dem Gottesdienste nehmen, so ist dies nicht so schlimm wie an anderen Orten, wenigstens nicht schlimmer als in den anderen Städten des Landes. Daß durch persönliche Einwirkung hier wenig geholfen werden kann, zeigt die Erfahrung an anderen Orten, meine eigene Erfahrung und auch das Beispiel des Superintendenten Volkhausen, dem an persönlicher Gewandheit sich nur wenige im Lande gleichstellen dürfen.
Das Übel scheint sehr tief zu liegen. Es liegt in einer entsetzlichen Verdorbenheit des religiösen Unterrichts auf den Schulen, in der irreligiösen Verderbtheit der Universitäten, in der Erstorbenheit des religiösen christlichen Familienlebens, in der ganzen modernen Luft und Bildung. Geholfen kann hier nur werden durch einen großen geistigen Umschwung des religösen Lebens in Deutschland, durch Beispiele und Verordnungen von seiten der Regierungen, durch öffentliche Synoden und durch größere Strenge der Kirchenzucht und einige Exkommunikationen, um einen Feuerbrand in das erstarrte Leben zu werfen. Indessen neige ich mich mehr zu gemäßigten Maßregeln und will gern anderen diesen Ruhm und diese Ehrenkrone überlassen und nicht vergessen, daß sehr viele von den kirchlichen Männern sich von respektablen Grundsätzen der Gerechtigkeit, der Billigkeit und der Liebe und Gutmütigkeit leiten lassen.
Mit meinen Gemeindegliedern suche ich so viel als möglich in persönliche Berührung zu kommen. Gelegenheit bietet sich hierzu durch mehrfache Krankenbesuche, welche ich ununterbrochen das ganze Jahr hindurch gemacht habe, durch das Armenwesen, durch Geschäftsberührung, durch die Landwirtschaft, durch Hochzeiten, Kindtaufen, Begräbnisse, durch zuweiliges Besuchen von geselligen Zusammenkünften, durch Bücherverleihen und sonstige Veranlassungen. Es ist an manchen Tagen ein solcher Andrang von Menschen, daß, wenn der eine fortgeht, schon ein anderer wieder kommt, als wenn mein Haus ein Amtshaus wäre, und es gewährt mir im ganzen Annehmlichkeit, mit meinen Gemeindegliedern mich zu unterhalten [...].
Rücksichtlich der unehelichen Kinder bleibt sich das Verhältnis ziemlich gleich: 1833 = 7, 1834 = 11, 1835 = 14, 1836 = 8, 1837 = 7, 1839 = 11, 1840 = 7. Ebenso verhält es sich mit dem Genusse des heiligen Abendmahls: 1833 = 1444, 1834 = 1385, 1835 = 1425, 1836 = 1196, 1837 = 1407, 1838 = 1316, 1839 = 1393, 1840 = 1478.

Ehestreitigkeiten fallen im ganzen wenig vor; es kommen aber auch jährlich einzelne Fälle vor, wo Männer ihre Frauen verklagen, worauf alsdann die Beklagten zu dem Pastor vorgeladen und admoniert [=an unterlassene Pflichten erinnert] werden. Vorladungen vor das Presbyterium finden nicht statt; die Bußerlassungen der Gefallenen geschehen vor dem Pastor und sind noch in voller Observanz [...].
Wenn ich die Hornsche Gemeinde für eine der besten halte, so tue ich es deshalb, weil die Mehrzahl einen stillen, fleißigen, mäßigen und sparsamen Lebenswandel führt und im ganzen durch eine gewisse Gutmütigkeit und Höflichkeit sich auszeichnet (nur in Holzhausen wird mehr ein luxuriöseres, verschwenderisches und darum auch mehr verarmtes Leben geführt).
Von meinen Erbauungsbüchern, die mir eine beträchtliche Summe zustehen kommen, habe ich eine große Menge fortwährend verliehen und scheinen dieselben mit Nutzen gebraucht zu werden, wenigstens kann ich dieses aus einzelnen Äußerungen und aus dem Zerlesen und Zerreißen derselben schließen. Traktate der Berliner Gesellschaft habe ich fast für ein paar Taler verteilt, obwohl mir lieber wäre, in eine andere Gesellschaft einzutreten, die weniger einseitig wäre. Missionsblätter werden jetzt fünfzehn Stück durch meine Vermittlung gehalten.
Pietistische Unordnungen haben im ganzen nicht stattgefunden, wenngleich diejenigen, die demselben zugetan sind, sich ebensowenig in ihren Ansichten irremachen lassen als Hengstenberg, Tholuck, Guericke, Scheibel, Stephan und die ganze übrige Schar, welche die milder Gestimmten verurteilen und aus dem Reiche Gottes verweisen.
Ein Hauptmittel zur Förderung des christlichen Lebens im Lande scheinen mir öffentliche Synoden zu sein. Sie machen die Angelegenheiten der Religion und der Kirche zu einer allgemein besprochenen Sache und gerade, daß in Preußen von seiten der Regierung nicht alles bewilligt wird, zeigt deutlich, wie mächtig sich schon in Preußen durch die Synoden der kirchliche Geist geregt hat [...].

Horn, 28. Februar 1842
Pastor Wippermann

[...] Im ganzen muß der Gemeinde wegen eines ordentlichen Betragens, wegen ihres Fleißes, wegen ihrer Sparsamkeit ein rühmliches Zeugnis gegeben werden. [...] Ein Laster, auf das ich durch Amtmann Piderit in seinem Amtsberichte im Magazin aufmerksam gemacht bin und das im Amte Detmold zu einer bedeutenden Höhe gediehen ist, herrscht auch teilweise in der hiesigen Gemeinde: daß das Holzstehlen in regnerischer und kalter Winterzeit faktisch nicht für sündhaft und unchristlich angesehen wird. Predigen und Ermahnen von uns hilft natürlich nichts bei den von Frost und Regen zitternden Leuten, die unmöglich sich Holz kaufen können, und würde uns den bitteren Vorwurf zuziehen, daß wir gut sprechen hätten, die wir in Gemächlichkeit bei großen Einnahmen hinter dem warmen Ofen säßen; wir sollten auch erst einmal den Frost und den Schnee und das Regenwetter beim Holzsuchen auf den hohen Bergen kennenlernen.

Die Kirche in Horn. Bleistiftzeichnung von Emil Zeiß aus dem Jahre 1862.

Ist übrigens Holzdiebstahl Diebstahl und Sünde und schließt Diebstahl, wie es nach dem Apostel und an und für sich unbezweifelbar geschieht, vom Reiche Gottes aus, so müssen jährlich viele, viele tausend Seelen, vielleicht über zehntausend, in unserem Lande ihren Anspruch an das Reich Gottes einwirken und nicht kann hier von nachfolgender Besserung die Rede sein, da ich nie gehört habe, daß frühere Holzfrevler aus freien Stücken das gestohlene Gut ersetzt haben. Wie hier zu helfen, weiß ich nicht, obgleich es ein außerordentlich leichtes und naheliegendes Mittel zur Abhilfe gibt, nämlich, daß den Unbemittelten gegen eine geringe Abgabe und gegen einzelne Forsttage das notwendige Holz verabfolgt oder wenigstens im Abbrechen des trockenen Holzes auf den Bäumen und im Schlüchtern der Bäume in Gegenwart des Forstpersonals größere Freiheit eingeräumt wird [...].
Einige in Unfrieden lebende Eheleute sind zum Frieden ermahnt; das Ermahnen pflegt nur auf ein paar Tage zu helfen. Eine Differenz zwischen Mutter und Tochter ist mit glücklichem Erfolg ausgeglichen. Einige gefallene Mädchen haben bei mir ihre Reue erklärt und Buße getan.
Konventikel hat es meines Wissens nicht gegeben. Nur ist Kessemeier einmal in Bellenberg gewesen und hat mit seinen Freunden bis spät in die Nacht vertrauliche, nicht ganz bekannt gewordene Zusammenkunft gehalten. Die Bellenberger haben erklärt, zum Besuche käme ihnen K. ganz lieb, wolle er aber jetzt noch fromme Zusammen-

künfte halten, so würde er wahrscheinlich eine Tracht Schläge bekommen, was ich indessen mißbilligt habe. Es ist aber nicht mein Wunsch, daß dem Kessemeier diese meine Bemerkung mitgeteilt werde.
Als schreckliche Folge des Pietismus muß angegeben werden: Ein mit der Detmolder Pietistenclique Seiler, Süß, Fourier Süß u. a. verbundener hiesiger Pietist hat in Veldrom eine Frau höchstwahrscheinlich durch seine Rede verrückt gemacht. Ein anderer junger Mann, früher in Detmold befindlich, seit einem halben Jahre hier und mit derselben Clique befreundet, ist bereits halb toll geworden und hat infolge des Traktatenlesens allerlei geistige Erscheinungen gehabt. Ich bitte aber in dieser Angelegenheit meinen Namen gegen jene Clique gänzlich zu verschweigen, weil ich durchaus nichts mit dem Hasse derselben zu tun haben will, und hoffentlich wird dieser Bericht dem Konsistorialschreiber Düstersiek nicht zu Gesicht kommen [...]. Schließlich möchte ich den Wunsch aussprechen, daß in dem Reskripte des Hochfürstlichen Konsistoriums diese pietistischen Angelegenheiten nicht erwähnt werden, da diese Reskripte durch die Hände des Schreibers Düstersiek gehen und das Konsistorialgeheimnis mir wider seinem guten Willen nicht gehörig bewahrt erscheint. Ich habe bisher mit den Pietisten noch nicht in einem eigentlich feindlichen Vernehmen gestanden und hoffe in einem guten Einverständnis zu bleiben und meide daher mit Ernst, was mich in Streitigkeiten mit denselben verwickeln kann [...].

Falkenhagen, 1. März 1842
Pastor Melm

[...] Den frohen Fortgang, den meine Wirksamkeit in hiesiger Gemeinde seit siebeneinhalb Jahren nahm, glaube ich als ein Zeichen ansehen zu dürfen, daß sich der Herr, ohne den wir zum Dienst der Kirche nichts tun können, nicht vergeblich hat anrufen lassen. „Ich will mein Gelübde dem Herrn bezahlen vor allem Volk". Daher halte ich die eidliche Verpflichtung auf die Reversalen und ihnen gemäß auf das rechtliche Bekenntnis und die Lehre unserer evangelisch-protestantischen Kirche nicht für ein leeres trügerisches Spiel, um von jedem nach subjektivem Wahn und Ermessen, sei es aus Leichtfertigkeit und Unwissenheit oder Gewissenlosigkeit und Feindseligkeit wider oder Herrschsucht über den Glauben der Kirche, aufgegeben und verlassen werden zu können. Und eben daher habe ich mich veranlaßt und gedrungen gefunden, die unveräußerlichen Fundamentalartikel der evangelisch-protestantischen Kirche, vornehmlich von der alleinigen Norm der heiligen Schrift in Glaubenssachen, von dem alleinigen Heil in Christo und der Rechtfertigung durch den Glauben an ihn und nicht durch des Gesetzes Werke aus eignem Verdienst sowie von Christus als dem einigen Herrn und Haupte der Kirche, dem gegeben ist alle Gewalt im Himmel und auf Erden, ohne Falsch und Furcht vor allem Volk, vollends vor der hiesigen gemischten Gemeinde, zusammenhängend zu bekennen.
Es ist dies Hochfürstl. Konsistorio genugsam bekannt, namentlich aus einem Hochdemselben zuerst unterbreiteten, nachher dem Hauptinhalte nach in Nr. 20 — 23 des Lippischen Magazins laufenden Jahrgangs gedruckten Aufsatze [= Für die Einführung eines ordentlichen kirchlichen Katechismus, und gegen den Leitfaden, von Melm-Fal-

kenhagen], wie auch aus sonstigen z. B. ebenfalls weiter bekanntgewordenen schriftlichen Vorlagen. Nie sind mir dagegen von seiten meiner hohen Vorgesetzten auch nur die geringsten Erinnerungen gemacht worden. Es sind ja auch die Kardinal- und Grundwahrheiten in allen evangelisch-protestantischen Bekenntnissen, soweit diese kirchliche Gültigkeit erlangt haben. Sie sind der Angelpunkt alles meines theologischen und kirchlichen Denkens und Strebens. Und ich bin mir vor Gott und der Kirche bewußt, damit in vollster lebendigster wahrer Gemeinschaft mit der evangelischen Kirche zu bleiben [...].

Desto betrübender ist es nun aber und es empört sich immer wieder aufs neue mein ganzes Wesen dagegen, so oft ich daran denken muß, daß dieses kirchliche Bekenntnis der evangelischen Lehre in Nr.28 des Detmolder Anzeigers laufenden Jahrgangs unter der darin beliebten Benennung „Theologische und kirchliche Tendenz" (freilich ist es keine untheologische und unkirchliche), als ob es ein bloßes Pfündlein menschlicher Subjektivität und mit der Zeit vergänglich wäre, öffentlich gemißbilligt und angefeindet worden ist, und das obendrein von einer Fraktion Kirchendiener, an deren Spitze, als Zähler oder Nenner ist zweifelhaft, sich die Herren Volkhausen zu Oerlinghausen und v. Cölln zu Detmold dem Publikum genannt haben und noch dazu unter Hinzufügung schmählicher Verleumdungen und betrügerischer Verdächtigungen mit dem angenommenen falschen Scheine des Wohlmeinens und mit geflissentlicher Geheimhaltung der Namen der mit ihnen angeblich gleichgesinnten Schar von 33 x 3/4 Predigern (zu welchen auch ordinierte Kandidaten gerechnet sein sollen), wodurch nichts anderes bewirkt wird als die [...] Saat des Mißtrauens und heimliche schleichende Zwietracht und Spaltungen in der Kirche auszustreuen! Unser aller Erzhirte und Herr, der Richter über die Lebendigen und Toten, der wird dereinst auch über diese Tat ein vollkommenes Gericht halten!
Aber unbeschadet dessen ist es auch nötig, sie an dieser Stelle der Kognition [= Untersuchung] und dem Urteil Hochfürstl. Konsistorii nach Maßgabe der bei uns rechtlich bestehenden Kirchenordnung und Kirchenlehre zu überantworten. Und das tue ich hiermit, nicht wegen persönlich durch jenes Attentat der Herren Volkhausen und v. Cölln erlittener Kränkungen — ihretwegen bin ich wohl auch eine kleine Weile betrübt gewesen, aber jetzt nicht mehr und führe ich keine Klage —, sondern vielmehr wegen der Hemmung und Störung, die durch ihr Komplott in meiner pfarramtlichen Wirksamkeit und wegen der Revolte, die dadurch gegen die Autorität der Kirchenordnung und Kirchenlehre hervorgerufen ist.

Welch' ein Angriff dadurch gegen meine pfarramtliche Wirksamkeit ausgeführt sei, läßt sich freilich mehr fühlen als darstellen und im einzelnen nachweisen, wenn man erwägt, welch' einen nachteiligen moralischen Einfluß alle die in dem genannten Volkhausenschen Inserat zusammengedrängten Verdächtigungen und Beschuldigungen auf das Vertrauen, die Achtung und Liebe der Parochianen, vornehmlich der Schullehrer und der sonst Angesehenen zu ihrem Pfarrer haben müssen und daß dadurch die Wirksamkeit des letzteren in der Gemeinde wesentlich bedingt wird.
Wirklich haben die Schullehrer auch schon in diesem Winter der früher mit mir einig betriebenen Missionssache sich nicht mehr so angenommen wie vorher und die Mis-

sionsstunden des Sonntags in den Schulen nicht fortgesetzt; ihren gemeinschaftlichen Aufstand wider ihren Vorgesetzten im vorigen Spätherbst würden sie vielleicht nicht gewagt oder doch nicht fortgesetzt haben, wenn sie nicht gedacht hätten, daß ihnen das Volkhausen- v. Cöllnsche Unternehmen [...] dabei zu Hilfe kommen sollte, und die Schullehrerkonferenzen mit ihnen haben wegen ihrer kurz darauf an den Tag gelegten Verleugnung des Vertrauens zu mir [...] nicht wieder angefangen werden können. Weiterhin aber stellt die durch keine Kirchenordnung sanktionierte Massenzusammenrottung von Predigern und ihr scharenweises öffentlich gewalttätiges Herfallen über einen Amtsbruder, ohne eine rechtfertigende Darlegung und ausführliche Nachweisung von wahren Gründen vor dem Publikum, die ein so enormes Verfahren doch wohl erheischt hätte, mit Übersehung des § 2 und § 7 der Reversalen und Übergehung der kirchlichen Instanzen (vergl. Instruktion für die Klassikal-Superintendenten § 3) für die Kirche alle Gefahren der Herrschsucht und Tyrannei über das Heiligtum des Glaubens, sei es in der Form papistischer Hierarchie oder turbulenter Ochlokratie [=Pöbelherrschaft] oder des radikalen bis zum Kultus des Genius, bis zur Abgötterei, bis zum Pantheismus [= philosophische Lehre, daß Gott und die Welt, die Natur eins seien, daß Gott überall in der Natur sei] extravagierenden Subjektivismus und damit den Umsturz aller kirchlichen Ordnung und Autoritäten in Aussicht. Oder läuft es auf etwas anderes hinaus, daß „die theologische und kirchliche Tendenz“ eines Dieners der Kirche, der mit dem auf das Evangelium gegründeten Bekenntnisse ihrer Lehre sich in Einklang hält und erklärt und nicht anderes will, so wie er darauf verpflichtet ist, von einer Fraktion (einem Bruche) anderer, obschon ebenso verpflichteter, doch dissentierender [=sich von der Kirche trennender], als ein Gegenstand ihrer öffentlichen Mißbilligung bezeichnet wird? Und heißt es nicht die kirchliche Ordnung und Autorität untergraben und offen in das Angesicht verhöhnen, daß eben derselbe Mann, von dem dies Unternehmen gegen einen Amtsbruder unter der verborgten Maske der Pietät ausging und der schon vor einigen Jahren, da er noch die Funktionen eines Klassikal-Superintendenten versah, ganz unbefugter und ungesetzlicher Weise fremde Diözesanen mit seinen Zirkularen wegen Herstellung von Synoden behelligte, daß eben derselbe Mann mit dem ihm beigetretenen Pastor v. Cölln keinen Anstand genommen hat, auch dem zeitigen Klassikal-Superintendenten seines von ihm verfolgten Amtsbruders das Zirkular gegen diesen zugehen zu lassen und so durch Erwerbung von dessen, wie mir auf glaubwürdige Weise gesagt ist, geschehener Mitunterschrift zwar den Schein einer höheren Autorität und Achtungswürdigkeit für sich zu gewinnen, aber eben damit zugleich beide, Autorität und Achtungswürdigkeit, dem, der sich zu solch' einem Schritte sich bereit finden ließ, während er pflichtgemäß statt dessen den § 3 seiner Instruktion hätte in Anwendung bringen sollen, wenn er glaubte, daß Grund und Recht dazu vorhanden sei, in den Augen seiner Diözesanen zu nehmen?

Wird eben jener Mann, wo er kann, zur Beförderung seiner Absichten es nicht auch unternehmen, noch höher gestellte Diener und Autoritäten der Kirche ebenfalls in den Augen ihrer Untergebenen und der ganzen Kirche zu prostituieren [=bloßzustellen] und sie so um die Liebe und Hochachtung derselben zu bringen? Gelänge es ihm, was Gott verhüte, nun dann würde er vielleicht sich einigermaßen für entschädigt halten

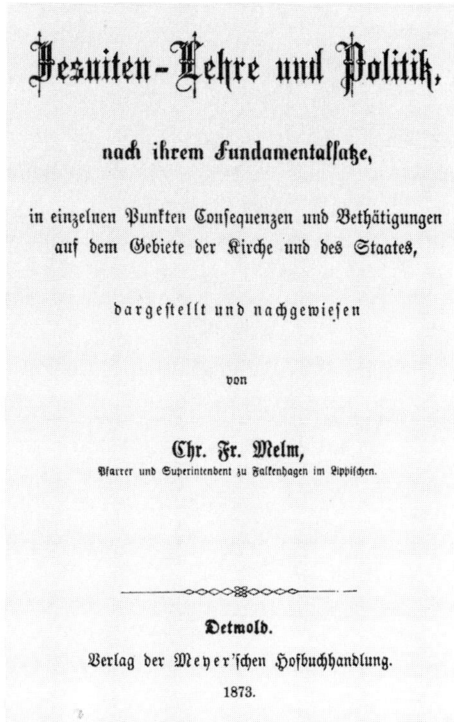

Jesuiten-Lehre und Politik,

nach ihrem Fundamentalsatze,

in einzelnen Punkten Consequenzen und Bethätigungen auf dem Gebiete der Kirche und des Staates,

dargestellt und nachgewiesen

von

Chr. Fr. Melm,

Pfarrer und Superintendent zu Falkenhagen im Lippischen.

Detmold.

Verlag der Meyer'schen Hofbuchhandlung.

1873.

Pastor Christian Friedrich Melm aus Falkenhagen. Er wurde am 3. Dezember 1805 als Sohn des Pastors Christian Friedrich Melm in Lage geboren. Nach dem Studium der Theologie in Göttingen und Halle war Melm von 1828-1830 Pfarrgehilfe in Oerlinghausen, dann bis 1835 Pfarrer in Augustdorf. Von 1835-1874 amtierte Melm als Pfarrer und seit 1858 als Superintendent in Falkenhagen. Er starb am 6. September 1881 in Lage.
Melm war ein begabter, theologisch durchgebildeter und namentlich auf dem Gebiete des Kirchenrechts sehr erfahrener Theologe: Er amtierte jahrelang als Direktor der theologischen Lesegesellschaft, bekämpfte im Katechismusstreit leidenschaftlich den Rationalismus und betätigte sich fleißig auf dem literarischen Feld (Seine wichtigsten Schriften: Vom Kloster Falkenhagen. Ein Beitrag aus dem Lippischen zur Geschichte und Beleuchtung des Verhaltens der römisch-katholischen Kirche und Bischöfe gegen die evangelische Kirche und Landesfürsten, Lemgo 1858, ferner: Jesuiten-Lehre und Politik, nach ihrem Fundamentalsatze, in einzelnen Punkten Consequenzen und Bethätigungen auf dem Gebiete der Kirche und des Staates, Detmold 1873).
Nach dem kritischen Urteil des Superintendenten Rohdewald aus dem Jahre 1862 war Melm „nach geistiger Begabung, theologischer Ausbildung und reifer Amtsführung wohl der Tüchtigste von allen Predigern dieser Klasse“ (gemeint war die Klasse Brake). Allerdings stand Melm — laut Rhodewald — „in Gefahr, durch sein leidenschaftliches Eifern und feindseliges Streiten und die bei ihm anscheinend mit den Jahren nur noch zunehmende Verbitterung und Verdüsterung sich selbst aufzureiben und fried- und freudlos zu verzehren und seine Gemeinde um den besten Segen seiner fast untadeligen Amtsführung zu bringen“.
Von allen lippischen Pfarrern lieferte Melm aus seiner Gemeinde dem Konsistorium die ausführlichsten Berichte, in denen er mit Vorliebe — über die gestellte Aufgabe hinaus — theologische Grundsatzfragen zum Gegenstand seiner Betrachtung machte. Vgl. Archiv der Lippischen Landeskirche, Konsistorialregistratur, Rep. II, Tit. 26, Nr. 4 (Nr. 1056).

wegen einer besonderen Empfindlichkeit, die man häufig seit einem gewissen Zeitpunkte teils mit Lachen, teils mit Widerwillen um ihn bemerkt haben will.

Ja, wer erst den heiligen Heiland selbst als den wahrhaftig eingeborenen Sohn Gottes, in der Fülle der Gottheit, die leibhaftig in ihm wohnt, und als den einzigen Erlöser der Welt und versöhnenden Mittler zwischen Gott und den Menschen nicht mehr anerkennt, der wird auch keinen Anstand nehmen, des Herrn Heiligtum, die Kirche, nur noch als ein Spiel- und Werkzeug seiner selbstsüchtigen Bestrebungen anzusehen und zu behandeln! Daran hat einst der weltgewandte Papst Leo X, dem das sog. „Märchen von Christus" „doch viel Geld" einbrachte, der Verdammer Luthers, das eminenteste Beispiel gegeben! Aber was für ein Gericht lastet dafür auch und wird lasten, solange es eine Geschichte der Kirche gibt, über ihn und denen, welche ihm als dem Ihrigen folgten!

Ich sehe mich gedrungen, hier an diesem Orte, wo ich vorschriftsmäßig über das, was meine Wirksamkeit als Kirchendiener hemmt oder fördert, berichten soll, Hochfürstl. Konsistorio von Amts wegen jene Vorstellungen zu machen, um so mehr, da die Redaktion des L. Magazins eine Verteidigung gegen jene doch von ihr veröffentlichte verleumderische Verdächtigung meines theologischen und kirchlichen Strebens nicht zugelassen hat. Die natürliche und notwendige Folge davon werden unvermeidlich anderweitige Veröffentlichungen sein. Hier aber muß ich, nicht für meine Person, sondern als Pfarrer, als verordneter und berufener Diener und eo ipso auch berechtigter Vertreter und Verteidiger der Kirche, mich wegen jenes Vorganges und der Nachricht darüber in Nr. 28 des Detmolder Anzeigers siebenten Jahrganges beklagen und Hochfürstlichem Konsistorio ehrfurchtsvoll anheimgeben, das, was erforderlich ist zur Aufrechterhaltung kirchlicher Ordnung, kirchlicher Lehre, evangelischer Wahrheit und zum Schutze ihres rechtlich freien Bekenntnisses sowie der amtlichen Wirksamkeit eines Pfarrers, dessen höchste Freude es ist, in dem Dienste des Herrn und Heilandes Jesu Christi zu dem Bau der Kirche alle seine Kräfte zu verwenden, damit samt der Verheißung auch der Befehl Aktorum 1,8 in Erfüllung gehe.
Drei Fragen sind es, die dabei vornehmlich in Betracht zu ziehen sein dürften:
1. Welches sind die Namen der 3/4 x 33 Prediger, die sich mit dem Pastor Volkhausen zu Oerlinghausen und v. Cölln zu Detmold angeblich vereint haben zur öffentlichen Mißbilligung der sog. „theologischen und kirchlichen Tendenz" eines Amtsbruders, welcher keinen anderen Grund und keine andere Wurzel hat als in dem kirchlichen Bekenntnis evangelischer Wahrheit?
2. Was für Grund und Recht haben jene 3/4 x 33, dieselbe öffentlich zu mißbilligen, also für sich zu verleugnen und bei anderen in den Verdacht der Falschheit und Schädlichkeit zu bringen?
3. Was für einem Bekenntnis sind sie selbst zugetan, um damit nach dem heiligen und unerträglichen Worte Gottes vor der Kirche zu Recht zu bestehen?
Leider sehe ich mich aber auch genötigt, hier von vorn her gegen das etwaige Referat des Herrn Klassikal-Superintendenten Clüsener über mich und mein theologisches und kirchliches Streben Verwahrung einzulegen, sofern der Herr Superintendent Clüsener sich nicht enthalten hat samt anderen 33 x 3/4 angeblich ungenannten Predigern, von denen mir außer dem Herrn Superintendenten Clüsener nur noch der Pastor Wippermann zu Horn mit Zuverlässigkeit bekannt geworden ist, das beklagte genannte Zirku-

lar behufs der Veröffentlichung und ebenso ungerechten als unkirchlichen Verrufung der „theologischen und kirchlichen Tendenz“ eines seiner Diözesan-Pfarrers vor dem Publikum mitzuunterschreiben, weil dies nicht nur für eine schon der Kirchenordnung und allgemeinen Pastoralverpflichtung, sondern auch noch besonders der Instruktion für die Klassikal-Superintendenten, namentlich dem § 3 derselben zuwiderlaufende, „des Geistes brüderliche Liebe“ gänzlich ermangelnde, parteisüchtig-feindselige Handlung ansehen und erklären muß. Aus eben diesem Grunde muß ich auch ferner darauf antragen, daß mit der Visitation der Kirche in hiesiger Gemeinde, welche auch in dem laufenden Jahre wieder zu wünschen und zu hoffen ist, unter dem obwaltenden Verhältnis, so tief es mich schon schmerzt, wie leicht zu erachten ist, nicht der zeitige Herr Klassikal-Superintendent Clüsener beauftragt werde [...].

Stellungnahme des Konsistoriums vom 18. April 1842 zu dem Bericht des Pastors Melm aus Falkenhagen:

Obwohl Konsistorium auf das in dem bezüglichen Berichte des Pastors Melm [...] beregte Zerwürfnis zwischen ihm und einiger seiner Amtsbrüder sich nicht weiter einlassen kann, umso weniger, als die fragliche Angelegenheit in der Schrift „Kirchlicher Kampf etc.“ vor das größere Publikum gebracht worden ist, so muß doch der dem Superintendent Volkhausen und dem P. v. Cölln gemachte Vorwurf, daß sie dem Inserat in Nr.28 des Detmolder Anzeigers „schmähliche Verleumdungen und betrügerische Verdächtigungen mit dem angenommenen falschen Schein des Wohlmeinens“ hinzugefügt hätten, entschieden zurückgewiesen werden. Konsistorium hat vielmehr vollen Grund zu glauben, daß insbesondere der P. v. Cölln bei der betr. von ihm hinzugefügten Bemerkung [...] keine andere Absicht gehabt hat, als eine weitere offenbare Spaltung unter den Predigern ein Ziel zu setzen, seiner ganzen Gesinnung nach aber weit davon entfernt gewesen ist, „die arge Saat des Mißtrauens“ ausstreuen zu wollen. Ebensowenig darf die vom S. Volkhausen ausgesprochene Mißbilligung der theologischen und kirchlichen Tendenz des Aufsatzes in Nr. 20 ff. des Magazins eine „Anfeindung“ derselben genannt werden; indes auch jene Mißbilligung nur darauf beruht, daß der S. Volkhausen und P. v. Cölln protestieren zu müssen glaubten gegen die nach ihrer Ansicht in dem vom P. Melm veröffentlichten Aufsatze sich kundgebende Richtung der freiforschenden Wissenschaft nicht den gebührenden Einfluß auf die Theologie und kirchliche Lehre zu gestatten, sondern die Kirchenlehre unbedingt über die Wissenschaft stellen zu wollen.

Wie wenig Konsistorium übrigens die Sammlung der fraglichen Unterschriften billigen kann, so glaubt es doch nicht, daß durch das Inserat das gute Verhältnis des P. Melm zu seiner Gemeinde irgend alteriert [=verändert] oder nachteilig affiziert [=erregt] sei, wie sich dasselbe auch seinem eignen Berichte zufolge eher gehoben und vereinigt als herabgestimmt hat. Was namentlich die Differenzen mit seinen Schullehrern betrifft, so waren diese, den Äußerungen letzterer am Konsistorio gemäß, lange vor dem fraglichen Handel im Magazin im Gange. Wenn aber die in Rede stehende Streitsache im allgemeinen wie unter den Predigern so auch unter den Schullehrern des Landes eine bedauerliche Aufregung hervorgerufen hat, so wird der P. Melm bei ruhiger

Überlegung nicht verkennen, daß die Schuld davon durch die rücksichtslose Kritik eines bis jetzt im ganzen Lande gebrauchten, wenngleich mangelhaften, doch keineswegs durchaus verwerflichen Lehrbuchs der Religion, zum Teil auf ihn selbst zurückfällt, wie denn eben jene unleugbare Rücksichtslosigkeit und Schroffheit in dem bezüglichen Aufsatze auch den S. Clüsener nach der von ihm abgegebenen Erklärung in seiner Qualität als Prediger des Landes zu der fraglichen Mitunterschrift bewogen hat, ohne daß sich derselbe darin einer „parteisüchtig-feindseligen" Handlung bewußt zu werden vermag. Eine solche kann ihm seinem ganzen Charakter nach auch Konsistorium keinesfalls zuschreiben, wenngleich die Angemessenheit oder Unangemessenheit des betr. Verfahrens verschieden beurteilt werden kann [...].

Schlangen, 25. Februar 1843
Kandidat Krecke

[...] Was die Kirchlichkeit anbetrifft, so ist sie im Winter bedeutender als im Sommer, weil der Landmann hier im Sommer am Sonntage mitunter seinen ökonomischen Geschäften nachgeht. Besonders war die Nachmittagskirche vorigen Sommer wenig besucht. Ich nahm Abschnitte aus unserem Leitfaden durch und suchte die Gemeindeglieder dadurch in die Kirche zu ziehen, daß ich bei jedem Abschnitte eine dahin gehörige Geschichte aus Schnells Sittenlehre in Beispielen vorlas. Doch auch dies half nichts. Sechzig Zuhörer ist das höchste gewesen. Für Schlangen ist dies besonders wenig wegen der Größe des Dorfes [...]. Seit letztverflossenen Weihnachten hat die Kirchlichkeit hier bedeutend zugenommen; auch die Evangelischen aus Lippspringe kommen fleißig. Es kommt dies wahrscheinlich von dem guten Wetter her, dessen wir uns seit Weihnachten am Sonntage fast immer erfreut haben. Der Besuch unserer Kirche durch die sogenannten Gebildeten ist hier wenigstens ebenso zahlreich als in jeder anderen Gemeinde unseres Landes, soweit meine Kunde reicht.
Was die hiesige Zucht und Sitte betrifft, so bleibt darin allerdings noch manches zu wünschen übrig. Hier und da bin ich auf große Roheit gestoßen. Mehrere Male ist mir schon eine traurige Gefühllosigkeit bei Sterbefällen begegnet. Verirrungen des Geschlechtstriebes kommen hier nicht selten vor. Sogar die Totenwache sollen nach Aussage des Herrn Pastors Stivarius dazu Veranlassung geben. Bei Kopulationen ist Ärgernis gewöhnlich [...]. Adamsmeier, einer der ersten Bauern hierselbst, hielt vor einiger Zeit an demselben Tage Hochzeit, an welchem ihm ein Kind geboren wurde. Schlägereien bei Gelagen sind nicht selten. Auf drei unter den letzten vier Hochzeiten fielen Schlägereien vor und auf der ersten unter denselben, bei Adamsmeier, sogar zweimal, am Sonnabend, als der Brautwagen geholt wurde und am Sonntage, dem eigentlichen Hochzeitstage. Kopulationen erscheinen den Leuten mehr eine Zeremonie als eine religiöse Handlung. Bei der Adamsmeierschen Hochzeit hatte ich Last, die Hochzeitsgäste während der Kopulation vom Tanze abzuhalten. Zu den Hochzeiten versammeln sich die Gäste nach Aussagen des alten Bauerrichters zu Kohlstädt schon um 7 Uhr morgens am Sonntage, nach Aussage seiner Gehilfen um 10 Uhr im Hochzeitshause. Alsdann wird trockener Kuchen gegessen und Branntwein getrunken, bis die Kirche aus ist. Nach der Kirche wird der Tanz wohl gleich anfangen. Beide Bauerrichter

nahmen hierzu Anstoß und äußerten, daß diese Sitte nur in Kohlstädt und Schlangen, sonst fast nirgends herrsche. Bei Adamsmeiers Hochzeit fing der Tanz schon am Sonnabend an, wiewohl erst am Sonntage die eigentliche Hochzeit war. Wenn auch am Sonnabend der Tanz schon um 10 Uhr zu Ende ist, so scheint mir dies doch nicht in der Ordnung zu sein. Haushebung mit Tanz fand auch am Sonnabend nach Christi Himmelfahrt beim Neuwohner Schröder hieselbst statt und der hiesige Bauer Lübbertsmeier feierte vorigen Herbst die Vollendung der Ernte mit Tanz am Sonnabend. Nach meiner Meinung kann so etwas nur nachteilig auf die Feier des Sonntages einwirken. Die Wirtshäuser hier werden nicht allein am Sonntage höchst zahlreich besucht, sondern auch in den Wochentagen und an Wochentagen nicht allein von Angesessenen, sondern auch von Knechten.

Durch den hiesigen Entsagungsverein soll indes eine bedeutende Veränderung zum besseren im Vergleich mit früheren Zeiten hervorgebracht sein. Dies gestehen selbst solche, welche ihm nicht angehören. Er zählt indes nur 54 feste und treue Mitglieder. Ein größerer Beitritt wird wohl teils durch Mangel an Überzeugung, teils durch Genußsucht, teils durch Furcht, den Verdienst zu verlieren, hauptsächlich aber durch Furcht vor Spöttereien hintertrieben. Durch Festigkeit und jeden Monat gehaltene Versammlungen hoffen wir indes, wenn auch langsam, immer mehr Mitglieder zu gewinnen und so der Roheit entgegenzuwirken, welche der Genuß des Branntweins mit sich führt. Zu wünschen wäre, daß es Hochfürstlichem Konsistorio gefallen möge, bei Leichenbegängnissen den Genuß des Branntweins gesetzlich zu verbieten. Er öffnet dem Ärgernis und dem Unfug Tür und Tor und verwischt den Eindruck, den eine Leiche auch auf das rohe Gemüt ausüben kann.

Übrigens sind die Schlänger ein kräftiges Volk an Körper und Geist. Es hat sich unter ihnen eine gewisse Nationalität ausgebildet, indem sich wenig Auswärtige hier ansiedeln. Ein freier offener Blick zeichnet schon ihre Kinder aus. Es fehlt ihnen durchaus nicht an Verstand. Durch ihren vielfachen Verkehr mit Detmold und Paderborn, durch Umherfahren ihrer Kohlen und ihres Kalks in benachbarte Gegenden haben sie sich eine praktische Lebensklugheit erworben. Nebenher läuft aber dennoch, sonderbar genug, ein bedeutender Grad von Aberglauben, so daß wir hier in Schlangen sogar eine Hexe haben. Außerdem sind die Schlänger wohltätig und sie haben dies nach dem Heestener Brande im Amte Horn und nach dem Hamburger Brande hinlänglich bewiesen. Als ich im vorigen Sommer 7 Schlänger Familien aufforderte, einem Armen täglich Essen zu besorgen, waren alle, eine ausgenommen, sogleich dazu bereit, wofür sich indes sogleich eine andre fand. Dazu sind sie sehr tätig und auf den Verdienst bedacht. Jeder, der nach Schlangen reist und die neu angelegten Wiesen sieht, welche der Senne abgewonnen sind und jedes Jahr noch vergrößert werden, kann sich davon überzeugen. Dieses Streben nach Verdienst und diese Arbeitsamkeit wirkt indes hier und da nachteilig auf den Schulbesuch und in Geldmangel zeigen sie öfter Mangel an point d'honneur [=Ehrgefühl].

Erfreulich ist mir diesen Winter auch die Lust zum Lesen gewesen, welche die Schlänger gezeigt haben. Ich verteile unter sie die Schriften von Schmidt, dem Verfasser der Ostereier, von Gellert, von Campe und einigen anderen, kann aber längst nicht alle

Anforderungen befriedigen [...]. In der Tracht meiden selbst die Wohlhabenderen allen Aufwand. In ihren Häusern ist leider der Schmutz im allgemeinen noch sehr zu Hause [...].

Von religiösen Bewegungen und außerkirchlichen Zusammenkünften ist hier keine Rede. In Kohlstädt hat sich längere Zeit ein Pietist, aus Barntrup gebürtig, aufgehalten, und er arbeitet in einer Schmiede daselbst. Es ist ihm indes nicht gelungen, Anhänger zu werben und durch sein Benehmen hat er Anstoß erregt. Jetzt ist er wieder fort. Leider neigt sich der hiesige Schullehrergehilfe Burre dem Pietismus zu. Seine Persönlichkeit eignet sich indes nicht dazu, Proselythen [=Neubekehrte] zu machen. Übrigens verteilt er Traktätchen [=frömmelnde Erbauungsschriften] unter die Schulkinder, denen sie aber wohl nicht schaden werden, weil sie dieselben nicht verstehen. Ihren Eltern allerdings könnten sie gefährlich werden. Zwei derselben habe ich gelesen, worin vom Teufel, Sünde, ewiger Vernichtung des Geistes durch die Sünde, von dem genugtuenden Blute Christi usw. die Rede war. Da Burre sonst ein tüchtiger Lehrer ist und besonders für den Kirchengesang viel tut, auch für die Mäßigkeitssache mitwirkt, so mag ich ihn nicht gerade vor den Kopf stoßen. Ich habe die Absicht, mir die Traktätchen, welche er verteilen will, immer vorher erst zeigen zu lassen und ihn durch vernünftige Gründe auf einen anderen Weg zu bringen [...].

Stapelage, 6. März 1843
Pastor Seiff

Meine Stellung zu der Gemeinde ist, wie ich nicht anders meine, ununterbrochen erfreulich. Ebenso glaube ich mit meiner Wirksamkeit im ganzen und allgemeinen zufrieden sein zu können. Diese würde jedoch allerdings bedeutender sein, wenn ihr nicht vor wie nach große Armut hemmend in den Weg träte. Wo die Frage „Was werden wir essen?" ganz im Vordergrunde steht, täglich deprimierend auf Geist und Herz wirkt, täglich zu Sünden reizt; da fange es der Prediger an, wie er will, nur selten wird er von der geistigen Speise, die er darreicht, Erfolg sehen. Es bleibt eben beim alten: die Kirche wird nicht besucht, die Bibel nicht gelesen, am heiligen Abendmahle nicht teilgenommen, das Herz nicht gebessert. Und gibt man sich auch wohl einmal der Hoffnung hin, daß da und dort der alte Mensch in etwas wenigstens ausgezogen und der neue angelegt sei, so macht man leider oft gar zu bald die bittere Erfahrung, daß nicht wirklich und in Wahrheit eine Veränderung zum besseren vorgegangen ist, daß hier vielmehr eine captatio benevolentiae [=das Trachten nach Wohlwollen] ihr böses Spiel treibt. So sind, um hier nur einige Beispiele anzuführen, wohl arme Leute zu mir gekommen und haben sich eine Bibel ausgebeten. Nachdem ihnen diese gereicht worden, kam ein Gesuch um Unterstützung zum Vorschein. Seh ich nun gelegentlich nach, ob die Bibel auch gebraucht worden, so seh ich sie, augenscheinlich unangerührt, zwischen Utensilien mit Staub bedeckt auf dem sog. Borte liegen. So sind mehrere Sträflinge nach ihrer Entlassung mit der Frage bei mir erschienen, wann das heilige Abendmahl ausgeteilt werde? Wie hier üblich und ihnen bekannt sein werde, lautete meine Antwort, am 1. Sonntage des nächsten Monats; daß sie sich jedoch vor der Teilnahme zur Monition [=Erinnerung, Ermahnung] einzufinden hätten. Was ich dachte,

geschah: man rückte mit einem Gesuche um Unterstützung heraus, aber monieren wollte man sich nicht lassen und am heiligen Abendmahle nicht teilnehmen. Erst nach einer von meiner Seite erfolgten Erinnerung an jene Frage erschien man zur Monition und beim heiligen Abendmahle; seitdem aber hat man sich nicht wieder beim Tische des Herrn sehen lassen. So bin ich wohl zu einem Kranken zur Überreichung des heiligen Abendmahls gerufen worden; aber wahrlich, täuscht mich nicht alles, so war das heilige Abendmahl Nebensache, Hauptsache dagegen auf eine geschickte Weise ein Gesuch um Unterstützung einzuleiten und vorzubringen.
Der Armut, welche wohl in keiner anderen Gemeinde unseres Landes so groß und allgemein ist als hier, stelle ich als Hindernis einer größeren geistlichen Wirksamkeit den Umstand zur Seite, daß die hiesige Gemeinde ein gar zu großes Terrain einnimmt. In Gemeinden wie Sonneborn, Alverdissen, Elbrinxen etc., wo sämtliche Gemeindeglieder mit dem Prediger in einem geschlossenen Dorfe respektive Flecken wohnen, — wie schnell wird da einesteils dem Prediger jeder Vorfall, jede Unordnung hinterbracht, wie leicht wird's ihm andernteils gemacht, das Eisen zu schmieden, solange es noch glüht, sofort einzuschreiten! Wie bekannt und vertraut muß doch der Prediger in solchen Gemeinden mit jedem einzelnen werden, wie häufig kann jede Familie besucht und wie herrlich läßt sich da die spezielle Seelsorge ausüben!
In meiner Gemeinde dagegen ist gar kein geschlossenes Dorf; die wenigen Bewohner Stapelages ausgenommen, wohnen sämtliche Gemeindeglieder fern, zum großen Teile eine Stunde und darüber fern vom Prediger und dann noch zerstreut. Damit will ich aber nicht angedeutet haben, daß mich die spezielle Seelsorge nicht beschäftige, daß ich insbesondere keine Besuche in der Gemeinde mache; ich bin vielmehr häufig unterwegs, besuche Kranke, spreche bei Unterstützung begehrenden Armen vor, um mich von deren Bedürftigkeit selbst zu überzeugen, mache mich selbst auf, um Armen und Verlassenen ein Unterkommen auszufinden und auszuwirken und trete dann bei solchen Gelegenheiten auch gewöhnlich in das eine und das andere Haus [...].
Dagegen muß ich es dankbar anerkennen, daß Einfachheit in Sitten und Gewohnheiten, wie nicht minder Einfalt im Glauben mir bei meiner Wirksamkeit in die Hände arbeiten. Diese guten Eigenschaften führen nicht bloß meine Parochianen [=Gemeindeglieder] sonntäglich in die Kirche und bewirken, daß sie der Predigt des göttlichen Worts die verdiente Wichtigkeit beilegen und derselben Ohr und Herz öffnen; diese Eigenschaften verschaffen auch dem privatim gesprochenen Worte Gehör, also daß dieses nicht geradezu schnöde abgewiesen oder hinter dem Rücken des Predigers ein Gegenstand der Belustigung und [des] frivolen Spottes wird.

Der Prediger sitzt hiesigen Orts, wenn ich mich einmal so ausdrücken darf, in seinem Amte noch sattelfest; er wird, eine Folge jener Eigenschaften, noch für das gehalten, was er ist und sein soll, nämlich für Christi Diener und Haushälter über Gottes Geheimnisse.
Aber auch die pietistischen Regungen und Bewegungen, welche sich in unserem Ländchen neuerdings erst recht kundgeben, scheinen mir dem Prediger bei seiner Wirksamkeit förderlich zu sein. Das muß ich wenigstens, was meine Person und meine Gemeinde anlangt, behaupten. Hiesigen Orts macht zwar der Pietismus noch keinen

Rumor. Zu den beiden schon früher erwähnten Familien, denen ich noch immer alles Lob erteilen muß, hat sich im Laufe vorigen Sommers nur noch eine lahme Näherin gesellt, die, in Meinberg das Bad gebrauchend und während der Zeit im dortigen Pfarrhause nähend, wahrscheinlich vom Schlammbade infiziert wurde, sich von mir aber noch nicht wieder desinfizieren lassen will. Gleichwohl wirkt der in anderen Gemeinden des Landes spukende Pietismus insofern wohltätig auf meine Gemeinde zurück, als dadurch das Interesse an den Gegenständen der Religion erhöht wird, als man insbesondere jetzt häufig über das eine und das andere, gewöhnlich infolge eines Kampfes mit einem pietistischen Missionar oder einem solchen, der einmal ins Haus hören will, Auskunft begehrt, wodurch dann wieder ich wohl veranlaßt werde, auf der Kanzel Gegenstände zur Sprache zu bringen, worauf mich sonst vielleicht die Meditation nicht führen würde. Wenn es früher bei Hausbesuchen und sonstigen Zusammenkünften mit meinen Parochianen oft sehr schwer hielt, ein Wechselgespräch über Sachen der Religion zustande zu bringen, so hält das neuerdings gar nicht mehr schwer. Ein Hochzeitsgast z. B., um hier nur eine Gelegenheit anzuführen, erzählt ein pietistische Kuriosum, vielleicht nur in der Absicht, um die anderen zu belustigen, aber siehe, wir sind auf einmal mitten in einem Religionsgespräch, das sich immer weiter fortspinnt und unmöglich ohne Frucht bleiben kann.

Bin ich nun auch um des obigen willen dem Pietismus mit seinem Spektakel nicht gerade sonderlich gram, so sehe ich es doch sehr ungern, wenn er sich in meiner Gemeinde einnistete mit seinen Traktätchen, Konventikeln etc. Darum ist es mir denn auch nicht sehr unlieb, daß man hiesigen Orts, die wenigen Pietisten ausgenommen, am Lesen, mit Ausnahme der Bibel und des Gesangbuchs, nicht viel Geschmack zu haben scheint. Aber ist denn alles Lesbare religiösen Inhalts, das zugleich dem gemeinen Mann verständlich ist, mit pietistischem Gifte getränkt und getauft? Mehr oder weniger ja, so viel mir zur Hand gekommen ist. Stegers Schriften, insbesondere seine frechen Predigten, sind köstlich; sie würde ich verbreiten wie ich das bekannte Reformationsbüchlein, hier und da auch die Campeschen Schriften und unseren Volkskalender verbreitet habe und den Geschmack daran zu wecken suchen, wenn sie nur nicht für den gemeinen Mann zu hoch wären. Was mir aber zur Verteilung in der Gemeinde bisher zugegangen ist, sei es von Berlin, von Hamburg, von Basel oder aus dem Wuppertale, wovon ich nur die Bauerschen und auch wohl die Schmidtschen Lebensbeschreibungen merkwürdiger Missionare ausnehme, das alles kann ich nicht wohl bei Nichtpietisten verbreiten. Nicht bloß der darin wohnende Geist, schon die häßliche, gezierte, überhaupt absonderliche Sprache erkalten und möchte für den gemeinen Mann nicht ohne Gefahr sein. Und ist das denn alles wahr, was uns z. B. in den Missionsblättern und größeren Berichten aufgetischt wird? Ich glaub's nicht [...].

Zu der in der Gemeinde herrschenden Zucht und Sitte muß ich gestehen, daß es in dieser Hinsicht wie überall besser sein könnte. Viele, zu viele Geburten sind im vergangenen Jahre abermals vorgekommen und nur wenige Paare habe ich kopuliert, wovon die Braut nicht augenscheinlich schwanger war [...]. Zu beklagen ist ferner ein kürzlich versuchter und ein gleich darauf von einem anderen vollbrachter Selbstmord. Auf ersteren, der den Selbstmord versucht, haben meine Besuche und mit ihm gepflogenen

Unterredungen wohltätig eingewirkt, die bitterste Reue nicht bloß über die letzte Tat, sondern auch über das frühere wahrhaft tierische Leben hervorgerufen. Ich mußte hier die Erfahrung machen, wie doch des Menschen Wort so schwach ist, wie gewaltig dagegen das Wort Christi zu wirken vermag; denn erst das Vorlesen der Parabel vom verlorenen Sohn erregte Aufmerksamkeit und erst ein weiteres Eingehen in diese Parabel und Anwenden auf den vorliegenden Fall öffnete des scheinbar Sprach- und Herzlosen Mund und Herz. Ich hoffe, daß hier eine arme Seele gerettet werden wird [...].

Augustdorf, 13.März 1843
Kandidat Klemme

[...] Mein eifriges und aufrichtiges Bemühen war, die mir anvertraute Gemeinde durch die sonntägliche Predigt zu erbauen und ihr die e i n e Wahrheit, in welcher das Heil ist, die Wahrheit, die in Christo geworden ist (Joh. 1,17) zu bezeugen. Wenn sich gleich keine besondere auffallende Frucht der Predigt gezeigt hat, so glaube ich doch, daß das gepredigte Wort in manchen Herzen eine gute Stätte gefunden hat. Teilweise habe ich es selbst erfahren, daß die Vorträge nicht ganz in den Wind gesprochen waren. Am gesegnetsten waren in der Regel diejenigen Vorträge, die nicht in hohen Worten menschlicher Weisheit, sondern in Einfachheit und Popularität gehalten und die der Nachhall waren der Erfahrungen, die ich in den Wochentagen bei meiner Wanderung durch die Gemeinde gemacht hatte.

Alsdann war die Predigt mehr örtlich individuell und ging nicht über die Köpfe hinweg, sondern traf den wunden Fleck der Herzen. Überhaupt habe ich die Erfahrung gemacht, daß das Predigen und Missionieren unter der Kanzel auch den rechten Zündstoff für das Predigen auf der Kanzel gibt und daß das Interesse der Zuhörer sehr belebt und zu ihrer wahren Erbauung viel beitragen wird, wenn die Predigten häufiger an die individuellen Zustände, die gerade in der Gemeinde oder bei einzelnen Mitgliedern sich finden, anknüpfen. Alsdann verliert die Predigt den über den Herzen der Gemeinde geistreichen kühlen Abhandlungston, hört auf, ein bloßes Präparat zu sein und „wird wieder Natur, ein frisches Erzeugnis aus dem Leben in der Gemeinde". Trägt der Prediger zugleich die Seelen seiner Gemeinde auf dem Herzen, leidet und freut er sich mit ihnen, ist er im Stande, in Wahrheit mit Paulus zu sagen, „ohne was sich sonst zuträge, nämlich, daß ich täglich werde angelaufen und trage Sorge für alle Gemeinden. Wer ist schwach und ich werde nicht schwach? Wer wird geärgert und ich entbrenne nicht?" - Dann wirkt die einfache, formlose populäre Predigt mehr als eine sog. schöne Predigt, die streng nach den Regeln der Homiletik bearbeitet ist und eine treffliche Diktion hat, die Wahrheit aber nur ganz im allgemeinen erörtert und an die individuellen Zustände der Gemeindeglieder anknüpft.

Bei dieser Predigtweise liegt freilich die Gefahr sehr nahe, gegen die allgemeinen Regeln von Kanzelstil und Kanzeldekorum zu verfehlen. Daß auch ich dieser Gefahr ausgesetzt bin und in dem Streben nach echt-christlicher Popularität häufig nicht das rechte Maß halte und die Schranken überschreite, davon habe ich mich jetzt mehr überzeugt und ich gebe gern zu, daß mein Vortrag und meine Art zu predigen manches Auffallende und Ungehörige hat, obgleich von seiten der Gemeinde dieser Tadel mir nicht

zu Ohren gekommen ist [...]. Mein eifriges Bemühen ist es deshalb, das Ungehörige, was mein Vortrag bisher noch hatte, zu vermeiden und Hochfürstl. Konsistorio in dieser Rücksicht Genüge zu leisten.
Ich verwende deshalb zunächst auf die Meditation über den Text, womit ich schon in den ersten Tagen der Woche beginne, den gehörigen Fleiß und beginne in den mittleren Tagen am Mittwoch oder Donnerstag mit der Konzeption der Predigt, nachdem ich den zureichenden Stoff gesammelt und im Geiste durchgearbeitet habe. Das wörtliche Memorieren des Konzeptes will mir noch immer nicht gelingen. Nicht selten werde ich veranlaßt, wenn ich auf der Kanzel stehe, getragen von dem Gesamtgefühl in der Versammlung und unter dem Anschauen der andachtsvollen Gemeinde, von dem Konzepte abzuweichen und manche neue Gedanken, die mir gerade in dem Augenblicke eingegeben werden, auszusprechen und in den Vortrag einfließen zu lassen. Da mag es öfters vorkommen, daß ich mich zu sehr gehen lasse und in eine falsche Popularität gerate. Auch in diesem Punkte bin ich auf mich selbst aufmerksam geworden und tue mir nicht selten große Gewalt an. So hoffe ich denn immermehr von den Einseitigkeiten, die meine Predigtweise bis jetzt noch haben möchte, frei zu werden. Wenigsten darf ich sagen, daß ich den redlichen Wille habe.
Die Kirche ist im vergangenen Jahre fleißig besucht worden von der Gemeinde; in den Wintermonaten war sie in der Regel gedrängt voll, so daß nicht alle zum Sitzen gelangen konnten [...]. Die Andacht und Aufmerksamkeit der Zuhörer war im allgemeinen erfreulich. Auffallende Störungen während des Gottesdienstes sind nicht vorgekommen. Am störendsten ist der späte Besuch des Gotteshauses, in dem ein großer Teil der Gemeinde beim zweiten Gesange erscheint. Während des Predigens fühlte ich mich gedrungen, einigemal störende Schläfer zu wecken und einige ungeduldige plaudernde junge Leute zur Ruhe und Aufmerksamkeit zu verweisen [...].
Den Konfirmandenunterricht erteilte ich wie früher, so auch in dem vergangenen Jahre [...] nach den fünf Hauptstücken mit Berücksichtigung der Hauptsprüche und Liederverse unseres Leitfadens und mit häufiger Bezugnahme auf den Heidelberger Katechismus. Die Erwecktheit und Aufmerksamkeit der Konfirmanden sowie ihr merklicher Fortschritt in der Erkenntnis der Heilswahrheiten machten mir große Freude.

Was das sittliche und erbauliche Leben in hiesiger Gemeinde anbelangt, so kann gesagt werden, daß manche Glieder der Gemeinde auf dem einmal betretenen schmalen Wege fortwandeln und durch einen echt-christlichen frommen Sinn sich auszeichnen. Auch haben einige, die bisher auf dem breiten Wege wandelten und in der Welt das Heil suchten, angefangen, den Herrn zu suchen und am Sonntage in der Stille zu Hause sich zu erbauen und das Wort Gottes eifrig zu lesen. Einige Eheleute, die bisher in Zwist und Hader lebten und Scheidung beabsichtigten, haben sich die Hand zur Versöhnung gereicht. Auch mehrere der jüngeren Christen, was sehr erfreulich ist, haben seit einiger Zeit angefangen, den Weg des Lebens zu gehen und sind mit allem Ernst bemüht, ihr am Tage der Konfirmation getanes Gelübde, dem Herrn treu zu bleiben, zu erfüllen. Um so betrübter aber ist es zu sehen, wie der größte Teil der Jugend den Weg der Sünde betritt und Leichtsinn, Gottvergessenheit, Sabbatschänderei unter ihr zunimmt. Die die Sittlichkeit so gefährdenden Lustbarkeiten und Tanzgelage in den

Krügen haben seit einem Jahre wieder häufiger stattgefunden, ebenso auch das nächtliche Umherschwärmen der jungen Leute beiderlei Geschlechts. Dem Amte zu Lage ist früherhin die polizeiwidrige Störung der Sonntagsstille angezeigt worden. Einige Male habe ich auch auf der Kanzel gegen das Unwesen geeifert, habe aber dadurch wenig ausgerichtet. Es möchte überhaupt nicht viel helfen, zu eifern wider die sündlichen Gelage, Tanz und Spiel und dergleichen. Es kommt vor allem darauf an, durch die Predigt des Evangeliums die christliche Gesinnung in den Menschen zu gründen [...].

Sehr viele machen eine rühmliche Ausnahme, indem sie am Sonntage [...] sich zu Haus in der Stille erbauen und in dem Worte Gottes lesen. Die Familienandachten kommen hier immer mehr auf und sind bereits in vielen Häusern eingeführt. Der Hausvater erbaut sich mit den Seinigen und Dienstboten, liest aus der Bibel einen Abschnitt und erklärt denselben, soweit er vermag, oder liest eine alte gesalbte Predigt vor und singt und betet wohl mit ihnen, was jedoch nicht immer geschieht. Außerdem finden sich häufig, nicht jeden Sonntag, gleichgesinnte christliche Seelen an mehreren Orten zusammen, die ein großes Bedürfnis gemeinschaftlicher Erbauung haben. Diese sog. Konventikel werden einfach und formlos gehalten. Auch versammeln sich meines Wissens gewöhnlich nicht mehr als 10 bis 20 Personen, während früher wohl 30-40 Personen zusammenkamen. Die Erbauung besteht gewöhnlich in einer gemeinschaftlichen Besprechung über gehörte Predigt oder über gewisse Bibelabschnitte, ohne daß sich jemand als Leiter oder Stundenhalter aufwirft. Gewöhnlich wird dann auch ein Gebet gehalten und gesungen. Bei dieser Einrichtung möchte die Gefahr der Spaltung und des Separatismus fern liegen und dem geistlichen Stolz und Hochmut vorgebeugt werden [...].

Stellungnahme des Konsistoriums zu dem Bericht des Kandidaten Klemme vom 20. März 1843:

Aus dem Bericht des K. Klemme vom 13. März hat Konsistorium gern ersehen, daß es demselben ein ernstes Anliegen ist, das Auffallende und Ungehörige in seiner bisherigen Predigtweise immer mehr abzulegen und sich eine edle Popularität anzueignen. Das Individualisieren ist ein Hauptertfordernis einer erbaulichen Predigt. Die Bezugnahme auf örtliche individuelle Zustände erfordert jedoch große Vorsicht, und kann es im allgemeinen nicht gebilligt werden, wenn der Prediger dasjenige, was er in der Woche von einzelnen Gemeindegliedern gehört hat, am Sonntage auf die Kanzel bringt. Es artet dies leicht in Klatscherei aus, und diejenigen, die sich dadurch getroffen fühlen, werden in der Regel mehr verbittert als gebessert, wenn sie statt von der Predigt privatim gerügt und ermahnt werden, sich vor der Gemeinde bloßgestellt oder verdächtigt sehen. Abschweifungen von dem Konzept und das öftere sich zu sehr Gehenlassen hat der K. Klemme noch sorgfältiger als bisher zu vermeiden, und Konsistorium müßte Bedenken tragen, ihn zu seiner Zeit an eine andere, eigene Gemeinde zu befördern, ohne daß er sich das Formlose, Exzentrische, das Kanzeldekorum Verletzende, welches sich in seine kirchlichen Vorträge mischt, abgewöhnt hätte. Auch würde der Konfirmandenunterricht des K. Klemme gewiß zweckmäßiger und fruchtbarer für christliche Erkenntnis und christliches Leben werden, wenn er dabei dem geordneten

Ganzen eines Lehrbuches folgte, als wenn er das Ganze der christlichen Glaubens- und Sittenlehre und Hauptstücke zusammenzudrängen sucht, wogegen es sich mehr empfiehlt, auf diese zum Schlusse alles zurückzuführen, gleichwie für den Privatgebrauch des Predigers der Züricher Katechismus viel geeigneter scheint als der Heidelberger mit seiner zum Teil schroffen und veralteten Fassung der christlichen Dogmen.
Wie sehr auch die Familienandachten, wenn sie in dem rechten Geiste gehalten werden, zu loben und zu befördern sind, so gilt das Gleiche nicht von den sogenannten Konventikeln. Zu leicht entstehen dadurch in der Gemeinde Parteiungen und Spaltungen, und geistlicher Stolz und Hochmut schleichen sich unvermerkt bei den Teilnehmern und Leitern derselben ein, ungerechnet, daß das wahre Bedürfnis gemeinsamer Erbauung im öffentlichen Gottesdienst hinreichende Befriedigung findet.

Schötmar, 3. April 1843
Pastor Weßel
[...] Es möchte schwerlich eine andere Gemeinde im Lande zu finden sein, in der sich das religiöse Leben so nach allen Seiten hin und unter so verschiedenartigen Formen entwickelt wie in der hiesigen Gemeinde; demnach sind mir alle, Pietisten und Nichtpietisten, mit der größten Freundlichkeit und Liebe und mit einem im höchsten Grade ermutigenden Vertrauen entgegengekommen, so daß ich nicht zweifeln darf, wenigstens mit denjenigen unter den Pietisten, welchen es um wahre Frömmigkeit, als deren wesentliches Merkmal Reinheit und Lauterkeit der Gesinnung bezeichnet werden muß, zu tun ist, fortwährend auch in dem freundschaftlichsten Verhältnisse zu bleiben [...].
Was meine Wirksamkeit hemmt, so ist mir schon jetzt unzweifelhaft geworden, daß einige unserer Pietisten durch Reisen oder briefliche Mitteilungen in Beziehung zu fremden Parteimännern getreten sind und ich habe auch selbst schon erfahren, daß sie deren Äußerungen und Erklärungen wichtiger Bibelstellen ein entscheidendes Gewicht beilegen, weil sie solche Männer für einer ganz besonderen Gnade und Erleuchtung teilhaftig halten und daß sie darum jede abweichende Ansicht als Eingebung der Vernunft oder was ihnen ziemlich gleich gilt, des Teufels, ohne Prüfung, der die meisten auch nicht einmal fähig sind, verwerfen. Gegen solche kann man natürlich nicht vorsichtig genug sein, wenn man nicht allen Einfluß auf dieselben verlieren und nicht obendrein von ihnen bei anderen verdächtig werden will. Es scheint keinem Zweifel zu unterliegen, daß einzelne nicht nur entschieden Partei machen wollen, sondern daß ihnen selbst die Idee einer Absonderung und Trennung von der Kirche, wenn ihre Ansichten nicht zur Herrschaft gelangen können, nicht mehr fremd geblieben ist. Wo solche und ähnliche Ideen Wurzeln fassen und genährt werden, muß notwendigerweise die Wirkung des Predigers gehemmt werden.
Was meine Wirksamkeit fördert, ist, außer der großen Bekanntschaft in der Gemeinde, die mir wesentliche Dienste leistet, auch dies, daß sich unter den einsichtsvolleren Meierleuten in hiesiger Gemeinde eine Opposition gegen den um sich greifenden Pietismus zu bilden anfängt, die das gesetzwidrige Treiben desselben mit Ernst und Eifer aufdeckt und hemmt und andere vor den traurigen Folgen der Schwärmerei zu warnen und zu bewähren sucht. Der Indifferentismus [=Gleichgültigkeit] der Nichtpietisten, der

unstreitig dem Pietismus in vielen Gemeinden und so auch hier den größten Vorschub geleistet hat, schwindet und damit wird hoffentlich die Wurzel jenes Giftbaumes ersterben und dann die einzelnen Zweige von selbst abfallen. Wäre das kirchliche Interesse allgemein geworden, so hätte der Pietismus seine Bestimmung in der Geschichte erreicht und müßte dann auch von selbst wieder untergehen.
Der Gottesdienst wird sehr fleißig besucht. Fast an jedem Sonntag ist die Kirche überfüllt. Zwei Personen teilen sich in einem Platz. Die Gänge selbst sind gedrängt voll. Einzelne gehen sogar, wie ich gehört habe, wieder zurück, weil sie keinen Einlaß finden können. Andere bleiben bei gutem Wetter vor den Türen stehen [...].
Herrschende Zucht und Sitte: Zwar habe ich öffentlich selten Trunkenbolde bemerkt, muß aber leider gestehen, daß dem Laster der Trunkenheit in hiesiger Gemeinde, namentlich auf der Knetterheide und hier im Orte selbst viele Menschen ergeben sind und in dieser Hinsicht selbst einzelne Frauen nicht in dem besten Rufe stehen. Ein junger Mann ist in der vorigen Woche als Opfer dieses Lasters zu Grabe getragen. Uneheliche Geburten sind gleichfalls sehr häufig und ist unter anderem ein Weibsbild mit dem 7. unehelichen Kinde vor einigen Wochen niedergekommen, nachdem sie kaum ein Jahr aus der dreijährigen Haft des Strafwerkhauses, in welches ein gleiches Verbrechen sie geführt hatte, entlassen war. Die fleischliche Vermischung der Brautleute vor der Kopulation scheint mir indes, nach dem Kirchenbuche zu schließen, nicht so häufig zu sein wie z. B. in der Oerlinghauser Gemeinde [...].
Das Wandern der Pietisten nach anderen Kirchorten (Herford, Jöllenbeck, Valdorf) scheint im Abnehmen zu sein, wenigstens von größeren Zügen, wie sie früher wohl stattgefunden haben, habe ich bis jetzt noch nichts gehört. Dagegen sollen aber in Ehrsen namentlich bei dem Meier Dust noch immer Konventikel gehalten werden und selbst bei nächtlicher Zeit. Vor kurzem hat sich hier ein Zögling der Barmer Missionsanstalt, ein Lipper namens Tölke, einige Tage aufgehalten, der sich, wie ich später erfahren, gesetzwidrige Eingriffe in mein Seelsorgeramt erlaubt und Konventikel bis nach Mitternacht gehalten haben soll. Es wäre nach meiner geringen Ansicht zu wünschen, daß die Konventikel schlechterdings verboten würden und außerkirchliche Erbauung nur als Hausandacht der Familienmitglieder im engeren Sinne des Wortes erlaubt wäre. Daß aber von seiten des Predigers die weltliche Obrigkeit, gegen selbst gesetzwidrige Konventikel einzuschreiten, angegangen werde, scheint mir nicht zweckmäßig zu sein, weshalb ich auch bei oben erwähnten Vorfällen geschwiegen habe. Es scheint fast, als ob die überspannten Schwärmer der Partei auf die Verfolgung noch warteten, damit sie desto gewisser als die Herde Gottes, die nach ihrer Ansicht auch Schmach und Verfolgung erleiden muß, betrachtet werden können.

Lüdenhausen, 8. März 1844
Pastor Weßel

Der Zweck der jährlichen Pastoralberichte der Prediger an Hochfürstliches Konsistorium in Detmold scheint mir dieser zu sein: Hochdasselbe bekannt zu machen mit dem Zustand der christlichen Kirchengemeinden unseres Landes, um erforderlichenfalls das Nötige, Zweckmäßige und Nützliche vorzuschreiben und zu verordnen zur größeren Wirksamkeit der geistlichen Vorsteher einer Gemeinde und zur religiösen und sittlichen Verbesserung der Gemeindeglieder durch Förderung und Befestigung des wahren christlichen Glaubens und eines sittlich guten, Gott wohlgefälligen Lebens unter den Gemeindegliedern nach Lehre und Vorschrift der Heiligen Schrift. Solche Verordnungen und Verfügungen sind sehr zu wünschen, damit Indifferentismus, Irreligiosität und Lasterhaftigkeit wie auch die sogenannte pietistische oder frömmelnde, mystische und geistlose Richtung der Menschen in der Gemeinde nicht die Oberhand gewinne, wodurch Spaltung, Unordnung, Unfriede und eine aus pharisäischer Frommendünkerei und Lieblosigkeit entspringende gegenseitige Verdammungssucht in der Gemeinde, besonders in den engen Verbindungen der Eheleute, Eltern, Kindern und übrigen Verwandten erzeugt und dann die Gott wohlgefällige von Jesus Christus beabsichtigte und gewollte Einigkeit in der christlichen Lehre und im christlichen Lebenswandel unter den Menschen aufgehoben wird zum offenbaren Nachteil der Christenheit. Wird diesem Übel da, wo es schon eingeschlichen ist oder einzuschleichen droht, nicht mit Weisheit, Kraft und Nachdruck Einhalt getan und vorgebeugt sowohl in Beziehung auf die dahin neigenden Religionslehrer und Prediger als auch Gemeindeglieder, so ist für Einigkeit der Christengemeinde im christlichen Glauben und christlichen Lebenswandel in Zukunft kein Bestand und kein Heil zu erwarten. Dieses ist meine Ansicht und Überzeugung.

Vernunft, Gefühl und nicht zu versäumende selbsttätige Wirksamkeit zum Gott- und Glückseligwerden und -bleiben unter dem Beistand Gottes dürfen einem wahren Christen nicht fehlen. Das bloße Jammern und Klagen über die gänzliche Verdorbenheit, Sündhaftigkeit und Strafbarkeit des ganzen Menschengeschlechts, das bloße Sprechen: wir sind alle verfluchte und verdammte Sünder ohne jene Wirksamkeit zur Besserung fruchtet nicht zur sittlichen Vervollkommung und Beglückung der Menschen. Das bloße Berufen auf Jesu Wunden und Blut ohne selbsttätiges Streben zum Gutwerden und -bleiben führt nicht zur wirklichen und wünschenswürdigen moralischen Besserung; dabei bleibt ein Mensch sehr leicht und oft im Sündenzustand.

Hierbei kann ich jedoch nicht unterlassen zu bemerken, daß mir der Pietismus, wenn er nicht kraß, unbiblisch und unvernünftig ist, immer noch lieber ist als der Indifferentismus [=Gleichgültigkeit gegenüber der Religion] und Atheismus [=Verneinung der Existenz Gottes], welcher zum größeren moralischen Verderben führt.

Mit einem Freudengefühle denke ich zurück an den unpietistischen und friedlichen Zustand der Gemeindeglieder in Barntrup und Falkenhagen, solange ich dort Prediger war. In meiner jetzigen Gemeinde hatte das pietistische Konventikelwesen bis hierher noch keinen Eingang gefunden, aber es verlautet, daß hier und da, besonders an den Grenzörtern meiner Gemeinde nach Lemgo hin fremde und unberufene Lehrer einschlichen, mehrere Glieder der Gemeinde in diesem und jenem Hause versammeln, an sich ziehen, zusammen singen, beten und Vorlesungen halten, sich des Besitzes des göttlichen Geistes rühmen und behaupten, daß nur sie allein die wahre, göttliche und christliche Religion lehren könnten und lehrten und daß alle, die ihnen nicht glaubten und folgten, auf ewig verflucht und verdammt wären und nie selig werden könnten. Diesen Unfug kann und werde ich als berufener Prediger Jesu Christi und des göttlichen

Das Pastorenehepaar Weßel aus Lüdenhausen. Um 1850. Friedrich Weßel wurde am 24. Oktober 1775 als Pfarrerssohn in Bega geboren. Nach seinem Theologiestudium war er zunächst als Inspektor am Waisenhaus in Barntrup tätig, dann von 1808-1820 als Pfarrer der Gemeinde. Im Jahre 1820 wurde er nach Falkenhagen berufen. Von 1835-1852 amtierte Weßel als Pfarrer in Lüdenhausen, wo er am 15. Oktober 1853 kurz vor Vollendung seines 78. Lebensjahres starb. Er galt als „ein sehr geschickter und fleißiger Mann".

Wortes der H. Schrift nicht dulden und zulassen, solange ich noch lebe. Ich frage gehorsamst an, ob ich mit völliger Zuversicht und Gewißheit auf die Hilfe und den Beistand Hochfürstlichen Konsistoriums in dieser Angelegenheit rechnen könne und dürfe? O, möchte doch der religiöse Wirrwarr in der Christenwelt bald für immer aufhören! Möchte doch das göttliche, einfache, erbauliche und zum Frommen völlig hinreichende Bibelwort festgehalten und gepredigt werden! Dann könnte und würde es mit der Menschheit gewiß besser werden und diese auf Erden sein, was zur Vorbereitung auf ein höheres Leben als notwendig erforderlich in der Heiligen Schrift vorgeschrieben ist. Dieses, sollte ich denken, müßte der aufrichtige Wunsch eines jeden wahren Gottesverehrers und Menschenfreundes sein.
Was meine öffentlichen Religionsvorträge betrifft, greife ich nie auf eine beleidigende Weise die sogenannten Pietisten an, um die sich etwa schon fromm dünkenden und andre für verdammt und unselig erklärenden Menschen nicht zu erbittern, sie nicht in ihren einseitigen Ideen und in ihrer vermeintlichen Rechtgläubigkeit zu bestärken, zur Trennung von den übrigen Gemeindegliedern noch mehr zu veranlassen und so das Übel zu vergrößern; vielmehr trage ich mit Vorsicht und Ruhe, aber auch mit Ernst und Nachdruck die christlichen, mit der Bibel und Vernunft übereinstimmenden Reli-

gionswahrheiten vor, zeige und beweise meinen Zuhörern die nötige und heilsame Anwendung derselben zur Gründung, Erhaltung und Befestigung des wahren christlichen Glaubens, zur Führung eines Gott wohlgefälligen Lebens als des besten Mittels zur wahren und bleibenden Glückseligkeit in der jetzigen und künftigen Welt. Wer mir dann nicht glauben, beistimmen und folgen will, dem kann ich nicht helfen und empfehle und überlasse ihm in Zuversicht und Hoffnung der Leitung des Allerhöchsten zum Weiser- und Besserwerden. Diese Erklärung glaube ich Hochfürstlichem Konsistorio schuldig zu sein über mein Verhalten und meine Wirksamkeit in Beziehung auf die mir anvertraute Gemeinde. Ob dieses mein Verfahren recht sei, darüber lasse ich meine hochzuverehrenden Vorgesetzten entscheiden und unterwerfe mich mit willigem Gehorsam einer Belehrung und Zurechtweisung zum Besseren und Zweckmäßigeren. Mit einer gewissen Furcht und bangen Besorgnis denke ich als Protestant daran, daß die jesuitische Propaganda nach Angabe der Evangelischen Kirchenzeitung wieder anfängt, auch in Deutschland sich einzuschleichen und immer mehr nicht bloß in katholischen, sondern auch protestantischen Ländern auszubreiten, um ihr Werk zu treiben. Sie wird durch ihre Werkzeuge auch auf die Protestanten hinzuwirken suchen und sich darüber freuen, daß in den evangelischen Gemeinden durch das pietistische Unwesen Zwietracht erregt werde, weil dadurch den Protestanten um so eher und leichter der Weg zum Übergange zum Katholizismus gebahnt wird. Es scheint fast, als wolle man die Zeiten des Mittelalters wieder zurückführen und die Hierarchie des Papst- und Pfaffentums geltend machen, um sich zu erheben über die weise und weltliche Obrigkeit, deren die Menscheit doch nicht entbehren kann. Dieses ist meine individuelle Ansicht, von der ich wünsche, daß sie ohne Grund sei [...].

In seiner Stellungnahme vom 3. Juni 1844 billigte das Konsistorium die Haltung des Pastors Weßel, „daß derselbe, ohne der pietistischen Richtung im allgemeinen schroff entgegenzutreten, dem Konventikelwesen in seiner Gemeinde zu steuern sucht". Die Behörde erklärte ferner, was zu tun sei: „Falls Prediger und Älteste in dieser Hinsicht nicht durchzudringen vermöchten, ist der Verordnung vom 11. Okt. 1841 gemäß weiter zu verfahren" (vergl. Verordnung, Privatversammlung zur Erbauung betreffend, vom 11. Oktober 1841).

Was die von Pastor Weßel „geäußerten Besorgnisse" betraf, so vertrat das Konsistorium die Auffassung, daß „im Kampfe mit Fanatismus, Papismus, Jesuitismus etc. die Macht des Lichtes und der Geist wahrer christlicher Freiheit um so gewisser siegen [wird], mit je liebvollerer Treue die Diener des Evangeliums das Wort Gottes rein und lauter verkündigen und auf dem Grunde desselben die Erbauung der ihnen anvertrauten Gemeinde öffentlich und sonderlich fördern. Konsistorium zweifelt nicht, daß sich dies der P. Weßel ferner nach Kräften mit Eifer angelegen sein lassen werde".

Detmold, 4. Mai 1844
Pastor von Cölln

Die Tätigkeit des Referenten im Predigen und Katechisieren geht sozusagen unter den Augen seiner Oberen vor, weshalb über diesen Punkte hier nichts zu sagen sein wird. Unter den übrigen Amtsgeschäften treten hinsichtlich ihrer Wichtigkeit, vernämlich in unserer Zeit, die seelsorgenden Beziehungen zu den einzelnen Gemeindegliedern hervor. Was nun diese Verhältnisse betrifft, so erhält Referent immer mehr Beweise eines erfreulichen Vertrauens, wenngleich einzelne, welche der pietistischen Richtung zugetan sind, sich zu anderen Predigern, Kirchen und Kirchlein wenden; ihrer sind jedoch nach Verhältnis nur wenige und hält Referent dafür, daß man diese Menschen ruhig ihres Weges gehen lasse, solange nicht die Besorgnis vor möglichen Ausschweifungen überwiegt. Im allgemeinen hat man nicht zu befürchten, daß diese krankhafte Erscheinung am christlichen Leben sich über den Kern unseres Landvolkes ausbreiten werde, aber allerdings hat jenes Symptom einer gährenden Zeit auch auf die stillsten Landbewohner aufregend gewirkt, wie ich oft wahrzunehmen Gelegenheit fand, und der Geistliche ist genötigt, eine entschiedene Stellung unter diesen Richtungen einzunehmen. Dabei macht sich dann immer wieder dieselbe Schwierigkeit fühlbar, deren Lösung die Aufgabe der protestantischen Kirche in unserer Zeit ist, nämlich die Anleitung der Laien zu einem richtigen Verständnis der H. Schrift im ganzen wie im einzelnen. Man weiß noch nicht genug zu scheiden zwischen Form und Inhalt, Geist und Buchstabe in den heiligen Urkunden und hängt noch in der alten Alternative, daß man entweder alles aus diesen Schriften, wie es vorliegt, in seine Überzeugung und sein religiöses Gefühlleben aufnehmen oder seinen Abfall vom Christentum bekennen müsse. Es ist nicht zu verwundern, wenn dieser Umstand einen Pfarrer in Verlegenheit setzt, da selbst gelehrte Herren, Professoren und Doktoren der Theologie, sich nicht zu raten wissen und zweifeln, ob sie den Unterschied zwischen Wort Gottes und Bibel dem wissenschaftlichen Publikum, geschweige denn den Gemeinden klar machen dürfen. Dorner und Nitzsch, denen man die Liebe zur Kirche und die Anhänglichkeit an das christliche Dogma nicht abgesprechen wird, gestehen, daß in der von der Wissenschaft begründeten Maxime jenes Unterschiedes „sich eine erschütternde Erneuerung des kirchlichen Bewußtseins der Protestanten anzeige“. Und wie sie denken alle Theologen, welche den unbestreitbaren Ergebnissen neuerer Forschung aufrichtige Anerkennung zollen.

Man muß es also dem Geistlichen, welcher sich nicht gleich den modernen Pietisten mit symbolischen Formeln abspeisen läßt und auch andere nicht damit abspeisen mag, man muß es ihm zugute halten, wenn sein Benehmen der Gemeinde gegenüber bei dogmatischen Differenzen bisweilen ein unsicheres und schwankendes ist, da die Fundamente zu den Erörterungen, welche er veranlassen müßte, noch nicht gelegt sind. Eben daher kommt es auch, daß die pietistisch gesinnten Prediger die nicht pietistischen an pastoraler Betriebsamkeit übertreffen, weil sie am Buchstaben alter Formeln haftend den Laien nicht erst auf eine höhere Stufe der Anschauung zu führen brauchen, um sich ganz mit ihm auszusprechen. Die Zeit drängt aber vorwärts und aller Einfluß des Pietismus wird untergegangen sein, sobald die Gemeinde die Offenbarung Gottes in

der H. Schrift verehrt, ohne die wir menschliche Entstehung und Geschichte der letztern zu verkennen. Dann erst wird in Wahrheit ein neues, frisches Leben in der protestantischen Christenheit erwachen, zu welchem sich die jetzigen Bewegungen nur wie eine trübe Gährung verhalten. Referent ist schon oft mit sich selbst zu Rate gegangen, wie er in seinem Kreise zur Abmahnung eines solchen Zustandes der Gemeinde beitragen möge, aber eben so oft hat ihm auch die Befürchtung im Vorschreiten gelähmt, daß es für den praktischen Theologen noch nicht an der Zeit sei, solche Versuche zu machen und daß sie vielleicht mehr Verwirrung als Erbauung zur Folge haben möchten. An geeigneten Schriften für solchen Zweck fehlt es nach des Referenten Kunde noch gänzlich.
An dem Gesagten ist auf den eigentlichen Angelpunkt des christlichen und kirchlichen Lebens unserer Zeit hingewiesen; alles andere hat dagegen nur untergeordnete Wichtigkeit und zeigt sich als untergeordnet eben dadurch, daß es nur in dem Maße der Welt interessant und als es die Farbe der einen oder anderen Partei trägt, den Zwecken der einen oder anderen Richtung dient. So verhält es sich mit dem Katechismus, den Presbyterien, dem Missionsgehen, dem Gustav-Adolf-Vereine, den Volksschriften u. a. m., was in den Bereich der Predigertätigkeit und des Gemeindelebens eingreift [...].

Stellungnahme des Konsistoriums zum Bericht des Pastors von Cölln vom 10. Juni 1844:

Aus dem Jahresbericht des P. v. Cölln vom 4. v. M. hat Konsistorium gern ersehen, daß derselbe zu seiner Gemeinde in einem erfreulichen Verhältnisse steht und nur einzelne Wenige ihrer einseitigen überspannten religiösen Richtung wegen sich seiner pastoralen Wirksamkeit mehr oder weniger entziehen. Die Schwierigkeiten, welche letzterer überhaupt in gegenwärtiger Zeit als einer Übergangsperiode zu einer neuen Gestaltung der Dinge entgegenstehen, sind unverkennbar, und wird übrigens die Vorsicht, welche der Prediger hinsichtlich der Mitteilung der Resultate wissenschaftlicher Forschung auf dem Gebiete der Theologie und der biblischen Kritik insbesondere der Gemeinde gegenüber zur Zeit noch beobachten zu müssen glaubt, gebilligt. Nicht minder wird sich jedoch durch Predigen, Katechisieren und pastoralem Umgang mit der Gemeinde nicht nur die Erbauung derselben überhaupt vielfach fördern, sondern auch die Erhebung zu einem höheren und freieren Standpunkte religiöser Anschauung anbahnen und vermitteln lassen [...].

Talle, 20. Februar 1845
Pastor Pothmann

In der jetzigen glaubensbewegten Zeit, wo überall Licht und Finsternis, Geistesfreiheit und Symbolzwang schroff gegeneinander auftreten und es sich in allen christlichen Parteien rührt und regt, da würde es als etwas sehr Seltsames erscheinen, wenn auch in der Gemeinde Talle nicht ein gleiches vorkommen sollte. Auch hier haben sich die Ultramontanen [= streng päpstlich Gesinnte] separiert und ein eigenes Kirchlein in der Kirche gebildet. Während einzelne schon vor mehreren Jahren sich von unserer Kirche ausgeschlossen hatten, sind nun mehrere ihrem Beispiele gefolgt, suchen anderswo sich zu erbauen und ihrem Glauben zu leben, weil ihnen die öffentliche Pre-

digt hierselbst eine eitle Torheit sowie der Religionsunterricht der Kinder nach unserem Landesleitfaden etwas Unbiblisches und Unchristliches ist, in welchem Wahn sie durch verschiedene Broschüren als „Die alte und die neue Lehre", „Über den Religionsunterricht auf Gymnasien", welche mit verschwenderischer Freigiebigkeit unter ihnen verteilt sind und zirkulieren, noch mehr bestärkt werden. Sie durch vernünftige Gründe zu überzeugen oder sich liebevoll mit ihnen über die Glaubensverschiedenheit zu verständigen, ist nach bisher gemachter Erfahrung eine ebenso unangenehme als vergebliche Arbeit, da ihr steter mit vielen Seufzern und verdrehten Minen und Gebärden begleitender Refrain das ist und bleibt, was man unter der krassesten und orthodoxesten Blut- und Wunderlehre Christi versteht.
Betrübt ist's zu gewahren, wie diese Neuchristen mit Riesenschritten in die alte Zeit der Verdummung wieder zurückkehren und unter dem alten Schutte derselben Irrtümer und Irrlehren eifrigst wieder aufsuchen und verbreiten. So wurde unter anderem der Unterzeichnete kürzlich von einem sehr achtbaren Gemeindeglied, das schon längst der Proselytenmacherei jener Sekte kräftigen Widerstand geleistet und von ihnen gehört hatte, befragt, ob es wirklich die Irrlichter der Seelen von verstorbenen ungetauften Kindern wären, die, des Sakraments entbehrend, unselig und umherirrten? Erinnert das nicht an Exorzismus? Je größer die Ungereimtheiten, desto willkommener der Separatisten [...].

Wüsten, 1. März 1845
Pastor Knoll

[...] Mein Verhältnis zur Gemeinde, d. h. namentlich zum nichtpietistischen Teile derselben, ist nach wie vor ein ganz günstiges und erwünschtes. Sofern die Pietisten die Hoffnung, mich für ihre Partei zu gewinnen, nunmehr gänzlich aufgegeben haben, ist eine dieser Klasse eigentümliche verletzende Lauheit und Kälte gegen mich unverkennbar. Die Stellung dieser Leute zur Gemeinde mir gegenüber und ihr Auftreten, namentlich auch ihr Sichaufdrängen bei den Kranken sowie ihr beständiges Kritisieren meiner mit allem möglichen Fleiße ausgearbeiteten Predigten hat für mich etwas Drückendes und Peinigendes; und wenn mir irgend etwas in meiner ohnehin isolierten Lage mein Amt erschwert, verkümmert und verleidet und meine Kraft lähmt, so tut solches — Gott ist mein Zeuge! — der bornierte, krasse, hochmütig auftretende Pietismus.
Derselbe hat in hiesiger Gemeinde auch in diesem Jahre wieder zugenommen. Letzteres soll auch, wie verlautet, in anderen Teilen des Landes der Fall sein. Die Pflanzschulen des Pietismus, in welchen derselbe immer neue Nahrung erhält und die immer neue Schüler anwerben, sind zweifelsohne die Konventikel. Ohne bedeutende Beschränkung derselben kann nach meinem Dafürhalten dieser Zeitkrankheit, die ansteckt wie die Pest, nicht Einhalt getan werden. Ob es deshalb nicht sehr zeitgemäß wäre, diese Privaterbauungen ähnlich wie im Preußischen durch ein öffentliches Gesetz auf die Glieder der Familie oder mindestens (z. b. bei Einliegern) auf die Bewohner eines Hauses zu beschränken?

Die hiesige Kirche ist im ganzen sehr fleißig besucht worden, namentlich vom nichtpietistischen Teil der Gemeinde. Seit den letzten 2-3 Monaten, namentlich seit dem unglücklichen Katechismusstreit und dem öffentlichen Auftreten der 5 pietistischen Prediger haben sich die Pietisten sichtbarlich von hiesiger Kirche zurückgezogen und besuchen fast nur Kirchen, in welchen, wie sie sich ausdrücken, bekehrte oder gläubige Prediger predigen [...].
Ein Übelstand in der Gemeinde, der namentlich die Ärmeren oft empfindlich drückt, ist das — trotz der Landesgesetze — hier übermäßige Trauern bei Todesfällen. Es ist hier nämlich üblich, daß nicht nur die nächsten Angehörigen der Verstorbenen neues Trauerzeug anlegen, sondern daß auch die Dienstboten, ja sogar die Einlieger damit beschenkt werden, und selbst bei dem Tode der kleinsten Kinder. Es wäre wünschenswert, wenn diesem Mißbrauche von oben herab Einhalt getan würde [...].
Ein Vermächtnis ist vorgekommen. Der verstorbene Küster Knöner schenkte den hiesigen Armen 100 Reichstaler, desgleichen der Unterwüstener Schule 100 Reichstaler. Von den Zinsen des erstern Kapitals erhalten die notdürftigen Armen am Todestage des Verstorbenen Brot, von den Zinsen des letztern die fleißigsten Schüler Prämien.

Stapelage, 4. März 1845
Pastor Seiff

Auch in diesem Jahre kann ich [...] an die Spitze meines Pastoralberichts die Bemerkung stellen, daß mein Verhältnis zu der Gemeinde ununterbrochen erfreulicher Art ist. Ganz natürlich, daß dieser Umstand auch auf meine Wirksamkeit einen wohltätigen Einfluß ausübt, wie denn diese noch vor wie nach durch die in der Gemeinde allgemein herrschende Einfachheit in Sitten und Gewohnheiten und kirchliche Einfalt im Glauben gefördert wird. Ob nun auch zur Untergrabung dieser Glaubenseinfalt neuerdings Anläufe gemacht worden sind, so sind diese doch bis jetzt noch völlig mißglückt. Die Sache, derer ich gedenke, verhält sich so: Die hiesigen Leineweber verkehren täglich mit Bielefeld. Hier hörten sie von den bekannten kommunistischen oder sozialistischen respektive antichristlichen Bestrebungen und Bewegungen. Die Predigten reicher Leute von einer communio bonorum [= Gemeinschaft der Güter] mußten arme Weber anlocken. Als man aber nach und nach vernahm, daß neben der communio bonorum auch eine communio feminarum eingeführt werden solle, daß eine Abrogation [= Abschaffung] des lieben Gottes im Himmel und Jesu Christi [...] beabsichtigt wurde, da hielt man es doch für gut, ehe man sich von solchen Bestrebungen anstecken ließ, die Meinung und den Rat seines Seelsorgers einzuholen. Dieser belehrte und warnte dann auch nach seinem besten Wissen und Gewissen, so daß zur Zeit von den in Rede stehenden Bestrebungen hiesigen Orts kaum mehr die Rede ist.
Ebenso wenig hat eine vorwitzige Äußerung, welche sich ein gewisser Honerla aus Kohlstädt in einem hiesigen Wirtshause erlaubt haben soll, daß nämlich Christus nichts weiter als ein „Judenjüngelchen" gewesen sei, geschadet [...]. Gleichwohl habe ich mir vorgenommen, dies körperlich so winzige und wahrscheinlich auch geistig höchst kleine Männlein, das die hiesige Gegend in Handelsgeschäften häufig besucht, bei der ersten passenden Gelegenheit aufs Korn zu nehmen, ihm insbesondere das Auskramen

Blick auf Stapelage. Tuschzeichnung von Emil Zeiß aus dem Jahre 1851. Kirchturm und Kirchenschiff gehören verschiedenen Stilepochen an: Das Kirchenschiff, 1761 errichtet, ist ein barocker Saalbau; der romanische Turm stammt wahrscheinlich aus dem 12. Jahrhundert.

seiner vermeintlichen Weisheit in meiner Gemeinde ernstlich zu verbieten, wie ich dann auch nicht verfehlen werde, diese bittere Wurzel in einer Landgemeinde, Schlangen, meinem Freund Pählig zu einer geneigten Beaufsichtigung gelegentlich zu rekommendieren [= empfehlen; dringend raten].

Hier fällt mir eine Exekution ein, welche ich mir im verwichenen Sommer erlaubte und die zur Erwähnung in einem Pastoralbericht nicht ganz ungeeignet sein mag. Ich fand bei einem Schmied in Hörste, von dem ich mir bei meinem Besuche Bibel und Gesangbuch vorzeigen ließ, unter anderem ein Buch des Titels „Biblischer Beweis, daß Christus noch 29 Jahre nach seiner sog. Auferstehung auf Erden gelebt hat". Ich blätterte das auf jeder Seite mit Gift getränkte Buch durch, ging darauf in die Schmiede, befahl dem Meister, den Blasebalg einmal tüchtig anzuziehen und übergab das Buch den Steinkohlenflammen, mich mit der Bemerkung entfernend, daß ein solches Buch als Asche am besten aufbewahrt sei. Der Eigentümer der Broschüre stutzte zwar bei der Exekution, ließ sie sich aber ohne Widerrede gefallen.

Soll ich nach dieser Abschweifung angeben, was meiner Wirksamkeit hinderlich sei, so weiß ich nur große, bittere, mit jedem Jahr leider zunehmende Armut hervorzuheben, sofern ich nicht die eigentümlichen Erscheinungen unserer Zeit, welche die Wirksamkeit jedes Predigers hemmen, bemerklich machen will. Treten nicht bald, recht bald bessere Konjunkturen für die Leinenindustrie ein, wird dazu auch noch die Zeit für die Ziegler, was sehr zu befürchten steht, bös, so muß unter den hiesigen Webern, namentlich den Einliegern, die Not eine Höhe annehmen, als die im verwichenen Sommer unter denen in den schlesischen Bergen erreichte. Gott wolle das in Gnaden verhüten! [...].

Lipperode, 7. März 1845
Pastor Schmidt

Wenn die Gemeinde zu Lipperode auch die kleinste Gemeinde des Landes ist, so ist doch das pastorale Wirken in derselben gewiß schwieriger als in jeder andern Gemeinde des Landes. Es hat dieses [...] seinen Grund in den konfessionellen Verschiedenheiten der Eingepfarrten. Nicht bloß, daß die Gemeinde rings von Katholiken eingeschlossen ist und daß viele Katholiken selbst im Orte wohnen, nein, es fehlt auch nicht an den gemischten Ehen, bei welchen ein Einwirken von seiten des evangelischen Pfarrers (wenn überhaupt nur an ein solches zu denken ist) mit außerordentlich vielen Schwierigkeiten zu kämpfen hat. Der Indifferentismus von evangelischer Seite gibt leicht den unausgesetzten Forderungen der katholischen Christen nach, die in der Ehe gezeugten Kinder ausschließlich in der katholischen Konfession erziehen respektive unterrichten zu lassen. Das höchste, was unter den bewandten Umständen von dem evangelischen Pfarrer bewirkt werden kann bei den gemischten Ehen ist dieses, daß die Söhne dem Vater und die Töchter der Mutter in der Konfession folgen. Es ist dies ein Paziszieren [= Vertrag schließen], wodurch scheinbar beiden Teilen genug geschieht, jedoch zum wahren Frieden wird es schwerlich in einem Hause und einer Familie kommen, wo unter den Kindern selbst die besagte konfessionelle Verschiedenheit herrscht. Die Glieder des Hauses entfremden sich mehr und mehr, zumal da wir Evangelischen von den Katholiken als Ketzer angesehen werden, die — weil von Rom — auch von Christo Jesu, dem einigen Grunde, abgefallen sind.
Die einzige Wehr und Waffe gegen die Angriffe der katholischen Kirche haben wir Evangelischen in der lautern Predigt des Evangeliums. Möchte nur mehr Gelegenheit sich darbieten, diese den Katholiken näher zu bringen! Allein außer den Leichenpredigten, wobei sich auch die Katholiken einfinden und außer den Krankenbesuchen läßt sich an hiesiger Stelle solches nicht tun [...].

Elbrinxen, 25. März 1845
Pastor Merckel

[...] Daß die Hausbesuche, welche gerade in dieser Gemeinde leicht zu bewerkstelligen sind, auch im vergangenen Jahre von mir nicht vernachlässigt sind, darf ich versichern und habe ich die Richtigkeit der Bemerkung in der Antwort auf meinen vorigen Pastoralbericht, daß sie nämlich auf den Kirchenbesuch günstig zurückwirken, schon mehrfach aus Erfahrung erkannt. In Befolgung der Aufforderung, mich über den letzteren diesmal zu äußern, bemerke ich darüber, daß er sich zu meiner Freude mehr und mehr gebessert hat; es kommt in dieser Hinsicht freilich das eine oder andere vor, was bei einzelnen die rechten Motive zum Kirchengehen sehr vermissen läßt. So sagte mir eine Frau, die ich beim Hausbesuche zum fleißigen Besuche der Kirche ermahnte: „Weil ich sie nun besucht hätte und weil ich es doch so gerne sähe, so wollte sie nun auch, wenn ihr Kleid erst fertig wäre, jeden Sonntag zur Kirche kommen". Ein anderer, ein nicht wirklich bedürftiger Aspirant auf die Armenkasse, glaubte seinen Zweck damit am sichersten zu erreichen, daß er sein Kirchen- und Abendmahlgehen von dem Emp-

Die Kirche in Elbrinxen. Bleistiftzeichnung von Emil Zeiß aus dem Jahre 1871.

fangen eines Paar Schuhe abhängig machte; von einem dritten, übrigens verständigen und wohlgesinnten Mann, nachdem ich mich in einem Nachbarhause erkundigte, wurde ganz unbefangen erzählt, er sei vor der Nachmittagskirche noch dagewesen und habe geäußert, er wolle nachmittags (Ostern) wieder zur Kirche, „dann ginge ihm die Zeit doch eher her". Es ist freilich gut, wenn in der Kirche die Leute nicht gähnen; aber zum Zeitvertreib predigt man doch nicht, besonders nicht zweimal an einem Tage [...].

Die Gemeindebibliothek ist auch in diesem Winter im ganzen fleißig benutzt und durch verschiedene neue Bücher, welche ich nebst den am liebsten gelesenen auf den Wunsch des Herrn Generalsuperintendenten Althaus in der Anlage verzeichnet habe, vermehrt [...]. Als Geschenk für die Bibliothek ist das bekannte Buch von Pestalozzi „Gertrud und Lienhard" von einem der Kirchenältesten mir übergeben, gegen eine Doublette Gebitz' Volkskalender von der in Pyrmont bestehenden Volks- und Jugendbibliothek erworben und hoffe ich noch ein paar Bücher, welche sich für die hiesigen Leser nicht besonders eignen, mit anderen aus jener vertauschen zu können [...]. Als ein Exempel von dem Nutzen einer zweckmäßigen Lektüre führe ich nur folgende zwei Fälle an: Ein Maurer, der diesen Winter in der Mergelgrube am Bein Schaden gelitten hatte und wochenlang das Bett hüten mußte, sagte mir, daß die erhaltenen Bücher ihm eine sehr wohltuende Beschäftigung gewährt hätten und daß ihm, dem an Fleiß und Arbeitsamkeit gewöhnten, seine gezwungene Untätigkeit viel schwerer ertragen gewesen wäre, wenn er sie [die Bücher] nicht gehabt hätte. Eine Ehefrau, welche mir öfters die Wunderlichkeit ihres Mannes geklagt hatte, teilte mir noch kürzlich mit, daß er ganz anders geworden sei, seitdem er in seinen müßigen Stunden, deren er bei einem kränklichen Körper und ziemlich sorgenfreier Lage viele hat, mit dem Lesen der Bücher sich beschäftigt habe und daraus erzählen könne [...].

Wüsten, 1. März 1846
Pastor Knoll

[...] Das pietistische Unwesen hat im verflossenen Jahre in hiesiger Gemeinde nicht ab-, sondern leider wieder zugenommen; die Zahl der Pietisten mag sich um 20-25 vermehrt haben. Konventikel wurden an 2 bis 3 Orten gehalten. Das muß ich offen — und zwar mit Seufzen — bekennen, daß mein früheres Verhältnis zu den Katholiken in Lipperode und St. Cappel ein weit günstigeres war als mein jetziges zu den hiesigen Pietisten; letzteres ist mehr ein feindliches, denn die Pietisten betrachten den nichtpietistischen Pastor als das größte Hindernis ihrer Bestrebungen. Um den pietistischen Geist und die Aufregung gegen die Behörde und die nichtpietistischen Prediger zu unterhalten und zu vermehren, verbreitet die Partei allerlei kraß-pietistische Schriften, so namentlich die Monatsblätter, mitherausgegeben von Pastor Stockmeyer in Meinberg (welche in Wüsten in mehr als 30 Exemplaren gehalten werden), sowie das Volksblatt für Stadt und Land, herausgegeben vom Pastor von Tippelskirchen zu Gebichenstein bei Halle. Namentlich scheint neuerlich die unduldsame Partei letzteres zum Organ gewählt zu haben, um ihre Insinuationen [= Einschmeichelungen] und Invektiven [= Beleidigungen] gegen Hochfürstliches Konsistorium und die nichtpietistischen Prediger des Landes zu schleudern. Einen traurigen Beleg dazu liefern die Nr. 5 und 13 des genannten Blattes von diesem Jahre. Sollte es nicht möglich sein, solche Tagesblätter, die offenbar geflissentlich darauf ausgehen, Verstimmung und Unfrieden in den Gemeinden zu erregen, durch die Zensur zu unterdrücken? Soviel steht fest, der Stand eines evangelischen Predigers ist heuer, namentlich in Wüsten, ein Notstand [...].

Augustdorf, 12. März 1846
Hilfsprediger Neubourg

[...] Als ich mein Gehilfenamt antrat, war, wie Hochfürstlichem Konsistorium bekannt ist, die Gemeinde durch Parteiungen und religiöse Gegensätze zerspalten und zerrissen und so konnte es nicht fehlen, daß auch ich namentlich von denen, welche sich so gern zu Herren des Glaubens aufwerfen und in angemaßter Rechtgläubigkeit Andersdenkende verketzern und verdammen, angefeindet wurde, zumal, nachdem sie aus meinen kirchlichen Vorträgen und mündlichen Unterredungen die Wahrnehmung gemacht hatten, daß meine religiösen Ansichten von den ihrigen abwichen. Mehrere Wochen war ich unschlüssig, wie ich mich gegen diese Anfeindung verhalten, ob ich polemisierend zu Werke gehen oder sie, auf Grund der heiligen Schrift, über wichtige Unterscheidungslehren in kirchlichen Vorträgen, vom Geiste christlicher Liebe durchhaucht, belehren solle. Jenes schien mir bedenklich zu sein, weil Polemik Erbitterung hervorruft und die Gemüter deshalb noch mehr voneinander entfremdet. Darum schlug ich den letzteren Weg ein und habe eines glücklichen Erfolges mich zu erfreuen gehabt. Mehrere von denen, welche in ihrem Glauben wankend geworden waren, haben wieder Glaubensfestigkeit gewonnen und betätigen sich jetzt als ehrenwerte Glieder der Gemeinde, die regelmäßig den gottesdienstlichen Versammlungen beiwohnen. Einige gibt es indes noch immer, die anderwärts ihr Heil suchen und sie gewinnen zu wollen,

würde ein fruchtloses Bemühen sein. Abgesehen von diesen wenigen, deren Zahl sich auf 10 bis 15 belaufen mag, besuchen die wohlhabenderen Bewohner Augustdorfs die Kirche fleißig, so daß es den zuletzt Erscheindenden gewöhnlich an Platz fehlt, gleichwie sie das Sakrament des Altars jährlich ein- bis zweimal begehen.
Nicht minder habe ich bei meinen Hausbesuchen die erfreuliche Bemerkung gemacht, daß manche mit Aufmerksamkeit dem Gange der Predigt folgen und sonntags nachmittags im traulichen Gespräche mit Nachbarn und Bekannten das Gehörte noch einmal miteinander erwägen. Auch am Nachmittagsgottesdienst während des Sommerhalbjahres haben die in der Nähe der Kirche wohnenden fleißig teilgenommen, weniger die entfernteren, denen wegen der weiten Wege ein zweimaliges Kommen zur Kirche zu beschwerlich fällt [...].
Was nun aber den kirchlich-religiösen Sinn der ärmeren Klasse betrifft, so ist leider von diesem wenig zu rühmen. Es wohnen hier gegen achtzig Einliegerfamilien, von denen die Hälfte in den kümmerlichsten Verhältnissen lebt. Viele von ihnen sind arbeitsscheue Tagediebe, die aus anderen Teilen des Amtsbezirks hierher gezogen sind in der Meinung, daß es ihnen hier wegen der Nähe des Waldes leichter werde, sich ihren Unterhalt zu verschaffen. Um bei ihnen einen besseren Geist zu wecken und zu beleben, habe ich mich nicht gescheut, sie in ihren schmutzigen Hütten aufzusuchen und sie zur Reinlichkeit, zum Fleiße, kurz, zu einer besseren Lebensführung nachdrücklich ermahnt, aber ohne wesentlichen Erfolg. Sie besuchen nach wie vor die Kirche sehr wenig und zeigen in ihrem ganzen Benehmen Roheit und Grobheit [...].
Den moralischen Zustand der Gemeinde anlangend, so sind meines Wissens außer Fleischessünde keine gröberen Vergehungen und Verbrechen vorgekommen. Unter 57 Geborenen befanden sich im vorigen Jahre 4 Uneheliche. Die Eltern von zwei unehelichen Kindern werden sich vielleicht späterhin heiraten, wenn sie das gesetzmäßige Alter erreicht und das erforderliche Vermögen nachweisen können. Daß Verlobte sich miteinander einlassen ist nichts ungewöhnliches und schon mehrmals habe ich bei Trauungen diese verdrießliche Bemerkung gemacht. Ob meine wiederholten ernsten Ermahnungen zur Keuschheit fruchten werden, muß die Zukunft lehren [...].

In seinem Pastoralbericht vom 6. März 1847 beschrieb Pastor Neubourg erneut das drückende Elend der Armen in Augustdorf mit den Worten: Was das kirchlich-religiöse wie das sittliche Leben der ärmeren Gemeindeglieder anbetrifft, so ist leider davon nicht zu rühmen. Die gegenwärtige Teuerung und Verdienstlosigkeit hat sie in eine höchst beklagenswerte Lage versetzt. Dazu haben noch bösartige Krankheiten, besonders das Nervenfieber, in einigen armen Familien lange Zeit durch grassiert. Tritt man in die Häuser, in deren engem Raum sich neben der Armut noch Krankheit eingedrängt hat, in die kaltfeuchten, dunsterfüllten Stuben, welche oft der Aufenthalt einer zahlreichen Familie sind: in der Tat, herzzerreißende Bilder menschlichen Elends in anschaulicher Wirklichkeit hat man auch dicht neben sich vor Augen.

Die Schilderungen des Pastors Neubourg decken sich mit dem Bild, das Georg Weerth kurz zuvor im „Deutschen Bürgerbuch“ von 1845 über „Die Armen in der Senne“ entworfen hatte. Vgl.: Lippe. Leben-Arbeit-Geld. 1786-1986. Von Josef Wysocki und Volker Wehrmann, Detmold 1986, S. 144 f.

Schötmar, 4. Juni 1846
Pastor Weßel

[...] Die Not und Armut der geringeren Klasse hat in hiesiger Gemeinde in sehr bedauerlicher und bedrohlicher Weise zugenommen. So geneigt auch das hiesige Amt zu der Bewilligung der Unterstützung ist, so hat dadurch doch dem Betteln der Schulkinder und älteren Personen nicht gesteuert werden können und es ist höchst betrübend, wahrzunehmen, wie nachteilig nicht nur solches Treiben, sondern selbst die Bestrafung solcher Polizeivergehen, namentlich Gefängnisstrafe, sowohl auf den Schulbesuch als auch auf das sittliche Verhalten der Kinder wirkt.
Übrigens kann der Wohltätigkeitssinn der hiesigen Gemeindeglieder im allgemeinen gerühmt werden. Auf den größeren Höfen findet man seltener ganz verarmte Einliegerfamilien, weil diese, wenn sie ordentlich und fleißig sind, von den Grundbesitzern möglichst gehalten werden, wenngleich die Beweggründe nicht immer die reinsten sein mögen. Manche helfen auch nur, um tüchtige Arbeiter nicht zu verlieren oder auch, weil sie es für eine Ehrensache halten, auf ihren Gründen keine ganz armen Einlieger zu haben. Dagegen sind fast alle Einlieger, die auf kleinen Stätten wohnen und nur selten einen Tagelohn verdienen, sonst sich mit Spinnen ernähren müssen, arm zu nennen, und es ist oft gar nicht zu verkennen, daß die leibliche und irdische Not zu noch größerem geistigen Elende führt. Die ängstliche Sorge für die Bedürfnisse der Erde hält oft den Geist nieder, daß er sich nicht zu dem Höheren und Ewigen erheben kann. Und so fehlt es denn nicht an Gemeindegliedern, die noch auf einer sehr niedrigen Stufe religiöser Bildung stehen.
Auch habe ich mich oft überzeugt, daß Unterstützungen zwar augenblicklich die Not mildern, aber weit seltener Antrieb zu christlichen Tugenden sind. Ich bin weit entfernt, jene deshalb beschränken zu wollen, sondern wollte nur darauf hinweisen, wie außerordentlich schwierig die Armenpflege namentlich in großen Gemeinden ist, wenn sie eine wahrhaft christliche sein soll, die sich stets durch die äußere Gabe den Weg zum Wohltun am Herzen bahnt.
Die Verbreitung zweckmäßiger Schriften habe ich auf jede mögliche Weise zu befördern gesucht. Da anfangs das Interesse sehr gering war und noch weniger an die Gründung einer Gemeindebibliothek, an der sich viele beteiligt hätten, gedacht werden konnte, so habe ich auf eigene Kosten eine solche für meine Gemeinde begründet, die jetzt schon gegen 40 Bändchen enthält und den gegenwärtigen Bedürfnissen genügt. Bei jeder Gelegenheit biete ich den Leuten Bücher an und gebe namentlich den Kindern, die konfirmiert worden sind, solche mit nach Haus, um sie mit den ihrigen zu lesen und habe dabei auch den Gewinn, daß ich die Kinder beim Wechseln der Bücher öfter wiedersehe und mehr Gelegenheit finde, sie zu ermahnen und zum fleißigen und aufmerksamen Kirchenbesuche anzuhalten, als dies auch bei den fleißigsten Hausbesuchen geschehen kann. So sehe ich die Zahl der Lesenden immer wachsen und darf hoffen, daß in Zukunft auch von seiten der Gemeindeglieder vielleicht durch einen jährlichen Beitrag zur Vermehrung der Bibliothek etwas geschehen wird. Das Erbauungsbuch für christliche Dienstboten hat ebenfalls bis jetzt noch wenige Abnahme gefunden, indem ich erst etwa 12 Exemplare habe verbreiten können.

In Verbindung mit dem ersten Prediger habe ich im November vorigen Jahres einen Zweigverein der Gustav-Adolf-Stiftung gegründet und werden von uns in den monatlichen Zusammenkünften abwechselnd geschichtliche Vorträge gehalten. Ich kann indes leider nicht rühmen, daß die Teilnahme an diesen Versammlungen bis jetzt eine erfreuliche gewesen wäre, indem jedesmal kaum zwanzig Personen gegenwärtig waren und zwar die wenigsten aus meiner Gemeinde. Wenn auch die weiten Wege und in den Wintermonaten die Kürze der Tage, in den Sommermonaten die Überhäufung mit Geschäften dem Landmanne eine Entschuldigung darbieten, weshalb er sich außer dem Sonntage und etwa, wenn weltliche Geschäfte ihn nötigen, seinen Hof nur selten und ungern verläßt, so mag doch leider auch ein tieferer Grund in dem Mangel an Gemeinsinn, und was noch schlimmer ist, im religiösen Indifferentismus liegen, der in der zweiten Gemeinde oder wenigstens in einzelnen Distrikten größer ist als in der ersten, nur dürfte ich etwa Nienhagen und Bexterhagen, Krentruperhagen und auch Wülfer ausnehmen. Dieser Indifferentismus mag zwar ein trauriges Erbteil verflossener Jahrzehnte sein, kann aber nicht befremden, wenn man wahrnimmt, wie höchst unbekannt die meisten Gemeindeglieder mit der Geschichte der protestantischen Kirche sind. Die Namen einiger Reformatoren und daß einst um das Bestehen der protestantischen Kirche ein 30jähriger blutiger Krieg geführt wurde, ist bei manchen alles, was sie aus der Geschichte unserer Kirche wissen. Wie ist es da möglich, ein lebendiges Bewußtsein kirchlicher Gemeinschaft zu wecken! [...].
Wie ganz anders würde es um die Teilnahme an dem Vereine stehen, wenn die Gemeindeglieder mit den zahllosen inneren und äußeren Kämpfen und der Entwicklung unserer Kirche bekannt, fester im Geiste des Protestantismus gewurzelt und zum lebendigen Bewußtsein der herrlichen Freiheit der Kinder Gottes gelangt wären! Bei der Verbreitung lehrreicher Schriften habe ich darauf ganz besonders mein Augenmerk gerichtet und auch gefunden, daß den Schriften religiösen und namentlich auch historischen Inhalts, wie z. B. den Lebensbeschreibungen Luthers, Speners, Paul Gerhards, der allgemeinen Kirchengeschichte am ersten Eingang zu verschaffen ist. Daß jedoch trotz des Mangels an Geschichtskenntnis das Interesse an den Schicksalen der Kirche und ihren Gründern und Helden groß und lebendig ist, hat ganz besonders auch die Feier des Todestages Luthers in sehr erfreulicher Weise bewiesen, denn es war nicht nur der Gottesdienst ungewöhnlich zahlreich besucht, es bezeugte nicht nur die lautlose Stille und Aufmerksamkeit während der Predigt und die bedeutende Kollekte für die Gustav-Adolf-Stiftung das herrschende Interesse, sondern ich habe mich auch nachher überzeugen können, daß der Eindruck ein tief eingreifender und bleibender gewesen ist.

Talle, 16. Februar 1847
Pastor Pothmann

Die gegenwärtige Zeit ist eine höchst bewegte, nicht bloß in politischer, sondern auch in religiöser Hinsicht. Das Volk scheint aus seiner früheren Lethargie erwacht zu sein; nur schade, daß das geistige Auge so vieler vom fürchterlichen Obskurantismus [= feindselige Haltung gegenüber jeder Art von Aufklärung] gefesselt wird sowie andere

im übertriebensten Liberalismus delirieren [= irre reden]! In hiesiger Gemeinde zeigen sich wenigstens stellenweise diese schroffen Gegensätze. Die Verfinsterungssucht ist hier schon ein älteres eingewurzeltes Übel; dagegen die Freisinnigkeit mit Kommunismus koloriert erst in neuester Zeit hin und wieder zum Vorschein kommt. Kommunistenhüte werden täglich mehr eine Modetracht, liberale, verbotene Bücher eine Lieblingslektüre und häufig gehaltene Konferenzen der Herd dieses versengenden Feuers. Gottlob! gilt bei der Mehrzahl der Parochianen noch der Gemeinspruch: „Mittelmaß die beste Straß'"; sonst würde dem Prediger eine gefährliche Klippe gesetzt sein, woran seine ganze Wirksamkeit vollends scheitern müßte. Stellen sich freilich unsere Obskuranten und Liberalen nur selten in der Kirche ein, so ist doch recht erfreuend, daß die gottesdienstlichen Versammlungen recht zahlreich besucht sind [...].
Als rühmenswert darf ich hervorheben, daß in hiesiger Gemeinde, und namentlich im Dorfe Talle, der schrecklichen Trunksucht nicht mehr so gehuldigt wird. So weiß ich, daß 3 notorische Söffer unseres Dorfes seit Jahresfrist den nüchternsten Lebenswandel führen und sich, ohne irgend einem Enthaltsamkeitsvereine anzugehören, der Spirituosa völlig enthalten.
Bedauernswert ist's dagegen, wie der Pauperismus [= die Armut] in letzteren Jahren hier zugenommen hat und wie durch Teuerung, Verdienstlosigkeit und durch den strengen Winter so viele Familien dem fürchterlichsten leiblichen Elende preisgegeben sind. Wundern darf man sich daher nicht, daß auch hier wie überall viele von dem Auswanderungsschwindel befallen werden, ihr Heil in den nordamerikanischen Freistaaten suchen, wenngleich auch manche durch ihre Religionsansichten zu dieser Emigration bewogen werden [...].

Langenholzhausen, 1. März 1847
Pastor Krücke

Wenn man die Charakteristik einer Gemeinde entwerfen will, so ist es bei der Mischung von Licht und Schatten, die bei einer Gesamtheit noch viel verwickelter ineinandergreift als bei dem einzelnen, nicht leicht, ein treues, der Wahrheit ganz entsprechendes Bild zu entwerfen. Man kann viel rühmen, wenn man nur die Lichtseiten hervorhebt und viel tadeln, wenn man nur auf die Schattenseiten sehen will. Ich will daher die Langenholzhauser Gemeinde weder einseitig rühmen noch tadeln, sondern im allgemeinen bemerken, daß sie zu denen gehören, wo sich bei den Landleuten die alte Sitte mehr als in anderen Gegenden des Landes erhalten hat. Da sie sich mit Mühe von Ackerbau und Weberei nähren, so sind sie Sommer und Winter beschäftigt und es herrscht im allgemeinen viele Sicherheit, so daß die Weber bei dem ausgelegten Garn nicht immer des Nachts Wächter zu haben brauchen. Dagegen muß man von ihnen keine große Gewandtheit im Betragen fordern und früherhin war besonders in Langenholzhausen und Kalldorf Neigung zu Trunkenheit. Die Einführung der Enthaltsamkeitsvereine [...] hat diesem Übel sehr bedeutend entgegengewirkt.
In Rücksicht ihres im engeren Sinn kirchlichen Charakters ist die Gemeinde treu dem Glauben an die Bibel als Gottes Wort und im allgemeinen wird die Kirche fleißig besucht, so daß auch die Wochenkirchen wieder in besseren Gang kommen. Mir als

ihrem Pastor ist die Gemeinde mit Zutrauen entgegengekommen, welches sie mir auch die Zeit meiner nun hierselbst 12jährigen Amtsführung immer bewahrt hat [...]. Eine neue Erscheinung in dieser Gemeinde ist der in dem verflossenen Jahr auch hier eingetretene Trieb zur Auswanderung nach Amerika. Einigen Unverheirateten und einer dürftigen Familie namens Stock (oder Schweinsmeier) aus Langenholzhausen, die sich an die Auswanderer von Hohenhausen anschloß, war es dort (in Ohio und Missouri) gut ergangen. Ihre rühmenden Briefe erweckten nun bei mehreren im Dorfe Langenholzhausen die Lust, ihnen nachzuziehen, wozu das teure Jahre auch das seinige beitragen mochte. Da es unmöglich war, dem erwachten Auswanderungstrieb mit Erfolg zu wehren, so suchte ich wenigstens sie zur ruhigen Besonnenheit zu bringen, damit sie sich nicht großes Glück träumten, wo sie wenigstens in den ersten Jahren viele Mühe und Arbeit finden [...].

Cappel, 5. März 1847
Pastor Begemann

[...] Den Mittelpunkt meiner Predigt bildet fortwährend [...] die Lehre von der Rechtfertigung durch den Glauben. Ich darf freudig bekennen, daß ich mich auf diesem Grunde immer mehr eins fühle mit dem Worte Gottes. Je deutlicher ich einsehe, daß das auch mich angehe, was der Apostel Paulus (Röm. 3,23) schreibt: sie sind allzumal Sünder und mangeln des Ruhmes, den sie an Gott haben sollten, — um so teurer und werter wird mir das Wort desselben Apostels: daß Jesus Christus gekommen ist in die Welt, die Sünder selig zu machen, unter welchen ich der vornehmste bin (1. Tim. 1.15). Und so habe ich die merkwürdige Erfahrung gemacht, daß ich, obwohl meiner Neigung nach ein großer Gegner der symbolischen Bücher, durch fleißiges Forschen in der Schrift immer näher zu ihnen hingeführt worden bin. Was mir selbst aber so fest in der Seele steht, das möchte ich auch meiner Gemeinde einprägen; ich möchte in ihr ein recht lebendiges evangelisches Glaubensbewußtsein wecken. Daher habe ich unlängst eine Reihe von Predigten über das apostolische Glaubensbekenntnis gehalten, wobei ich an vielen die Bemerkung zu machen glaubte, daß sie sich augenscheinlich freuten, über manche Dinge aufgeklärt zu werden, die ihnen früher gleichgültig oder fremd waren. Ein kleines Büchelchen von Wildenhahn „Der evangelische Glaube“ hat mir bei diesen Predigten treffliche Dienste geleistet.
Hier will ich erwähnen, daß ich seit Neujahr eine Art Begräbnisritus eingeführt habe. Veranlaßt ist derselbe durch die Predigerkonferenz in Blomberg. Daselbst teilte Herr Bruder Henrici eine Abhandlung über die Veränderung der jetzigen Begräbnisform mit, in welcher das Verletzende der sogenannten stillen Begräbnisse, wo weder ein Prediger noch ein Lehrer zugegen ist, mit wahrer Farbe geschildert war, und wodurch wir auf der Konferenz versammelten Amtsbrüder uns bewogen fanden, uns gegenseitig verbindlich zu machen, in Zukunft jede Leiche zu Grabe zu begleiten, auch wenn dafür keine Akzidenz bezahlt würde. Dies tue ich nun seit Neujahr und bediene mich dabei eines Formulars, welches ich in der „Agende für die reformierte Kirche Niedersachsens“ [...] gefunden und ein wenig abgekürzt habe. Meiner Gemeinde gefällt es sehr gut, daß nun jede Leiche mit kirchlicher Feierlichkeit begraben wird. Es ist zu bedau-

Wilhelm Begemann, ein Sohn des Bückeburger Hofpredigers Emil Begemann, amtierte von 1844-1858 als Pastor in Cappel. Der zur kirchlichen Orthodoxie neigende Pfarrer trat seit 1849 als Herausgeber einer Zeitschrift unter dem Titel „Licht und Recht. Ein evangelisches Volksblatt für das Fürstentum Lippe" hervor. Es war das erste periodische Kirchenblatt in Lippe. Im Jahre 1858 übernahm Begemann als Seminardirektor die Leitung des Lehrerseminars in Detmold; 1860 wurde er unter Belassung in seiner Stellung zum Konsistorialrat mit Sitz und Stimme im Konsistorium ernannt. Begemann starb bereits am 15. Dezember 1862 im 49. Lebensjahr.

Cappel bei Blomberg. Bleistiftzeichnung von Emil Zeiß aus dem Jahre 1866. Die alte Kirche war am 22. Juli 1827, einem Sonntag, bald nach dem Gottesdienst eingestürzt. Nur der Turm blieb unbeschädigt. Die heutige Kirche wurde in den Jahren 1828/29 errichtet.

ern, daß in unserer lippischen Agende kein derartiges Formular vorgeschrieben ist, da Gleichförmigkeit auch in diesem Stücke gewiß sehr wünschenswert wäre [...]. In der letzten Zeit hat die Armenpflege viele Kräfte in Anspruch genommen. Wir haben hier wie an vielen Orten die Anstalt getroffen, daß für die unbemittelten Leute billiges Brot gebacken wird, auch haben wir Flachs zusammengebracht, damit die armen Leute, in Ermangelung jedes anderen Nahrungszweiges, etwas mit Spinnen verdienen können. Ein Hauptaugenmerk haben wir darauf gerichtet, der in schauderhaftem Grade überhandnehmenden Bettelei, besonders der Kinder, die dadurch auf eine schlechte Bahn geraten mußten, zu steuern. Möchte die gegenwärtige Teuerung nicht bloß zu vorübergehenden Maßregeln die Veranlassung sein, sondern den Blick aller nachhaltig auf die Armenpflege lenken und dieselbe, die meistens nur in Darreichung von Almosen besteht, in eine wahrhaft christliche verwandeln, das heißt in eine solche, wodurch nicht nur an dem Leibe, sondern auch an der Seele des notleidenden Bruders Barmherzigkeit geübt wird!

Wöbbel, 21. April 1847
Pastor Rohdewald

[...] Eine bei uns im Lippischen jetzt neu in unser heimisches Leben hineingetretene bedeutende Angelegenheit, die gewiß auch, als vieler ihrer Angehörigen Seelenheil nahe berührend, unsere Kirche nahe angeht und ihre teilnehmende Beachtung anspricht, ist das Auswandern nach Amerika, das überraschend schnell eingerissen ist und in beunruhigender Weise um sich gegriffen hat, eine epidemische Sucht, nun auch bei uns zu werden drohend. Es scheint mir sehr an der Zeit und von großer Wichtigkeit zu sein, daß auch die Kirche diese Sache scharf ins Auge fasse und zusehe, ob hier nicht mit geistlichen Hilfs- und Heilmitteln einzuschreiten und so etwa einzulenken und -zurenken sei. Um dies aber unsererseits in der rechten Weise zu tun, dazu gehörte notwendig eine klare Einsicht und entschiedene Gewißheit darüber, welche Stellung wir Prediger dazu einzunehmen und wie wir uns dabei zu verhalten haben, indem durch Mißgriffe, namentlich durch ein unverständiges blindes Eifern dawider, wir sonst leicht mehr schaden als nützen könnten. Es dürfte darum von Nutzen sein, wenn [...] unsere kirchlichen Vorgesetzten uns Predigern hierüber belehrende Winke und Weisungen zugehen lassen wollten. Auch scheint damit und dadurch, daß nunmehr nicht bloß aus unserem deutschen Vaterlande überhaupt, sondern auch selbst aus unserem lippischen Heimatlande uns auch im Herrn verbundene Brüder hinübergezogen sind nach Amerika und wohl noch fernerhin ziehen werden, um sich daselbst anzusiedeln, an uns die als eine heilige Schuld oder Pflicht mahnende Anforderung jetzt soviel dringender zu ergehen, auch hier im Lippischen uns zu vereinigen — etwa als Zweigverein an den Langenberger Verein uns anschließend, der ja auch schon von unseren, sich diesem schönen Berufe widmenden jungen Landsleuten zwei nach Nordamerika ausgesandt hat und zwei andere, die jetzt im Barmer Missionshause dazu vorgebildet werden, demnächst eben dahin unter die deutschen Besiedler aussenden wird —, um auch unsere ausgewanderten Landsleute mit Predigern und Schullehrern und durch diese mit heilsamer Seelennahrung für sich und ihre Kinder, woran sie dort in Nordamerika oft so schlimmen Mangel leiden, versorgen zu helfen. Solche tätliche Teilnahme und Fürsorge für ihr Seelenheil würde gewiß als ein sprechendes Zeugnis, daß wir es wohl mit ihnen meinen, und auch für uns, sie liebbehalten haben, auf unsere ausgewanderten Landsleute einen guten Eindruck zu machen nicht verfehlen und dazu dienen können, die wünschenswerte brüderliche Gemeinschaft im Geiste zwischen uns und ihnen fort- und lebendig zu erhalten [...].

Horn, 17. Januar 1848
Pastor Brockhausen

[...] Mehr und mehr überzeuge ich mich [...], daß nur durch eine gründliche Bildung das Volk gehoben werden kann, gehoben nicht nur in seinem Wohlstande, sondern auch in seiner Sittlichkeit und christlichen Religiosität. Der Geist ist es, der da lebendig macht, und Geist heißt ja das Evangelium selbst. Wie viel ist darin aber noch zu tun! Wie groß ist das Erntefeld und der Arbeiter wie wenige! [...].
Von acht in unserer Gemeinde im letzten Jahre geborenen Kindern ist eines ein uneheliches gewesen und davon kommen fast zwei Drittel auf die Landgemeinde und zwar auf die ärmeren und ungebildeten Teile derselben, ein schlagender Beweis, daß die Sittlichkeit Hand in Hand mit der Bildung und mit dem Wohlstande geht. Wie aber die Bildung und den Wohlstand heben? Bis jetzt geschieht es nur einseitig, indem man nur die Bildung, ja diese auf Kosten des Wohlstandes betreibt; ich meine, indem man dasselbe Schulgeld von den Unbemittelten wie von den Bemittelten fordert. Zwei bis drei Taler jährlich mehr oder weniger ist aber für die von ihrer Hände Arbeit dürftig Lebenden ein großer wichtiger Unterschied und ehe deshalb der Volksunterricht ganz unentgeltlich erteilt, ich will sagen aus der Staatskasse, zu welcher alle, nicht nach der Zahl der Kinder sondern nach Vermögen, beisteuern, bestritten wird, ist's mit der Gerechtigkeit und der Bildung nichts. Was man ihnen jetzt mit der einen Hand gibt, nimmt man ihnen wieder mit der andern. Ich glaube mich darüber schon früher ausgesprochen zu haben und bitte deshalb um Entschuldigung, wenn ich mein ceterum censeo [= übrigens bin ich der Meinung] wiederhole, da Hochfürstliches Konsistorium gewiß nicht ohne Einfluß auf die Reform unseres Landes ist. Eine dahin zielende von Hochdemselben gestellte Proposition würde bei den Landständen wenn auch nicht sogleich durchdringen, doch gewiß warme Verteidiger finden, wie denn z. B. in unserem Städtchen die eben ausgesprochene Ansicht von der Sache sich dadurch kundgetan hat, daß im vorjährigen Winter den ärmeren Bürgern für ihre Kinder das Schulgeld erlassen worden ist, was ohne Frage eine höchst gerechte und angemessene Art der Unterstützung war. Es wird, es muß am Ende dahin kommen, aber die Kirche darf sich nicht bringen lassen um den schönen Ruhm, es eingeleitet zu haben [...].
Die Unsitte des späten Kommens in den Hauptgottesdienst hab' ich nicht abstellen können; nur soweit habe ich es gebracht, daß während der Vorlesung nicht mehr von den auf dem Kirchhofe Versammelten laut und störend gesprochen wird. Sonst herrscht beim Gottesdienst selbst die größte Ruhe. Nur eine Störung fiel neulich vor. Ich mußte im Nachmittagsgottesdienst einen vom delirium tremens [= Säuferwahnsinn], wie mir scheint, befallenen Säufer aus der Kirche entfernen lassen. Es war indessen kein hiesi-

ges Gemeindeglied, sondern es gehörte einer benachbarten Gemeinde an, und obgleich [ich] keinen vernünftigen Grund dafür anführen kann, hab' ich mich doch gefreut, daß es keins meiner Schafe war. Natürlich machte ich dem Amte Anzeige von dem Vorfall und trug auf Bestrafung des Schuldigen an [...].
Was meine Studien betrifft, so habe ich mich mit eigentlich gelehrten Sachen wenig beschäftigen können, da meine amtlichen Geschäfte mich hinreichend in Anspruch nahmen und ich nun auch dem Unterricht meiner Kinder täglich ein Stündchen weihen muß, da ich denselben nichts werde hinterlassen können als eine gute Erziehung und die zum Fortkommen in der Welt erforderliche Bildung. Die Mußestunde von 1-2 wird meist mit Zeitungslektüre ausgefüllt und des Abends nach Tisch nehme ich ein gutes Buch bald ernsten, bald unterhaltenden Inhalts zur Hand. Gesellschaft im Wirtshause suche ich wenig auf und gehen oft manche Wochen dahin, daß ich daselbst erscheine; nur bei besonderen Veranlassungen fehle ich nicht, weil ich es für notwendig halte, in freundlichem lebendigem Verkehr mit meinen Mitbürgern zu stehen. Auch sehe ich nicht selten des Abends eine befreundete Familie bei mir oder besuche mit meiner Frau ein uns befreundetes Haus [...].

Horn, 26. Februar 1848
Pastor Wippermann

[...] Der Gottesdienst ist während der Hauptkirche fleißig besucht und hat nicht abgenommen. Ein Übelstand ist, daß die Kirchen nicht im Winter geheizt werden. Es hat eine starke Kälte offenbar auf den Besuch des Gottesdienstes Einfluß und mit einem für die Kirchenkasse geringen Opfer von wenigen Talern ließe sich diesem Übelstande abhelfen [...].
An einzelnen ehelichen Zwisten hat es nicht gefehlt und ich habe mehrere Eheleute zum Frieden ermahnt. Es schafft die Ermahnung wenig Frucht. Das einfachste und beste Mittel ist, wenn die Ermahnung nicht hilft, daß sich die Streitenden trennen. Ich habe dieses einem Manne, der von seinem bösen Weibe tyrannisiert wurde, angeraten und seitdem ist beiden geholfen.
Einzelne Eltern unehelicher Kinder haben ihre Buße erklärt. Von dem Eidschwören habe ich ein paar zurückgeredet, andere haben wahrscheinlich falsch geschworen. Es muß die Gesetzgebung notwendig verbessert werden, so daß der Eid nur in seltenen Fällen angewendet wird [...].
Pietistische Bewegungen sind nicht vorgekommen und hat sich diese Richtung bei einzelnen in eine achtungswürdige Religiosität aufgelöst. Sobald nur der Pietismus nicht von den Geistlichen und einzelnen unruhigen Köpfen gepflegt wird, wird er in Schranken gehalten und unschädlich aufhören.
Es ist die hiesige Volksbibliothek in der jetzigen Winterzeit sehr fleißig benutzt und ich habe von der Verteilung der Bücher manche Beschwerde gehabt. Es wird aber durch dieses Lesen der Verstand zum Nachdenken angeregt und manche nützliche Kenntnis verbreitet.
Auch der hiesige Industrieverein, welcher unter meiner Leitung steht, hat segensreich gewirkt, und es sind die Kinder zum Erwerben von Geschicklichkeiten und zum Fleiß

angehalten. Zur Verbesserung der Lage der ärmeren Klassen habe ich mit Unterstützung des Magistrats einen Versuch gemacht, einen neuen Erwerbszweig, die Verfertigung des Wollgarns zum Stricken, eingeführt. Ich kaufte 124 Pfund Wolle, ließ dieselbe kratzen und kämmen, darauf verspinnen und alsdann zwirnen und gehörig verarbeiten und verkaufte das Produkt zum gewöhnlichen Preise. Es ist dieser Versuch mißglückt und obwohl ich für meine Bemühung nichts nahm und die Kontrolle mit der Feder und der Waagschale in der Hand ziemlich scharf war, kam ein Defizit von sechs Talern vor, welches übrigens vom Magistrat getragen wurde. Dies ist eine schlagende Widerlegung aller theoretischen sozialistischen Ideen [...].

Talle, 26. Februar 1848
Pastor Pothmann

[...] Die Kirchlichkeit hat weder zu- noch abgenommen, obgleich es weder an Indifferentisten und andere Isten nicht mangelt, die fast außer aller kirchlichen Gemeinschaft leben und leben zu können wähnen und vollends das schwache Band schon zerrissen haben würden, wodurch sie an die christliche Kirche noch gebunden sind, wenn sie es nur ungefährdet ihrer Stellung halber im christlichen Staate tun könnten, noch an Separatisten, die das Himmelsmanna [= Himmelsgabe] in anderen Kirchen als gerade hier in Talle suchen [...].
Der Pauperismus hat noch mehr zugenommen und scheinen die Nachwehen des Notjahres 1846 jetzt erst recht zum Vorschein zu kommen. Fast alle kleineren Kolonatsbesitzer dieser Gemeinde, der Einlieger gar nicht mal zu gedenken, sind zum Konkurse reif. Daher ist bei manchem auch die Auswanderungslust erklärlich und natürlich, abgesehen davon, wenn auch viele aus bloßer Religionsmeinung und Mißvergnügen emigrieren. Was bleibt ihnen im Grunde auch anderes übrig, wenn bei aller Mühe und Anstrengung ihr und der ihrigen Unterhalt hier doch nicht mehr gesichert ist?
Auch glaube ich in dem Hungerjahr 1846, wo so viele Familien mit drückendem Mangel zu ringen hatten, die sehr große Sterblichkeit hiesiger Gemeinde im verflossenen als dem begonnenen Jahre mit zu finden. Die Gemeinde Talle zählte im Jahre 1847 100 Gestorbene und bis heute in diesem Jahre schon 30, obwohl nach einem 10jährigen Durchschnitt früher sich die Gesamtzahl fast nie über 60 Leichen in einem Jahre belaufen hat. Eigentliche Krankheitsepidemien haben nicht stattgefunden [...].

Barntrup, 28. Februar 1848
Pastor Henrici

[...] So hat denn, was die Kirchlichkeit der Gemeinde anbetrifft, der Kirchenbesuch zugenommen, es wächst die Zahl solcher Kirchgänger, die nicht leicht fehlen, selbst die, welche sonst nur in benachbarten Kirchen Erbauung zu finden vermeinten, stellen sich wieder mehr ein und lassen sich auch wohl über seine Predigt beifällig aus. Gleichwohl muß geklagt werden, daß sowohl bei einzelnen Gebildeten als auch bei einem nicht unbeträchtlichen Teile der anderen Stände eine bedauernswerte Unkirchlichkeit vorherrscht; sie kommen wenig oder gar nicht zur Kirche, sind in einem leidigen Indif-

Blick auf Barntrup von Westen. Federzeichnung von Emil Zeiß aus dem Jahre 1869.

ferentismus gegen die heilsamen Anstalten der Kirche versunken und wird ihre kirchliche Verkümmerung nur langsam wieder zu heben sein. Das muß noch besonders in betreff des Abendmahlsbesuches beklagt werden, der im Vergleich zu dem Maßstabe seiner früheren Gemeinde wirklich gering zu nennen ist; auch hiergegen wird nur allmählich durch Predigt, Konfirmandenunterricht und Privatansprache gewirkt werden können.
Was dann ferner die in der Gemeinde herrschende Zucht und Sitte anbetrifft, so haben offenkundig gewordene fleischliche Vergehungen in den beiden letzten Jahren wenigstens nicht zugenommen; von lautem Ärgernis gebenden häuslichen und ehelichen Zwist sowie von notorischen Trunkenbolden und bedeutenderen bürgerlichen Verbrechen ist ihm nichts zu Ohren gekommen, obgleich ein ziemlich frequenter Wirtshausbesuch, eine zu vertrauliche Umgangsweise der jungen Leute auf den Straßen, eine bei Tanz und Hochzeiten allzu laute Lust wahrzunehmen ist. Neulich kam bei einer Hochzeit vor, daß ein großer Teil der schulpflichtigen Jugend bis tief in die Nacht zugegen gewesen, einzelne auch berauscht gemacht worden waren, so daß noch am nächsten Vormittage in der Schule Folgen davon zu verspüren waren. Es wurde für angemessen gehalten, dies am nächsten Sonntag öffentlich zu rügen und die Eltern auf ihre heilige Verantwortlichkeit aufmerksam zu machen, was auch gut aufgenommen wurde [...].
Religiöse Bewegungen finden hier nicht statt, wohl aber [...] außerkirchliche Zusammenkünfte zur Erbauung in den Sonntagsnachmittagsstunden von den sogenannten Frommen. An Umfang nehmen sie indes nicht zu, durch die Auswanderung entgehen ihnen mitunter die tätigsten Teilnehmer. Auch liegt keinerlei Besorgnis vor, daß sie

einen exklusiven oder gar separatistischen, sektiererischen Charakter annehmen; sie suchen sich nur gegenseitig zu erbauen durch Singen geistlicher Lieder, Vorlesen von Betrachtungen, vielleicht auch durch zuweilen selbst abgelegter Zeugnisse besonders Erregter. Sie erlauben sich keinerlei unbefugte Eingriffe in das zu Recht bestehende Kirchenwesen, lassen es auch nicht zu auffallenden Demonstrationen kommen, außer daß es vorgekommen, daß sie bei Gelegenheit von Leichenbegängnissen und Hochzeiten ihrer Gleichgesinnten in deren Häusern geistliche Lieder absingen. Sie sind übrigens durchgehend kirchlich, zeigen eine lobenswerte Sittenstrenge und stilles häusliches Wesen, interessieren sich stark für Mission, Enthaltsamkeitsverein, überhaupt für alle Erscheinungen eines kirchlich-religiösen Lebens; sie sind gewissermaßen die religiös Angeregtesten in der Gemeinde. Der Unterzeichnete hält dafür, solange sie sich in den Schranken christlicher Ordnung halten, sie ruhig gewähren zu lassen, begünstigt zwar ihre Bestrebungen und Zusammenkünfte nicht, aber bekämpft sie auch nicht weder durch Predigt noch in Privatunterredung; kommen sie ihm mit diesem oder jenem Anliegen, so tritt er ihnen in ruhiger Haltung entgegen, ihren oft extravaganten Eifer in sein rechtes Gleis zurückzubringen.
Es hat sich in den letzten Wochen [...] hier ein Bürger-Leseverein konstituiert, wohl durch ein immer mehr fühlbares Bedürfnis hervorgerufen. Seine Gesamttendenz ist, Bildung im allgemeinen im Volke zu verbreiten, jedoch so, daß das sittlich-religiöse Moment besonders mit ins Auge gefaßt und dem Volk in dieser Berücksichtigungsnahme gesundere Nahrung geboten werde als dies durch die häufigen Traktätlein und fast nur vorherrschenden Missionsschriften geschehen mag [...].

Haustenbeck, 29. Februar 1848
Pastor Meyer

[...] Die Gemeinde ist wegen ihrer abgesonderten Lage gegen Anregungen und Einflüsse von außen in seltenem Maße abgeschlossen, und da sie auch an ihren eigenen bewährten Formen und Ordnungen mit altertümlicher Steifheit festhält, so wird ein hiesiger Prediger, der auch seinerseits zu einem festen Gepräge in seiner Amtswirksamkeit sich durchgebildet hat, von außen nicht viel Anregung zu Neugestaltungen empfangen. Da tut es denn um so mehr not, daß von innen [...] der Geist, welcher ein Geist der Zucht, der Liebe und der Kraft ist, sein stilles, umgestaltendes Wirken habe. Ein solches Wirken wenigstens nicht zu hindern hat sich der Unterzeichnete ernstlich angelegen sein lassen, es aber auch selber zu fördern mit rechtem Ernst und Eifer hat er wenigstens ununterbrochen gewünscht, muß indes gestehen, daß er seinen Wünschen längst nicht Genüge getan hat. Wenn durch die Umgebung wenig Veranlassung gegeben wird zu geistlichem Kampfe, so ist es gewiß auch nichts leichtes, das Schwert des Geistes allezeit in starker Hand zu halten. Daß indes die Gemeinde wirklich gebaut wird auf dem rechten ewigen Grunde und daß für ihre Schäden das rechte Heilmittel im Gebrauche ist, das glaubt der Unterzeichnete zur Ehre seines Herrn bekennen zu dürfen.
Fördernd für den inneren Aufbau der Gemeinde waren wohl insonderheit die zahlreichen Hausbesuche, welche Referent machte. Er befolgt dabei den Grundsatz, daß

jedesmal dann, wenn eine Familie durch irgend ein Ereignis in amtliche Berührung mit dem Pfarrer gebracht worden, dieselbe auch einen Besuch erhält. Alle Wöchnerinnen, alle Verlobten, alle Gefallenen, zur Konfirmationszeit die Eltern der Konfirmanden und alle Leichenhäuser werden daher regelmäßig besucht. Auch bei allen Tauffesten und Hochzeiten bemüht sich Referent, wenn es irgend ausführbar ist, ein die wahre Freude und den Segen fördernder Gast zu sein. Auf diese Weise mögen nur wenig Häuser übrig bleiben, in der er im Verlaufe des Jahres nicht wenigstens einmal käme. Diejenigen aber, welche wirklich übrig geblieben sind [...], sind dann noch nachträglich in den Wintermonaten ohne besondere Veranlassung zu besuchen. Daß Kranke, von denen nur irgend Kunde ins Pfarrhaus kommt, nicht unbesucht bleiben, versteht sich von selbst [...].

Infolge der Senne-Teilung hat, wie vorauszusehen, die Arbeitslosigkeit und mithin auch die Armut bedeutend zugenommen. Und davon hat sich wieder als naturgemäße Folge die Notwendigkeit der Auswanderung herausgestellt, indem es konstatiert ist, daß das magere Gemeindeland die hiesige Menschenzahl nicht mehr ernähren kann. In diesen Tagen wird das erste Auswanderer-Häuflein, 9 Personen stark, sich aufmachen, und zwar allem Anschein nach unter günstigen Auspizien [= Aussichten]. Referent hat auf ihre Bitte mit Warnung, Rat und Handleitung ihnen nach Kräften zu dienen gesucht. Religiöse Beweggründe sind ihnen gänzlich fremd, vielmehr war ihnen Kirche und Schule das feste heimatliche Band, von dem sie am schwersten sich losmachen konnten. Aber das Bedürfnis nach Brot mußte auch dieses Band sprengen. Werden diese Leute am Mississippi eine gute Stätte finden, so ist vorauszusehen, daß ihnen noch manches Dutzend lediger Personen von hier aus nachfolgen wird. Denn man hat ausgerechnet, daß mehr als 60 heiratsfähige Paare in hiesiger kleinen Gemeinde vorhanden sind, die nur darum schon seit Jahren des Heiratens sich enthalten haben, weil für sie in hiesigen Verhältnissen die nötigen Subsistenzmittel nicht zu beschaffen waren. Natürlich kann man nur mit Wehmut solchen Scheidenden nachsehen, aber sie zurückhalten darf man doch nicht.

Zur Förderung der allgemeinen Geistesbildung ist es versucht worden, mit Hilfe der beiden Lehrer eine Art Sonntagsschule für die jungen Burschen einzurichten. Allein das anfangs sich zeigende Interesse ist unter den Besuchern bald erloschen und nur die Gesangsübungen haben bis jetzt fortbestanden. Indes ist darin auch etwas erfreuliches geleistet, indem z. B. lediglich von Bauernburschen am Weihnachtsmorgen während des Gottesdienstes der 24. Psalm vierstimmig gesungen wurde, zur sittlichen Erhebung für die Gemeinde.

Für die Dorfsbibliothek sind von den hochgeneigstest geschenkten 10 Rtlr. gegen 30 sorgfältig ausgewählte Bücher und kleinere Schriften angeschafft worden und auch ziemlich fleißig von jung und alt gelesen. Die beliebtesten darunter waren die echt populären Büchlein von O. Glaubrecht, „Uli der Knecht" von Jeremias Gotthelf und einige der mehr erbaulichen Schriften des Norddeutschen Vereins, ganz besonders auch einige der Erzählungen von Pfarrer Barth.

Vereine für kirchliche Zwecke würden sich bis jetzt unter hiesigen Verhältnissen nur in künstlicher Weise haben hervorrufen lassen, und daher ist es bisher auch nicht geschehen. Indes hat sich für die Sache der Mission ein allmählich zunehmendes Interesse bei nicht Wenigen gezeigt, für den Gustav-Adolf-Verein aber nur in sehr geringem Maße, was auch schon daraus erklärlich, daß unsere Gemeinde mehr zu den unterstützungsbedürftigen als zu den der Unterstützung fähigen zu rechnen sein dürfte. Schon lange ist das dringende Bedürfnis eines Pfarrhaus-Neubaus vorhanden und die noch ungepflasterte Kirche bedürfte eines wohlfeilen Fußbodens; im Hinblick aber auf den Notstand in fast sämtlichen Familien kann von beiden vor der Hand nicht die Rede sein. Zu den Hemmungen des geistlichen Wachstums in der Gemeinde ist gewiß allermeist das Hollandgehen von mehr als 100 Männern zu zählen. Wohl die Hälfte der Kinder des Dorfs entbehrt dann fünf Monate hindurch des Erziehers und die Männer selbst entbehren in der Fremde der geistlichen Speisung. Indes hat Referent die Zeit des Abzugs und die Wiederkehr durch Teilnahme von Kanzel und Altar aus zu heiligen gesucht, hat mit Erfolg darauf hingewirkt, daß jede Zeltgenossenschaft Bibel und Gebetbuch mitnehmen und in der Fremde auch wirklich gebrauchen möchte und hat endlich durch Korrespondenz die Gemeinschaft mit den Ausheimischen zu unterhalten gesucht [...].

Reelkirchen, im März 1848
Pastor Schönfeld

Schulsachen: Der verstorbene Kantor Dubbert — er hat 58 Jahre der Schule treu vorgestanden — hatte die löbliche Gewohnheit, fähige Kinder auszuwählen, Knaben und Mädchen, welchen er eine kurze Anleitung gab, ihm als Gehilfe in der Schule beizustehen; dadurch hat er viel Gutes gestiftet; — ich hatte oft meine Freude daran, wie die Kinder es so treu meinten. Nachher, als wir 2 Lehrer bekamen, hielt man es nicht mehr für notwendig, Kinder zum Unterrichten zu gebrauchen. Oft ist bemerkt worden, daß die Mädchen ungleich besser unterrichteten als die Knaben. In einer großen Schule, wo nur ein Lehrer ist, ist es von dem allergrößten Nutzen, passende Kinder mit zu Hilfe zu nehmen.
In Herford besuchte ich vor einem Jahre die dasige Töchterschule, welche einer Lehrerin übergeben war; fast alle lasen mit guter Betonung vortrefflich und wußten das Nötige aus der Geographie, Naturgeschichte usw. Der Herr Pastor Kleine, Prediger an der reformierten Kirche in Herford, war der Meinung, daß eine gebildete Jungfrau daselbst ungleich mehr leistete als ein Mann. Auch waren hochgestellte Männer der Meinung.
In Lübbecke ist die Frage angeregt, es sei zweckmäßig, Lehrerinnen zur Unterweisung der weiblichen Jugend heranzubilden, wie in der katholischen Kirche ein solches Institut bestehen soll. Kinderschulen werden auch von Frauen und Jungfrauen geleitet. Das Wirken von Elementarlehrerinnen wird als segensreich hervorgehoben und auch bei den Gemeinden, in welche man sich einer solchen Tätigkeit von Lehrerinnen erfreut, sehr beliebt sein.
Der Herr Generalsuperintendent Natorp sagt: durch Anstellung von Lehrerinnen zur Erteilung des Unterrichts in den gewöhnlichen Elementargegenständen und in weiblichen Arbeiten entständen bei den geringeren Bedürfnissen der Lehrerinnen verhältnis-

mäßig nur geringe Kosten, und von dem sinnigen Einflusse tüchtiger christlich gesinnter Lehrerinnen stehe die günstigste Einwirkung auf die ganze Richtung junger Mädchen zu erwarten. Ferner sagt Natorp, haben in katholischen Gemeinden im Münsterlande vor längerer Zeit Mädchenschulen unter der Aufsicht von solchen Lehrerinnen bestanden, die aus Pietät ihre Gaben und Kräfte für die Ausbildung des weiblichen Geschlechts verwenden und sich als Dienerinnen der Kirche ansehen. Diese Schulen bewähren sich als sehr gut und viele halten rücksichtlich des Unterrichts den Vergleich mit den besten von Männern geleiteten Elementarschulen aus.
In der Kaiserswerther Anstalt zur Ausbildung von Lehrerinnen an Kleinkinderbewahrschulen sollen sich schon viele gemeldet haben. Der Herr Bischof Roß in Berlin lobt daselbst die Einrichtung einer Mädchenschule und Trennung der Schuljugend nach dem Geschlecht. Die Lehranstalt in Höxter wird von 3 Schwestern und einer Französin besorgt — eine Schülerin muß jährlich 24 Pistolen bezahlen —, wird gerühmt. Auch in Lemgo ist in einer Lehranstalt eine Lehrerin, welche gelobt wird. Die Benutzung von Lehrerinnen zum Unterricht der weiblichen Jugend kann gewiß von dem besten Erfolg sein, deshalb ist zu wünschen, es möge vom Hochfürstlichen Konsistorio die Zweckmäßigkeit ausgesprochen und zur Ausbildung von Lehrerinnen vorerst talentvolle Schulkinder durch Küster oder Lehrer, nachher aber durch Errichtung weiblicher Seminarien, Gelegenheit geboten werden, so würden sich auch manche Jungfrauen aus allen Ständen aus innerer Neigung dem edlen Beruf zuwenden.
Wahrscheinlich wird Hochfürstliches Konsistorio in dem Maße, wie sich die Anstellung von Lehrerinnen als immer notwendiger herausstellt, dies auch ins Werk zu richten suchen, besonders bei zahlreichen Schulen — und werden hilfreiche Zuschüsse nicht verweigert werden. Wie höchst nötig und nützlich eine Erziehungsanstalt für Töchter in jetziger Zeit sei, will ich hier nur andeuten und bemerke, daß viele von unseren jungen Schullehrern wahrscheinlich uns verlassen werden und in Amerika ihr Glück versuchen wollen; da könnte leicht ein Mangel an guten Lehrern entstehen [...].

Stapelage, 10. April 1848
Pastor Seiff

[...] Hinsichtlich meiner Wirksamkeit habe ich wie immer die hier herrschende große Armut zu beklagen. Die Kirche wird von den Armen fast gar nicht besucht und ein freundliches Wort der Erinnerung und Mahnung unter vier Augen fruchtet nichts. Ein paar Beispiele mögen das beweisen. Im vergangenen Jahre verteilte ich unter die hiesigen Spinner eine bedeutende Quantität Flachs. Jeder bekam eine solche Quantität, daß daraus wenigstens für 2 Reichstaler Garn gesponnen werden konnte. Bei der Verteilung erinnerte ich die betreffenden Personen mit Ernst daran, daß sie in jenen Tagen der Not vor allen Dingen dahin streben müßten, niemals ohne Arbeit und Verdienst zu sein. Dies könne erreicht werden, so meinte ich, wenn von den durch Verkauf des Garnes gewonnenen 2 Reichstalern nur 1 Reichstaler für Lebensbedürfnisse verausgabt und der andere Taler immer zum Ankaufe von Flachs benutzt werde. Ich bemerkte, ich würde nachsehen und dann sollte es demjenigen übel ergehen, welcher jener Vorschrift nicht Folge geleistet habe. Ich sah nach, aber kein einziger hatte die Vorschrift beachtet;

zwei Leute hatten sogar den ihnen gelieferten Flachs mit Schaden verkauft und ihn gar nicht versponnen.
Ein anderes Beispiel: Solchen, welche von mir über ihr Nichtbesuchen der Kirche zur Rede gestellt, behaupteten, daß das lediglich aus dem Grunde geschehe, weil es ihnen an Schüre etc. fehle, händigte ich wohl eine Bibel ein. Ich bat sie, während Gottesdienst gehalten wurde, möchten sie sich gleich daheim im Worte Gottes erbauen. Ich bemerkte, ich würde gelegentlich bei ihnen erscheinen und das Gelesene mit ihnen besprechen. Wie gesagt, so getan. Aber was fand ich? Die Bibel lag, mit Staub bedeckt, in irgendeiner Ecke und war offenbar nicht benutzt worden. Die traurigste Indolenz [= Trägheit] herrscht unter den hiesigen Armen, deren Zahl leider Legion ist; selbst ein Verbrechen zu vollbringen sind sie zu indolent, wie der Umstand bezeugt, daß sich in dieser aufgeregten Zeit die hiesigen Armen nicht gerührt haben, während in der nächsten Nähe Räuberbanden sich bildeten und Gold, Wurst und Speck, Korn etc. mit Gewalt und anfangs ungehindert sich zueigneten. Welch eine Versuchung für Menschen, die täglich sorgen und sagen: Was werden wir essen? — und die nichts zu verlieren haben als das elende Leben! Aber, wie gesagt, die Armen hielten sich ruhig. War das Folge eines besseren Geistes, lediglich Folge der traurigen Indolenz? Selbst ein Engel vom Himmel würde sich vergebens abmühen, auf solche Menschen mit Erfolg zu wirken.

Ich komme zu einem anderen leider notwendigen Übel, welches meiner Wirksamkeit in der hiesigen Gemeinde hemmend in den Weg tritt; ich meine die Erscheinung, daß jährlich 3 bis 400 Männer 7 bis 8 Monate im Auslande auf Ziegelarbeit sich befinden. Früher, als die Weberei noch einen guten Verdienst abwarf, dachte hiesigen Orts niemand daran, seine Kräfte der ungewohnten Ziegelarbeit zu widmen; solange aber die ihren Mann nicht mehr nährt (augenblicklich wird an einem Stück Leinen netto kein voller Taler verdient), wandern im Frühjahr ganze Haufen ins Ausland selbst bis in die Nähe von Petersburg. Der Verdienst, welchen die Ziegelarbeit abwirft, kann in der hiesigen Gegend nicht mehr entbehrt werden; gleichwohl bleibt die Sache in kirchlicher, religiöser und sittlicher Hinsicht aus naheliegenden Gründen ein großes Übel; mindestens ist eine bedeutende Anzahl Gemeindeglieder alljährlich 7 bis 8 Monate jeder, insbesonderen der pastoralen Wirksamkeit ihres Predigers entrückt. Kommen die Ziegler im Oktober oder November zurück, so pflegen sie am heiligen Abendmahle teilzunehmen und die Kirche fleißig zu besuchen. Bald nach Weihnachten jedoch werden die Ziegelboten zu dem Zwecke, um mit ihnen Verabredungen zu nehmen, wiederholt und zwar in der Regel an den geschäftslosen Sonntagen besucht; an den Gottesdiensten wird dann natürlich nicht teilgenommen. Diesem Übelstande könnte abgeholfen werden, daß den Ziegelboten aufgegeben würde, sich in keinerlei Geschäfte mit den Zieglern am Sonntage einzulassen. Eine hochgeneigte Beförderung eines derartigen Erlasses von seiten Hochfürstlicher Regierung will ich hiermit gehorsamst beantragt haben [...].
Ich komme zum Besuch der Kirche. Was aber soll ich darüber sagen? Sie wird von vielen regelmäßig besucht, von mindestens ebenso vielen aber entweder zu selten oder gar nicht. Ich habe im vorigen Jahre leider nicht erfahren, daß die Not beten lehrt;

das für die hiesige Gemeinde im Grunde zu kleine Gotteshaus war fast immer leer. Ich habe, das Zeugnis kann ich mir vor Gott und meinem Gewissen geben, getan, was in meinen Kräften stand, aber es ist mir nicht gelungen, die Kirche zu füllen. Gott gebe den hiesigen Webern bald bessere Zeiten, sonst fürchte ich, daß sich mehr und mehr auch der Kolonen, die nicht mehr existieren können und bereits zum Teil zu verschuldet sind, um nach Amerika auszuwandern, jene beklagenswerte Indolenz bemächtigen werde, eine Indolenz, wobei zuletzt jeder kirchliche Sinn untergeht [...].
Alle Welt jubelt zur Zeit über die neuerdings in politischer Hinsicht erkämpften Errungenschaften, über Pressefreiheit, Konstitution, deutsches Parlament etc.; in diesen Jubel stimmen nur die unteren Volksklassen nicht ein oder nur insofern ein, als sie unter Pressefreiheit die Freiheit, die Wohlhabenden pressen zu können, verstehen. Sie würden aber jubeln, wenn ihnen durch die verschiedenen neuen Zustände reelle, ihnen in die Augen fallende Vorteile geboten würden, wozu vor allen Dingen gehört das Erlassen verhaßter und drückender Akzidenzien und des Schulgeldes [...].
Was nun schließlich noch etwaige besondere religiöse Bewegungen und außerkirchliche Zusammenkünfte anlangt, so habe ich gehorsamst zu berichten, daß sich neuerdings hier beinahe ein Konventikelchen gebildet hätte. Pietisten aus Mackenbruch und Oetenhausen versammelten sich wiederholt bei einem Kolon Klasing in Billinghausen. Ich hörte davon und begab mich sofort zu dem genannten Klasing, konnte ihn aber zu Erörterungen nicht bewegen. Ich schied von Klasing mit der Überzeugung, daß er sich nicht zum Pietismus hinneige. Gleichwohl klagte mir schon nach ein paar Tagen eine alte kranke Frau, daß sie Klasing besucht und ihr, wie sie sich ausdrückte, die Hölle da heiß gemacht habe. Ebenso erfuhr ich, daß die Abendversammlungen in dem Klasingschen Hause nach wie vor gehalten würden. Ich brachte nun die Sache auf der Kanzel zur Sprache, indem ich an verschiedenen Sonntagen über Matth. 5,20; 6,5-8; 7,15-20; 7,21-23; 15,1-20 und Luk. 18,9-14 predigte. Die in Rede stehenden Versammlungen hörten auf, ob aber infolge meiner Predigten oder infolge der politischen Regungen und Bewegungen, das kann ich nicht sagen [...].

Hochgeehrter Herr Professor

So eben feiert jene Partei einen neuen Triumph über unsere arme Kirche, indem zum Nachfolger meines sel. Bruders der Verfasser anliegender Predigt, Candidat Kuhlmann, gemacht worden ist. O wehe, wehe Mariengemeine! Wir haben zu dem Herrn gerufen Tag und Nacht, aber es ist nicht sein Wohlgefallen gewesen, den Gräuel der Verwüstung von seinem heiligen Tempel abzuhalten. Wir haben schon vor einigen Tagen 80 Mitglieder der Gemeinde bei hiesigem Magistrate und der Regierung zu Detmold evang. Protest gegen den C. Kuhlmann eingelegt, sich berufend "auf die von der Gemeinde gehaltenen "Wahlpredigt, von der sie beweisen wollen, daß sie in Gottes Wort nicht gegründet ist, die heilige Schrift verkehrt auslegt und mißbraucht und über die "beiden Hauptlehren derselben, nämlich von der Person Christi, unseres Herrn und "Heilandes und von der Natur des Menschen ganz falsche und zum höchsten "Aergerniß gereichende Lehren aufstellt und dazu das heilige Wort Gottes "zu die Person Christi selbst mißbraucht."

Um nun dieser Protestation mehr Nachdruck und wo möglich practischen Erfolg zu geben, wünschen die Protestirenden ~~[illegible]~~ Facultätsgutachten von 3 Universitäten über die Frage: Ob der Cand. Kuhlmann als Verfasser anliegender Wahlpredigt für einen evangelisch-lutherischen Geistlichen anerkannt werden und auf Grund derselben Anspruch machen könne, Prediger unserer evangelisch-lutherischen Gemeinde zu werden, ob diese nicht vielmehr berechtigt sei, ihn als unzulässig zurückzuweisen.

Gestern ist bereits ein Schreiben desfalls nach Bonn abgegangen. Heute, wo

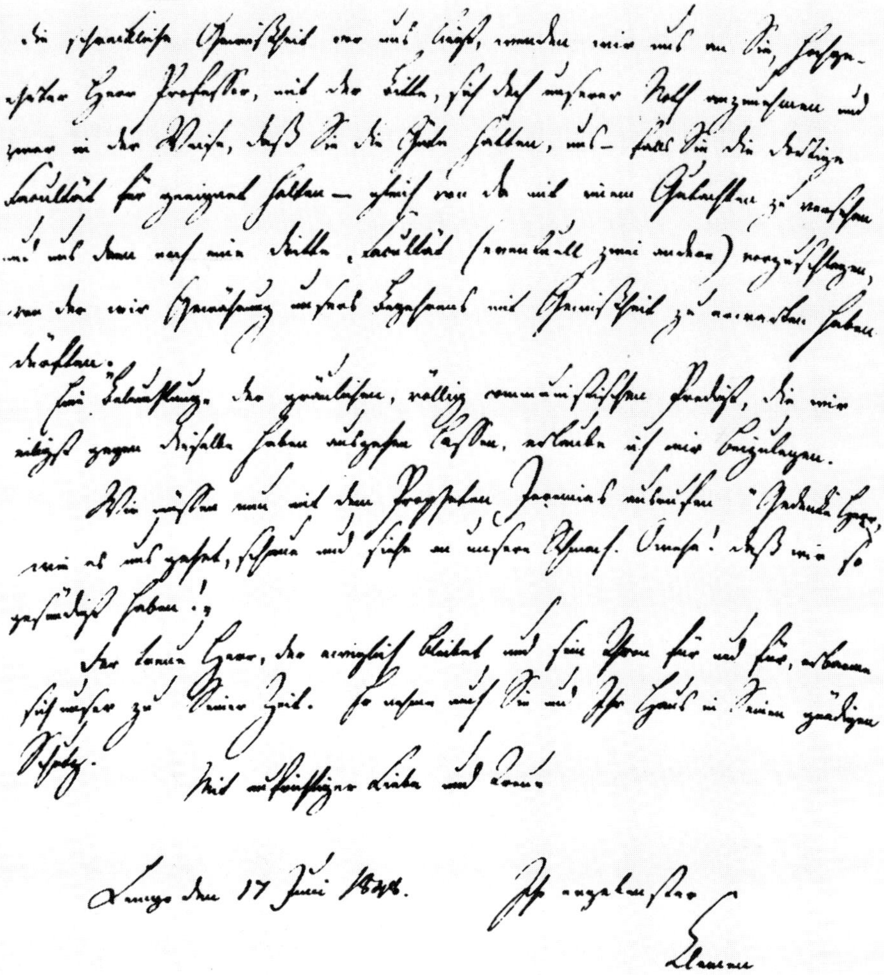

Als in dem politisch bewegten Jahr 1848 der Lemgoer Magistrat den aus der Stadt gebürtigen Kandidaten Rudolf Kulemann auf die Pfarrstelle an der Kirche St. Marien berief, ahnte er nicht, daß diese Berufung einen für Stadt und Land verhängnisvollen Kirchenstreit auslösen sollte. Kulemann war zwar ein Mann mit aufrechtem Charakter, wie auch seine Gegner zugaben und ein ungewöhnlich begabter Schriftsteller, aber: Kulemann stand politisch im Lager der Demokraten und theologisch in Verdacht, dem Pantheismus zu huldigen. Durch seine Wahlpredigt, die Kulemann unter dem Titel „Das Christentum ist eine siegende Wahrheit“ herausgegeben hatte, zog er den Zorn zahlreicher Gemeindeglieder auf sich, die in seiner Predigt unchristliche Auffassungen entdeckt hatten. An ihre Spitze stellte sich der Lemgoer Prorektor Clemen (vgl. S. 246), der alles in Bewegung setzte, um Kulemanns Berufung zu verhindern. Hilfesuchend wandte sich Clemen an den Berliner Theologieprofessor Hengstenberg, dem er am 17. Juni 1848 das vermeintliche Unheil mit den Worten schilderte:
„So eben feiert hier Satan einen neuen Triumph über unsere arme Kirche, indem zum Nachfolger meines seel. Bruders der Verfasser anliegenden Predigt, Candidat Kulemann, gewählt worden ist. O arme, arme Mariengemeinde! Wir haben zu dem Herrn gerufen Tag und Nacht, aber es ist nicht sein Wohlgefallen gewesen, den Gräuel der Verwüstung von seinem heiligen Tempel abzuhalten. Nun haben schon vor einigen Tagen 80 Mitglieder der Gemeinde bei hiesigem Magistrate und der Regierung zu Detmold event.

Protest gegen den P. Kulemann eingelegt, sich berufend „auf die vor der Gemeinde gehaltene Wahlpredigt, von der sie beweisen wollen, daß sie in Gottes Wort nicht gegründet ist, die heilige Schrift verkehrt auslegt und mißbraucht und über die beiden Hauptlehren derselben, nämlich von der Person Christi, unseres Herrn und Heilands, und von der Natur des Menschen ganz falsche und zum höchsten Ärgerniß gereichende Lehren aufgestellt und dazu das heilige Wort Gottes ja die Person Christi selbst mißbraucht".
Um nun dieser Protestation mehr Nachdruck und wo möglich practischen Erfolg zu geben, wünschen die Protestierenden Facultätsgutachten von drei Universitäten über die Frage: Ob der Cand. Kulemann als Verfasser anliegender Wahlpredigt für einen evangelisch-lutherischen Geistlichen anerkenne werden und auf Grund derselben Anspruch machen könne, Prediger unserer evangelisch-lutherischen Gemeinde zu werden, ob diese nicht vielmehr berechtigt sei, ihn als unzulässig zurückzuweisen.
Gestern ist bereits ein Schreiben dieserhalb nach Bonn abgegangen. Heute, wo die schreckliche Gewißheit vor uns liegt, wenden wir uns an Sie, hochgeehrter Herr Professor, mit der Bitte, sich doch unserer Noth anzunehmen und zwar in der Weise, daß Sie Güte hätten, uns — falls Sie die dortige Facultät für geeignet halten — gleich von da mit einem Gutachten zu versehen und uns dann eine dritte Facultät (eventuell zwei andere) vorzuschlagen, von der wir Gewähren unseres Begehrens mit Gewißheit zu erwarten haben dürften.
Eine Beleuchtung der gräulichen, völlig communistischen Predigt, die wir eiligst gegen dieselbe haben ausgehen lassen, erlaube ich mir beizulegen.
Wir müssen nun dem Propheten Jeremias ausrufen „Gedenke Herr, wie es uns gehet, schaue und siehe an unsere Schmach. O wehe! daß wir so gesündigt haben!"
Der treue Herr, der ewiglich bleiben und sein Thron für und für, erbarme sich unser zu Seiner Zeit. Er nehme auch Sie und Ihr Haus in Seinen gnädigen Schutz.
Mit aufrichtiger Liebe und Treue Ihr ergebenster Clemen".
Durch die eingeholten Bonner, Erlanger und Berliner Fakultätsgutachten sahen sich die protestierenden Gemeindeglieder bestätigt: Kulemann war in den Gutachten als ein zum Verkünder des Evangeliums untauglicher Theologe bezeichnet worden. Da aber der Magistrat ungeachtet des höheren Orts gefällten Urteils an seiner Entscheidung festhielt und Kulemann nicht aus dem Amt berief, löste Clemen den geistlichen Notstand auf anderem Wege. Er gründete in Gemeinschaft mit glaubensverwandten Gemeindegliedern in Lemgo die „Neue evangelische Gemeinde", die den aus Barmen gebürtigen Theologen Emil Johann Heinrich Steffann zu ihrem Pastor wählte. Steffann hielt am 5. August 1849 in Lemgo seine Antrittspredigt (vgl. S. 174)

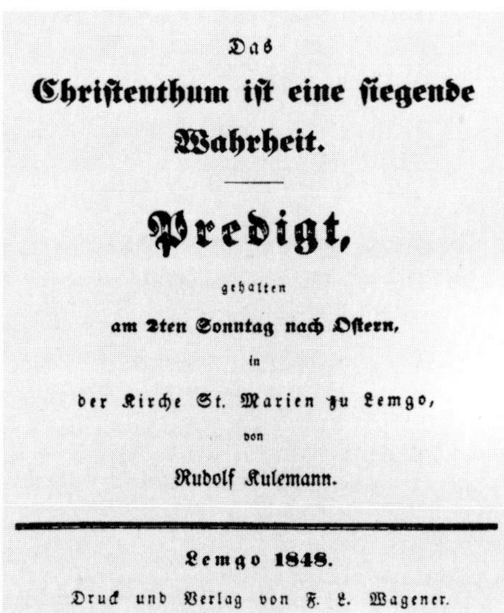
Das

Christenthum ist eine siegende Wahrheit.

Predigt,

gehalten

am 2ten Sonntag nach Ostern,

in

der Kirche St. Marien zu Lemgo,

von

Rudolf Kulemann.

Lemgo 1848.

Druck und Verlag von F. L. Wagener.

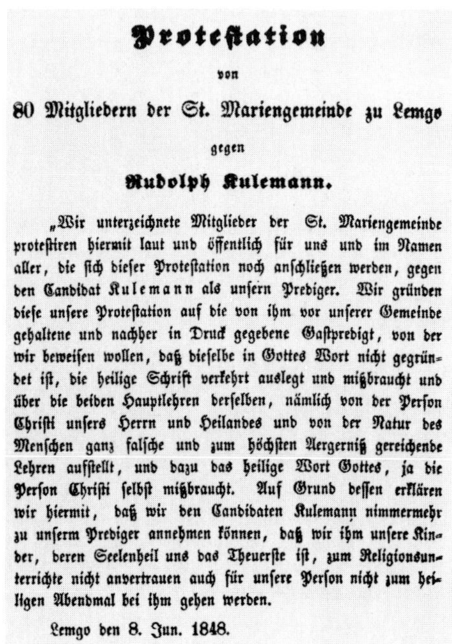
Protestation

von

80 Mitgliedern der St. Mariengemeinde zu Lemgo

gegen

Rudolph Kulemann.

„Wir unterzeichnete Mitglieder der St. Mariengemeinde protestiren hiermit laut und öffentlich für uns und im Namen aller, die sich dieser Protestation noch anschließen werden, gegen den Candidat Kulemann als unsern Prediger. Wir gründen diese unsere Protestation auf die von ihm vor unserer Gemeinde gehaltene und nachher in Druck gegebene Gastpredigt, von der wir beweisen wollen, daß dieselbe in Gottes Wort nicht gegründet ist, die heilige Schrift verkehrt auslegt und mißbraucht und über die beiden Hauptlehren derselben, nämlich von der Person Christi unsers Herrn und Heilandes und von der Natur des Menschen ganz falsche und zum höchsten Aergerniß gereichende Lehren aufstellt, und dazu das heilige Wort Gottes, ja die Person Christi selbst mißbraucht. Auf Grund dessen erklären wir hiermit, daß wir den Candidaten Kulemann nimmermehr zu unserm Prediger annehmen können, daß wir ihm unsere Kinder, deren Seelenheil uns das Theuerste ist, zum Religionsunterrichte nicht anvertrauen auch für unsere Person nicht zum heiligen Abendmal bei ihm gehen werden.

Lemgo den 8. Jun. 1848.

Die Einführungspredigt des Pastors Kulemann und die gegen ihn gerichtete „Protestation" von „80 Mitgliedern der St. Mariengemeinde zu Lemgo".

Horn, 1. Februar 1849
Pastor Brockhausen

[...] Gleichgültigkeit gegen Religion und Kirche hat nirgends bei uns zugenommen, obwohl es [...] einige wenige besonders unter den höheren Ständen gibt, die an der Kirche wenigstens ein sehr geringes Interesse nahmen. Von Pietismus, Sektiererei und religiösen Parteiungen dagegen ist unsere Gemeinde völlig frei und dadurch zeichnet sie sich nicht unrühmlich vor manchen anderen Gemeinden unseres Landes aus [...]. Den Judenhaß fand ich hier anfänglich noch ziemlich stark verbreitet, doch habe ich ihm mit Wort und Beispiel entgegenzuwirken gesucht; ich sage: auch durch Beispiel, indem ich dem hiesigen Judenlehrer als einen Gehilfen im Weinberge Gottes betrachtete, gern seine Besuche entgegennahm und auch ihn, selbst in dem Kreise seiner Schüler, besuchte. Derselbe begleitete mich denn auch mit den hiesigen Lehrern zum Begräbnis des verstorbenen Koch nach Heesten und feierte die ernste Stunde unter uns Christen mit. Sein kürzlich hier angekommener Nachfolger, welcher, gesangeskundig, ein Mitglied eines unserer Gesangvereine ist, half uns das Weihnachtsfest mit verherrlichen, indem er freudig in das aufgeführte Hosianna miteinstimmte und mir nachher gestand, er habe sich an meiner Predigt wahrhaft erbaut. Wohl mir, daß ich die Erfüllung meines Lieblingswunsches noch erlebe: die Aufhebung des wahnsinnigen Verbotes der Ehen zwischen Christen und Juden! Das ist die kräftigste, wirksamste Mission unter das Volk Israel. Nun wird bald alles unter Einem Hirten zu Einer Herde werden. Was die Lebendigkeit und den Erfolg meiner Wirksamkeit betrifft, so steht mir selbst darüber kein Urteil zu, und liegen auch höchst selten nur die Früchte des Religionslehrers offen am Tage. Indessen scheinen meine, ich darf es sagen, stets mit Fleiß und Lust ausgearbeiteten Predigten gern gehört zu werden und namentlich die wunden Flecke zu treffen, obwohl mir höchst selten bestimmte Persönlichkeiten vorschweben. Einen besonders guten Eindruck hat, wie man mir von mehreren Seiten versicherte, meine letzte Konfirmation gemacht. Ich hatte freilich auch das Glück, einige ganz ausgezeichnete Schülerinnen zu haben, so daß selbst das sonst so langweilige Examen nicht der Erbaulichkeit entbehrte. Todes- und Krankheitsfälle, auch wohl häusliche Zwiste gaben mir mehrmals Gelegenheit zu Hausbesuchen, die mit Ausnahme der letzteren unangenehmen Art, gern und dankbar gesehen wurden. Ach, daß meine Gemeinde, wo nicht zu groß, doch zu weit zerstreut ist, als daß ich mit allen Gliedern vertraut und innig werden könnte!
Ich muß es auch als einen Beweis der Achtung und Liebe ansehen, daß man sich zum Ausbau meines Hauses so bereitwillig gefunden hat, um mir eine bequemere und gesundere Wohnung zu verschaffen. Es ist durchaus mein Haus zu einem der besseren Pfarrhäuser geworden. Ich lebe darin nun auch im glücklichsten Frieden, umgeben von einem guten Weibe mit hoffnungsvollen Kindern; allein mein häuslicher Wohlstand mehrt sich nicht, droht im Gegenteil mehr und mehr abzunehmen. Denn meine Einnahme, an und für sich schon für eine zahlreiche Familie kaum ausreichend, wird durch die Art und Weise und Form, in welcher ich sie beziehe (zum größten Teile sind es Landmieten, Pachtkorn und Akzidenzien, mit welchen sämtlich viele freiwillige und unfreiwillige Ausfälle verbunden sind) noch unbedeutender, und darf nicht bloß zu mei-

nen gegenwärtigen Bedürfnissen verwandt werden, indem noch Schulden auf mir lasten, welche teils abgetragen, teils verzinst werden. Einfacher und sparsamer aber, als ich bereits lebe, kann ich als Prediger nicht leben, wenn ich nicht in der Achtung sinken und meinen Einfluß verlieren will [...].
Zu gelehrten Studien habe ich wenig Zeit und beschränken sich dieselben meist auf die Bücher der theologischen Lesegesellschaft und auf gelegentliche exegetische Forschungen auf Anlaß der Texte meiner Predigten, welche am Nachmittag gewöhnlich Homilien [= erbauliche Auslegung eines Bibeltextes] sind und demnach einen größeren Bibelabschnitt behandeln. Auch bin ich in der letzteren Zeit mit Angelegenheiten der Schule, die für mich noch immer viel Interesse hat, vielfach beschäftigt gewesen, wie ich denn außerdem auch meinen eigenen Kindern, zu welchen sich einige andere befreundete aus Horn gesellt haben, fast täglich Unterricht erteilen muß [...].

Wöbbel, 21. Februar 1849
Pastor Arnold

[...] Erleichtert wird dem hiesigen Prediger auf jeden Fall um vieles seine Wirksamkeit dadurch, daß [...] in der Wöbbelschen Gemeinde sich von altersher eine große Achtung und heilige Scheu in Beziehung auf das geistliche Amt erhalten hat, dasselbe dort ein weit größeres Ansehen genießt, als dies in vielen anderen Gemeinden des Landes, namentlich in solchen der Fall ist, die sich in der Nähe unserer größeren Städte befinden und von dort her manche nachteilige Einflüsse erfahren. Und es hat auch ohne Zweifel mein Herr Vorgänger durch die gute Zucht und Ordnung, welche er in der Gemeinde zu handhaben suchte und überhaupt durch den Eifer und die Treue, womit er dort seinem Amte vorgestanden hat, nicht wenig dazu beigetragen, die Autorität desselben hier aufrecht zu erhalten und demselben die ihm gebührende Achtung zu bewahren.
Hat sich diese Achtung denn auch in dem verflossenen Jahre unter den Stürmen der Revolution und trotz der „Errungenschaften des März" ungeschmälert erhalten, hat sich, welches ich rühmend hier zu erwähnen mich gedrungen fühle, während anderswo, selbst in unserem Lande, mannigfache Auflehnung wider göttliche und menschliche Ordnung stattfand und man auch dem geistlichen Amte vielfach Schmach angetan hat, wenigstens im Amte Schieder in erfreulicher Weise der alte gesetzliche Sinn der Lipper bewährt, und ist man dort in keinerlei Hinsicht weder dem Ansehen des Staats noch der Kirche zu nahe getreten. Auch hege ich zu dem gesunden religiösen Sinn des bei weitem größten Teils meiner Parochie das feste Vertrauen, daß von seiten der bekannten Grundrechte mit ihrer Glaubens- und Gewissensfreiheit dem kirchlichen Leben hier fast keine Gefahr droht und die Wirksamkeit des Predigers wohl wenig dadurch erschwert werden wird. Nur daß in dieser Zeit der Umwälzung, wo der Unglaube so mächtig sein Haupt erhebt und derselbe es durchgesetzt hat, daß man die christliche Kirche ihrer öffentlichen Rechte und Geltung beraubt und sie gewaltsam aus ihrer Verbindung mit dem Staate herausgedrängt hat, nur daß es jetzt um so mehr Pflicht jedes Geistlichen sein wird, in der Gemeinde den Glauben zu pflegen und die Liebe zu den alten kirchlichen Institutionen zu erhalten zu suchen.

Was ferner den religiösen Zwiespalt in meiner Gemeinde anlangt, so möchte derselbe wohl eher zur Förderung als zur Hemmung meiner Wirksamkeit gereichen, denn wenn es auch einerseits immer eine gewisse Störung in das Leben einer Gemeinde bringt, sofern einzelne darin infolge besonderer religiöser Ansichten sich von dem großen Ganzen absondern, [...] so ist doch durch dergleichen Zwiespalt, wo derselbe besteht, immer eine heilsame Bewegung und Aufregung in einer Gemeinde gegeben, wodurch das kirchliche Interesse nicht wenig gehoben wird und dasselbe in der Regel auch bei solchen erwacht, welche sonst den Schlaf des Indifferentismus schliefen. Und so zweifle ich denn nicht, daß das in meiner Gemeinde sich vorfindende pietistische Element oder wie man es sonst nennen will, auch für diese nicht ohne mannigfachen Nutzen gewesen ist und auch ferner sein wird, und das um so mehr, da dasselbe hier in milderer Weise auftritt als anderswo und Hoffnung da ist, daß dasselbe mit der Zeit mit dem Glaubensbewußtsein der übrigen Gemeinde sich wieder ausgleichen werde.

Hingegen als ein bedeutendes Hindernis für eine gesegnete geistliche Wirksamkeit zeigt sich grade hier im Dorfe Wöbbel das zur Zeit noch herrschende Laster des Branntweinsaufens, worüber bereits Herr Pastor Rohdewald, als er noch hier war, so häufig und laute Klage geführt hat. Nicht genug, daß der leidige Schnaps bei nicht wenigen hiesigen Orts ein gar zu beliebtes Getränk ist: es gibt auch hierselbst eine förmliche Rotte von vier bis sechs vollkommner Säufer, welche, sich gegenseitig verführend, ganze Tage und Nächte zechend und spielend in den hiesigen Krügen zubringen unter dem empörendsten Lärme und Toben und, wie sie sich selbst nebst ihren Familien nach und nach völlig dadurch zugrunde richten, so auch nicht selten durch den Unfug, welchen sie im Zustande der Trunkenheit treiben, in bedenklicher Weise die Ruhe und den Frieden des Dorfes stören und für die ganze Gemeinde ein nicht geringes Ärgernis geben. Das öftere Einschreiten gegen dieselben sowohl von seiten der Obrigkeit, von der sie in vorkommenden Fällen geschehener Anzeige zufolge gar manchmal polizeilich bestraft worden sind als auch von seiten meines Herrn Vorgängers, welcher sich, wie dies bekannt ist, unsägliche Mühe gegeben hat, um dem hier herrschenden Verderben durch den Branntwein durch jahrelanges Predigen dagegen, durch Gründung eines Enthaltsamkeitsvereins zu steuern, hat sich im ganzen als erfolglos bewiesen, ja es soll namentlich durch das schroffe, stürmische Auftreten des Pastors Rohdewald gegen den Schnaps, wie man sagt, manchmal mehr geschadet als genützt, sogar mitunter geradezu Öl ins Feuer gegossen, so daß ihrer etliche gereizt und erbittert dem Prediger zum Trotz nun erst recht gesoffen, und um ihn zu ärgern, unter dessen Fenster von auffallender Stelle aus seine Branntweinpredigten wiederholt und auch sonst allerlei Unfug getrieben haben. Darum ist mir gleich nach meiner Ankunft in Wöbbel von ernsten und besonnenen Männern geraten worden, in betreff des Kampfes gegen das Laster der Trunksucht meinem Vorgänger doch nicht in seiner übertriebenen Strenge und seinem allzu stürmischen Eifer nachzufolgen und namentlich nicht durch Teilnahme an dessen Enthaltsamkeitsverein mich in den Verdacht des Pietismus zu bringen, weil ich sonst unfehlbar in ein Wespennest hier greifen würde und leicht meine ganze Stellung als Prediger gefährden könnte, da ohnehin zu hoffen stehe, daß, wenn ich in stillerer ruhigerer Weise durch ein gutes Vorbild und mit gehöriger Vorsicht angebrachte christliche

Ermahnungen gegen den Schnaps zu wirken suche, weit eher etwas dagegen würde ausgerichtet werden als durch unaufhörliches Poltern und Lärmen auf der Kanzel dagegen, woran sich die Gemeinde ohnehin nicht recht erbauen könne und durch das Eingreifen von solchen Maßregeln, die nun einmal dem Volk mißfällig seien. Es gereut mich nicht, diesen Rat befolgt zu haben [...].

Zu diesen Ausführungen des Pastors Arnold nahm die Konsistorialbehörde in einem Schreiben vom 23. April 1849 wie folgt Stellung: Der vom Berichterstatter geäußerten Ansicht, daß man in Folge der neuesten Zeitbewegungen die christliche Kirche ihrer öffentlichen Rechte und Geltung beraubt und sie gewaltsam aus ihrer alten Verbindung mit dem Staate hinausgedrängt habe, kann Konsistorium nicht beipflichten, da vielmehr die Kirche gegenwärtig der bisherigen Bevormundung von seiten des Staats enthoben worden, endlich zu der größeren Selbständigkeit gelangen soll, nach welcher sie sich schon längst gesehnt hat. Dagegen werden freilich die Diener am Worte allen Eifer und alle Kraft des Geistes aufbieten müssen, damit die Kirche, mehr sich selbst überlassen, nicht nur äußerlich zusammengehalten werde, sondern sich auch im Geist und in der Wahrheit neu erbaue.

Augustdorf, 26. Februar 1849
Pastor Krecke

Es ist jetzt fast 5 Monate, daß ich in Augustdorf wohne. Ich bin daher noch nicht im Stande, einen befriedigenden Bericht über die Augustdorfer Gemeinde zu liefern und habe Anspruch auf Nachsicht zu machen.

Zu Anfange meines Hierseins suchte ich die hiesigen Armen kennenzulernen, um bei vorkommenden Unterstützungsgesuchen nicht fehlzugreifen; hernach habe ich die übrigen Einwohner Augustdorfs, Kolonen sowohl wie Einlieger, besucht und es sind jetzt nur wenige mehr, bei denen ich nicht im Hause gewesen bin. Sobald ich jede Familie besucht habe, denke ich nur bei besonderen Veranlassungen zu meinen Gemeindegliedern zu gehen, deren für den aufmerksamen Beobachter im Leben der Menschen genug vorkommen und bei denen man dem Menschen am leichtesten ins Herz sehen kann.

Die Kolonen und Einlieger stehen hier, wie wohl in den meisten Gemeinden unseres Landes, sich feindselig gegenüber. Es zeigt sich dies auch jetzt wieder bei der bevorstehenden Wahl zum Landtage, indem die Kolonen, wie es scheint, ihre Stimmen großenteils dem Meier zu Stapelage, wenn ich sie nicht auf einen anderen Weg bringen sollte, und die Einlieger ihre Stimme großenteils dem Schullehrer Tappe zu Pivitsheide geben werden. Die Kolonen werfen den Einliegern Trägheit und die Einlieger den Kolonen Härte vor, und beide Teile mögen in vielen Fällen Recht haben. Denn die Armut führt gar leicht Trägheit mit sich und die Armut ist hier groß, indem in den letzten Jahren über 40 Einliegerfamilien aus hiesigen Armenmitteln Unterstützung erhalten haben. Und das Vermögen, was der Mensch sich mit der größten Anstrengung seiner Kräfte erworben hat, wie das bei den Augustdorfer Kolonen der Fall ist, das hält er leicht zu fest. Die Spannung zwischen Einliegern und Kolonen wird hier noch größer werden, wenn bei der in Aussicht stehenden Senneteilung die Einlieger ganz ausgeschlossen werden sollten.

Der Schmutz ist in den Wohnungen der Augustdorfer zu Hause. Für den, der eine schwache Gesundheit hat, ist es nicht ratsam, in ihren Stuben lange zu verweilen. Dieser Schmutz scheint höchst nachteilig auf ihre Gesundheit einzuwirken, denn mit dem sogenannten Frost sind hier viele behaftet und müssen sich zuweilen, indem sie einen Arzt zu gebrauchen scheuen, jahrelang damit herumschleppen. Es ist aber umsomehr Pflicht eines Predigers, dem Schmutz durch Ermahnung entgegenzuwirken, weil derselbe auch auf die Seele nachteilig einwirkt.

Entwendung von Holz, Laub und Moos aus den herrschaftlichen Forsten scheinen die meisten für keine Sünde zu halten. Es möchte wohl kaum ein Augustdorfer sein, der sich dieses Diebstahls nicht schon schuldig gemacht hätte. Ja, der hiesige Kirchendeche Böger, der nach Ablegung der Kirchenrechnung seinen Abschied nehmen wird, machte mir sogar im Anfange meines Hierseins das Anerbieten, für mich Laub zu stehlen. Unsere Kammer könnte, wie mir scheint, vieles dagegen tun, wenn sie den Augustdorfern in den nahen Forsten gesetzlich freieren Spielraum ließe, indem die Augustdorfer, soweit ich ihre Bedürfnisse kenne, die Dinge, welche sie stehlen, schwer entbehren können. Sonst kann man den Augustdorfern keineswegs vorwerfen, daß sie diebisch sind.

Ausschweifungen des Geschlechtstriebes kommen hier auch ziemlich häufig vor. Es mag dazu der viele Verkehr mit Detmold beitragen. Auffallend stark scheint mir bei ihnen der Mangel an sittlichem Mute zu sein, der sich indes wohl im ganzen hier im Lande besonders unter den Landleuten selten vorfinden möchte. Nachzurühmen ist den hiesigen Kolonen ihre große Arbeitsamkeit. Zwei Drittel derselben sollen sich gut stehen und Geld und Zinsen haben. Außerdem sind sie äußerst sparsam. Die Wirtshäuser besuchen sie fast gar nicht. Tanzbelustigungen kommen selten vor.

Als ich hierher kam, fürchtete ich das Umsichgreifen des Pietismus, weil mir gesagt war, daß sich die Kolonen, die auch in der Oerlinghauser Gemeinde bei den unruhigen Zeiten eine große Neigung dazu zeigten, demselben zuwandten, und der hiesige Küster wie der hiesige Vorsteher die Leute bearbeiteten. Auch schien dies anfangs so, indem die Kirche schlecht besucht wurde, und ich kann durch Zeugen nachweisen, daß mich unser Küster im hiesigen Kruge verdächtigt hat. Der Küster und der Vorsteher haben indes ihr Spiel bereits verloren, obwohl ich weder auf der Kanzel noch im Leben ihnen unmittelbar entgegengewirkt habe. Die einzige Waffe, welche ich gegen beide gebraucht habe, ist die gewesen, daß ich meine Pflicht nach besten Kräften zu erfüllen suchte. Mit dem Besuche der Kirche bin ich jetzt wohl zufrieden. Meine beiden Gegner werde ich indes wohl nicht gewinnen, da sie mir herrschsüchtige Parteimenschen zu sein scheinen.

Was ich früher nicht wagen durfte, habe ich jetzt gewagt: die Stiftung eines Volksvereins. Ich habe indes erst einmal Versammlung gehalten, an der gegen 70 Männer teilnahmen und auf demselben die Wahlangelegenheit besprochen. In den nächsten Versammlungen werde ich die deutschen Grundrechte erklären und später die Verhandlungen des Lippischen Landtags besprechen.

Blick auf Oerlinghausen. Lithographie von Emil Zeiß. Um 1860. Die vermutlich um 1500 im gotischen Stil erbaute Kirche erhielt im Jahre 1878 durch die Bemühungen des Superintendenten Weerth einen neuen schlanken Turm.

Oerlinghausen, 26. Februar 1849
Pastor Volkhausen

Die merkwürdige Bewegung, welche vor einem Jahre (dem 24. Februar 1848), von Paris ausgehend, halb Europa ergriff und in alle Kreise sowohl des öffentlichen, staatlichen und kirchlichen als auch des Privat-Lebens, zum Teil auf eine erschütternde Weise, besonders auch in Deutschland eindrang, tat sich gleich in den ersten Wochen auch hier auf eine sehr laute, namentlich auch den Prediger verletzende Weise kund. Denn bei dem Tumulte, der hier in der Nacht vom 18. auf den 19. März vorigen Jahres ausbrach, begab sich der aufgeregte von unsinnigem Schwindel getriebene Haufen auch vor mein Haus und führte da einen Lärm, der bedeuten sollte, daß ich die Mietpreise der Pfarrländereien herabsetzen müsse, wie man mir vorher unter der Hand zu verstehen gegeben hatte. Dies veranlaßte mich, gleich am folgenden Tage, der ein Sonntag war, von der Kanzel in einer Bekanntmachung mein Verhalten in Ansehung der Vermietung der Pfarrländereien zu beschreiben und dessen Gerechtigkeit und Billigkeit nachzuweisen, gleichwohl aber zu erklären, daß ich denen, die die Zeitumstände zu ihrem Vorteile zu benutzen und ihrem Prediger noch mehr zu entziehen Lust hätten, als ihm ohnehin von Jahr zu Jahr an seiner Einnahme ausfiele, die Miete auf ihr Verlangen, noch mehr als bisher schon einzelnen geschehen, herabsetzen wollte, welches dann die Folge hatte, daß ich, ungeachtet der so rügend gefaßten Erklärung in dem dazu

von mir gesetzten Termine fast alle meine Mietsleute, unter ihnen auch Wohlhabende, meldeten, denen im ganzen ungefähr ein Drittel nachgelassen wurde, wodurch dann für mich ein Ausfall von ungefähr 70 Rtlr. in der Jahreseinnahme entstanden ist.
Die größeren Kolonen des Amts und der Kirchengemeinde hatten indessen ähnliche Erpressungen erfahren und waren zum Teil von Tumultuanten arg belästigt und beunruhigt worden. Diese aus begreiflichen Ursachen zum Konservatismus neigenden Gutsbesitzer wollten nun bemerkt haben, daß an jenen Tumulten je einer von den sogenannten Frommen teilgenommen hätte, welches sie dann bewog, als die Erledigung der Predigergehilfenstelle bekannt wurde, eine Koalition mit den Pietisten einzugehen und bei Konsistorio lebhaft für die Berufung desjenigen Kandidaten, der ihnen für ihr Interesse der rechte Mann schien, einzukommen, wozu jedoch bemerkt werden muß, daß einer der in Person am Konsistorio erschienenen Petenten [= Bittsteller] gar nicht aus Interesse für die Sache, sondern bloß vom Geiste der Intrige geleitet, sich beteiligt hat, wie ein anderer unter ihnen — wiewohl ein hauptsächlicher Wortführer — von seinem Anwalte, einem bekannten pietistisch gesinnten oder sich so gebärdenden Advokaten dazu angestiftet sein soll [...].

Horn, 28. Februar 1849
Pastor Wippermann

Obwohl auch die Gemeinde Horn von den allgemeinen politischen Bewegungen ergriffen war, so ist doch keine einzige Unordnung, kein einziger Volkstumult, keine einzige Ruhestörung weder in der Stadt noch auf dem Lande vorgekommen, und wenige Orte mögen so ruhig gewesen sein. Zwar fehlt es nicht an einzelnen, welche auch nach kommunistischer Ansicht Lust zum Teilen haben und es würden bei einem allgemeinen Rauben und Plündern auch sie nicht zurückgeblieben sein. Allein ihre Anzahl sieht die Unvernunft des Kommunismus ein. Ich habe wenigstens ein paarmal mit Entschiedenheit gegen den Kommunismus und den Atheismus gepredigt, um von meiner Seite das meinige zu tun.
Es haben die politischen Bewegungen bisher noch nicht dem Besuche des Gottesdienstes und dem religiösen Leben der Gemeinde geschadet. Wahrscheinlich werden aber dieselben nach der Natur der Sache dem religiösen und christlichen Leben in der Zukunft großen Abbruch tun. Es werden in der jetzigen Zeit mehr Zeitungsblätter und andere Schriften gelesen und es sind die meisten einflußreichen Schriftsteller und Zeitungsschreiber irreligiös, unchristlich und selbst zum Teil atheistisch. Es wird deshalb die Presse in Zukunft im allgemeinen auf Religion und Christentum vorerst nachteilig einwirken, obwohl zuletzt die gute Sache den Sieg nach manchem Kampfe behalten wird. Ein kleines Gegengewicht gegen die Macht einer vielfach unsittlichen, verderbten Presse wird vielleicht die neue Konstituierung der Kirche im Synodalwesen bei der Öffentlichkeit der Verhandlungen abgeben, weil hierdurch die allgemeine Aufmerksamkeit auf das Kirchliche und Religiöse hingelenkt wird.
Es sind die Kirchenältesten mehrfach versammelt gewesen. Ich habe bei der Versammlung daran erinnert, daß nach den Grundrechten zwar die Einsegnung der Ehe nicht bürgerlich gefordert werde, daß aber dieselbe für die evangelische Kirche nicht aufge-

hoben sei. Gleichwohl wird durch die Grundrechte und ihre falsche Auffassung eine gewisse Gleichgültigkeit und Geringschätzung der kirchlichen Trauung herbeigeführt. Wahrscheinlich würde eine öffentliche kirchliche Erklärung von seiten des Konsistoriums, die von der Kanzel verlesen würde, von heilsamer Wirkung sein, daß für den evangelischen Christen auf christlichem Standpunkte die kirchliche Trauung notwendig sei, wenngleich dieselbe bürgerlich nicht erzwungen werden könne.
Einige Eheleute habe ich zum Frieden ermahnt und bin nicht besonders glücklich dabei gewesen. Glücklich bin ich darin gewesen, daß ich einige streitende Parteien vom Eide und Meineide zurückgehalten und einige Friedensvergleiche zu Stande gebracht habe. Es richten die zahllosen Streitigkeiten und Prozesse ein großes Unheil an und sind für unser Land ein wahres Verderben [...].
Es ist die Volksbibliothek, deren Bücher ich verteile, fleißig benutzt; nur schlimm ist es, daß die Bücher durch häufigen Gebrauch abgenutzt werden. Es sollte eigentlich vom Landtage für die Volksbibliothek etwas getan werden, und werde ich in Zukunft diesen Vorschlag für Deutschland wahrscheinlich weiter verfolgen. Pietistische Bewegungen sind nicht vorgekommen. Seitdem der unruhige Riemenschneider nach Lemgo und von da nach Amerika gezogen, ist Ruhe wieder eingekehrt [...].

Heiden, 28. Februar 1849
Pfarrgehilfe Kotzenberg

Als ich vor nun 13 Monaten meine Wirksamkeit in hiesiger Gemeinde als Gehilfe des Herrn Pastor Arnold und im besten Einverständnis mit demselben (das auch bis heute ungetrübt fortbesteht) begann, fand ich in der Gemeinde im allgemeinen einen religiösen und kirchlichen Sinn vor, der nur durch einige teils pietistische, teils kommunistische, aus auswärtigen Einflüssen wohl erklärten Elementen in etwas gestört erschien. Infolge der Ende Februar und Anfang März eintretenden politischen Aufgeregtheit stellten sich aber die religiösen resp. irreligiösen Parteien schroffer gegeneinander, indem einerseits die kommunistische Partei offen Unglauben predigte und Ämter zu sich herüberzuziehen versuchte, andererseits die pietistische Partei das Ende aller Dinge herbeigekommen und sogar in der unschuldigen deutschen Kokarde [= nationales Abzeichen an der Uniformmütze] das Malzeichen des Antichrists [= Gegner des Christentums] zu sehen meinte, worin sie durch das Lesen mehrerer Schriften, namentlich des „flüchtigen Paters“ bestärkt wurde. Ich sah mich daher genötigt (auch zu meiner eigenen Verteidigung, da ich von verschiedenen Seiten verdächtigt wurde), mich sowohl über die Zeitverhältnisse als auch über die verschiedenen Parteiansichten und Bestrebungen in einer Reihe von Predigten auszusprechen, wozu mir der 1. Brief Johannes, den ich von meinem ersten Auftreten an fortlaufend zu behandeln angefangen hatte, ungesucht Veranlassung gab. Hierdurch, sowie durch Unterredung und Belehrungen außerhalb der Kirche, namentlich bei den Besuchen der einzelnen Gemeindeglieder, die ich in dieser Zeit begann und bis zum Herbste hin fortsetzte, gelang es mir, bei dem überwiegend größten Teile der Gemeinde volles Vertrauen zu gewinnen und die nach beiden Seiten abirrenden Glieder der Mehrzahl nach zurecht zu führen und so die hereinzubrechen drohende Zwietracht in möglichste Einigkeit zu verwandeln.

Da nun auch die auswärtigen Einflüsse besonders pietistischerseits von Lemgo her mehr und mehr schwanden, so verringerte sich die Zahl der Verirrten oder Abtrünnigen von Tag zu Tag, so daß jetzt nur noch etwa 6 Kommunisten (oder lieber Atheisten) und 18 Pietisten vorhanden sind, die aber, keiner Belehrung und Einwirkung zugänglich, schwerlich sobald auf den rechten Weg werden zurückgebracht werden können. Die Pietisten pflegten sonntäglich nachmittags an verschiedenen Orten der Gemeinde Konventikel zu halten; um diese wo möglich aufzuheben, besuchte ich selbst einmal ein solches Konventikel, um einesteils die Art und Weise dieser außerkirchlichen Erbauung näher kennenzulernen, andererseits durch Belehrung und Ermahnung die bloß Verführten davon abzubringen, wovon ich auch den erbaulichen Erfolg hatte, daß nach und nach die Konventikel gänzlich aufhörten und jetzt, so viel ich weiß, nicht mehr stattfinden. Das hat jedoch zum Teil auch darin seinen Grund, daß die sog. Häupter der Partei jetzt entweder nach Brake oder nach Cappel in die Kirche gehen.
Was nun den Kirchenbesuch hier betrifft, so ist derselbe im ganzen sehr gut zu nennen, besonders im Winter; denn im Sommer sind eine Menge Männer als Ziegler auswärts und die Detmolder Frühkirche zieht viele, die nahe bei Detmold wohnen, an. Von den Bauerschaften Jerxen und Orbke gehen aber im Winter die meisten gewöhnlich nach Detmold. Die Nähe von Detmold möchte auch in Beziehung auf Zucht und Sitte von nicht geringem Einflusse sein, indem es von gar vielen bekannt ist, daß sie sich des Sonntags in den Wirtshäusern herumtreiben, andrer Laster, die dort in der Nähe getrieben werden, nicht zu gedenken. Außerdem möchte auch die Pivitsheide als eine Gegend bezeichnet werden dürfen, wo Zucht und Sitte nicht eben im besten Zustande sich befinden; sonst herrscht doch im größten Teile der Gemeinde Ordnungssinn und Sittlichkeit vor, und nur die traurigen Verhältnisse des Proletariats lassen hier und da schlimme Auswüchse hervortreiben. Was mir irgend möglich war und soweit ich es für vereinbar mit dem Predigtamt hielt, habe ich mich auch bemüht, auch für Zucht und Sitte sowie für bürgerlichen Ordnungssinn zu wirken und ich habe oft erfahren, daß das Wort des Predigers noch kräftig zu wirken vermag [...].

Langenholzhausen, 1. März 1849
Pastor Krücke

In der reformierten Kirche unseres Landes ist es in dem Jahre vom 1. März 1848 bis 1. März 1849 bei den vielen politischen Stürmen unter des Herrn gnädiger Bewahrung in Ruhe und Ordnung geblieben, und so ging denn auch in kirchlichen Angelegenheiten alles in hiesiger Gemeinde in seinem regelmäßigen und ruhigen Gange. Auch zeigt sich durchaus kein Verlangen nach Umwälzungen. Die Kirche wurde fleißig besucht und es herrschte in ihr Stille und Andacht [...].
Aus hiesiger Gemeinde fanden auch im verflossenen Jahr Auswanderungen nach Amerika statt, doch nicht in so großer Anzahl als früher. Die dürftigen Einlieger müssen aber zurückbleiben, weil ihnen die Mittel zur Überfahrt fehlen.
Bei den den 8. März 1848 in unserm Lande ausbrechenden politischen Unruhen zeigte es sich auch hier, daß eine geringe Anzahl von Demokraten in ihrer Verblendung viele andere blindlings in die Irre führten. Was Besonnenheit tun kann, wenn man nur zur

rechten Zeit Nachricht hat, zeigt sich an dem Vorsteher in Kalldorf, welcher den Versuch zur Aufregung dort gänzlich unterdrückte. Sehr verführend wirken die demokratischen Blätter ein. Da man einen volkstümlichen Verein ohne vorhergegangene Anzeige in dem Schulzimmer hielt, so habe ich darüber zu seiner Zeit an Hochfürstliches Konsistorium berichtet. In Rücksicht auf das Zirkular vom 8. Februar 1849 mit den Vorlagen bemerke ich gehorsamst, daß, da wir unsere Kreissynode noch nicht gehalten haben, ich es auch bis jetzt noch nicht an das Presbyterium bringen konnte. Ich erwarte aber, daß sich dasselbe übereinstimmend mit meiner Ansicht im Namen der Gemeinde für eine auf kirchlichem Boden stehende Synode (aus Predigern und Presbyterium) erklären wird, die nur in dem Sinne konstituierend genannt werden kann, als sie auf das Bekenntnis der reformierten Kirche (namentlich des Apostolicums und der Augustana etc.) und der zu Recht bestehenden Kirchenordnung die Veränderungen vornimmt, die in Beziehung auf das Verhältnis von Kirche und Staat etwa nötig geworden sind. Wie denn auch Hochfürstliches Konsistorium in dem Zirkular die Kirche des Landes die reformierte nennt und von Veränderungen (Modifikationen) redet, so ist es auch überhaupt in unserer Zeit besonders nötig, daß in der Kirche nicht destruktiv, sondern konservativ verfahren werde [...].

Wüsten, 1. März 1849
Pastor Knoll

Der gewaltige Sturm der Revolution, der durch Deutschland und fast ganz Europa brauset und vieler Orts auch die christliche Kirche erschüttert hat, hat im ganzen hier weniger als anderwärts auf das kirchliche und religiöse Leben influiert. Die Kirche ist nach wie vor vom nichtpietistischen Teile der Gemeinde fleißig besucht worden. Der gehorsamst Unterzeichnete hat in seinen öffentlichen Vorträgen wiederholt die großen Ereignisse der Zeit berührt und zwar allezeit in der Absicht, die aufgeregten Gemüter zu besänftigen und ihnen vor allem vorzuhalten, daß die politische Freiheit kein Gut, sondern ein Übel sei. „So euch der Sohn frei macht, so seid ihr recht frei": das war der Grundton, der sich durch alle diese Vorträge hindurchzog.
In der Gemeinde sind in keiner Weise unruhige Bewegungen vorgekommen. Demokratische Elemente sind fast gar nicht, höchstens in einigen Einliegerköpfen, vorhanden; dagegen tritt, namentlich unter den Pietisten, ein ultra-reaktionärer Geist zu Tage [...].
Das pietistische Treiben hat in diesem Jahre wiederum zugenommen. Ganze Familien sind den Proselytenmachern, die Tag und Nacht nach Beute rennen und jagen, zugefallen. Außer dem Kolon Jobstharde ist der Lehrer Plöger der unverdrossenste Koryphe [= das Haupt] der Partei. Das Verbreiten von Traktätchen ist dem letzteren im Namen des Konsistorii untersagt worden und hat er dieserhalb sich zu fügen erklärt.
Bei den meisten Beerdigungen von Pietisten und deren Kinder reden die Anführer der Partei frei, bald hoch- bald plattdeutsch. Das Erzählen von Bekehrungsgeschichten, das Auffordern zur Buße im pietistischen Sinne soll sicherem Vernehmen nach den Hauptinhalt dieser Reden ausmachen, zu welchen Versammlungen die ganze Gemeinde pietistischen Teils zusammengeladen wird. Es mag 15 bis 20 Mal im Jahre vorkommen. Die Leichengesänge leiten die Leute selbst, von Zeit zu Zeit der Lehrer

Plöger. Förmlicher Anstoß wird dadurch zwar nicht gegeben, allein dem nichtpietistischen Teil der Gemeinde ist solches wie das ganze Treiben der nicht selten bis zum feindseligen Fanatismus gesteigerten Partei höchst zuwider.
Die religiösen Zerwürfnisse haben wiederholt auf die Familien- und Freundschaftsbande den beklagenswertesten Einfluß. Der gehorsamst Unterzeichnete ist der Verdächtigungen und Anfeindungen der Partei zum großen Bedauern der nichtpietistischen Gemeindeglieder unaufhörlich ausgesetzt. Ach, auch er muß in dieser Hinsicht mit David klagen, Psalm 69,5: „Die mich ohne Ursache hassen, derer ist mehr, denn ich Haare auf dem Haupte habe“. Der glücklichste Tag seines Lebens würde der sein, an welchem er dieses Tal, durch welches der finstere Geist des Pietismus geht, wie durch kein anderes unseres Landes, für immer verlassen könnte. In Wüsten will es wahrscheinlich etwas sagen, daß ein nichtpietistischer Prediger die Amtsfreudigkeit nicht verliere. Zum „Seufzer“ hat er jeden Tag gerechte Veranlassung. Ein solches beständiges Hetzen und Jagen macht mürbe und alt vor der Zeit!
Der Mäßigkeitsverein ist unter den großen Bewegungen der Zeit — wie bekannt allerwärts — ins Stocken geraten. Wiederholt treten Mitglieder aus, selten jemand hinzu. Es ist, als ob der politische Sturm auch diese Blüte der Friedenszeit zerknicken wollte.

Schötmar, 2. März 1849
Pastor Cronemeyer

Die mancherlei und großen Bewegungen, welche im verflossenen Jahre im bürgerlichen Leben sich außer und besonders auch in Deutschland gezeigt haben und zugleich von bedeutendem Einflusse auf den Geist und das Leben in der Kirche waren, fanden auch in hiesiger Gemeinde eine große allgemeine Teilnahme, haben jedoch, die kurze Zeit der mehr künstlich hervorgebrachten Aufregung und Unruhe, worin Ordnung und Gesetz ihr Ansehen und ihre Kraft verloren zu haben schienen abgerechnet, keine bedeutende, wenigstens keine für das kirchliche Leben nachteilige Folgen [...] gehabt und so auch im Verhältnisse der Gemeinde zum Prediger nichts geändert.
Während der ganzen noch immerfort währenden Zeit der Aufregung und Gemütsbewegung, in welcher die Leute mit ihren Ansichten, Meinungen, Wünschen und Forderungen freier und rückhaltloser hervortraten, sind vieler Herzen Gedanken offenbarer geworden und war dem Prediger Gelegenheit geboten, mit der Beschaffenheit seiner Gemeinde und mit ihren Bedürfnissen genauer bekannt zu werden. Ich habe deshalb auch, soweit es irgend meine übrigen Geschäfte erlaubten, die Zeit dazu benutzt, die Leute in ihren Häusern zu besuchen, um sie über die Zeitverhältnisse aufzuklären, die Furchtsamen zu beruhigen, die Traurigen zu trösten, die Leichtsinnigen zu warnen und alle zu ermahnen, an dem festzuhalten, was allein bleibend und über den Wechsel der Zeit erhaben ist.
Unter dem hierselbst besonders zahlreichen Einliegerstande gibt es viele fleischlich und unkirchlich gesinnte Leute, denen der Bauch ihr Herr und ihr Gott ist, welche unzufrieden mit ihren Verhältnissen und mit ihrer gegenwärtig allerdings gedrückten Lage, weil ihr hauptsächlicher Erwerb, die Spinnerei und Weberei, einen geringen Erwerb verschafft, voll Neid auf alle Besitzenden als die allein Glücklichen blicken. Sie wollen

es nicht einsehen, daß durch ein verständiges Sichschicken in die Zeit, durch festes Gottvertrauen und ein fleißiges, mäßiges und nüchternes Leben sie selbst ihren Wohlstand finden und bewahren können und daß Zufriedenheit und Gottseligkeit ein größerer und sicherer Gewinn sei. Zu den eitlen Hoffnungen dieser Leute gehört auch die, daß wenn erst die Schule von der Kirche getrennt würde, sie nicht nur kein Schulgeld mehr zu bezahlen, sondern auch ihre Kinder nicht mehr zur Schule zu schicken brauchten als ihnen beliebte.
Doch der bei weitem größere Teil der Gemeinde ist verständiger und besser gesinnt, hält auf ein einfaches Leben, auf Gottesfurcht, Zucht und Sitte im Hause und führt einen guten Wandel. Unter den Einwohnern z. B. sind mir nur fünf in dem ersten Pfarrdistrikt bekannt geworden, die sich noch mitunter zur Unmäßigkeit verleiten lassen und auf Mahnungen und ernstliche Vorstellungen nicht achten. Von einer Trennung der Kirche vom Staat und der Schule von der Kirche wollen die meisten nichts hören, betrachten dieselbe vielmehr als ein Übel, welches mir als ein Zeichen gilt, daß diese jetzt so viel besprochene Angelegenheit kein im Volke vorhandenes Bedürfnis, sondern nur ein von sog. Volksfreunden künstlich erwecktes, aber wenig verstandenes Verlangen sei. Wohl spricht sich der Wunsch nach einer größeren Beteiligung der Gemeinde bei der Regelung ihrer inneren und äußeren Angelegenheiten bei den verständigeren Gemeindegliedern aus, erkennt aber die Notwendigkeit einer obersten Leitung wohl an, wenn Einigung stattfinden und das wohlverstandene Interesse der Kirche gewahrt werde soll [...].

Almena, 8. März 1849
Pastor Reinert

In dem so merkwürdigen Jahre 1848 hat sich in der Almenaer Gemeinde wenig Neues zugetragen. Unruhige Bewegungen und gesetzwidrige Auflehnungen fanden nicht statt. Die niedrigste und ärmste Klasse freut sich der billigen Kornpreise und würde sehr zufrieden sein, wenn nur der Linnenhandel besser ginge, indem sie sich größtenteils von der Weberei erhalten muß. Andere Verdienste sind hier gar nicht.
Im Laufe des Jahres wurde ich mit einem mir noch ganz unbekannten Geschäfte durch den Kommandeur der Wehrmänner im Amte Sternberg beauftragt; nämlich die Fahne einer Kompanie zu weihen. Fahnenweihen hatten auch die Prediger in dem benachbarten Hessenlande vorgenommen, welches dann auch hier nachgeahmt worden ist. Jene Prediger vollzogen die Weihe wie wenn man ein Kind tauft, im Namen des Vaters, des Sohnes und des heiligen Geistes, was ich sehr mißbilligen muß. Die Fahnenweihe wurde vorgenommen auf einem freien grünen Platze, auf welchem eine von Rasen gebildete Erhöhung mit Bäumen umgeben gemacht war. Ringsumher standen die Wehrmänner unter Waffen. Ich erklärte den Wehrmännern die 3 Farben der Fahne, der sie nun folgen wollten, nämlich: die goldene Farbe bedeutet Reinheit und Unschuld, die rote Farbe Liebe und Gerechtigkeit, die schwarze Trauer und Tod. Bleibt standhaft und treu in der Reinheit und Unschuld, in der Liebe und Gerechtigkeit bis in den Tod, dazu sei diese schwarz-rot-goldene Fahne geweiht. Die feierliche Stille, welche hierauf unter der versammelten Menge herrschte, wurde wieder unterbrochen durch den Kom-

mandeur, der mit kräftiger Stimme einige Toaste und einige Worte bei der Übergabe der Fahne weithin schallen ließ. Nachdem hierauf die Wehrmänner eine kleine Probe von ihrer Fertigkeit im Exerzieren abgelegt hatten, begaben sie sich mit geschwindem Marsch nach der Behausung des Fähnrichs, wo ein Ball eröffnet wurde. Die Feier wurde noch dadurch erhöht, daß der Herr Superintendent Zeiß in Silixen, der Herr Amtmann Preuß und der Herr Assessor Neubourg aus Alverdissen mit ihrer werten Gegenwart beehrten, indem diese Herren an der eigentlichen Fahnenweihe wegen der stattgehabten Introduzierung des Pastors Petri in Alverdissen nicht hatten teilnehmen können. Die Festfreude ist durch nichts gestört worden. Das Schnapstrinken war untersagt und unterblieb. Bier wurde unentgeltlich verabreicht.
Es hat sich auch hier ein Volksverein gebildet, der aus Gründen sich keinem anderen bestehenden Vereine angeschlossen hat noch anschließen wird. In den Versammlungen werden die Tagesereignisse erzählt, die Grundrechte erklärt und sonstige Besprechungen über die neuesten Erscheinungen in der Politik usw. vorgenommen, um die Menschen zu belehren, aufzuklären und vor Verirrungen zu bewahren.
Die bisherigen Roheiten und Zügellosigkeiten scheinen jetzt abnehmen zu wollen. Den Lesebegierigen stehen immer Bücher zur Lektüre durch den Unterzeichneten und durch den Küster Bax bereit. Eine Fortbildungsschule hat diesen Winter noch nicht eingerichtet werden können. Der Mäßigkeitsverein ist ins Stocken geraten, denn nur Pietisten nehmen daran teil; diese sind aber bei den übrigen Gliedern der Gemeinde verhaßt. Die Pietisten meiner Gemeinde suchen jetzt ihr Heil in Lüdenhausen, indem dort aus dem heiligen Geiste gepredigt werde wie auch von Sündenfall, von der gänzlichen Verdorbenheit der menschlichen Natur und von der Gnade.

Hohenhausen, 15. März 1849
Pastor Krüger

Das verflossene Jahr hat viel Unheil über die Kirche gebracht und wird in seinem Gefolge höchst wahrscheinlich noch mehr bringen. Die Revolutionäre haben es teuflisch klug angefangen, ihren verderblichen Lehren Eingang zu verschaffen und das Volk zu Mord und Gesetzlosigkeit zu verleiten, indem sie demselben den Glauben an den lebendigen, allwirksamen Gott und damit auch an die göttlichen Lehren der heiligen Schrift nehmen. Der Mensch hat keinen Erlöser mehr nötig, denn er selbst ist Gott und alles, was er tut, ist recht. Die Begriffsverwirrung ist aufs höchste gestiegen, denn rechtmäßiges Eigentum heißt Diebstahl und ruhige Untertanen werden Rebellen genannt. Menschen, die sich selbst nicht beherrschen können, ihr eigenes Hauswesen nicht in Ordnung halten, wollen jetzt die Völker beglücken. Die scheußlichen Lehren werden mündlich und durch Schriften so tätig verbreitet und schmeicheln den Leidenschaften so sehr, daß immer mehr der Beurteilungsunfähigen (und dazu gehört bei weitem die Mehrzahl des Volks, wenn es auch noch so oft für mündig und souverän erklärt wird) ihren Beifall geben. Wenn der Allmächtige den Höllenstrom nicht ableitet, ich glaube, Menschen vermögen es nicht mehr.
In meiner Gemeinde ist es bis jetzt noch ziemlich ruhig geblieben, obgleich sich der nachteilige Einfluß einiger Volksversammlungen, welche Auswärtige in den hiesigen

Die Kirche in Hohenhausen. Tuschzeichnung von Emil Zeiß. Um 1865. Die Kirche wurde im Jahre 1887 durch einen Anbau vergrößert.

Wirtshäusern hielten, auf einzelne nicht verkennen läßt. Die Kirche wurde indes wie immer fleißig besucht und ich hielt es für Pflicht, einigemale in Predigten, besonders in der letzten Reformationspredigt, auf die Absichten der Revolutionäre und ihr unchristliches Treiben aufmerksam zu machen. Dasselbe habe ich auch beständig in Privatgesprächen getan und da auch oft die Furcht aussprechen hören, daß es durch ein solches Treiben nur schlimmer in der Welt werden könne. Wenn nur die Gutgesinnten immer mehr zusammenträten und den Widerchristlichen mit Wort und Tat widerständen! Doch wir haben ja die hohe, tröstliche Verheißung: „Selbst die Pforten der Hölle werden die Kirche Gottes nicht überwältigen".

Da ich keine Vorschläge hinsichtlich des Kirchlichen machen kann, bis man erst weiß, was die nächste Zukunft bringt, so erlaube ich mir noch folgende Bemerkung über Kirchenvisitationen: Bei denselben war außer dem Superintendenten bis jetzt auch der Beamte zugegen und ebenso wurden die Schullehrer, Kirchen- und Armendechen, auch wohl die Kirchenältesten bewirtet. Dies verursachte der Kirchenkasse, die gewöhnlich nicht zum besten dotiert ist, jedesmal bedeutende Kosten, welche in neueren Zeiten noch erhöht wurden, da in der Regel die Visitation alle 3 Jahre sein soll. Früherhin hatte die Gegenwart der obengenannten Personen beim Mahle noch Sinn, weil da unmittelbar nachher die Kirchen- und Armenrechnungen abgenommen wurden. Da dies aber schon viele Jahre lang nicht mehr geschieht, so wäre mein unmaßgeblicher Vorschlag, daß Hochfürstliches Konsistorium verordnen möge, daß künftig allein der visitierende Herr Superintendent gespeist werde (da die weltlichen Beamten doch bei der ganzen Sache nichts zu tun haben, ebensowenig wie Lehrer und Dechen), wodurch die Kostenberechnung fast auf nichts zurückfiele.

Varenholz, 2. April 1849
Pastor Merckel

Daß der Geist der neuesten Zeit kein der Kirche, ihren Angelegenheiten und Dienern günstiger, vielmehr in manchem Betrachte ungünstiger und feindlicher ist, ist bekannt und daß dieser Geist auch die hiesige Gemeinde nicht unberührt gelassen hat, habe ich schon am Schlusse meines vorigen Berichtes erwähnt. Geklagt wird auch hier, vorzugweise freilich aber doch nicht allein von den sog. Frommen über Unglauben und Bosheit der Menschen und es ist nicht zu verkennen, daß diese Klagen nicht ohne Grund sind, wenn sie sich auch bei näherer Prüfung als übertrieben herausstellen.
Zu bedauern ist insbesondere auch, daß der Branntwein-Teufel in Folge des ersten Freiheitstaumels wieder eine größere Herrschaft bekommen hat. Indes ist doch auch bei den Aufgeregtesten das erste Strohfeuer ziemlich ausgebrannt und die Besinnung und Besonnenheit zurückgekehrt. Das Lärmen und Toben in den Wirtshäusern und auf den Straßen, welches an der Tages- oder vielmehr Abend- und Nachtordnung war, hat fast durchgängig aufgehört und der Ruf „Freiheit und Gleichheit“ ist gänzlich verstummt. Übrigens habe ich in dem Besuche der Kirche keine Abnahme bemerkt und meine Stellung zur Gemeinde hat, soviel mir bekannt geworden ist, durchaus nicht gelitten. Wenn auch hier die törichte Meinung herrscht, daß Akzidenzien und Schulgeld ohne Ersatz aufgehoben werden würden, so ist es doch niemandem eingefallen, mir von den ersteren etwas zu verweigern und es ist überhaupt in keiner Weise eine Auflehnung gegen die kirchliche Ordnung vorgekommen [...].

Falkenhagen, 20. April 1849
Pastor Melm

Indem ich den gegenwärtigen, wegen überhäufter Dienstgeschäfte vor Ostern verspäteten Pastoralbericht beginne, bin ich in dem Fall, vor allem auf die erste Hälfte des diesseitigen Pastoralberichts vom 6. März 1844, welche sich über das Verhältnis der hier angestellten Schullehrer verbreitet sowie auf die darauf bezüglichen wiederholten Bemerkungen, Warnungen, Voraussagungen usw. in späteren Pastoral- und Schulberichten und sonst Bezug zu nehmen, weil das verflossene Jahr hier endlich die Saat zur Reife bringen mußte, von derem schädlichen Anbau seit der unglücklichen Anstellung des Küsters Rieke hierselbst ich so oft und so dringend, aber leider immer vergeblich in vielfachen Berichten abgemahnt habe und weil das Jahr für diese Gemeinde durchaus seine Farbe erhalten hat von dem entschieden auf den Umsturz der hiesigen Gemeinde und überhaupt der Kirchenordnung gerichteten Treiben der Schullehrer. Wäre das nicht gewesen, so würde bei allen Stürmen, die umher die Welt seit Ende Februar 1848 durchbrauset und auch das Lippische Land durchzogen haben, die Falkenhager Gemeinde zwischen ihren schützenden Bergen davon sicher völlig unberührt und in tiefem Frieden geblieben sein. Nun ist es leider umgekehrt gekommen und lediglich durch diese Schullehrer ist diese Gemeinde bis diese Stunde so in Gährung und Aufrührung gesetzt und erhalten worden, daß sie durch alle ihre boshaften Hetzereien zur Zeit wohl eine der zerrissensten und vor allen in Schmach und Wirrwarr geratene sein mag.

Die Koalition des Radikalismus und Pietismus, durchschlungen von allen ersinnlichen Ränken und schleichenden Listen und täuschender Gleißnerei, die schon 1844 bald nach des Küsters Rieke in Falkenhagen und Vehmeiers in Niese Anstellung auf das bestimmteste von mir vorausgesehen und gesagt wurde, hat sich im Jahre 1848, da die Zeit günstig war, zum Behuf gemeinschaftlicher Operationen gegen die ihnen beide Einhalt tuende und Vermittlung und Ausgleich suchende kirchliche und pfarramtliche Tätigkeit so entschieden herausgestellt, daß sie mit fanatischem Grimm bis zur animosesten Anfeindung angriffsweise gegen letztere vorgeschritten ist. Viele Einzelheiten darüber liegen Hochfürstlichem Konsistorio in früheren Berichten, andernteils im besonderen in den vielfachen Klageschriften über den Küster Rieke, Schullehrer Ottemeier und Kolon Niedermeier Nr. 16 zu Henkenbrink vor.

Die Verbindung der anscheinend disparatesten Richtung, des radikalen Gegensatzes gegen den Glauben und der pietistischen aberwitzigsten Überspannung und Entstellung desselben, welche isoliert und unter anderen Verhältnissen sich häufig gegenseitig anfeindeten, ist zu Stande gekommen lediglich durch den beiden Teilen gemeinsamen Geist des häßlichen Neides und widerspenstigen Ungehorsams gegen kirchliche Ordnung und kirchliche Vorgesetzte und der nimmersatten Selbstsucht und Habsucht, die da immer trachtet und schielt nach mehr Einnahme, nach eitler äußerer Ehre und Lust. Eine andere Ursache und Triebfeder weiß ich in der Tat nicht zu entdecken. Die Gefahr dieser Verbündung liegt hauptsächlich darin, daß beide Teile ihren verderblichen Samen auf den ihnen gemeinschaftlichen Boden der Sünde ausstreuen und diesen, der ja naturgemäß tief durch die Menschheit sich zieht, mit einem wahrhaft infernalen Eifer im Schoße der Gemeinde, zunächst unter dafür empfänglichen Parochianen und dann immer weiter und weiter, mit unbeschreiblicher List und Gleißnerei, jeder nach dem Maß seiner Gaben, zu beackern und zu bebauen sich bestreben. Der eigentliche Bannführer ist der Schullehrer Ottemeier, aber alle die andern, zunächst Rieke, ferner Schullehrer Vehmeier und Wolf, selbst Müller und sogar auch schon der wie in Stricke gefangene jugendliche Koch sind seine Helfershelfer. Ottemeier treibt die Aufhetzerei und Aufwiegelei zur Feindschaft der Parochianen gegen Prediger, Presbyterium und Kirchenvorstand mit dem offensten Fleiß ordentlich professionsmäßig, andere mehr im Finstern schleichend. Der Lehrplan besonders für die Konfirmanden, die Beiträge zu kirchlichen Bauten, Radikalwahlen der Presbyter und Dechen [...] werden fort und fort als Zielscheibe vorgehalten, um das Volk zum Losschlagen dagegen aufzubringen. Dazu kommen die schamlosesten betrügerischsten Erfindungen hinsichtlich der Stellung der Kirchen und Schulen bei den Wahlwühlereien. Jeder wird bei dem Punkte seines Fleisches gefaßt und bearbeitet, wo seiner Selbstsucht und Lust am meisten beizukommen ist.

Am empörendsten und ein wahres Mit-Füßen-Treten des von den Schullehrern geleisteten Eides ist es, daß sie mit so vielem Raffinement und falschen Vorspiegelungen in hiesiger Gemeinde besonders auch die katholischen Parochianen, so weit mir bekannt, wie Ottemeier namentlich in Sabbenhausen, Niese und Hummersen und auch Vehmeier in Niese getan hat und wie zuerst durch das Niedermeiersche Komplott offen an den Tag gekommen ist, in das Bündnis gegen den reformierten Pfarrer und die refor-

Die ehemalige Klosteranlage in Falkenhagen, gezeichnet von Emil Zeiß im Jahre 1874. Links das katholische Pfarrhaus mit der katholischen Kirche, rechts die reformierte Kirche und das evangelische Pfarrhaus.

mierte Kirchenordnung zu ziehen suchen. Dabei unterhalten sie ein beständiges Kleingewehr- und Plänkelei-Feuer von allen möglichen Zänkereien, Widersetzlichkeiten, Verhöhnungen bei jeder Gelegenheiten gegen den Prediger und Kirchenvorstand, wie auch vielfach in Akten zutage liegt. Selbst den öffentlichen Gottesdienst und die Erbauung durch das heilige Abendmahl suchten sie in Verachtung zu ziehen und sogar zu stören. Einmal, indem sie daran mit Ausnahme des Küsters, der aber wegen und während des Orgelspiels gegenwärtig sein muß, nur höchst selten und am Abendmahl fast gar nicht teilnehmen [...], sodann aber auch geradezu durch öffentliche Störungen, ja durch öffentliche Verbreitung der empörendsten Lügen darüber. Über den Ottemeier ist schon früher ein sehr anstößiges Exempel der Störung in der Kirche an Hochfürstliches Konsistorium berichtet; der Küster Rieke bringt durch sein schlechtes Orgelspiel den Gesang oftmals in die allerunerbaulichste Verwirrung. Bei der Kommunion am letzten Karfreitag war die Störung durch sein Orgelspiel mehrmals so widerlich, daß der Andacht und Erbauung vernichtende Eindruck davon am Altare kaum zu ertragen war [...].
Das geringschätzige Benehmen bei Leichenzügen oder anderen Küsterdienstgeschäften, namentlich Krankenkommunionen, wobei ich von jeher gewohnt gewesen bin, daß der diensttuende Küster oder Schullehrer sich wenigstens eines Hutes und nicht einer schäbigen Mütze zur Kopfbedeckung und nicht farbiger Kleidungsstücke sich bediene, ist früher auch schon zur Sprache gekommen. Es muß dies aber noch einmal geschehen, da der Küster Rieke, der deshalb früher oft aufs freundlichste von mir erinnert worden war, neuerdings bei einer Gelegenheit am Karfreitage dagegen offen Protest erhoben hat mit der von ihm mir gegebenen Erklärung: es sei ihm bei seiner Verpflich-

tung als Küster keine Dienstkleidung vorgeschrieben, und werde er der Weisung namentlich statt der Mütze bei betreffenden Gelegenheiten im Dienst sich eines Huts zu bedienen nur dann nachkommen, wenn ihm dies von seiner vorgesetzten Behörde, nämlich vom Konsistorio, befohlen werde. Solchem Benehmen des Rieke liegt um so unverkennbarer Absicht zu Grunde, da derselbe, der bei gottesdienstlichen und sakramentlichen Handlungen eine Mütze und blauen Oberrock trägt, häufig, wenn er auf eigene Hand auf seine Betfahrten in der Gemeinde ausgeht, nicht nur einen Hut trägt, sondern auch einen schwarzen Frackrock anzieht, in dem er sich auch in der Konfirmandenschule zu kleiden pflegt.

Aber nicht bloß durch ein Heer von lauter Widersetzlichkeiten und Animositäten in Dingen der erwähnten und ähnlicher Art unterhalten Schullehrer und Küster hier einen beständigen Krieg gegen ihren Vorgesetzten und kirchlichen Anstand und Ordnung, sondern wie ich unzweifelhaft zu erkennen Gelegenheit genug gehabt habe: auch in der Schule unter der lenksamen Jugend treiben sie ihren methodischen Krieg in derselben Richtung [...]. Besonders exzelliert darin der Küster Rieke, der Konfirmanden und Konfirmierte dieser Gemeinde ermahnt hat, statt nach Falkenhagen anderswohin in die Kirche zu gehen, wenn sie einen christlichen Prediger hören wollten, auch wieder nach Maßgabe des letzten Schulexamens mit den Konfirmanden es unverkennbar mit allem Fleiß darauf angelegt hat, dieselben gegen „den Pastor" und „die Kirche" durch die schamlosesten Trügereien und Täuschereien aber immer in der gesalbten unfehlbaren Sprache eines Frommen und Heiligen auf das äußerste einzunehmen. Stark in dieser Unterrichtsweise sind außerdem Vehmeier und [...] Ottemeier, welcher letzterer dann auch öffentliche Verdächtigungen, Anschwärzungen und Lästerungen hinzuzufügen sich schon zum öftern und, Gott sei es geklagt, auch immer ungestraft erfrecht hat und, wenn ihm nicht endlich gesteuert wird, sicher auch vielmehr sich erdreisten wird, wodurch dann, was auch am meisten zu beklagen ist, zuletzt natürlich auch die Parochianen irre werden und auf den Wahn kommen müssen, wenn Konsistorium ihn immer mit allem zufrieden lasse, so müsse er wohl Recht dazu haben!

Es mußten diese Dinge in diesem Bericht hier vor allem zur Sprache kommen, weil sie, wie schon bemerkt ist, dem hiesigen Gemeindewesen seit Anfang 1848 seine Haupt- und leider eine sehr häßliche widerliche Farbe aufgedrückt haben, so sehr, daß wenn man das Jahr in der Geschichte der Gemeinde, wovon der Pastoralbericht einen Abschnitt zu geben hat, nach seinen Hauptzügen benennen sollte, man es das Jahr des Schullehrer-Aufruhrs würde nennen müssen, der gar nicht das Wohl der Kirche, gar nicht das Wohl des Staates, gar nicht das Wohl des beide angehörigen Volkes, sondern lediglich das leidige selbstsüchtige dünkelvolle Ich dieser Menschenklasse als höchsten Zweck verfolgt, welche, statt als treue Gehilfen zu gemeiner Wohlfahrt und Zufriedenheit in aller Geduld und Lehre sich zu erweisen zur Zeit — es ist schrecklich zu sagen! als wahrhafte Fluchdämonen dagegen wühlen und wüten — vielseitigem Vernehmen nach gar nicht allein in hiesiger Gemeinde, sondern hin und her an allen Enden des Landes. Das muß anders werden! Ich wiederhole noch einmal wie schon früher: Videant episcopi, ne quid detrimenti ecclesia capiat! [= Es mögen die Pfarrer darauf achten, daß nicht irgend ein Unheil die Kirche trifft].

Möchte denn auf dem Grunde der „deutschen Grundrechte“ bald und unter Gottes Beistand eine solche Regierung des Verhältnisses zwischen Kirche und Staat bei uns und überhaupt herbeigeführt werden, daß der Bau der Kirche ungehindert zum zeitlichen und ewigen Heile der Menschheit [...] sich zu einem herrlichen Heiligtum und Dome erheben könne! Möchte dabei insonderheit eine solche organische Beziehung und lebendige Vereinbarung zwischen Kirche und Staat, als Schwester und Bruder, vermittelt werden, daß die Schule als unentbehrlicher Pflanzgarten für beide, statt durch den selbstsüchtigen subordinationswidrigen Geist der Schullehrer in ein unterwühltes und unterminiertes Terrain, auf dem das Gebäude des Staats sowohl wie der Kirche notwendig einstürzen muß, verwandelt zu werden, von beiden gemeinschaftlich, und zwar von jedem nach seinem Teile gehegt und gepflegt, durch den Geist wahrhaft unterrichteter aber auch gut erzogener und vor allem in der Furcht Gottes wandelnder Schullehrer zum Segen und zur Freude des Landes und Volkes zu einer neuen, erfreulicheren und bessere Früchte als bisher bringenden Blüte gelange!

Brake, 22. Juni 1849
Pastor Rohdewald

[...] Der Antritt meines Amtes und der Beginn meines Wirkens in meiner neuen Gemeinde ist in eine für beide möglichst ungünstige Zeit gefallen. Denn wie ich kaum einen Monat hier gewesen, brach die heillose Revolution aus, deren Strömungen die hiesige Gegend mehr wohl als irgend eine andere unseres Landes ergriffen und auch da allerlei Verwirrung und Verwüstung angerichtet, zudem durch Aufrührung des Schlamms und Schmutzes aus der Tiefe die Wasser so getrübt haben, daß für einen, der diese Gemeinde nicht schon in früheren Zeiten länger beobachtet und gründlicher kennengelernt hat, es schwer hält, zu einer klaren Anschauung davon zu gelangen und ihre wahre Gestalt und Beschaffenheit richtig aufzufassen und sicher zu erkennen [...]. Ich fand bei dieser, wie ich in ihre Mitte trat, eine freundliche Aufnahme und durfte wohl hoffen, daß das aufrichtige Wohlwollen, womit ich ihr entgegentrat, bei dem herzlichen Anliegen, ihr recht nahe und so verbunden zu werden, wie Hirt und Herde sein sollen, damit es beiden wohlergehe, die erwünschte Anerkennung und Erwiderung bei den Gliedern meiner Gemeinde immer mehr finden würde. Diese Hoffnung ist nun zwar auch teilweise nicht unerfüllt geblieben; jedoch hat deren weitere und vollständige Erfüllung Abbruch erlitten durch das Eindringen wühlerischer Demokraten aus dem benachbarten Lemgo, dem Hauptsitz und rechten Herde der Revolution im Lippischen und durch das anmaßende Auftreten und verwirrende Treiben der heuer in deutschen Landen wie Pilze aus der Erde aufschießenden Volksvereine; und wiewohl meinerseits ich Frieden zu halten und allen Streit zu meiden bemüht gewesen bin, so hat andererseits es doch an Versuchen, die Gemeinde wider mich aufzuwiegeln und an einzelnen Reibungen nicht gefehlt [...].
Für Brake selbst endlich, das doch die bei weitem volkreichste Dorfschaft der hiesigen Gemeinde ist, war zudem die Nachbarschaft von Lemgo auch sonst schon immer kein für Sittlichkeit und Frömmigkeit der Einwohner günstiger Umstand gewesen, indem die Erfahrungen auch anderer Orte lehren, daß Landleute, die in der Nähe einer Stadt

wohnen, geneigt sind, von den Städtern eher das schlechtere denn das bessere sich anzunehmen und, während sie jenes annehmen, leicht ihr eigenes besseres mit verlieren. Zu diesem allen, was auch sonst schon mir bei meiner Wirksamkeit in meiner neuen Gemeinde Hemmendes entgegengetreten sein würde, ist nun aber noch, was namentlich den letztgedachten Umstand zu einem sehr schlimmen Übelstande gemacht hat, das schon im Eingange beklagte Unwesen der sinnverwirrenden, geistverkehrenden und herzverderbenden Revolution, die durch Erschütterung der Fundamente der Sittlichkeit und Ordnung im bürgerlichen Leben auch für die Kirche so gefährlich zu werden droht, hinzugekommen samt dem argen Wühlen und Treiben der fortwährend ebenso dreist als schlau auf den Umsturz der bestehenden Verhältnisse hinarbeitenden Demokraten und dem Gift, das sie durch ihre gott- und heillose Presse in die Adern unseres Volkes zu bringen so eifrig beflissen sind. An diesem Schaden werden wir noch lange zu leiden haben; ja, es ist zur Zeit alles in Frage gestellt und es mahnt und dringt uns Diener der Kirche gar mächtig, zu wachen und zu beten und mit Bitten und Flehen ohne Unterlaß unser Anliegen vor dem Herrn kund werden zu lassen, daß Er sich doch selber seiner Herde in Gnaden annehmen wolle und uns, die Er zu Hirten und Lehrern darüber gesetzt hat, behüte und bewahre, auf daß wir durch treue Wahrnehmung unseres Berufs und Amts unsere eigene Seele retten und die uns anvertrauten Seelen, über die wir zu wachen haben, retten helfen [...].

An die Stelle der religiösen Bewegungen sind heuer die politischen, natürlicher und künstlicher Art, von selbst gekommene und geflissentlich angestiftete bei uns getreten und die hier sonst zu außerkirchlichen Zusammenkünften zur gemeinsamen Erbauung sich vereinigt hatten, sind meist ausgewandert nach Amerika, wo sie mehr Freiheit und einen besseren Boden für ihr christliches Zusammenleben zu gewinnen hofften. Die hiesige Gemeinde hat nach dem, was ich über dieselben vernommen habe, durch diese Auswanderung manche ihrer lebendigsten Glieder verloren. Deren entschiedenes Hervortreten und freimütiges Zeugen für des Herrn Sache und Ehre und wider Unglauben und gottloses Treiben ist zwar damals vielen in der Gemeinde wohl nicht recht und genehm gewesen. Allein es mochte doch auch davon wohl heißen: „Verderbe es nicht, es ist ein Segen darin". Denn es war das doch immer ein Sauerteig, der in der sonst so leicht stumpfen und geistesträgen, um nicht zu sagen toten Masse der großen Menge unserer Gemeindeglieder eine heilsame Gährung oder Bewegung und erweckliche Bewegung zum lebendigen Christentum hervorrufen und unterhalten konnte. Aus den wenigen in der Heimat zurückgebliebenen Gleichgesinnten und etwa einem oder dem anderen, der sich ihnen angeschlossen hat, bestehend kommt hier in Brake noch wohl ein kleines Häuflein an Sonn- und Festtagen nachmittags oder am Abend zusammen und erbaut sich durch Anhören einer Predigt, die vorgelesen wird, und gemeinsames Singen und Beten [...].

Etwaige Vorschläge zum besseren in Anregung zu bringen gebricht es mir vollends zu dieser Zeit, wo alles in Frage gestellt wird und schon darum geäußerte pia desideria [= fromme, gutgemeinte Wünsche] im einzelnen noch viel weniger als früher Gehör zu finden und Erfolg zu haben hoffen dürfte, an aller Zuversicht und Freudigkeit. Es wird besser sein, im stillen Kämmerlein für die Kirche zu beten [...].

Schötmar, 26. Juni 1849
Pastor Weßel

Das religiöse und kirchliche Leben in hiesiger Gemeinde ist seit meiner 6jährigen Amtsverwaltung noch nie in einer so erfreulichen Bewegung gewesen als in der gegenwärtigen Zeit. Nachdem die wilden Wasser der Revolution bei uns mehr und mehr abgeflossen sind und der bei weitem größere besser gesinnte Teil der Gemeinde sich herzlich nach Ruhe und Ordnung zurücksehnt, richten sich die Blicke wieder mehr auf die Kirche und die zu erwartende Reorganisation derselben. Zwar kann nicht behauptet werden, daß das Wesen und die Bedeutung der künftigen Veränderung in Verfassung und Verwaltung der Kirche allgemein richtig aufgefaßt und gewürdigt würde, denn wenn dies auch bei einem nicht unbedeutenden Teile der Gemeinde der Fall sein mag, so haben doch ohne Zweifel die meisten gar keinen klaren Begriff davon, was es heißt: die Kirche soll sich in Zukunft selbst regieren. Aber sehr viele richten gleichwohl ihren Blick eben deshalb auf die Kirche, weil wohl in keiner Zeit der Unglaube und die Geringschätzung und Verachtung des göttlichen Wortes und der darin enthaltenen ewigen Wahrheiten — von der Schöpfung der Welt durch die Allmacht Gottes bis zur Erlösung unseres Geschlechtes durch die Gnade Gottes in Christo — auch bei uns offener und früher ausgesprochen worden ist, als eben in der gegenwärtigen Zeit, weil ferner die Roheit und Sittenlosigkeit vieler in allen Schichten der Gesellschaft in grellen Zügen zum Vorschein gekommen und weil man wohl einsieht, daß das religiöse und sittliche Leben eines höheren Aufschwungs dringend bedarf, und daß davon am Ende allein Heil für die Zukunft zu erwarten ist. Aus diesem Grunde glaube ich, daß das Interesse an den kirchlichen Reformen in hiesiger Gemeinde so lebendig ist, wie vielleicht kaum in einer anderen Gemeinde des Landes. Dabei ist die Richtung, wenn schon im Politischen so noch mehr im Kirchlichen vorherrschend konservativ; selbst die Gegensätze zwischen den Pietisten und ihren Gegnern, die hier früher oft sehr scharf hervortraten, haben sich mehr oder weniger verwischt oder treten doch augenblicklich mehr zurück, als ob man mit Besorgnis der künftigen Gestaltung der Dinge entgegensähe und wohl ahnte, daß die Reformen auf dem kirchlichen Gebiete viel zu ernst und bedeutungsvoll sein werden, um sie durch Parteikämpfe noch zu erschweren und die Verwirrung zu erhöhen.
Eine Spaltung der Kirche betrachten alle als ein großes Unheil für die Kirche. Ebenso ist die Ansicht ganz allgemein verbreitet, daß das Bekenntnis der Kirche und insbesondere das Apostolische Glaubensbekenntnis — denn von den symbolischen Büchern sind nur die Augsburgische Konfession und der Heidelberger Katechismus und auch diese fast nur unter den Pietisten bekannt — aufrecht erhalten werden müssen. Wenn aber gar die unbedingte Geltung der heiligen Schrift oder einzelne unbestreitbare Lehren und Tatsachen des Evangeliums in Zweifel gezogen werden, so findet dies in der Gemeinde die entschiedenste Mißbilligung. So herrscht im allgemeinen in der Gemeinde ein sehr ruhiger und besonnener Geist, und wenngleich die Zahl der Indifferenten immer noch sehr groß ist, so läßt es sich doch gar nicht verkennen, daß durch die ernsten Erscheinungen der Zeit sehr viele zum Nachdenken und zur Umkehr

gekommen sind, die früher nach dem Göttlichen nicht fragten und sich um das Heil ihrer Seele nicht bekümmerten.

Was nun mein Verhalten bei den Bewegungen der Zeit betrifft, so habe ich mich um die politischen Freiheitsbestrebungen wegen meiner Stellung selbstredend wenig bekümmert und kann nur wünschen, daß sie keinen nachteiligen Einfluß auf die Kirche ausüben mögen, denn als eine freudige Erscheinung der Zeit kann ich sie nie und nimmer betrachten; schon aus dem Grunde nicht, weil sie aus dem Boden der Revolution entsprungen sind. Auf diesem Boden ist nie und wird nie einem Volke Heil erwachsen, sondern die Sünde ist und bleibt stets der Leute Verderben.

Wenn ich nun gleich die Zeitereignisse nie zum eigentlichen Gegenstande meiner öffentlichen Vorträge gemacht, weil die Kanzel lediglich der Erbauung dienen soll, sondern nur zu der Zeit, da auch hier ein revolutionäres und gottloses Treiben im Volke sich kundgab, zur Ruhe und Ordnung und Achtung der Gesetze sowie zur Liebe und zum Vertrauen gegen den Landesherrn ermahnt und insbesondere die unzweifelhafte Lehre des Evangeliums von der göttlichen Einsetzung der Obrigkeit geltend zu machen gesucht habe, so haben doch die Erfahrungen des verflossenen Jahres allerdings einen wesentlichen Einfluß auf meine Richtung und Wirksamkeit wiewohl in einer dem Zeitgeiste entgegengesetzten Weise ausgeübt. Daß das sittliche Verderben im Volke einen hohen Grad erreicht hat und in allen Kreisen der Gesellschaft weit verbreitet ist, hat die Vergangenheit und Gegenwart zur Genüge bewiesen. Durch eine geschriebene Verfassung, und wenn sie die beste wäre, wird das deutsche Volk nicht zu Ruhe und Glück gelangen, sondern allein dadurch, daß sich in Zukunft ein wahrhaft religiöses und sittlich reines und kräftiges Leben im Volke entwickelt [...].

Daß der Verfall der Kirche, der weitverbreitete Unglaube und die Roheit und Sittenlosigkeit vieler wesentliche Ursachen unserer gegenwärtigen traurigen Zustände sind, kann kaum bezweifelt werden. Das Unheil würde aber noch größer werden, wenn die notwendigen Reformen in der Kirche auch in dem herrschenden Zeitgeiste vorgenommen würden, denn auf diesem Gebiet ist der Weg der Willkür und Revolution ohne Zweifel noch weit gefährlicher und verdammlicher als auf dem politischen. Nur auf einem verfassungsmäßigen Wege und auf dem Grunde des göttlichen Wortes können die Veränderungen in der kirchlichen Verfassung zum Frommen der Kirche wie zum Heil und Segen ihrer einzelnen Glieder zu Stande gebracht werden.

In meinen Predigten habe ich mich vorzugsweise an die Grundwahrheiten des Evangeliums gehalten, daß Jesus der Geist sei, der Sohn des lebendigen Gottes, und daß wir allein durch den Glauben an ihn und sein Evangelium und durch aufrichtige Buße des Herzens Vergebung der Sünden, Leben und Seligkeit finden, und habe ich mich dabei um so inniger an das Wort der Schrift angeschlossen, je mehr es mir im Laufe der Zeit offenbar geworden ist, daß bei dieser grenzenlosen Verwirrung menschlicher Ansichten und Bestrebungen das Wort Gottes der einzig feste Grund ist, auf dem, wie für alle Zeiten auch für uns, in Zukunft Heil blühen kann [...].

Die Teilnahme an den christlichen Vereinen, dem Gustav Adolf-Vereine als auch am Missionsvereine, ist eben nicht erfreulich gewesen. Die Bewegungen der Zeit und die drückenden Verhältnisse haben wohl manche noch mehr als früher davon abgezogen.

[...] Desto erfreulicher und allgemeiner scheint die Teilnahme zu werden an der Gründung einer Rettungsanstalt für verwahrloste Kinder, deren wir in der Gemeinde leider sehr viele haben. Die Quelle des Übels ist außer dem unchristlichen Leben in manchen Familien namentlich die Bettelei, welche die Kinder ganz offenbar zum Müßiggange, zum Lügen, Betrügen und anderen Sünden verleitet und zu dem Unternehmen den ersten Anstoß gegeben hat [...].

Wöbbel, 13. Februar 1850
Pastor Arnold

[...] Das Haupthindernis für eine gesegnete pfarramtliche Wirksamkeit in meiner Gemeinde liegt unstreitig in den trostlosen Zuständen in sittlich-religiöser Hinsicht, wie dieselbe gerade hier in Wöbbel, welches doch billig den übrigen dort eingepfarrten Ortschaften als ein Muster voranleuchten sollte, seit einer Reihe von Jahren herrschend geworden sind. Dahin gehört vor allen Dingen das Laster des Branntweinsaufens, welches nun schon lange hier in Wöbbel seinen Sitz aufgeschlagen und so unsäglich viel Unheil angerichtet hat. Es ist zwar in dieser Hinsicht seit einem Jahr dadurch hier etwas besser geworden, daß einige der Hauptsäufer von hier in fremde Gemeinden gezogen sind und ein anderer durch Selbstmord seinem Leben ein Ende gemacht hat, als er wegen seiner groben Trunkfälligkeit gerade zum zweiten Male zum Strafwerkhause abgeführt werden sollte, woraus er erst einige Tage wegen Ablebens seiner Frau vor beendigter Strafzeit entlassen war.
Nicht genug nun, daß durch die auf diese Weise in der Rotte der hiesigen Säufer entstandene merkliche Lücke überhaupt in etwas der alte Sauerteig ausgekehrt ist; es haben auch in Folge davon zur Freude der Wöbbelschen bedeutend die in meinem vorigen Pastoralbericht gerügten Skandale in den Wirtshäusern und auf den Straßen nachgelassen und es ist viel ruhiger und stiller im Dorf geworden. Indes es fehlt viel daran, daß damit die Branntweinpest aus hiesigem Orte verbannt wäre und es ist traurig anzusehen, wieviel Verderben zum Schaden der ganzen Gemeinde hier dadurch nach wie vor angerichtet wird.
Ferner ist als ein nicht unbedeutendes Hindernis für eine gesegnete geistliche Wirksamkeit hierselbst die geringe Achtung anzusehen, wo wie hier in Wöbbel das achte Gebot steht. Ist doch im vorigen Sommer in so empörender Weise in Feldern und Gärten gestohlen worden, daß man oft hätte mögen zweifelhaft werden, ob man noch in einem christlichen Lande lebe.
Nicht minder ungünstig steht es hier auch mit der Achtung gegen das vierte Gebot. So ist hier im Orte im vorigen Sommer namentlich in der Erntezeit, ohne daß es durch die Not wäre geboten gewesen, von nicht wenigen sonntags draußen gearbeitet worden, als wäre es an Werktagen gewesen. Ich habe es selbst mit eigenen Augen angesehen, wie sonntags morgens kurz vor der Kirche die Ackerwagen hinaus ins Feld fuhren und es soll eines sonntags nachmittags ein preußischer Beamter aus der Nachbarschaft, als er auf dem Wege durch Wöbbel das geschäftige Treiben in den Feldern bemerkte, gefragt haben, ob denn im Lippischen der Sabbat abgeschafft sei. In Belle, Billerbeck und Schieder soll es in betreff der hier gerügten Gebrechen bei weitem besser stehen

als in Wöbbel [...]. Anlangend die gerügte Entheiligung des Sabbats, welche ohne Zweifel im vorigen Sommer bei vielen in mißverstandener Freiheitsidee ihren Grund hatte, so steht zu erwarten, daß in Zukunft, wo hoffentlich es ruhiger in der Welt sein wird und auch die Polizei wieder kräftiger als in der Revolutionszeit wird auftreten dürfen, es in jener Hinsicht besser werden wird.
Da es mit den schon in meinem vorjährigen Pastoralberichte erwähnten Wirtshausexzessen seit längerer Zeit hier im Orte nicht mehr so schlimm steht als vor einem Jahre, so mochte ich die betr. Behörden zum besonderen Einschreiten dagegen nicht mehr veranlassen, zumal weil nach den aus der Zeit meines Herrn Vorgängers vorliegenden Erfahrungen von Predigern pronunzierte polizeiliche Maßregeln gegen den gerügten Unfug gewöhnlich das Gegenteil des durch sie beabsichtigten Erfolges wirken. Die Hauptsache wird hier immer von seiten des Pfarramtes durch die Macht des Wortes geschehen müssen und ich werde, so viel an mir ist, hier das meinige tun.
Nur ist es schlimm, daß gerade hier in Wöbbel so sehr viele Familien der Kirche fast völlig entfremdet sind und im Zustande eines beinahe gänzlichen geistlichen Todes sich befinden. Wie bereits oben erwähnt worden ist, so habe ich bei den unlängst von mir hier im Orte gemachten Hausbesuchen in Bezug auf den traurigen sittlich-religiösen Zustand des Dorfs ein ernstes Wort geredet und, weil es ja gegen jenen Zustand kein anderes Heilmittel gibt als das Evangelium, die betreffenden Familien christlich ermahnt, doch endlich einmal wieder anzufangen, dasselbe zu hören. Man hat mir gesagt, daß der eine oder andere, den man vielleicht in Jahr und Tag nicht in der Kirche gesehen, sich dadurch habe bewegen lassen, dieselbe wieder zu besuchen [...].

Augustdorf, 24. Februar 1850
Pastor Krecke

[...] Der Besuch des Gottesdienstes ist im Verlaufe des Jahres ein mittlerer gewesen. Im Durchschnitte besuchen denselben 200 Personen. In den kalten Wintermonaten war indes der Besuch des Gottesdienstes schlecht. Seit drei Wochen hat sich das frühere Verhältnis wieder hergestellt. Die Kolonen sind fleißigere Kirchgänger als die Einlieger. Ich sehe im Durchschnitt mehr Männer in der Kirche als Weiber. An der kirchlichen Kinderlehre, die hier am Morgen von 7 - 8 Uhr gehalten werden, hat aber die Gemeinde wenig teilgenommen. Im Durchschnitt sind nur 15 Gemeindeglieder gegenwärtig gewesen. In den kirchlichen Kinderlehren nehme ich den Leitfaden durch und bin bis an die Veranstaltungen Gottes zum besten der Menschen vor der Erscheinung des Erlösers gelangt. Ich weiß es wohl, daß ich die Schuld von dem schlechten Besuche der kirchlichen Kinderlehre zum Teil trage; denn ich habe dabei teilweise die Absicht verfolgt, der Gemeinde zu zeigen, wie sehr die hiesige Jugend in religiöser Erkenntnis noch zurück ist; ich konnte aber doch von dieser nach meiner Meinung löblichen Absicht nicht abgehen. Der Prediger muß sich die bitteren Früchte gefallen lassen, welche eine gute Absicht trägt. Ich habe am Palmsonntag 24 Kinder zu konfirmieren, von denen aber nur 11 zur Konfirmation reif sind. Die übrigen 13 können wohl einige Sprüche und Liederverse hersagen, so daß sie aus dem Grunde von keinem Prediger unseres Landes zurückgeschoben würden; aber mit der Kenntnis der biblischen Ge-

Pastor Gustav Otto Krecke, geboren am 18. November 1812 in Bad Salzuflen als Sohn eines Richters, studierte in Berlin bei Schleiermacher, Neander und v. Raumer Theologie. Er begann im Jahre 1841 seine pfarramtliche Tätigkeit als Hilfsprediger in Schlangen und Oerlinghausen, bis er 1848 als Pastor nach Augustdorf berufen wurde. „Krecke war Rationalist, im Verkehr ein ausgezeichneter Charakter, der jedem unverblümt seine Meinung sagte" (Butterweck). Selbst vor dem Konsistorium pflegte Krecke, wie er gegenüber dem Landesherrn Fürst Leopold III. offen bekannte, seine „Meinungen mit Freimut und Entschiedenheit zu stellen". Da Krecke in der Sennegemeinde nicht recht glücklich wurde, bewarb er sich nach nur sechsjähriger Amtszeit um eine andere Pfarrstelle: 1854 nach Lipperode, 1859 nach Heiligenkirchen und 1862 nach Horn. Nach diesen drei vergeblichen Versuchen intervenierte der selbstbewußte Pastor direkt beim Landesherrn, dem er am 1. September 1863 sein Schicksal mit den Worten schilderte: „Die Lage Augustdorfs ist Hochfürstlichen Durchlaucht bekannt. Sand und immer Sand. Keine Chaussee, kein Kommunalweg. Ein Posthorn wird hier nie gehört. Die Vegetation mager. Wassermangel häufig. Die Pfarrwohnung für die anwachsende Familie beschränkt. Das gesellige Leben dürftig, ohne große geistige Anregung. Die Rückkehr von benachbarten Ortschaften zur Zeit des Abends wegen der Brüche und Wassergruben der Senne gefährlich. Einmal, im tiefen Schnee des Winters, hatte ich schon mein Leben vollständig aufgegeben und wurde nur durch das Gebell eines mir bekannten Hundes gerettet. So hat sich denn ein Pastor, der, wie ich, eine Reihe von Jahren an Augustdorf gefesselt ist, wahrlich zusammenzunehmen, daß er nicht geistig verkomme und zugrunde gehe, wie der erste Pastor von Augustdorf diesem Geschick verfallen ist". (Augustdorfs erster Pastor war Hinrich Ernst Friedrich Voigt, der hier seit 1817 amtierte. Er führte kein vorbildliches Leben und ging nach seiner Amtsentlassung in Jahre 1826 nach Amerika).

In einem Schreiben vom 10. April 1866 haderte Krecke erneut mit seinem Los, als er dem Landesherrn offenbarte: „Mein Gemütsleben fängt an zu leiden durch meinen langen Aufenthalt in Augustdorf". In dieser Lage fand der Sennepastor mutige Worte: „Ich denke, jüngere Kräfte können auch wohl, wenigstens auf einige Jahre, die Mühseligkeiten des hiesigen Aufenthalts übernehmen. Wollen mich. Ew. Durchlaucht nicht zu einem zweiten Moses machen, der 40 Jahre in der Wüste umherziehen mußte und das gelobte Land nur schauen durfte. Doch es möchte das immerhin sein, wenn sein Geist der meinige wäre". Generalsuperintendent v. Cölln charakterisierte Krecke nach einer im Jahre 1862 abgehaltenen Kirchenvisitation mit den Worten: „Sprache und Vortragsweise des Predigers, auch sein Organ, hat etwas Derbes und Hausbackenes, doch kann man nicht sagen, daß etwas der Kanzel Unwürdiges vorkäme. Aus allen Worten des Pastors wie aus seinem ganzen Wesen spricht die Redlichkeit der Gesinnung und das wirkt ohne Zweifel gut". Im Jahre 1878 gelang es Krecke endlich, auf die Wahlliste für Elbrinxen zu kommen, wo er gewählt wurde. Dort wirkte er dann bis 1897. Krecke starb im Jahre 1901 als Emeritus in Lemgo. Vgl. Archiv der Lippischen Landeskirche, Konsistorialregistratur Rep. II Tit. 22 Nr. 30[5].

schichte, mit der Entwicklung ihres Verstandes und mit der religiösen Erkenntnis sieht es bei ihnen sehr mißlich aus.

Was die religiöse Richtung der hiesigen Gemeinde anbetrifft, so ist sie orthodox. Richtiger möchte ich mich wohl ausdrücken, wenn ich sage, sie hängt am alten. Sie liebt die Orthodoxie, weil sie alt ist. Wenn hier auch einige alte Weiber dem Pietismus huldigen, so findet er doch wegen der hauptsächlich nur auf das Weltliche gerichteten Gesinnung der Augustdorfer durchaus keinen Boden [...].

Der sittliche Zustand der Augustdorfer ist in einzelnen Beziehungen lobenswert. Sie sind sehr arbeitsam und mäßig. Die Wirtshäuser werden von ihnen selten besucht. Nur zwei sind, wenn ich nicht irre, dem Trunke ergeben. Auch sind die geborenen Augustdorfer rechtlich. Ihre Hauptfehler aber sind: der Geiz, die Habsucht, Diebereien in den herrschaftlichen Forsten, der Neid, die Klatschsucht, der Schmutz. Bei den Armen ist hier, wie überall, die Lüge zu Hause und ich kann mich oft selbst nicht überwinden, heftig und zornig zu werden, wenn ich die Mittel durchschaue, welche sie anwenden, um mich zur Hilfeleistung zu bewegen. Verhältnismäßig in keiner Gemeinde unseres Landes als in der hiesigen ist aber vielleicht im verflossenen Jahre die Hurerei so stark getrieben, denn es sind hier im Verlaufe des Jahres 1849 neun uneheliche Kinder geboren. Außerdem steht ein hiesiges Mädchen in dem schweren Verdachte des Kindesmordes; es hat dasselbe indes dieses Verbrechens nicht überwiesen werden können. Diesem Übel sind schwer Schranken zu setzen, weil die Augustdorfer mit der Stadt Detmold in täglichem Verkehr stehen.

Was mein Verhältnis zur hiesigen Gemeinde betrifft, so ist es nicht das beste. Ich schließe dies aus manchen Äußerungen, welche mir darüber zu Ohren gekommen sind; ich schließe dies auch aus Tatsachen [...]. Schon vor der Übernahme des hiesigen Predigtamts war den Augustdorfern bange vor mir gemacht. Ich predige ihnen zu freisinnig, ich ziehe nach ihrer Meinung zu oft politische Dinge in meine kirchlichen Vorträge und die Bosheit ist tätig, meine Äußerungen auf der Kanzel zu verdrehen. Ich sage ihnen zu offen meine Meinung. Ich bin ihnen zu pünktlich beim Anfange des Gottesdienstes, der vor meiner Zeit nicht um zehn Uhr, sondern dann seinen Anfang genommen hat, wenn die Leute da waren. Ich dringe zu stark auf Fleiß bei den Konfirmanden und wende zu kräftige Mittel an, wenn ich den Fleiß vermisse. Ich habe ihren Groll auf mich gezogen durch Anlegung der Pfarrkötterstätte auf Pfarrgrunde. Sie hätten lieber gesehen, wenn ein Sohn eines hiesigen Kolonus sich auf Pfarrgrunde angebaut hätte. Sie sind ungehalten über die mancherlei Reparaturen, welche an Pfarrhaus und Kirche vorgenommen werden. Ihr Groll gegen mich ist neuerdings noch vermehrt durch meine Verwendung für die Einlieger zur Teilnahme an der Wahl zum Schulvorstande und durch meinen Bericht, den ich habe ausgehen lassen, um die Waldfrevel der Augustdorfer zu hintertreiben.

Damit komme ich auf einen Punkt, worüber ich nach vorjährigem, verehrlichem Reskripte Hochfürstlichen Konsistoriums Bericht erstatten sollte. Zur Hintertreibung der Waldfrevel habe ich mich an Serenissimus gewandt, da, wie mir zu Ohren gekommen ist, vorhergegangene Berichte hiesigen Dorfes an die Rentkammer fruchtlos geblieben sind. Ich habe in meinem Bericht an Sr. Durchlaucht teils das Übel geschildert, teils Vorschläge gemacht, wie diesem Übel mit gnädigster Berücksichtigung der Augustdorfer abgeholfen werden könne. Antwort habe ich nicht erhalten. Der Erfolg meines Schreibens ist aber, wie ich erfahre der gewesen, daß die Augustdorfer jetzt für ihre Waldfrevel fast um das doppelte gestraft werden und daß es ihnen also jetzt bedeutend schwerer gemacht ist, die Strafgelder durch wiederholte Diebstähle zu decken. Noch ein anderer Punkt ist zu erledigen. Es betrifft derselbe den früher hier bestandenen Volksverein. Wie an anderen Orten ist auch der hiesige Volksverein eingegangen, da ich dessen Auflösung voraussah.

Ob mein Verhältnis zur hiesigen Gemeinde später ein besseres werde, wird die Zukunft lehren und ich bitte Hochfürstliches Konsistorium um Ratschläge, wie diesem großen Übelstande abzuhelfen sei.

Stellungnahme des Konsistoriums vom 11. März 1850 zu dem Bericht des Pastors Krecke aus Augustdorf:
[...] Übrigens muß Konsistorium sehr bezweifeln, ob sich von einer absichtlichen Bloßstellung des mangelhaften religiösen Wissens der Katechumenen in der Kirche ein heilsamer Erfolg erwarten lasse, statt daß dem beklagenswerten Mangel bei dem eigentlichen Unterrichte und bei der Schulinspektion möglichst abzuhelfen sein wird. Auch würde sich vielleicht die Teilnahme an den kirchlichen Katechisationen erhöhen, wenn derselben statt des Leitfadens passende biblische Abschnitte zugrunde gelegt und diese nicht nur für die Kinder, sondern auch für die Erwachsenen belehrend und erbaulich behandelt würden [...]. Die Zahl der im vorigen Jahre unehelich geborenen Kinder ist unverhältnismäßig groß und werden insbesondere auch, wo es not tue, Väter und Mütter in der Gemeinde anzuhalten sein, ihre heranwachsenden Kinder in strengerer Zucht zu halten. Um mehr und mehr in ein besseres pastorales Verhältnis zu der Gemeinde zu kommen, wird sich der Prediger recht angelegentlich eines fortgesetzten regen freundlichen Verkehrs mit den Gemeindegliedern bei Haus- und Krankenbesuchen usw. zu befleißigen haben. Da es ihm an dem ernsten guten Willen nicht fehlt, als Prediger, Hirt und Seelsorger der Gemeinde zu dienen und ihr bestes zu fördern, so wird, je mehr er Gelegenheit findet, dies zu betätigen, das Vertrauen und die Liebe der Pfarrgenossen ihm ohne Zweifel in erwünschtem Maße zuteil werden.

Heiden, 1. März 1850
Pastor Arnold

Die Heidensche Kirche besteht noch, wenn auch nicht mehr völlig in integro, doch bis jetzt mit so unbedeutenden Verletzungen, daß ihr fernerer Bestand trotz allen Grundrechten und deren Konsequenzen kaum einem Zweifel unterliegt. Sie trägt, wie hoffentlich alle ihre Schwestern, einen gesunden Kern in sich, der dem ihr nahe gelegten auflösenden Element widerstehen wird. Die innerhalb meiner Parochie wohnenden Widersacher unserer noch bestehenden Landeskirche haben zwar die Bekanntmachungen vom 11. Dezember 1849 als einen Aufruf und eine Ermächtigung zur Zerreißung ihres bisherigen Parochialismus mit Freuden begrüßt und sich, wie ihr neuer Seelsorger, eingebildet, „der Pöbel werde ihnen nun zufallen und ihnen zulaufen mit Haufen wie Wasser". Aber sie haben in ihrer Selbstverblendung zu früh und zu zuversichtlich auf ihren Sieg gerechnet. Ihre Triumphe sind noch zur Zeit von geringer Erheblichkeit, wiewohl man ihnen die Anerkennung nicht versagen kann, daß sie im Geiste und nach dem Vorbild des unter ihnen aufgestandenen Propheten von ihrer Seite nichts versäumen, um ihre kleine Herde durch neue Parteigänger zu vergrößern, und daß sie sich die Mühe nicht verdrießen lassen würden, „Land und Wasser zu umziehn, um neue Genossen zu machen".
Bis heute haben im ganzen 16 Personen teils mündlich, teils schriftlich ihren Austritt aus meiner Gemeinde bei mir angezeigt, und zwar die meisten von ihnen schon vor

der oben erwähnten Bekanntmachung, und erst einer davon hat sich den sub 1 derselben vorgeschriebenen Losschein ausstellen lassen [...]. Dem Himmel und der gesunden Vernunft sei Dank, daß bei weitem die Mehrzahl meiner Parochianen bis jetzt weit davon entfernt ist, sich auf die Seite jener Abtrünnigen verlocken zu lassen. Ihrer viele gehen wohl auf deren dringendes Zureden einmal mit in die Bretterkirche zu Lemgo, aber sie tun es größtenteils aus purer Neugierde und kehren wenig erbaut und befriedigt und unversucht zu ferneren Gängen dorthin nach Hause zurück.
Der hiesige Gottesdienst wird dagegen zum Verdruß jener Neophyten [= Neubekehrten] noch immer fleißig, wenigstens nicht schlechter als früherhin auch, besucht und es läßt sich kaum verkennen, daß bei manchem der Treugebliebenen gerade durch die Umtriebe jener Sektierer der kirchliche Sinn nur noch reger und lebendiger geworden ist. Die Heidensche Gemeinde wird zwar wie andere als ein Herd nicht bloß der Demokratie, sondern auch des Pietismus erscheinen, allein die Sache ist so schlimm nicht, wenn man sie sich in der Nähe besieht [...].

Heiden, 1. März 1850
Pastor Kotzenberg

Haben sich nicht gerade bedeutende Veränderungen mit der Gemeinde im Laufe des Jahres zugetragen, so sind doch einige bemerkenswerte Erlebnisse vorgekommen, welche mehr oder weniger auf den religiös-sittlichen Zustand derselben Einfluß gehabt haben und haben werden. Ich nenne darunter die Wahl eines Deputierten zum Landtage, die Erscheinung des Sektenpredigers Steffann und die Wahl der Schulvorstände.
Durch die Einführung des direkten Wahlmodus war den beiden extremen Parteien (Demokraten oder Kommunisten und Reaktionären oder Pietisten) mehr als bisher Gelegenheit und Veranlassung zum Wühlen und Heulen gegeben, was denn auch vor und bei der Wahl eines Deputierten zum Landtage in unerhörter Weise benutzt wurde; die Folge war, das die Mittelpartei, die beiläufig gesagt fast 3/4 der Gemeinde beträgt, hauptsächlich aus Mangel an Führern zu der einen oder zu der anderen Partei hingedrängt, ihre Selbständigkeit verlor, so daß bei der Wahlschlacht nur 2 Parteien einander gegenüberstanden. Hierdurch hat die demokratische bzw. kommunistische Partei einen gefährlichen Einfluß auf das niedere Volk genommen, der sich bei jeder Gelegenheit von neuem geltend machen wird und auch in religiös-sittlicher Beziehung bereits höchst nachteilig gewirkt hat. Denn von wem sich das Volk (ich füge hinzu das unwissende, denn viele Ausnahmen wird's immerhin geben) in der einen Beziehung leiten läßt, dem wird es auch in anderer Beziehung, also auch in religiösen Dingen, leicht Glauben schenken. Überdies geben die demokratischen Versammlungen zu manchen Sünden und Lastern Anlaß.
Die Erscheinung Steffann's in Lemgo und das ihm erteilte Privilegium, in den verschiedenen Gemeinden für seine Zwecke zu wirken, konnte natürlich um so weniger ohne mannigfaltigen schädlichen Einfluß auch auf diese Gemeinde bleiben, als sich seit mehreren Jahren Glaubensgenossen seiner Art in derselben befanden, die begreiflicher Weise alles aufboten, um wo möglich die ganze Gemeinde für Steffann zu insurgieren [= aufzuwiegeln]; namentlich muß hier des Kolons Röhr in Hardissen gedacht werden,

durch den auch 6 Einlieger daselbst zur „Neuen evangelischen Gemeinde" „getreten" sind; ich darf aber auch nicht unerwähnt lassen, daß selbst der Lehrer Düstersiek für Steffann und seine Partei zu wirken sich eifrig angelegen sein läßt. Die unmittelbare Folge der Erscheinung Steffann's war, daß viele Glieder der Gemeinde, teils aus Neugier, teils aus Zuneigung sowohl seine Kirche in Lemgo als auch seine Versammlungen hier in der Gemeinde, in Hardissen, Bentrup und Heßloh fleißig besuchten, manche auch bei ihm zum Abendmahl gingen. Die weitere Folge war, daß viel Zank und Streit, Haß und Erbitterung, Verdammungs- und Verfolgungssucht in die Gemeinde kam, aber auch das war die Folge (und hierin erblicke ich den Segen jenes Übels), daß die trägen und gleichgültigen Geister neu angeregt und zur sorgfältigen Inbetrachtnahme der Frage: Was ist Wahrheit und was muß ich tun, daß ich selig werde? angereizt wurden. Es hat seitdem der Kirchenbesuch und die Aufmerksamkeit und Andacht in der Kirche eher zu- als abgenommen. Übergetreten zu der Steffann'schen Sekte ist bis jetzt nach dem Gesetz vom 11. Dezember 1849 erst einer, ihren Austritt hatten vorher erklärt 14, darunter 10 Familien, und zwar 6 Kolonen. Mehr als diese werden wahrscheinlich nicht übertreten, obschon es noch einige gibt, die sich zu Steffann halten, aber aus Geiz nicht übertreten mögen; solche zähle ich etwa 6; außerdem gibt's noch 3 Familien, die weder zu unserer Kirche noch zu Steffann sich halten, sondern mit mehreren zerstreuten Glaubensgenossen (Kosaken werden sie von den Bauern genannt) wahrscheinlich eine mennonitische [Mennonit = Angehöriger einer religiösen Sekte der Widertäufer] oder quäkerische Sekte bilden.

Was endlich die erst vor kurzem stattgefundene Wahl der Schulvorstände anlangt, so habe ich gewiß nicht Unrecht, wenn ich ihr einen noch gar nicht zu berechnenden nachteiligen Einfluß auf den religiös-sittlichen Zustand der Gemeinde zuschreibe. Es steht mir nicht zu, an diesem Orte das Schulgesetz zu tadeln, aber wünschenswert wäre doch, wenn einmal die Inspektion der Schulen den Predigern als solchen genommen werden sollte, daß darin ausdrücklich bemerkt worden wäre, die Inspektion könne nur einem solchen übertragen werden, der das Schulfach verstehe und daß nach § 23 der deutschen Grundrechte jedenfalls die Beaufsichtigung des Religionsunterrichts der Geistlichkeit verbleibe.

Ich enthalte mich ebenso der Hinweisung auf die Einflüsse, unter welchen und auf die Gründe, um deren Willen in Heiden und Nienhagen die Wahl gerade so verkehrt ausgefallen ist; sonst sollte es mir ein leichtes sein zu beweisen, daß sie dem Willen der Majorität in beiden Schulgemeinden nicht entspricht. Aber andeuten will ich doch, daß so, wie die Wahl ausgefallen ist, sehr bald Zwiespalt zwischen Schule und Kirche oder, wenn das nicht, zwischen Schulvorstand und Lehrer ausbrechen wird, was nimmer weder zum Heile der Schule noch der Kirche ausschlagen kann. In Nienhagen wird sogar mutmaßlich der Fall eintreten, daß der Lehrer über sich selbst berichtet.

Durch die erwähnten Einflüsse und unter den so gestalteten Umständen und Verhältnissen ist die Stellung eines Predigers ungleich schwieriger geworden und derselbe darf sich nicht verhehlen, daß er sowohl manchen Kämpfen und Unannehmlichkeiten entgegengehe als auch bei weitem nicht so segensreich wird wirken können, als dies unter anderen Umständen und Verhältnissen würde möglich sein.

Was nun meine zeitherige Wirksamkeit in der Gemeinde betrifft, so glaube ich zweierlei mit gutem Gewissen von mir behaupten zu können; einmal, daß ich stets nach der von Hochfürstlichem Konsistorio mir gegebenen Instruktion und im guten Einverständnisse mit meinem nächsten Vorgesetzten, dem Herrn Pastor Arnold, gehandelt und sodann, daß ich unter den gegebenen Umständen und Verhältnissen mein möglichstes getan habe, um von der Gemeinde Schaden abzuwehren und ihr wahres Wohl zu fördern. Was das erstere angeht, so wird Herr Pastor Arnold selbst dieses Zeugnis mir nicht versagen. Das zweite, so ist immer mein Grundsatz gewesen, mich selbst vor allem Extremen zu hüten und allen Extremen, die etwa bedeutenden Einfluß erlangen, kräftig entgegenzutreten. Durch letzteres habe ich es freilich mit den hier vorkommenden Extremen, den Kommunisten und Pietisten, gründlich verdorben und kann daher einer allgemeinen Beliebtheit mich nicht rühmen, glaube aber doch die Anerkennung aller vernünftig Denkenden und gut Gesinnten nicht zu ermangeln. In die politischen Angelegenheiten habe ich mich eben nicht eingemischt, wie das auch meines Amts nicht ist, halte es auch nicht für angemessen, daß ein Prediger sich an Volksversammlungen beteiligt, zumal da leicht sein Ansehen darunter leidet.

Meine Predigten habe ich so viel möglich den Zeitumständen angeschlossen; daß darunter manche polemische sich finden und die Mehrzahl dogmatischen Inhalts ist, findet darin seine beste Erklärung. Das anmaßliche Auftreten Steffann's nötigte öfters zur Auseinandersetzung der streitigen Lehren und war diese gewiß am rechten Platze. Doch zur besseren Abwehr dieses Eindringlings hielt ich es für zweckmäßig, auf den bedrohten Vorposten Heßloh und Bentrup selbst Bibelstunden zu halten, die auch sehr fleißig besucht wurden und wodurch ich zugleich den Alten und Gebrechlichen, denen es im Winter unmöglich ist die Kirche zu besuchen, einen besonderen Gefallen erwies. Die Einrichtung dieser Bibelstunden ist die: Ich beginne mit einem längeren Gebet, nach Umständen auch mit einer Vorrede, lasse dann einige Verse singen, wähle hiernach einen längeren oder kürzeren Bibelabschnitt, worüber ich einen freien Vortrag (von etwa 1 - 1 1/2 Std.) halte, und schließe mit Gebet, Gesang und Segen. Nach dem Segen fordere ich diejenigen, welche sich mit mir noch zu besprechen wünschen auf zu bleiben und unterhalte mich dann mit ihnen und anderen noch eine oder mehrere Stunden [...].

Nur darauf erlaube ich mir noch zum Schlusse Ew. Hochwürden gütige Aufmerksamkeit zu lenken, was mir in dem Reskripte Hochfürstl. Konsistorii auf meinen vorjährigen Pastoralbericht aufgegeben wurde, nämlich eine Volksbibliothek und eine Fortbildungsschule in Heiden zu gründen. Ich muß bedauern, das mir weder das eine noch das andere möglich geworden ist. Hinsichtlich der Volksbibliothek machte mir Hochfürstliches Konsistorium das Versprechen, im Fall ich in der Gemeinde 5 - 10 Rtlr. dafür zusammenbrächte, ein gleiches zuschießen zu wollen; und es würde allenfalls möglich sein, jene Summe aufzubringen, aber die demokratisch Gesinnten, denen ich davon sagte, wollten mir nur unter der Bedingung beisteuern, daß Bücher politischen bzw. kommunistischen Inhalts und die pietistisch Gesinnten, daß Bücher von ihrer Branche aufgenommen würden, wozu ich schwerlich Ja sagen konnte. Auch habe ich mich mit

mehreren Predigern, namentlich Herrn Pastor Thorbecke, darüber besprochen, ohne indes zu einem Entschluß kommen zu können.
Nicht besser steht es um die Fortbildungsschule. Dazu würde freilich weniger Geld gehören und die Sache scheint sich leicht machen zu lassen. Aber die Lehrer, denen ich davon sagte und deren ich dabei doch keinesfalls entraten könnte, meinten, es wäre für sie lästig genug, daß sie die ganze Woche unterrichten müßten, den Sonntag wollten sie doch frei haben; jedenfalls könne das nicht umsonst von ihnen verlangt werden. Sollte Hochfürstliches Konsistorium dafür halten, daß das eine oder das andere jedenfalls beschaffen werden müsse, so möchte ich unmaßgeblich den gehorsamsten Vorschlag machen, beide Anstalten nicht als kirchliche, sondern als politische bzw. kommunale Anstalten ins Leben zu rufen und verwalten zu lassen.
Wünschenswert ist es freilich für den Prediger, im Besitz passender Bücher zum Verleihen bzw. Verschenken an Bedürftige zu sein; aber dann muß er auch über die Beschaffenheit der Bücher selbst bestimmen können. Schlechte Bücher sind genug im Umlauf und an Verbreitung einer Unmasse von Traktätlein läßt es die geschäftige pietistische Propaganda nicht fehlen. Ebenso ist eine Fortbildungsschule für die Kirche gewiß sehr wünschenswert; aber seit die Schule von der Kirche getrennt worden ist, kann der Prediger als solcher und die Kirche überhaupt nichts derartiges mehr ins Werk setzen; ihm wie ihr sind die Flügel gelähmt und auf Schleichwegen und in Schlupfwinkeln sich neuen Einfluß und neue Macht zu verschaffen ist ihrer, geradezu gesagt, unwürdig.

Bad Salzuflen, 1. März 1850
Pastor Thorbecke

[...] In Beziehung auf pietistische Bewegungen erlaube ich mir folgendes zu bemerken: Die Zahl der Pietisten ist in hiesiger Gemeinde eine kleine, obgleich die größten Anstrengungen namentlich von außen her gemacht werden, um den Kreis der „Gläubigen" oder „Christen" in der Gemeinde Salzuflen zu vermehren. So trat am 21. Februar der feurige Bußprediger Steffann aus Lemgo im Hause des Bäckers Potthast hierselbst auf und hielt eine Bibelstunde, wie die Pietisten es nennen; namentlich viele Wüstener, Schötmaraner und Ehrser hatten sich trotz des schlechten Wetters eingefunden. Uflenser fehlten natürlich auch nicht; die einen, wohl die meisten, trieb Neugier, die anderen gingen hin, um mal zu prüfen. Ich wurde von einigen hiesigen Pietisten ersucht, dem Steffann zur Abhaltung einer Bibelstunde für jenen Tag die Kirche zu überlassen; ich habe aber die Bitte entschieden abgeschlagen, weil ich glaube, daß man diesen „Gläubigen" keinen Fingerbreit nachgeben darf, sondern ihnen sofort mit Entschlossenheit entgegentreten muß, besonders jetzt, wo sie fast kein Mittel zur Erreichung ihrer Zwecke scheuen. Günstige Urteile sind mir bis jetzt über das Auftreten des Steffann in hiesiger Stadt nicht bekannt geworden, wohl aber höchst ungünstige für ihn. So hat ein Gemeindeglied, welches ihr gehört, geäußert: „Eine solche Predigt kann ich jeden Augenblick auch halten"; ein anderes bemerkte im höchsten Unwillen: „Nichts als Dönkens hat er vorgebracht; er würde durch solche Dinge das Gotteshaus entweiht haben, darum ist's sehr gut, daß sie ihm die Kirche nicht geöffnet". Ein dritter sagte zu mir, ein gebildeter Mann: „Eine zeitlang habe ich zugehört, da war's mir nicht mehr

Pastor Emil Steffann, geboren am 24. Februar 1814 in Barmen-Gemarke, hatte in Greifswald und Berlin Theologie studiert. Seit 1845 wirkte Steffann als Hilfsprediger in Minden, wo er mit der Ravensberger Erweckungsbewegung in Berührung kam. Als sich in Lemgo im Jahre 1849 die Erweckten von der St. Mariengemeinde getrennt und eine „Neue evangelische Gemeinde" gegründet hatten, beriefen sie Steffann zu ihrem Pastor. Von Lemgo aus entfaltete der neue Pfarrer zugleich in seiner Funktion als „Agent der Evangelischen Gesellschaft" eine rege pastorale Tätigkeit, die ihn in andere lippische Gemeinden führte, wo er — durch die Austeilung des Abendmahls und die Abhaltung von Bibelstunden — Anhänger für die lutherische Lehre zu gewinnen versuchte. Durch diese Aktivitäten zog sich Steffann die Kritik der reformierten lippischen Pfarrer zu, die dem Amtsbruder seine Eingriffe in ihren Wirkungskreis verübelten. Bereits 1854 folgte Steffann einem Ruf an die Batholomäusgemeinde in Berlin. Die „Neue evangelische Gemeinde" in Lemgo wurde am 12. Mai 1858 durch eine Verfügung des lippischen Kabinettsministeriums aufgelöst.

möglich, sein ganzes Reden war Salbaderei" [...]. Bis jetzt sind von meinen Gemeindegliedern keine zu der Gemeinde des Steffann übergetreten [...].
Die hiesige Gemeindebibliothek macht mir selbst viel Freude; auch im vorigen Jahr haben viele Gemeindeglieder fleißig gelesen, namentlich die jüngere Generation, einige Male traf ich bei meinen Hausbesuchen am Sonntagnachmittag [...] junge Leute mit dem Lesen eines Buches aus der Biliothek beschäftigt; es wurde sofort darüber gesprochen und ich erfuhr zu meiner Freude, daß sie mit Aufmerksamkeit gelesen hatten. Es wurden im verflossenen Jahr 1029 Umwechslungen vorgenommen. Der hiesige Magistrat hat im Jahre 1849 zur Anschaffung neuer Bücher auf mein Gesuch 5 Reichstaler geschenkt. Folgende Bücher wurden angeschafft: Westermeiers Kirchengeschichte 5. Band, 1. und 2. Abteilung; Leben Friedrichs des Großen; Die Eroberung Mexicos durch Ferdinand Cortez; Die Naturlehre, herausgegeben vom Calwer Verein; Löschke, Erzählungen aus der Geschichte; Maria Stuart, Lebensbeschreibung; Geschichte des Aufstandes in Tirol unter Andreas Hofer; Leben Napoleons, 3 Bände; Napoleons Feldzug nach Rußland; Geschichte des 30jährigen Krieges; Algiers Eroberung durch die Franzosen im Jahre 1830; Leben David Zeisbergers, von Heim; Deutscher Volkskalender auf das Jahr 1850, von G. Niritz. — Die Gemeindebibliothek zählt jetzt 160 Bände.
[...] Am 2. April vorigen Jahres haben wir hier eine Kleinkinderbewahranstalt resp. Kleinkinderschule gegründet, in welche Kinder vom 3. bis zum schulpflichtigen Alter aufgenommen werden. 50 - 60 Kinder haben bis jetzt fast täglich die Anstalt besucht; mehr können in dem jetzigen Lokal nicht Raum finden; 15 Kinder armer Eltern wurden täglich in der Anstalt gespeist, teils durch freiwillige Beiträge, teils durch Gaben des Magistrates und der Anstalt unterhalten. Die Lehrerin, Louise Turner aus Herford,

ist in Kaiserswerth gebildet; eine gute, geschickte, sanfte Person, die mit den Kleinen sehr gut umgeht. Im Sommer bringen die Kinder wenigstens die Hälfte des Tages im Freien zu, wo ein Spielplatz für sie eingerichtet ist. Das Lernen ist natürlich Nebensache, obgleich die Kinder allerdings etwas Unterricht erhalten in der biblischen Geschichte, im Rechnen, im Singen, im Stricken, im Buchstabieren und Lesen. Manche Kinder von 5 - 6 Jahren haben gute Fortschritte gemacht. Die Lehrerin ist zwar in einer pietistischen Anstalt gebildet, aber sie ist sehr mild, unterscheidet sich wesentlich von sehr vielen unserer [...] Pietisten, spricht doch auch häufig von dem lieben Gott, den die ernsten Frömmler doch ganz vergessen haben und singt mit den Kleinen auch weltliche Lieder, sucht auch Ordnung und Reinlichkeit unter denselben, auf ein anständiges Benehmen überhaupt, so insbesondere auch während des Essens. Ich hoffe, daß die Anstalt, wenn die Sache so fortgeht, wie sie sich das verflossene Jahr angelassen hat, unserer Stadt zum besten dienen wird [...].

Cappel, 8. März 1850
Pastor Begemann

Hochfürstliches Konsistorium hat mir in dem Reskripte auf meinen letzten Pastoralbericht vom 30. April 1849 Vorhalt gemacht, daß ich nicht nachgewiesen habe, warum der Geist der Zeit unbedingt ein böser genannt worden und inwiefern derselbe seine Ansteckung in der Cappelschen Gemeinde verbreitet habe. Ew. Hochwürden wollen mir vergönnen, daß ich mich darüber noch kurz erkläre: Unser Leitfaden sagt p. [Pagina=Buchseite] 26: „Böse ist, was uns Gott durch unsere Vernunft und sein Wort verboten hat. Alles, was gegen Gottes Willen geschieht, ist Sünde". Gewaltsames Auflehnen wider die von Gott gesetzte Obrigkeit ist aber gegen den klaren Gotteswillen. Daher war das ganze französische und deutsche Revolutionswesen vom Jahre 1848 grundböse und alle diejenigen, welche unsere modernen Revolutions-, Barrikaden- und Volkssouveränitäts-Männer als Freiheitshelden zu bewundern vermochten, sind als mehr oder weniger angesteckt vom bösen Geiste der Zeit zu betrachten. Insbesondere aber hat sich der böse Geist der Zeit, wie in Verachtung aller Autorität so auch in Geringschätzung unserer geoffenbarten christlichen Religion kundgegeben. Dieser böse antichristliche Zeitgeist hat ja leider in dem Artikel V der sogenannten Grundrechte einen offiziellen Ausdruck gefunden und ist dadurch auch in unsere Landesgesetzgebung hineingedrungen.
Wenn ich nun behaupte, daß dieser böse Zeitgeist auch in meine Gemeinde seine Ansteckung hineinverbreitet habe, so habe ich damit keineswegs gemeint, daß die ganze Gemeinde davon angesteckt gewesen, sondern nur manche, der eine mehr, der andere weniger. Damit dürfte die gleichzeitige Zunahme der Zahl der Kommunikanten und des Kirchenbesuchs nicht im Widerspruch stehen, denn einesteils waren die vom bösen Zeitgeiste Angesteckten darum noch nicht alle mit der Kirche zerfallen und andernteils wurden viele durch den Ernst der Zeit mehr der Kirche zugetrieben. So ist denn auch in diesem Jahre die Zahl der Kommunikanten von 1287 auf 1337 gestiegen. Ich glaube auch dreist sagen zu können, daß der böse Geist der Zeit im letzten Jahre in meiner Gemeinde nicht nur nicht weiter um sich gegriffen, sondern an der Macht

des göttlichen Wortes sich gebrochen habe. Doch muß ich es beklagen, daß im vergangenen Jahre wieder 5 uneheliche Geburten — also 3 mehr als im Jahre 1848 — vorgekommen sind. Ich bemerke hierbei, daß diese vermehrten unehelichen Geburten im Jahre 1849 eine Frucht des anrüchigen Jahres 1848 sind [...].

Falkenhagen, 11. März 1850
Pastor Melm

Dem gegenwärtigen Pastoralbericht glaubt gehorsamst Unterzeichneter eine Bemerkung vorausschicken zu müssen, für welche er überhaupt zur Erklärung aller seiner Pastoralberichte [...] um hohe Berücksichtigung zu bitten sich veranlaßt findet, eine Bemerkung, die er bei dergleichen Berichte seinerseits immer als sich von selbst verstehend stillschweigend vorausgesetzt hat und deren Nichtberücksichtigung allerdings vieles in diesen Berichten in einem ganz anderen Sinne und Lichte erscheinen lassen müßte als worin Referent seinerseits es gefaßt hat und aufgefaßt zu sehen wünscht und bittet, um nicht mißverstanden zu werden.
Es ist die Bemerkung, daß Referent sowohl in Schul- wie in Pastoralberichten immer von dem Gesichtspunkt und Grundsatz ausgegangen ist, daß das Leben in der christlichen Gemeinde und das Wirken für und auf dasselbe in Kirche und Schule wesentlich ein geistliches moralisches sei, das, um richtig beurteilt zu werden, geistlich moralisch beurteilt und gerichtet sein will; daß, eben weil es ein solches ist, das wesentlich im Glauben und in der Gesinnung wurzelt und daraus alle seine Nahrung und Wachstum empfängt, dasselbe zwar notwendig und naturgemäß ein auch äußerlich in Werk und Leben wirksam an den Tag tretendes, aber doch ein mit äußeren Maßen und Gesetzen inkommensurabeles [= nicht meßbares] sei und darüber eben deshalb auch nicht im Wege gemeingesetzlicher Prozeduren oder weltlich prozessualischen Verfahrens richtig erkannt und entschieden werden könne; daß aber darum nicht weniger als der Kirche heiliger Beruf und Pflicht sei, darüber aus Gründen der Lehre und Moral im Wege geistlicher kirchlicher Zucht und Macht zu urteilen, zu verfügen und zu richten, wenn nicht eine gänzliche Verkümmerung und Zertrümmerung nicht nur des kirchlichen, sondern generell des christlichen und moralischen Lebens, mithin großes unermeßliches Unheil und Verderben für Land und Volk eintreten soll. Es liegt dies tief begründet so in dem Evangelio wie in unserem darauf gegründeten kirchlichen Bekenntnis (vgl. z. B. nur: Gal. 2,16.17; 1. Kor. 2,15 [...].
Keineswegs in Widerspruch, vielmehr in einem so tiefen unabweislichen Kausalnexus [= Begründungszusammenhang] damit steht der allgemein betitelte Spruch: „Frei ist der Geist und ohne Zwang der Glaube“, daß er [...] ohne jene unsere evangelische Lehre und Konfession in seiner wahren Bedeutung gar nicht verstanden werden kann. In diesem Sinne und Geiste habe ich immer zu predigen und zu wirken mich bemüht und namentlich auch in Pastoral- und Schulberichten die Sache und betreffende Personen mit lebendiger Wahrheit und Farbe aufzufassen, darzustellen und zu beurteilen und der höheren resp. höchsten Beurteilung zu unterhalten mich bemüht, ohne dabei an gemeinjuristische Termines mich gebunden zu achten und mich binden zu können, weil darin [...] das Leben und die Wahrheit nicht besteht und beschlossen ist. Dies als allge-

meine Vorbemerkung vorausschickend, bin ich dadurch von selbst auf die eigene Wirksamkeit in der Gemeinde durch Predigt, Lehre und Seelsorge geführt. So ist sie geschehen in dem bezeichneten Sinne!

Ich habe dabei abermals Ursache Gott zu danken, daß Er mir bei allen Nachstellungen, Anfeindungen, Schmachen und Anfechtungen und von außer her durch andere von der Linken und von der Rechten, wie 1848 so 1849, fortgesetzt mir bereiteten Mühsalen doch allezeit die nötige Geistes- und Körperkraft und Frische geschenkt und erhalten hat, um unausgesetzt dem Dienste des Amts in Predigt, Lehre und Seelsorge obzuliegen, so daß ich auch keine einzige der mir regelmäßig oder gelegentlich obliegenden Predigten oder anderweitigen Dienst- und Amtshandlungen in dem verflossenen Jahre zu versäumen oder durch andere verrichten zu lassen genötigt gewesen bin.

Die Seelsorge insbesondere, die ihrer Natur auch immer nur kasuell sein kann — im weiteren Sinne des Wortes zwar eine allgemeine generelle, im engeren und gewöhnlichen Sinne aber eine spezielle, individuelle, persualische [= überredende] — habe ich nach Gelegenheit jeder Zeit zu üben mich beflissen und die Leute dahin zu bringen gesucht, mir ihre Seelen- und Lebenszustände aufzuschließen, denn ohne das ist es mit der Seelsorge nichts. Ich habe es dabei aber immer für sehr bedenklich angesehen, mich neugierig nach ihren Geheimnissen oder ökonomischen und dergleichen Privatangelegenheiten, soweit es nicht die Armenpflege mit sich bringt, zu erkundigen. Ich muß jedoch hinzufügen, daß hier die richtige Grenze für den Geistlichen eine sehr zarte und schwer zu bestimmende ist, weil in einem gewissen Grade derselbe allerdings auch seine Teilnahme an den zeitlichen, irdischen Interessen den Leuten beweisen muß, um ihr Zutrauen in den Angelegenheiten ihrer Seele zu erwecken. Nur ist dabei zu bedauern, daß die in irdischen Angelegenheiten so gemeine Selbstsucht das Volk meistenteils so sehr zum Argwohn geneigt macht, daß, wie ich hier zum öfteren erfahren habe, einem selbst die angestrengtesten Bemühungen und uneigennützigsten Sorgen unter Darbringung persönlicher Opfer für das Beste einzelner oder vieler in das gerade Gegenteil umgedreht und gedeutet werden. Und übrigens sind vertrauliche Aufschlüsse von Parochianen an den Seelsorger über Seelen- und Herzenszustände leider zu wenig in dem Geiste unserer reformierten Kirche und revolutionierten Zeit.

Die kirchenordnungsmäßigen Gehilfen des Predigers in der Seelsorge, die Ältesten, deren in kirchenordnungsmäßigem Wege unlängst 5 neue hier eingesetzt und mit denen die Presbyterialversammlungen in Einmütigkeit und Frieden fortgeführt sind, habe ich bei jeder Gelegenheit und aus allem Vermögen stets ermuntert und angespornt, mich über die Seelenzustände und Bedürfnisse der Parochianen ihrer Kreise jederzeit in Kenntnis zu setzen und zu erhalten, um das Nötige durch Seelsorge etc. leisten und bewirken zu können, wozu ich sonst bei der hiesigen Lokalität nicht im Stande bin. Überwachung der Herde und einzelner Glieder resp. Kirchenzucht ist auch in gewohnter Weise geübt. Aber ich kann es nicht verbergen: die Ältesten zeigen hierin nicht genug einen rechten Eifer und Takt und es ist sehr schwer, sie dahin zu bringen, frisch und ohne Menschenansehen und Furcht sich zu äußern. Und doch bin ich überzeugt, daß die nach dem kirchenordnungsmäßigen Wahlmodus ernannten Ältesten im allgemeinen und regelmäßig die tauglichsten, moralisch brauchbarsten und kirchlich verlaßbarsten Personen in der Gemeinde zu dem Amt sind und sein werden und daß dagegen ein Umsturz der Presbyterialordnung und eine radikale Erneuerung der Presbyterien durch Radikalwahlen etc. sogar noch gefährlichere schlimmere Folgen haben würde als das höchst unglückliche, verderbliche und unnötige neue Schulgesetz, wodurch der Mutter, der Kirche, ihre älteste Tochter, die Schule, geraubt worden ist, die aber einst, wenn auch spät, noch wohl zu jener wieder zurückkehren wird wie der verlorene Sohn zu seinem Vater!

Durch dieses Schulgesetz ist leider allem Frevel und einem grenzenlosen Verfall der Sittlichkeit und Religiosität zum Verderben der Seelen unter dem Volke der Weg gebahnt, weil das Gesetz dagegen überall keinen Schutz und keine Garantie darbietet und danach Personen, deren Lebenswandel durch Saufen, Huren, Spielen, durch Lug und Trug und alle mögliche Schändlichkeiten und Laster befleckt ist, überhaupt moralisch versunkene und irreligiöse oder geistig unfähige Subjekte, wenn sie nur nicht im Zuchthause gesessen haben, Schulvorstände, Schulinspektoren usw., mithin völlig demoralisierte Schulvorstände sein können und sein werden, die obendrein weder durch zweckmäßige Vorbildung noch durch ein Examen noch durch einen Eid, wie bisher die Prediger als Schulaufseher, für die Sache eintreten und für ihren Dienst einstehen und bürgen, die vielmehr mit ihrem eigenen Beispiele die Demoralisation der Schullehrer, der Schulen und des ganzen Volkes anbahnen und herbeiführen!

Ja, das sei hier in dem Sinne der diesem Pastoralberichte vorangestellten Vorbemerkung, in welchem ich auch zur Beseitigung der deshalb entstandenen Mißverständnisse den vorigen diesseitigen Pastoral- und den letzten Schulbericht aufzufassen gehorsamst bitten muß, geklagt, was im Wege der Seelsorge nicht unbeachtet und verborgen gelassen werden kann, wenn es schon ungeeignet wäre, im Wege eines gerichtlichen prozessualischen Verfahrens juristisch untersucht und gerichtet zu werden. Geklagt sei es aus seelsorgerischem, christlich-kirchlichem Standpunkte, daß lediglich infolge der freilich schon länger hier getriebenen, aber nun seit 2 Jahren offener an den Tag getretenen Wühlerei und Aufrührerei der aus den disparatesten Richtungen des pietistisch-religiösen und des radikal-demokratischen Fanatismus konspirierenden Schullehrer gegen die Kirche und kirchliche Ordnung resp. gegen mich als Vertreter und Verteidiger beider, auf den sie eben darum nur aus keinem anderen Grunde, — denn ich habe sie niemals inhuman, rücksichtslos oder bedrückend und dergleichen behandelt, habe vielmehr manche grobe rohe Unbilde von ihnen geduldig ertragen! — einen so tödlichen Haß geworfen haben, der sogar nicht scheut, mir das Fallbeil in Aussicht zu stellen und in der unverkennbaren Zuversicht, daß im Aufruhr alles Recht wanke und alles Unrecht erlaubt sei, mit geheimer und öffentlicher Verfemung und scheußlichen Verleumdungen, denn das sind alle die in der „Wage“ [= die erste nach Verkündung der Pressefreiheit seit März 1848 in Lippe erschienene liberal orientierte „Zeitschrift zur Besprechung der Angelegenheiten des Volkes“] verbreiteten mich betreffenden Artikel in Ottemeiers Manier! — ja, mit schmählichen Verfolgungen bis vor die Hochlandesherrlichen und auch die Höchstlandesbehördlichen Stellen gegen mich zu operieren, nur um mich zu verdächtigen, zu verpönen und zu peinigen; geklagt sei es, daß durch diesen nur aus der Selbstsucht geborenen revolutionären Frevelmut, der alle Subordination [= Unterordnung, Dienstgehorsam] verleugnet, nicht nur der Seelsorge des Predigers in der Gemeinde die größten Hindernisse in den Weg gelegt und mit rechtem Barrikadengeiste hineingebaut werden, sondern daß es infolge davon nun auch dahin gebracht ist, daß die Schulaufsicht hier eben solchen Subjekten überantwortet worden, auf welche das, was darüber eben bemerkt ist, die allerbedenklichste und traurigste Anwendung leidet. Denn es sind hier, ohne Zweifel auf Betrieb der betr. konspirierenden Schullehrer und unter dem ihnen zusagenden gesetz- und verfassungswidrigen Präsidio eines Amtsschreibers Holzapfel, der bekanntlich ein Mitglied des Schwalenberger demokratischen Volksvereins, vor allen anderen gerade solche zu Schulinspektoren ausgesucht werden, von welchen es nicht verborgen war, daß aus Gründen der Seelsorge wegen ihres Charakters und ihrer Befähigung die stärksten Bedenken dagegen stattfinden müßten.

Wenn es nicht anders wäre, so könnte dies hier mit namentlicher Beziehung auf die einzelnen betr. Personen speziell ausgeführt werden. Es kann, falls es nötig erscheinen sollte, später noch geschehen. Es tritt dies hier um so greller hervor, da in dem einzigen Schuldistrikt Sabbenhausen, dessen Schullehrer Müller von jenen fanatischen pietistisch-demokratischen Wühlereien sich mehr fern gehalten und dafür dann auch von deren Treiben wie ein mit Bann und Acht Belegter behandelt wird, die Wahl anders ausgefallen ist.

Dahin würde es nach meiner festen Überzeugung nicht gekommen sein, wenn den diesseitigen seit 1844 häufig in Pastoral- und Schulberichten wiederholten Bemerkungen, Ausführungen, Warnungen und Anträgen hinsichtlich jener Erscheinungen unter den in dieser sonst schon konfessionell geteilten Gemeinde angestellten Schullehrern zeitig Gehör geschenkt wäre und demnach die gefährlichen Extreme durch Versetzungen von hier beseitigt und entfernt worden wären. Meines Erachtens wäre dies möglich gewesen, da seit 1844 häufig andere Schulstellen im Lande, z. B. in Brake neu zu besetzen gewesen sind. Könnten solche Versetzungen, welche aus Rücksichten der kirchlichen Administration dringend nötig erscheinen und deren Unterlassung dem Gemeindeleben Gefahr bringt, nicht ohne ein förmlich gerichtliches prozessualisches Verfahren geschehen, dann wäre ich freilich in meinen Pastoral- und Schulberichten [...] und anderweiten Vorstellungen an Hochfürstl. Konsistorium von irrigen Voraussetzungen ausgegangen, dann müßte ich aber auch einen solchen Zustand der Kirche und ihrer Administration tief betrauern und beklagen, der die Kirche mit den tiefsten Grundzügen sowohl des Wortes Gottes wie ihrer danach aufgerichteten Konfession und Ordnung in Widerspruch setzt und es unmöglich macht, sie von Gebrechen zu heilen, die ihr, weil es auf dem Wege der gerichtlichen Prozeduren und Gesetzes Werke unausführbar ist, ungeteilt notwendig den Tod und Untergang bringen müssen.

Ich bin bei Abfassung bezüglicher Berichte der Ansicht gewesen und bin es auch jetzt noch, daß, um diesen zu verhüten, um vielmehr immer frisches Leben und Gedeihen in der Kirche zu erhalten und zu fördern, auf dem in der Vorbemerkung zu diesem Bericht angedeuteten Grunde mit Vermeidung sowohl revolutionärer Gewaltmaßregeln wie gerichtlicher Prozesse im Wege geordneter Administration und geistlicher Zucht auf dem Evangelio allerdings Mißverhältnisse, Übelstände und Gefahren aus der Kirche resp. Gemeinde zu entfernen seien und unter Umständen entfernt werden müssen und daß eine große schwere, je unendliche Verantwortung darauf hafte, wenn dieselben ungeachtet höchst dringender gewichtiger Gründe nicht entfernt werden oder gar deren Entfernung durch die Gesetzgebung untunlich wird. Dies habe ich im Bewußtsein und deutlichen Ausdruck meiner eigenen menschlichen Schwachheit mich gedrungen gefühlt und bemüht, lebhaft anschaulich und unumwunden — denn ich kann nicht schleichen, gleißen und schmeicheln — Hochfürstl. Konsistorio namentlich in meinem Pastoralbericht vom 20. April 1849 und Schulbericht vom 5. November 1849 unter Bezug und im Rückblick teils auf vorliegende darin erwähnte, teils auf früher einberichtete vielfache Tatsache vorzustellen, um wo möglich Entscheidungen hervorzurufen, von denen energische Hilfe für die durch die bezüglichen Verhältnisse hier so tief bedrohte und bereits zerrissene Kirche und Gemeinde zu hoffen wäre. Es schmerzt mich tief, dies nicht erreicht zu haben und durch die im Drange des Kampfes und der Gefahr und meines heißen Wunsches des Besten der Gemeinde und Kirche — denn es geschah wahrlich nicht aus Selbstsucht — von mir getanen Vorstellungen Hochfürstl. Konsistorium sogar gegen mich aufgebracht und zu solchen mißbilligenden verweisenden Äußerungen veranlaßt zu sehen wie darauf erfolgt sind, die ich aber in Anbetracht der Umstände sowie des Grundes und der Absicht, die mich bei jenen Vorstellungen leiteten, nicht glaube verdient zu haben und daher mir nicht anzueignen weiß und die, wie ich hoffe und vertraue, von Hochfürstl. Konsistorio wohl nicht so ausgefallen wären, wenn für die Beurteilung der beschriebenen Zustände und Verhältnisse nicht der Standpunkt gemeiner jus und gerichtlicher Prozeduren — denn summum jus summa injuria ! [= extreme Rechtsanwendung bedeutet (oft) höchste Ungerechtigkeit] — sondern der religiös-moralische, geistlich-seelsorgerliche Standtpunkt kirchlicher Administration genommen worden wäre. Von diesem Standpunkt aus energisch einzuschreiten hätte meiner Ansicht nach allein schon die offen an den Tag getretene, namentlich von einem Schullehrer Ottemeier notorisch sogar durch Schrift und Brief bewiesene, teils direkt teils indirekt gegen die reformierte Kirche resp. den Diener der Kirche gerichtete Konspiration, so mit katholischen wie mit protestantischen Parochianen, vollkommen gerechtfertigt.

Ohne Schutz und Beistand von oben ist ein Prediger in dieser Gemeinde allein nicht imstande, den durch sotanes Treiben hereinbrechenden Gefahren und Schäden die Spitze zu bieten, und ihn hier verlassen oder nur ihn sich selbst und seiner eigenen Wirksamkeit ohne Rückhalt überlassen, was die angreifende Wühler- und Umstürzer-Partei sehr bald merkt, hat denselben Erfolg wie eine offene Unterstützung der letzteren und erklärtes Einverständnis mit ihr, welche die Kunst versteht und sich gar kein Gewissen daraus macht, die Dinge in ihr grades Gegenteil zu verkehren, was recht und wahr ist als lauter Unrecht und Unwahrheit und letztere in dem Gewande der größten Gerechtigkeit und Heiligkeit wie weiland die Juden (cf. Joh.18,30, Joh.19,12) darzustellen und erscheinen zu lassen. Wie planmäßig dies hier geschehen ist, das geht recht klar aus dem Umstande hervor, daß gerade von seiten der drei Subjekte, durch deren Konspiration und gemeinschaftliche Betriebsamkeit nun schon seit Jahren hier alles Mögliche geschehen ist, um bei der Gemeinde ihren Prediger und Seelsorger zu verdächtigen, herunterzumachen und die Gemeinde gegen ihn aufzubringen, um die Seelsorge zu vernichten, nämlich von seiten des Schullehrers Ottemeier, Küsters Rieke und Kolons Niedermeier, von ersteren beiden bekanntlich selbst in Schriften vor Hochfürstl. Konsistorio, von letzterem, wie ich aus glaubhafter Quelle höre (der Kirchendeche Begemann hat es mir in Gegenwart des Kirchendechen Deppemeier gesagt) mündlich sogar Verdächtigungen und Klagen darüber ausgestoßen worden sind, *daß* der Pastor statt als Seelsorger die Glieder der Gemeinde, wie ein Hirte die Herde zu hüten und zusammenzuhalten, Feindschaft unter die Leute bringe, ja, sie auf- und aneinanderhetze (!!?) so daß, wie Niedermeier mit einem unfreiwilligen Bekenntnis der auf ihm liegenden schweren Last seiner eigenen und seiner Konsorten Verschuldung noch hinzugefügt haben soll, „sie die schwere Not kriegten, aber er wollte den Pastor wohl wieder kriegen"!! Also noch immer das „Fallbeil" des Schulmeisters Ottemeier, womit der Terrorismus droht! — Ich meinesteils sehe gegen solches Gebahren und solche Verdrehung der Sache und Verhältnisse in ihr grades Gegenteil, außer ihrer Erklärung aus den oben angeführten Schriftsprüchen, mich nur auf Matth.10,24.25 und Joh.15,20 verwiesen [...].

Vor dem Schluß dieses Berichts drängt sich mir noch eine Frage auf: wie es nämlich in Zukunft hinsichtlich der Beaufsichtigung und Leitung der Religionsunterrichtsgegenstände und dessen, was dazu gehört, in den Schulen werden soll?
Es ist darüber sowie über die auch in den Schulen zu lehrende Religion in dem Staatsschulgesetze nichts bestimmt. Es scheint danach die Religion und der Religionsunterricht der Kirche und der Konfession ganz entzogen und enthoben und säkularisiert sein zu sollen. Da aber andererseits die „Grundrechte der Deutschen" laut öffentlicher Erklärung im Lande gelten und hiernach der Staat nicht, sondern die Kirche ihre Angelegenheiten, d. h. die der Religion, wozu der Religionsunterricht gehört, selbst ordnen und verwalten soll, so erscheint es als nötig, wenn nicht die „Grundrechte" ebenso wie die Religion vernichtet werden sollen, daß über die Rolle und Bedeutung, welche diese und mithin die Kirche und deren Diener in der Volksschule einnehmen soll, noch nähere befriedigendere Bestimmungen getroffen werden, als bisher von der neueren bekenntnis- und religionslosen Staatsgesetzgebung geschehen. Es könnte dadurch manches neuerdings verrückte in ein richtigeres Verhältnis und Maß wieder hergestellt und vielleicht faktisch ein kirchlich-bürgerlicher Vertrag hinsichtlich der Volksschule als eines wesentlich kirchlich-bürgerlichen Instituts aufgerichtet werden, dessen Wichtigkeit und Bedeutung von der unkirchlichen Gesetzgebung leider verkannt oder wenigstens widersagt ist.

Mittlerweile ist diese Sache dem Belieben der durch das Schulgesetz an keine Religion und an kein Bekenntnis mehr gebundenen Staatsschullehrer und Staatsschulinspektoren preisgegeben. Da scheint es denn fast noch ein Glück zu sein, wenn der Schullehrer, nunmehr dem ordinierten und berufenen selbständigen Prediger des Wortes Gottes sich mindestens gleich, wo nicht noch weit sicher, schützend und unabhängig von jeder kirchlichen Autorität, sich sein eigenes System von Lehr- und Bibelsprüchen komponiert und diese die Kinder ohne Rücksicht des Alters auswendig lernen läßt, wie es z. B. hier der Küster Rieke jetzt tut, der solches von ihm frei und beliebig gewählter

Bibelsprüche täglich den Kindern einige zum Auswendiglernen bei Strafe des Sitzenbleibens aufgibt und die namentlich auch meine Kinder, das eine ein 12jähriges, das andere ein 8jähriges Mädchen, und zwar beide dieselben Sprüche täglich zu lernen haben, ohne daß ich imstande bin, in dieser doch wesentlich die Religion und Kirche angehenden Sache etwas zu tun, da vielmehr der Schulinspektor Niedermeier Nr. 16 von Henkenbrink, welcher nunmehr dem Vernehmen nach doch zu 15 Monaten Zuchthausstrafe bei Zwangsarbeit verurteilt ist, wie mir gesagt ist, schon die dräuende, selbst den Schulkindern bekanntgegebene Äußerung getan haben soll: „Der Pastor sollte nun mal dem Küster noch was über den Unterricht sagen; wenn er ihn nur mal dabei träfe, dann wollte er es dem Pastor schon sagen, daß er nichts mehr zu sagen habe" [...].

Stellungnahme des Konsistoriums vom 22. April 1850 zu dem Bericht des Pastors Melm aus Falkenhagen: Mit Beziehung auf den Jahresbericht des P. Melm vom 11. v. M. spricht Konsistorium über die seit einer Reihe von Jahren stattfindenden schon viel beklagten Zerwürfnisse zwischen dem Prediger und den Schullehrern der Gemeinde wiederholt das tiefste Bedauern aus und verkennt die der ganzen pastoralen Wirksamkeit dadurch entstehenden großen Nachteile nicht. Es kann jedoch nicht mit der Wahrheit bestehen, daß der Prediger bei den häufig von ihm geführten Beschwerden ohne Schutz und Beistand gelassen sei, da seine Klagen, soweit sie sich irgend dazu eigneten, nicht nur unparteiisch untersucht, sondern bei sich herausstellender Ungehörigkeiten von seiten der Lehrer diesen auch die erforderlichen Weisungen und Rügen erteilt sind. Zu Versetzungen der Lehrer wider ihren Willen oder ohne ihr Nachsuchen lag ebensowenig ein hinreichender Grund vor als zu Dienstentsetzungen und nur diese, nicht aber jene würden sich rechtfertigen lassen, wenn ein Lehrer sein Amt durchaus vernachlässigte oder seine Wirksamkeit sich als entschieden verderblich erweise.
Die übertriebenen Auslassungen des P. Melm gegen das landesherrlich bestätigte und eingeführte Schulgesetz können füglich unerwidert bleiben. Nur fällt es auf, daß Prediger, welche sonst jeglicher Auflehnung gegen die bestehenden Gewalten, Ordnungen und Gesetze feind sind und sich ihrer Unterwürfigkeit gegen Fürst und Obrigkeit rühmen, gegen alle ihnen mißliebigen Institutionen sofort in schroffe Opposition treten. Da der Prediger ständiges Mitglied des Schulvorstandes ist und sich als solches mit Recht für befugt zu halten hat, den Unterricht der Schullehrer, namentlich den Religionsunterricht, mit zu überwachen und den Lehrern in Gemäßheit des § 23 des betr. Gesetzes die erforderlichen Erinnerungen zugehen zu lassen, so beantwortet sich damit die in dieser Beziehung von dem P. Melm aufgestellten Frage. Da der Küster Rieke bei dem Religionsunterricht an den Gebrauch des Leitfadens gebunden ist, so hat er den Schülern in der Regel auch nur die in diesem abgedruckten Bibelsprüche zum Lernen aufzugeben [...].

Lieme, im Mai 1850
Pastor Krecke

[...] Für die Armen und Notleidenden wurde gewissenhaft und nach Kräften Sorge getragen. Einigen wurde bares Geld verabreicht, von welchen man die Überzeugung hatte, daß sie dasselbe gewissenhaft anwenden würden. Andere erhielten Feuerholz, für andere wurde der Hauszins bezahlt, andere, jedoch nur Kranke, erhielten Speisen aus den Häusern der Wohlhabenden und noch andere, und zwar gebrechliche und hochbejahrte Personen, wurden in diesen Häusern selbst täglich ein Mal gespeist, so daß die möglichen Unterstützungen der Hilfsbedürftigen gerade so geschahen, wie es die Umstände und Verhältnisse eines jeden erforderten. Durch diese Unterstützung wurde, so weit meine Nachforschungen reichten, die Bettelei der zu dieser Gemeinde gehörigen Armen gesteuert, und wird denn von ihnen überhaupt das so verderbliche Erwerbsmittel der Bettelei nur in Jahren der Teuerung und Not wie 1847, wo es bis jetzt noch nicht entbehrlich zu sein schien, in Anwendung gebracht.
Seit einer langen Reihe von Jahren gibt es bekanntlich in manchen Gegenden unseres Landes Industrieschulen und haben sich diese im Laufe der Zeit immer noch vermehrt; auch sind in den letzten Jahren hier und da Spinnschulen eingerichtet worden und haben sich beide Schulen als sehr wohltätige Anstalten bewährt. Es scheint mir indes schon seit mehreren Jahren für hiesige Gemeinde zunächst eine Industrieschule ein großes Bedürfnis zu sein, indem ich in Erfahrung brachte, daß so viele Hausmütter weder zu stricken, noch zu nähen, noch zu flicken und stopfen verstanden. Ich sah aber bisher keine Möglichkeit, diesem Bedürfnis abzuhelfen, da ich keine Person, die sich zu einer Lehrerin qualifizierte, auffinden und Hochfürstlichem Konsistorio untertänigst in Vorschlag bringen konnte [...].

Horn, 20. Februar 1851
Pastor Brockhausen

[...] Ob es in der Gemütsart unserer Leute liegt oder ob wir Prediger durch unsere evangelisch-vernünftigen Vorträge die Ursache sind, daß unsere Gemeinde dem gegenwärtig so gewaltig umsichgreifenden Hyperorthodoxismus, Pietismus und Separatismus bisher ganz unzugänglich geblieben ist, wage ich nicht zu entscheiden, wahrscheinlich ist beides in Rechnung zu bringen.
Im allgemeinen kann ich von unserer Gemeinde rühmen, daß in ihr herrscht ein christlich frommer Sinn, Rechtschaffenheit und Sittlichkeit, obwohl auch einzelne Beispiele vom Gegenteil im letzten vergangenen Jahre vorgekommen sind, Beispiele namentlich von Unkeuschheit und Roheit. Vielleicht an beiden Untugenden, gewiß aber an der letztgenannten hat viel Schuld die Armut und die damit verbundene geringe Bildung und rauhe Lebensweise eines großen Teiles unserer Stadtgemeinde und des bei weitem größten Teiles unserer Landgemeinde [...].
Zu unseren wohltätigsten Anstalten gehört die von einem hiesigen Frauenverein organisierte und beaufsichtigte Strickerei, die namentlich in diesem Winter eine Menge von Kindern und selbst mehreren Erwachsenen Beschäftigung und Erwerb gegeben hat.

Talle, 1. März 1851
Pastor Pothmann

Vor allem hat Unterzeichneter in seinem diesjährigen Pastoralbericht zuerst der religiösen Bewegung und namentlich des Absonderns vieler Gemeindeglieder in eine Religionspartei, welche sich die neue evangelische Gemeinde nennt und ihre Hauptkirche in Lemgo sowie Filialkirchen bei Istrup und zu Lüdenhausen besitzt und aufgrund der vielgepriesenen Grundrechte entstanden ist, zu erwähnen.

Bis auf diesen Augenblick haben sich 27 Familien und 6 einzelne Personen von der Gemeinde Talle losgesagt und werden in nächster Zeit noch mehrere nachfolgen, indem die Proselytenmacherei mit unermüdetem Eifer und unausgesetzt auf mancherlei Weise betrieben wird. Auch ist es wohl berechnet, durch den Bau der Istruper Kirche an den Grenzen der Gemeinde Schötmar, Ufeln, Wüsten und Talle die weithin wohnenden Parochianen derselben zu der weit näher gelegenen Istruper Kirche, zumal an dieser ein Geistlicher fungiert, den die Ultras viel zu milde halten und von dem die Nichtneophyten aussagen, daß er das Wort Gottes gerade so verkündige als ihre Prediger, an- und herüberzuziehen und auf diese Weise die Landeskirchen immer mehr zu zersplittern. Außerdem haben nicht selten die Kirchengänger, welche in alter Weise in der Parochialkirche ihre Andacht verrichten wollen, auf ihrem Kirchgange dahin mannigfache Verunglimpfungen von den ihnen in Scharen entgegenkommenden Istruper Kirchengängern zu erdulden, indem sie es sich sagen lassen müssen: „Sie möchten mit ihnen doch ja umkehren, weil der Weg zum Istruper Gotteshause nur zum Leben, der andere aber zum Verderben führe", so daß nach der festen Versicherung vieler Parochianen, um solchen und ähnlichen Schmähungen zu entgehen, viele entweder zur Umkehr sich berücken ließen oder ganz zu Hause blieben, wenn sie sonst gerade behindert worden seien, überaus früh, wo der Kirchweg noch leer sei oder auf weiten Umwegen zur Parochialkirche zu gehen. Diese Klagen werden nicht bloß in hiesiger, sondern auch in der Wüstener Gemeinde geführt.

Wie dem Sektenwesen und diesen religiösen Bewegungen mit Erfolg zu begegnen sei, damit beide, welche in manchen Familien das häusliche Glück untergraben, werden unter anderem die 3 Anlagen [vgl. S. 185] bewahrheiten mögen, da die Ehefrau des Kolon Begemann Nr. 8 zu Voßhagen, wie derselbe mir am 9. v. M. unter Tränen geklagt hat, infolge dieser religiösen Umtriebe völlig gemütskrank geworden ist, nicht weiter

Zur Abb. rechts: Dieses an den Pastor Pothmann in Talle gerichtete Schreiben eines Gemeindemitglieds zeigt, wie verhängnisvoll sich die verschiedenen kirchlichen Tendenzen der Zeit im Leben der Gemeinde auswirken konnten. Hier beklagt Ferdinand Begemann aus Voßhagen die Abkehr seiner Frau vom rechten Glauben, durch die der eheliche Frieden gefährdet sei. Der Inhalt des Briefes wird hier in der überlieferten Fassung wiedergegeben:

„Wegen Antrag und Bitte. Ich Ersuge Sie. Sie Mögen doch meine Lieben Frau im Rechten begrif der Kristligen Relion Ersetzen - Sie gehet Jetz nach Lemgo in die Stefanischen Versamlung - und das ist Mier zuwieder. Ich Habe alle Möchlige Mühe angewend Sie durch Güte davon abzuwenden - aber alles Vergäblich - Sie gibt Mier zur Antworht Sie Wolte gern alles Verlieren wen Sie Nuhr könte Sehlig werden, in dießer Sachge hat meine Frau Wohl recht. Es ist auch mein Ernstliger Wille und Verlangen Sehlig zu Werden - doch aber Währe Es mier Sehr Lieb Wen meine Frau mit mier zur Kirchge ginge - Lieber Her Prädiger Sie Werden doch daß möchlige Tuhn - und ich werde dafür Dankbar Sein. Voshagen den 14ten Mertz 1850. Grüße Sie Ferdinand Begeman". Aus: Archiv der Lippischen Landeskirche Rep. II Tit. 26 Nr. 4 (Nr. 1056).

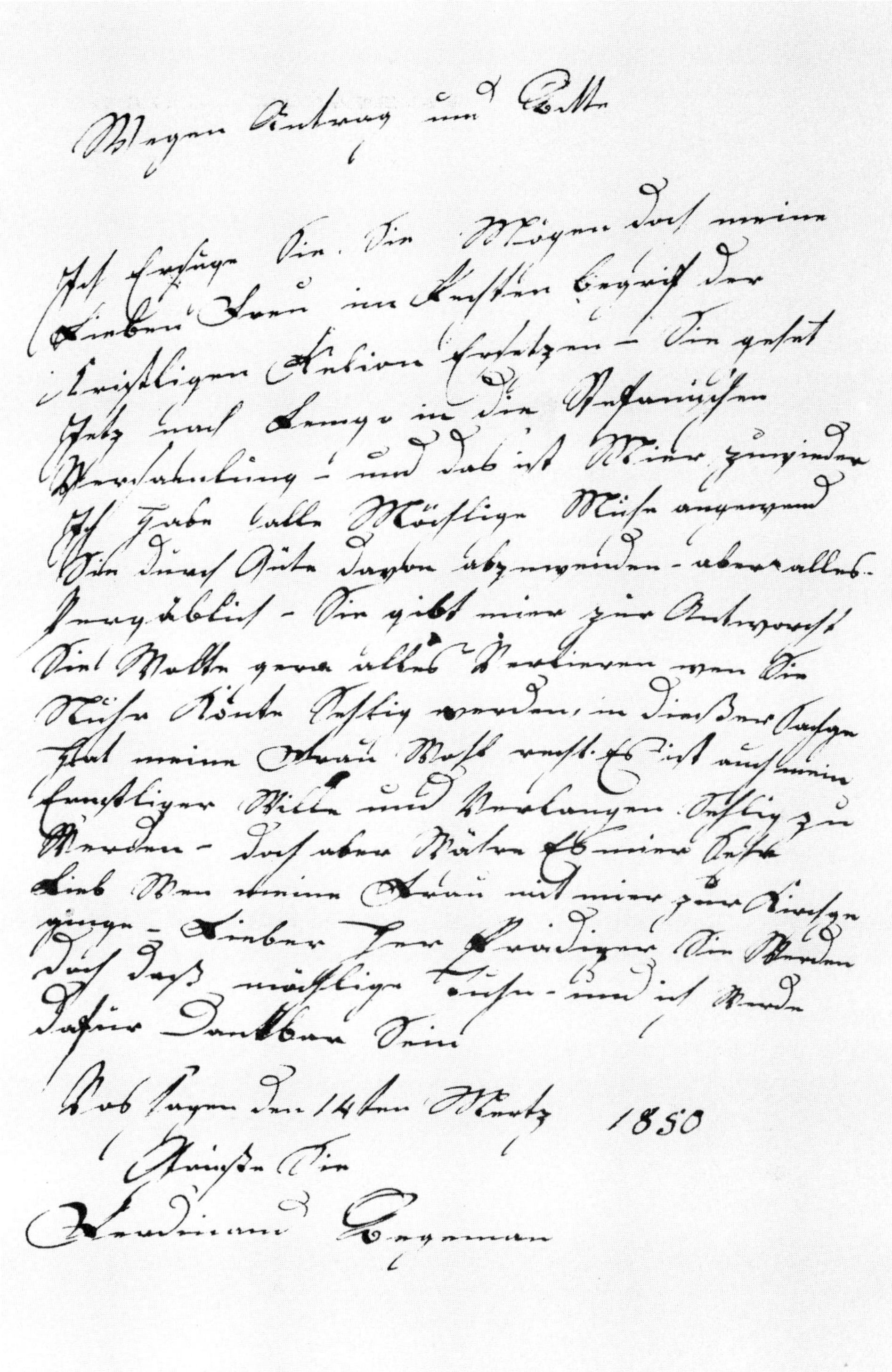

Wegen Antrag und Bitte

[illegible]

den 14ten Mertz 1850

[illegible]

Ferdinand [illegible]

um sich greifen, weiß ich ebensowenig als wie die überspannten pietistischen Müßiggänger von ihren unberufenen und aufdringenden Krankenbesuchen abzuhalten seien, da sie durch ihre unsinnigen Salbadereien und durch ihr Drohen mit Feuer und Hölle den leiblichen und geistigen Gesundheitszustand der Kranken höchst gefährden, wie denn kirchlich in hiesiger Gemeinde zwei Fälle der Art vorgekommen, wo zwei schwer erkrankte Frauen durch einen sehr berüchtigten pietistischen Schwärmer wahrhaft turbiert [= verwirrt] worden sind [...].

Wüsten, 1. März 1851
Pastor Knoll

Bis zur Erbauung der Bretterkirche bei Istrup, 40 Minuten vom hiesigen Pfarrhaus, hart grenzend an Oberwüsten, war über Kirchenbesuch hierselbst nicht zu klagen. Auch jetzt besuchen die Nichtpietisten, welche fest stehen, die hiesige Kirche nach wie vor recht fleißig. Im ganzen aber wird solche schlecht besucht, da nicht nur die Ausgetretenen und wirklichen Pietisten, welche sämtlich Anhänger Steffanns sind, auswärtige Kirchen besuchen, sondern auch die Wankenden, die nach zwei Seiten hinken, von den Ausgetretenen zum Besuch der Bretterkirche herübergelockt werden; wie sich denn andererseits auch nicht wenige Neugierige dorthin verirren.
1850 wurden in hiesiger Gemeinde 80 Kinder geboren — darunter 4 uneheliche —, 48 konfirmiert, 17 Paare kopuliert; es starben 50 Personen; das heilige Abendmahl empfingen 1691 Personen (1849 = 1720; 1848 = 2008) [...]. Vom 1. März 1850 bis 1851 sind 30 Austritte aus hiesiger Gemeinde zum Anschluß an die sogen. ev. Gemeinde zu Lemgo erfolgt und zwar 16 Kolonen nebst Familien, 11 Einlieger nebst Familien und 3 Einzelne. Diese Leute sind fortan tätige unverdrossene Gehilfen Steffanns und machen auf alle Weise durch Versprechungen und Vorspiegelungen Propaganda.
Daß in diesem Augenblicke ein Stillstand in diese Austritte gekommen ist, hat in verschiedenen Ursachen seinen Grund. Manche z. B. scheuen die Kosten, da sie wissen, daß die Ausgetretenen zu den nicht unbedeutenden Ausgaben der neuen ev. Gemeinde kontribuieren [= beitragen] müssen. Andere trauen der neuen Einrichtung noch nicht; namentlich befürchten sie seit dem Regierungsantritte unseres jetzigen Durchlauchtigsten Fürsten, daß die Grundrechte und damit ihre ganze Sache wieder über Bord gehen können.
Obschon der gehorsamst Unterzeichnete durch Stillesein und Harren die Parteigänger ruhig gehen läßt, hegen selbige doch einen fast tödlichen Haß gegen ihn und lassen kein Mittel unversucht, ihn zu verdächtigen und zu verunglimpfen, und obwohl er durch Predigen, Katechisieren und Besuch der Gesunden und Kranken sein möglichstes tut, um die sich zersplitternde Gemeinde zusammenzuhalten, will ihm solches doch nicht gelingen. Er sehnt sich täglich aus diesen wahrhaft beklagenswerten Verhältnissen. Der Geduldsfaden will ihm oft brechen. Von Freudigkeit im Amt kann dabei stillschweigend nicht die Rede sein.
In der Bekanntmachung Hochfürstlicher Regierung vom 29. Dezember 1849 ist dem Pastor Steffann die Vornahme von Ministrialhandlungen [= kirchlichen Amtshandlungen] im hiesigen Lande gestattet. Ob damit aber allen und jeden, die Steffann beliebig

anstellt, ein gleiches gestattet ist, muß gehorsamst Unterzeichneter dem hohen Ermessen Ew. Hochwürden anheimgeben mit dem gehorsamsten Bemerken, daß ein gewisser Lichtenstein, der sich Hilfsprediger der neuen ev. Gemeinde nennt, auf dem Eickhofe in der Bauerschaft Ehrsen und Breden wohnt und in der Bretterkirche bei Istrup predigt, in diesen Tagen einem ausgetretenen Gliede seiner Gemeinde auf dem Krankenbette das heilige Abendmahl gereicht hat. Wenn solche Fremdlinge dergleichen Amtshandlungen gestattet sind, so sind die Prediger der Landeskirche schutz- und rechtlos allen Propagandisten gegenüber.
Schließlich noch die gehorsamste Anfrage, ob dem Wühlblatte, genannt Licht und Recht, — wie lucus a non lucendo —, redigiert von den zwei Pastoren Begemann zu Cappel und Steffann zu Lemgo, sein Lügenhandwerk, womit es Konsistorium und Prediger schmäht und damit alle Bande der Eintracht und Wohlfahrt unterminiert, nicht gelegt werden kann?

Augustdorf, 3. März 1851
Pastor Krecke

[...] Der Grund, weshalb die hiesigen Einlieger die Kirche im ganzen so schlecht besuchen, liegt wohl teils darin, daß sie keine bestimmten Plätze haben und jeder Kolon nur zwei, einen für den Mann und einen für die Frau, teils in der Sorge für das tägliche Brot und dem Drucke des Lebens und in der damit leider oft verbundenen Verderbtheit, Dumpfheit des Sinns und Teilnahmslosigkeit an den höheren Angelegenheiten des Lebens. In den abgelegenen Gemeinden findet gewöhnlich das umgekehrte Verhältnis statt als in den Städten und besonders in den Residenzen. Während hier die Prediger den Gebildeten sehr oft nicht genügen, sind besonders die Einlieger in den abgelegenen Gemeinden oft nicht im Stande, ihrem Prediger zu folgen.
Ich halte es nicht für zweckmäßig, die kirchliche Kinderlehre am Sonntagmorgen zu halten, weil die Augustdorfer, von den Arbeiten der Woche ermüdet, am Morgen gern lange schlafen. Es hat deshalb diesen Winter in den beiden dunkelsten Monaten die Kirche um 1/2 11 angehen müssen. Für zweckmäßig halte ich aber auch die Nachmittagskirche nicht, weil sich die hiesigen Einwohner am Sonntagnachmittag auch wieder gern schlafen legen und der Nachmittag überhaupt sich zum Gottesdienst nicht gut eignet. Zudem möchte sich wohl der Besuch der kirchlichen Kinderlehre im ganzen Lande ziemlich gleich stehen, d. h. er möchte wohl fast im ganzen Lande schlecht sein. Die Menschen unserer Zeit finden nun einmal keine Erbauung mehr an dieser Art religiöser Belehrung. Es läßt sich nichts dagegen machen [...].
Im letzten Herbst hat sich auch der Pastor Steffann hier in dem Hause eines Landmanns hören lassen. Ich selbst habe ihn nicht gehört, weil ich das nicht für anständig hielt. Er soll indes nur 50 Augustdorfer als Zuhörer gehabt haben; die übrigen sollen Auswärtige, besonders Hiddeser, gewesen sein [...]. Neue Anhänger hat sich Steffann hier nicht erworben, wie sich das auch aus dem Geiste der hiesigen Gemeinde, die hauptsächlich auf das Materielle gerichtet ist, nicht anders erwarten ließ. Zu bedauern ist aber das Ärgernis und die religiöse Zersplitterung, die er in mehreren Gemeinden unseres Landes angerichtet hat [...].

Den sittlichen Zustand der hiesigen Gemeinde habe ich in früheren Berichten hinlänglich geschildert. Ich habe nur noch zu sagen, was ich getan, um den vorherrschenden Fehlern vorzubeugen. Dem Laufen der hiesigen Weibspersonen nach Detmold sucht der Augustdorfer Armenvorstand dadurch vorzubeugen, daß er allen Armen Unterstützung versagt, welche ihre erwachsenen Töchter nicht vermieten, wenn es irgend möglich ist. Der Unzucht wird dagegen Vorschub geleistet durch eine Bestimmung des Proklamationsgesetzes, nach welcher Verlobte sich an dem Orte sollen proklamieren lassen, an welchem sie sich das letzte halbe Jahr aufgehalten haben; in Ermangelung aber eines der Proklamation unmittelbar vorhergehenden Aufenthalts von einem halben Jahre an dem Orte der Niederlassung. Wahrscheinlich ist dieser Zusatz der Frieslandgänger wegen gemacht; aber ich kann deshalb nicht allein eine gerechte Einsprache gegen eine Ehe verhindern, sondern es kann auch wegen Ersparung von 20 Sgr. Verlobte veranlassen, vorzeitig zusammenzuziehen. Ich meine, daß dieses durch ein Landesgesetz verboten sei und ich habe, so oft ich Vergleiche in Erfahrung gebracht, ein Verbot dagegen ergehen lassen; ich habe aber dieses Landesgesetz nicht auffinden können.
Um dem Diebstahl in den herrschaftlichen Forsten entgegenzuwirken, habe ich mit Hochfürstlicher Rentkammer eine weitläufige Korrespondenz geführt. Das Resultat derselben ist, daß die Augustdorfer jetzt noch mehr beschränkt sind als es früher der Fall gewesen ist. Hochfürstliche Rentkammer ist der Ansicht, daß das Holz geschont werden müsse, damit die zukünftigen Geschlechter nicht litten. Es hat indes durchaus nicht den Anschein, als wenn Holzmangel entstehen würde, da durch die Anlegung der Köln-Mindener-Eisenbahn für die an Chausseen liegenden Orte ein billiger Steinkohlenbrand ermöglicht wird. Sollte aber dennoch Holzmangel entstehen, so würde nach meiner unmaßgeblichen Meinung demselben besser durch Abschießung der Hirsche und durch Abschaffung eines Teils der Sennerpferde als durch die Verlegenheit der Augustdorfer um Streußel vorgebeugt. Die Ermahnung, welche ich nach Aufforderung Hochfürstlicher Rentkammer an die Augustdorfer richten soll, von den Forstfreveln abzulassen, haben nach meiner unmaßgeblichen Meinung keinen Sinn, da die Augustdorfer des Streußels nicht entbehren können [...]. Nach meiner Meinung muß jeder Staat nicht sowohl im Verbieten und in der Strenge der Polizei seine Stärke suchen als vielmehr in der Hinwegräumung alles dessen, was das sittliche Leben gefährden kann. So sorgt er am besten für sein Heil und arbeitet am nachhaltigsten der Kirche in die Hände [...].

Schötmar, 4. März 1851
Pastor Cronemeyer

[...] Was das Leben in der Gemeinde betrifft, so glaube ich dasselbe im ganzen ein sittlich gutes nennen zu dürfen. Die Leute sind sehr fleißig und sparsam und führen einen stillen ordentlichen Lebenswandel. Freilich gibt es auch hier noch einige dem Trunk ergebene Menschen; aber wie sehr die üble Gewohnheit des Trinkens gegen frühere Jahre abgenommen hat, beweist, daß die Wirtshäuser gewöhnlich leer sind und daß ein Wirt, der im Jahre 1839 60 Faß Branntwein verschenkt hatte, im Jahre 1850 nicht völlig 7 Faß verbrauchte.

Die Zahl der unehelichen Geburten hat nicht abgenommen, jedoch herrscht das Laster der Unkeuschheit, wie das Taufregister ausweist, nur in den untersten Schichten der Bevölkerung, bei solchen Individuen, die 3/4 Jahr als Ziegelarbeiter außer der Gemeinde leben, so daß auf sie nicht viel durch Predigt und Ermahnung gewirkt werden kann. Während ihres Hierseins haben sie zum Teil keine bestimmte Beschäftigung und werden durch Langeweile und Müßiggang zum unordentlichen Wandel verleitet.
Auch Zwistigkeiten in der Ehe und in den Familien sind im vorigen Jahre häufiger als sonst vorgekommen und waren schwer zu schlichten, weil sie aus Verschiedenheit religiöser Ansichten entstanden waren. Der sich für gläubig haltende Teil verwirft alle Belehrungen der ungläubig genannten Menschen, wozu auch ich von Steffanns Anhängern gerechnet werde. Es geschieht aber allerlei, solche Zwistigkeiten zu unterhalten und zu mehren, um, wenn auch keinen anderen, doch den Vorteil daraus zu ziehen, ihren Anhang oder ihre Partei zu vergrößern. Die alte Erfahrung hat sich häufig bewährt, daß, wenn erst die Weiblein gefangen genommen waren, die Männer endlich um des Hausfriedens willen nachgeben und mitlaufen mußten.
Jetzt waren die Gemüter von einer anderen Seite erschreckt durch das große Geschrei über die Gefahr, die unserer reformierten Kirche mit dem baldigen Untergang bedrohe, wenn der Heidelberger Katechismus nicht wieder eingeführt werde. Die meisten der Kirchenältesten selbst sind zweifelhaft und bedenklich geworden. Als ein Hauptgrund des häufigen Übertritts zur Steffanns-Gemeinde wird der angegeben, daß unsere Kirche kein Bekenntnis habe. Doch muß dies bezweifelt werden, weil niemand mehr aus der Gemeinde ausgetreten ist, seit Hochfürstliche Regierung schriftlich und auf eine bestimmte Weise erklärt hat, daß die Übergetretenen zahlungspflichtig wären.
Die Früchte der Steffannschen Umtriebe beginnen immer mehr ans Licht zu treten und sind nicht besonders anlockend. Der Teufel geht leiblich umher, macht in allerlei Gestalt viel Rumor und soll von vielen gesehen sein; und der Müßiggang, verbunden mit den vielen Kollekten, hat manche der Armut so nahe gebracht, daß sich eine großartige Auswanderung nach Amerika auf nächsten Sommer und Herbst vorbereitet. Doch es gibt hierselbst auch viele ruhige und besonnene Leute, welche in ihrer Überzeugung immer fester werden, daß nur das Wort Gottes ihres Fußes Leuchte und das rechte Licht auf ihrem Wege sei; aber nicht das fortwährende Laufen in die sogenannten Bibelstunden, die fast an allen Tagen der Woche von Steffann, Lichtenstein etc. in den Häusern vermögender und eitler ehrgeiziger Leute gehalten werden, das Herz feste mache. Vielleicht haben sich die Stürme gegen die Zeit gelegt, wenn wir erst unsere neue Kirche hierselbst einweihen, um Gott einmütiglich zu danken für seinen Segen, wodurch er das gute Werk unter uns gefördert hat [...].

Elbrinxen, 18. März 1851
Pastor Sturhahn

Auch in dem verflossenen Jahre ist es mein eifrigstes Bemühen gewesen, die Gemeinde nicht nur durch gewissenhafe Abhaltung des öffentlichen Gottesdienstes und Konfirmandenunterrichts, sondern auch durch fleißige Haus- und Krankenbesuche in einem christlichen Sinn und Leben zu erbauen. Und insofern beides an dem Kirchenbesuche und der Teilnahme an dem heiligen Abendmahle sich abnehmen läßt, ist mein Bestreben auch nicht ganz erfolglos gewesen. Aber ich habe dabei noch mit ein paar alten hartnäckigen Feinden zu kämpfen, dem unmäßigen Genusse des Branntweins und der Unkeuschheit.

Es ist hier nämlich, um mit dem letzteren anzufangen, eine häßliche Unsitte geworden, daß die erwachsene Jugend beiderlei Geschlechts sich des Abends im Dunkeln oft bis spät in die Nacht auf der Straße herumtreibt, was natürlich keine guten Früchte tragen kann. Freilich sind hier während meines Hierseins in Vergleich mit übrigen Gemeinden des Landes verhältnismäßig grade nicht mehr uneheliche Geburten vorgekommen, aber um so häufiger kommt es vor, daß bei Kopulationen die Braut schon schwanger vor den Traualtar tritt. Das nächtliche Umhertreiben auf der Straße wird, da auch die Polizei es sich ernstlich angelegen sein läßt, demselben zu steuern, hoffentlich bald wieder mehr und mehr aufhören. Daß aber die Braut ohne Kranz zur Trauung kommt, scheint eben keine große Schande mehr zu sein, denn sie schreitet, wenn auch kurz vor ihrer Niederkunft, mit voller Musik im Parademarsch durch das Dorf zur Kirche, gleichsam als wollte sie erst noch aller jungfräulichen Scham zum Hohne ihren dicken Bauch recht präsentieren. Um nun durch dergleichen schamlosen Umzüge das bißchen Schamhaftigkeit, was noch vorhanden ist, nicht gänzlich abzustumpfen, möchte es vielleicht gut sein, wenn zu erwirken wäre, daß Brautleuten, die sich so vergangen haben, eine sogenannte lustige Hochzeit mit Musik und Tanz ganz untersagt würde. Ich glaube, das würde mehr wirken als die eindringlichsten Ermahnungen.

Was nun aber das unmäßige Branntweintrinken, das hier auch noch so häufig vorkommt, anlangt, so geschieht das mehr von den älteren Leuten. Das sind alte Sünder und eben deshalb auch um so schwerer oder wohl gar nicht mehr zu bessern. Auf meine Vorstellungen räumen sie mir wohl ihr Unrecht ein, aber verfallen leider nur zu bald wieder in ihren alten Fehler. Um nun demselben, wenn auch langsam aber doch sicher zu begegnen, habe ich daher auch hier wieder mein Augenmerk mit auf die jungen Leute richten zu müssen geglaubt. Ich benutzte gern jede Gelegenheit, ihnen das Gehässige und die traurigen Folgen jenes Lasters lebendig vor die Seele zu führen und sie davor zu warnen. Vor allem aber suchte ich sie für bessere Freuden empfänglich zu machen dadurch, daß ich ihnen nicht nur die Benutzung unserer Volksbibliothek dringend anempfahl, sondern auch in diesem Winter wieder mit dem Nebenlehrer Keiser die Sonntagsschule für die Erwachsenen fortsetzte. Ich gab ihnen in derselben, um ihnen auch für ihr Leben dadurch nützlich zu werden, Anleitung zu allerlei kleinen, häufig vorkommenden Geschäftsaufsätzen. Es scheint den meisten jedoch mehr um Unterhaltung als um den Nutzen zu tun zu sein, weshalb denn auch wohl die Zahl nicht wieder so groß war als im vorigen Winter [...]. Auch hätte ich noch gern eine Spinnschule, zu deren Errichtung Hochfürstliches Konsistorium in der Antwort auf meinen vorjährigen Pastoralbericht auffordert, im Laufe dieses Jahres ins Leben gerufen, da ich dieselbe für eine überaus wichtige Angelegenheit unseres Orts halte. Dadurch könnte nicht nur der Bettelei gesteuert, sondern auch auf den ganzen Wohlstand ein mächtiger Einfluß geübt werden [...].

Falkenhagen, 12. Juni 1851
Pastor Melm

[...]Daß die diesseitigen Auslassungen über das Schulgesetz [= Gesetz über das Volksschulwesen vom 11. Dezember 1849] nicht übertrieben sind, vielmehr vollkommen mit der Wahrheit bestehen, hat sich bisher schon leider nur allzusehr bestätigt und ich fürchte sehr voraus, daß wenn dies unheilvolle Gesetz, das seinen Ursprung aus dem revolutionären demokratischen und man darf dreist sagen gottlosen Geiste, den das Jahr 1848 heraufbeschworen hat oder vielmehr den dieses Jahr mit allen seinen verderblichen Folgen heraufbeschworen hat, durch und durch beurkundet, nicht wieder beseitigt wird, dann über kurz oder lang durch dasselbe und alles was damit steht und fällt einst auch ein solcher Fluch über dieses Land herbeigezogen und geführt werden wird, daß weder Fürst noch Obrigkeit noch Volk darin Ruhe und Raum haben und nur noch die Verwüstungen und Verheerungen der Demokratie und Revolution darin zu Hause sein werden, weil infolge dieses Schulgesetzes die Schule nicht mehr, wie sie nach unserer trefflichen Kirchenordnung [von 1684] sein soll und schlechthin sein muß, ein „Pflanzgarten der Kirche Gottes und gemeinen christlichen Weltregiments“, sondern die Schule (der Pflanzgarten) der Demokratie und Revolution ist. Zu solchen Vorhersagungen und Bezeugungen sich vom Geiste gedrängt zu sehen ist wahrlich keine angenehme Sache und macht mir zumal jetzt große Not und Pein; ich unterließe sie am liebsten, aber wenn ich mich besinne und wahrnehme, in welch' einem erschrecklichen Maße dergleichen, wie ich sie in Schul- und Pastoralberichten und sonst seit 1843 und 1844 zum öfteren niederzulegen mich gedrungen gesehen, im Laufe der Jahre sobald schon ihre geschichtliche Bestätigung gefunden haben: so kann und darf ich doch, in meinem Gewissen gebunden, nicht davon ablassen.
Daß Hochfürstliches Konsistorium die Opposition mehrerer Prediger gegen Verordnungen jener Art, zu welchen Predigern auch ich gehöre, in einer solchen moralisch verdächtigen Weise erwidert und abfertigt, wie in dem Reskripte vom 22. April 1850 an mich geschehen ist, kann man zwar wohl mit anderweiten Kundgebungen Hochdesselben in Einklang finden, aber es ist und bleibt doch in der Tat aufs tiefste zu beklagen, daß so von dieser Hohen Behörde zugleich mit der Verachtung und Verwerfung des freimütigen Zeugnisses, welches Prediger wahrlich nicht aus leerer eitler Oppositionslust, sondern um Gottes und um des Gewissens Willen bei reiflicher Anschauung so vieler warnenden Geschichten der Völker gegen die Demokratie und Revolution und was daraus herkommt, abgeben, zugleich das Sympathisieren und Parteinehmen für letztere beurkundet wird: ein Umstand, der zumal bei dem öffentlichen Bekanntsein auch anderweiter Bestrebungen und Äußerungen Hoher Konsistorialen im Lande weit und breit und über die Grenzen desselben hinaus wahrlich tiefen Mißmut und Betrübnis längst hervorgerufen hat.
Zu diesen betrübenden Erscheinungen ist es auch zu rechnen, daß in der neuen Verordnung vom 3. Februar 1851, die Vertretung der Kirchengemeinden betreffend [nach dem Gesetz wurde den Gemeinden das Recht, ihren Pfarrer selbst zu wählen, zugestanden], nach den übrigens anzuerkennenden Verbesserungen dieses Gesetzes gegenüber dem ursprünglichen publizierten Entwurf desselben, dennoch von dem hierin herrschenden

demokratischen und eo ipso revolutionären Prinzip, welches in der konfessionslosen Kopfzahl wohl der Repräsentanten sowie in der gänzlichen, ja ausdrücklichen vorläufigen Ausschließung einer entscheidenden gesetzlichen Bestimmung über die sittliche und kirchliche Qualifikation der Repräsentanten und in der Nötigung aus diesen das Presbyterium zu ergänzen liegt, kein Titelchen aufgegeben ist. Denn zu sagen, daß eine solche Bestimmung der „künftigen kirchlichen Gesetzgebung", einstweilen aber die pflichtmäßige Erwägung und Berücksichtigung solcher Erfordernisse der Gewissenhaftigkeit der Wähler anheimgestellt bleiben", das heißt geradezu, nicht weniger die Wahl der Terroristen und Revolutionshelden wie diejenige wirklicher treuer Glieder der Kirche legitimieren; denn was wäre wohl ein solcher Fremdling in der Welt und in der Geschichte, der nicht wüßte, daß jene Blutmenschen, welche in der ersten französischen Revolution seit 1789 zugleich mit dem Throne den Altar, ja die christliche Zeitrechnung und den Gottesdienst abschafften, ebensowohl wie diejenigen, die als ihre Opfer fielen, steif behaupteten, mit pflichtmäßiger Erwägung und Berücksichtigung des Erforderlichen und mit Gewissenhaftigkeit zu handeln; oder sollten wohl jene Horden von Demokraten, die da singen:

„So lange bleibt die Welt voll Harm,
Das arme Volk bedrängt,
Bis an dem letzten Pfaffendarm,
Der letzte Fürste hängt!"

sollten überhaupt wohl jemals gewissenlose Menschen, um die ihnen beliebende, vielleicht mit größtem Fanatismus beharrlich verfolgte Handlungsweise selbst zu brandmarken und für ungültig zu erklären eingestehen, daß sie nicht mit pflichtmäßiger Erwägung und Berücksichtigung des Erforderlichen, daß sie gewissenlos handeln? Es findet sich vielmehr gerade das Gegenteil hiervon in der Geschichte bestätigt und wird sich immer wieder bestätigen, solange Menschen natürlich vom Mutterleibe, als Fleisch vom Fleische, geboren werden. Eine Kirche aber und kirchliche Gesetzgebung, die nicht den Mut hat, dies von sich auszuschließen und nicht für ihre Angehörigen geschweige Repräsentanten ein neues Geborensein „aus dem Wasser und Geist" zu verlangen, verliert den Charakter einer christlichen und vernichtet sich selbst. Wie will sie doch bestehen vor dem Spruche, nach dem sie einst wird gerichtet werden: Matth. 16.18,19 und Matth. 18.18, dem sie geradezu Hohn bietet? Daher ist es wahrlich nicht zu verwundern, daß kürzlich ein Mann, der zu den einflußreichsten und gebildetsten in hiesiger Gegend gehört und sicher auch zu den wirklich ehrlichen und gewissenhaften, zu mir kam und mir mit ernstlichem Eifer vorstellte, daß ich pflichtmäßig darauf hinwirken müsse, daß auch katholische Parochianen in hiesiger Gemeinde zu Repräsentanten und ferner in den Kirchenvorstand gewählt würden, da das Gesetz vom 3. Februar d. J. sie nicht ausschließe, vielmehr berechtige.

So kann man leider das in Rede stehende Gesetz nicht als ein erbauliches, sondern nur als ein zerstörendes für unsere arme Kirche betrachten und nur mit Trauer und Bekümmernis statt mit Freude und Zuversicht danach verfahren. Die Erfahrung wird bald zeigen, daß, stehend auf dem demokratischen Prinzipe des Gesetzes, die Repräsentanten und das Volk gar nicht mit den dadurch gewährten Rechten sich begnügen lassen

und zufrieden sein, sondern noch weit mehr und immer mehr verlangen und erstreiten werden. Dem würde sicher vorgebeugt sein, wenn das Gesetz auf dem festen Grunde eines offenen prinzipiellen Festhaltens und Bezeugens des Bekenntnisses und der Lehre unserer nach Gottes Wort reformierten Kirche, eine entschiedene bündige Bestimmung der kirchlichen und sittlichen Qualifikation der Repräsentanten sowohl wie ihrer Wähler enthielte. Fehlt es aber an dem Mute oder der Kraft und dem Willen zuzulassen, was ewig wahr ist, daß der Buchstabe des Gesetzes töte: so fehlt es auch an dem Geiste, um lebendig zu machen.
An der Stiftung einer Volksbibliothek für hiesige Gemeinde war im verflossenen Jahre und besonders Winter, der in einer Gemeinde wie die hiesige die geeignetste Jahreszeit zur Benutzung einer solchen sein würde, bei meiner und meiner Angehörigen so langen schweren Krankheit nicht weiter zu denken und kann ich auch vor der Hand noch nicht dazu schreiten [...]. Geschmerzt hat es mich aber, daß Hochfürstliches Konsistorium die Bewilligung einer Geldunterstützung dazu an die Bedingung und Weisung knüpft, mich behuf der Stiftung einer Volksbibliothek erst von dem Pastor Thorbecke in Uflen [= Salzuflen] instruieren zu lassen. Zwar habe ich immer gerne Belehrung in Sachen der Literatur gesucht, auch schreibe ich namentlich dem Pastor Thorbecke viel mehr Klugheit zu als mir selbst, aber einesteils sind schon die ausschließlich städtischen Verhältnisse der Gemeinde Uflen von den ausschließlich ländlichen der hiesigen so verschieden, wie sie in unserem Lande nur irgend sein können und andernteils ist es mir auch nicht unbekannt, daß Bücher, die von dem Pastor Thorbecke in Uflen vorgezogen werden mögen, bei anderen und selbst auch in Uflen nicht in gleichem Grade geschätzt und erbaulich gefunden werden; endlich glaube ich auch, ohne mich selbst im geringsten rühmen zu wollen, an allgemeiner wissenschaftlicher, literarischer und christlich-religiöser Bildung dem Pastor Thorbecke nicht nachzustehen, um eben so gut wie er beurteilen zu können, was für Bücher zu einer guten christlichen Volksbibliothek auszuwählen sein möchten. Ich besorge daher, daß wenn eine Unterstützung dazu ohne jene Bedingung nicht gewährt werden soll, darauf hier wird verzichtet werden müssen. Weit reichere Erfahrungen als Pastor Thorbecke zu Uflen in diesem wie in anderen Zweigen der christlichen Volkserziehung hat unstreitig Wichern, der bekannte Gründer und Vorsteher des Rauhen Hauses bei Hamburg, und wer Belehrung über Schriften für eine tüchtige Volksbibliothek sucht, darf nur das von demselben bekanntlich herausgegebene Verzeichnis solcher Schriften zur Hand nehmen, um alles zu finden, was er bedarf, namentlich auch eine nähere Bezeichnung der unter der großen Menge besonders empfehlenswerten Schriften [...].

Augustdorf, 26. Februar 1852
Pastor Krecke

Die Prediger unseres Landes klagen gewöhnlich über Mangel an Stoff für den Pastoralbericht. Ich wünsche auch Ursache zu dieser Klage zu haben, leider habe ich sie aber auch für dieses Mal nicht.
Der Kirchenbesuch hat sich seit dem Anfange dieses Jahres bedeutend gebessert. Selbst bei schlechtem Wetter wurde die Kirche zu meiner Zufriedenheit besucht. Die Wühle-

reien der Pietisten und besonders des hiesigen Küsters haben bisher dem Kirchenbesuche geschadet. Die Stimmsammlung für mich, welche von dem hiesigen Waldschützen Holzkämper ausgegangen ist, hat die ganze Gemeinde den wenigen Pietisten gegenüber zu einer festen Korporation konsolidiert. So steht denn jetzt hier Partei gegen Partei. Meine Partei harrt ungeduldig von einem Donnerstag, von einem Sonnabend zum andren vergeblich auf Antwort von Hochfürstlichem Konsistorium und die Häupter derselben finden sich an diesen Tagen gewöhnlich bei dem hiesigen Kaufmann ein, um daselbst den Bescheid zu hören. Sie ist fest entschlossen, sich zu beruhigen, wenn die Antwort Hochfürstlichen Konsistoriums unentschieden ausfallen sollte. Vor allem wird sie dringen auf die Entfernung der 19 Kirchenvertreter, da dieselben, wie sich aus der Stimmsammlung für mich ergibt, die hiesige Gemeinde nicht mehr vertreten, und auch die Absetzung der beiden Kirchendechen, da dieselben mit den Kirchenvertretern Gemeinschaft halten. Auch wünscht sie die Entfernung des hiesigen Küsters von Augustdorf, da derselbe für den Rädelsführer und Hetzer gilt und auf keinen Frieden gerechnet werden kann, solange er hier ist. Denn er operiert fortwährend durch die Schulkinder für seine kleine Herde.

Sollte das, was vorliegt, noch nicht genügen zur Erfüllung der Wünsche der hiesigen Gemeinde, so wird sie noch einen für die Pietisten höchst gefährlichen Zeugen aufstellen, der in alle ihre Ränke eingeweiht ist. Die Bosheit dieser Menschen geht in der Tat weit, wie sich aus der Aussage dieses Zeugen ergibt. Erst sagen sie, um dies mit einem Beispiele zu belegen: „Geht nicht in die Kirche bei unserm Pastor. Es ist eine Sünde, wenn ihr den Gottesdienst besucht". Nachdem sie den öffentlichen Gottesdienst teilweise zerstört, schmieden sie aus der Zerstörung, die sie selbst veranlaßt, eine Anklage gegen mich. Dann sprechen sie weiter: „Jetzt besucht den Gottesdienst, damit ihr unsern Prediger in seinen Worten fanget". Ich werde zur Zeit diese ganze Angelegenheit der Öffentlichkeit übergeben, um zur moralischen Vernichtung des Pietismus in unserem Lande beizutragen und ich bin auf Sammlung der dazu notwendigen Notizen eifrigst bedacht. Mit tausend Augen und Ohren werden jetzt die hiesigen Pietisten bewacht; sie haben sich aber seit längerer Zeit kläglich der Schweigsamkeit ergeben. Aus allem Ärger aber, den dergleichen Reibereien und Streitigkeiten notwendig mit sich führen und über den nur der ein rechtes Urteil haben kann, der mitten im Streite steht, hat sich die angenehme Frucht ergeben, daß die hiesige Gemeinde einer freisinnigen religiösen Richtung sich zuneigt.

Unter den obwaltenden Umständen läßt sich natürlich mit den hiesigen Kirchenvertretern nichts anfangen. Vor der Wahl derselben am 31. März vorigen Jahres hatte ich die Absicht, unter dieselben die hiesige Gemeinde zu verteilen und durch sie das religiöse und sittliche Leben sowie die Armut beobachten zu lassen. Selbstredend ist dieser Plan jetzt unausführbar. Ich werde in allen Dingen durch die Masse ohne Rücksicht auf die vorliegenden Sachen überstimmt werden. Das Institut der Kirchenvertretung kann hier nicht eher wirken, als bis an die Stelle der jetzigen Kirchenvorsteher diejenigen Gemeindeglieder gekommen sind, die gemäß der Wahlhandlung nach ihnen die meisten Stimmen haben.

Sehr wünschenswert ist ein engeres Anschließen des Pastors an seine Gemeinde. Der

Pastor gewinnt dadurch ihr Zutrauen. Er kann leichter eine heilsame Einrichtung ins Leben rufen. Im Zwiegespräch kann oft mehr gewirkt werden als von der Kanzel herab. Aus dem Verkehr schöpft der Pastor immer neuen Stoff zu seinen Predigten. Er fördert dadurch den Besuch des öffentlichen Gottesdienstes. Der Geist aber, welcher in der Schrift "Die innere Mission unter den Geistlichen" weht, welche Hochfürstliches Konsistorium mir hochgeneigtest zugesandt hat, ist nicht der meinige. Doch wird Hochfürstliches Konsistorium diese Schrift ohne Zweifel nur aus dem Grunde unter die Geistlichen unseres Landes verteilt haben, damit dieselben sich über die innere Mission belehren und in einem anderen Geiste, aber mit demselben Eifer über die ihnen anvertrauten Gemeinden wachen. Es tut dringend not, der in dieser Schrift vertretenen Partei an Eifer gleichzukommen und ihr mit entschiedenen Grundsätzen entgegenzutreten. Mangel an Entschiedenheit bringt heutigentags weiter nichts als Niederlage und Verachtung. Nur der Entschiedenheit schlagen die Herzen zu. Dem Schicksale der politischen Mittelparteien werden auf die Dauer auch die religiösen Mittelparteien nicht entgehen[...].

Mit Schreiben vom 26. April 1852 nahm das Konsistorium zu der Darstellung Kreckes wie folgt Stellung:
Wenn der P. Krecke [...] erklärt, daß jetzt in der Augustdorfer Gemeinde Partei gegen Partei stehe und er im Zusammenhange damit von s e i n e r Partei redet, darf es nicht unbeachtet bleiben, wie der Prediger als solcher der Gemeinde gegenüber kein Parteimann sein, sondern die verschiedenen mehr oder weniger schroff divergierenden Richtungen auszugleichen und den Zwiespalt zu versöhnen bemüht sein soll. Keinesfalls können die gewählten Repräsentanten, weil sie sich der orthodoxen, altkirchlichen Richtung zuneigen, ohne weiteres entlassen oder aus dem gleichen Grunde die Kirchendechen ihres Dienstes entsetzt werden, wie sehr es auch zu beklagen ist, daß in Augustdorf bis auf weiteres das neu ins Leben gerufene kirchliche Institut den Segen nicht entfaltet, der bereits in mehreren Gemeinden aus demselben hervorgeht[...].

Talle, 26. Februar 1852
Pastor Pothmann

Die kirchlichen Zerwürfnisse haben leider mit dem Jahre 1851 noch nicht ihr Ende gefunden. Überall stehen schroffer als je die Meinungsverschiedenheiten gegeneinander über. Durch Wort und Schrift wird das Feuer der Parteiung und Absonderung angeschürt und der Riß in der Landeskirche immer größer. Auch in hiesiger Gemeinde fehlt es nicht an Sektierern, die teils in Lemgo bei Steffann, teils in der Bretterkirche unweit Istrups bei dem Kandidaten Priester, der dort domiziliert, nachdem im Amte Hohenhausen durch einen Regierungserlaß dessen Wirksamkeit aufgehoben ist, Erbauung und Befriedigung ihrer religiösen Bedürfnisse suchen und ihre Kinder, selbst wenn sie auch stundenweite Wege haben und überall hohes Schulgeld entrichten müssen, in die auf dem Hohlenstein vom früheren Lehrer Plöger aus Wüsten erbaute und errichtete Schule schicken.
Diesem Umstande mag es daher auch beizumessen sein, daß die Kommunikantenzahl sich im vorigen Jahre gegen das Jahr 1850 um 284 Personen in hiesiger Gemeinde ver-

ringert hat, da Steffann gar keinen Anstand nimmt, auch den Nichtneophyten das Abendmahl auszuteilen.
Übrigens ist es recht erfreuend, daß die Andersdenkenden auch ihrerseits mehr zusammenhalten und sich unserer Kirche desto fester anschließen, so daß der Kirchenbesuch[...] seit längerer Zeit ein überaus guter zu nennen ist. Freilich wird durch die vielen Arbeiter, welche im Auslande ihrem Verdienste nachgehen, vom Frühjahre ab bis zum Herbste hin, wo sie wie die Zugvögel wegziehen und wiederkehren, derselbe abnehmen[...].
Was den sittlichen Zustand der hiesigen Gemeinde anlangt, so hat derselbe, soweit er sich menschlich beurteilen läßt, eher zu- als abgekommen. Namentlich wird dem Laster der Trunkenheit weniger gefrönt. Umso bedauerns- und beklagenswerter ist es aber dagegen, daß der Pauperismus im Kirchspiel Talle, wie ich mich wöchentlich bei meinem pastoralen Verkehr mit den Gemeindegliedern überzeuge, und namentlich im Dorfe Talle selbst, durch die Verdienstlosigkeit täglich zunimmt. Talles Einwohner ernähren sich hauptsächlich mit Flachsspinnen. Seit Jahren aber hat bekanntlich dieser Industriezweig und besonders durch die mehr gesuchten Maschinengarne bedeutend verloren, so daß der ganze Handel mit Handgespinsten nur ein Tauschhandel im kleinen ist. Auf dem sterilen und unbedankbaren Boden um Talle können nur sehr mühsam und spärlich die verschiedenen Getreide- und Gemüsearten gewonnen werden. Im vorigen Jahre ist, wie an vielen anderen Orten, hier die Kartoffelernte durchaus fehlgeschlagen. Stellen sich nicht gar bald bessere Konjunkturen ein oder unternimmt nicht irgendeine Fabrikanlage hier am Orte, bei welcher alt und jung Beschäftigung und Verdienst finden (wozu ich einen hiesigen Kommerzianten aufgefordert habe), so ist das Dorf Talle die größte Bettlerkolonie hiesigen Landes [...].

Langenholzhausen, 1. März 1852
Pastor Krücke

[...] Die Auswanderung nach Amerika findet nicht mehr in solcher Menge statt wie in früheren Jahren, dauert aber im einzelnen noch fort. In allen nördlichen Staaten von Amerika von New York bis zum Missouristrom finden sich einzelne aus hiesiger Gemeinde; ein Neu-Holzhausen ist aber im Staate Wisconsin angelegt an den Ufern des Michigan-Sees, vier englische Meilen von Sheboygan. Da mir vor einigen Tagen von einem aus hiesger Gemeinde Gebürtigen, der mit noch zwei anderen Lippern im Seminar zu Mercesburg in Pensylvania Theologie studiert, Nachrichten von den ausgewanderten Langenholzhausern mitgeteilt sind, so möchte es nicht unpassend gefunden werden, wenn hier einiges davon angerührt wird.
Aus dem Tagebuch eines Reisepredigers von 1850 heißt es da von den Holzhausern in Wisconsin: „Die gläubigen, frommen Leute freuten sich sehr, als ich zu ihnen kam und bestellten gleich auf den andern Tag Gottesdienst, welcher, obwohl es an einem Werktage war, von einer zahlreicheren Menge besucht wurde, welche mit Tränen der Rührung der Predigt zuhörten. Obwohl sie noch keinen Prediger haben, so erbauen sie sich doch miteinander an jedem Sonntag morgens und nachmittags durch Gesang und Gebet und Vorlesung einer Predigt durch einen Ältesten“. Nach späteren Nachrich-

Chor und Kanzel der Kirche in Langenholzhausen. Tuschzeichnung von Emil Zeiß aus dem Jahre 1868.

ten haben sie (seit 1851) jetzt einen Prediger namens Plües und seit der Zeit kommen auch noch mehrere, in anderen Gegenden Amerikas zerstreute Langenholzhauser nach diesem Orte hin und lassen sich da nieder [...].

Wüsten, 1. März 1852
Pastor Meyer

[...] Der Charakter der hiesigen Gemeinde, soweit er dem Unterzeichneten in den 7 Monaten seines Hierseins sich erschlossen hat, ist ein wahrhaft kirchlicher. Die Wüste ist seit langem bekannt als eine Gemeinde, in welcher das Wort Gottes wirklich wohnt und worin der Herr ein großes Volk hat. Der Rationalismus der Neuzeit und die demokratischen Gelüste der letzten Jahre haben in dieser Gemeinde nur sehr unbedeutend Platz greifen können. Die Gemeinde selbst schreibt dies nächst der Gnade von oben dem langjährigen Wirken des seligen Pastors Krüger zu, dessen Liebe und Treue namentlich in den Herzen der von ihm Konfirmierten fortlebt. Demnächst ist dazu besonders förderlich gewesen der reiche Schatz von Schriftauslegungen, alten Postillen, Gebet- und Gesangbüchern aus der lebensvollsten Zeit der evangelischen Kirche, welcher durch die ganze Gemeinde hin verbreitet ist. Fast in allen Häusern, auch in den Hütten der Einlieger, findet man auf dem Bücherschott neben der Heiligen Schrift zwei, vier, auch wohl zwölf und mehr dergleichen Schriften und von ihrem fleißigen Gebrauche zeugt die noch sehr häufige Sitte der täglichen Hausandacht wie auch der Gebrauch, daß in den Spinnstuben geistliche Lieder gesungen werden. Als dritte Ursache dieses kirchlichen Charakters möchte wohl auch der bedeutende Einfluß einiger reich begabter Gemeindeglieder zu nennen sein, welche in sonntäglichen Erbauungsstunden in ihren Häusern das göttliche Feuer von oben, keineswegs aber ein ungesundes pietistisches Treiben nähren.

Als Früchte dieses kirchlichen Charakters der Gemeinde möchten etwa folgende zu nennen sein: 1. Die Hochschätzung des geistlichen Amts, welche sich auch bei dem Amtsantritt des Unterzeichneten in rührender Weise, demütigend und hebend zugleich, kundgab. 2. Die ungemeine Opferwilligkeit für alle Angelegenheiten des Reiches Gottes, namentlich wenn es gilt, zu den kirchlichen und Schul-Gebäuden, zu den Arbeiten der äußeren wie inneren Mission und zu den Bedürfnissen der Armen zu kontribuieren. 3. Das treue Festhalten an den kirchlichen Bekenntnisschriften, so daß die Rückforderung des Heidelberger Katechismus für den Konfirmandenunterricht in dem Kollegium der Ältesten, Dechen und Repräsentanten eine einstimmige war [...]. 4. Die allgemeine Würdigung, welche unsere treffliche Kirchenordnung von 1684 in den Gemeinden findet (Es sind wohl ein Dutzend Exemplare derselben in der Gemeinde verbreitet und werden viel gelesen. Auch hat Unterzeichneter einige Kapitel derselben nach Vorschrift der Kirchenordnung selbst auf ihren letzten Seiten an drei Sonntagen, ohne Beeinträchtigung des Gottesdienstes, öffentlich von der Kanzel vorgelesen). 5. Die große Bedeutung, welche das Amt der Kirchenältesten in der Gemeinde hat, so daß diese Männer die vollste Anerkennung und Willfährigkeit finden, wenn sie als Gehilfen des Pastors in der Seelsorge, Kirchenzucht und Armenpflege handeln (In die kirchlichen Ämter und sogar zu Ortsvorstehern werden nur kirchlich gesinnte Männer gewählt). 6. Die Sparsamkeit und Wohlhabenheit und die auch in der Nachbarschaft anerkannte Moralität der Wüstener. 7. Endlich ihre Tüchtigkeit auch für die Angelegenheiten des bürgerlichen Lebens, so daß sie auch bei Kommunalbehörden einen guten Ruf haben [...].

Almena, 5. März 1852
Pastor Reinert

[...] Im verflossenen Jahre 1851 haben sich auch vier Familien von hiesiger Gemeinde getrennt und sind zu dem Bischofe der neuen lutherischen Kirche in Lemgo übergetreten, dessen Diener Priester dann am 18. Februar im Auftrage seines Bischofs eine Bibelstunde zu Malmershaupt in hiesiger Gemeinde gehalten hat. Die Erklärung der Bibel geschah auf dem Hausflur unter dem Grunzen der Schweine, dem Blöken der Kühe und Kälber und dem Wiehern der Pferde. Bei der Schilderung des jüngsten Gerichts, welche mit starken Farben und mit starker und mächtiger Stimme vorgetragen worden sein soll, haben die Kühe gleichsam auch erschüttert mächtig in ihre Posaunen gestoßen und den Redner einstimmig begleitet zur Belustigung einiger. Weitere Fortschritte werden hier Steffann und Priester nicht machen, wenn sie sich auch noch so viel herumtreiben und Mühe geben sollten [...].
Übrigens hat man Ursache, sich über einige Gemeindeglieder zu beklagen, welche der Unmäßigkeit frönen und dadurch großes Ärgernis anrichten. Die drückende und verderbliche Zeit trägt jedoch jetzt sehr dazu bei, daß viele dem Branntwein entsagen und zur Anschaffung von Brot das spärlich verdiente Geld anwenden. Im Frühjahr wird es für manchen Weber traurig aussehen, der von dem täglichen Erwerb lebt und nichts für die Zukunft aufbewahrt hat; bleiben die Lebensmittel so teuer und hebt sich der Erwerb nicht, so wird er der größten Not anheimfallen. Ein großer Teil derselben wird auf Ziegelarbeit gehen, um so dem Verhungern zu entlaufen [...].

Falkenhagen, 19. Juni 1852
Pastor Melm

[...] Exempel werfen ein Licht auf die in der Gemeinde sich kundgebende Stimmung und Zustände. Ein Exempel ist, daß heute den 14. Juni, 2/3 der Konfirmanden (die ganze kürzlich in den Katechumenenunterricht aufgenommene Zahl derselben besteht aus 52 Kindern) 15, sage fünfzehn, Kinder und aus der Rischenauer Schule von 26 Kindern ganze 9, sage neun, Stück das apostolische Glaubensbekenntnis herzusagen völlig außer Stande waren. Ein vielversprechendes Zeichen, daß die jungen Staatsschulen mit ihren Staats-Schuldienern oder vielmehr „Herrn Lehrern" an der Spitze bereits bedeutende Fortschritte zur Entchristlichung des Volkes und zur Hinführung desselben zum Heidentum gemacht haben, um Land und Volk zuletzt auf die Höhe jener Kulturstufe zu erheben, wo die christliche Religion und Zeitrechnung für eine Antiquität erklärt, statt der auf göttlicher Ordnung beruhenden Staaten „durch die Wogen der Zeit" [...] „republikanische Zustände und Formen" eingeführt, die Fürsten geköpft, die Obrigkeiten und die Diener der Kirche von den ausgewachsenen Staatsschul-Knaben aufgeknüpft oder verjagt werden etc.
Es hat mich deshalb auch gar nicht überrascht, vielmehr habe ich es dem Geiste der gegenwärtigen Schulverhältnisse höchst angemessen gefunden, da ich selbst mit eigenen Ohren vorigen Herbst einen Haufen schulfähiger Kinder zu Rischenau aus Ottemeiers Schule auf der Straße schreiend sagen hörte: „Bumsfallera! Wir brauchen (wir wollen) keinen Fürsten mehr!" usw. und einen anderen zu Henkenbrink aus dem Schuldistrikt des Küsters Rieke: „Bumsfallera! Wir brauchen (wir wollen) keinen Pastor (keinen Pfaffen, Melm) mehr!" Wenn ich auch nicht sagen kann, daß die Schuljugend dergleichen unmittelbar in den resp. Schulen und Schulstunden lernt, so bleibt es dennoch charakteristisch genug für sie [...].
Zur Beleuchtung der sittlichen, religiösen und kirchlichen Zustände oder leider vielmehr des Gegenteils, der Unsittlichkeit und Unkirchlichkeit in den Gemeinden, können noch fernere Exempel beigebracht werden: Ein Mädchen, das wegen Unzucht vom Seelsorger zur Rede gestellt und eines besseren ermahnt wurde, gab unter anderem zu vernehmen, daß der Schwängerer zu ihm ins Bett gekommen wäre, da eine andere Dienstmagd neben ihr in demselben Bette gelegen hätte. Die Art, wie das Mädchen diesen Umstand erwähnte, läßt schließen, daß dergleichen als etwas Gewöhnliches oder doch nicht Seltenes unter dem Volke Sitte sei.
Häufiger als von so etwas bekommt man Kunde und Beweise von der Sitte, daß solche Eheleute, deren eins oder beide vor der Ehe in Unzucht lebten, hinterher in ihrem Ehestande sich zanken und schlagen. Der Fälle dieser Art und wo der Referent als Seelsorger zum Einschreiten veranlaßt wurde, sind seit einigen Jahren und besonders im letztvergangenen eine ganze Reihe vorgekommen. Die Tätigkeit des Seelsorgers ist aber meistenteils, wie ich erfahren habe, eine vergebliche und muß es sein, sobald, was leider regelmäßig geschieht, von Gerichts wegen die Klagen zwistiger Eheleute aufgenommen werden etc., ohne diese zuvor von Gerichts wegen und förmlich zu einem Sühneversuch an den Prediger zurückzuweisen. Es läuft der Streit dann sogleich in

die Kosten, die Advokaten kommen dazwischen und ist kein Aufhalten mehr. Wirklich besser wird es danach niemals.
Unstreitig noch schlimmer und alles eheliche häusliche Glück vernichtend als solche Erscheinungen sind die des Ehebruchs, der, wie ich aus vielen z.T. mir von Schuldigen „bekannten“ Fällen weiß, leider viel häufiger vorkommt als öffentlich erwiesen ist. Nicht seltener ohne Zweifel kommt der Meineid mit allem seinen Fluch vor; und das seit 1848 aufgekommene Eidesgesetz kann dazu dienen, ihn zu vermehren.
Eine besonders auffallende Erscheinung ist die geringere Zahl der Kommunikanten im vorigen Jahre, welche hier gegen früher ein Weniger von 300-400 betragen hat. Es ist zwar möglich, daß dabei zufällige Umstände mitgewirkt haben. Aber eine größere Heilighaltung des Sakraments des Altars, als worin das Geheimnis Gottes von unserer Seligkeit und der lebendigen Gemeinschaft der Christen mit Gott und untereinander uns erschlossen ist, könnte doch eine solche Abnahme nicht zugelassen haben. Zahlreiche Auswanderungen, teils für immer nach Amerika, teils für einen großen Teil des Jahres zu Eisenbahn-Arbeiten, die erfahrungsgemäß eine vielfach verderbliche Rückwirkung auf das sittliche, kirchliche und religiöse Leben in der Gemeinde zur Folge haben, mögen nicht ohne Einfluß geblieben sein.
Wie dies im einzelnen hervortritt und die heiligsten Bande der Lebensgemeinschaft auflöst, davon nachfolgendes Beispiel: Der Einlieger Hilmer zu Hummersen, ein Vierziger, Witwer, gesund und arbeitsfähig, der bei erster Gelegenheit, mutmaßlich jetzt schon auf Freiers Füßen geht, hat einen 10-11jährigen Sohn, der ihm dabei unbequem ist. Unter dem Vorwande, er müsse mehr verdienen als er hier könne (wo für Geld kaum noch ein Tagelöhner zu haben ist) [...], beantragt Hilmer, seinen Sohn in das sog. Rettungshaus bei Schötmar zu bringen. Ich erklärte ihm dagegen, daß er schuldig im Stande sei, als Vater für sein Kind selbst zu sorgen und jene Anstalt nach meiner Ansicht andere Zwecke habe als er wünsche. Er erklärte, gern dazu beisteuern zu wollen. Man verlangt auf eine Anfrage in Schötmar jährlich 15 Reichstaler und einen Schein vom Prediger, daß ohne die Aufnahme in jenem Hause das Kind moralisch verderben müsse. Diesen Schein auszustellen trage ich Bedenken. Hilmer läßt durch den Schullehrer in Hummersen 5 Reichstaler Beisteuer bieten. Auf das Mindergebot läßt die Anstalt sich ein und dabei in einem juristisch formulierten schriftlichen Kontrakte sich von dem Vater des Kindes alle Rechte der väterlichen Gewalt förmlich abtreten! - Wohin wird das führen? [...].

Erscheinungen und Zustände wie die in diesem Bericht zum Teil erwähnten, zum Teil angedeuteten sind nun allerdings nicht erbaulicher und tröstlicher Art; aber was ist dagegen zu sagen und zu machen, wenn die guten folgsamen Schafe der Herde das Traurige derselben schmerzlich fühlen und erfahren und mit ihrem Hirten es beklagen, dagegen eben dessen die störrigen räudigen Böcke mit den umherschleichenden Füchsen und reißenden Wölfen sich freuen?

Die Katholiken haben gloriierend das letzte Fronleichnamsfest in voriger Woche hier mit einer so beispiellos starken Kanonade, in unmittelbarer Nähe der hiesigen Gebäude, sowohl hinsichtlich der Zahl wie der Heftigkeit der Schüsse gefeiert, daß man wohl hindurch hören und fühlen konnte, welcher Hoffnung sie voll sind. Nicht

allein wie früher am ersten Tage, sondern jetzt auch am letzten Tage der Fronleichnams-Festwoche haben sie kanoniert und im ganzen an 130 mal losgefeuert, so daß noch eine Kanone davon gesprungen und in Stücken umhergeflogen ist.
Was soll man dagegen sagen über die trostlosen Zustände unserer armen verfallenen daniederliegenden Kirche? Betrifft es 1. die Schulverhältnisse, so steht entgegen das vor Gott und Menschen unverantwortliche kirchen- und religionsfeindliche Schulgesetz, das den Schullehrern alle Furcht Gottes austreiben und dagegen das demokratische Getreibe ihnen einfleischen und sie zu ausgemachten Freischarenführern gegen die Kirche, gegen Glauben und Religion heranziehen zu sollen scheint, da der auf allerbreitester demokratischer Grundlage nach 1848er Grundsätzen hergerichtete Schulvorstand, wie Exempel schon statuieren, gar nicht aus rechtschaffenen christlich gesinnten Männern zu bestehen braucht, sondern dem Gesetze viel entsprechender aus Subjekten bestehen kann, die allen möglichen Lastern frönen, nur sich hüten müssen zu betteln oder ins Zuchthaus zu geraten, wovor sich bekanntlich die ärgsten Bösewichter zu bewahren wissen.

Betrifft es 2. das sittliche Leben, herrschende Zucht und Sitte, Unzucht, Unsitte, Ehebruch, Diebstahl, Lüge, Meineid etc. oder kirchliche Zustände, Kirchlichkeit, Kirchenbesuche, Sabbatsfeier usw, so steht entgegen das alle gute Sitte und Kirchlichkeit ignorierende Repräsentantengesetz, welches kirchliche Repräsentanten vorschreibt ohne irgendwelche kirchliche Qualifikation und es gesetzlich sanktioniert, daß dazu und dann fernerhin zu Kirchenältesten und Wählern der Prediger die allerlasterhaftigsten nichtswürdigsten Subjekte, Gotteslästerer und Religionsspötter genommen werden können, die da sagen: „Mit der christlichen Religion und Kirche geht es zu Ende; noch eine Zeitwoge wie 1848, so wird man nicht viel mehr davon reden; man muß es mit dem Glauben überhaupt so genau nicht nehmen und nicht ausschließend in Glaubens- und Religionssachen verfahren, sonst schadet man mehr als man nützt; man muß es jedem überlassen, sein Verhältnis zur Weltordnung selbst zu ordnen“ und dergleichen: „Johannes Ronge ist der Reformator dieses Jahrhunderts und wird dereinst noch von der Geschichte als solcher erkannt und Luthern gleich, wo nicht über denselben gestellt werden“. Was soll man sagen, wenn dem Prediger, der arbeitet, um das sittliche, religiöse und kirchliche Leben zu heben, solche Gründe entgegengesetzt werden und es wohl gar heißt, daß damit hohe Mitglieder Konsistorii sich nicht unzufrieden erklären würden?

Betrifft es 3. das Verfahren eines Küsters Rieke namentlich gegen Unterzeichneten. Was soll man davon denken und sagen, daß er nun schon seit so vielen Jahren ein solches Verfahren, obgleich es einem hohen Konsistorium längst umständlich bekannt ist, hat fortsetzen können und er sich darauf verläßt, was er gelegentlich wohl gar geäußert: daß ihm das Konsistorium gegen den Pastor Melm doch immer beistehe; während dem letzteren einmal von einer ihm nahe verwandten, vertrauten Person versichert wurde, daß gegen sie von einem gewissen Herrn geäußert worden sei: Konsistorium habe eben darum den Küster Rieke nach Falkenhagen gesetzt, um dadurch den Pastor Melm für seinen (vermeintlichen) Pietismus zu züchtigen.
Betrifft es 4. das Verhältnis des Predigers und besonders des Seelsorgers zur Gemeinde,

so ist es ja bekannt, wie man ihn wegen seiner Bekenntnistreue seit Jahren öffentlich geschmäht und gebrandmarkt, ihn für einen Reaktionär, Pietisten, unvernünftigen Menschen, Finsterling, Schadenstifter, lieblosen Tyrannen, Pfaffen, Jesuiten und wie die abenteuerlichen Stichworte feindseliger Schulmeister, Pastoren und anderer mehr heißen mögen, ausgegeben hat, ohne daß den betreffenden Personen, soweit sie unter der Konsistorialjurisdiktion [=geistliche Gerichtsbarkeit] stehen und ihre Namen bekannt sind, auf die geschehenen Anträge auch nur die leiseste Zurechtsweisung dafür geworden wäre. Ich wundere mich nur, daß die Gemeinde solches alles, was über mich in die Welt hineingeredet und geschrieben ist, nicht längst für Wahrheit und bare Münze hält und mir überhaupt noch Glauben schenkt, zumal hier unter den Katholiken, und da zugleich auch von Hochfürstlichem Konsistorio nicht geringes geschehen ist, um mit dem kirchlichen Bekenntnis die Bekenntnistreue des Predigers zu beugen und zu beseitigen, dem Seelsorger aber das Amt der Schlüssel, mithin das punctum saliens [=Kernpunkt] aller Seelsorge und was damit zusammenhängt, zu nehmen. Freilich, das lebendige Wort und die Tatsache des Wandels neben solchen Zeugnissen wie die einer Theologen-Fakultät zu Bonn und eines evangelischen Kirchentages zu Elberfeld sind eine Macht dagegen.
Betrifft es endlich 5. Erscheinungen in der Gemeinde, welche aufs tiefste die geheiligten Grundlagen des Staats und der Kirche berühren; im Staate die Ehrfurcht gegen den Fürsten als unseren von Gottes Gnaden uns gegebenen zeitlichen Herrn auf Erden, in der Kirche die Ehrfurcht vor dem heiligen Sakrament des Leibes unseres allerhöchsten ewigen Herrn und Hauptes auf Erden und im Himmel. Was soll man darum denken und sagen und wie kann es besser werden, wenn man hört, von was für Würdenträgern der Kirche Äußerungen laut geworden seien wie diese: „Es sei eine unhaltbare Anmaßung der Fürsten, sich 'von Gottes Gnaden' zu nennen; wir müßten überhaupt keine geborenen, sondern vom Volke gewählte Staatsoberhäupter und Lenker und keine monarchischen Staaten, sondern republikanische Staatsverfassungen und -formen und entsprechende gesellschaftliche Familien- und eheliche Zustände und Verhältnisse haben wie z.B. in Nordamerika oder auch in Frankreich; die stehenden Heere, womit unsere Monarchen ihre angeerbte Würde und Throne zu stützen suchten, seien ein wahrer Greuel und müßten zur Ehre der Menschheit abgeschafft werden etc." [...].

Haustenbeck, 5. März 1853
Pastor Klemme

[...] Bei der Kleinheit der Gemeinde ist es möglich, einen ziemlich ausgedehnten Verkehr mit den einzelnen zu unterhalten. Es ist wohl nicht eine Familie unbesucht geblieben. Fleißig besucht wurden die Kranken, deren es in den verflossenen Monaten viele gab. Ein häufiger Verkehr fand statt mit den Armen, Witwen, Waisen, da diese zum größten Teile viel mehr als der Gaben einer persönlichen Beaufsichtigung bedürftig sind. Der Besuch ward von den meisten dankbar entgegengenommen und die Wiederholung gewünscht.
Die Bibel, die wohl in jedem Hause ist, wird von vielen fleißig gelesen mit Benutzung des Zahnschen Bibelkalenders, den vor einigen Jahren Pastor Meyer unter sämtlichen

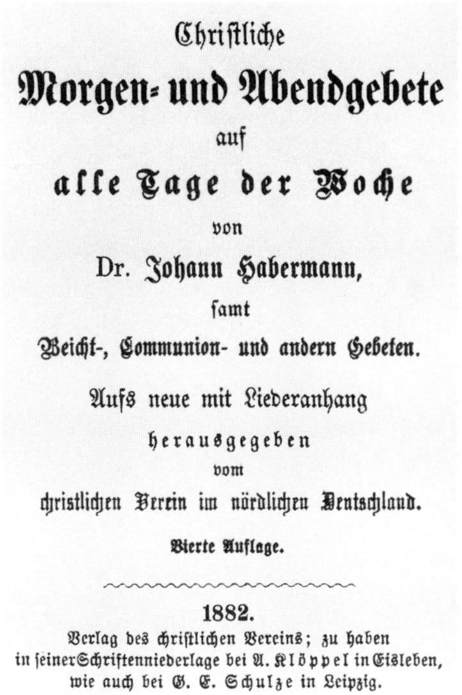

Christliche

Morgen- und Abendgebete

auf

alle Tage der Woche

von

Dr. Johann Habermann,

samt

Beicht-, Communion- und andern Gebeten.

Aufs neue mit Liederanhang

herausgegeben

vom

christlichen Verein im nördlichen Deutschland.

Vierte Auflage.

1882.

Verlag des christlichen Vereins; zu haben
in seiner Schriftenniederlage bei A. Klöppel in Eisleben,
wie auch bei G. E. Schulze in Leipzig.

Inhalt.

	Seite
Aufmunterung zum Gebet	2
Morgen- und Abendsegen	3—66
Tägliches Gebet, Morgens und Abends zu sprechen	67
Kirchengebete	68
Lieder vor der Predigt	71
Beichtgebete	73
Bußlieder	78
Communiongebete	84
Communionlieder	90
Gebete in unterschiedlichen Anliegen	94
Gebet eines Hausvaters	94
Gebet einer Hausmutter	95
Gebet eines Kindes	97
Gebet eines Jünglings oder Jungfrau	99
Gebet eines Knechts oder Magd	101
Gebet um ein gottseliges Leben	104
Gebet zur Zeit des Ungewitters	105
Danksagung nach dem Ungewitter	107
Gebet um den zeitlichen Frieden	109
Reisegebete	111
Reiselieder	117
Gebet eines Kranken	122
Gebet im letzten Stündlein	123
Gebet der Umstehenden für den Kranken, der in den letzten Zügen liegt	124
Gebet um ein seliges Ende	125
Anhang geistlicher Lieder	126

Zum Kernbestand des religiösen Schrifttums der Landbevölkerung gehörten im 19. Jahrhundert — neben Bibel, Katechismus und Gesangbuch — die „Christliche(n) Morgen- und Abendgebete auf alle Tage der Woche“ von Johann Habermann.

Familien verteilt hat, vor denen manche den betreffenden Bibelabschnitt täglich lesen. Das Habermannsche Gebetbuch ist allgemein verbreitet und wird in der Regel morgens beim Frühstück der Morgen- und abends der Abendsegen gebetet. Freies Herzensgebet sowie das Singen von geistlichen, lieblichen Liedern bei der Hausandacht möchte wohl etwas seltenes sein. Benutzt wird besonders von den jungen Leuten die Dorfsbibliothek, die jetzt aus etwa 40 Bänden besteht und Bücher erbaulichen, belehrenden, unterhaltenden Inhalts enthält [...].

Wenn der Prediger die Gemeinde auf dem Herzen trägt und ihr geistlichen Segen angedeihen zu lassen bemüht ist, so ist es für ihn schmerzlich, mehrere Familien für immer aus der Gemeinde scheiden zu sehen. Im vorigen Jahre sind ca. 30 Personen nach Amerika ausgewandert und den früher Ausgewanderten nachgefolgt. Es waren darunter zwei Familien mit unversorgten Kindern, die ihr reichliches Auskommen hatten. Gegenvorstellungen fruchteten nichts. Es wäre zu wünschen, daß von den jungen ledigen Leuten und den armen Einliegern, deren es hier viele gibt, manche auswanderten, was nicht der Fall ist. Die Auswanderung der wohlhabenderen Familien ist für die Gemeinde von großem Nachteil.

Infolge der Senneteilung hat die Arbeitslosigkeit und die Armut bedeutend zugenommen, weshalb fast sämtliche Einlieger und auch einige von den Kolonen genötigt sind, den Sommer Arbeit im Auslande zu suchen, um sich das Nötige zur Ernährung der

Familie zu verdienen. Es mag sich die Zahl der sog. Hollandgänger auf 100 Personen belaufen und nimmt die Zahl mit jedem Jahre zu. Es gehört dies zu den Hemmungen des geistlichen Wachstums in der Gemeinde. Die Männer entbehren lange Zeit der geistlichen Pflege. Manche kommen mit rohen Sitten zurück und geben das sauer verdiente Geld nicht selten für nichtsnutzige Zwecke aus. Auch entbehren fast gegen die Hälfte der Kinder des Dorfes mehrere Monate hindurch der nötigen Aufsicht und Pflege [...].
Was die herrschende Zucht und Sitte betrifft, so bleibt manches zu wünschen übrig. Der leidige Branntwein, der noch sehr in Gebrauch ist, ist wohl die Hauptursache der vorhandenen Unsitten und Sittenlosigkeit [...]. Eigentliche Unzucht ist in der Gemeinde etwas seltenes, wie denn im vorigen Jahre nur ein uneheliches Kind geboren ist. Am nachteiligsten für das junge Volk möchten wohl die häufigen Tänzereien und Lustbarkeiten im Poppschen Kruge sein, wobei keine Verheirateten zugegen sind, wie das bei Hochzeiten der Fall ist. Gewöhnlich finden an den drei hohen Festen Tanzgelage statt, so auch am vergangenen Weihnachtsfeste zur Nachtzeit wurden von den Burschen bedauerliche Exzesse verübt. Auch das Pfarrhaus blieb nicht unverschont und fand sich Referent veranlaßt, dem Amte davon Anzeige zu machen und auf genaue Untersuchung zu dringen, deren Resultat noch nicht bekannt geworden ist. Würde nicht so häufige Lizenz zu dergleichen Tänzereien von Wohllöblichem Amte erteilt, so würde das den Eltern und Herrschaften sehr erwünscht sein und würde zugleich der Sittenlosigkeit ein Damm gesetzt werden [...].

Schötmar, 23. Mai 1853
Pastor Weßel

Zuvörderst fühle ich mich gedrungen, meine Freude und meinen Dank darüber auszusprechen, daß mir durch ein Reskript Hochfürstlichen Konsistorii vom 21. Februar d.J. der Gebrauch des Heidelberger Katechismus beim Konfirmandenunterrichte gestattet worden ist und daß ich denselben bei dem jetzt wieder begonnenen Unterrichte den Kindern in die Hände haben geben können. Ich habe dies mit der festen Zuversicht getan, daß der Herr der Kirche, von dessen Gottheit in dem Buche ein so kräftiges Zeugnis abgelegt worden ist, mir bei dem Gebrauche desselben seine Kraft und Gnade nicht entziehen und sein ewig-treues Hirtenamt auch an den Schafen und Lämmern Seiner Weide, die er mir anvertraut hat, beweisen und bewähren wird.
Der fernere Gebrauch des Leitfadens bei dem fraglichen Unterrichte war mir fast zur inneren Unmöglichkeit geworden, weil ich kaum umhin konnte, entweder den Faden ganz zu verlassen oder gegen den Inhalt verschiedener Sätze, wozu nicht selten, wie z.B. VII,11, die angeführten Bibelstellen zwingen, polemisierend zu Werke zu gehen. Eine solche Polemik, wie milde sie auch sein mag, schwächt jedenfalls den ganzen Eindruck und Segen des Unterrichts. Es ist gewiß nicht nur unnötig, sondern auch ganz verkehrt, die Kinder schon und zumal im Konfirmandenunterrichte in den Kampf unserer Tage zwischen Rationalismus oder Humanismus einerseits und dem Offenbarungsglauben andererseits einzuführen und einzuweihen. In diesen Kampf kommen sie von selbst und früh genug hinein, wenn sie bei ernstem Suchen nach Wahrheit und bei auf-

richtigem Gebete um den heiligen Geist zur Läuterung und Befestigung ihres Glaubens mit dem verkehrten Wesen dieser Welt bekannt werden.

Der Konfirmandenunterricht hat aber das eine große Ziel, den Kindern einen festen Grund des Glaubens zu bieten, in welchem sie Kraft, Trost und Frieden haben im Leben, Leiden und Sterben und zunächst dahin zu streben, daß das Bekenntnis und Gelübde, welches sie am Tage ihrer Einsegnung ablegen nicht bloß Lippenwerk, sondern Herzenssache und innere Wahrheit sei. Ew. Hochwürden werden aber nicht in Abrede stellen können, daß es kaum möglich ist, selbst die Bekenntnisfragen, welche nach unserer Agende S. 88 f. den Konfirmanden vorgelegt werden sollen, ohne Abschwächung ihres tiefen Inhalts und ihrer echt evangelischen Bedeutung auf den Inhalt und die Lehre des Leitfadens zu gründen. Diese Fragen ruhen [...] weit eher in dem Bekenntnisse unserer nach Gottes Wort reformierten Kirche, wie solches in dem Heidelberger Katechismus niedergelegt ist, und wie denn jene Fragen auch ohne Zweifel aus einer Zeit herstammen, wo die Bekenntnisschriften in unserer Kirche in voller Kraft und Leben standen.

Wie ist es möglich zu verkennen, daß diese drei Fragen in den drei Hauptteilen des Heidelberger Katechismus ihre Grundlagen haben und haben sollen! Darum können auch dort die Konfirmanden und hier die Abendmahlsgenossen jene Fragen in ihrem rechten Sinne und Verstande am richtigsten und aufrichtigsten beantworten, wenn sie mit dem Inhalte und der Lehre des Heidelberger Katechismus bekannt und einverstanden sind. Und was nützt denn einer Kirche eine Bekenntnisschrift, wenn ihre Glieder nicht mit derselben bekennen können, ja wenn ihnen diese nicht einmal bekannt ist. Ich habe mir die Schwierigkeiten, welche die Einführung des Katechismus darbietet, keineswegs verhohlen und die ernstlichste Prüfung und Erwägung derselben ist der einzige Grund, weshalb ich meinen schon seit mehreren Jahren gehegten Wunsch Hochfürstlichem Konsistorio nicht früher schon vorgetragen habe. Es ist allerdings nicht zu leugnen, daß die schwerfällige Form des Buches, namentlich einige lange und dem kindlichen Alter vielleicht etwas unklare Sätze einige Schwierigkeiten darbieten; allein ich habe mich nicht überzeugen können, daß diese unüberwindlich sein sollten. Auch ist jedenfalls die Form weniger wichtig als der Inhalt. Je klarer dieser ist, desto weniger wird jene Anstoß geben. Was den Inhalt betrifft, so will ich nicht in Abrede stellen, daß namentlich der Schlußsatz der 80. Frage, welcher bekanntlich gegen den Rat des Ursinus nur auf das besondere Verlangen des Pfalzgrafen Friedrich III. aufgenommen worden ist, eine Härte und Schroffheit gegen den Katholizismus enthält. Allein wenn auch die ganze Frage und einige andere ganz übergangen oder kurz berührt und etwa in ihrer geschichtlichen Entstehung und Bedeutung besprochen würden, so würde das unter unseren Verhältnissen und in unserer Zeit, wo wir dem Katholizismus - was die Zukunft in ihrem Schoße birgt, haben wir zu erwarten - nicht so schroff gegenüberstehen, dem Unterrichte nicht den geringsten Abbruch tun. Wer übrigens das katholische Unwesen der Prozession und der Hostie und der Anbetung derselben aus eigener Anschauung und Erfahrung kennt, wird selbst jenen Satz wohl eine Schroffheit aber keine Unwahrheit nennen und sich wenigstens erklären können, warum ein frommer protestantischer Fürst, dem das Seelenheit seiner Untertanen am Herzen lag, sich gedrungen fühlte, ein solches Bekenntnis in betreff der Abendmahlslehre namens seiner Kirche gegen den Katholizismus abzulegen. Alle anderen oft angegriffenen Sätze bedürfen nur der richtigen Erklärung und Erläuterung nach Gottes Wort, um selbst den Schein der Härte oder Schroffheit, die meistenteils nur in der kernigen und kräftigen Ausdrucksweise liegt, zu verlieren, wie ich selbst bei erwachsenen Mitgliedern meiner Gemeinde mehrfach diese Erfahrung gemacht habe. Könnte selbst das eine oder andere anders besser ausgedrückt werden, so schadet dies dem Werte des Buches gewiß im allgemeinen nicht. Auch dürfen sich Ew. Hochwürden überzeugt halten, daß es mir bei dem Gebrauche des Buches nicht um die tote Orthodoxie des 17. Jahrhunderts zu tun ist und daß ich keineswegs auf den Buchstaben des Bekenntnisses einen übertriebenen Wert lege, sondern daß den Kindern und damit auch der Gemeinde, soweit sie davon jetzt oder in Zukunft berührt wird, der Kerninhalt der heiligen Schrift und evangelischen Lehre in einer kräftigen Sprache gegeben, mit aller Energie des Glaubens ans Herz gelegt und in einem entschiedenen christlichen, evangelischen, wahrhaft frommen und gottseligen Wandel als eine Kraft Gottes zur Seligkeit bewahrt und bewährt werden möge [...].

Ich habe es mir endlich auch nicht verbergen können, daß der Gebrauch des Heidelberger Katechismus bei einzelnen Gemeindegliedern Widerspruch hervorrufen werde wie z.B. vielleicht bei dem Schullehrer Langenberg und seinen Gesinnungsgenossen, allein ich hege nach dem Reskripte vom 21. Februar d.J. zu Ew. Hochwürden und zu Hochfürstlichem Konsistorio sowie auch zu unserem Durchlauchtigsten Fürsten, welcher meinen Freunden und mir wiederholt die Zusicherung gegeben hat, daß wir in der Ausübung unserer Rechte und insbesondere im freien Gebrauche unserer Bekenntnisschriften nicht gestört und beeinträchtigt werden sollen, das feste und zuversichtliche Vertrauen, daß jeder ungebührliche und widerrechtliche Eingriff in die Verwaltung meines Amtes werde zurückgewiesen werden. Überdies ist der Angriff auf den Heidelberger Katechismus sehr häufig nur eine Maske, durch welche der Angriff auf die Kirche und ihre Grundlehren verdeckt werden soll, und es möchte nicht schwer sein zu beweisen, daß die meisten Gegner desselben ihn nie gelesen, vielleicht nicht einmal gesehen, geschweige denn richtig verstanden haben. Die den Heidelberger Katechismus bekämpfen, werden ebenso gewiß die biblischen Lehren von der göttlichen Eingebung der heiligen Schrift und ihrer Hinlänglichkeit zur Seligkeit, von der heiligen Dreieinigkeit, von der allgemeinen Sündhaftigkeit und dem natürlichen Unvermögen der Menschen, sich selbst zu erlösen, von der Gottheit Christi, von der allgemeinen Erlösung durch seinen Kreuzestod, von der Notwendigkeit der Wiedergeburt, von der Rechtfertigung des Menschen durch den Glauben an Christum und nicht durch das Verdienst der Werke usw. bekämpfen. Der Umstand, daß der Unglaube an diese biblischen Kernlehren so weit in unserer Kirche verbreitet und so tiefe Wurzeln geschlagen hat, ist der einzige und hauptsächliche Grund, weshalb die Wiedereinführung des Heidelberger Katechismus, der diese Lehren bekennt, in den Gemeinden Widerspruch findet sowie andererseits der jahrelange Nichtgebrauch dieses Buches der Hauptgrund jenes Unglaubens ist.

Es ist daher die höchste Zeit, das Bekenntnis der Kirche wieder aufzurichten und aufrecht zu erhalten, um die Kirche einerseits vor Erschlaffung und Tod und andererseits vor Spaltungen und Parteiungen, Sektenwesen, Schwärmerei und Muckerei zu bewahren. Viele Mitglieder der Gemeinde, Väter und Großväter, werden sich gefreut haben, daß ihre Kinder ihnen diesen alten Freund ihrer Kindheit und Jugend wieder ins Haus gebracht haben, der ihren Kindern und Kindeskindern so viele Jahre lang vorenthalten worden ist; ich aber wünsche und bete zu Gott, daß mit ihm auch in die Häuser und Herzen einziehen möge der beste Freund der Seelen, von dem der Katechismus mit dem Apostel Petrus bekennt: Wir haben geglaubt und erkannt, daß du wahrhaftig bist Christus, der Sohn des lebendigen Gottes.

Mit den Zuständen in unseren Gemeinden und damit, daß das erwachte neue Leben von anderer Seite so vielfach, aber wie die Erfahrung zeigt, vergeblich bekämpft und verdächtigt wird, hängt es gewiß auf das engste zusammen, daß in vielen Volksschulen so viele Jahre lang der flachste Rationalismus, ja sogar der offenbarste Unglaube gelehrt und verbreitet wird und daß nach der Entlassung des Schulgesetzes vom 11. Dezember 1849 die Kirche keine Macht mehr in den Händen zu haben scheint, solchem Unwesen zu steuern. Ich habe mich daher nicht überzeugen können, daß ich den mir in der Antwort Hochfürstlichen Konsistorio auf meinen vorjährigen Pastoralbericht vom 30. August v.J. gemachten Vorwurf: „Ebensowenig erscheint die im allgemeinen wiederholte Klage über die Losreißung der Schule von der Kirche in irgendeiner Art gerechtfertigt“ verdient habe, denn ich habe mich in meinem Pastoralberichte nur der Worte Fürstlicher Regierung bedient und weiter nichts behauptet noch behaupten wollen, als was diese den Landständen gegenüber erklärt hat. Die höchste Behörde des Landes hat nämlich in der Beilage zu Nr.37 des Regierungs- und Anzeigenblattes vom Jahre 1849 „Bemerkungen zu dem Entwurfe eines Gesetzes über das Volksschulwesen“ folgende Erklärungen abgegeben: „Die Volksschule auf ihrem gegenwärtigen Standpunkte ist eine Tochter der Kirche, von welcher sie gegründet und bis zum heutigen Tage geleitet und beaufsichtigt worden [...]. Dieses feste Band, welches seither die Kirche und die Volksschule umschlungen hielt, ist durch die deutschen Grundrechte gelockert oder vielmehr gewaltsam zerrissen“.

Daß Fürstliche Regierung aber keine Bedenken getragen, diese Tat der Grundrechte zu den ihrigen zu machen, geht wenn schon aus dem ganzen Gesetze so noch viel zweifelloser aus den folgenden Bemerkungen hervor: „Das Unterrichtswesen ist, abgesehen von dem Religionsunterrichte, der Beaufsichtigung der Geistlichkeit als solcher entzogen [...]. Das Verhältnis, vermöge welches jeder Pfarrer in seinem Pfarrsprengel zugleich das Amt eines Schulinspektors verwaltete und in Schulangelegenheiten an die oberste geistliche Behörde zur schließlichen Verfügung berichtete, muß aufhören. Bei der prinzipiellen Trennung der Volksschule von der Kirche muß die Spezialaufsicht in die Hände der Gemeinden gelegt werden“ usw.

Ew. Hochwürden wollen daher die Gewogenheit haben, Hochfürstliche Konsistorio zu erklären, daß ich mich durchaus nicht im Stande fühle, die Behauptung “da die Schule nach wie vor mitten in der Kirche steht“ mit jenen bestimmten und ausdrücklichen Erklärungen Fürstlicher Regierung in Übereinstimmung zu bringen. Nach diesen sowie nach dem ganzen Gesetze und nach den Debatten, die im Landtage über den

Gesetzentwurf geführt worden sind, erleidet es nach meiner wohlgeprüften Überzeugung nicht den geringsten Zweifel, daß die Schule von der Kirche getrennt, ja daß, um mich des Bildes Fürstlicher Regierung zu bedienen, die Tochter vom Busen der Mutter gewaltsam losgerissen worden ist. Und das dies geschehen ist, muß und kann ich als Diener der Kirche nur auf das schmerzlichste beklagen. Ja, man könnte sogar mit gutem Grunde behaupten, daß unser Schulgesetz über die Grundrechte hinausgeht, indem die Bestimmungen dieser „das Unterrichts- und Erziehungswesen ist, abgesehen vom Religionsunterricht, der Beaufsichtigung der Geistlichkeit als solcher enthoben", in unserem Schulgesetze keine Aufnahme gefunden hat. In der grundrechtlichen Beziehung der Lehrer als Staatsdiener und in dem Umstande, daß ihnen der Unterricht in der christlichen Religion anvertraut ist, welcher den Begriff „Diener der Kirche" notwendigerweise voraussetzt, liegt entweder ein unheilbarer Widerspruch oder eine schreiende Ungerechtigkeit gegen die Kirche. Denn wenn geistliche Angelegenheiten, die die Reinheit der Lehre und die Geltung des göttlichen Wortes in unseren Schulen betreffen nicht von der geistlichen Oberbehörde, sondern von einem weltlichen Gerichte zu richten und zu schlichten sind, so heißt das gewiß nichts anderes als daß die Schule von der Kirche getrennt ist und diese ihr Aufsichtsrecht über jene verloren hat [...]. Ew. Hochwürden werden mir soviel Gerechtigkeit widerfahren lassen, daß dann, wenn der Diensteid eines Geistlichen, durch welchen er verpflichtet ist, über die Reinheit der Lehre in den Schulen zu wachen und der in allen Verhältnissen, auch von juristischer Seite betrachtet, wenigstens als ein halber Beweis gilt und wenn die einzigen Zeugen, die Kinder in der Schule, auch nach ihrer Konfirmation nicht als Zeugen zugelassen werden überhaupt kein Mittel da ist, unserer Eidespflicht als Diener der Kirche den Schulen gegenüber nachzukommen.

Ich würde diese Angelegenheit nicht von neuem zur Sprache bringen [...], daß ich sie weit lieber in das Grab der Vergessenheit versenken möchte, wenn nicht der Schullehrer Langenberg immer noch fortführe, seine Angriffe auf Gottes Wort und auf die Einrichtung der Kirche zu erneuern. In meinem Schulberichte von Michaeli 1852 habe ich zur Kenntnis Hochfürstlichen Konsistorio gebracht, daß er der biblischen Ansicht von der Schöpfung die Hypothesen Okens und Nögeraths entgegengestellt und erklärt hat; wir wissen nicht, wer Recht hat und das ist auch gleichgültig, - und darauf von Hochfürstlichem Konsistorio keine Antwort erhalten. Daß der Schullehrer Langenberg persönlich den Hypothesen Okens und Nögeraths mehr Gewicht beilegt als den Lehren des geoffenbarten göttlichen Wortes, kann ihm allerdings niemand wehren, aber er hat nicht das Recht, solche Hypothesen in der Schule und insbesondere im Religionsunterrichte vorzutragen und dadurch das Ansehen der heiligen Schrift zu schwächen und den Kleinen ein Ärgernis zu geben [...].

In Beziehung auf die Armenpflege ist im Anfang dieses Jahres eine sehr wesentliche und wichtige Änderung eingetreten, indem der Grundsatz, daß dieselbe zunächst Sache der Kirche und ein Zweig des geistlichen Amtes ist, wieder zur Anerkennung und wenigstens versuchsweise zur praktischen Durchführung gekommen ist. Die Armenpflege ist nämlich mit Genehmigung Fürstlicher Regierung wieder prinzipiell zunächst in die Hand des Predigers gelegt, der mit den Dorfschaftsvorstehern und Armenvorstehern die Armenkommission bildet. Diese entwirft halbjährlich einen Etat über die Bedürfnisse der Armen und reicht denselben dem Gemeinderat ein, berät wo möglich in gemeinschaftlichen Versammlungen auch die außerordentlichen Unterstützungen bei besonderen Unglücksfällen und Krankheiten und empfängt aus der Amtsgemeindekasse die notwendigen Zuschußgelder zur zweckmäßigen Verwendung. Es hat diese Einrichtung zuvörderst den Vorzug, daß eine Einheit in die ganze Armenpflege, die teilweise der Armenkasse, teils der Amtsgemeindekasse zur Last fällt, eingeführt worden ist. Sodann tritt dabei das Prinzip der Kirche, daß die Armenpflege eine Sache der freiwilligen Liebestätigkeit ist gegenüber dem Prinzip des verkappten Kommunismus, daß der Arme ein Recht auf die Unterstützung der Gemeinde habe, in den Vordergrund. Es ist gewiß nicht zu leugnen, daß das Prinzip der Kirche das allein richtige und Segen bringende und nicht minder das allein durchzuführende ist. Auch für die Armen wird am besten gesorgt werden, wenn mit der leiblichen Pflege die geistliche Fürsorge Hand in Hand geht und es der Kirche gelingt, die freiwillige Liebestätigkeit der Begüterten an den einzelnen Notleidenden in den engsten Kreisen wieder zu beleben. Denn es läßt sich gar nicht in Abrede stellen, daß Selbstsucht und Eigennutz auf der einen und Neid und Mißtrauen auf der anderen Seite wie ein Wurm und ein verzehrend Feuer an unseren sozialen Verhältnissen nagen. Die Heilung dieser Übel liegt allein in dem Worte des Herrn: Was ihr einem unter diesen meiner geringsten Brüder getan habt, das habt ihr mir getan. Unsere Zeit ist aber wahrlich weit entfernt, sich in Tat und Wahrheit um Christo willen und allein um seinetwillen der armen Gliedmaßen seines Leibes anzunehmen. Und das ist auch ganz natürlich, weil es in unseren Gemeinden im Grunde so wenige gibt, die ihn allezeit vor Augen und im Herzen haben, auf ein Vorbild sehen und sich von seinem Geiste allein wollen leiten und regieren lassen. Die Armen selbst tragen zwar auch viel Schuld an ihrer traurigen Lage, indem Unordnung und Schmutz, Trägheit und Stumpfsinn, namentlich auch Liederlichkeit und Wolllust die besten Kräfte verzehren und manches sonst wohl willige Herz kalt und gleichgültig machen, wenn es erfahren muß, daß alle Wohltat mit Undank vergolten und überhaupt nicht zur sittlichen Besserung wirkt. Dagegen ist eine große Schuld und diese trifft hauptsächlich die Begüterten, daß sie sich der Armen viel zu wenig anschließen, sich oft gar nicht einmal die Mühe geben, in ihre Hütten und ihr Elend hineinzuschauen und sie immer tiefer sinken und verkommen lassen, ohne auch nur durch geistige und sittliche Mittel Trost und Zuspruch, Ermahnung und Ermutigung ihnen aufzuhelfen. Der Sauerteig des göttlichen Wortes und der Süßteig der göttlichen Liebe muß alle Herzen und Verhältnisse in allen Schichten der Gesellschaft wieder durchdringen, sonst wird alles Helfen und Unterstützen, alles Bauen und Flicken vergeblich sein. Wolle der Herr seiner Kirche seinen Geist geben, daß alle Glieder als lebendige Glieder in allen Stücken wachsen an ihm, der das Haupt ist [...].

Lipperode, 1. März 1854
Pastor Falkmann

1. Es ist mein eifrigstes Bestreben gewesen in dem Jahre meines Hierseins, meine Gemeinde zunächst ganz kennen zu lernen. Deshalb habe ich dieselbe nicht allein bei

meinem Antritt vollständig besucht, sondern bin mit ihr in fortwährendem Verkehr geblieben, indem den größten Teil des Jahres über selten ein Tag vergangen ist, wo ich nicht Verhinderung hatte, ohne daß ich eine oder mehrere Gemeindeglieder besucht hätte. Nur im Sommer erlitten meine Besuche eine Unterbrechung teils durch meine mehrwöchentliche Badereise, teils dadurch, daß es dann unmöglich ist, die Leute zu Hause zu treffen, weil sie den ganzen Tag mit eigener Garten- und Feldarbeit beschäftigt oder zu gleichem Zweck in der Nähe von Lippstadt auf Tagelohn aus sind, was ich erst an vielen verschlossenen Haustüren erfahren mußte.

Ich habe bei meinen Besuchen mich bemüht, seelsorgerisch einzuwirken durch fortwährende Anknüpfung religiöser Gespräche, Ermahnung zum fleißigen Lesen der heiligen Schrift; habe auch wohl religiöse wie andere nützliche und belehrende Bücher einzeln, namentlich den jüngeren Leuten mitgeteilt und die Kinder veranlaßt, den Eltern vorzulesen; Erkundigungen eingezogen darüber, wie Ehegatten und Eltern und Kinder miteinander lebten, zur Nachsicht mit den gegenseitigen Schwächen und Fehlern, besonders auch im Verhältnisse zu Nachbarn und Freundlichkeit gegen die Kinder ermahnt, mit ihnen über den Zweck und das Ertragen von Leiden sowohl der Krankheit als der Armut gesprochen wie hinsichtlich des letzteren ihnen allerlei Mittel zur Sparsamkeit im kleinen an die Hand gegeben. Besonders habe ich alle Kranke, sowohl leichtere als schwere, wo mir nur einer bekannt wurde, besucht; eine schwerkranke Frau darunter über 1/2 Jahr lang aller paar Tage, einen jungen Mann, der schon über ein Jahr lang an der Schwindsucht leidet, wenigstens sehr oft; ferner alle Wöchnerinnen sowie Alte und Schwache.

2. Ich habe in der ganzen Zeit meines Hierseins mit der Gemeinde auf einem guten Fuße gestanden und alle sind mir immer mit Freundlichkeit und Höflichkeit begegnet, wie mich ich bemüht habe, durch Freundlichkeit und Herzlichkeit ihr Zutrauen zu gewinnen.

Es ist überhaupt ein Menschenschlag, mit dem sich sehr wohl auskommen läßt. Die eigentliche Roheit und Ruchlosigkeit, wofür die Lipperoder früher sprichwörtlich waren, ist wohl größtenteils aus der Gemeinde verschwunden, wenn auch Beispiele von rohem Betragen von Ehegatten gegeneinander und gegen die Kinder wie von feindseligem Zusammenleben von Nachbarn - doch meist unter den Katholiken - noch öfters vorkommen. Uneheliche Kinder sind in dem vergangenen Jahre in der Gemeinde nicht vorgekommen; erst im Januar dieses Jahres kam ein Lipperoder Mädchen - Katholikin - schwanger aus dem Preußischen zurück und hier mit einem unehelichen Kinde nieder. Einzelne Trinker sind freilich auch in der Gemeinde, doch wenigstens ohne öffentlichen Anstoß zu geben. Die meisten dagegen halten ihr Vermögen sehr zusammen. Alle aber sind außerordentlich tätig, worin sie durch die Nähe der Stadt Lippstadt sehr begünstigt werden. Nur bewegt sie das zu eifrige Bedachtsein auf Erwerb sehr oft auch zu Verstößen gegen das Gebot der Sabbatsheiligung wie zu mancherlei kleinen Feld- und Wiesendiebstählen, was durch die bisherige Abwesenheit aller amtlichen und polizeilichen Aufsicht begünstigt wurde. Ob die jetzt geschehene Ernennung eines Polizeidieners auf die Verminderung aller dieser Delikta guten Einfluß haben werde, ist abzuwarten.

Der Hauptfehler aller Menschen hier im Dorfe ist dagegen die böse Zunge. In dieser Feindseligkeit mit Worten gegeneinander äußert sich noch ihre frühere Roheit durch die Tat und es entstehen daraus außerordentlich viele Übelstände und Mißverständnisse untereinander. Sie geht hauptsächlich hervor aus der übergroßen Lebhaftigkeit und Unruhigkeit ihres Geistes. Dieses stete Richten über einander üben denn besonders auch die sogenannten „Frommen“, zu denen sonst gerade meist die besten aus der Gemeinde gehören, die das ordentlichste Leben führen und die fleißigsten Kirchenbesucher sind, so daß sich ihre Richtung sonst in keiner Weise störend äußert.
3. Über die in diesem Jahre stattgefundene Zu- oder Abnahme des Kirchenbesuches im allgemeinen kann ich natürlich kein bestimmtes Urteil fällen, da mir der frühere nicht bekannt ist. Der geringere Ausfall des Armenstockes kann deshalb nicht maßgebend sein, weil zu Pastor Schmidt's Zeit [1843–1853] mehrere günstige Umstände zum reicheren Ertrage desselben beigetragen, indem er außerordentlich vielen Besuch, stets eine Anzahl junger Mädchen als Pensionärinnen bei sich und jeden Sonntag eine Dame aus der Nachbarschaft am Tische hatte, welche dann natürlich auch die Kirche besuchte. Doch glaube ich wohl, daß derselbe, namentlich in der letzten Zeit, sich bedeutend verringert hat und bin ich mir nur zu sehr bewußt, daß mein fast fortwährendes Unwohlsein, meine längere Abwesenheit im Sommer, die Vertretung durch manche fremde Prädikanten [= Hilfsprediger] deshalb und endlich meine notgedrungene Annahme eines Gehilfspredigers, mit dessen kirchlicher Richtung ein großer Teil meiner Gemeinde nicht einverstanden ist, auf den Kirchenbesuch nachteiligen Einfluß üben mußte; wie denn überhaupt das Verhältnis zwischen Seelsorger und Gemeinde erst dann ein rechtes werden kann, wenn jeden Sonntag er selbst und mit Kraft in ihr auftritt. Daran hat mich leider mein Übel, das mir fortwährend die größte Ängstlichkeit und Unsicherheit einflößte, verhindert; und da ich davon noch kein Ende absehe oder doch erst sehr allmählich die nötige Festigkeit erlangen würde, so ist es dies eben hauptsächlich, was mich zu dem Wunsche, meine Stelle niederzulegen, veranlaßt [Falkmann schied im Jahre 1855 aus dem Pfarrdienst aus und wurde Rektor in Horn, wo er bereits am 1. Januar 1857 starb].

Reelkirchen, 1. März 1855
Pastor Knoll

[...] Extreme religiöse Richtungen, wie sie leider anderwärts im hiesigen Lande bestehen und neuerdings in der benachbarten Meinberger Gemeinde auftauchen, finden in hiesiger Gemeinde keinen Boden. Das religiöse Leben ist ein gesundes und im guten Sinne nüchternes, aber auch ex consequentia teilweise ein laues namentlich in bezug auf den Kirchenbesuch, obschon derselbe im ganzen und in Vergleich zu manchen anderen Gemeinden des Landes ein guter zu nennen ist.
Im verflossenen Jahre wanderten 19 Gemeindeglieder nach Amerika aus. Die Erwachsenen genossen am Sonntage vor ihrer Abreise mit der Gemeinde öffentlich das heilige Abendmahl und wurden vom Prediger mit einer Ansprache von der Kanzel entlassen, was auf die Abziehenden und die Zurückbleibenden sichtbarlich einen wohltätigen Eindruck machte. Von den 19 Abziehenden sind übrigens laut eingezogener Berichte auf

dem Schiffe während der Überfahrt 7 Personen an der Cholera gestorben und nur 12 Personen in Amerika angekommen [...].

Wüsten, 1. März 1855
Pastor Meyer

[...] Ein Gegenstand, der seit Jahren bis auf den heutigen Tag am meisten und am tiefsten unter den kirchlichen Fragen die Gemeinde bewegt, ist das Verhältnis zu denjenigen Gliedern, welche zur Zeit meines Amtsvorgängers sich an die Neue Evangelische Gemeinde angeschlossen haben. Es sind deren ungefähr 20 Familien und wahrlich nicht die schlechtesten der Gemeinde. Einige derselben haben schon mehrfach zu uns zurücktreten wollen, indem sie nicht eigentlich durch konfessionelle Motive drüben sich festzuhalten fühlen (denn kaum 2 oder 3 haben ein spezifisch lutherisches Gepräge allmählich erhalten); aber Bedenken anderer Art halten sie noch immer in dem separatistischen Gemeindeverbande fest. Sie sagen: „Wir können kein Vertrauen fassen zu einer Kirche, die noch immer ungestört einen Pastor Kulemann fungieren läßt, der so, wie er es getan, öffentlich und ungescheut von seinem ‚ponierten Gott' geredet hat". Sie sagen ferner: „Wir können unsere Kinder nicht mit gutem Gewissen in Schulen schicken, in denen noch immer der unkirchliche Leitfaden auswendig gelernt werden muß". Was soll unser Presbyterium ihnen darauf antworten? - Sagen wir ihnen: „Schicket euch in Geduld!" so entgegnen sie: „Wie lange denn noch? Ist denn wirklich Aussicht vorhanden, daß diese unerträglichen Übelstände abgeholfen werden?" Und was sollen wir darauf erwidern?
Es wäre sehr zu wünschen, daß vermittelst eines Hirtenbriefes oder einer Kirchenvisitation über diese höchstwichtige Angelegenheit wenigstens einiges Licht verbreitet würde, damit auch der ernsten Gefahr begegnet werde, daß hunderte der ehrenwertesten Familien der Landeskirche entfremdet und sektiererischen Leuten in die Hände getrieben werden, durch deren Wirken dann auch dem Kirchenregimente unsägliche Schwierigkeiten bereitet werden müssen. Werden die Ausgetretenen für unsere Landeskirche nicht wieder gewonnen, so ist aufs tiefste zu bedauern, daß unsere Kirche um edle Kräfte ärmer geworden ist, welche, in ihr geblieben, durch christlichen Wandel, Eifer für die reine Lehre, Treue gegen das lautere Bekenntnis, Standhaftigkeit und Geduld ein rechtes Salz hätte sein können [...].

Brake, 22. Mai 1855
Pastor Rohdewald

[...] Im Laufe des Jahres ist in Brake zu der schon seit längerer Zeit hier bestandenen Känterschen Zigarrenfabrik noch eine andere Fabrik aufgekommen in demselben Lokal, in dem sich früher die umfassenden Colbrunnschen Fabrikanlagen befanden. Die Unternehmer und Leiter dieser Fabrik, die Seidengarn auf englischen Maschinen spinnt, sind zwei jüngere Männer, Gebrüder Kötjen aus Langenberg im Bergischen, wo ihr Vater auch Fabrikbesitzer ist. Die von einem kleinen Anfange ausgegangene neue Fabrik muß einen guten Fortgang gehabt haben, denn sie ist gegenwärtig schon zu einem bedeutenden Umfange angewachsen, indem darin dem Vernehmen nach bereits an 100 Leute täglich beschäftigt werden. Diese Fabrikarbeiter sind teils aus

Die Kirche in Brake. Bleistiftzeichnung von Carl Dewitz aus dem Jahre 1882.

Brake, teils aus Lemgo. Den Fabrikherren darf nachgerühmt werden, daß sie bei ihren Arbeitern wie auf Fleiß und Treue so auch auf Zucht und Ordnung während ihres Aufenthalts in der Fabrik streng halten und läßt sich darum hoffen, daß der Vorteil, den ihre Fabrik als eine neue Erwerbsquelle bringt, nicht werde durch den nachteiligen Einfluß, den Fabriken nur zu oft auf die Sitten haben, überwogen werde. Ein die Person der beiden Fabrikherren selbst betreffendes Desiderium [=Mangel] ist deren augenfällige Unkirchlichkeit; schon ihrer selbst, mehr noch wegen des schlechten Exempels für ihre Fabrikarbeiter ein Übelstand zu nennen zumal an einem Orte, wo auch die anderen Honoratioren meist schlechte Kirchgänger sind [...].
Es ist eine nicht seltene Wahrnehmung und keineswegs erfreuliche Erfahrung, daß die jüngere Generation der Küster seit dem Jahre 1848 und der 1849 bei uns ins Leben getretenen neuen Schulordnung sich in der Besorgung ihrer Dienstgeschäfte gar nicht sonderlich eifrig und sie recht genau und pünktlich auszurichten beflissen finden lassen. Ihrer manche sehen sich wahrscheinlich vorzugsweise und fast nur als Lehrer und zwar „emanzipierte“ oder nicht mehr unter der Botmäßigkeit der Kirche stehende und als solche ausdrücklich für Staatsdiener erklärte Lehrer an und so sehen sie denn auch die Schule als ihr eigentliches Arbeitsfeld, den Kirchendienst als ein bloßes Accidens [=unwesentliches Werk] und Opus odiosum [=verhaßte Aufgabe] an; und es würde ihnen schwerlich in den Sinn gekommen sein, das ihnen dieses Onus [=Pflicht] auferlegende Küsteramt weiter nachzusuchen und zu übernehmen, wenn nicht gerade diese Stellen, wo sich beide Ämter, das Lehrer- und Küsteramt, vereinigt finden, meist auch

die einträglichsten Stellen wären. Darum findet sich bei solchen jüngeren Küstern nicht selten eine ärgerliche Sorglosigkeit und Nachlässigkeit im Wahrnehmen und Ausrichten ihrer Küstergeschäfte. Es mag der Unachtsamkeit mitunter auch wohl bei den erst jüngst ins Amt getretenen Küstern Unwissenheit oder Mangel an genauer Kenntnis ihrer neuen Obliegenheiten, die sie als Küster zu erfüllen haben, mit zugrundeliegen, die sie einigermaßen entschuldigt [...].

Horn, 27. Februar 1856
Pastor Wippermann

[...] Daniederdrückend auf das religiöse Leben wirken die gegenwärtigen Zeiten der Teuerung, in denen die ärmeren Klassen kaum das Brotkorn für ihre Familien zu erwerben imstande sind. Eine gewisse Art traurigen Verzagens hat sich vieler bemächtigt und es hält schwer, hier kräftige Trostgründe ausfindig zu machen. Das angemessenste ist noch, ihnen guten Rat mitzuteilen, wie sie Garten und Feld zu bestellen und ihren Haushalt durch die Wahl zweckmäßiger Nahrungsmittel einzurichten haben, um dem Hunger und gänzlichen Verderben zu entgehen. Es ist zu bewundern, daß so wenig Diebstähle und Einbrüche vorgekommen, zu denen die Zeiten der Not leicht Veranlassung geben.
Ein Glück ist es, daß das Zieglergewerbe und das Maurergewerbe eine immer größere Ausdehnung gewinnt und einen angemessenen Verdienst abwirft. Nur wäre zu wünschen, daß von Fürstlicher Regierung den Ortsobrigkeiten aufgegeben würde, die jüngeren Personen im Herbst bei ihrer Rückkehr dazu im Verein mit Bauerrichter und Vorstehern anzuhalten, ihren überflüssigen Verdienst sogleich in den Sparkassen niederzulegen und nicht unnütz zu vertun. Zwar herrscht im ganzen in der hiesigen Gemeinde Sparsamkeit und es pflegen nicht die Ziegler wie an anderen Orten des Landes ihren Erwerb durch sonntägliche Lustbarkeiten durchzubringen. Allein eine obrigkeitliche Beaufsichtigung und Ermunterung würde allenthalben einen wohltätigen Einfluß ausüben und den Sparkassen und der bürgerlichen Wohlfahrt bedeutende Summen zuwenden. Ich selbst habe mehrfach zur Benutzung der Sparkasse aufgefordert und mein Wort ist vielleicht nicht ganz vergebens gewesen [...].
Einige Streitigkeiten zwischen Eltern und Kindern und Ehegatten sind mir zur Anzeige gekommen, und ich habe zum Frieden ermahnt, teils mit gutem Erfolg, teils ohne guten Erfolg. Religiöse Streitigkeiten von seiten der Pietisten und Baptisten sind nicht vorgekommen. In Auswanderungssachen habe ich mehrfach guten Rat erteilt und unentgeltlich Schriften verschenkt [...].
Endlich ist auch ein Gesetz angegeben, daß der Pastor auch auswärts die Leichen zu begleiten habe, insofern die Angehörigen dessen Transport besorgen. Hierbei bleibt ungewiß, was unter Transport zu verstehen ist. Es fragt sich, muß sich der Pastor mit einem gewöhnlichen Leiterwagen begnügen oder kann er, wie das allein Richtige zu sein scheint, verlangen, daß ihm ein anständiger Transport, d.h. eine ordentliche Chaise oder Kutsche gestellt wird? [...].

Horn, 12. Februar 1857
Pastor Brockhausen

[...] Von Jahr zu Jahr sucht eine größere Menge von Jünglingen und Männern aus Mangel an hinreichendem Erwerb in der Heimat ihr Brot als Ziegler, Maurer, Torfstecher usw. im Auslande und ist also während dieser ganzen Zeit wenigstens von unserer Kirche und unserem Altare abgeschieden. Dies würde nun weniger zu bedauern sein, wenn die im Auslande Lebenden dort fleißig teil am öffentlichen Gottesdienste und dem Genusse des heiligen Sakramentes nähmen; aber dies letztere scheint leider wenig der Fall zu sein. Oft sind die Gemeinden, in welchen unsere Landsleute sich aufhalten, katholischer Konfession, meist aber doch lutherischer, und dies behindert sie natürlich teils ganz am Besuche des Gottesdienstes [...]. Gewöhnlich sind sie auch weit von den Kirchen entfernt, verwildern in ihrer Abgeschiedenheit, suchen nach den sauren Werktagen am Sonntage nur Ruhe oder sind wohl sogar durch ihre Meister gezwungen, auch selbst am Sonntage noch die übliche Arbeit fortzusetzen, wie solches unter anderem im vorigen Jahre in der Nähe von Hannover vorgekommen ist. Nachdem ich dies erfahren hatte, habe ich am vorigen Neujahrstage auf der Kanzel die Betreffenden dringend ermahnt, doch während ihres Aufenthaltes in der Fremde des Gotteshauses und des Tisches des Herrn nicht zu vergessen. Mehr vermochte ich gegen dies leider! notwendige Übel nicht zu tun [...].
Die im vorigen Jahre zu Horn und Holzhausen eingerichteten Kochanstalten für Arme und Arbeitsunfähige, namentlich für Kinder, haben glücklicher Weise in diesem Winter nicht wieder eröffnet zu werden nötig gehabt, da der Preis der Lebensmittel nicht unbedeutend heruntergegangen und ziemlich viel verdienstgebende Arbeit auf in der Nähe angelegten Kommunalwegen vorhanden ist; unsere Frauen haben aber wieder Kleidungsstücke für arme Kinder angefertigt und ausgeteilt, und ich war außerdem imstande, drei eingesammelte Taler für Holzschuhe an arme Kinder in Holzhausen zu verwenden.
Mit Hilfe meiner Freunde ist es mir auch gelungen, für Stadt und Parochie Horn eine Rindviehversicherung ins Leben zu rufen, und wenn sich auch die Wohlhabendsten in der Stadt und Landgemeinde davon ausgeschlossen haben, so hat sich doch der ganze Mittelstand freudig eingeschrieben und damit ist dann der eigentliche Zweck vollkommen erfüllt.
Nun bin ich eifrigst darauf bedacht, in diesem Jahre eine Kleinkinderbewahranstalt für die Stadt Horn mit Hilfe gleichgesinnter Freunde, mit denen ich schon viel darüber gesprochen und beraten habe, zu Stande zu bringen, durch einen kürzlich vorgekommenen Unglücksfall zu diesem Unternehmen noch mehr getrieben und zugleich auch dadurch begünstigt und unterstützt. Es verbrannte hier nämlich vor einigen Monaten ein Kind, dessen Vater noch im Auslande arbeitete, dessen Mutter aber des Morgens in Tagelohn ausgegangen war und das unglückliche Geschöpf allein mit einem einige Jahre älteren Geschwister im Hause zurückgelassen hatte. Da hatte das ältere Kind einen Brand vom Herde oder aus dem Ofen genommen und zu dem jüngeren Kinde auf das Bett gelegt und sich dann, als sich das Bett entzündet hatte, voll Angst verkrochen. Durch den aus dem Hause dringenden Dampf und durch das Geschrei des von

dem Feuer gebratenen Kindes war eine Nachbarin aufmerksam geworden; man war in das Haus eingedrungen, hatte die Flammen gelöscht und das Kind noch lebendig herausgerissen, aber nach einigen Tagen starb es an seinen Brandwunden. Da liegt es ja nun klar vor aller Augen, wie viel Unglück, wie viele leibliche Beschädigung und Verkümmerung eine Kleinkinderbewahranstalt verhüten würde, des noch weit größeren sittlichen Segens für Eltern und Kinder und die ganze Gemeinde gar nicht einmal zu gedenken; somit darf man hoffen, daß die Schwierigkeiten des Zustandekommens, namentlich die pekuniären, durch allgemeinen guten Willen werden überwunden werden und daß ich in meinem nächsten Jahresberichte von der Verwirklichung unseres Planes melden kann [...] .

Die neulich umgehenden Gerüchte, daß statt des Leitfadens der Heidelberger Katechismus oder doch sonst ein anderes Lehrbuch für den Unterricht der Konfirmanden und Schulkinder eingeführt werden solle, entbehren hoffentlich allen Grundes. Hat der Leitfaden seine Mängel, so kann diesen leicht in einer neuen Auflage durch wenige Zusätze oder Änderungen abgeholfen werden und daß dieses letztere geschehe, wäre unendlich heilsamer als die Einführung eines ganz neuen, auch des allerbesten Katechismus, da unstreitig viele Jahre darüber hingehen würden, ehe sich die Lehrer, sowohl die jüngeren als auch die älteren, mit einem neuen Lehrbuche recht vertraut gemacht und es gehörig zu behandeln gelernt haben würden [...].

Augustdorf, 25. Februar 1857
Pastor Krecke

[...] Der Kirchenbesuch ist vollständig befriedigend. Die jungen Leute, welche im Sommer auswärts sind, besuchen im Winter den Gottesdienst sehr fleißig. Auch tut der Küster zur Erbauung der Gemeinde sein möglichstes und die Folge davon ist, daß die Gemeinde schon beim ersten Gesange fast vollständig versammelt ist, was soweit meine Erfahrung reicht, in wenigen Kirchen unseres Landes der Fall ist.

Beim Nachmittagsgottesdienste im Sommer sind allerdings im Durchschnit nur 25 Personen gegenwärtig. Ich habe mancherlei Versuche gemacht, ihn zu heben. Ich katechisierte anfangs nach unserem Leitfaden. Hernach schloß ich an die Geschichten in Schnells Sittenlehre in Beispielen die betreffenden Sätze unseres Leitfadens an. Seit einiger Zeit nehme ich biblische Geschichte. Doch diese verschiedenen Versuche haben nur wenig gefördert. Es scheint diese Art und Weise des öffentlichen Gottesdienstes unserer Zeit nicht mehr zuzusagen, indem dieselben Erfahrungen mehr oder weniger allenthalben gemacht werden.

Auch der sittliche Zustand der Augustdorfer Gemeinde ist befriedigend. Es herrscht hier Friede im allgemeinen. Von religiösen Spannungen, von Glaubensrichterei, Verketzerungssucht und Ketzerriecherei und -jägerei wissen wir hier nichts [...]. Unzucht ist selten. Größere Diebstähle kommen nicht vor. Von Verbrechen anderer Art hört man wenig. Dasselbe Urteil wird man wohl über den sittlichen Zustand fast unseres ganzen Landes fällen können. Es ist erfreulich zu bemerken, wie unsere Lipper in Sittlichkeit einen so bedeutenden Vorzug vor den benachbarten Preußen haben. Die preußischen Kaufleute, welche jetzt im Lippischen Linnen aufkaufen, wissen nicht genug

davon zu rühmen. Sie behaupten, daß man den preußischen Webern im allgemeinen nicht trauen könne, wenn sie vorgäben, Linnen aus Handgespinst zu verkaufen, während das umgekehrte Verhältnis bei den Lippern stattfinde [...]. Was ist der Grund dieses sittlichen Vorzugs? Schwerlich der größere Wohlstand. Ich suche den Grund in der größeren religiösen Freiheit, die bis jetzt in unserem Lande geherrscht hat. Denn wenn der Glaube in Gestalt einer äußeren Formel dem Menschen von außen aufgezwängt wird, wenn der sogenannte Dogmatismus zur Herrschaft gebracht wird, wenn demnach das Göttliche nicht mehr mit dem Gemüte erfaßt wird, so hört der Glaube auf, eine Kraft des Lebens zu sein und Zucht und Sittenlosigkeit stellt sich notwendig ein. Wolle uns daher Gott diese größere religiöse Freiheit erhalten.
Der Mittelpunkt der sittlichen Tugenden der Augustdorfer ist die Sparsamkeit. Mit der Sparsamkeit hängen ihre übrigen Tugenden sehr häufig zusammen. Aber sie geraten bei ihrer Sparsamkeit auch auf mancherlei Abwege. Und der Grund der Sparsamkeit ist der dürftige Senneboden [...].
Religiosität und Sittlichkeit stehen,wiewohl allgemein anerkannt wird, mit dem materiellen Wohle des Volkes in genauem Zusammenhange. Daher habe ich mich von jeher bemüht, für den irdischen Wohlstand der Augustdorfer nach Kräften zu sorgen, und sind meine Bemühungen auch nicht ohne Erfolg gewesen. Einen neuen Erwerbszweig für den vierten Stand statt des immer mehr in Verfall geratenen Spinnens einzuführen ist mir jetzt noch nicht gelungen. Im vorigen Jahre hatte ich es auf die Strohflechtereien abgesehen und mich deshalb an den Pastor Schröder in Bünde und einen Kaufmann daselbst gewandt, weil in Bünde Stroharbeiten hergestellt werden. Beide aber rieten ab, da der Verdienst zu gering sei. Sie hielten es für gewinnreicher, hier das Zigarrenmachen einzuführen. Ich sehe indes nicht ab, wie das letztere hier zu bewerkstelligen sein möchte. Doch die Verhältnisse des 4. Standes gestalten sich seit einiger Zeit ziemlich günstig. Das Linnen steht in gutem Preise. Der Linnenhandel ist seit 50 Jahren nicht so lebhaft gewesen. Außerdem können nicht so viele Ziegler in unserem Lande aufgetrieben werden als man fordert. Dadurch ist der Lohn der Knechte bedeutend gestiegen und für 40 Reichstaler ist kaum ein tüchtiger Knecht zu bekommen. Die hiesige Bodenkultur suche ich durch bedeutende Anpflanzungen in der Pfarrsenne zu heben, indem ich dadurch die Augustdorfer Bauern zur Nacheiferung anzuspornen denke [...].

Horn, 27. Februar 1857
Pastor Wippermann

[...] Es ist der Kirchenbesuch im ganzen sich gleich geblieben und im sittlichen Leben keine Verschlechterung eingetreten. Vielmehr hat es vorteilhaft gewirkt, daß die Teuerung etwas nachgelassen und daß der Verdienst der Maurer und Ziegelarbeiten ziemlich bedeutend gewesen ist. Dadurch ist die Not geringer geworden und sind manche im Stande gewesen, ihre Schulden abzutragen und zu vermindern [...].
Einige Eheleute sind zum Frieden ermahnt. Obwohl in der Regel eine solche Mahnung nicht hilft, so habe ich doch in diesem Jahr eine erfreuliche Erfahrung gemacht. Ein Ehemann pflegte zu Zeiten in seinem Hause einen großen Lärm zu machen, weil er

fürchtete, daß die Frau, welche er übrigens achtete und liebte, ihm das Hausregiment entreißen wollte. Die Frau aber war etwas empfindlicher und heftiger Natur und glaubte, daß der Mann gänzlich gleichgültig und lieblos gegen sie gesinnt sei. Nach einer mehrfachen Rücksprache ist ein zufriedenes Verhältnis wieder eingetreten.
Eine andere erfreuliche Erfahrung ist: Es war ein Mann in Lippspringe vom Gerüst gestürzt und verunglückt. Ich wendete mich mit einem Bittschreiben an die beiden Bauherrn und habe von ihnen für die in Preußisch-Veldrom lebende lippische Witwe zehn Taler zum Geschenk erhalten.
In Beziehung auf die Handwerker und arbeitenden Klassen möchte es zweckmäßig sein, wenn nach dem Vorbilde in Preußen Krankenkassen eingeführt werden können. Durch diese werden in den Zeiten der Krankheit höchst erwünschte Unterstützungen bereitet.
In manchen Ziegeleien des Inlandes und des Auslandes herrscht noch immer der Übelstand, daß der Ton statt mit Maschinen geknetet zu werden von den Arbeitern mit Füßen getreten wird. Das Gesundheitsverderbliche dieser Sitte leuchtet ein. Es wäre sehr zu wünschen, wenn ein Gesetz erlassen würde, daß die Ziegelmeister verpflichtet würden, nur mit Maschinen den Ton zurechtmachen zu lassen [...].

Cappel, 23. März 1857
Pastor Begemann

[...] Was den sittlichen Zustand der Gemeinde betrifft, so kann ich nicht unterlassen, auf zwei Dinge hinzuweisen, welche, wenn auch für jetzt noch weniger auffallend hervortretend, für die Dauer bedenklich zu werden scheinen. Das eine ist die Ziegelgängerei, die auch von hier immer mehr junge Leute in die Fremde führt. Ich will hier nicht reden von den üblen Folgen, die in nationalökonomischer Hinsicht daraus entstehen müssen, wenn aus Mangel an Arbeitskräften die Acker- und Erntearbeiten nicht gehörig wahrgenommen werden können; ich habe nur die sittlichen Folgen im Auge. Einmal sind bekanntlich die Ziegelgänger, wenn sie im Herbst mit vollen Taschen wiederkehren, sehr üppig, schaffen sich Staat an, liegen in den Wirtshäusern, und dies Beispiel hat auf die hiergebliebenen Knechte einen unwiderstehlich verführenden Einfluß, so daß die Herrschaften meist mit Besorgnis der Zeit entgegensehen, wenn die Ziegler wiederkommen.
Noch weit schlimmer aber ist es, daß infolge der übertriebenen Ziegelgängerei alle Bande der Autorität gelockert zu werden drohen. Es ist bereits dahin gekommen, daß Herrschaften sich von ihren Knechten alles mögliche bieten lassen und sich scheuen, die gebührende Zucht zu handhaben, weil sie befürchten, daß die Knechte trotzig werden und ihren Dienst verlassen, um auf Ziegelarbeit zu gehen. Die Ziegelei, mäßig betrieben, mag ein Segen für unser Land sein; jetzt aber droht sie in moralischer Hinsicht ein Verderben zu werden. Zwar bin ich nicht im Stande, ein Mittel anzugeben, wodurch dem Verderben gewehrt werden könnte; ich wollte nur die Tatsache feststellen, daß in dem allzustarken Betriebe der Ziegelgängerei der Keim sittlichen Unheils für unser Land liege [...].
Vielleicht ebenso bedenklich wie die Ziegelgängerei ist in anderer Hinsicht die Stel-

lung, in welcher der Bauernstand mit der Zeit hineingeraten ist. Durch die Gunst der Gesetzgebung, welche die geistlichen Stellen um einen Teil ihres Eigentums gebracht hat sowie anderer Verhältnisse ist jener Stand zu einer erstaunlichen Höhe emporgehoben worden. Ich fürchte sehr, daß infolge hiervon unser Bauernstand mehr und mehr verweltliche. Zwar kann ich Gott sei Dank bekennen, daß es in dieser Gemeinde noch eine gute Anzahl Bauern von altem Schrot und Korn gibt. Daß aber die Keime zu einer beginnenden Verweltlichung und Entfremdung von dem Worte Gottes auch hier vorhanden sind, kann ich mir leider nicht verhehlen.
Das Wirtshausgehen ist mehreren eine tägliche Gewohnheit geworden und was dergleichen Symptome mehr sind. Ich sage nicht, daß es in meiner Gemeinde vorzugsweise schlimm stehe; ich weiß vielmehr, daß in meiner Nachbarschaft das weltliche Treiben in viel höherem Grade eingerissen ist; aber besorgen muß ich und habe leider die Erfahrung vor Augen, daß das schlimme Beispiel wie ein Sauerteig weiter um sich greife [...].
Die Bettelei ist ein Schaden, worunter diese ganze Gegend seufzt und zwar sind es hauptsächlich fremde Bettler. Die Verhältnisse liegen bei uns gottlob so, daß wir die eigenen Armen, wenn nicht besondere Unglücksfälle eintreten, wohl versorgen können. Da kommen aber ganze Scharen von Bettlern, Große und Kleine, aus der Stadt Blomberg und noch mehr aus dem benachbarten Paderbornischen und plündern uns sozusagen aus. Die Paderbornschen kommen im Anfange der Woche mit leeren Säcken an, und nachdem sie die hiesige Gegend abgesucht haben, kommen sie Ende der Woche auf ihrer Rückreise mit gefüllten Säcken noch einmal vor, um dann, wenn die erbettelten Vorräte aufgezehrt sind, ihren Umgang von neuem zu beginnen. Dagegen helfen keine Maßnahmen des Presbyteriums. Das Amt kann auch nicht helfen, weil es an polizeilichen Kräften gebricht. Ich bleibe also bei meinen früheren Behauptungen, daß, wenn nicht von oben energisch eingeschritten wird, das Übel immer ärger werde und unsere Gemeinde mit verderben muß. Der Skandal ist um so ärger, da es durchweg müßige Manns- und Frauensleute sind, welche so umherziehen. Möchten doch die trefflichen Verordnungen über die Bettelei, welche wir haben, mit dem gebührenden Nachdruck gehandhabt werden!

Barntrup, 26. März 1857
Pastor Krücke

[...] Die hiesige Gemeinde besteht im wesentlichen aus solchen, die vom Ackerbau leben, die dem Handwerkerstande angehören, aus Schäfern, die hier sehr zahlreich sind, und aus einer Tagelöhnerbevölkerung. Was nun zunächst die Schäfer betrifft, so sind diese durch ihren Beruf und die infolge desselben unter ihnen herrschend gewordene Sitte bis auf einige wenige Male in der Winterzeit an dem Besuch des öffentlichen Gottesdienstes verhindert. Ebenso ist unter den Tagelöhnern der kirchliche Sinn nicht eben besonders lebendig. Es ist dies ja eine Erscheinung, die nicht bloß hier zutage tritt, sondern vor allem bei solchen Tagelöhnern und Dienstboten, die auf großen Höfen massenweise zusammen leben und zusammen arbeiten, aller Orten sich finden wird. Denn abgesehen davon, daß ja ein Tagelöhnerleben, bei dem man immer aus der Hand

in den Mund lebt und es nur in wenigen Fällen zu etwas bringt, leicht eine Gleichgültigkeit erzeugt, und zwar nicht bloß in Beziehung auf das irdische Fortkommen, sondern auch in Beziehung auf das innere religiöse Leben, so ist mit diesem Zusammenarbeiten vieler notwendig eine gewisse Verwilderung verbunden, die auf das sittliche und religiöse Leben nur zu nachteilig einwirkt. Und dazu kommt noch, daß in vielen Fällen auf den großen Höfen und Meiereien, wenn auch mit rühmlichen Ausnahmen, die Leute nur als Arbeitskräfte angesehen und verbraucht werden, ohne daß die Pflege des inneren religiösen und sittlichen Lebens die mindeste Berücksichtigung fände.
So ist es auch hier zu beklagen, daß, wenn auch nur in wenigen Fällen, die Leute auf den Höfen selbst zur Arbeit an Sonntagen gebraucht werden, sie doch, weil ihnen gar keine Zeit gelassen wird, genötigt werden, ihre eigenen Arbeiten sonntags zu verrichten. Wie nachteilig dies aber für die Heiligung des Sonntags überhaupt ist, braucht nicht erst auseinandergesetzt zu werden. Im ganzen ähnlich wie mit den Tagelöhnern steht es ja auch mit den Ziegelgängern, deren Zahl auch in dieser Gemeinde von Jahr zu Jahr zunimmt.
Was nun ferner den Handwerkerstand betrifft, so findet sich in demselben hier noch ein tüchtiger Kern, der sich nicht bloß durch bürgerliche Rechtschaffenheit, sondern auch durch kirchlichen und auch christlichen Sinn auszeichnet. Doch die allgemeine Erscheinung, daß gerade dieser Stand in den kleinen Städten sich im ganzen nicht hebt, sondern immer mehr zurückkommt, tritt auch hier zutage, und da gesellt sich nun ja leider zu dem äußerlichen Heruntergekommensein die innere Verkommenheit nur zu oft. Und so gibt es denn auch in der Barntruper Gemeinde manche Handwerkerfamilien, bei denen dies zutrifft [...]. Am meisten hat sich die gute alte Sitte und eine religiöse Empfänglichkeit bei denen erhalten, die ausschließlich vom Ackerbau leben, eine Erfahrung, die sich ja auch anderweitig wiederholt.
Ungeachtet dieser mannigfachen, in den Verhältnissen wurzelnden Hindernisse ist dennoch im ganzen der Zusstand der Gemeinde verhältnismäßig ein zufriedenstellender. Der Kirchenbesuch ist für eine städtische Bevölkerung ein guter und auch was Zucht und Sitte betrifft, steht die Gemeinde nicht hinter anderen zurück, wenngleich in gewissen Schichten derselben aus den oben näher entwickelten Gründen viel zu wünschen bleibt[...].

Lage, 13. Mai 1857
Superintendent Clüsener

[...] Über herrschende Zucht und Sitte glaube ich im ganzen nicht klagen zu dürfen. Durch die Ziegler, die namentlich aus der hiesigen Gemeinde in großer Zahl in die Fremde gehen, wird allerdings manche Roheit mit zurückgebracht, aber es ist in der Tat doch damit nicht so schlimm, wie es häufig dargestellt wird. Wohl vergeuden manche Ziegler, besonders die jüngeren, im Winter unnützerweise ihr sauer verdientes Geld, so daß sie im Frühjahr das Reisegeld leihen müssen, während dagegen manche ansehnliche Summen zurücklegen und zu Wohlstand gelangen. So sagte mir ein Ziegelagent, daß im vorigen Herbst bei der Rückkehr der Ziegler in einem Monat 20.000 Reichstaler bei der Sparkasse in Detmold belegt seien.

Das Ziegelgehen wird in der neuesten Zeit offenbar übertrieben und hat in diesem Jahre eine ungewöhnliche Höhe erreicht, hoffentlich die höchste, so daß es vielen Kolonen und auch einzelnen Handwerkern hier an Arbeitskräften gebricht, weshalb sie denn auch sehr gegen das Ziegelgehen eingenommen sind. Aber diese Art des Erwerbs ist für unsere stark bevölkerte Gegend und bei dem Mangel an Fabriken ein unentbehrliches Bedürfnis und gewährt außer dem bedeutenden Geld, welches dadurch in unser Land fließt und viele Familien lediglich ernährt auch den Vorteil, daß diese Arbeiter, die nach allen Richtungen hin in ferne Länder ziehen, wo sie viel Neues sehen und hören, an Einsicht und Gewandtheit gewinnen. Nach meiner Ansicht, und ich glaube unparteiisch darüber zu urteilen, herrscht in der hiesigen Gegend und in der Umgebung mehr Regsamkeit und Betriebsamkeit, mehr Sinn für Fortschritt und Verbesserung als in manchen anderen Teilen unseres Landes und das möchte doch zum großen Teile diesem Umstande zuzuschreiben sein. Das einzige Mittel, wodurch dem überhandnehmenden Ziegelgehen in etwas Einhalt geschehen könnte, möchte darin bestehen, daß darauf gehalten würde, daß die jungen Leute nicht eher als auch nach vollendetem 16. oder 17. Jahre zu diesem Zwecke sich in das Ausland begeben dürften. Dies wäre sowohl rücksichtlich der Gesundheit als der Moralität derselben, die gewöhnlich gleich nach ihrer Konfirmation fortgehen, sehr zu wünschen, wie dieses auch vielseitig ausgesprochen wird. Aber es soll schwerhalten, dies zu bewirken, da solche oft ohne Paß fortgehen; doch möchte das durch gehörige Anordnungen zu verhüten sein.

Oft höre ich zuverlässige Männer unter den Zieglern und Ziegelmeistern klagen, daß in manchen Ländern, wo sie arbeiten, z.B. im Oldenburgischen, im Schleswigschen, in einem Teil des Hannoverschen und sonst der Sonntag so arg entweiht, die Kirche sehr schlecht, fast nur von Frauen besucht werde, daß man am Sonntage häufig mähe, das Getreide einfahre, sogar dresche. Wenn man den Sonntag feiern wolle, sagen sie, so müßte man ins Lippische gehen; auf ihren Ziegeleien ruht alle Arbeit am Sonntage. Es muß demnach bei uns zu Lande doch nicht so schlecht in kirchlicher Beziehung stehen, als es hin und wieder dargestellt wird.

Die ungehörigen Zusammenkünfte, die an den Sonntagen vor Ostern von Zieglern aus der Umgegend und auch aus dem benachbarten Preußischen auf dem hiesigen Markte in der Nähe der Kirche gehalten wurden, sind durch die im Regierungs- und Anzeigeblatt bekanntgemachten Aufforderungen der beiden hiesigen Ziegelagenten und durch die polizeilichen Maßregeln des Magistrats beseitigt, wozu ich denn auch das meinige beizutragen mich bemüht habe. Nächstes Jahr wird wieder scharf darauf geachtet werden, daß der Unfug nicht wieder einreiße. Freilich ist der Gottesdienst nie dadurch gestört, denn die Leute verhielten sich auf dem Markte ganz ruhig, aber sie wurden doch dadurch von dem Besuch der Kirchen ihrer Gemeinde abgehalten und trieben sich hernach in den Wirtshäusern umher. Es war umsomehr nötig, daß dagegen eingeschritten wurde, da die Ziegelgängerei bisher jedes Jahr an Ausdehnung gewonnen hat [...].

Die Kirche in Donop. Bleistiftzeichnung von Hugo von Donop aus dem Jahre 1873.

Donop, 26. Februar 1858
Pastor Theopold

[...] Von vielen Predigern wird beklagt, daß trotz der zunehmenden Kirchlichkeit keineswegs die Sittlichkeit wachse; ich muß ebenfalls gestehen, daß diese Klage gegründet ist und solange Bestand haben wird, wie die dazu wirkenden Ursachen bestehen. Diese finde ich zuvörderst:

1. In der Zunahme der Ziegelgänger. Diese Leute sind im Auslande anhaltend tätig und sehr bemüht, ihren Lebensunterhalt zu verdienen; unter ihnen herrscht daselbst die strengste Ordnung und Subordination und daher ist ihnen während angegebener Zeit weder Veranlassung noch Gelegenheit, einem sittenlosen Lebenswandel sich zu ergeben. Aber zurückgekehrt hier in ihre Heimat gestaltet sich ein anderes Verhältnis; aus ihrer sehr geschäftigen Tätigkeit treten sie in eine Untätigkeit, aus ihrer Subordination in eine Ungebundenheit, Langeweile kommt nun über sie, diese zu töten suchen sie die Wirtshäuser, Hochzeiten, Jahrmärkte etc. und da treiben sie dann Unordnung und eitle böse Dinge, verführen und werden verführt. Müßiggang ist aller Laster Anfang. Wären hier im Lande Fabriken, worin diese Leute Weiterbeschäftigung fänden, so würde die Lage der Dinge sich anders gestalten.

2. Auch das immer mehr Emporkommen unserer Dorfwirtshäuser befördern die Sittenlosigkeit, weil sie jetzt meistens alle mit Tanzböden versehen sind und ihre Lockspeisen zur Sünde, Karten und Branntwein, sehr gesucht werden. Höchst betrübend ist es bemerken zu müssen, daß selbst viele, viele unserer Lehrer zu diesem Emporkommen das meiste beitragen. Hat ein Lehrer sich das Wirtshaus zu seinen Erholungsstunden ausgewählt, so wird er bald der Tagesheld darin werden, das Wort führen und durch seine begabteren Erzählungen, Vorlesungen der Zeitungen eine große Menge von Müßiggängern als Stammgäste um sich sammeln und wehe dann einer Gemeinde, worin ein solcher Lehrer angestellt ist; er, der sein soll ein Vorbild alles Guten, ist geworden ein Verführer des Volkes. Daher müßte mit aller Strenge jedem Schullehrer hiesigen Landes der Besuch aller Wirtshäuser, namentlich der Ortswirtshäuser, durch unsere resp. kirchlichen Oberbehörde verboten werden.
3. Auch wird durch das Überhandnehmen der Tanzereien die Unsittlichkeit sehr befördert. In den meisten Wirtshäusern sind jetzt Tanzböden und bei jedem Jahrmarkte wird auf demselben getanzt. Viele gehen jetzt nicht mehr zum Jahrmarkt des Ein- und Ausverkaufs wegen, sondern um da zu tanzen und recht lustig zu sein. Außer diesen Jahrmarkt-Tanzereien kommen nach Tanzereien vor bei den Ernte- und Schützenfesten, bei Hochzeiten und Haushebungen, bei den Kuh- und Ziegenbieren. Recht zügellos und wild geht es bei solchen Gelegenheiten her; erhitzt durch Branntwein brauset der junge Bursche daher, seine Mädchen im Arm, an Maßhalten ist dann nicht mehr zu denken. Auf die dabei stattfindenden Aufsichten durch Polizeidiener oder Pedellen ist wenig Gewicht zu legen, denn diese Art Leute sind entweder zu nachgebend oder teilen selbst das Vergnügen mit, sonst würden diese Tanzereien nicht so lange Ausdehnungen haben, welche gewöhnlich nachmittags 1 - 2 Uhr anfangen und des Morgens 6 - 7 Uhr erst aufhören. Am zweckdienlichsten würde es ein, wenn in den Städten bei Jahrmärkten die Tanzböden geschlossen und auf dem Lande von der Polizei zu Tanzereien keine Erlaubnis gegeben würde. Wir Prediger können in fraglicher Hinsicht nicht viel tun, unsere Macht und Pastoral-Einfluß sind viel zu gering, um den bei solchen Tanzereien vorkommenden Ungebührlichkeiten Einhalt zu tun. Die Gelegenheit zur Sünde zu nehmen heißt der Sünde die Wurzel zerschneiden [...].

Blomberg, 27. Februar 1858
Pastor Goedecke

[...] Hochfürstliches Konsistorium berührt in dem Zirkulare vom 11. Januar d. J. auch das sittliche Leben der sogenannten Ziegelgänger und wünscht darüber Auskunft, ob das Gewerbe und die damit zusammenhängende Lebensweise derselben etwa von Nachteil für die Sittlichkeit derselben sei. Nach meiner Erfahrung kann ich nicht behaupten, daß die Ziegelgänger weniger Religion oder Sittlichkeit hätten als andere Leute gleichen Standes und anderen Gewerbes. Freilich können manche von ihnen z. B. in Dänemark, Schweden und Holland der fremden Sprache wegen anfangs kaum mit Erfolg Teil an dem Gottesdienst in den dortigen Kirchenspielen nehmen, auch mag in Dänemark die dort sehr häufig vorkommende Sonntagsentweihung (z. B. durch Pflügen) nachteilig einwirken; allein im Königreich Hannover, Großherzogtum Oldenburg

etc. finden sich solche Übelstände nicht, wenn auch hier und da einzelne (z. B. im Saterlande an der niederen Ems) durch ungünstige Bodenverhältnisse der Kirchenbesuch erschwert werden mag.
Nachteilig für die Religiosität und Sittlichkeit jüngerer Arbeiter würde es nur sein, wenn diese in die Gesellschaft von Trinkern oder von irreligiösen Menschen gerieten. Daß hier und da Beispiele der Art vorkommen mögen, mag leicht sein. Solche einzelnen Fälle dürfen jedoch noch nicht zu einem Anathema [=Verfluchung] über das Gewerbe und Leben aller Ziegelgänger Anlaß geben. Mitteilungen über diese Angelegenheit, welche mir in früheren Jahren aus authentischer Quelle zukamen, zeigten mir, wie man bemüht war, nur sittlich zuverlässigen Arbeitern Arbeit zu geben, Trunkenbolde, Unehrliche etc. jedoch zurückwies, wie die große Mehrzahl in der Ziegelarbeit eine gute Erwerbsquelle fanden und sogar mit Sparsamkeit zu Wohlstand gelangte, ohne daß man dabei Bedenken über das religiöse Leben dieser Leute haben durfte. Blieben alle diese Leute aber hier im Lande, so würde es ihnen nicht nur unmöglich werden, einen gleich günstigen Erwerbszweig zu finden, sondern manche von ihnen, die etwa als Hirten, Knechte, Gesellen etc. Brot suchten, würden vielleicht noch größeren Gefahren für ihre Religiosität ausgesetzt sein. Den größten Verdruß über die Ziegelgängerei empfinden unstreitig unsere Ökonomen, welchen es im Sommer an Erntearbeitern fehlt und warum? Ohne Zweifel, weil sie jene Arbeiter nicht durch gleich hohen Arbeitslohn im Lande halten können (oder wollen?). Der Ziegelarbeiter verdient auf der Ziegelei das doppelte oder dreifache des hier zu erwartenden Arbeitslohnes, wie allgemein bekannt ist.
Hiernach kann ich keineswegs in der Ziegelgängerei etwas für die Religiosität der Arbeiter absolut Gefährliches finden. Wohl aber würde dies darin zu finden sein, wenn diese große Anzahl kräftiger Leute hier im Lande blieben, sich mit geringem Verdienst begnügen, die der Handwerker oder Tagelöhner unverhältnismäßig vergrößern müßte. Dann würden wir ein Proletariat erhalten, welches, nichts weniger wie sittlich, in der Sorge ums tägliche Brot zu unerlaubtem Erwerb hinneigen und Predigern und Gerichten manchen Verdruß bereiten würde.
Um nun dem Übel, was die Ziegeleigängerei jetzt noch mit sich bringt, entgegenzutreten, würde es jedenfalls von guter Wirkung sein, wenn man 14jährigen Knaben keine Pässe zu jenem Behuf erteilte und dafür ein etwas späteres Lebensalter feststellte. Dadurch blieben Knaben nicht bloß in den Jahren der Entwicklung ihren Eltern und Predigern nahe, sondern es würde auch deren noch schwachen Körperkräften eine Arbeit in einem nicht immer milden Klima erspart [...].

Reelkirchen, 1. März 1858
Pastor Knoll

Die Gemeinde Reelkirchen kann man unbedenklich mit zu denjenigen Gemeinden des Landes rechnen, welche in mehrfacher Hinsicht glücklich situiert sind und vor vielen Gemeinden des Landes Vorzüge haben. Die Gemeinde ist im ganzen und großen recht wohlhabend und hat gegen andere Gemeinden weniger Einlieger und notorische Arme,

Pastor Heinrich August Knoll wurde am 13. Januar 1803 in Lemgo geboren. Er war seit 1827 Rektor in Blomberg und von 1828-1829 Hilfsprediger bei Pastor Wöhlberg in Bega. Von 1829-1843 amtierte Knoll als Pfarrer in Lipperode. Im Jahre 1843 folgte er einem Ruf nach Wüsten, wo er bis 1851 wirkte. Danach war Knoll bis 1868 Pastor in Reelkirchen. Er starb am 31. August 1882 in Lemgo. Das Porträt von Geißler entstand in den Jahren 1845/46, als Knoll Pastor in Wüsten war.

welche zudem bei den größeren Kolonen stets Beschäftigung und Unterhalt finden können. Eine nicht geringe Anzahl junger Leute sowie bereits verheirateter Einlieger und kleiner Stättebesitzer geht ins Ausland auf Ziegel- und Maurerarbeit, wodurch den notwendigen Bedürfnissen der sogenannten kleineren Leute abgeholfen wird. Von dem Sittenverderblichen des Gewerbes der Ziegelarbeiter zeigen sich hier weniger sichtbare Spuren; die meisten dieser Leute sind sparsam und legen einen Teil des Erworbenen in Sparkassen etc. an und legen dadurch einen guten Grund zum späteren Beginn eines Hauswesens.

Eine Tanz- und Spielwut, desgleichen Kleiderpracht, wie solche bei den jungen Leuten in mehreren westlichen Gemeinden des Landes eingerissen zu sein scheint, ist in hiesiger Gemeinde nicht zu Hause. Von Schlägereien in Wirtshäusern und bei Hochzeiten etc. hört man hier nichts. Die Leute sind im allgemeinen friedfertig und geht ein Zug persönlichen Wohlwollens durch die Gemeinde.

Extreme Richtungen in religiöser Hinsicht sind hier etwas ganz Unbekanntes, obwohl die Zahl wahrhaft frommer Leute mit einem leisen wohltuenden Anhauch jener Religiosität, die man in manchen Kreisen Pietismus nennen würde, nicht klein ist. Eine Neigung zur Separation ist in der Gemeinde nicht vorhanden. Wie der neologische [=neuerungssüchtige] Unglaube, so gehört auch die spezifische Religiosität und Erregtheit zu den Seltenheiten. Auch in dieser Hinsicht geht alles seinen ruhigen und stillen Gang. Offenbare Sonntagsentweihung nimmt man ebenso wenig wahr als sogenannte Konventikel.

Die Gemeinde zählt 2000 Seelen. In der hiesigen Kirche sind 530-550 Kirchensitze. Die durchschnittliche Zahl der Kirchenbesucher in der Hauptkirche beträgt 350-400, an Festtagen 600-700. Hierbei ist jedoch zu beachten, daß die Bewohner des großen Dorfes Istrup seit 20 bis 25 Jahren nach Blomberg zur Kirche gehen, weil der Weg dahin weit kürzer und besser ist; desgleichen, daß die Bewohner von Freismissen und

Borkhausen, wenn sie zur Kirche gehen, die Kirchen zu Blomberg und Wöbbel, als ihnen ebenfalls näher gelegen, besuchen [...].
In Istrup wird für die alten und kränklichen Leute jährlich einmal das Abendmahl ausgeteilt. Von den etwa 20 - 25 Lutheranern (nach Personen gezählt) hat sich niemand zum Austritt resp. Anschluß an die Mariengemeinde zu Lemgo gemeldet [...].
Der Leseverein der hiesigen Gemeinde besteht noch, wobei indessen zu bemerken, daß die Neigung, gute Bücher zu lesen, nicht groß ist; nur etwa 20 Familien nehmen am genannten Verein teil [...].

Augustdorf, 2. März 1858
Pastor Krecke

[...] Mit einem Pastoralbericht scheint mir der Begriff verbunden werden zu müssen, daß er ein Bild des religiösen und sittlichen Lebens einer Gemeinde im ganzen gebe, und da möchten allerdings die Prediger Recht haben, welche behaupten, daß ein jährlich einzureichender Pastoralbericht seiner Wiederholung wegen ermüdend sein müsse, indem das Leben einer Gemeinde sich so rasch nicht verändert. Will man dagegen jenen angegebenen Begriff nicht gelten lassen und Vorkommnisse im Leben einzelner in einem Pastoralberichte behandelt wissen, so läßt sich jedes Jahr etwas Eigentümliches sagen, ja, jeder Tag bringt etwas Unterrichtendes und Anregendes, wie ich das jeden Tag erfahre, indem ich jeden Morgen die Vorkommnisse des verflossenen Tages an meiner Seele vorübergehen lasse.
Ich predige fast jeden Sonntag aus der Gemeinde heraus, d. h. Vorkommnisse in der Gemeinde geben mir die Grundgedanken zu meinen Predigten. In festlichen Zeiten muß ich natürlich in den meisten Fällen von dieser Regel abweichen. Dadurch sichere ich mir auf der einen Seite eine segensreiche Wirksamkeit in der Gemeinde und darf voraussetzen, daß die einzelnen Glieder derselben sonntäglich aus der Kirche etwas mit nach Hause nehmen; auf der anderen Seite bleibt meine Lust zum Predigen immer frisch, indem ich der Gefahr des sogenannten Sichauspredigens entgehe. So ist z. B. der Gedanke, welchen ich am nächsten Sonntag nach Joh. 11,50 behandeln werde: „Die Vorwände zur Bemäntelung der Leidenschaften und Sünden“ ganz aus dem nächsten Augustdorfer Leben gegriffen [...].
Die Erhöhung der Abnahme der Sittlichkeit mit Zunahme der Kirchlichkeit wird hier nicht gemacht. Ich finde den Grund für diese Erfahrung in der katholisierenden Tendenz eines kleinen Teils unserer Zeitgenossen im Schoße der evangelischen Kirche. Gleichwie nach dieser Tendenz der Glaube etwas Äußerliches ist, das seinen Sitz im Verstande, ja nicht einmal im Verstande, sondern mitunter gar nur im Gedächtnisse seinen Sitz hat, so muß natürlich noch mehr der Kirchenbesuch zu einem bloßen Worte herabsinken. Woraus soll demnach das sittliche Leben seine Kräfte schöpfen? Ich fürchte, die im Zirkulare erwähnte Erfahrung wird sich noch öfter wiederholen.
Das Ziegelgehen hat manche gute Seite. Es kommt dadurch Geld ins Land und der Wohlstand der niederen Klassen hebt sich. Im verflossenen Jahre sollen durch die Ziegler unserem Lande 400 000 Reichstaler bar zugeflossen sein. Die Armut ist ein großes Übel. Sie wirkt in vielen Fällen höchst nachteilig auf die Sittlichkeit ein. Darum

heißt es auch in der Heiligen Schrift: Armut und Reichtum gib mir nicht. Unsere Bauern werden durch das Ziegelgehn gezwungen, ihre Einlieger, Knechte und Mägde menschlich zu behandeln und den Tagelohn der ersteren wie den Lohn der letzteren zu erhöhn, der bei dem gesunkenen Geldwerte zu den Bedürfnissen in gar keinem Verhältnisse mehr stand. Darum wäre auch zu wünschen, daß das alte Gesetz aufgehoben würde, nach welchem nur 17jährige junge Leute auf Ziegelei gehen dürfen. Auf die körperliche Entwicklung der jungen Leute wirkt es durchaus nicht nachteilig ein, wenn sie gleich nach der Konfirmation dies Geschäft ergreifen; ich habe sogar die entgegengesetzte Erfahrung gemacht, die in der besseren und reichlicheren Nahrung auf den Ziegeleien ihren Grund hat. Nur müssen sie vernünftigen Meistern übergeben werden, und es wäre sehr zu wünschen, wenn eine brutale Behandlung von seiten der Meister allezeit streng geahndet würde.

Durch halbjährige Abwesenheit wird die Liebe zwischen Eltern und Kindern, zwischen Frauen und Männern geschärft. Es ist immer ein Familienfest, wenn die Ziegler wiederkommen. Sowie sie stundenweit bei ihrer Abreise begleitet werden, kommen ihnen die ihrigen auch stundenweit entgegen und tragen ihnen ihre Bündel. Sichtliche Vergehen im Auslande kommen wohl vor, sind aber doch im ganzen selten. Weil gewöhnlich mehrer aus einem Orte zusammen arbeiten, so kontrollieren sie sich gegenseitig. Wer viele Jahre unter dem Volke und mit dem Volke gelebt hat, der weiß, daß die sittliche Kontrolle des Volkes scharf ist. Dazu sind die Ziegler im allgemeinen wegen ihrer schweren Arbeit zu Ausschweifungen am Sonntage zu erschöpft, und die Lipper sind nicht allein wegen ihrer Arbeitsamkeit, sondern auch wegen ihrer Sparsamkeit berühmt. Das Ausland wirft ihnen vor, sie brächten alles Geld mit in die Heimat, was sie im Auslande verdient. Aber in der Heimat bringen sie das Geld leichtsinnig wieder durch, das sie im Auslande mit Schweiß erworben haben [...]. Sind denn nicht die Prediger da, die sie ermahnen sollen, in der Kirche sowohl wie im Verkehre des Lebens? Ich halte jährlich zwei Predigten, die insonderheit auf die Ziegler berechnet sind; eine bei ihrer Abreise und eine bei ihrer Heimkehr. Ist nicht die Polizei da, welche über Ruhe und Ordnung zu wachen hat? Sind nicht die Ämter da, von denen die Erlaubnis zu Tanzvergnügungen abhängt? Im allgemeinen aber findet das Gegenteil statt. Wer sich davon überzeugen will, der frage bei der Leihekasse und bei den verschiedenen Sparkassen unseres Landes nach. Die Vorwürfe, welche dem Ziegelgehn gemacht werden, beruhen größtenteils einmal auf Unkenntnis der Verhältnisse und sodann auf Eigennutz. Die Arbeitgeber mögen den größeren Lohn nicht geben, was die Ziegelei hervorgerufen hat. Sie wollen durch ihre Geschwätze die öffentliche Meinung irreführen, auf die Gesetzgebung einwirken und eine Beschränkung des Ziegelgehns hervorrufen. Dagegen ist das Ziegelgehn auch nicht ohne nachteiligen Einfluß, wie ja das meisten im Leben seine zwei Seiten hat, Licht- und Schattenseiten.

Zu seinen Schattenseiten rechne ich zweierlei: Das eine ist die Vernachlässigung der Kinderzucht in Abwesenheit des Vaters, da der Mutter in vielen Fällen die nötige Autorität fehlt. Das muß und kann indes der Vater bei seiner Rückkehr wieder gut machen. Das andere ist der rohe Stumpfsinn, der sich infolge der Ziegelarbeit leicht erzeugen kann. Ich habe zweimal Augustdorfer im Auslande besucht, einmal in Hamm und das

anderes Mal zu Bodenreichenbach einige Stunden hinter Leipzig. Die Arbeit der Ziegler ist höchst einfach und dazu beschwerlich. Am Sonntage wird die Kirche gewöhnlich nicht besucht. Die Kirchen liegen teils zu weit, teils sind die Ziegler zu ihrem Besuche zu müde. Der Sonntag ist für die meisten ein reiner Ruhetag. Freilich hält das Zusammenarbeiten ihren Geist in etwa rege. Doch möchte dadurch dem Einreißen stumpfsinniger Roheit wenig vorgebeugt werden. Daher müssen im Winter Mittel ergriffen werden, um dem geistigen Stumpfsinn zu steuern. Zu dem Zweck hat der hiesige Küster hier eine Sonntagsschule errichtet, in welcher die jungen Leute im Rechnen, Schönschreiben, in der Anfertigung von Geschäftsaufsätzen und im Singen unterrichtet werden. Soll nun das Ziegelgehen aus den angegebenen Gründen ein Übel heißen, nun, so mag es so heißen; es ist aber für unser Land ein notwendiges Übel, und es liegt nun an uns, den Übeln, die es mit sich führt, entgegenzuarbeiten und sie aufzuheben. Ohne Frage verkennen die Prediger den Beruf der Kirche, welche zur Förderung guter Sitten die Polizei zu Hilfe rufen. Die Kirche und ihre Diener haben nichts anderes zu tun als zu ermahnen und zu erbauen. Was sie durch Wort und Beispiel nicht wirken können, müssen sie fallen lassen.
Die Einführung des Heilsamen, das mit Geldausgaben verbunden ist, läßt sich hier schwer durchführen. Anläufe dazu führen leicht zu Ärgernissen. Die Augustdorfer Gemeinde ist zu sehr auf Sparsamkeit bedacht und ist dieselbe auch mehr als die meisten anderen Gemeinden unseres Landes darauf verwiesen, wenn auch in den neuesten Zeiten sich ihr Wohlstand gehoben hat. Es wäre indes wünschenwert und den Verhältnissen nach möglich, daß die Schärfe der Sparsamkeit, welche die Frucht des früheren Elends der Augustdorfer ist, sich in etwa abstumpfte.

Bega, 28. März 1859
Pastor Mörs

[...] Soll ich etwas von der Kirchlichkeit der Gemeinde berichten, so kann ich zu meiner großen Freude mitteilen, daß die Kirche seit meinem Hiersein stets sehr gut besucht worden ist, und es ist wohl nicht mit Unrecht behauptet, daß in der Gemeinde Bega noch ein sehr kirchlicher Sinn herrsche. Dies hat gewiß auch in dem einfachen Sinne, der hier noch in den Leuten waltet, seinen Grund, die oberflächliche Bildung oder Halbbildung unserer Tage hat hier weniger Eingang gefunden. Der Bauer ist noch Bauer und nicht großer Gutsbesitzer, das Band, welches ihn an seine Untergebenen, Gesinde und Tagelöhner knüpft, ist noch mehr ein patriarchalisches; er ist noch das Haupt der ganzen Familie und sein Einfluß auf das Gesinde noch größer; die Sitten sind noch einfacher, der Luxus noch geringer als in manchen anderen Teilen und Gemeinden unseres Landes und es herrscht noch im ganzen mehr Bescheidenheit. Die Prediger und Lehrer haben noch eine bessere Stellung, weil ihr Amt als solches mehr respektiert wird, wenn sie den Pflichten, welche es mit sich bringt, treulich nachkommen.
Daher herrscht im ganzen auch noch gute Zucht in der Gemeinde; der Sonntag wird geheiligt, Lustbarkeiten, Tanzereien und Gelange kommen sehr selten vor; bis jetzt weiß ich seit meinem Hiersein nur von einer sogenannten lustigen Hochzeit, wo aber

Bega um 1868. Im Hintergrund rechts erscheint der Kirchturm von Barntrup. Aquarell von Emil Zeiß.

die Tanzerei schon mit 11 Uhr zu Ende gewesen ist. Daß es indes ganz so stände, wie es in einer christlichen Gemeinde stehen müßte, das tut es nicht. Wir haben hier zwar einen Entsagungsverein in Humfeld, aber auch noch mehrere notorische Säufer, die nicht selten Anstoß geben in der Gemeinde und Ärgernis und leider sind ja im Laufe dieses Winters zwei sehr betrübende, niederschlagende Fälle von Roheit und Verdorbenheit vorgekommen, indem ein Einlieger aus Wendlinghausen im halbbetrunkenen Zustande seine Frau zur Erde gestoßen hat, so daß sie an den Folgen dieses Falles am Tage darauf schon gestorben ist; und die unverheiratete Tochter der Witwe Krüger aus Humfeld hat ihr neugeborenes Kind, nachdem sie dasselbe mehrere Wochen verheimlicht hat, in einen Born in der Nähe von Bega geworfen. Doch solche Fälle, so traurig sie ja auch sind, vermögen doch das Urteil im allgemeinen nicht aufzuheben; ich will zwar nicht hoffen, daß ich durch genauere Bekanntschaft mit den Verhältnissen der Gemeindeglieder, durch ein klares Hineinschauen in die Familien, welches erst durch längeres Hiersein möglich sein kann, mein Urteil im allgemeinen später anders gestalten müsse [...].

Almena, 11. April 1859
Pastor Reinert

Die Gemeinde Almena ist zusammengesetzt aus verschiedenen Dorfschaften, welche größtenteils zum Amte Sternberg gehören; nur die Dorfschaft Almena selbst gehört ins Amt Varenholz. Die entferntesten Gemeindeglieder haben beinahe eine Stunde bis zur Kirche zu gehen. Die Wege für diese sind schlecht, weshalb diese denn bei schlechtem Wetter die näherliegenden Kirchen zu Bösingfeld und Lüdenhausen zuweilen besuchen.
Einladend ist denn auch die Almenaer Kirche keineswegs. Sie ist ein feuchtes, dumpfes,

Die Kirche in Almena. Bleistiftzeichnung von Emil Zeiß aus dem Jahre 1864. Am 18. März 1863 hatte Pastor Reinert dem Konsistorium über den Zustand der Kirche folgendes berichtet: „Die Kirche in Almena ist sehr baufällig, indem die dicken Seitenmauern ausweichen und dadurch Risse in dem Gewölbe verursachen, welche sich immer weiter ausdehnen. Der schon vor 10 Jahren vom Kirchenvorstande beantragte und von einem Baumeister für notwendig erkannte Neubau einer Kirche wurde von einigen Übelgesinnten, welche die Kosten eines Neubaus scheuten und daher die Risse der alten Kirche eigenmächtiger Weise zuschmieren ließen, die nun aber in weiterer Ausdehnung sich wieder zeigen, hintertrieben, was um so besser gelang, weil es die kirchliche Oberbehörde an der gehörigen Energie fehlen ließ. Zu der großen Baufälligkeit der Kirche kommt nun noch hinzu, daß dieselbe für die Gemeinde zu klein ist, indem sie im Innern nur 42 Fuß Länge und 22 Fuß Breite zählt. In einem Stuhle von 9 Fuß Länge sitzen oft 8 bis 9 Personen, weshalb denn auch während des Gottesdienstes viele Ohnmachten vorfallen. Die Kirche ist dunkel, durch Emporen ganz verbaut, äußerlich und innerlich zerfallen, übel dünstend, weil die Stühle auf bloßer fauler Erde angelegt sind. Sie ist nicht ein Haus zur Ehre des Herrn, sondern zur Schande der Gemeinde, die dazu gehört. Die Kirche ist arm, hat nur 29 Reichstaler jährlich Einkünfte. Die Baulast liegt allein der armen Gemeinde ob".
Die 1510 erstmals urkundlich erwähnte Kirche wurde im Jahre 1865 bis auf den Turm abgebrochen. Am 25. Oktober 1866 konnte die neue Kirche durch Generalsuperintendent Weßel eingeweiht werden. Vgl. Archiv der Lippischen Landeskirche, Konsistorialregistratur Rep. II Tit. 2 Nr. 4.

dunkles und auch ungesundes und übelriechendes Kellergewölbe, für den Gottesdienst höchst unpassend. Viel zu beschränkt ist der Raum in der Kirche. Die Frauenstühle sind zu schmal und für die Zahl der Frauenspersonen nicht hinreichend, welche dann in dem Gange stehen müssen. An Festtagen und Konfirmationstagen und bei gutem Wetter ist die Kirche überfüllt. Bei einer kürzlich vorgenommenen Zählung am Sonntage verließen 511 Personen die Kirche. Die Gänge waren an diesem Tage mit Menschen angefüllt.

Im Sommer freilich ist an den gewöhnlichen Sonntagen die Kirche groß genug, indem von hier über 200 Menschen auf Ziegelarbeit gehen. Es ist sehr zu bedauern, daß diese Ziegelarbeiter sich leicht einem wilden zügellosen und ausschweifenden Leben ergeben und dann diese bösen Gewohnheiten mit in die Heimat wieder zurückbringen und dadurch mancherlei Unordnungen und Schlechtigkeiten anrichten. Wo viele Ziegelarbeiter sind, da leidet der gute Zustand einer Gemeinde und der Segen des Wortes Gottes wird vielfach behindert. Ein holländischer Prediger klagte sehr bitter gegen den Unterzeichneten darüber, daß die Lipper am Sonntage die Kirche fast gar nicht besuchten und lieber den Sonntagmorgen in träger Ruhe hinbrächten, um am Nachmittage desto lustiger schwelgen zu können. Gewöhnlich wurden auf dem Sonntage auf Ziegeleien Tanzvergnügungen angestellt, wozu denn die benachbarten Mädchen sich zahlreich einfinden. Selbst auf lippischen Ziegeleien finden solche Belustigungen statt, sei es nun nach einer Harmonika oder nach einer Violine, welche Stümper spielen.
Tanzbelustigungen und lustige Hochzeiten wurden zur Fastenzeit in hiesiger Gemeinde nicht mehr abgehalten, auch finden Hochzeiten mit Tanzbelustigung am Sonntage hier selten statt, nachdem an einem solchen Feste die wüsten Ziegelarbeiter einmal einen regen Skandal angerichtet haben, was aber von der Obrigkeit streng untersucht und gehörig bestraft worden ist [...].
Wenn auch im Laufe der Zeit in hiesiger Gemeinde vieles besser geworden ist, so bleibt doch noch manches zu wünschen übrig und wird daher Unterzeichneter nach seinen Kräften alles aufbieten, um eine bessere Gemeinde zu bilden und sie dem Herrn wohlgefälliger zu machen.

Varenholz, 10. Mai 1859
Pastor Merckel

[...] Nach der letzten Volkszählung hat die hiesige Gemeinde 1693 Seelen, wovon auf Varenholz 548, auf Stemmen 653 und auf Erder 492 kommen. Dem im Kirchenschranke vorhandenen, bei der Restauration der Kirche (1817) angefertigten Stand-Register zufolge sind in der letzteren 498 Sitzplätze. Verschiedentliche von den Lehrern vorgenommene Zählungen haben nun ergeben, daß die Zahl der beim Hauptgottesdienste Anwesenden die Zahl der Sitzplätze bald ungefähr erreicht, bald nicht unbedeutend, wie z.B. an Festtagen überstiegen, bald weniger betragen hat und dürfte sich nach diesen Ermittlungen die Durchschnittszahl der Kirchenbesucher auf 400 stellen. Die Anzahl der Abendmahlsgäste beläuft sich im Jahre auf 900-1000 und ist ein zweimaliger Abendmahlsgenuß in der Gemeinde üblich [...].
Da das Fabrikwesen erfahrungsgemäß für die Sittlichkeit vielfach von Nachteil ist, so habe ich die vor kurzem von seiten eines Vlothoer Handlungshauses erfolgte Anlegung einer Zigarrenfabrik im hiesigen Orte eben nicht mit Freude begrüßt. Das fremde Arbeiterpersonal ist zwar noch nicht zahlreich und von der hiesigen Bevölkerung haben sich erst wenige Knaben dieser neuen Erwerbsquelle zugewendet; allein, wie man hört, soll der Geschäftsbetrieb nach und nach vergrößert werden, womit sich denn auch die Gefahr sittlichen Nachteils vergrößert.

Die Kirche in Varenholz. Bleistiftzeichnung von Emil Zeiß aus dem Jahre 1860. Die Kirche wurde am 23. Juli 1682 durch Generalsuperintendent Zeller eingeweiht und am 27. Juli desselben Jahres hielt Pastor Johann Justus Otto hier die erste Predigt. Pastor Dreves, der von 1870-1877 in Varenholz amtierte, veranlaßte im Jahre 1874 die neue Ausschmückung der Kirche.

Ein anderes hier noch vor wenigen Jahren ganz unbekanntes Element, der Katholizismus, hält sich bis dahin innerhalb des seitherigen Gebiets, also der hiesigen Meierei. Das katholische Dienstpersonal des Meiereipächters scheint sich zwar vermehrt zu haben, proselytenmacherische Versuche bei dem evangelischen Teile desselben sind indes durchaus nicht bemerkbar geworden.
Die Gemeindebibliothek, welche von mir wieder um eine Anzahl neuer Bücher vermehrt worden ist, hat auch im vergangenen Winter Zuspruch gehabt und besonders unter der Jugend eifrige Leser gefunden. Von Andachtsbüchern, welche bei der häuslichen Erbauung gebraucht werden, habe ich Starcks Gebetbuch, welches vorzugsweise verbreitet ist, das Gebetbuch des Norddeutschen Vereins, welches ich nebst einigen anderen Schriften desselben Vereins, z.B. den „Weckstimmen auf alle Tage des Jahres“, manchen Gemeindegliedern verschafft habe, Hauspostillen und Predigtsammlungen verschiedener Art anzuführen, wobei die vorzugsweise Benutzung der Heil. Schrift sich von selbst versteht [...].

Lage, 30. Juni 1859
Superintendent Clüsener

[...] Da das Zieglergeschäft besonders in der Lageschen Gemeinde, sowohl was die Stadt als das Land betrifft, eine so außerordentliche Ausdehnung erlangt hat und da so verschiedene Urteile darüber herrschen, indem die Kolonen in der Regel dagegen eingenommen sind, weil sie ihren Dienstboten jetzt größeren Lohn geben und oft Ausländer in Dienst nehmen müssen, so brachte ich am 20. März diesen Gegenstand auf der Kanzel zur Sprache, indem ich unter Zugrundelegung des Textes 2. Mos.5,1-9, „die Vorteile und Nachteile des Wanderns in die Fremde" unparteiisch hervorzuheben suchte. Als Vorteile wurden genannt zunächst die äußeren, daß sich vielen dadurch eine wichtige Nahrungsquelle eröffnet, dann der geistige Gewinn, den sie daraus ziehen können und den auch manche daraus ziehen, namentlich daß sie in der Fremde manche Gelegenheit fänden, ihren Geist auszubilden und sich mit nützlichen Kenntnissen zu bereichern, daß man in der Fremde eher als in der Heimat an Selbständigkeit gewinne, daß man sich dort oft klar davon überzeugt, in der Heimat sei doch vieles besser und so in die Liebe zum Vaterlande wachse.
Darauf wurde die Schattenseite der Ziegelarbeit ins Auge gefaßt, daß die zeitweilige Auswanderung unserem Lande oft die nötigen Arbeitskräfte entziehe, daß es auf das eheliche Leben und die häusliche Erziehung nachteilig wirke, wenn der Mann von seinem Weibe, der Vater von seinen Kindern eine geraume Zeit entfernt sei, daß besonders eben erst der Schule entwachsene junge Leute großen Versuchungen in der Fremde ausgesetzt seien, wenn sie nicht gehörig beaufsichtigt würden, daß auf diese Weise mancher zugrundegehe und manche Roheiten in die Heimat mitgebracht würden, daß endlich auch Mangel an Beschäftigung im Winter manche zum Müßiggang und zur Verschwendung verleite.
Aus diesem allen wurden zum Schluß drei Verhaltensregeln abgeleitet: 1. Wer sein Brot in der Heimat finden kann, der bleibe im Lande und nähre sich redlich; 2. Wer seines Unterhalts wegen das Vaterland verlassen muß (als Ziegler), der habe besonders in der Fremde Gott vor Augen und im Herzen und 3. Wenn Eltern ihre noch jugendlichen, unerfahrenen Söhne in die Fremde schicken, so mögen sie wohl dafür sorgen, daß sie dieselben nur zuverlässigen Meistern übergeben.
Die Predigt paßte allerdings nicht für die Passionszeit [...], aber ich konnte sie nicht bis nach der Passionszeit aufschieben, weil alsdann die Ziegler gefehlt hätten, denen ich doch gern ein mahnendes und warnendes Wort mit auf die Reise geben wollte [...].

Bad Salzuflen, 1. März 1860
Pastor Sartorius

[...] Der sittliche Wandel der Gemeinde hat keine besonders grobe, auffällige Vergehungen zu Tage gebracht. Nur ein Kind wurde unehelich geboren; die Eltern haben sich aber hernach geheiratet. Der unglücklichen unfriedfertigen Ehen sind aber keine mehr geworden und die, welche da waren, lernen sich allmählich besser tragen, bis auf die eine unverbesserliche der Eheleute Wichmann, welcher keiner seelsorgerlichen

Wirksamkeit Ohr leihen, vielmehr ihre Sachen vor dem weltlichen Gericht ausfechten. Sie scheinen nach dem allgemeinen Gerücht in der Gemeinde kein besseres Los zu verdienen und der Herr gebraucht den einen Gatten zur Züchtigung des anderen; eine Ehescheidung, um welche früher schon nachgesucht war, wäre hier ganz gewiß vom Übel.
Auch die Beispiele grober Völlerei und Trunksucht treten nicht mehr so oft und so offen hervor, die Beschränkung der Branntweinschenken von seiten der Regierung wird schon gute Frucht bringen, wenn sich auch anfangs mancherlei Widerspruch und Beschwerde dagegen erhoben hat. Vielleicht ließe sich mit der Zeit noch mehr in der Beschränkung tun.
Dagegen scheint der leiblichen und geistlichen Gesundheit, der Moralität der Einwohner unserer Gemeinde von einer anderen Seite her Gefahr zu drohen und Schaden zu erwachsen. Ich meine von seiten der Fabriken, vorzüglich der Zigarrenfabriken. Es werden hier schon in 3 Häusern von 3 verschiedenen Unternehmern Zigarren fabriziert und dazu so oft und so gern unsere Schulkinder genommen, welche sich mit dem billigsten Lohne begnügen müssen. Das Gesetz vom 30. Juni [=Gesetz betreffend die Beschäftigung jugendlicher Arbeiter in den Fabriken] will freilich dieser Gefahr wehren und trüge auch gewiß viel dazu bei, wenn es nur überall gehalten und streng über die Erfüllung gewacht würde. Habe ich mir doch von einem Konfirmanden müssen sagen lassen, daß er stracks wider das Gesetz mit noch mehreren anderen Knaben von 7 - 8 Uhr morgens auf der Zigarrenfabrik, von 8 - 11 Uhr in der Schule, von 11 - 12 Uhr auf der Zigarrenfabrik, wenn nicht gerade Konfirmandenunterricht ist, und von 1 - 8 Uhr abends wieder auf der Zigarrenfabrik zubringe und dafür einen Lohn von 10 Silbergroschen wöchentlich empfange. Wo ist da die Handhabung des Gesetzes und die Überwachung der Fabriken? Darf der Pastor sich in diese Sachen mischen, die ihn nichts angehen und seiner Stellung nur schaden, wenn er es tut? Da ist ein fauler Fleck in hiesiger Gemeinde zu spüren zum großen Schaden für die künftigen Geschlechter, wenn nicht bald Hilfe geschafft wird [...].

Wüsten, 8. März 1860
Pastor Meyer

Zum diesmaligen Pastoralbericht kann der Unterzeichnete keine echte Freudigkeit gewinnen und zwar hauptsächlich aus dem Grunde, weil er so drückend seine kirchliche Vereinsamung fühlt. Während der Kandidatenzeit, teils in der Westfälischen, teils in der Rheinischen Provinzialkirche lebend, wurde er durch die mannigfachste kirchliche Bewegung angeregt; seit er aber im Pfarramte der lieben Heimat steht, seit 15 Jahren, also seit einem halben Menschenalter, hat er auch nicht einmal eine einzige Kirchenvisitation (KO XXVI,4) erlebt, weder in seiner eigenen Gemeinde noch bei einem Amtsbruder. Und seitdem nun auch auf seine Pastoralberichte nicht die geringste Rückäußerung, ja auf die wichtigsten Anfragen in den Schulberichten keine Antwort erfolgt, so will es ihn bedrücken, als stände er ganz einsam und verwaist da. Unbehindert schalten und walten zu dürfen in der eigenen Gemeinde, wenn man mit ihr in Liebe eng verwachsen ist, das ist zwar ein köstlich Ding; aber eine fast independente

[=unabhängige] Stellung im Pfarramte hat doch auch ihre Gefahren und das Gefühl eines Vakuums im Mittelpunkt des pastoralen Lebens hat etwas Schmerzliches. Wäre es nicht tunlich, daß die Hauptresultate dreijähriger Pastoralberichte aus der gesamten Landeskirche zum Gegenstande der Besprechung auf einem Conventus Generalis [=Generalversammlung] (KO Kap.XXV,18) gemacht würden? Schon das wäre erfreulich, daß man alle Amtsbrüder unseres kleinen Ländchens nur einmal sähe von Angesicht. Möchte doch die für nächsten Juni angekündigte allgemeine Zusammenkunft deutscher Reformierten in unserer Residenz uns einsamen Landpfarrern eine reiche Segensfrucht eintragen [...].

Augustdorf, 4. März 1861
Pastor Krecke

Der nächste Zweck des jährlichen Pastoralberichts ist die Schilderung des religiösen und sittlichen Zustands einer Gemeinde. Indessen der Zustand einer Gemeinde in der angegebenen wie in jeder anderen Beziehung ändert sich nicht so rasch, daß jedes Jahr etwas Neues beigebracht werden könnte, und wenn nun dennoch die jährliche Einreichung eines Pastoralberichts gesetzlich gefordert wird, so muß sich der Berichterstatter notwendig in Wiederholungen ergehen, hat er bloß den nächsten, eben angegebenen Zweck im Auge. Indessen möchte es dem Zwecke eines Pastoralberichts nicht widersprechen, wenn auch die Dinge in ihm berührt werden, durch welche das religiöse und sittliche Leben einer Gemeinde oder auch der christlichen Kirche überhaupt gehoben werden kann. Einen solchen Gegenstand bringe ich in dem diesjährigen Pastoralberichte zur Sprache und bitte gehorsamst um Entschuldigung, wenn meine Überzeugung des Hochfürstlichen Konsistoriums widersprechen sollte.
Es ist bis jetzt den Gemeinden unseres Landes nicht gestattet, ihren Willen in den Angelegenheiten der Kirche zur Geltung zu bringen. Bei der Einführung eines neuen Katechismus wurde den Predigern unseres Landes nur erlaubt, zwischen zwei Katechismen von derselben religiösen Färbung zu wählen und die Gemeinden wurden gar nicht gefragt. Die beabsichtigte Einführung eines neuen Gesangbuches ist einer Kommission übergeben worden, die weder aus der Wahl der Prediger noch der Gemeinde unseres Landes hervorgegangen ist, und wenn auch die Prediger um ihr Gutachten angegangen werden, so haben sie doch nur eine beratende, keine entscheidende Stimme.
Als vor einigen Jahren eine Petition veranstaltet werden sollte, man möchte dem Herrn Generalsuperintendenten von Cölln die Superintendentur des Landes übertragen, wurde derselben als etwas Ungehöriges vorgebeugt. Die Detmolder Stadt- und Landgemeinde sind zwei Predigern übertragen, gegen welche diese Gemeinden der Mehrzahl ihrer Glieder nach einen entschiedenen Widerwillen haben. Im allgemeinen steht die Behauptung als eine richtige fest, daß die Stimme der Gemeinde nicht gehört wird, wenn sie der Orthodoxie widerstrebt, und sollte vielleicht in der Gesangbuchsfrage eine teilweise Ausnahme gemacht werden, wie dies dem milden Sinne unseres Durchlauchtigsten Fürsten und des Herrn Ministers entspricht, so wird mit dieser Ausnahme das christliche Recht der Gemeinden keineswegs festgestellt, sondern diese teilweise Ausnahme wird nur als ein Geschenk angesehen.

Dergleichen aber kommt den Gemeinden unseres Landes nicht als ein Geschenk, sondern als ein Recht zu. Dies Recht wird ihnen gegeben durch das Christentum. Unser Heiland sagt: „Ihr sollt niemanden Vater nennen auf Erden, denn einer ist euer Vater, der im Himmel ist; ihr aber seid alle Brüder. Auch sollt ihr euch nicht lassen Meister nennen, denn einer ist euer Meister: Christus; ihr aber seid alle Brüder. Ihr wisset, daß die Könige Gewalt haben und die Fürsten nennt man gnädige Herrn. Aber unter euch soll es nicht so sein. Wer unter euch der Größte sein will, der sei aller Knecht". Der Apostel Paulus sagt: „Wir sind nicht Herrn der Gemeinde, sondern Diener des Wortes" [...]. Der Apostel Petrus ruft allen Christen zu: „Ihr seid das auserwählte Geschlecht, das königliche Priestertum". Auch über den Sinn dieser Worte, welche schon an sich klar genug sind, läßt uns die Praxis der Apostolischen Zeit nicht in Zweifel. Nach der Agende wurde eine für die damalige Zeit wichtige Frage nicht von den Aposteln, sondern von der ganzen Gemeinde entschieden. So müßte demnach nach ursprünglich christlichem Recht die wichtige Gesangbuchsfrage durch die Gemeinden unseres Landes ihre endgültige Erledigung finden. Dies Recht der Gemeinden fordert ebenso entschieden die Reformation, diese große ewige Tat des deutschen Geistes. Sie stellt fest das Recht des Subjekts. Nach ihr ist jeder Christ ein Priester, gleichen Rechts mit jedermann. Sie fordert den innigen selbsteignen Glauben. Der Glaube soll nach ihr kein Werk sein, in hohlen Worten bestehend. Und die Gemeinschaft der Gläubigen soll die Kirche bauen. Nach ihr heißt, den Glauben beherrschen wollen, auf die Katholisierung des evangelischen Volks ausgehen.

Aber das Christentum kommt in Gefahr, wenn die Gemeinden selbst die kirchlichen Angelegenheiten in die Hand nehmen und der Geist des Umsturzes erhält die Gewalt: so hört man wohl reden. Ich denke aber, die christliche Wahrheit ist allmächtig und so sprechen nur die Ungläubigen. Gefahr leidet nur die Herrschsucht, wenn die christlichen Gemeinden ihr christliches Recht ausüben. Die reformierten Gemeinden in der Schweiz sind vollständig frei. Sie ordnen selbst. Ist deshalb in der Schweiz das Christentum zum Sturze gekommen, in diesem Lande als das Land des Umsturzes verschrien? Keineswegs. In der Stadt Zürich z. B. wird der Gottesdienst fleißig besucht. Die in freiem christlichem Geiste geschriebenen Aufsätze des Züricher Professors A. Schweizer wagt kein kirchliches Blatt der Schweiz aus Furcht vor dem Volke in seine Spalten aufzunehmen und Schweizer hielt sich deshalb genötigt, sie an die Redaktion der Protestantischen Kirchenzeitung in Berlin zu senden. Die Erhebung des Züricher Volks gegen die Professur des Dr. Strauß ist weltbekannt. Vielleicht aber sind die Gemeinden unseres Landes zur kirchlichen Selbständigkeit noch nicht reif. Dieser Grund gegen ihre Autonomie ist ebenfalls unhaltbar, denn bei der Autonomie bleiben den Gemeinden unseres Landes dieselben geistigen Kräfte, die sie jetzt haben; nur möchten diese geistigen Kräfte vielleicht eine andere Stellung erhalten als bei der jetzigen Unfreiheit. Ja, ihre geistigen Kräfte mehren sich, indem bei der Freiheit auch die Kräfte zur Betätigung Raum bekommen, welche jetzt brachliegen. Hat man doch bereits anderwärts schon an vielen Orten Synoden. Das protestantische Ungarn hat in der letzten Zeit die volle kirchliche Autonomie erhalten und die anderen östereichischen Lande werden nachfolgen. Weshalb sollte gegen jene Länder unser Land zurück-

sein, in welchem der Protestantismus gleich in den ersten Jahren seines Entstehens Eingang gefunden hat? Nehmen wir an, unser Land sei zur Freiheit noch nicht reif. Die Reife zur Freiheit gewinnt unser Land eben durch die Übung in der Freiheit. Die Gründe gegen die Befreiung unserer Landeskirche scheinen mir vollständig unhaltbar. Dagegen liegen die Vorteile der religiösen Freiheit auf der Hand. Rasch verbreitete sich die Reformation, als sie die volle religiöse Freiheit verkündetete. Aber leider bald wurden die protestantischen Kirchen fast allenthalben wieder geknechtet und in der Verbreitung des Protestantismus entstand ein Stillstand. Man kann nicht sagen, daß der Protestantismus seit seinem Entstehen gewonnen habe; manches Gebiet ist ihm sogar wieder verloren gegangen. Die ganze Welt wird erst dann dem Protestantismus als sicheres Erbe zufallen, wenn er zu seinem Ursprunge zurückkehrt, wenn er seine ursprünglichen Grundsätze von neuem in Wahrheit annimmt, wenn er sich von dem Geiste Christi, wie in der ersten Zeit, vollständig beherrschen läßt. Wird der christliche Geist von oben, von den Konsistorien und Kabinetten geregelt, so entsteht notwendig eine Schwankung in der Entwicklung des religiösen Lebens, denn die Konsistorien und Kabinette wechseln und mit ihrem Wechsel die religiösen Meinungen. Dieser Wechsel wird dann, wie es die Schwäche der menschlichen Natur leider gewöhnlich mit sich bringt, den Untergebenen aufgedrungen, mag er ihrer christlichen Entwicklung angemessen sein oder nicht, und im letzten Falle ist Mißbehagen und religiöse Gleichgültigkeit die notwendige Folge, und die edelste Blüte des menschlichen Geistes, das religiöse Leben, wird welk und senkt sein Haupt. Wenn dagegen alles von den Gemeinden ausgeht, so haben wir eine stetig fortschreitende Entwicklung, die zur Gesundheit des religiösen Lebens ebenso erforderlich ist wie ein angemessener Boden, ein angemessenes Klima und seine angemessene Behandlung zur Entwicklung eines Fruchtbaumes. Auch wächst durch die Freiheit die Teilnahme an den Angelegenheiten der Religion. Dasjenige, was den Menschen von oben anbefohlen wird, dasjenige, über das sie nicht selbst nachzudenken, für das sie nicht selbständig mitzuwirken haben, läßt sie meistenteils teilnahmslos.
Aus den angegebenen Gründen erlaube ich mir den gehorsamsten Vorschlag, Hochfürstliches Konsistorium wolle hochgeneigt auf Einrichtung vollständig freier Synoden Bedacht nehmen, welche über alle kirchlichen Angelegenheiten entscheiden und endgültig bestimmen. Treten diese vollständig freien Synoden ins Leben, so werden die Prediger zu ihrer Freude bald bemerken, wie sehr das religiöse Leben und die Sittlichkeit ihrer Gemeinde wachse; Hochfürstliches Konsistorium wird in den jährlichen Pastoralberichten die günstigsten Resultate wahrnehmen und die Verbitterung des Landes über die jetzige Unfreiheit ist zu Ende.

Detmold, 1. März 1862
Pastor Meyer

[...] Wenn es wahr ist, daß durch die Predigten von der Kanzel allein die seelsorgliche Aufgabe in einer Landgemeinde nicht erfüllt werden kann, wenn es auch für die Gedeihlichkeit der Predigten selbst unerläßlich ist, daß der Prediger möglichst viel mit seinen Gemeindegliedern verkehre, so hat sich's der Detmolder Landprediger um

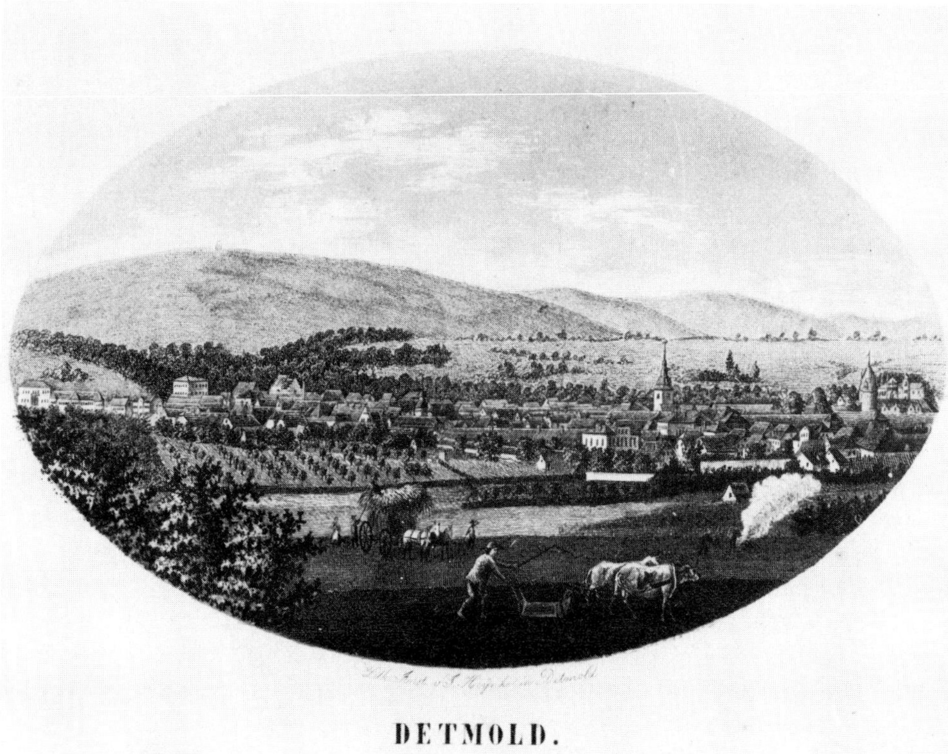

Detmold um 1850. Rechts im Bild das Schloß, links davon die Marktkirche. In dieser Kirche predigten die Generalsuperintendenten.

so mehr zur Pflicht zu machen, Kanäle aufzufinden zu solchem Verkehr, da ihm sein Wohnen in der Stadt viele Berührungspunkte verschließt, die beim Wohnen auf dem Lande ganz ungesucht sich darbieten. Er bedarf eigentümlicher Wege und Vermittlungen, wenn er seinen Pflegebefohlenen wirklich nahekommen will [...].

Die Gemeinde zerfällt in zwei getrennte Hälften, eine westliche und eine östliche, indem im Norden die Gemeinde Heiden und im Süden die Gemeinde Heiligenkirchen bis dicht an die Stadt heranreichen. Die westliche Hälfte, enthaltend die beiden großen Dorfschaften Hiddesen und Heidenoldendorf, deren jede für sich mehr Seelen umfaßt als die ganze Gemeinde Haustenbeck, hat nur einzelne wenige Bauern; die Masse der Bevölkerung besteht aus Zieglern, kleinen Handwerkern und Tagelöhnern, die in der Stadt arbeiten. Die Ziegler, etwa 60 Meister und ein paar hundert Gesellen, sind nur während der 4 oder 5 Wintermonate zu Hause und haben dann halbe Feierzeit, tun wenigstens nur leichte Arbeit wie Spinnen, Holzschuhmachen und dergleichen, weshalb ihnen während dieser Zeit das Wirtshausleben doppelt gefährlich ist. Die Tagelöhner pflegen bei ihrer Arbeit in der Stadt leider vielfach dem Branntwein zuzusprechen, woraus dann Verarmung, Verwahrlosung der Kinder und anderes Elend entspringt. Namentlich in Hiddesen steckt viel Genußsucht, Faulenzerei, große Unwissenheit bei

Das Schloß in Detmold, die Residenz des lippischen Fürstenhauses. Tuschzeichnung von Emil Zeiß aus dem Jahre 1866.

äußerer Politur, Wirtshausschwelgen, frecher Unfug der Jugend, Hader der Alten, Kirchenfaulheit, schlechte Leserei. Im Kruge wird unglaublich viel Branntwein abgesetzt und der Kladderadatsch dient zur Kurzweil. Grauenerregende Unzucht findet sich hier unter der Jugend und nur einzelne wenige Familien stehen mit fester christlicher Sitte als Lichter da unter dem unschlachtigen Geschlecht. Die Anprüche an die Armenkasse steigern sich hier in sehr bedenklicher Weise.
Die östliche Hälfte, besonders die Ortschaften Barkhausen, Brokhausen, Biesen, Obernhausen, Nieder- und Oberschönhagen, Schönemark und Schmedissen haben fast lediglich eine bäuerliche Bevölkerung, mittelgroße Kolonen und eine mäßige Zahl von Einliegern. Dort finden sich fast durchweg noch einfache naturgemäße Verhältnisse, schlichtes Familienleben, Fernhaltung des Luxus, Verachtung des Theaters, Unbekanntschaft mit Zeitungen und politischer Parteiung, Abneigung gegen das Wirtshausleben, so daß z. B. Tegeler in Mosebeck sich seit Jahren vergebens bemüht hat, trotz aller Überredung und großen Kostenaufwandes einen Neujahrsball zustande zu bringen. Wo noch regelmäßige Hausandacht besteht, da streifen die Zustände fast an das Patriarchalische, Bauernstolz ist hier die Gefahr der Wohlhabenden und übermäßiges Verlangen nach Tanzerei und Gelagen bei Hochzeiten und Schützenfesten die Gefahr der Jugend. Im ganzen ist hier noch wenig Armut und Verkommenheit.

Die ferneren Dörfer im Osten lassen sich eigentlich nur im Sommer erreichen, bei den kurzen Wintertagen bloß in dringlichen Fällen. Zur Kirche aber kommt man von dort trotz der weiten Wege, wenn es das Wetter nur irgend erlaubt, ziemlich zahlreich und regelmäßig auch im Winter. Nur freilich die Alten und Frauen und Gebrechlichen vermögen es dann nicht, weshalb darauf hinzuweisen ist, daß in jeder Familie eine gute Postille vorhanden sei und sonntags auch gebraucht werde. Im Sommer dagegen hat man den Unterzeichneten mehrfach veranlaßt, auf den Hausfluren oder auch unter den grünen Bäumen an den Sonntagnachmittagen Bibelstunden oder Erntedankfeste zu halten. Da geht es dann wahrhaft lieblich zu. Der Ton der Schriftauslegung darf dort ein ganz einfacher und populärer sein; man kann dem wirklichen Leben sehr nahe treten, so daß zuweilen auch ein Wort aus dem Volksmunde eingeflochten werden darf. Und nachher klingen dann fröhliche Gesänge aus der Missionsharfe und beim Kaffee oder Butterbrot gibt's trauliches Gespräch. Da wird ein Pastor heimisch unter seinem Volke und die Herzen von jung und alt schließen sich ihm auf. An einigen Stellen sind durch solche Erntefeste die früher üblichen, bei denen Essen, Trinken und Tanzen die Hauptsache war, schon verdrängt. Übrigens hat der Unterzeichnete diesen Weg nicht neu gebahnt, sondern er fand die Gleise schon vor [...].

Für die Wohlfahrt der jungen Ziegelleute ist von allergrößter Bedeutung das Verhalten der Ziegelmeister. Sind diese in der Fremde väterliche Wächter und Pfleger ihres sonst rand- und bandlosen Häufleins, dann sind sie miteinander vor vielen Gefahren bewahrt. Es ist daher dem Unterzeichneten ein besonderes Herzensanliegen, in diesem Stück ein treuer Mithelfer zu sein. Im Spätherbst sind in beiden Kapellen Zieglerdankfeste gefeiert worden und darauf die Ziegelmeister in den Schulstuben zu eingehendem Gespräch versammelt gewesen. Sie haben solche Teilnahme an ihrer Sache sehr freundlich aufgenommen und haben gewünscht, daß vor ihrer Abreise im Frühjahr in ähnlicher Weise ihnen ein Abschied bereitet würde. Inzwischen hat sich der Lehrer Riechemeier der jungen Ziegelleute angenommen, indem er ihnen sonntags nachmittags den „Kamerad Hechel“ vorgelesen und mit ihnen geeignete Lieder eingeübt hat. In Hiddesen ist ein solcher Ziegler-Ringverein auch begonnen, hat aber noch kein rechtes Gedeihen gehabt [...].

Unlängst ist der einmütige Beschluß gefaßt worden, daß Kopulationen in der Behausung der Brautleute nur dann sollen bewilligt werden, wenn die Brautleute sich ehrbar und keusch gehalten haben. Man hofft von dieser keineswegs geringfügigen Maßregel, die auf alter hiesiger Sitte beruhen soll, daß sie auf die unter der Jugend in erschreckender Weise überhandnehmende Unkeuschheit wenigstens einigermaßen einen Damm bilden werde. Ehrbare Hausväter aus den beiden größten Dörfern haben die Klage geführt, daß ein keusches Brautpaar nur noch selten vorkomme und daß Unkeuschheit gar nicht mehr für Schande gelte, wenn es nur wirklich zum Ehestande käme. Unlängst sollte in Heidenoldendorf eine Braut getraut werden, welche 8 Tage vorher ins Kindbett gekommen war und sollte sogleich nach der Trauung eine „lustige Hochzeit mit Musik“ gefeiert werden. Die Trauung wurde unter diesen Umständen versagt und um 8 Tage hinausgeschoben; die lustige Hochzeit fand aber dennoch 8 Tage vor der Trauung an einem Sonntage statt.

Die gefallenen Mädchen, welche gar nicht zur Ehe kommen, sollen nach einmütigem Beschlusse Presbyterii durch einen Ältesten oder die Hebamme die Weisung erhalten, daß sie nicht eher wieder zum Abendmahl kommen dürfen, als bis sie vom Seelsorger unter 4 Augen geprüft und vor unwürdigem Genusse des Sakraments gewarnt worden sind. Bei den Ältesten und vielen ehrbaren Hausvätern wird die Klage immer lauter, daß von seiten des Amtes die Erlaubnis zu Tanzereien, Schützenfesten, Bällen und dergleichen viel zu häufig gegeben würde und noch mehr darüber, daß es straflos bliebe, wenn die ganze Nacht durchschwärmt und durchtanzt wäre, trotzdem das polizeilich geboten war, mit der Mitternachtsstunde sollte die Lustbarkeit ein Ende haben [...].

Varenholz, 9. April 1861
Pastor Merckel

Bei meinem hiesigen, vor 15 Jahren erfolgten Amtsantritte fand ich an den Schulen des Kirchspiels 3 schon mehr oder weniger bejahrte Lehrer vor: hier den Küster Kröner, in Stemmen den Lehrer Zurheiden, in Erder den Lehrer Brenker. Der erstere starb im Jahre 1854, nachdem er sein 50jähriges Dienstjubiläum noch um 5 Jahre überlebt und sein Amt bis zu seiner letzten kurzen Krankheit versehen hatte; der zweite war ihm schon im Jahre 1852 vorausgegangen, nachdem er bereits mehrere Jahre einen Gehilfen gehabt hatte und als sein 50jähriges Jubiläum nahe bevorstand. Als der letzte dieser 3 Lehrer-Veteranen, welche sämtlich über 40 Jahre in der hiesigen Gemeinde als Kollegen nebeneinander gestanden haben, ist nun im Juni vorigen Jahres, wenige Monate vor dem Eintritte seines 50jährigen Amtsjubiläums, Brenker heimgegangen. Da er seine ganze lange Dienstzeit in Erder zugebracht hat, so ist die jetzige dort lebende Generation mit wenigen Ausnahmen von ihm herangebildet. Obgleich kein besonderes Lehrtalent ihm verliehen war, so ersetzte er, was ihm in diesem Stücke mangelte, durch eine unermüdliche Pflichttreue, so daß er in seiner Schule lebte und webte und sich körperlich und geistig nirgends wohler fühlte als unter seinen Schülern. Auch in seiner Gesinnung und in seinem Wandel war er durchaus achtungswert, weshalb ich ihm denn an seinem Grabe den ehrendsten Nachruf widmen konnte [...].
Wie in den allermeisten Gemeinden des Landes, so ist auch von der meinigen für die Syrischen Christen beigesteuert worden und hat die Beisteuer, wenn ich mich recht erinnere, etwa 38 Reichstaler betragen. Es hat mich gefreut, daß darunter sich auch ein Beitrag von den Arbeitern der hiesigen Zigarrenfabrik befand. Meine Befürchtung, daß von diesem neuen Etablissement in unserem Orte ein nachteiliger Einfluß auf die Sittlichkeit ausgehen möchte, hat sich überhaupt neuerdings sehr vermindert. Auf Veranlassung des Amtes wird nämlich eine sorgfältige Auswahl unter den zureisenden fremden Gesellen getroffen; die strenge Bestrafung einiger im Anfange vorgekommener Exzesse hat einen heilsamen Eindruck gemacht und der Werkführer, unter dessen Leitung diese von einem Handlungshause in Vlotho hier errichtetete Filialfabrik steht, hält auch mehr auf Zucht und Ordnung, als dies früher der Fall war. Das anfängliche wüste Treiben der fremden Arbeiter hat daher mehr und mehr aufgehört und einem besseren Geist Platz gemacht. Davon zeugt auch der Umstand, daß meine Gemeindebibliothek, die ich auf meine Kosten im Stande erhalte, von ihnen wie von den Lehrlin-

Hermann Brenker, geboren am 9. November 1788 in Elbrinxen, unterrichtete von 1810-1860 an der Schule in Erder. Wie der Varenholzer Pastor Merckel berichtet, verbrachte Brenker, der kurz vor seinem 50jährigen Dienstjubiläum starb, seine gesamte Dienstzeit als Lehrer in Erder: „So ist die jetzige Generation mit wenigen Ausnahmen von ihm herangebildet". Als Brenker im 72. Lebensjahr starb, amtierte sein Sohn Hermann Heinrich Christian als Lehrer in Bad Salzuflen (vgl. S. 243).

gen aus Varenholz und Stemmen fleißig während des Winters benutzt wird. Ebenso sehe ich die Meister auch des öfteren in der Kirche.
In betreff der jugendlichen Ziegelgänger habe ich in neuerer Zeit weniger gute Erfahrungen gemacht. Namentlich sind mir von den Eltern derselben Klagen zu Ohren gekommen, daß ihre Söhne gegen sie trotzig und unfolgsam würden, ohne Zweifel, weil sie sich schon für Wunder was für wichtige und unentbehrliche Leute halten. Mehrere Eltern haben es aus diesem Grunde dann auch vorgezogen, ihre Söhne zu vermieten, statt sie wieder auf Ziegelarbeit gehen zu lassen [...].

Wüsten, 30. Juli 1862
Pastor Credé

[...] Was die Kirchlichkeit der Gemeinde anlangt, so ist im Jahre 1861 der öffentliche Gottesdienst sehr fleißig besucht worden. Nach der zuletzt vorgenommenen Zählung ist die Seelenzahl der Wüstener Parochianen 2145 und davon sind zur Sommerzeit bei Abwesenheit der Ziegelarbeiter, deren es zwischen 100 und 120 sein mögen, regelmäßig zwischen 600 - 700 in der Kirche, im Wintersemester zwischen 700 - 800. Eine Zählung der Anwesenden an etlichen Sommertagen habe ich nicht vornehmen lassen, da die 721 Sitzplätze unserer Kirche fast regelmäßig alle besetzt sind, ja sehr oft haben die Frauensleute Mühe, alle zum Sitzen zu kommen. Unkirchliche Personen sind nur 6 bekannt [...].
Die Sittlichkeit der Gemeinde ist als gut zu bezeichnen. Der Sonntag wird durchweg heilig gehalten; gearbeitet wird nichts, nicht einmal in einer Schneider- oder Schuhmacherwerkstatt. Fluchen habe ich, solange ich hier bin, noch nicht einmal gehört. Musik

Eine lippische Küster- und Lehrerfamilie aus dem 19. Jahrhundert. Die Aufnahme aus dem Jahre 1867 zeigt Hermann Heinrich Christian Brenker aus Bad Salzuflen, 1823 als Lehrerssohn in Erder geboren (vgl. S. 242), mit seiner Frau Sophie Wilhelmine Clementine Becker und den Kindern Wilhelmine und Hermann. Brenker war Lehrer in Brake (1840-1844), Diestelbruch (1844-1852) und Bad Salzuflen (1852-1895). Er starb dort am 15. Dezember 1914 im Alter von 81 Jahren.

und Tanz kommen nicht vor. Auch ist das Wirtshaussitzen nicht Sitte. Die Gemeinde ist fast durchweg von ehrbaren, ordentlichen Leuten bewohnt. Doch würden sie es sehr übel aufnehmen, wenn man ihr dieses ins Gesicht sagen wollte: „Wer mich lobt, der geißelt mich". In der Erkenntnis, daß das Gesetz Gottes nicht bloß nach dem Buchstaben, sondern nach dem Geiste gemeint ist, weiß sie: ich habe es noch lange nicht ergriffen, ich bin noch lange nicht vollkommen und daß Christus eine Gestalt in mir gewonnen habe, daran fehlt noch viel.

Das Betragen der im Winter hier weilenden Ziegler ist im ganzen genommen auch ordentlich und in die vielfach vernommenen Klagen, daß dieselben mancherlei Unfug, auch nächtliche Störungen trieben, kann ich nicht einstimmen. Man möchte es bedauern, daß diesen jungen Leuten im Winter so wenig Gelegenheit zu gemeinsamer unschuldiger Fröhlichkeit und guten Volksvergnügungen, wozu dieses Lebensalter einen natürlichen Trieb hat, geboten werden kann; denn die paar in der Nachbarschaft stattfindenden Jahrmärkte, welche von ihnen aufgesucht werden, sind leider nicht dahin zu rechnen [...].

Zu beklagen ist, daß auch im Jahre 1861 wieder 3 uneheliche Kinder geboren sind, sowie ferner, daß man wieder mehr Appetit zum Branntwein zu bekommen scheint; ohne gerade im Kruge festzusitzen passiert es hin und wieder auch recht ehrbaren, in christlicher Erkenntnis geförderten Männern, daß sie gelegentlich etwas über den Durst trinken. Doch denke ich, man wird als warnende Stimme des Herrn zur Besserung zu Herzen nehmen zweier, dem Branntwein ergebener Männer betrübendes Ende: der eine endete mit Selbstmord, der andere durch jedenfalls unfreiwilliges Ertrinken in einem kleinen Teiche, in einer sog. Flachsrode [...].

Das häusliche Leben der Gemeinde ist einmal Festhalten an alter bäuerlicher Einfachheit, sparsames, durchaus nicht geiziges Haushalten und festes hausväterliches Regiment, zum anderen getragen von Gebet und dem Worte Gottes. Das Tischgebet wird wohl nur in den wenigsten Häusern fehlen; Morgen- und Abendsegen findet gewiß in sehr vielen statt; die Schrift wird fleißig gelesen und namentlich an den freien Sonntagnachmittagen, sonst aber auch hinter den Spinnrädern. Bei den gelegentlichen Besuchen, welche ich in den einzelnen Haushalten mache, treffe ich meist die Bibel aufgeschlagen; wie viel nun hierbei Aufrichtigkeit und wie viel Heuchelei ist, muß ich dahingestellt sein lassen. Aber ehrlich meinen es die Hausväter, welche nach der bekannten Art des verstorbenen Jobstharde an den Sonntagnachmittagen mit Hausgenossen und Hausfreunden eine Erbauungsstunde halten in Gesang, Vorlesen einer Predigt und freiem Gebet bestehend, woran sich nachher freie christliche Besprechung schließt. Es sind zur Zeit wohl 3 Häuser, in denen solches geschieht; ich hätte gern, es täten sich noch mehr Häuser in dieser Weise auf, denn unverkennbar wirken derartige Erbauungsstunden, von erfahrenen christlichen nüchternen Männern geleitet, sehr segensreich. Fleißig wird auch gesungen von dem Spinner hinter dem Spinnrad, von der Magd in dem Stalle, von den Bauern hinter dem Pfluge. Einen neuen Antrieb hat dazu das Erscheinen des neuen Gesangbuches gegeben, welches von der Gemeinde mit großer Freude begrüßt und seit dem Sonntage nach Ostern dieses Jahres, bis wo es in 1000 Exemplaren in der Gemeinde war, beim öffentlichen Gottesdienste gebraucht wird. Eine Übergangsperiode, in welcher das alte und neue Gesangbuch gebraucht werden mußte, hat es in Wüsten nicht gegeben.

Erbauungsbücher finden sich in jedem Hause, besonders gute alte Postillen von Johann Arndt, Scriver, Brastberger, Bogatzky, auch Hofackers Predigten und einzeln auch die von dem Norddeutschen Verein herausgegebenen Predigten. Die sonstige Lektüre bilden die jährlich erscheinenden Bücher des Norddeutschen Vereins, das Evangelische von Volkening und Schröder herausgegebene Monatsblatt und bei den Meierleuten von politischen Zeitschriften der konservative Volksfreund und die Dorfchronik. Immerhin aber bleibt Hauptsatz, daß das Wasser am klarsten und wohlschmeckendsten an der Quelle sei, darum auch die Schrift die Hauptlektüre ist [...].

Aus meinem Predigtamte hebe ich hervor, daß ich im Laufe des Jahres 1861 bis zum Beginn des neuen Kirchenjahres über freie Texte gepredigt habe und zwar stets mit Angabe eines Themas und einzelner Teile. In Homilienart zu predigen liebe ich nicht sehr [...], hauptsächlich darum nicht, weil ich glaube, daß von der synthetischen, disponierten Predigt die Gemeinde mehr habe und mehr mit nach Hause nehme. Sie hat doch gewisse leicht zu merkende Hauptpunkte, über welche sie wieder nachdenken kann. Möglichst einfach zu reden ist mein Streben, ich weiß aber wohl, daß das nicht allemal gelingt und fühle sehr oft, wie wohl mancher Satz der Predigt über den Gedanken- und Anschauungskreis einer Landgemeinde hinausliegt. Übrigens wird die Gemeinde in jeder Predigt die Verkündigung ihrer Sünde und Gottes Gnade finden und das will die Wüste: Sie will in jeder Predigt gedemütigt und durch den Glauben wiederum erhoben sein.

In der sog. Kinderlehre habe ich im vorigen Semester angefangen, den Katechismus zu behandeln und das ohne alle Regeln und Kunst der Katechetik in freiester Weise, wo möglich viel unterrichtend und erzählend. Am Schlusse einer jeden Katechisation aber pflegte ich das, was behandelt wurde, in einem Vortrag von 5 Minuten kürzlichst zusammenzufassen, so daß die Gemeinde, die einem katechetischen Gedankengange zu folgen ihre großen Schwierigkeiten hat, doch schließlich wußte, was und worum es sich heute gehandelt hat. Diese kürzliche Zusammenfassung glaube ich hatte Interesse für die Gemeinde und war vielleicht Hauptgrund mit, daß die Katechisationen in erfreulicher Weise besucht werden. Mir selbst sind diese Katechisationen sehr lieb geworden und würde ich es nur beklagen, wenn sie abgestellt und statt derselben etwa ein Frühgottesdienst eingerichtet werden würde. Ein solcher würde auch der Gemeinde sehr unerwünscht und wegen der zerstreuten Lage der einzelnen Gehöfte nicht am Platze sein.
In den Winter-Bibelstunden habe ich die ersten Kapitel des 1. Johannesbriefes behandelt, außerdem pflege ich für die Ziegler vor ihrem Auszuge und alsbald nach ihrer Rückkehr eine besondere Bibelstunde zu halten. Sie stellen sich zahlreich dazu ein und nehmen es sehr wohl auf, daß der Pastor sich ihrer so speziell annimmt. Am Schlusse dieser Zieglerbibelstunden fange ich noch dieses und jenes Gespräch an, welches Interesse der Ziegler berührt und lasse mir von ihnen erzählen. Und da haben sie mir unter anderem ihre große Freude darüber ausgedrückt, daß Hochfürstliches Konsistorium sich im vorigen Sommer die Mühe gemacht, besondere Prediger zu ihnen zu schicken. Rechte Gehilfen des Pastors sind die Lehrer der Gemeinde, von welchen die Kinder einen guten christlichen Grund und Geist mit in den Konfirmandenunterricht bringen. Auch habe ich mich eines wahrhaft geistlichen Presbyteriums zu erfreuen. Dasselbe hält es mit seinem Pastor und ist ihm in schwierigen Kirchenzuchtsfällen sehr viel wert, indem es das Gemeindegewissen in sich konzentriert und einen feinen Takt hat in dem, „was die Gemeinde und den einzelnen tragen kann“, wie unsere Kirchenordnung sagt. Die Sitzungen des Presbyteriums finden regelmäßig am 1. Montag eines jeden Monats statt und habe ich, nach Absolvierung des über Gemeindeangelegenheiten Vorzubringenden, zur Förderung des Presbyteriums angefangen, Schriftabschnitte zu betrachten und mit ihm zu besprechen [...].
Die übrigen mit Ämter betreuten Personen als Kirchendechen, Armendechen, Vorsteher, Untervogt, Bauerrichter, Gendarmen, Polizeidiener und auch Hebammen sind durchweg christliche und gottesfürchtige Männer und ist die Gemeinde dem lieben Herrgott rechten Dank schuldig, daß er diese Ämter in die Hände solcher Leute gelegt hat [...]. So kann man also im ganzen genommen von der Wüste sagen, daß sie den Namen nicht mit der Tat hat; im Gegenteil, sie blüht und grünt lieblich und ihr Gefilde geistlicher Art steht lustig und will's Gott, am Tage der Ernte manche Garbe aus der Wüste in die Scheuern des Himmels gesammelt werden.

Albert Christian Heinrich Clemen, Dr. phil., geboren am 14. September 1799 in Lemgo als Sohn des lutherischen Pastors Johann Andreas Clemen, war seit den dreißiger Jahren Prorektor am Gymnasium seiner Geburtsstadt. Der theologisch geschulte Philologe veröffentlichte seit 1842 in der von Hengstenberg in Berlin herausgegebenen „Evangelischen Kirchenzeitung“ regelmäßig kritische Berichte — freilich anonym — über „Das christliche und kirchliche Leben im Fürstentum Lippe“. 1849 schloß sich Clemen der von Pastor Steffann in Lemgo gegründeten „Neuen evangelischen Gemeinde“ an, für die er gemeinsam mit seinem Vetter, Assessor Heinrich Petri, eine neue Kirchenordnung entwarf, die sich an die lutherische Lippe-Spiegelbergische anlehnte. Clemen starb am 13. Juni 1867.

Zur Abb. rechts: Der Lemgoer Gymnasialprorektor Clemen hatte sich als Student der burschenschaftlichen Bewegung angeschlossen. Im Jahre 1820 war ihm zusammen mit zwei Burschenschaftlern die Ehre zuteil geworden, Goethe zu seinem 71. Geburtstag in Weimar persönlich beglückwünschen zu dürfen. Clemen berichtete später in seiner Schrift „Ein Stück Geschichte der ersten deutschen Burschenschaft“ (Lemgo 1867) über diese Begegnung und er beschrieb, wie „die majestätische Gestalt des Dichters mit ihrem prachtvollen Kopf und seiner herrlichen Stirn“ vor ihnen gestanden hatte. Von seiner langjährigen nicht nur die Lemgoer Gymnasiasten auch der literarischen Welt bescherte Clemen Beiträge über Goethe. In dieser Sache korrespondierte Clemen wiederholt mit dem Berliner Theologieprofessor Hengstenberg, dem er am 20. November folgendes berichtete:

„Es freut mich sehr, daß Ihnen meine Arbeit über Goethe gefällt, sowie ich auch mit Freuden auf Ihren Wunsch eingehe,zu einer Beleuchtung der deutschen Klassischen Literatur vom Standpuncte des Christenthums nach Kräften mitzuwirken. Vorläufig bitte ich Sie noch, die Anlage einmal drauf anzusehen, ob Sie dieselbe wol in der Ev.K.Z. [= Evangelische Kirchenzeitung] aufnehmen könnten und möchten. Es ist nämlich ein Gegenstand, der mich schon lange aufs tiefste bewegt, die Lectüre der griechischen und römischen Klassiker, an die wir doch mit unserer wissenschaftlich zu bildenden Jugend gewiesen sind, so eingerichtet zu sehen, daß sie mehr an das ethisch Religiöse des Inhalts anknüpft und auch von da aus Licht der göttlichen Wahrheit darauf falle. Es ist das natürlich keine Sache, die sich lehren und lernen läßt, vielmehr wird dabei alles auf die Persönlichkeit und den Standpunct des Lehrers ankommen aber andeuten und anregen läßt sie sich doch vielleicht durch solche Specimina [=Versuche, Probearbeiten], wie der hier von mir versuchte einer ist.

Zu dem von Ihnen für die Ev.K.Ztg. ins Auge gefaßten Zweck würde vielleicht zunächst eine andere Arbeit über Göthe, sein Verhältnis zum Christenthum betr. mit besonderer Rücksicht auf den 2ten Theil des Faust,die mich in diesem Augenblick sehr beschäftigt, geeignet sein, und wünschte ich sehr, diesselbe von Herzen zu haben, bevor ich mich zu anderm wende. Ob mir etwas über Jean Paul [=Theologe und Pädagoge, 1763-1825] gelingen wird, weis ich nicht, da mir der Mensch, als ich ihm — freilich vor 30 Jahren auf der Cittadelle — einmal vernahm, sehr zuwider geworden ist. Auch habe ich nichts von ihm und weis ihn auch hier nicht aufzutreiben, wenn ihn nicht vielleicht die Detmolder haben. Eben daher erhalte ich auch vielleicht den Grabbe und Uhland, von denen ich ebenfalls nichts besitze. In herzlicher Liebe und Treue Ihr H. Clemen“. Aus: Staatsbibliothek Preußischer Kulturbesitz (Berlin) — Handschriftenabteilung —, Nachlaß Hengstenberg.

Lemgo 20 Nov. 1862

Geehrter Herr Professor

Es freut mich sehr, daß Ihnen meine Arbeit über Göthe gefallt, sowie ich auch mit Freuden auf Ihren Wunsch eingehe, zu einer Beleuchtung der deutschen klassischen Literatur vom Standpunkte des Christenthums nach Kräften mitzuwirken. Vorläufig bitte ich Sie noch, die Anlage einmal durchzusehen, ob Sie dieselbe wol in die Ev. K. Z. aufnehmen können und möchten. Es ist nämlich ein Gegenstand, der mich schon lange aufs tiefste bewegt, die Autoren der griechischen und römischen Literatur, an die wir doch mit unserer wissenschaftlich zu bildenden Jugend gewiesen sind, so eingerichtet zu sehen, daß diese an das echt Religiöse des Inhalts anknüpft und auf den Grund das Licht der göttlichen Wahrheit darauf fallen. Es ist das natürlich keine Sache, die sich lehren und lernen läßt, vielmehr wird dabei alles auf die Persönlichkeit und den Standpunkt des Lehrers ankommen; aber andeuten und anregen läßt sie sich doch vielleicht durch solche Specimina, wie der hier von mir versuchte einer ist.

Zu dem von Ihnen für die Ev. K. Z. ins Auge gefaßten Zweck würde vielleicht zunächst eine andere Arbeit über Göthe, seine Verhältniß zum Christenthum betr. mit besonderer Rücksicht auf den 2ten Theil des Faust, die mich in diesem Augenblick sehr beschäftigt, geeignet sein, und wünschte ich sehr, dieselbe vom Herzen zu haben, bevor ich mich zu anderem wende. Ob mir einmal über Jean Paul gelingen wird, weiß ich nicht, da mir der Mensch, als ich ihn früher vor 30 Jahren auf der Citadelle einmal voraus sah, zuwider geworden ist. Auch habe ich nichts von ihm und weiß ihn auch hier nicht aufzutreiben, wenn Sie nicht vielleicht die [illegible] haben. Außerdem erhalte ich auch vielleicht den Grabbe und Uhland, von denen ich ebenfalls nichts besitze.

In herzlicher Liebe und Treue

Ihr Schlemann

Lemgo, St. Marien, 3. Februar 1863
Pastor Vorberg

[...] Die Städter sind ein zanksüchtiges und aufgeblasenes Volk, dabei vorurteilsvoll und mißtrauisch. Eins ist gut an ihnen, daß sie das Alte nicht gern fahren lassen. Wenn das Alte, was sie haben, nur besser wäre! und wenn ich auf das ganz Alte und Gute zurückgehen will, so habe ich meine liebe Not [...]. Am schwersten finden sich die Herren Presbyter darein, daß sie nicht das Kirchenregiment haben sollen. Denn daran hat bei ihrer Wahl den wenigsten gelegen, daß sie hinfort sollen dienen und ihrem Nächsten die Füße waschen nach Joh.XIII, sondern sie wollten heißen „Herr Presbyter" und wollten befehlen; daran lag ihnen und ihren Frauen. Ich nun bin entschlossen, den Eindruck, den ich bei der Neuwahl des ganzen Presbyterii am Ende des Kirchenjahres eingeräumt erhalte, darauf zu verwenden, daß ohne alle Rücksichten die frömmsten Leute in der Gemeinde gewählt werden und solche, die etwas davon verstehen, was das heißt demütig sein.
Leichter ist der Verkehr mit den Landleuten. Es geht mir ähnlich wie dem Apostel Paulus, der, bei seinem Volke abgewiesen, von den Heiden mit offenen Armen aufgenommen wurde. Ich bin ja doch zunächst zu den Städtern gesandt und wende auf die Zubereitung dieses Bodens auch immer mehr Zeit und Nachdenken [...].
Eigentliche Volkssitte existiert fast gar nicht. Rationalismus und Liberalismus haben zerstört und der Pietismus hat nicht aufgebaut. Über die Kleidung von Kopf bis zu den Füßen gebieten Näherinnen, Putzmacherinnen, Modehändler, Eitelkeit und Geldbeutel. Christliche Hochzeitsgebräuche wie bei den Slowaken kenne ich nicht, seitdem selber der Kranz kein christlicher Gebrauch mehr ist; er ist nicht mehr das Vorrecht der Jungfrauen, seitdem in den meisten Fällen der Bräutigam die Jungfrauschaft der Braut nicht bewahrt. In meiner Stadtgemeinde ist diese Unsitte geradezu Sitte geworden.

Wüsten, im Juni 1863
Pastor Credé

[...] Die Kirchlichkeit ist die seit langer Zeit bekannte lobenswerte geblieben. Der sonntägliche Hauptgottesdienst wird, vier unkirchliche Familien, welche unsere Versammlungen ganz verlassen haben, ausgenommen, von allen Familien fleißig besucht, so daß demselben bei einer Seelenzahl von etwa 2100 im Sommer stets 600-700, im Winter nach der Rückkehr der Ziegelarbeiter 700-800 regelmäßig beiwohnen, wie die zum öfteren vorgenommene Zählung ausgewiesen hat. Die der Kirche zu Exter und der Kirche auf dem Eikhofe sehr nahewohnenden Parochianen ziehen es jedoch vor, eben um der Nähe willen dahin fleißiger zu gehen als zur Kirche nach Wüsten. Mag da nun allerdings das Wort Gottes auch rein und lauter gepredigt werden, daß diesen Leuten das Verständnis des Wortes fehlt „Unser Gott ist ein Gott der Ordnung", der als solcher gewiß haben will, daß jeder dem öffentlichen Gottesdienste der Gemeinde beiwohnt, in welche er nun einmal gesetzt ist [...].
In sittlicher Haltung läßt die Gemeinde allerdings viel zu wünschen übrig; da steht es

Pastor Johannes Credé wurde am 10. September 1827 in Bettenhausen bei Kassel geboren. Er absolvierte sein theologisches Studium von 1848-1852 in Marburg. Bis zu seiner Berufung nach Wüsten im Jahre 1860 war Credé als Hauslehrer in Pommern und als Vikar in der Nähe von Kassel tätig. Nach fünfjähriger Amtszeit in Wüsten wurde Credé als Seminardirektor nach Detmold berufen. 1886 folgte Credé dem Generalsuperintendenten Koppen im Amt. Er stand bis 1901 an der Spitze des Lippischen Konsistoriums.

namentlich an Sonntagsheiligung und überhaupt um die Sittlichkeit so, daß man Gott danken muß, daß die Sittlichkeit nicht schlechter ist als sie ist [...]. Zu Branntwein scheinen viele wieder mehr Appetit zu bekommen; in der Neujahrsnacht hat eine lange Session im Kruge stattgefunden und mit Unfug geendet, so daß etwa 30 Personen wegen nächtlicher Störung dem Amte zur Anzeige gebracht wurden; namentlich auch in der Neujahrsnacht ein von einer Hausschlachterei nach Hause zurückkehrender Wüstener überfallen und fast halbtot geprügelt worden, von wem hat die gerichtliche Untersuchung nicht ermitteln können; aller Wahrscheinlichkeit nach von einem Wüstener, um wegen früherer Beleidigungen Rache zu nehmen.

Das häusliche Leben hält fest an altväterlicher lobenswerter Einfachheit, womit jedoch der vielfach herrschenden Unordnung und Unsauberkeit in den Wohnungen nicht das Wort geredet werden soll. Die meisten Familien besitzen mehr als ein Erbauungs- oder Predigtbuch; sehr viele halten regelmäßigen Morgen- und Abendhausgottesdienst und der Familien, bei welchen das Tischgebet fehlt, werden wohl nur sehr wenige sein; wenigstens habe ich auch solche, bei denen ich dasselbe nicht vermutete, da ich zur Mittagszeit zufällig vor die Stubentür trat, beim Tischgebet getroffen. In etwa 4 Häusern, obenan in dem des verstorbenen Jobstharde, finden am Sonntagnachmittag für einen größeren als den Familienkreis Erbauungsstunden statt; man singt, der Hausvater liest eine Predigt vor und hält zum Schlusse ein freies Herzensgebet, wonach die Versammlung zu vertraulicher christlicher Besprechung noch eine Stunde zusammenbleibt. Alle diese Versammlungen haben sich bis jetzt in den Schranken der Nüchternheit erhalten, namentlich auch dem Besuche des öffentlichen Gottesdienstes keinen Abbruch getan.

Bei alle dem günstigen Urteile, welches nach vorhergehender Skizze über die Gemeinde gefällt werden wird, steht jedoch mir das fest, daß von dem Christentum der Gemeinde vieles nur Auswendiges ist; es tritt das Christentum äußerlich mehr zutage als inwendig im Herzen wohnt. Das Heil in Christo ist vielfach bloß in dem Kopf, in das Gedächtnis und Verständnis aufgenommen; mit der lebendigen inneren Erfahrung ist es bei dem größten Teile nicht so weit her, als vielfach geglaubt wird und als leider die Gemeinde selbst glaubt. Zudem ist es ein übles Ding für die Gemeinde, daß sie auswärts und auch bei der kirchlichen Oberbehörde so gut angeschrieben steht, vielleicht gar als eine Mustergemeinde. Das wissen die Leute und darauf haben sie einen geistigen Stolz; sie halten höher von sich als sich's gebührt zu halten, wie man denn gar manchen hört, wie sie zwischen sich und anderen Gemeinden Parallelen ziehen, die zugunsten ihrer ausfallen. Dieser Selbstüberhebung und der Geringschätzung anderer Gemeinden entgegenzuarbeiten ist Hauptaufgabe eines hiesigen Pastors mit [...].

Detmold, im Juni 1863
Pastor Meyer

Eine Selbstrevision des gesamten Arbeitsgebietes möge diesmal die nächste Aufgabe dieses Pastoralberichts sein mit den Fragen: Welche Zustände sind vorhanden? Welche Arbeit ist getan und welche nicht getan? Und was täte not zum besseren Gedeihen?
Die gesamte Landgemeinde Detmold umfaßt 21 Ortschaften mit etwas über 1000 Familien. Die letzte Volkszählung ergab 5483 Seelen, worunter 17 Katholiken und etwa eben so viele Lutheraner, so daß die Zahl der Parochianen etwa 5450 betragen wird. Diese sind eingeteilt in 6 Schuldistrikte mit 6 Haupt- und Nebenlehrern. Jeder dieser Distrikte hat 6 Schulvorsteher, 2 Kirchenälteste und 2 oder 3 Armenvorsteher. Alle diese Ämter sind gegenwärtig vollzählig besetzt. Wenn die Dorfvorsteher der 14 Bauerschaften, mit denen der Pfarrer in den Armenvorstandssitzungen zusammentritt und die 6 Hebammen und die 4 Kappellendechen mitgezählt werden, so sind der vom Pfarrer ganz oder teilweise zu überwachenden beamteten Personen nahe an 100. Es ist ein Charakteristikum unserer reformierten Kirche, daß sie in dieser Weise Helferkräfte aus den Laien dem Pfarramte zur Seite stellt.
Innerhalb dieser Gemeinde sind in Beziehung auf Berufs- und Lebensweise sehr verschiedenartige Gruppen zu unterscheiden. Die meisten Ortschaften sind ganz ausschließlich oder doch überwiegend eigentliche Bauerndörfer (mit 5/10 der Kopfzahl); Heidenoldendorf und Diestelbruch sind ganz überwiegend Zieglerdörfer (mit 3/10 der Kopfzahl); Hiddesen ist überwiegend ein Tagelöhnerdorf (mit 2/10 der Kopfzahl).
Wie nun in diesen verschiedenen Gruppen das Familienleben und die einzelnen Formen des öffentlichen Lebens sich darstellen und wie dadurch die Aufgaben des Pfarrers verschiedenartig sich gestalten, das möchte Referent sich jetzt vergegenwärtigen und zur Anschauung bringen.

1. Die Bauerndörfer

Hier gilt noch in reichem Maße: „Religion ist Sitte und Sitte ist Religion". Das Familienleben stellt sich hier im ganzen noch als ein gesundes dar. Der Hausvater ist des

Hauses Herr in jeder Beziehung; die Kinder Dienstboten und in gewissem Maße auch die Einlieger sind ihm willig untertan. Daß er aber auch seines Hauses Priester sein soll, das möchte hier und da in unklarem Gefühle wohl vorhanden sein, aber der Ausprägung dieses allerschönsten Verhältnisses steht leider der Zeitgeist sehr entgegen. Dem Unterzeichneten steht hier als Muster vor Augen des seligen Jobstharde priesterliches Verhältnis zu seinem Hause. Dergleichen findet sich in hiesiger Gemeinde nirgends, jedoch sind Ansätze dazu vorhanden namentlich in Barkhausen, Biesen und Schmedissen; jeweils Singen eines Gesanges und gemeinsames Bibellesen an den Sonntagen findet sich vereinzelt hier und da, vielleicht seltener als altes überkommenes Erbe denn als Gewächs der neueren Zeit. Unterzeichneter verkennt aber nicht, daß sich christlicher Geist keineswegs lediglich in diesen Formen ausprägt. Man muß nicht überall den Maßstab anlegen der lebendigen christlichen Erkenntnis, der gründlichen Bekehrung und des bewußten Bekennens. Vielmehr ist das Christentum im Volke noch woanders zu suchen, ich möchte sagen tiefer liegend, ich meine in dem sittlichen Gefühl und Gewissen, in der Achtung vor dem Heiligen, in dem unmittelbaren Gottesgefühl und dem Verlangen nach dem Lebensbrot. Man muß dem hiesigen Bauer die Lebensformen des edlen Pietismus nicht aufdrängen wollen, um so weniger, da hier keine derartige Tradition vorhanden ist, wie es in Wüsten der Fall war.

Sehr beklagenswert ist indes, daß das sittliche Gefühl in Beziehung auf die Unkeuschheit laxer zu werden scheint und zwar nicht bloß bei den Einliegern. Sogar Töchter von großen Höfen haben uneheliche Kinder geboren, ohne daß unaustilgbare Schande sie deswegen träfe, wie es doch sogar im altdeutschen Heidentum der Fall war. Vielleicht möchte ein wirksames Reagenz werden das hier und da wieder aufkommende Erscheinen keuscher Bräute im Brautkranz. Referent wird diesen Keim zu pflegen suchen, um so mehr, da er für das Einschreiten der Kirchenzucht kein Entgegenkommen findet. Als Hauptmittel für die Pflege des Familienlebens erkennt Unterzeichneter für jetzt die Darbietung geeigneter Bücher und die Hinweisung auf das Vorbildliche im Leben, was vereinzelt vor Augen liegt.

Ganz besonders richtet Referent sein Augenmerk auf alle Formen eines gewissen öffentlichen Lebens, wo der Bauer aus der Einsamkeit seines Hofes hervortritt und in Genossenschaft sich wohl fühlt. Das ist besonders der Fall bei großen Hochzeiten, Erntefesten, Schulfesten. Alles wahrhaft Volksmäßige, Genossenschaftliche hat für den Unterzeichneten eine unwiderstehliche Anziehungskraft und es ist ja auch für des Volkes Gedeihen von so großer Bedeutung. Das tägliche Wirtshausleben scheint in den besseren Bauerndörfern wie Mosebeck, Barkhausen und beide Schönhagen kaum etwas Verderbliches zu haben. Denn der richtige Bauer geht gar nicht hin. Um so berechtigter ist für den Bauern das Bedürfnis, bei besonderen Gelegenheiten sich als Glied eines größeren Ganzen zu fühlen. So sind einzelne Hochzeiten vorgekommen mit mehr als 500 Gästen. Mag es in früheren Zeiten dabei vielleicht etwas roh zugegangen sein, so ist das jetzt nicht mehr der Fall. Referent hat sich ganz gemütlich wohl gefühlt, obwohl er für seine Stellung dort als Geistlicher noch nicht die gewünschte Ausprägung gefunden hat. Solche Versammlungstage für die ganze Sippe können von großer Bedeutung sein, wenn sie nicht bloße Schwelgetage sind. In den genannten Fällen waren außer der „Freundschaft" aus verschiedenen Gemeinden auch die sämtlichen Familien des Dorfes geladen, auch die Allerärmsten nicht ausgeschlossen (Luk.14,13), so daß auch die Geringsten einmal Gelegenheit hatten, einem Gastmahl beizuwohnen ohne Vergeltung. (So wird auch das alttestamentliche Gebot vom Witwen-Zehnten erfüllt nach 5. Mos.14,28.29).

Weil der Bauer in seinem Lebensgebiet überhaupt wenig geistige Anregung hat, so kommen auch die Erntedankfeste einem wirklichen Bedürfnisse entgegen. Solche sind während des September und Oktober an jedem Sonntagnachmittag in einer anderen Dorfschaft gehalten auf dringendes Bitten größerer Kolonen. Es wurden da außer Betrachtung einer Schriftstelle Lieder aus der Missionsharfe oder dem neuen Gesangbuche eingeübt, Gaben für die Mission oder das Krankenhaus dargeboten, auf die Wiederbelebung guter alter Sitten hingewiesen, auch gegen eingeschlichene Unsitten, namentlich Sonntagsentheiligung, gezeugt. Denn für den Bauern gilt die alte Mönchsregel ganz besonders: Serva ordinem et ordo servabit te [= Bewahre die Ordnung, dann wird dich die Ordnung bewahren]. Diese Erntefeste waren immer zahlreich besucht. Meistens war die Verwandtschaft und die Nachbarschaft des Hofes geladen und wurde einfach bewirtet mit Kaffee, Butterbrot und Obst, während die ungeladenen Gäste sich bloß mit dem Ohrenschmause begnügten. Jedesmal stand der betreffende Lehrer als Vorsänger zur Seite, meistens auch von seiner Schuljugend begleitet, so daß er als der Gehilfe des Pastors erschien, als „mit zur Geistlichkeit gehörig", wie ihm die altbäuerliche Auffassung diese Stellung als die richtige zuweist. Fast immer war auch des Pastors und des Lehrers Familie mit zugegen, was ebenfalls von Wichtigkeit ist für das ganze gegenseitige Verhältnis wie auch für die Stellung beider zur Gemeinde. So findet das Landvolk geistige Anregung und zugleich Freude, wie sie nach seinem Geschmack ist, und so werden vielleicht die sogenannten „lustigen Erntebiere", wo nur Musik und Tanz und Branntwein war und nicht einmal mehr ein „Nun danket alle Gott" gesungen wurde, allmählich verdrängt, wenn sich nicht auch diese in ersprießlicher Weise sollten reformieren lassen. Ich habe jedoch die Hoffnung noch keineswegs aufgegeben, daß dies möglich ist, und zwar in folgender Weise. Etwa 4 bis 6 benachbarte Höfe tun sich zusammen und feiern das jährliche Erntebier umgehend der Reihe nach. Es nehmen aber daran Fremde nicht teil, sondern nur die betreffenden Familien mit ihren Kindern und Dienstboten. Musik und Tanz wird nach alter Sitte dabei nicht fehlen dürfen und Speise und Trank muß natürlich vollauf sein. Wenn die Hausväter gute väterliche Aufsicht führen und um Mitternacht der Spektakel zu Ende ist, so können solche Tage wahre Verbrüderungsfeste sein, wo alljährlich der kleine nachbarliche Hader und dergleichen in der allgemeinen Freude ersäuft wird und wo die Dienstboten in dem fröhlichen Verkehr mit den Kindern ihrer Herrschaften sich gehoben fühlen und sittlichen Halt finden.

Ein derartig reformiertes Erntebier hat im vorigen Herbst in Mosebeck wirklich stattgefunden und wird hoffentlich Nachahmung finden, während daneben die Erntedankfeste an Sonntagnachmittagen für größere Kreise fortbestehen können. Vielleicht wird auf diese Weise auch den aufsichts- und zuchtlosen sogenannten „Bällen" der Jugend in den Wirtshäusern, wobei die Eltern nicht zugegen sein dürfen, der Vorrang abgenommen, sogar in den Augen der Jugend; oder es werden doch ordentliche Eltern ihre Kinder zu diesen Bällen, als welche „unehrlich“ geworden, nicht mehr gehen lassen. Das wäre Heilung von innen. Der polizeilichen Überwachung oder Verbote wäre man dann nicht benötigt und das Volk hätte seine Freude in recht gedeihlicher Weise doch.

Als Überleitung zu solcher Rektifizierung [=Verbesserung] der Volksfeste möchte Referent die Schulfeste ansehen, deren im letzten Sommer drei gewesen sind. Das für die Bauerndörfer war ein aus drei Schulbezirken kombiniertes und wurde auf der wunderschönen Waldwiese am Hakedahler Berge gehalten. Diese Schulfeste sind noch in ihrer ersten Gestaltung begriffen und wird daher ein eingehender Bericht einer späteren Zeit vorbehalten. Vielleicht wäre da auch der geeignete Punkt gefunden, um dem einfachsten Turnen Eingang zu verschaffen. Gewiß haben alle Volksfeste rechter Art eine bedeutende volksbildende Kraft und müssen daher von einem Landpastor möglichst überwacht werden. Aber auch die ordinären Volksbelustigungen, die meist entartet sind und denen der Pastor daher persönlich nicht gut nahetreten kann, möchte Referent nicht als zu schwarz ansehen. Ein gründlicher Kenner deutscher Volkssitte ist der Meinung, etliche Male im Jahre sich gründlich auszutoben wäre dem Bauersmann ebenso nötig zur Erhaltung seiner körperlichen und geistigen Gesundheit wie den vornehmen Leuten eine Badereise. Ja, Referent möchte sogar beinahe das treffende Wort von Justus Möser über derartige periodische Tollheiten des Bauernvolkes unterschreiben: „Die Ausgelassenheit der Bauernjugend zu gewissen Jahreszeiten mag einem Donnerwetter mit Schlossen vergleichen, das zwar da, wo es hinfällt, Schaden tut, im ganzen aber die Fruchtbarkeit vermehrt“. Gegenteilige Erfahrungen aus Wüsten haben mir das bestätigt.

Unter den Bauerndörfern ist eines, wo sich die leidige Vornehmigkeit der Residenz mehr und mehr in die Haussitte einschleicht und den „Herrn Ökonom oder Gutsbesitzer“ immer mehr von seinem Gesinde und seinen Einliegern scheidet. In den im Müllerschen Gasthause abgehaltenen „Ökonomen-Bällen“ hat diese Richtung ihre Blüte. Wogegen sich übrigens nur ganz im stillen operieren läßt; denn eine Bauernunsitte läßt sich nicht wegschulmeistern, sondern sie muß sich ableben. Im Gegensatz gegen diese ganz unbäuerliche Vornehmigkeit haben namentlich zwei der abgelegensten kleinen Bauerndörfer noch durchgehend große Einfachheit der Sitte. In einem derselben, wo nur 7 Höfe mit nur 7 Einliegern sind, findet sich noch solidarisches Zusammenhalten und keine innere Zersplitterung, die leider in anderen Dörfern sehr tief eingerissen ist; aber es fehlt dort an einem sogenannten „Leithammel“, d. h. einem Manne, welcher der verborgene oder offen hervortretende Mittelpunkt wäre. Seinen Lehrer, welcher vielleicht es sein könnte, hat das Dorf nicht in seiner Mitte. Der Pastor ist dort so gut wie ein Fremdling; man erinnert sich nicht seit Menschengedenken, daß dort ein Pastor öffentlich geredet hätte, sei es Parentation [= Totenfeier], Hausweihe, Traurede oder des etwas. Von dort kam nun im vorigen Herbst die Einladung zum Erntedankfest, hervorgehend aus dem Bedürfnis, daß Gott dem Herrn der Dank und die Ehre werde für die reiche Ernte. Das ist für das Dorf ein Ereignis gewesen. Der auf diese Weise mit gutem Bekenntnis hervortretende Kolon scheint der geistige Mittelpunkt werden zu können, wenn ihm die rechte Handreichung und Stütze zuteil würde. Was ließe da sich machen, wenn völlige persönliche Hingabe möglich wäre, wie ein Landpastor in einer kleinen Gemeinde sie zu geben vermag! Da drängt sich einmal wieder der Seufzer auf: Ach, daß doch die Gemeinde so übergroß ist! oder die Frage: Woher gedeihliche Hilfe nehmen?

Das andere abgelegene kleine Dorf hat einen schon ausgereiften geistigen Mittelpunkt an einer Familie, welche alle anderen an geistlichem Fonds und vorbildlichem Wandel übertrifft und durch dienende Liebe sich die Herzen vieler gewonnen hat. Da ist ein seelsorgender Pastor nur in einzelnen Fällen nötig, indem jener Mann, ohne Kirchenältester zu sein, die Aufgaben eines solchen zugewiesen erhalten hat, und das Dorf gedeiht, obwohl der Pastor nur selten hinkommt.

Im Rückblick auf die Bauerndörfer erscheint daher dieses als die Hauptaufgabe der Seelsorge: die bäuerliche Familiensitte immer besser verstehen zu lernen, das Gute zu konservieren, das Krankende zu restaurieren. Es ist seelsorglich hineinzuschauen nicht bloß in das Verhältnis der einzelnen zu Gott, sondern auch in das Verhältnis der Familie zu den göttlichen Ordnungen, die für sie in der christlichen Haustafel gesetzt sind, darin zu wandeln als die Glieder „Eines Leibes". Christliches Familienleben ist ja die Grundlage der Wohlfahrt der Gemeinde. Gerade da aber fehlt es vielleicht an der Erkenntnis des göttlichen Willens, gerade da hat der Zeitgeist vieles verdorben. Es gilt also, die echt deutsche bäuerliche Familiensitte wiederzufinden, wo das alte Stammhaus und die gesamte Sippe (die „Freundschaft") für die größten Kleinode gelten, damit das Elend der Sittenlosigkeit und der haltlosen Vereinzelung nicht immer weiter auch in die Bauernfamilien sich einfresse und damit es nicht auch unter diesen stabilsten Naturen immer mehr „Fledermäuse" gebe, die weder richtige Vögel noch richtige Mäuse sind.

2. Die Zieglerdörfer

In diesem Gebiete ist Referent bei weitem noch nicht so innerlich eingelebt wie auf den Bauernhöfen, aber er wendet sich mit großem Interesse auch diesem Gebiete zu. Die Ziegelmeister, deren die ganze Gemeinde etwa 60 bis 70 zählen mag, sind ein eigentümlicher Schlag Menschen. In der heimischen Sitte schon halb fremd, weil sie 7 bis 9 Monate lang in der Fremde genötigt sind, in die dortige Sitte sich einzuleben, haben sie auch nur wenig Interesse an dem, was ihr Heimatdorf angeht. Desto ungeteilter dagegen geben sie ihrer Familie sich hin, nachdem sie zwei Drittel des Jahres unter schwerer Arbeitslast sich gesehnt haben, die paar stillen Wintermonate in häuslicher Ruhe mit den ihrigen zu verbringen. Daß in dieser kurzen Zeit das Familienleben recht fruchtbringend werde, namenlich durch väterliche Kinderzucht, daß auch die weiteren Familienbande dann recht gepflegt, daß das eheliche Band durch „Einhäusigkeit" und gemeinsame gute Lektüre gefestigt, daß die Kirche und die Nachbarn fleißig, das Wirtshaus dagegen selten besucht werde, auf diese und ähnliche Dinge hat die Seelsorge während des Winters ihr Augenmerk gerichtet.

Die ledigen Zieglerburschen haben während des Winters viel Langeweile; sie wollen sich dann möglichst amüsieren und die Frucht ihres Schweißes genießen. Für diese hat der Lehrer Riechemeier seinen Sonntag-Singverein treulich fortgehalten und zu schöner Blüte gebracht. Für gute Lektüre scheint noch wenig Sinn zu sein, dagegen in die Bibelstunde in der Kapelle zu Heidenoldendorf sind die Ziegler, Meister wie Burschen, gern gekommen, haben auch für eine neue Kanzel- und Altarbekleidung reichlich beigesteuert. Ein Ziegler-Dankfest im Dezember und ein Abschiedsgottesdienst am zweiten Osternachmittag hat warme Teilnahme gefunden, ebenso die Besprechungen mit den Meistern allein, wodurch diese anfangen, sich als eine Körperschaft zu fühlen. Indes im ganzen ist noch bei weitem nicht das getan, was in diesem Gebiete geschehen solle; jedoch möchte Lehrer Riechemeier immer mehr ein passender Gehilfe werden.

Was die Verheirateten wie die Ledigen in der Fremde allermeist bewahrt, das ist das Bewußtsein der Zugehörigkeit zu einer Familie, die sie aus der Ferne mehr lieben als wenn sie täglich darin wären. Rührende Szenen kommen vor, wenn z. B. der Vater zur brieflich angemeldeten Stunde wiederkehrt und die Mutter ihm entgegengeht und hinter der Hecke seiner wartet mit dem Kinde auf dem Arme, welches dem endlich Erscheinenden sein „Pappe, Pappe!“ entgegenruft. Von ehelicher Untreue während der langen Trennung ist mir nur ein einziges Exempel vorgekommen und war dabei die Szene des Bekennens von seiten der Frau in Gegenwart des Pastors herzerschütternd.

Viele der Zieglerfrauen werden durch die lange Entbehrung des Hausvaters männlich und regieren ihr Haus meisterhaft auch ohne Mann und ertragen das lange Alleinsein ohne Klage. Fleißiger Briefwechsel wird da ein großer Segen und wurden deshalb die Meister veranlaßt, für sich und ihre Gesellen reichen Vorrat von Briefpapier mitzunehmen. Referent hat zum Danke dafür manche Briefe lesen müssen, wenn er die einsamen Frauen und Kinder im Sommer besuchte. Also, so lange die Familie gefestigt bleibt, scheint das Ziegelgewerbe keinen wesentlichen Nachteil zu bringen. Werden doch auch die Meister zum Teil weltgewandte Leute, durch die der ganzen lippischen Landbevölkerung im Laufe der Zeit ein etwas anderer Charakter aufgeprägt werden möchte und zwar nicht zu ihrem Schaden. Solange noch unsere Ziegler an der einfachen ländlichen Sitte festhalten und die Heimat durch ihre Familien liebbehalten, werden sie keine Arbeits-Proletarier werden. Auch das genossenschaftliche Leben draußen wird ihnen ein starker Halt werden, wenn der Meister als Haupt der Genossenschaft draußen mit väterlicher Autorität schaltet. Vielleicht gelingt es dem Unterzeichneten, aus der Erfahrung der bewährtesten Meister heraus eine rechtschaffene Meister-Instruktion zu entwerfen.

Unsere Ziegler haben draußen im ganzen gutes Gerücht; wenigstens ist es dem Referenten in der Lingener Predigerkonferenz mehrseitig bezeugt worden, namentlich von den Ostfriesen. Mehrere Meister, die alljährlich auf denselben Arbeitsplatz zurückkehren, haben zu dem dortigen Prediger ein vertrautes Verhältnis gewonnen.

3. Das Tagelöhnerdorf Hiddesen

Da sieht's am allertraurigsten aus, da ist eigentliches Proletariat, da ist das Wirtshausleben am verderblichsten, da ist die meiste Sittenlosigkeit und verschuldete Armut. Zehn Gerechte sind freilich auch da noch vorhanden und durch ziemlich brauchbare

— freilich mühsamste gesuchte — Schul-, Dorfs- und Armenvorsteher gelingt es noch, einigermaßen dort Ordnung zu halten. Aber der Lehrer ist kein recht geeigneter Adjudant des Pastors und die Kirchenältesten sind es auch nicht, weshalb sich Referent dort am allermeisten gelähmt fühlt. Hiddesen bedürfte mit seinen 1005 Seelen für sich allein eines ganzen und zwar recht tüchtigen Pastors ungeteilte Kraft.

Dorthin ergießt sich die Unkeuschheit der Residenz, dort haben die Advokaten ihr Feld, von dort her kommen die unverschämten Bettler. Bei äußerer Politur ist die Feindschaft wieder die Wahrheit dort am entschiedensten und am meisten verbreitet. Unlängst hat Referent zwei Hiddeser auf amtliche Aufforderung vor dem Meineide verwarnen sollen und hat dabei Blicke in einen bodenlosen Sumpf getan. Hiddesen ist vorzugsweise Schuld daran, daß die Landgemeinde Detmold unter allen Gemeinden des Landes weitaus die größte Zahl unehelicher Kinder zählt. Während im ganzen Lande (nach den Listen von 1862) durchschnittlich auf 13 Geburten 1 uneheliche kommt, kommen in Schötmar auf 18, in Oerlinghausen auf 15, in Lage auf 21, dagegen in der Landgemeinde Detmold auf 8 eheliche Geburten 1 uneheliche. Außer den Fällen, wo Kinder unehelich geboren werden, kommt unter Brautleuten Antizipierung [=Vorwegnahme] gar sehr häufig vor, so daß wahrscheinlich weit häufiger schwangere als keusche Bräute getraut werden. Nach Wicherns Ausdruck ist aber die Hurerei „die Brutstätte des Antichrists". Da mag wohl nicht bloß an die Pastoren-Gewissen, sondern auch an das Kirchenregiment und die bürgerliche Obrigkeit und an die Gesetzgebung die Frage immer ernster herantreten: Wie ist gegen solche Verwüstung zu reagieren? Ich wollte, daß ich für Hiddesen einen bewährten Diakon oder einen rührigen Kandidaten zur Seite hätte. Um die Seelsorge ist es überhaupt ein kümmerlich Ding in der übergroßen Gemeinde. Ein Landpastor auf dem Dorfe lebt mitten unter seinen Leuten, gleichsam in ihrer Luft, während ein in der Stadt wohnender Landprediger zu ihnen hinausgehen muß, gleichsam zur flüchtigen Visite. Hieraus entspringt für Referent mitunter ein schwerer Druck. Zwischen dem „Habet acht auf die ganze Herde" und dem „ultra posse nemo obligatur" [=niemand wird verpflichtet, ihm Unmögliches zu leisten] liegt eine fortlaufende Reihe von Gedanken, die sich untereinander verklagen und entschuldigen. Zuweilen kommt ein Heimweh nach der kleinen Gemeinde Haustenbeck oder Wüsten. Wenn man ermißt, daß zur Landgemeinde Detmold mehr als tausend Familien gehören, so liegt es auf der Hand, daß nicht einmal bei allen denen, mit welchen der Pfarrer in amtliche Berührung tritt, ein Eingehen in ihre persönlichen Verhältnisse möglich ist, viel weniger ein Bekanntwerden und Bekanntbleiben mit sämtlichen Familien in den Bereich der Möglichkeit gehört [...].

Gute Bücher sind doch wenigstens in manchen Häusern hinreichend vorhanden. Gebetbücher von Habermann, Starke, Schmolke, Bogatzki begegnen häufig, auch wohl eine gute Postille und Arnds wahres Christentum. Sehr zahlreich sind die gangbarsten Bücher des Norddeutschen Vereins neuerdings verbreitet. Es finden sich aber auf einzelnen große Höfen auch ungeeignete Bücher aus dem Naturwissenschaftlichen Verein und wohl auch einmal ein schlechtes Buch aus der Leihbibliothek. Die Konfirmandenjugend bittet den ganzen Winter hindurch viel um kleinere christliche Schriften. Missionsharfen sind zirka 800 gekauft. In den Krügen liegt überall die Sonntagspost aus.

Die Kapelle in Hiddesen (Lithographie). Sie wurde 1799 erbaut und im Jahre 1902 abgebrochen. Die Hiddeser wurden von dem Inhaber der dritten Pfarrstelle in Detmold kirchlich betreut.

Neue Gesangbücher möchten bei der Schuljugend vielleicht die größere Hälfte, bei den Erwachsenen jedenfalls erst die kleinere Hälfte angeschafft haben. Warme Freude hat das Gesangbuch an den gereiften Bibel-Christen, die freilich dünn gesät sind; bei weitaus den meisten mag es heißen: „Das alte ist milder". Offene Opposition gegen das neue ist dem Referenten nirgends entgegengetreten, Abneigung wohl; an der Hausmannschen Petition jedoch hat sich niemand beteiligt. Allmähliche Abklärung des Urteils und der Stimmung steht zu erwarten [...].

Talle, 20. Januar 1864
Pastor Pothmann

[...] Sehr erfreuend ist es, daß Ausbrüche von Roheit und der Wirtshausbesuch, namentlich im Dorfe Talle, sehr abgenommen haben: beklagenswert hingegen, daß einige unordentliche Hauswirte, nachdem alle Ermahnungen zur ordentlichen Lebensweise vergeblich waren, der gerichtlichen Strafe anheimfielen sowie auch, daß ein Individuum trotz Verwarnung vor dem Meineid seitens des Predigers dennoch späterhin in einer Bagatellsache dieser groben Sünde überführt und zu zweijähriger Zuchthausstrafe verurteilt wurde.
Sehr hart ist die Beschuldigung, die ein gewisser Hesekiel im vergangenen Jahre bei Gelegenheit der zu Halle abgehaltenen Unionskonferenz nach einer Veröffentlichung im Oktoberhefte 1863 der Allgemeinen Kirchenzeitung der lippischen Ziegelleute gemacht hat und etwa so lautet: „Im kleinen Fürstentum Lippe-Detmold wandern jähr-

lich 1400 Leute auf auswärtige Ziegeleien aus, sind 1/2 Jahr lang aus ihrer Heimat entfernt und während dieser Zeit nicht imstande, ihre religiösen und kirchlichen Bedürfnisse befriedigen zu können, wodurch sie dann so verwildern, daß sie nach ihrer Rückkehr in die Heimat den reichlichen Verdienst zur Winterzeit in Saus und Braus verbringen".

Dieser Vorwurf trifft die Ziegelleute hiesiger Gemeinde keineswegs; im Gegenteil haben dieselben durchgehends vielen religiösen und kirchlichen Sinn, den sie auch bei ihrem auswärtigen Aufenthalte zu nähren und zu pflegen wissen. Niemand von ihnen verläßt und betritt die Heimat wieder, ohne zuvor das heilige Abendmahl zu genießen, Gottes Segen und Schutz zu erflehen und während ihres Aufenhaltes in der Heimat, wenn ihr Flehen gnädiglich erhört worden ist, dem Geber aller Gabe zu danken und seine Stätte lieb zu haben. Keiner von ihnen begibt sich ohne Bibel, Andachts- und Liederbuch auf seine Reise und macht davon, namentlich an Sonn- und Festtagen, den nützlichsten Gebrauch. Den Tag des Herrn halten sie gewissenhaft heilig, an ihnen ruht die Werkarbeit gänzlich; wo sich Gelegenheit zur Beiwohnung des öffentlichen Gottesdienstes darbietet, nehmen sie dieselbe gern wahr, anderenfalls halten sie selbst Privatgottesdienste. Nicht bloß Reiseprediger, sondern auch verschiedene Pastoren, in deren Pfarrsprengel sich die Ziegeleien befinden, suchen sie an den Sabbatsnachmittagen auf und halten mit ihnen Erbauungsstunden.

Nicht wenige kirchlich gesinnte Ziegelherren halten streng auf ihren Besuch der Kirche und Heilighaltung der Tage des Herrn, wenn freilich in der Provinz Groningen die sogenannten Cockicaner darin auch wohl zu weit gehen. Im Königreich Hannover, Preußen und Sachsen, wohin die meisten hiesiger Ziegelleute wandern, fehlt es ihnen durchaus nicht, durch Beiwohnungen der öffentlichen Gottesdienste ihre religiösen Bedürfnisse zu befriedigen.

Die in der Gemeinde Talle wohnenden Ziegelmeister sind durchgehends religiöse, ordentliche und nüchterne Leute, geben ihrer Mannschaft ein gutes Beispiel; die meisten hegen den sauer erworbenen Verdienst und viele sammeln sogar Kapitalien. Schon liegt es im Interesse der Ziegelmeister selbst, unnütze Subjekte auszumerzen, da sie mit solchen bei den Ziegelherren kaum Ehre einlegen und sehr vielen Verdruß einernten würden. Nach dieser auf zuverlässig beruhenden Nachrichten gegebenen Darstellung berührt und trifft die vom P. Hesekiel gemachten Beschuldigungen die Ziegelarbeiter der Talleschen Gemeinde nicht.

Dahingegen habe ich von ihnen, mit denen ich vor und nach ihrer Reise gar vielfach verkehre und mich mit ihnen benehme, mit wahrhafter Befremdung und großer Entrüstung erfahren, wie groß die Unkirchlichkeit, Irreligiosität, Sabbatsentheiligung und religiöse Unwissenheit in den sogenannten letzten Dingen auswärts und namentlich in der Nähe großer Städte ist, indem der Tag des Herrn durch Verrichtung allerlei Haus- und Feldarbeiten unter dem Vorwande, an den Wochentagen fehle es an Zeit und Leuten, entweiht wird, ohne sich darin während des Gottesdienstes stören oder durch Begegnung der wenigen Kirchengänger und selbst des Predigers beirren zu lassen, wofür sie namentlich die Städte Hannover und Hamburg anführen sowie Jütland, in welchem Lande viele Leute der niederen Klasse eine Auferstehung usw. leugneten.

Pastor August Kasimir Pothmann, geboren am 3. April 1804 als jüngster Sohn des Pastors Moritz Kasimir Pothmann in Lemgo. Er war von 1826-1831 zunächst Rektor in Horn, bevor er am 4. Januar 1832 als Pastor nach Sonneborn berufen wurde. Über vierzig Jahre amtierte Pothmann dann als Pastor in Talle (1837-1878). Am 17. Oktober 1876 konnte er sein 50jähriges Dienstjubiläum feiern.

Der 50jährige Gedächtnistag der Schlacht bei Leipzig wurde in hiesiger Gemeinde würdig gefeiert. Sonntage vorher ward die Gemeinde von dem fr. Feste in Kenntnis sowie am Tage selbst von der Bedeutung desselben [gesetzt]. Ich hatte Ps. 46,9-11 zum Texte gewählt und die Frage aufgeworfen: „Wozu soll uns der 50jährige Gedächtnistag der Völkerschlacht bei Leipzig auffordern?", und sie dahin beantwortet und motiviert: I. Zum frommen und dankbaren Aufblick zu Gott, der uns den Sieg verlieh; II. Zur dankbaren Erinnerung an die damaligen Freiheitskämpfer, die Gut und Blut opferten; III. Zum treuen Zusammenhalten in Eintracht und Vaterlandsliebe, das uns nur stark macht; IV. Zum frohen und festen Vertrauen auf die fernerhin schützende und helfende Gnade Gottes, die uns nimmer verlassen und versäumen will.
Nachmittags 3 Uhr versammelte sich die Tallesche Schuljugend, festlich gekleidet und geschmückt mit Blumen und Bändern im Schullokale, von wo aus sich der Zug unter Vortragung dreier Fahnen und Anführung des Predigers und Küsters in Bewegung setzte, unter passenden Liedern das Dorf durchzog und nach einem nahe Talle hochgelegenen Meierhofe marschierte, in dessen Nähe sich der am Abend angezündete Holzstoß befand. Der Kolon beköstigte die fröhliche Jugend mit Kaffee und Weißbrot und wurde daselbst die Zeit bis zum Abmarsche nach dem Holzstoße mit Gesang und jugendlichen Spielen verbracht. Dahin im Dunkelwerden angelangt, wurde derselbe umzingelt, angezündet, die Bedeutung des Tages durch den Küster für alt und jung faßlich auseinandergesetzt und während des Aufloderns passende Lieder angestimmt. Nach dem Erlöschen des Feuers trat die Jugend, begleitet von vielen Erwachsenen,

in derselben Weise als beim Hinmarsche den Rückweg an und wurde dann, im Dorfe angelangt, entlassen.
In gleicher Weise hatte auch die Kirchenheider Schuljugend unter der Leitung der beiden dortigen Lehrer den Tag auf einem nahe bei Kirchheide gelegenen Berge begangen, da eine Zusammenfeier Tallescher und Kirchheider Schuljugend sich nicht gut ermöglichen ließ. Leider unterblieb in Bavenhausen ein solches Begehen des Tages, da der dortige Lehrer durch den Todesfall seiner Mutter abwesend war und außer ihm keiner die Sache in die Hand nehmen konnte. Wie ich vernehme, so hat die Feier des Tages, sowohl die kirchliche als auch die andere, in hiesiger Gemeinde allgemeinen Anklang gefunden [...].

Blomberg, 9. Februar 1864
Pastor Goedecke

[...] Der Gedenktag der Schlacht bei Leipzig wurde auch hier am 18. Oktober gefeiert. Pastor Neubourg, welchem an jenem Tage die Vormittagspredigt zufiel, hielt eine der Feier des Tages entsprechende Predigt. Zum Text der Nachmittagspredigt wählte ich Jesaja 14,12-17, welcher, wie ich glaubte, sehr leicht in Beziehung zu den geschichtlichen Erinnerungen des Tages zu setzen war. Eine an mich privatim wie offiziell in einer Rathaussitzung gestellte Zumutung, den Nachmittagsgottesdienst ausfallen zu lassen und dafür zu derselben Zeit eine „Rede" auf dem Marktplatze zu halten, wies ich definitiv zurück; auch mein Kollege, der freilich nicht darum ersucht worden war, erklärte in der betr. Sitzung, daß auch er, falls man ihn um dasselbe ersuchen würde, die Erfüllung des Gesuchs ablehnen müsse. Herr Rektor Corvey hielt daher dem Vernehmen nach die gewünschte Rede.
Am Abend wurde auf einer Höhe westlich von der Stadt ein Holzstoß angezündet und fand sodann ein Fest- resp. Fackelzug von da ab zum Rathause statt. Trotzdem, daß nun dieser historisch denkwürdige Tag hier mit einigem Glanze gefeiert worden ist, muß man doch weit entfernt sein, daraus auf eine lebendige und echte Vaterlandsliebe zu schließen. Ich habe mehrere Male bei schlichten Bürgersleuten Gelegenheit gehabt zu bemerken, wie gering dieselbe ist. Man meinte eben, es sei ziemlich gleichgültig, ob wir unter deutscher oder französischer Herrschaft ständen, die Hauptsache wäre ja nur, daß man sich wohl befände, d.h. deutlicher ausgedrückt, daß man recht viel erwerben, verdienen könne. Somit erschien damals die Selbstsucht an der Stelle der Vaterlandsliebe. Daß ich solchen traurigen Ansichten gebührend entgegentrat, bedarf wohl kaum der Versicherung [...].

Detmold, 1. März 1864
Pastor Meyer

Der vorige Pastoralbericht hat sich vorzugsweise die Aufgabe gestellt, die verschiedenartigen Zustände zur Anschauung zu bringen, welche in den Bauern- und Ziegler- und Tagelöhner-Dörfern der Gemeinde obwalten und die dadurch modifizierten Obliegenheiten des Pfarramts zu vergegenwärtigen. Für diesmal mögen zunächst Nachträge aus diesem Gebiet hierselbst Platz finden.

Die Hochzeiten, welche ein sehr wichtiges Gebiet der Familiensitte ausmachen, sind im allgemeinen noch wenig berührt von christlichen Einflüssen, sie sind meistens nur Schwelgetage. Indes hat eine Braut aus Spork, welche in Cappel wohnen und auch dort getraut werden sollte, am letzten Sonntagnachmittage vor ihrem Auszuge eine Bibelstunde im elterlichen Hause begehrt und diese hat unter zahlreicher Beteiligung des größeren Familienkreises und der Nachbarn in recht erfreulicher Weise stattgefunden. Ferner, auf dem größten Hofe der Gemeinde, dem Meierhofe zu Biesen, fanden sich bei der Trauung des Witwers statt des üblichen immensen Gelages nur etwa 50 Gäste ein und die Feier verlief in musterhafter Weise. In ähnlicher Weise geschah es auch bei einer Hochzeit in Mosebeck. Vielleicht war in beiden Fällen das frühere Wirken des seligen Begemann in der ganz naheliegenden Gemeinde Cappel und die daselbst von ihm reformierte Sitte von bedeutendem Einfluß. Jedenfalls sind nun zwei solche ehrenhafte Vorgänge auch für die hiesige Gemeinde bedeutsam, indem Referent nur Musterhaftes zur Nachfolge empfehlen kann.

In Hiddesen dagegen fand unlängst während der Passionszeit eine Musik-Hochzeit mit etwa 600 Gästen statt, die sich nicht hindern ließ, wo die polizeiliche Erlaubnis schon erteilt und die kostspieligen Vorbereitungen schon getroffen waren. Aufgrund des Erlasses vom 13. September 1858 wurde aber die Trauung am Hochzeitstage versagt und geschah erst am folgenden Sonntage in der Kirche, wo die Braut, welche inzwischen vom Bräutigem noch nicht in sein Haus genommen war, noch im Brautkranze erschien. Der Aufschub der Trauung bis einige Tage nach der Hochzeit ist dem ehrenhaften Brautpaare sehr empfindlich gewesen und vielleicht wird dieser Vorgang die Folge haben, daß Musik-Hochzeiten während der Passionszeit nicht leicht wiederkehren [...].

Unter Volksbelustigung in der Landgemeinde haben während des Winters sogenannte Ökonomenbälle und Zieglerbälle von sich reden gemacht, neben welchen auch die Schützenfeste noch fortbestehen. Auf einem Ökonomenballe in Hohenwart mögen an 100 Flaschen Wein vertrunken worden sein. Wahrscheinlich sind die Hauptveranlasser die Wirte, die ihren Profit suchen. Solche Feste sind ein Zeichen von Wohlhabenheit, und daß es sehr unsittlich dabei zuginge, ist nicht bemerklich geworden. Wenn sie nicht zu oft vorkommen, mögen sie ihr Gutes haben. Nur schade, daß sie den Familiencharakter der bisherigen bäuerlichen Feste zu verdrängen drohen. Möchten doch unsere Dörfer mit neuen Wirts-Patenten verschont bleiben [...].

Die Feier des 18. Oktobers ist auf den Dörfern in erfreulicher Weise verlaufen. In allen sechs Schulbezirken hat man große Feuer angezündet und die Lehrer haben dabei mit den Kindern oder mit der erwachsenen Jugend die bekannten patriotischen Lieder gesungen und zugleich bei dem Feuer oder vorher in den Schulen die historischen Erinnerungen erneuert. Auch hat Referent in einer der Kapellen nachmittags einen Vortrag gehalten. In den vorbereitenden Dorfsversammlungen haben teils die Vorsteher, teils die Lehrer die Leitung in die Hand genommen. Hernach sind vielfache Zeugnisse laut geworden, daß allgemein und ungetrübte Freude geherrscht habe [...].

Das Verhältnis der Lehrer zu ihren Schulgemeinden ist ein gedeihliches, zu dessen Förderung der Unterzeichnete in den monatlichen Lehrerkonferenzen beizutragen

sucht, was er vermag. Die Anerkennung, daß das Gehalt sämtlicher hiesiger Lehrer ein zu geringes ist, scheint in den Schulgemeinden ziemlich allgemein zu sein und zwar in Anbetracht, daß dasselbe in Vergleich mit früherer Zeit an Wert so bedeutend gesunken ist, sintemal 150 Reichstaler vor 20 Jahren einen viel größeren Wert hatten als jetzt 200 Reichstaler. Daß aber die Schulgemeinden nun Anstalten machten, ihrerseits das Einkommen zu erhöhen, dazu liegen nur sehr geringe Ansätze vor; im ganzen scheint vielmehr große Abgeneigtheit vorzuwalten. Es wäre daher sehr zu wünschen, daß zur Aufbesserung der Lehrergehälter durch die Schulgemeinden irgend welche gesetzliche Vermittlungen dargeboten würden. Sollen die Lehrer Freudigkeit behalten zur Ausrichtung ihres Amtes, so wird in dieser Beziehung etwas geschehen müssen. Leider sind die Lehrer zum großen Teile nicht frei geblieben von einer unberechtigten unzufriedenen Stimmung.
Mit den Zieglern und speziell den Ziegelmeistern in Hiddesen und Heidenoldendorf hat der pastorale Winterverkehr [...] fortbestanden. In Gesprächen mit den Meistern ist das dankenswerte Zirkular vom 31. August möglichst verwertet worden. Referent gewinnt je mehr und mehr Einsicht auch in die geschäftlichen Verhältnisse der Ziegler. Als unlängst der vom Zentralausschuß erbetene Reiseagent Hesekiel hier war, welcher für unsere Wanderbevölkerung ein ganz besonderes Interesse hat, war die Kapelle in Heidenoldendorf von Zieglern gepropft voll und fanden in kleinerem und größerem Kreise mit den Meistern verschiedene Besprechungen statt, welche vorzugsweise ihre Gewerbsverhältnisse ins Auge faßten mit der Absicht, dem von Schulze-Delitsch entfalteten Genossenschaftswesen auch bei unseren Zieglern Eingang zu verschaffen. Ein darauf bezüglicher Vortrag Hesekiels fand großen Anklang und werden hoffentlich die von ihm geweckten Ideen zu seiner Zeit Frucht bringen. Hesekiel hat auch ein über diesen Gegenstand ausgearbeitetes Promemoria dem Unterzeichneten zurückgelassen, auch mit dem Amtmann Petri den Gegenstand eingehend besprochen. Sollte durch des letzteren Vermittlung ein vierter Ziegelagent angestellt werden und dazu der rechte, nicht nur geschäftskundige, sondern auch christliche und energische Mann sich finden lassen, so wäre ein Großes erreicht. Hesekiel äußerte, daß nirgendwo für Ziegler von seiten der Kirche wie von seiten der Regierung so umfassend gesorgt würde wie in unserem Lande, so daß bei uns sich etwas Vorbildliches für andere Länder möchte erreichen lassen [...].

Horn, 2. März 1864
Pastor Brockhausen

[...] Unmöglich kann es Ew. Hochwürden entgangen sein, daß großes Mißbehagen und eine bittere Verstimmung in unserer Kirche seit mehreren Jahren herrscht, unmöglich können Sie der Meinung beitreten, daß es nur einige wenige, zumeist nur rohe, unverständige, irreligiöse Menschen sind, die ihren Unmut äußern und Klage führen und murren; es ist vielmehr der größte, der gebildetste, gefühlvollste und bestgesinnte Teil des Volkes, dem unsere kirchlichen Zustände nicht behagen, der sich in seinen Gefühlen verletzt, in seinem Gewissen bedrückt fühlt.
Besonders ist es die Einführung des neuen Katechismus und Gesangbuches gewesen,

was unsere Gemeinden größtenteils verstimmt hat und schwerlich wird diese gefährliche Verstimmung eher aufhören, als bei ihnen die Wahl zwischen dem alten und neuen Katechismus und Gesangbuche wieder freigegeben ist. Oh, daß sich doch Hochfürstliches Konsistorium zu diesem versöhnenden Schritte, zu dieser Freigebung der Wahl entschlösse! Wie würden das Hochdemselben die meisten Geistlichen, die meisten Lehrer, der größte, beste, gebildetste Teil unseres ganzen Landes danken! und schnell würde Friede und Freude in die Gemüter zurückkehren und die entfremdeten Herzen der Mutter Kirche wiedergewinnen.
Auch wer wie ich den Heidelberger Katechismus als wichtige und sehr verdienstliche Bekenntnisschrift schätzt und verehrt, kann ihn doch nicht mehr für zeitgemäß, zumal als Grundlage des Religionsunterrichtes für unsere Jugend, anerkennen; und was das neue Gesangbuch betrifft, so befriedigt es sicher nicht so sehr den Geschmack und die religiösen Bedürfnisse der Jetztzeit, als es unser altes Gesangbuch tut. Freilich, man kann darüber verschiedener Meinung sein, aber es scheint mir unbillig und äußerst gefährlich für die Kirchlichkeit und Frömmigkeit, anderen seinen Geschmack als maßgebend aufzudrängen und ihre religiösen Bedürfnisse nach seinen eigenen zu ermessen. Darum noch einmal meine ebenso demütige als aus der tiefsten Überzeugung hervorgegangene Bitte an Ew. Hochwürden, im Hochfürstlichen Konsistorio sich doch fürsorglich dahin zu verwenden, daß den Gemeinden des Landes die Wahl zwischen dem alten und neuen Katechismus, dem alten und neuen Gesangbuche freigegeben werde. Es hat mir einige Bedenklichkeit gemacht, einige Überwindung gekostet, diese Bitte freimütig an Sie zu richten, aber ich würde es nicht vor mir, nicht vor Gott und meinem Heilande habe verantworten können, wenn ich meine Gedanken verborgen und verleugnet und mit meiner Bitte zurückgehalten hätte, von deren Erfüllung ich mir die Rückkehr des holden heiligen Friedens, das größte Heil für unsere Kirche verspreche [...].

Blomberg, 10. März 1864
Pastor Neubourg

[...] Was zunächst mich selbst und meine Stellung zu der Gemeinde anlangt, so ist auch im verflossenen Jahre mein Bestreben dahin gerichtet gewesen, nach Maßgabe meiner Kräfte mein geistliches Amt zum Segen derselben zu verwalten und meine Wirksamkeit doch immer umfassender und tiefer, eingreifender zu machen, und darf ich auch diesmal mit demütigem Danke gegen Gott rühmen, daß ich Beweise von Liebe und Vertrauen empfangen habe, besonders aber von den vom Lande Eingepfarrten, deren ungeheuchelte Zuneigung zu ihrem Seelsorger bei mancherlei Widerwärtigkeit und niederbeugenden Lebenserfahrungen seinen sinkenden Mut wieder beleben und zu neuer freudiger Tätigkeit anspornen kann.
So oft mich mein Amt in ihre Häuser führte, war ihnen mein Besuch ersichtlich willkommen und ihr Gemüt auch meist für die Interessen des höheren geistigen Lebens empfänglich, wenn ich das Gespräch auf das religiöse Gebiet lenkte; mochte es nur, je nach den Umständen, ein Wort der Belehrung oder der Ermahnung oder des Trostes sein, das ich zu reden hatte. Auch bei den für gemeinnützige oder kirchliche Zwecke

veranstalteten Sammlungen zeigten sie die an ihnen gewohnte, anerkennenswerte Opferwilligkeit.
Viel seltener sind dergleichen erfreuliche Erfahrungen in der Stadt zu machen. Zwischen den Predigern und den Bewohnern der letzteren will sich ein vertrautes Verhältnis noch immer nicht herbeiführen lassen. Denn wenn auch zwischen beiden nichts vorgefallen ist, was das Einvernehmen hätte trüben und stören können, so hat man doch oft ein ungerechtfertigtes Mißtrauen — ein Grundzug im Charakter der Blomberger — zu beklagen und dieses tritt dann recht augenfällig hervor, wenn man sich vermöge seines Amtes genötigt sieht, eine ernste Rüge auszusprechen oder es sich um Dinge handelt, die das materielle Interesse berühren. In solchen Fällen stößt man sogar mitunter auf einen Widerstand, wobei die Schranken des Anstandes arg verletzt werden. Den Grund dieser betrübenden Erscheinung weiß ich mir auch nicht anders zu erklären als aus dem abgeschlossenen Leben der Blomberger Bürger. Es leben hier bekanntlich meist nur Ackerbautreibende und kleine Handwerker. Ihr Geschäft entzieht sich darum dem größeren Verkehr mit anderen Menschen. Sie kennen keine besseren Einrichtungen als die ihrigen, halten dieselben für unverbesserlich und kleben darum am alten und hergebrachten mit der größten Zähigkeit. Bei dem beschränkten Standpunkte, auf welchem sie noch stehen, legen sie denn auch ein sehr großes Gewicht auf ihre städtischen Vorrechte, betrachten Obrigkeit, Prediger und Lehrer als Diener der Stadt, die nur auszuführen haben, was die Väter der Stadt zu beschließen belieben. Da nun aber ihre Beschäftigungen eben nicht sehr lukrativ sind, auch durch Handel, Fabriken etc. kein Geld in die Stadt kommt, so artet die Sparsamkeit leicht in Geiz aus. Ja dies geht so weit, daß selbst wohlhabendere Bürger zunächst wohl um der Mehrausgaben willen nur selten ihre Söhne zu deren weiterer Ausbildung in die Rektorschule schicken. Mehrfach habe ich sie dazu ermuntert, aber ohne Erfolg. Ihre gewöhnliche Ausrede ist die, daß ihre Kinder in der Elementarschule hinreichend lernen könnten, was sie zu ihrem künftigen Berufe bedürften. Derer, die sich über einen so beschränkten Standpunkt erhoben haben, gibt es im ganzen nur wenige. Sie aber sind es, die in der Regel ihrem Prediger näher stehen und auch den Ausspruch St. Pauli beherzigen: „Die das Evangelium predigen, sollen sich vom Evangelium nähren“ [...].

Barntrup, 18. April 1864
Pastor Neubourg

[...] Am 18. Oktober feierte auch unsere Stadt und Gemeinde das 50jährige Gedächtnis der Völkerschlacht bei Leipzig in kirchlicher und volkstümlicher Weise. Der Tag begann mit Geläut um 6 Uhr morgens. Vom Turme wurden Choralmelodien geblasen. Die Stadt war festlich geschmückt. Der sehr zahlreich besuchte Morgengottesdienst begann mit dem Liede: „Allein Gott in der Höh' “. Nach entsprechendem Gebet wurde Psalm 76 verlesen, das herrliche Psalmlied Assaphs. Nach dem Liede „Eine feste Burg“ wurde gepredigt über Daniel Kap. 5 Vers 17-30. Thema: Von den großen Taten Gottes an unserem deutschen Vaterlande, deren wir heute gedenken. 1. Teil: Gott hatte unser Vaterland gewogen und zu leicht erfunden, darum gab er dem Unterdrücker Macht. 2. Teil: Gott hat den Gewaltigen gewogen und zu leicht erfunden, darum verlieh

er dem verbündeten Heere jenen Sieg. 3. Teil: Wie wird die Gedächtnisfeier desselben uns zum Segen?
An der Volksfeier am Nachmittage beteiligte sich Unterzeichneter nach Rücksprache mit ernsten christlichen Männern um so mehr, da er bei der Anlage der Feier eine Ausartung derselben befürchten mußte und zu deren Ehrbarkeit beitragen zu können glaubte.
Nach einem auf dem Markt gesungenen Chorale und einem Sr. Durchlaucht dem Fürsten durch Herrn von Kerssenbrock ausgebrachten dreimaligen Hoch bewegte sich ein großer Zug, voran ein Wagen mit Veteranen aus den Freiheitskriegen, unter Musik nach dem Windmühlenberge. Die Schulen waren mit den Lehrern im Zuge. Dort wurden Böllerschüsse abgefeuert. Unterzeichneter, der dem Zuge vorausfuhr, um früher am Platze zu sein, hielt dann vor gewiß über 3000 Zuhörern eine längere Rede über den Verlauf und die Ereignisse der Leipziger Schlacht und ihre Bedeutung für das Vaterland. Am Schluß ermahnte er im Anblick des Teutoburger Waldes zu Gehorsam, Treue und Glauben der Väter, zu wahrer Frömmigkeit und Dankbarkeit, und brachte am Schluß ein Hoch auf das deutsche Vaterland aus, welches begeistert von der Menge mitgejubelt wurde. Es folgten zum Schlusse einige Verse des Liedes: „Ach bleib mit deiner Gnade". Während die Menge sich Unterhaltung verschaffte, verkehrte Unterzeichneter nebst Lehrer Dornheim in passender Weise mit den Schulen und beide führten dieselben, als der Zug im Schein des Feuers und der Fackel bei anbrechender Dunkelheit hereinzog, abgesondert, in schöner Ordnung, unter ernsten und heiteren Volksliedern zur Stadt zurück, wo er die Kinder mit einer kurzen Anrede entließ. Somit war den Schulen eine würdige Feier bereitet. Übrigens verlief die Feier überhaupt in angemessener Weise, wozu meine vielen unerwartete aber erfreuliche Teilnahme und Behandlung von Einfluß gewesen zu sein schien [...].

Lemgo, St. Marien, 20. Mai 1864
Pastor Vorberg

[...] Ich kenne einen Vorzug unserer sonntäglichen Versammlungen vor denen vieler Gemeinden: es fehlt nämlich nicht ganz an einer wahren Gemeinschaft der Liebe und des Glaubens. Das ist zugleich eine köstliche Beigabe meiner amtlichen Stellung; um des Herrn willen hat man auch seinen Diener lieb und ich wiederum werde nicht so leicht kalt und lau in der Liebe zur Gemeinde, weil sie mir abgenötigt wird und weil sie mir gedankt wird. Sonst ist freilich unsere Gemeinde wie alle Gemeinden: Weizen und Unkraut und viererlei Acker.
Etwas Angenehmes hat die Zusammensetzung aus Stadt- und Landgemeinde; beide ergänzen sich; ich sehe sie als 2 Stämme an und sehe in den Landleuten durchaus nicht bloß Zugschwalben; deshalb freut es mich, daß neuerdings die Gleichberechtigung zwischen Stadt- und Landgemeinde von den hohen Behörden bei Gelegenheit der Neuwahl des Presbyterii ist anerkannt.
Es ist mir auch um deswillen der Dienst an dieser Gemeinde lieb, weil ich damit der lutherischen Kirche diene, der ich von Herzen angehöre. Die lutherische Kirche hat im lippischen Lande eine große Zukunft, wie sie eine große Vergangenheit bis über

1600 hinaus gehabt hat. Fast durchgängig bekennen es die frommen Leute im Lande, daß die lutherische Lehre die rechte sei. Mag ich immerhin vom Superintendenten Rohdewald einen „lutherischen Eiferer" genannt werden und als solcher „berüchtigt" sein: es ist den frommen Seelen immer eine Wohltat, wenn die lutherische Konfession unter uns bleibt. Die reformierte Konfession aber scheint immer mehr eine Unionskirche zu werden und eine Vermittlungstheologie anzunehmen.
Diese weiten Blicke werden aber immer wieder verengt und die Sorge aufs Nächstliegende gerichtet durch Hauskreuz und die große Not, daß in der Gemeinde so wenige Leute nur sich bekehren wollen. Derer, die auf dem schmalen Wege wandern, bleibt allezeit eine kleine Schar [...].

Falkenhagen, 13. Juni 1864
Pastor Melm

[...] Die pastorale Wirksamkeit könnte gehoben werden, wenn den Schullehrern aufgegeben würde, anstatt oft weitschweifiger und nicht nur unnützer, sondern vielfach sehr verkehrter sogenannter Katechisationen und dozierender Vorträge in der Schule über den Heidelberger Katechismus die damit verschwendete Zeit darauf zu verwenden, den Katechismus von Kindern auswendiggelernt Frage für Frage treu und fleißig hersagen zu lassen und höchstens, was darin etwa im Ausdruck unverständlich oder schwer faßbar sein möchte, mit ganz kurzen Wortsinn-Erklärungen zu begleiten (vgl. darüber „die drei preußischen Regulativen", zum Druck befördert von F. Stiehl, Berlin 1854, S. 67, 68); denn es ist für den Konfirmandenunterricht, wie jeder erfahrene Pastor weiß, von entschiedener Wichtigkeit und nötig, daß die Kinder dazu in der Schule den Katechismus seinem Wortinhalt nach auswendig gelernt und daher im Gedächtnis haben, damit im Konfirmandenunterrichte die kurz zugemessene teure Zeit nicht erst dem größten Teile nach mit Memorierübungen verloren gehe.
Der Elementarschullehrer tut seine Pflicht zur Genüge hinsichtlich des Katechismus, wenn er diese auf dem Wege der einfachen Gedächtnisübung zum Eigentum der Kinder macht; er verkennt seine Pflicht und vergreift sich gegen die Kirche, wenn er sich versteigt, wie es in hiesiger Gemeinde leider von einigen Lehrern ungeachtet den ihnen gewordenen entgegengesetzten Anweisungen und Ermahnungen geschieht, über die einzelnen Fragen mehrere Stunden hintereinander auf eigene Hand und Weise zu katechisieren und zu dozieren und seinen oft höchst abgeschmackten, sei es angebrannten und versalzenen, sei es ungesalzenen und verwässerten (venia sit dicto!) Kohl den Kindern beizubringen, anstatt der gesunden Speise des Brotes des Lebens, welche der Katechismus darbietet, so daß dann in einem ganzen Unterrichtssemester und mindestens 44 für den Katechismus bestimmten Schulstunden kaum halb so viel Fragen des Katechismus in der Schule vorzukommen pflegen [...].
Die Feier des 18. Oktober 1863 zum Gedächtnis der vor 50 Jahren von uns erlebten Rettung Deutschlands aus französischer Unterdrückung wurde hier schon sonntags zuvor durch Predigt vorbereitet und gewissermaßen eingeleitet und danach [...] nach dem Texte 5. Mos.4,9 mit den Gesängen 197, 202, 205 des neuen Gesangbuchs „der Feiertag des 18. Oktober 1863 zur Erinnerung an den 18. Oktober 1813" kirchlich began-

gen. Zum Schluß der Predigt wurden eingelegt durch Vorlesen die Lieder von M.v. Schenkendorf: „Herr Gott, dich loben wir“, von E. M. Arndt: „Wer ist ein Mann? Wer beten kann!“, von Th. Körner, Lied zur feierlichen Einsegnung des preußischen Freicorps 1813 in der Kirche zu Rochau in Schlesien: „Wir treten hier in Gottes Haus - Dem Herrn allein die Ehre“!

Die Kirche war hier am 18. Oktober überaus zahlreich gefüllt. Für den Abend wurde der Gemeinde die Anzündung des Feuers auf dem Gipfel des Köterberges und auf anderen Höhen umher angekündigt. Auf dem Köterberge fand sich aus Entfernungen von 2 Stunden Weges eine unzählbare Menge Menschen, die nur nach Tausenden gerechnet werden kann, von vielen benachbarten, nicht bloß lippischen Ortschaften hier ein. Aber es herrschte auf der Spitze des Berges ein orkanartiger Sturm, der die Flamme des Feuers nicht hoch emporlodern ließ, sondern horizontal am Boden haltend sie von der Seite blies. Dieser Umstand war der Grund, daß es geradezu unmöglich war, droben bei dem Feuer auch noch wieder, wie ich mir vorgenommen hatte, Reden geschichtlichen und patriotischen Inhalts an das Volk zu richten. Der brausende Sturm erlaubte es kaum, nur einige patriotische Lieder von Arndt und Körner, worauf die versammelte Schuljugend aus Rischenau von dem Lehrer Pottharst eingeübt war, zu singen.

Zur Festfeier der Versammelten auf dem Köterberge gehörte aber wesentlich die Ausschau auf die von dorther zu erblickenden Oktober-Feuer in der Ferne ringsumher. In dieser Hinsicht hat kein anderer Ort des lippischen Landes als dieser eine gleich herrliche und herzerhebende Feier des 18. Oktober gehabt, weil weitaus kein anderer Punkt des Landes eine solche Rundschau wie der Köterberg darbietet. Ich habe es mehrmals versucht, die überall nah und fern aufleuchtenden Feuer zu zählen, aber sie waren buchstäblich unzählbar und zwar so, daß die am äußersten Horizonte erscheinenden sich unmittelbar an die vom Himmel leuchtenden Sterne zu schließen schienen und, weil die Feuer vom äußersten Horizonte bis zum Fuße des Köterberges sich stromartig aneinander reihten, man auf dessem Gipfel denken konnte, man befände sich mitten in dem mit Sternen besäten Himmelsraum und sähe die Sterne auch zu Füßen leuchten.

Eine einzige Ausnahme in dem weiten, weiten Umkreise machte nur der fast ausschließlich von einer katholischen Bevölkerung bewohnte Abschnitt jetzt preußischer, ehemals fürstbischöflicher paderbornischer Landesteile in der Richtung von Fürstenau, Brakel, Nieheim und Steinheim. Da waren nur wenige Feuer zu erblicken. Auf lippischer Seite sah man eine ziemlich große Anzahl, aber sie erschienen alle klein, mit Ausnahme nur des in verschiedenem farbigem Licht mehrmals hell und groß aufleuchtenden Hermannsdenkmals auf der Grotenburg. Das imposanteste Schauspiel bot den Blicken der teils das Wesertal in der Richtung von Höxter und Karlshafen bis Bodenwerder und Hameln mit vielen in der Tiefe und auf den anliegenden Bergen vorzugsweise stetig anhaltenden und am höchsten aufflammenden Feuern gleich Sternen erster Größe (si parva licet componere magnis!) [= wenn es erlaubt ist, kleine mit größeren Dingen zu vergleichen], sodann aber vor oder vielmehr hinter allem der entferntere Gesichtskreis namentlich in der Gegend des Deisters (nach Norden hin) und des Harzes mit seinem Brocken (nach Osten hin). In beiden Richtungen erschien von der

Unzahl nicht alle einzeln zu unterscheidender oder wegen vorliegender Berge nicht zu sehender Feuer der ganze Horizont milchstraßenähnlich in horizontaler Linie erleuchtet, ja wie von einer über weite Landstriche verbreiteten allgemeinen Feuersbrunst gerötet.
Wandte man das Auge nach anderen Gegenden von der Richtung des Brockens durch den Norden nach Westen über den Ith und Hils, den Vogler östlich, den Ottensteinschen Berg westlich der Weser, über die Bergketten zu beiden Seiten der letzteren bei Rinteln und der Porta, vom Wittekindsberge den Höhenzug bis zu seinen westlichsten Ausläufern verfolgend, oder wendete man sich von der Richtung des Brockens durch den Süden nach Westen nach den Gegenden des Sollings, des im äußersten Hintergrunde der Weserkarte ragenden Thüringer Waldes, des Meißners, des Reinhardswaldes, des Habichtswaldes, der sauerländischen Gebirge und des Senne- und Ruhrgebietes bis endlich über die lippische Berglandschaft hinaus zu den westlichsten Höhen des Teutoburger Waldes: überall größere und kleinere, zahllose, nur funkenartig aufglimmende Punkte und Pünktchen von Feuern! So etwas hat man am Köterberge und überhaupt vom lippischen Lande aus wohl noch niemals gesehen! Dabei war es ein das Herz hebender und weitender Gedanke, daß eben dieselben Feuerpunkte, welche auf den höchsten Höhen des Harzes vom Köterberg her wir erblickten, auch von Bewohnern des Elbe-Saale-Gebietes an manchen Punkten Sachsens und Thüringens gleichzeitig gesehen werden konnten. Nun, auf diese Weise haben die Oktober-Feuer ja durch Deutschland von Ost gen West, von Nord gen Süd geleuchtet und die Herzen erwärmt und entflammt für das gemeinsame große Vaterland durch alle deutschen Gaue und Stämme! [...].

Horn, 10. März 1865
Pastor Brockhausen

Verhängnisvoll wie das vorhergegangene Jahr ist auch das Jahr 1864 für mich und meine Gemeinde gewesen; es hat uns wieder schwer geprüft. Die am 7. Mai ausgebrochene und schrecklich schnell um sich greifende Feuersbrunst legte in wenigen Stunden einen großen Teil unserer Stadt in Schutt und Asche und mehrere hundert Menschen verloren dadurch ihr Obdach und was mit ihnen unter Dach war, viele alles, was sie an Hab und Gut besessen hatten; aber es hat sich auch der Trost erfüllt, den ich am 15. Mai in meiner Pfingstpredigt über Johannes 16,7 (Es ist auch gut, daß ich hingehe. Denn so ich nicht hingehe, so kommt der Tröster nicht zu euch) meiner Gemeinde zurief. Ich knüpfte nämlich an diese Textesworte die Frage: Warum hat Gott uns das getan? und beantwortete dieselbe also: „Er hat es getan, um durch das Feuer der Verwüstung unserer Stadt in uns das Feuer des heiligen Geistes zu entflammen, des Geistes, der da ist 1. ein Geist des Glaubens und Vertrauens, 2. ein Geist der Liebe, 3. ein Geist der Kraft.
Die durch das uns betroffene Unglück vielen von uns gegebene Gelegenheit, Glauben

Der Marktplatz in Horn nach dem Brande im Jahre 1864. Aquarell von Emil Zeiß aus demselben Jahr. Pastor Brockhausen schilderte in seinem Bericht vom 10. März 1865 das Unglück, von dem die Stadt am 7. Mai 1864 heimgesucht wurde.

und Vertrauen zu beweisen, ist in der Tat von den meisten wohl benutzt worden; in tausend Herzen nah und fern wurde die heilige Flamme der Bruderliebe entzündet und tat durch tiefes Mitgefühl und Werke der Barmherzigkeit sich kund, und endlich ist auch manche Kraft durch die Not geweckt, geübt, gekräftigt worden, indem sich keiner verhehlen konnte, daß hinfort viel gearbeitet, viel Wiederaufgebaut, viel wieder neu erworben, viel besser als vorher eingerichtet und geordnet werden müsse.

Auch für mich selbst und meine Angehörigen hatte das schreckliche Ereignis anfänglich traurige Folgen. Ohne dafür durch die Feuerversicherung Schadenersatz zu erhalten, verlor ich mehrere bei einem abgebrannten Nachbarn untergebrachte Vorräte; meine Frau, welche in Rettungsversuchen und Hilfeleistungen sich übernommen hatte, erregte durch plötzlichen starken Blutauswurf sehr ängstliche Besorgnisse und ich selbst, der ich, ohne mich nach meinem eigenen Hause umzusehen, von Anfang bis zu Ende nach besten Kräften mit gegen die Flammen gekämpft hatte, litt mehrere Wochen an äußerst schmerzlicher Erkältung. Aber ich hatte das tröstliche Bewußtsein, treu meine Pflicht erfüllt und nicht das meine gesucht zu haben und vergaß meine Unpäßlichkeit über den mancherlei leiblichen und geistigen Arbeiten, welche mir in den verschiedenen schnell organisierten Unterstützungskommissionen zufielen.

Ich will mich dessen nicht rühmen, ich tat nicht mehr als meine Schuldigkeit, ich wäre anders nicht der Liebe wert gewesen, welche mir noch einige Wochen vorher meine Gemeinde bei Gelegenheit meiner silbernen Hochzeit zu erkennen gegeben hatte; denn außer vielen anderen rührenden Liebesbeweisen hatte mir der hiesige Magistrat und die Stadtverordneten mit einer ehrenden Zuschrift das Diplom des Ehrenbürgerrechtes überreichen lassen und meine liebe Lehrerkonferenz, die ich seit vielen Jahren leite und die mir schon früher einmal eine schöne Bibel als Weihnachtsgabe geschenkt hatte, beehrte mich jetzt wieder mit einem silbernen Pokal. Nach meinen bitteren Erfahrungen, die ich gemacht habe, ist solche Anerkennung, Achtung und Liebe mir eine rechte Herzenshebung und schöne Freude gewesen und hat mich in dem Entschlusse und Gelübde gestärkt für Kirche, Schule und Gemeinwohl, so viel ich irgend kann, zu wirken [...].

Ein von Hochfürstlichem Konsistorio den Predigern des Landes zugeschicktes Zirkular, die Missionsreise des Herrn Pastor Credé zu den lippischen Torfstechern und Ziegelarbeitern in den niederländischen Provinzen Drenthe und Groningen betreffend, ist mir sehr interessant gewesen, insonderheit auch das, was der Herr Verfasser über die Glaubensrichtung und die herrschenden religiösen Grundsätze der holländischen reformierten Theologen berichtete. Es regt zum Nachdenken an. Unstreitig ist die freundliche Ansprache unseres Herrn Amtsbruders den meisten der Besuchten nicht nur sehr willkommen, sondern auch sehr erbaulich und heilsam gewesen und sind dergleichen jährliche Rundreisen vielleicht das Wirksamste, was für unsere dort in der Fremde sich aufhaltenden lieben Landsleute geschehen kann, denn hier in ihrer Heimat, besonders in größeren Gemeinden, kann sich die spezielle Seelsorge nur wenig mit ihnen beschäftigen, nicht jeden einzelnen besuchen in seinem Winterquartier und seinen besonderen Bedürfnissen nachforschen und nachkommen, da ihrer gar zu viele sind, welche als Ziegler, Torfstecher, Mäher, Maurer und Steinhauer im Frühling ins Ausland ziehen und im Herbst der eine früh, der andere spät, zurückkehren, so daß ich nicht einmal für die Mehrzahl gemeinschaftliche kirchliche Erbauungsstunden bei ihrem Abgange und bei ihrer Zurückkunft veranstalten lasse. Indessen ziehen aus unserer Gemeinde sehr wenige von dannen, welche sich nicht zuvor beim heiligen Abendmahle eingefunden hätten und auch nach ihrer Heimkunft sieht man die meisten am Tische des Herrn erscheinen.

Überhaupt ist weder über die Beteiligung am heiligen Abendmahle noch über den Besuch des Gotteshauses bei uns Klage zu führen, obwohl es keineswegs an Leuten fehlt, denen die Kirche mehr oder weniger gleichgültig geworden ist. Bei ihnen, der dem größeren Teile nach zu den Gebildeteren gehören, wird der kirchliche Sinn ohne Zweifel erst dann wieder geweckt werden, wenn die Gemeinde eine größere Unabhängigkeit von äußeren weltlichen Einflüssen erlangt habe und ihnen mehr und mehr das Selbstbestimmungsrecht in Lehre, Kultus und Verwaltung eingeräumt worden ist. Nur unter dieser Bedingung wird auch die evangelisch-protestantische Kirche ihre auf den Glauben und somit auf Subjektivität und Innerlichkeit gegründete Existenz behaupten und der Gefahr entgehen können, wieder der katholischen Kirche anheimzufallen, wozu sie, wie der Bischof Martin von Paderborn in seinem Rundschreiben an die Protestanten seiner Diozöse nicht übel nachweist, längst auf dem besten Wege ist. Jedenfalls ist diese und manche andere ähnliche im Interesse des Katholizismus neuerdings erschienene Schrift eine Weck- und Warnstimme für die Nachdenkenden unter uns. Ohne daß ich auf Spezialitäten eingehe, werden Ew. Hochwürden mir glauben, daß ich die spezielle Seelsorge, soweit es in meinen Kräften stand, so gut es die Verhältnisse und namentlich meine mitunter schwankende Gesundheit mir erlaubten, nicht vernachlässigt habe und häufig hat sie mir selbst Zerstreuung, Erholung und Erquickung gewährt. Andere Erholungen und Erquickungen als diese sowie Verkehr mit einigen befreundeten Familien, Studien und dann und wann auch literarische Beschäftigungen gestatten mir auch meine beschränkten Vermögensverhältnisse nicht und bleiben mir nur diese stillen Freuden des Geistes und des Herzens, so kann ich wohl zufrieden und muß Gott innigst dankbar sein.

Leopoldshöhe, 19. Mai 1865
Pastor Werdelmann

[...] Hochfürstliches Konsistorium hat in dem Reskript vom 8. März 1865 den Predigern die Frage vorgelegt, wie sich zu der überall wachsenden Kirchlichkeit der Gemeinden der religiöse und sittliche Zustand derselben verhalte, im besonderen, wie die Wahrnehmung, daß letzterer mancherorts bei wachsender Kirchlichkeit rückschreite, zu erklären sei.
Es möchte das wohl als ein nicht zu bestreitender Satz hingestellt werden können, daß, wenn in einer Gemeinde ein solches Mißverhältnis obwaltet, dieses der zunehmenden Kirchlichkeit in keinem Fall zur Last gelegt werden darf. Wie sollte aus etwas an sich Gutem etwas Böses hervorgehen können? Der einzig denkbare Fall, daß zunehmende Kirchlichkeit einen ursächlichen Zusammenhang mit zunehmender Irreligiosität und Unsittlichkeit habe, wäre der, daß das Kirchliche von den Leuten dazu gemißbraucht würde, um hinsichtlich ihrer zunehmenden Unsittlichkeit ihr Gewissen zu beschwichtigen, welches aber nicht der Fall sein wird. Das ist freilich gewiß, daß nicht allein die katholische Kirche, sondern auch ein großer Teil der evangelischen Christen aus den kirchlichen Übungen ein opus operatum [= gedankenlose Übung äußerer Religionsbräuche] macht und daß solches auf das religiöse und sittliche Gewissen und Leben einen einschläfernden, nachteiligen Einfluß ausübt. Damit wäre aber noch in keinem Falle die wachsende Kirchlichkeit bei zunehmender Unsittlichkeit erklärt. Zur Erklärung eines solchen Mißverhältnisses möchte anzunehmen sein entweder: die zunehmende Unsittlichkeit findet sich nur bei solchen, bei denen auch die Kirchlichkeit nicht zunimmt, sondern zugleich mit abnimmt oder schon gar nicht mehr vorhanden ist, an welchem dann im Gegensatz zur Kirche ein scheidendes Gericht offenbar würde, oder, falls das Mißverhältnis wirklich eine Gemeinde im ganzen genommen angehen sollte: es sind in ihr solche Mächte wirksam, die das Gemeindeleben einstweilen noch binden und den neuen Zug zum Besseren, wie er sich in der wachsenden Kirchlichkeit kundtut, nicht durchschlagen und für das Leben fruchtbar werden lassen. Da ist aber gewiß auf fortschreitende Besserung zu hoffen, was im einzelnen auch zu beklagen bleiben mag, das wachsende kirchliche Leben wird auch einen wachsenden guten Einfluß auf den Gemeindegeist und das Gemeindeleben unfehlbar ausüben.

Was die Gemeinde Leopoldshöhe anlangt, so ist freilich im einzelnen genug zu beklagen, aber im ganzen genommen findet das bewegte Mißverhältnis in ihr doch nicht statt. Mannigfach sind Regungen wahrzunehmen, aus denen hervorgeht, daß das Leben der Gemeinde unter den Einfluß der Kirche zurückkommt. Die Teilnahme an der Mission, das sich mehrende Lesen christlicher Erbauungsschriften, die Erbauungsvereine und sonstiges sind als solche Regungen anzusehen und auch in dem äußerlichen Leben fehlen sie nicht. So war z. B. im vergangenen Winter die erfreuliche Wahrnehmung zu machen, daß das Verhalten und Betragen der zurückgekehrten Ziegler nicht so maßlos roh und wild war als früher; das laute Rufen und tierische Schreien, welches fast jeden Abend die Straßen erfüllte, ist um vieles weniger geworden; auch ist in der Veranstaltung von Tänzereien, die hier sonst übermäßig viel stattfanden, eine kleine Mäßigung eingetreten.

Nichtsdestoweniger ist der widerchristliche Geist, der ja unsere ganze Zeit durchdringt, eine große Macht in der Gemeinde und wird offenbar in vielen einzelnen beklagenswerten Erscheinungen. Der Unglaube gegen die christliche Wahrheit und die daraus hervorgehende religiöse Gleichgültigkeit und eine auf das Sinnliche und Materielle lediglich gehende Lebensrichtung ist in vielen Gemütern herrschend und tief gewurzelt. Bezeichnend dafür war der Ausspruch, den kürzlich ein dem sogenannten gebildeten (Ökonomen-) Stande angehörendes Mitglied der Gemeinde tat, nämlich: „Unsre haben andere Aufgaben und müssen anders behandelt werden. Die Gebildeten glaubten an das Christentum nicht mehr und die Ungebildeten könnten es nicht fassen". Es wurde ihm erwidert, daß er darin Recht haben möge, daß unsere Zeit anders behandelt werden müsse als die vergangenen Zeiten, — aber was einmal wahr sei, daß sei ewig wahr und das Christentum trüge nicht die Schuld, wenn die Gebildeten an dasselbe nicht mehr glaubten und die Wahrheit desselben nicht erkennten.

Einen auffallenden Beleg, wie der Unglaube leicht allerlei Wahn und oft traurige Verirrungen in das heidnische Wesen erzeugt, gab vor kurzem eine gleichfalls dem gebildeten Ökonomenstande und allgemein als sehr verständig angesehene Frau. Dieselbe litt an einem schweren körperlichen Leiden. Alle angewandten ärztlichen Mittel brachten keine Hilfe; ihr Zustand wurde immer trostloser. Der ihr wiederholt abgestattete seelsorgerliche Besuch wurde zwar jedesmal freundlich aufgenommen, aber der Rat und Trost des Evangeliums schien immer keine rechte Aufnahme zu finden. Es war, als ob ein innerer Bann das Herz der armen Frau halte, daß es in Christo nicht frei und fröhlich werden könne. Die Frau ist dem Anschein nach in solchem Herzenszustand gestorben. Nachträglich habe ich von jemandem, der um sie genau wußte, vernommen, daß sie während der ganzen Zeit ihrer Krankheit jeden Morgen und jeden Abend sich von einem alten Mann habe „segnen" und das körperliche Übel „besprechen" lassen und daß sie davon nicht abzubringen gewesen sei. Es zeigte sich an diesem Fall recht, wie der Mensch, wenn er den nicht kennt, in dem allein Heil ist, auf allerlei Wahn und selbst erwählte törichte Wege verfällt und wie da weltliche Bildung und Weisheit auch gegen den krassesten Aberglauben oft nicht schützt [...]. So könnten der Schäden und mangelhaften Seiten des Gemeindelebens noch viele genannt und an einzelnen Beispielen dargestellt werden [...].

Horn, 26. Februar 1866
Pastor Brockhausen

[...] Was man das äußere kirchliche Leben zu nennen pflegt, so scheint es damit bei uns gerade nicht übel zu stehen, nicht übler als andererwärts, denn über schlechten Kirchenbesuch, geringe Teilnahme am heiligen Abendmahle und dergleichen mehr können wir keine Klage führen; auch scheint bis jetzt noch nicht die Sittlichkeit die Rückschritte gemacht zu haben, die sie in manchen anderen Gemeinden nach Erklärung Hochfürstlichen Konsistoriums in Hochdesselben Zirkulare vom 8. März vorigen Jahres gemacht hat, selbst an den Orten gemacht hat, wo die Kirchlichkeit vorzüglich in Blüte steht.
Zugleich fordert Hochfürstliches Konsistorium die Prediger des Landes auf, die Frage in Erwägung zu ziehen und im nächsten Pastoralbericht zu beantworten, ob Unkirchlichkeit und Unsittlichkeit zusammenfallen oder welche Ursache die unverkennbare Zunahme einer unchristlichen Gesinnung und Lebensweise haben möge.
Nach meiner Erfahrung fällt bei uns die Unkirchlichkeit mit Unsittlichkeit keineswegs zusammen und stellt sich die eine nicht als die Folge der anderen heraus; im Gegenteil gibt es der Leichtsinnigen, der Müßiggänger, der Trunkenbolde, der Unkeuschen und Ungerechten gar viele unter denen, welche sich fleißig im Gotteshaus einfinden und allen kirchlichen Gebräuchen und Kommunionen sich unterwerfen; und wenn man behaupten wollte, daß die sogenannten unkirchlich Gesinnten durch ihren Lebenswandel besonderen Anstoß gäben, so würde man höchst unrecht tun. Nein, zu jenen unkirchlichen Gesinnten gehören gerade viele der gebildetsten, klarsten, achtbarsten, redlichsten Menschen, welche es vorziehen, im stillen Kämmerlein zu beten und dafürhalten, Gott könne ebensogut, ja unter Umständen noch besser als öffentlich, privatim im Geist und in der Wahrheit angebetet werden und welche ihre Christlichkeit hauptsächlich an ihren Früchten zu erkennen geben wollen, namentlich an dem Walten der Liebe, woran ja auch nach unseres Heilandes Ausspruch jedermann erkennen soll, daß wir seine Jünger sind.
Was aber ist denn nun der Grund ihrer Unkirchlichkeit, ihrer Laulichkeit gegen die Kirche? Nach meiner festen Überzeugung kein anderer als dieser, daß ihren religiösen Bedürfnissen die gegenwärtige Kirche nicht mehr genügt, daß diese in ihrer Entwicklung zurückgeblieben ist, während sie der fortschreitenden Entwicklung der Menschheit durch Jesum Christum redlich gefolgt sind, ja, daß die Kirche sich selbst in neueren Zeiten von ihnen zurückgezogen habe. Das aber hat sie getan durch größere Scheidung des Priesterstandes von den Laien, durch Ausschließung dieser letzteren vom Kirchenregiment und der Gemeindeverwaltung, durch viel zu starke Betonung und Hervorhebung des Dogmas der christlichen Gesinnung gegenüber, des toten Buchstabens dem lebendigen Geiste gegenüber, durch strenge Wiedergeltendmachung alter Lehre und Gesangbücher, deren Inhalt und Form dem jetzigen Jahrhundert nicht mehr zusagt, nicht mehr zusagen kann, kurz, durch Beschränkung der christlichen Freiheit.
Wie sich kein Staatsbürger für die Angelegenheiten seines Staates groß interessieren wird, wenn er gar nichts darin gilt, wenn er gar keine Stimme darin hat: so muß auch nachlassen das Interesse der Gemeinde für die Kirche, wenn sie sich ganz passiv zu

ihr verhalten muß. Wie die politischen Verfassungen und Gesetze, welche vor zwei Jahrhunderten ganz zeitgemäß und heilsam sein mochten, für unsere Zeiten und Bedürfnisse nicht mehr passen und darum besseren, angemesseneren gewichen sind: so müssen und so werden auch die alten kirchlichen Formen geeigneteren weichen müssen. Sie müssen das, anders ist es um unsere Kirche geschehen. Die Kirche Christi, das Gottesreich, basiert nicht auf dem Buchstaben, sondern auf dem Geiste, basiert durchaus auf Geistesfreiheit, ist ferner Glaube, freie Liebe und nur insofern etwas Äußeres, als sie die Gemeinschaft aller derer ist, welche durch Jesum Christum in Gott leben, sein göttliches Leben fortsetzen. Wenn seine Basis aber hinweggenommen wird, fällt jegliches Gebäude ein. Die katholische Kirche als solche steht auf Autoritätsglauben gegründet und muß daher auf solchen Glauben dringen, wenn sie sich nicht selbst aufgeben will; ganz anders aber verhält es sich mit unserer evangelischen protestantischen Kirche.

„Die Lebensquelle des Protestantismus“, heißt es in einem mir vorliegenden Aufsatze ‚Die Gefahr der Selbstauflösung der protestantischen Kirche‘: „Die Lebensquelle des Protestantismus ist die Freiheit. Man mag über sein Wesen denken wie man will, wenn man die Freiheit hinwegdenkt, so bleibt von seinem Wesen nichts mehr zurück. Wäre der Protestantismus jemals entstanden ohne die Freiheit? Die Autorität der kirchlichen Satzungen und Behörden war entschieden gegen ihn; die oberste kirchliche Gewalt hatte ihren Bann, die oberste weltliche Gewalt die Ächtung gegen ihn ausgesprochen. Er war nach geistlichem und staatlichem Gesetz und Recht verurteilt. Die Autorität und Majorität, die so oft getrennt erscheinen, beide waren gegen ihn. Die Reformatoren nahmen sich die Freiheit, den Autoritäten und Majoritäten entgegenzutreten und einen Kampf auf Leben und Tod mit denselben zu wagen. Man kann nichts dagegen erinnern, wenn man nach streng konservativen Anschauungen dies „Revolution“ nennt. Die Freiheit des Gewissens und Gedankens durchbrach die Schranken der Autorität und machte das ewige Recht des Subjekts geltend, wo das historische Recht der überlieferten Satzungen zum himmelschreienden Unrecht geworden war. Der Protestantismus bedarf der Freiheit zu seiner Lebensbedingung schlechterdings. Entzieht ihm die Freiheit und ihr braucht für seine Selbstauflösung nicht mehr weiter zu sorgen; der Leichnam ist fertig und die Totengräber beginnen ihr trauriges Geschäft“ [...].

Lemgo, 12. März 1866
Pastor Neubourg

[...] Zu den Hemmnissen gesegneten Wirkens gehört die sehr zerstreute Lage der Gemeinde. Zunächst tritt dieser Übelstand in der Stadtgemeinde hervor, wo es keinerlei Stadtteil gibt, in dem nicht reformierte Gemeindeglieder wohnten, aber auch kaum 4 Häuser nebeneinander, die der Parochie St. Johann angehörten. Hierdurch wird die Wirksamkeit in der Stadt wesentlich erschwert und die Arbeit sich mit dem fortwährenden Wachsen dieser Gemeindeteile teils durch Heirat, teils durch Ansiedlung Auswärtiger wachsen. Nach der letzten Zählung, wo auf Wunsch die Konfession berücksichtigt wurde, beträgt die reformierte Stadtgemeinde fast 1/3 der Bewohner der Stadt.

Karl Friedrich August Neubourg, geboren in Brake am 8. Januar 1832, war nach dem Studium in Erlangen und Bonn seit 1857 zunächst als Hilfsprediger in Detmold und seit 1858 als Pastor in Barntrup tätig. Im Jahre 1864 wurde Neubourg nach Lemgo an die Kirche St. Johann berufen. Er starb bereits am 6. Juli 1872 im Alter von 40 Jahren.

Erschwerend ist hier auch die häufige Verschiedenheit der Konfession innerhalb der Familien, wo dann die Familienglieder sich für Predigt und Sakramente voneinander trennen.
Doch auch in der Landgemeinde ist nicht bloß die Entfernung mancher Partien der Gemeinde, sondern das Zerstreutliegen der Höfe und einzelner Ortschaften recht erschwerend, z. B. in Leese, welches noch auf der Wittighöferheide Häuser hat und mit den Ausläufern des Tipp bis an die Schötmarsche, mit der Langenheide bis an die Taller Gemeinde reicht; Lütte, von Voßheide bis unterhalb Stumpenhagen. In neuerer Zeit haben viele aus den Dörfern ausgebaut und alles ist von Einliegern besetzt, besonders in Lüerdissen, wo allein in diesem Jahr 7 Brautpaare zur Niederlassung kopuliert wurden [...].
Als wesentliches Hemmnis ist auch hier das Unwesen der Ziegler zu beklagen. Da in Barntrup kaum die Rede davon sein konnte, da dort vielleicht 10 bis 15 in die Fremde gehen, die St. Johanni Gemeinde aber über 800 jährlich hinausgehen sieht, so macht Unterzeichneter hierin seine ersten schmerzlichen Erfahrungen. Man verspürt es bald in der Gemeinde, wenn die Ziegler zurückkehren. Da haben die Eltern zum Teil durch eigene Verschuldung ihre Not mit den eben der Schule entwachsenen ungehorsamen Söhnen, die bis etwa Ende Januar auf ihren Verdienst hinweisen und sich als Herren gebärden; da sind am Sonntag die „Krüge“ gefüllt mit Trinkern, Spielern und Tanzenden, auch an den Fastensonntagen, wo sie häufig auch den ruhestiftenden Vorstehern und Bauerrichtern nicht weichen wollen. An den Sonntag-Morgenden sind viele dieser verheirateten und nicht verheirateten Ziegler ein Ärgernis der Bessergesinnten. Die Zusammenrottungen zu Hunderten auf den Straßen der Stadt sollen nirgends im Lande, seitdem in Lage und neuerdings in Schötmar energische Mittel dagegen gebraucht sind, so bedeutend und störend sein als in Lemgo. Am Markte steht alles Kopf an Kopf voll; die Straßen sind dort für die vielen Kirchgänger meiner Gemeinde von dort her so abge-

sperrt, daß anständige Leute, besonders Frauen und Mädchen, nicht auf der Mittelstraße zur Kirche gehen können und kräftige Leute erzählen, daß sie nicht leicht unangefochten sich einen Weg durch die Menge bahnen müßten [...]. Auch an anderen Orten der Stadt stehen die Leute zu Haufen und belagern vor und nach der Kirche die Branntweintresen, vor denen morgens 10 Uhr Betrunkene umherwanken! Unterzeichneter sieht es mit Augen, wenn er zur Kirche geht und hört wiederholt davon reden. Anstatt beim Geläut in die Kirche zu gehen, bleiben die Haufen entweder stehen und treiben sich während der Kirche auf den Straßen umher oder kommen mit lautem Wesen zu spät zur Kirche, womöglich erst während des 2. Gesanges. Wie sein Vorgänger, so gebraucht auch Unterzeichneter dagegen die Mittel des Wortes und der Zucht. Die Kirchtüren werden durch Knaben, sobald der Altardienst beginnt und während der Predigt, verschlossen [...].

Schandflecke Lemgos, die den Predigern viel Schmerz bereiten und den Gemeinden Unsegen, sind die wöchentlichen Fastenmärkte [...] und am Tage vor Weihnachten der Weihnachtsmarkt. Besonders Mitfasten ist der wüsteste Markt Lemgos, nie verlaufend ohne Fressen und Saufen, Tanzereien in verschiedenen Lokalen, Schlägereien, das wüsteste Toben bei Tag und Nacht [...]. In der Tat, das Innerste empört sich bei dem, was man selbst sieht und hört von so viel Sünde und roher Schande in der heiligsten Zeit des Kirchenjahres und den Tag und die Nacht vor dem heiligen Christfest. Wie viele häufen da blutrote Schuld; was fruchtet bei den Menschen die Predigt von der Geburt und Passion gegenüber der Fleischeslust und dem Taumel solcher Schandtage. Eine größere Wohltat könnte den Gemeinden Lemgos nicht erwiesen, eine wesentlichere Hilfe der Predigt in zwei so wichtigen Festzeiten nicht verschafft werden, als wenn die Fastenmärkte, besonders der Mitfastenmarkt und der Weihnachtsmarkt, aus der Festzeit verlegt würden [...].

Von religiösen Bewegungen und neben den kirchlich hergehenden Versammlungen ist leider nichts zu berichten. Unterzeichneter weiß recht gut, daß die von ihm selbst erlebten religiösen Bewegungen im Lande und die Versammlungen, in denen er als Knabe oft Zuhörer war, manches falsch Pietistische in und an sich hatte, bedauert aber schmerzlich, daß das Leben, die Glaubensfrische, die warme Liebe jener Zeit und mit ihnen viel Segen in den Gemeinden so sehr verschwunden sind. Die meisten lebendig gläubigen Christen, die ihm bekannt sind, sind aus jener Zeit „der Erweckungen", während in unserer, die ihm mehr eine Zeit neuer „Berufung" zu sein scheint, bei Kirchlichkeit das entsprechende Leben so sehr fehlt und auch bei Bessergesinnten die Lauheit, Trägheit und Mattherzigkeit zuzunehmen scheinen, so daß die gläubigen Christen ernstlich mit dem Schlaf zu kämpfen haben, [...] während die Mehrzahl der Leute und besonders die Begüterten am Mammonismus [= Geldgier], Habsucht und Geiz leiden, wozu die Eitelkeit und Rangsucht kommen. Wo sind die Seelen, die in Erkenntnis des Elends mit dem suchenden Apostel Röm. 7 seufzen: Ich elender Mensch! und nach Heil fragend zu ihrem Pastor kommen? Wo die Christen, die die Gemeinschaft über Gottes Wort auch außer der Kirche suchen? Die Wenigen außer der Kirche um sich zu sammeln hat hier ein Pastor kaum Zeit und die Zerstreuung der Gemeinde ist zu hinderlich. In dem allen konnte von Barntrup aus mit mehr Freudigkeit berichtet werden, wiewohl das Gute, was sich auch hier in Stadt und Land findet, nicht verkannt werden soll [...].

Detmold, 24. Mai 1866
Pastor Meyer

Hochfürstliches Konsistorium hat unter dem 8. März 1865 ein Zirkular in Beziehung auf die Pastoralberichte des vergangenen Jahres erlassen, worin zuvörderst die Frage gestellt wird, wie es zu erklären [sei], daß bei zunehmender Kirchlichkeit in den Gemeinden vielfach auch zunehmende Unsittlichkeit auftritt. Der Unterzeichnete will versuchen, auf diese Frage näher einzugehen, indem sich ihm seit längerer Zeit die Überzeugung aufgedrängt hat, daß dies innerhalb seiner Gemeinde wirklich in einzelnen Beziehungen der Fall ist.
Eine erfreuliche Kirchlichkeit ist ja wirklich vorhanden; Früh- und Hauptgottesdienst werden aus der Landgemeinde ziemlich zahlreich besucht und ganz besonders zahlreich im Winter die Kapellen-Gottesdienste in Hiddesen und Heidenoldendorf. Auch die Teilnahme am heiligen Abendmahl ist fortgehend im Zunehmen begriffen (im Jahre 1860 waren etwas über 3000 Kommunikanten, im Jahre 1865 nahe an 4000) und über Sonntagsentheiligung ist nicht sonderlich zu klagen. Dennoch scheint Branntweintrinken, Zuchtlosigkeit unter dem Gesinde und ganz besonders Unkeuschheit im ganzen im Zunehmen begriffen. Daß dies nicht der Fall ist bei solchen Individuen und in solchen Häusern, wo der Geist Gottes rechtschaffene Bekehrung und Heiligung wirkt, versteht sich von selbst.
Aber die bloß äußerliche Kirchlichkeit scheint sich mit dem Fortbestehen der Unsittlichkeit zu vertragen. So liegt das schlagende Exempel vor, daß bekannte Trinker aus Hiddesen sonntags regelmäßig in einen der Morgengottesdienste kommen und dann hinterher stundenlang schwelgend in den Wirtshäusern der Stadt sitzen. Und ebenso kommt die Zieglerjugend zahlreich im Winter zur Kirche, teilweise freilich nicht bis in ihre Mauern hinein; man kann's ihr aber auf dem Markte vor wie nach dem Gottesdienste wohl ansehen, daß ihr Gewissen zum Erwachen sich nicht angeschickt hat. Das mag nun auch mit daran liegen, daß die Predigten innerhalb der Stadtkirche sich in einer gewissen Höhe und Ferne zu halten pflegen.
In den Kapellen ist das ein anderes. Die da gehaltenen Ansprachen sind nicht objektive Lehrvorträge, sondern wachsen mehr aus der Seelsorge hervor und dürfen sich ungeteilt in Sprache und Inhalt an das Bedürfnis der Landleute allein wenden, denen vorzugsweise das zusagt, was in ihre engen Verhältnisse Licht bringt und ihr Gewissen anfaßt. Daher kann die Tatsache, daß gewisse sonst nicht gerade unkirchlich zu nennende Leute in die Kapellen-Gottesdienste sich gar nicht hineinwagen, wie das namentlich bei Hardelands Predigten in Hiddesen der Fall war. Doch dieser Erklärungsgrund der in Frage stehenden Erscheinung ist nur mehr ein beiläufiger, der gerade in den hiesigen Verhältnissen liegt. Im allgemeinen wird wohl als vornehmster Erklärungsgrund das anzusehen sein, daß das Gotteshaus nicht mehr wie früher der fast einzige Schöpfquell geistiger Nahrung für unser Volk ist und daß wir Geistliche nicht mehr in dem Maße wie früher die Wächter der Sitte zu sein vermögen. Die Gemeinden sind uns

zu groß geworden. Unser Volk wandert zur Hälfte in ferne Länder und holt sich daher seine Sitten. Kirchenzucht ist fast unmöglich geworden, weil es ihr an den notwendigen Vorbedingungen fehlt. Die Hausväterzucht ist sehr erschwert, weil die besten Arbeitskräfte fortgehen, die zurückbleibenden schlechteren anspruchsvoll werden und scharfer Zucht sich leicht entziehen können.

Unser Volk liest mehr als sonst, wo Gesangbuch und Bibel fast die einzige Lektüre war. Unsere Gesetzgebung ist der Kirche ferner getreten, sie ist namentlich der Unzucht gegenüber völlig erschlafft (der nackt laufende Mensch in Hiddesen wurde vom Amte mit 14 Tagen Strafwerkhaus gestraft, dieselbe Strafe, die ein hungerndes Bettelkind empfängt, das sich Brot gesucht hat). Kurz, die Sitte und das sittliche Urteil im Volk ist in mancher Beziehung anders geworden, und zwar ist das Resultat aus einer Menge von Verhältnissen, welche teilweise durch die sozialen Äußerungen der Neuzeit hervorgerufen sind. Diese Verhältnisse klar zu erfassen und ihnen mit den alten Heilmitteln der Kirche in neuen Formen entgegenzutreten, das ist in der gegenwärtigen Zeit eine hochwichtige Aufgabe für uns Diener der Kirche, welche wir auch erkennen und in unseren Konferenzen beraten. Je mehr es uns gelingen wird, diese Aufgabe zu lösen, desto mehr werden wir auch den unserer Zeit eigentümlichen Formen der Unsittlichkeit entgegenwirken können. Tröstend ist mir wenigstens die Erfahrung, daß nicht wenige uneheliche Kinder durch ihre Verwandten oder durch Vermittlung der Armenpflege gut erzogen werden und daß auch solche Ehen, welche in Unzucht begonnen haben, doch nicht gerade häufig unglückliche Ehen werden. Aber jedenfalls ist dennoch die zunehmende Erschlaffung des sittlichen Urteils über die Unzuchtsünden gar sehr zu beklagen. Möchte es dem Herrn gefallen, auf diesem Gebiete einmal einen National-Feldzug zu erwecken, wie es vor einem Menschenalter auf einem anderen Gebiete durch die Enthaltsamkeitsvereine geschah.

In Beziehung auf Volksfeste [...] hat Referent eine sehr erfreuliche Erfahrung gemacht. In Heidenoldendorf hat der aus etwa 50 - 60 Mitgliedern bestehende Jünglingsverein im letzten Winter ein „Sängerfest“ gefeiert, von dem hernach mehrere Eltern der Jünglinge geurteilt haben, „ein so fröhliches Fest hätten sie in Heidenoldendorf noch nicht erlebt“. Es hatten nämlich die sämtlichen Sänger ihre Eltern geladen, auch jeder eine auserkorene Jungfrau, es fehlten auch nicht die Dorfsvorsteher nebst anderen Ehrenpersonen. Es wurden in verschiedenen Absätzen angemessene Lieder mehrstimmig vorgetragen und dazwischen getanzt. Das Fest stand unter der Leitung eines Vorstandes aus der eigenen Mitte der Jünglinge; Branntwein war grundsätzlich ausgeschlossen und das ganze verlief „höchst nobel“, d. h. ohne die geringste Unziemlichkeit, aber auch in wirklicher jugendlicher Fröhlichkeit.

Ein ähnliches Fest veranstaltete einer der dortigen Vorsteher auf seinem Hausflur, wo ein Posaunenchor von Bauerssöhnen, eine Jungfrauenschar, der Singverein der Jünglinge abwechselnd und wetteifernd Volkslieder vortrugen. Das sind sehr erfreuliche Erscheinungen gewesen, durch welche ohne Polizeihilfe die zuchtlosen früheren Zieglerbälle und dergleichen Festivitäten, wo man keine andere Freude mehr kannte als Branntwein, Kartenspiel und wilden Tanz, hoffentlich allmählich beseitigt oder doch von besseren werden gemieden werden. In meiner früheren Gemeinde Wüsten habe ich lange gefühlt, daß zur Gesundheit des Volks auch gesunde Freuden und Feste gehören. Dort fehlten sie fast gänzlich, „weil sie mit der Frömmigkeit unvereinbar seien" und die Folge davon war Verkümmerung der Jugend und bei aller Kirchlichkeit und häuslichen Andachtsübungen zahlreiche Unzuchtssünden. Dagegen hat sich in Heidenoldendorf die zahlreiche Jugend in den letzten Jahren in auffallend besserer sittlicher Haltung gezeigt.

In der Seelsorge ist mir für das der Aufsicht, Pflege und Zucht am meisten bedürftige Dorf Hiddesen der Superintendent Hardeland ein sehr wirksamer Helfer oder vielmehr Stellvertreter gewesen. Durch sein mächtiges Anfassen der Gewissen in Bibelstunden und Privatseelsorge ist dort eine Heimsuchungszeit gewesen, die zur Entscheidung und Scheidung geführt hat und nicht ohne nachhaltige Frucht bleiben wird. Das Gebiet meiner 14 Bauerschaften ist für eingehende Seelenpflege ein viel zu großes und die Gefahr des Ermüdens liegt sehr nahe, wenn man wenig Frucht sieht. Da kann gegen Verzagtheit nur schützen das Gebet um Weisheit und Geduld, um Mitleid und Sanftmut.

Als mein wichtigstes Arbeitsfeld unter den hiesigen Verhältnissen erscheint mir der Konfirmandenunterricht. Jedoch mögen eine stille tiefgreifende Wirksamkeit in der Gesamtgemeinde auch üben: 1. die Tauf- und Abendmahlsbüchlein, die, von mehr als 500 Konfirmanden abgeschrieben, fast in die Hälfte aller Familien gekommen sind; 2. die etwa 100 kleinen Erbauungsschriften, die während des Winters durch die Hände der Konfirmanden zirkulieren und meist auch in ihren Familien vorgelesen werden; 3. die Lieder der Missionsharfe, welche aus den gegen 1000 angesetzten Exemplaren in allen Schulen fleißig gesungen und auch in den Häusern bei den Spinnrädern wie auch bei einzelnen Hochzeiten, Schul- und Erntedankfesten gehört werden; 4. die Gebet- und Ehestandsbücher, welche die Brautpaare sich im Pfarrhaus zu kaufen pflegen und endich 5. das neue Gesangbuch, welches nun in allen Schulen, im Frühgottesdienst und an den Krankenbetten seinen stillen Segensgang ungehindert geht, so daß Widerspruch dagegen nirgends mehr, wohl aber manches Zeugnis für seine verborgene Kraft laut wird.

Warmes Interesse wendet Referent auch fortgehend [...] den Angelegenheiten der Zieglerarbeiter zu. Sind doch in diesem Frühjahr in der einen Bauerschaft Heidenoldendorf 4/5 der Männer und Jünglinge auf Zieglerarbeit gegangen, nämlich 214 Personen, unter denen 55 Ziegelmeister sind. Es sieht sich daher der Unterzeichnete immer aufs neue veranlaßt, über die Wohlfahrt der Ziegler nachzudenken, da wohl die größere Hälfte seiner Gemeindeglieder Ziegelbrot ißt. Dazu hat ihn die Reise zu unsern Zieglern in Holland speziell mit ihren auswärtigen Verhältnissen bekannt gemacht, oftmalige Beratungen mit Ziegelmeistern und mit dem provisorischen Agenten Hanke haben ihn veranlaßt, sich auch mit dem Zieglergesetz genau bekannt zu machen; und so hat sich allmählich eine Reihe von Wünschen gestaltet, die endlich zur Abfassung eines sorgfältig erwogenen Promemoria geführt haben [vgl. „Bericht über die Reise zu den Zieglern in Holland im Jahre 1865, erstattet von Pastor Meyer an den Zentral-Ausschuß für innere Mission zu Berlin und an Hochfürstliches Konsistorium zu Lippe-Detmold", in: Archiv der Lippischen Landeskirche, Konsistorialregistratur Rep. II Tit. 65 Nr. 3 (Nr. 1650)].

Lieme, im Juli 1866
Pastor Schmidt

[...] Ende Juli 1858 trat ich, durch den damaligen Herrn Superintendenten der Braker Klasse, Clüsener zu Lage, introduziert, mein Pfarramt in Lieme an und habe dasselbe mithin fast 8 Jahre verwaltet. Die Verhältnisse der Gemeinde waren bei Beginn meiner Tätigkeit nicht sehr erfreulich zu nennen. Mein Vorgänger, Pastor Mörs, hatte allerdings segensreich gewirkt und soviel wie möglich energisch ein- und durchgegriffen, aber seine kaum dreijährige Amtstätigkeit hatte nicht genügt, um den eingerissenen Mißbräuchen und der Zerrüttung der Gemeinde abzuhelfen.
Woher diese entstanden ist, ist leicht anzugeben: ein sehr großer Teil der Schuld möchte wohl dem Vorgänger des Pastors Mörs und demjenigen des jetzigen Küsters in Lieme beizulegen sein [...]. Das Wort des Propheten Jesajas bewahrheite sich nur zu sehr: „Denn die Leiter dieses Volkes sind Verführer und die sich leiten lassen, sind verloren“ (9,16). Die Kinder wurden in den Häusern nicht auferzogen in der Zucht und Vermahnung zum Herrn; es wurde ihnen von den Eltern freier Wille im Tun und Lassen gelassen; ihren Frechheiten, Roheiten, Diebereien wurden von den Angehörigen in Schutz genommen; selbst bejahrte Leute waren von ihrem Mutwillen ihren tätlichen Angriffen (Steinwerfen usw.) nicht sicher; es fehlte an aller Zucht und Ordnung, an aller Disziplin unter der Schuljugend in und außer der Schule, und wenn ich den Lehrer zu der letzten aufforderte, erklärte er sie nicht handhaben zu können und zu dürfen, weil er sonst vor tätlichen Angriffen der erwachsenen Angehörigen nicht sicher sei; unter den Erwachsenen waren offenbar die Werke des Fleisches als da sind „Ehebruch, Hurerei, Unreinigkeit, Unzucht, Abgötterei, Zauberei, Feindschaft, Hader, Neid, Zorn, Zank, Zwietracht, Rotten, Haß, Mord, Saufen, Fressen und dergl.“; wenigstens kamen wiederholte Fälle von Ehebruch und schamloser Unzucht vor und Hurerei brachte nur zu viele Jünglinge und Jungfrauen zu Fall, wenn sie auch ihr Vergehen meistens durch nachfolgende Ehe wieder gut zu machen suchten, wenn dasselbe äußere Folgen gehabt hatte.
Völlerei und namentlich Spielsucht zerrüttete die Wohlfahrt und den Frieden der Familien. Die öffentliche Ruhe wurde allmählich gestört, weibliche Personen, sogar bejahrte Frauen, waren in der Dämmerung auf den Straßen Angriffen ausgesetzt, Fremde am lichten Tage Verhöhnungen beim Wandern durch das Dorf; das Eigentum wurde namentlich auf den Feldern, in den Wiesen und Gärten angetastet: nicht nur etwa Graseinfriedungen, Riegelwerke, sondern sogar aufgerichtete Kornbunde wurden von Kindern und Erwachsenen entwandt, fremde Wiesen sonntags und alltags mit dem Vieh abgehütet; auch die größeren Grundbesitzer kümmerten sich nicht darum, wenn ihre Schäfer fremde Grundstücke durch ihre Herde abweiden ließen und ließen ihre Schweine frei laufen und die Früchte des Fleißes auf den Äckern der Armen zerwühlen und zum Teil vernichten: kurz und gut, die Unterscheidung zwischen Mein und Dein schien abhanden gekommen zu sein. Haß und Feindschaft zwischen einzelnen Personen und Familien, Zwietracht und Streit insbesondere zwischen den zwei Parteien der größeren und der kleineren Grundbesitzer! Uneinigkeit zwischen diesen in allen öffentlichen Angelegenheiten als im Kirchenbau und in der Anlage des neuen

Totenhofes [...], dabei gegenseitige Anklagen, Beschuldigungen, Verleumdungen, Kränkungen, Beleidigungen, Hetzereien, Aufwiegelungen! Bei vielen, die zu den Halb- oder Viertelgebildeten und infolge des Einflusses ihres früheren Lehrers und unverdauter Lektüre zu den Verbildeten zu zählen sind, machte sich nicht nur eine völlige Gleichgültigkeit gegen die christliche Religion, sondern selbst Verachtung und Verwerfung derselben, bei einigen sogar ein entschiedener Unglaube nicht nur in betreff der spezifisch christlichen Heilswahrheiten, sondern selbst der sog. natürlichen Religion geltend. Bei den meisten Gemeindegliedern stieß mir ein ungewisses zerfahrenes Hin- und Herschwanken auf: einige neigten sich dem Luthertum zu oder waren übergetreten zur lutherischen Kirche, andere — eine nicht unbedeutende Zahl — hatten sich der Sekte der Rolfianer angeschlossen. In solchem Zustande fand ich die Gemeinde im allgemeinen noch vor, wenn auch vorbereitet auf Umänderung durch meinen praktischen und diensttreuen Vorgänger.

Im ersten Jahr meiner Amtstätigkeit war der Küster Wöhrmann ein Hindernis erfolgreichen Wirkens, bis ihn Gott unerwartet und plötzlich abrief, nachdem er allerdings, wie ich offen und gern bekenne, die letzte Zeit seines Lebens zu einiger Besinnung und Einkehr gekommen zu sein schien. Der Nebenlehrer Schacht, gegenwärtig in Veldrom, stand mir von Anfang an bis zu seinem Abgange treu zur Seite und ebenso sein Nachfolger und der Nachfolger des Küsters Wöhrmann, der gegenwärtige Küster Tintelnot. Sie waren bemüht, die Jugend an Zucht und Ordnung in und außer der Schule zu gewöhnen und durch Ermahnung, Warnung, Züchtigung, Belehrung, durch ernstes Treiben des göttlichen Wortes einen besseren Geist in sie zu bringen beflissen [...].

Ein offenes und entschiedenes, um nicht zu sagen völlig unbekümmertes und rücksichtsloses Benehmen und Auftreten des Predigers und Seelsorgers in bezug auf Glauben und Wandel der Gemeindeglieder ist in Lieme durchaus notwendig, wenn einiger Erfolg erzielt werden soll; man hat die eigene Person dabei zurücktreten zu lassen und sich lediglich auf Gottes Wort zu stellen; dann kann man dort dreist selbst den verworfensten Subjekten mit Strafe, Drohung, Ermahnung entgegentreten; der Hammer des göttlichen Wortes schlägt durch. Menschenfurcht und Freiheit ist in der Gemeinde Lieme gefährlich; „gottesfürchtig und dreist" muß das Motto eines Predigers daselbst sein; das Schwert des Geistes dort tapfer gebraucht, welches ist das Wort Gottes, — (dann nicht nötig, wie mir unglaublicher und lächerlicher Weise in den ersten Jahren geraten wurde, auf meinen einsamen Gängen eine andere Waffe, etwa eine Pistole, bei mir zu tragen); dabei das lindernde Öl des Evangeliums in die Wunden geträufelt und nicht müde in Nachsicht und Geduld und den von Menschen verachteten Mühseligen und Beladenen nachgegangen. So habe ich es nach meinen schwachen Kräften zu halten versucht, unbekümmert um eigenen Vorteil oder Nachteil, gute oder böse Gerüchte, und habe gefunden, daß durch solche Verfahrungsweise mein Verhältnis zu allen Gemeindegliedern, auch der größeren Bauern, den lutherisch Gesinnten und den Rolfianern allmählich ein besseres und innigeres, von Vertrauen durchdrungenes und der Erfolg meines Wirkens erfreulicher wurde.

Vorzüglich die kleineren Grundbesitzer und Einlieger zogen mich in häuslichen und persönlichen, nicht nur die zeitlichen, sondern namentlich die ewigen Dinge betreffen-

den Angelegenheiten immer mehr zu Rate. Um dies möglichst zu mehren, suchte ich meinerseits auch immer mehr wirkliches Interesse für ihre leibliche und geistige Wohlfahrt zu gewinnen und solches insbesondere bei Unglücks-, Armuts-, Krankheits-, Sterbe- und anderen Fällen zu beweisen [...]. Der Kirchenbesuch war in stetiger Zunahme; im letzten Winterquartal enthielt der Opferstock, fast ganz in kleiner Kupfermünze, wenn ich nicht irre, über 22 Reichstaler. Auch der Abendmahlsbesuch, welcher 1864 wohl infolge der Verlegung der Vorbereitung auf Sonnabend auf 730 Personen gesunken, stieg 1865 auf ca. 900 und die Zahl der Kommunikanten vom 3. März bis zum 3. Juni d. J. auf 512. Infolgedessen durfte auch vom Presbyterium die bei der Kirchenvisitation empfohlene Abschaffung des alten Gesangbuches im Frühjahr beschlossen und konnte ohne Aufregung der Gemüter durchgeführt werden.
Auch Zucht und Sitte schien zu wachsen; wenigstens herrschte auf den Straßen [...] weit mehr Ruhe denn früher; die jungen Leute wurden höflicher und gesitteter, freundlicher und zuvorkommender gegen jedermann. Die Wirtshäuser wurden weniger besucht und nicht so stark in ihnen gespielt; der nächtliche Unfug hörte auf; auch so gröbe Verstöße gegen die öffentliche Sittlichkeit durch Unzucht usw. wie früher kamen mir nicht mehr zu Ohren. Ob diese Fortschritte in der Gemeinde scheinbar oder wirklich, läßt sich nicht leicht entscheiden und muß die Zukunft lehren; daß sie zum nicht geringen Teile der gehobenen Schule, dem Presbyterium und der Einsetzung eines jüngeren Beamten in Brake und dessen bereitwilliger Unterstützung zuzuschreiben, habe ich schon oben angedeutet; hinzufügen muß ich als meine persönliche Ansicht, daß die vorigen Herbst abgehaltene Kirchenvisitation nicht ohne segensreichen Einfluß geblieben ist, indem sie für die Gemeinde eine Bestätigung und Bekräftigung dessen war, was ihr Prediger schon Jahre lang erstrebt und zu erkämpfen gesucht hatte [...].
Wenn ich im allgemeinen auf den inneren Halt und Zusammenhang der Gemeinde in den letzten Zeiten einen Rückblick werfe, so darf ich als meine Meinung und Überzeugung hinstellen, daß sie sich immer mehr als um ihren lebendigen Kern, um Jesus Christus, sammelte und in sich immer fester zusammenschloß und als ein ganzes erkannte und fühlte; es fanden infolgedessen keine Austritte mehr zu anderen Konfessionen statt [...]. Ich selbst, wie ich offen bekenne, wurde mit meiner Stellung, aus der ich mich früher oft herausgesehnt hatte, immer zufriedener und in meinem Innern freudiger, was wiederum wohltätig auf mein Wirken influierte [...]. Wenn ich allein und ohne Familie dagestanden und nicht bisweilen den Gedanken bei mir umhergetragen hätte, es würde für die Gemeinde Lieme gut sein, daß in ihr nach mir einmal ein Prediger und Seelsorger von ruhigerem Temperamente tätig wäre und für meine weitere Tätigkeit in der Kirche, daß ich meine gesammelten Erfahrungen an einer anderen größeren Gemeinde verwerten möchte mit Vermeidung meiner früheren Irrtümer und Fehler, so würde ich gern meine Lebenstage in einer Gemeinde beschlossen haben, welche mir freilich viele Schmerzen und Sorgen bereitet hat, aber auch im Laufe der 8 Jahre so lieb und teuer geworden, wie es uns schwachen Menschen ein Schmerzenskind nur werden kann! [...].

Blomberg, 6. Februar 1867
Pastor Goedecke

[...] Unsere Gottesdienste sind auch im verflossenen Jahre 1866 gleich wie 1865 gut besucht worden. Ich darf der Wahrheit gemäß sagen, daß ich fast regelmäßig bei meinen Vormittagspredigten eine recht gut und stark gefüllte Kirche vor mir sehe und auch bei mancher Gelegenheit aus höheren wie niederen Kreisen recht viel Erfreuliches über die Aufnahme derselben höre [...]. Unter den Besuchern der Vormittagsgottesdienste bilden die Städter allerdings die absolute, die Landbewohner jedoch die relative Mehrzahl. Unter ersteren sind es besonders die besseren und auch bemittelteren Bürger und die Damen des gebildeten Standes, weit weniger aber die Herren des letzteren und der niedere Stand, welche sich im Gotteshaus einfinden [...]. Die Nachmittagsgottesdienste sind nach und nach besser besucht worden, indes der Natur der Sache nach weniger zahlreich; die, welche sich einfinden, sind nur Städter.
Bei der Wahl der Predigttexte nehme ich stets auf das Kirchenjahr Rücksicht, habe daher auch schon von 1854 an die altkirchlichen und sächsischen Perikopen fleißig benutzt und wende jetzt meine Aufmerksamkeit sowohl den württembergischen wie den von Dr. Nitsch vorgeschlagenen zu. Der Inhalt meiner Predigten steht auf biblischem Grunde und dem Bekenntnis unserer reformierten Kirche; in den Fällen, wo dieselben das ethische Gebiet berühren, nehme ich keinen Anstand, die Gebrechen in unserer Gemeinde ohne Scheu, selbst herb und derb, zu berühren und freue mich, daß dies bei den kirchlichen Leuten keinen Anstoß erregt.
Die Meditation und Disposition zu meinen Vormittagspredigten beginne ich regelmäßig am Dienstag, arbeite am Mittwoch und Donnerstag die Predigt selbst (in einer Länge von circa 430-440 Quartseitenzahlen) aus und memoriere am Freitag und Sonnabend. Bei Festtags- und Nachmittagspredigten gebrauche ich jedoch weniger Zeit; bei ersteren wegen der knapper zugemessenen Muße. Nicht selten kommt es vor, daß ich auf den einen oder anderen Text der Heiligen Schrift durch meine Frau aufmerksam gemacht werde und dabei Gelegenheit nehme, abends den Inhalt und die Behandlung desselben mit ihr zu besprechen. Diese Teilnahme von seiten meiner Frau gereicht mir sehr zur Freude [...].
Was nun Unkirchlichkeit und Unsittlichkeit in der Blomberger Stadtgemeinde anbetrifft, so muß ich [...] hinzufügen, daß die Unsittlichkeit nach zwei Seiten hin in unserer Stadtgemeinde noch bemerkbarer geworden ist, nämlich in Ansehung des Branntweintrinkens und der Unzucht. Unter der niederen arbeitenden Klasse, besonders wohl der Tagelöhner, Maurer etc. hat ersteres leider sehr zugenommen. Von Trunkenheit und in derselben vorgekommenen Unfug hört man leider nur zu oft. Die Anforderungen, welche z. B. Maurer bei Gelegenheit eines hier im vorigen Jahre vorgekommenen Baues an den Bauherrn gestellt haben sollen, weisen dies schon einigermaßen nach, indem sie pro Mann täglich 1/2 Maß Branntwein gefordert haben sollen. Äußerst nachteilig scheint auch die vor dem Barntruper Tore vor einigen Jahren zugelassene neue Schenke zu wirken, indem alle im Walde etwa als Holzhauer etc. beschäftigten Arbeiter dieselbe — nicht immer wohl mit dem gehörigen Widerstande gegen die Versuchung — passieren müssen und manche andere (dem Vernehmen nach Leute demokratischer

Pastor Hermann Goedecke, geboren am 6. Oktober 1819 in Bredenbeck bei Hannover, studierte nach dem Besuch des Gymnasiums in Detmold und Lemgo von 1838-1841 in Tübingen und Berlin Theologie. Seit 1845 unterrichtete Goedecke als Hauptlehrer an der Töchterschule in Detmold. 1854 folgte er einem Ruf auf die 2. Pfarrstelle in Blomberg. Von 1869-1890 amtierte Goedecke als Pastor in Brake. Die Bleistiftzeichnung von Geißler entstand in den Jahren 1845/46, als Goedecke noch im Schuldienst stand.

Richtung) dort ihre abendlichen tendenziösen Zusammenkünfte halten. Übel ist auch, daß gerade Blomberg die unzweifelhaft größte Brennerei unseres Landes, nämlich die des Herrn Arnold Theopold enthält, welche täglich eigenen Äußerungen zufolge jetzt bis zu 120 Scheffel Roggen zur Branntweinfabrikation benutzt. Die hiermit nahegelegte Bezugsquelle mag gewiß nicht ohne nachteilige Folge für den sittlichen Zustand der Stadtbevölkerung sein [...]. Die Zahl der unehelichen Geburten betrug in den letzten sechs Jahren bei einer Gesamtbevölkerung von 3000 Seelen 37, nämlich in der Stadt 26, auf dem Lande 11 [...]. Manche nicht vollkommen erwerbsfähige Brautleute treten in die Ehe (vielleicht auch durch fleischliches Vergehen gezwungen), ohne ernstlich an die Zukunft zu denken, geraten dann in Not und sehen es als selbstredend an, daß sie von den sogenannten „Vornehmen" unterhalten werden. Der gebildete Stand hat daher auch die Unterstützung der Bedürftigen in merklichem Grade zu tragen, während der wohlhabende mittlere Bürgerstand sich fern davon hält [...].

Detmold, 9. März 1867
Pastor Meyer

Nachdem sich die früheren Pastoralberichte über die verschiedensten pastoralen Verhältnisse eingehend geäußert und der letzte namentlich über scheinbare Nichtabnahme der Unsittlichkeit bei sichtlich zunehmender Kirchlichkeit, über Volksfeste, Seelsorge, Konfirmandenunterricht und die Verhältnisse der Ziegelarbeiter sich ausgesprochen hat, bleibt für den gegenwärtigen Bericht, da ja in den meisten Beziehungen keine Änderungen eingetreten sind, nur das zu besprechen übrig, was in dem verflossenen Jahre Besonderes und Eigentümliches sich dargeboten hat.
In den Vordergrund tritt die Teilnahme von etwa 40 Gemeindegliedern am Feldzuge. Wohltuend ist der Rückblick auf den Abschied unseres Bataillons mit allgemeiner Abendmahlsfeier, auf die Willigkeit, womit die Landgemeinde Detmold 16 Wagen

stellte zur Fahrt des Gepäcks bis Paderborn, auch die Korrespondenz mit einzelnen Soldaten im Felde und auf die Versorgung von zwei armen Familien, deren Söhne im Felde geblieben; weniger wohltuend ist der Rückblick auf die Heimkehr, wo einzelne berechtigte Wünsche unerfüllt geblieben sind.

Sodann hat die Wahl zum Reichstage dem Pfarrer besondere Pflichten auferlegt und ihn neue Einblicke in das Gemeindeleben tun lassen. Bis etwa 4 Wochen vor der Wahl war die allgemeine Stimmung bei den leitenden Persönlichkeiten eine konservative. In den letzten Wochen aber haben die demokratischen Agitationen die urteilslose Masse zum großen Teile irregeleitet, wogegen eine im Kruge zu Hohenwart veranlaßte Vereinigung von etwa 60 konservativen Bauersleuten und eine am Sonntag vor der Wahl in einer Kapelle gehaltene Ansprache über Röm. 13,1 ff. nur teilweise haben schützen können. Die nachteilige Wirkung der zuchtlosen „Sonntagspost", die fast in allen Krügen ausliegt, ist auch wieder recht fühlbar geworden [...].

Lieme, 14. Mai 1867
Pastor Wolff

[...] Die großen Ereignisse des Jahres, die Kriegsgefahren, die Rückwirkungen, die der Krieg auf das materielle Wohl einzelner äußert, die Schicksale unserer im Felde stehenden Truppen, besonders der Soldaten aus der Gemeinde, gaben Gelegenheit den Herzen näher zu treten, sie auf Gott den Herrn hinzuweisen und machten die Seelen offen und empfänglicher für das Evangelium. Ich hatte einer Witwe, die durch den Tod ihres Sohnes bei Kissingen schwer getroffen war, den Trost des Evangeliums zu bringen, aber konnte auch die Familien der anderen Soldaten zum Dank gegen Gott für die Bewahrung derselben auffordern. Nach der Rückkehr der Truppen habe ich die Soldaten der Gemeinde besucht. Es drängte sich mir die Bemerkung auf, daß die schwere von ihnen durchlebte Zeit wohl nicht ohne segensreichen Einfluß für sie gewesen sei [...].

Was meine Tätigkeit als Prediger betrifft, so habe ich im Winter einmal, im Sommer zweimal sonntäglichen Gottesdienst gehalten und zwar nachmittags mit den Konfirmanden und Katechumenen über das während der Woche im Konfirmandenunterricht durchgenommene katechisiert. Zum Text der Predigten wählte ich fast durchgehend die Perikopen; ich habe von einzelnen Gemeindegliedern gehört, solche Predigten seien ihnen besonders lieb, weil sie dieselben dann in der Postille nachlesen könnten. In der Kriegszeit lag es nahe, das, was die Herzen bewegte, auch im Lichte des göttlichen Worts zu betrachten, der züchtigenden und erbarmenden Führungen Gottes zu gedenken und daran zu erinnern, daß die Christen Soldaten Christi seien [...].

Lemgo, St. Nicolai, im Mai 1867
Pastor Kähler

[...] Über dasjenige, was meine Wirksamkeit hemmt und fördert [...] will ich hervorheben, daß ich als evangelisch-lutherischer Pastor eine ganz absonderliche Stellung hier einnehme. Die Reformierten, die in meinem Parochialbezirk wohnen, sind aus meiner Gemeinde ausgetan und kommen seitdem nicht mehr bei mir in die Kirche; die neuen Bürger der Stadt sind auch meistens reformiert und schließen sich der St. Johannis-

Gemeinde an. Die Zahl der Katholiken und Juden mehrt sich desgleichen von Jahr zu Jahr. So wird meine Gemeinde immer kleiner.

Von dem gesamten Magistrate bekennt sich nur ein Mitglied zur lutherischen Kirche. Die sämtlichen Lehrer der Stadt mit Ausnahme von dreien gehören zu der reformierten Gemeinde. Von diesen dreien hält der eine sich zu St. Marien, obgleich das Gymnasium in St. Nicolai eingepfarrt ist; der zweite geht bald in meine Kirche, bald in St. Johanni zum heiligen Abendmahle und hat seine Söhne reformiert, seine Töchter lutherisch werden lassen; nur der dritte ist als ein wirkliches Mitglied meiner Gemeinde zu zählen. Alle drei sind am Gymnasio angestellt; die Lehrer an der Bürgerschule sind sämtlich reformiert, doch gehen der Küster und der Kantor in unserer Kirche zum Sakrament. Von den Honoratioren der Stadt gehören nur ein Arzt, der ein fleißiger Kirchgänger [ist], die beiden Apotheker, die man wenig oder gar nicht in der Kirche sieht, ein paar Advokaten, die Gottes Wort nicht zu brauchen scheinen und einige Kaufleute zu meiner Gemeinde. Ob dies meine Wirksamkeit hemmt oder fördert, brauche ich nicht erst zu sagen.

Dazu kommt, daß, wenn der Sohn eines Hauses für den Prediger- oder Schullehrerstand sich bestimmt, der Vater ihn in der reformierten Kirche konfirmieren läßt. Dasselbe kommt auch in anderen Fällen vor. Endlich darf ich nicht unerwähnt lassen, daß manche Mitglieder meiner Gemeinde, die früher der sogenannten Neuen evangelischen Gemeinde sich angeschlossen hatten, es noch immer vorziehen, mit den alten Genossen in die St. Marien-Kirche zu gehen und ebenso, wie diese insgesamt, dafür zu halten scheinen, daß meine Gemeinde weder recht christlich noch recht lutherisch sei, wenn von den Predigern zu Lemgo die Rede ist, mein Name wohl kaum genannt wird [...].

Über die herrschende Zucht und Sitte ließe sich wohl vieles schreiben, wenn es nur etwas nützen könnte. Ew. Hochwürden wissen, wie es damit in Detmold und an anderen Orten steht. Ebenso ist es hier. Aber wo sind die Mittel, die alte Zucht und Ordnung wiederherzustellen? Es wird wohl nicht eher eine Änderung zum Besseren eintreten, als bis Gott der Herr seine Zuchtruten noch anders gebraucht als bisher [...].

Von besonderen religiösen Bewegungen und außerkirchlichen Zusammenkünften zur Erbauung ist mir nichts zu Ohren gekommen. Letztere sind auch in der Tat bei den vielen Gottesdiensten, die hier gehalten werden, so überflüssig wie möglich. Nur eine Bewegung wünsche ich herbei und rufe den Herrn darum an, nämlich eine heilige Bewegung zur Bekehrung, täglichen Erneuerung und Lebensheilung in allen Gemütern. Der Herr wolle seinen Worten Kraft geben, daß bald ein Rumoren dieser Art in allen Häusern entstehe! [...].

Ab- oder Zunahme der Kirchlichkeit: Die Stadtleute könnten noch kirchlicher sein. Manche kommen nicht, weil es ihnen zu wohl ist; andere, weil sie vor äußerem Druck nicht an Gottes Hilfe glauben; so manches Weib, dessen Mann dem Branntwein ergeben ist. Die Zahl der Kirchenbesucher und Abendmahlsgäste ist und bleibt dieselbe. Etwa 450 sonntäglich in der Kirche und 60 ungefähr alle 14 Tage am Altar. Die Stadtgemeinde wird kleiner, weil immer mehr Reformierte auf die Neustadt ziehen und die neuen Häuser in der Altstadt gebaut werden [...].

Rathaus und Nicolai-Kirche in Lemgo. Gemälde von B. Meyer aus dem Jahre 1885.

Die neuen politischen Ereignisse legen die Frage nahe, ob auch auf kirchlichem Gebiete neue Bewegungen und Gestaltungen bevorstehen. Gott helfe unserem deutschen Vaterlande, daß es sich zurückwendet zur Erkenntnis dessen, was Gott in der Reformation dem deutschen Volk gegeben hat. Das deutsche Volk steht und fällt mit der evangelischen Kirche und der Treue gegen diese Kirche.

Lemgo, St. Marien, 24. Mai 1867
Pastor Vorberg

[...] Daß auch noch Liebe zum lutherischen Bekenntnis da ist, haben die Väter der Landgemeinde dadurch gezeigt, daß sie wollen den Lehrer zu halten suchen, der einen Ruf nach Amerika erhalten hatte. Die konfessionelle Privatschule kostet 360 Reichstaler! Kann unser Herr Konsistorialrat keinen Zuschuß aus öffentlichen Mitteln erwirken?

Was meine Wirksamkeit hemmt oder fördert: Die Gläubigen mit ihren Gebeten fördern, die eigene Trägheit hemmt am meisten. Was könnte sonst hemmen? Ist Gott für uns, wer sollte wider uns sein? Lernt man nicht viel von den Feinden? Geben sie uns nicht die Waffen in die Hand? Es ist jetzt wenig Widerspruch vorhanden. Die Feinde warten auf gelegene Zeit; und sie wird kommen. Möchten wir jetzt wuchern mit unseren Gaben und den Gaben unserer Kirche! Für einen lutherischen Pastor in Lippe kann die Vereinzelung gefährlich werden, in welcher wir uns befinden. Auf Vorposten — sollten wir desto wachsamer sein. Denn unsere Lehre ist und bleibt die rechte Lehre. Gott der Herr hilft dem Evangelio auch durch Krieg und Kriegsgeschrei. Die Herzen sind einigermaßen bewegt.

Schlangen, 27. Juni 1867
Pastor Schmidt

[...] Der Umfang der Gemeinde Schlangen ist bedeutender als der meiner früheren Gemeinde Lieme, nämlich ungefähr 2300 statt etwa 1250 Seelen; die äußeren Verhältnisse der Gemeindeglieder sind ähnlich und doch verschieden. Während zu Lieme einige große und reiche Grundbesitzer vielen kleinen Stättebesitzern und einer großen Menge Einliegern gegenüberstehen, ist hier der Grundbesitz gleichmäßiger verteilt und die Zahl der Einlieger und Ziegler verhältnismäßig geringer. Während der Menschenschlag in Lieme schon mehr etwas Abgeschliffenes, zum Teil etwas von der Kultur Beleckten hat, findet sich hier, vielleicht eine Folge davon, daß fast jedermann Ackerbau betreibt und durch die durchgängige Unfruchtbarkeit und Dürre des Bodens zu angestrengter Tätigkeit und Ausdauer genötigt wird, und infolge der weniger stattfindenden Berührung mit Fremden in und außer Landes eine größere Gradheit, Derbheit und Einfachheit, oder: der hiesige Menschenschlag hat mehr etwas Ursprüngliches und Natürliches, verbunden aber auch mit den Fehlern und Lastern desselben: Roheit, Eigensinn, Vergnügungssucht und Fleischeslust.

Die Roheit prägt sich nicht mehr so sehr wie früher und in solcher Öffentlichkeit in Taten als vielmehr in Worten aus: der Eigensinn zeigt sich hauptsächlich im Festhalten an dem Althergebrachten, sei's auch mißbräuchlich und schädlich; die Vergnügungssucht offenbart sich namentlich in den sehr zahlreichen Tanzereien, lustigen Hochzeiten, Wirtshausgehen; die Fleischeslust enthüllt sich in unerhörtem Grade in Völlerei und Unzucht, welche zwei Sünden die ganze Gemeinde krebsartig zerfressen haben.

Der Völlerei und Unzucht wird Reiz und Anlaß besonders bei den Gelegenheiten gegeben, wo zunächst die Vergnügungssucht ihre Befriedigung finden soll: auf Tanzböden, lustigen Hochzeiten und im Wirtshaus. Es möchte darum nicht unangemessen erscheinen, die zahlreichen Tanzereien und das lange Wirtshaussitzen bei Kartenspiel und Schnaps durch polizeiliche, die lustigen Hochzeiten durch kirchliche Maßregeln möglichst einzuschränken. Zur Durchführung polizeilicher Maßregeln würde hier vor allen Dingen ein tüchtigerer und gewissenhafterer Gendarm erforderlich sein. Die lustigen Hochzeiten suche ich mit Hilfe des Presbyteriums möglichst zu beschränken. An Stelle jener gefährlichen Vergnügungen weise ich die Gemeindeglieder in Kirche und Haus auf edlere Erholungen hin durch Freude in und an der Natur, durch Gesang (ein Gesangverein bestand bei meiner Ankunft in Schlangen unter älteren Männern, ein zweiter wurde im Winter unter Jünglingen, verbunden mit anderen geistigen Beschäftigungen, gestiftet und ein dritter in Kohlstädt angeregt), durch Lesen unterhaltender, belehrender, erbaulicher Bücher (eine Volksbibliothek wurde angelegt, zu welcher Konsistorium und die regierende Fürstin eine kleine Unterstützung gewährten, — leider wurde sie bis dahin nur von wenigen Personen benutzt) und, wo sich Gelegenheit darbietet, z. B. bei einem Schützenfeste, ermahne ich öffentlich zu Zucht, Ordnung und Maßhalten. Alle Vergnügungen abzuschneiden ist höchst gefährlich, sie zu veredeln, zu verchristlichen muß Aufgabe sein.

Zur Lösung solcher Aufgabe bedarf es aber keineswegs der persönlichen Teilnahme des Predigers an jenen Vergnügungen im allgemeinen (Ausnahmen mögen in einzelnen Fällen gestattet sein, z. B. bei einem Schulfeste, welches im Laufe dieses Sommers als ein Volksfest zu feiern beabsichtigt wird); im Gegenteil möchte eine reservierte Haltung desselben gerade in Schlangen einer fortwährenden Einmischung in die weltlichen Unterhaltungen und Angelegenheiten vorzuziehen sein; durch letztere wird seiner Einwirkung als Prediger und Seelsorger die Spitze abgebrochen. So notwendig seelsorgerlicher Verkehr, so schädlich ist gerade der Seelsorge der fortwährend weltliche Verkehr; und unter Umständen kann der Prediger durch Teilnahme an öffentlichen weltlichen, rauschenden Festlichkeiten, namentlich wenn er an denselben als Prediger teilnimmt und noch besondere erschwerende Umstände eintreten, z. B. durch Teilnahme an der lustigen Hochzeit eines gefallenen Brautpaares, laxen Grundsätzen das Wort reden und wahre Kirchenzucht befinden, wenn nicht gar unmöglich machen.

Kirchenzucht — und zwar strenge Kirchenzucht — muß aber insbesondere hier geübt werden. Wie angedeutet: Völlerei und Unzucht sind fressende Schäden hiesiger Gemeinde. Es gibt notorische Säufer, welche den ganzen Tag nicht aus der Betäubung kommen und fast kann man sagen, der größte Teil der Männer hat sich dem unmäßigen Branntweingenuß ergeben und berauscht sich mehr oder weniger häufig; und auch von den Weibern werden große Mengen jenes gefährlichen Getränkes verzehrt.

Die Unzucht ist so verbreitet, daß die Erkenntnis, selbst das Gefühl für die Sündhaftigkeit derselben, alle Scham verloren gegangen zu sein scheint: fast alle Eheleute sind mit Schanden in den Ehestand getreten und nur von etwa 1/10 sämtlicher Paare, welche ich bis jetzt kopuliert habe, ließ sich vorhergegangene fleischliche Vermischung nicht mit Bestimmtheit behaupten; eine nicht geringe Zahl der Bräute hatte außerdem schon früher unehelich geboren. Fast in allen Häusern — kaum ist mir eine Ausnahme bekannt — ist ein [Kind], oder sind mehrere oder alle erwachsenen Kinder früher oder später zu Falle gekommen [...].

Mir ist wohl bewußt, daß durch äußere Zucht und Gesetzespredigt eine Umkehr der einzelnen und Umwandlung der ganzen Gemeinde und allmähliche Heilung nicht zu erzielen ist, sondern daß die Predigt des Evangeliums nicht nur hinzutreten, sondern die christliche Bußzucht durchdringen muß; indessen läßt sich mit der bloßen Verkündigung des Glaubens an und für sich nur in einer geweckten Gemeinde ein Erfolg erreichen. Und für eine solche kann ich die hiesige nach meinen bisherigen Erfahrungen keineswegs halten. Das eigentliche Verständnis und Interesse für die himmlischen Güter ist ihr noch nicht aufgegangen. Sie trachtet in ihrer Mehrzahl oder ihrem Grundstock nach nicht nach dem, das droben ist, da ihr noch die Erkenntnis der Sünde und davon, daß die Sünde ist der Leute Verderben, mangelt. Das geht nicht nur aus der Ausdehnung und Stärke des weltlichen sündlichen Wesens und Treibens hervor, sondern hat sich mir vorzüglich auch bei meiner seelsorgerlichen Tätigkeit aufgedrängt, wo mir bei den verschiedenen Übeln des Lebens und den Schlägen des Allmächtigen und Gerechten fast nie die Erkenntnis entgegentrat: der Tod, also auch Krankheit, Armut usw. ist der Sünde Sold!, sondern fast immer die Frage aufgeworfen wurde: Warum mir dies? Ich bin doch kein so großer Sünder! Ich bin doch nicht schlechter als andere! Ich bin doch noch lange nicht der Schlimmste in Schlangen! (Das letzte wurde mir namentlich noch unlängst von einem in schwere Krankheit gefallenen Trunkenbold bei meinen eindringlichen Ermahnungen erwidert). Ja, nicht selten habe ich an Kranken-, Sterbebetten und an der Totenbahre Bußprediger und zwar sehr kräftiger sein müssen, wo ich doch so gern die Salbe des Evangeliums auf wunde Herzen gestrichen haben würde.

Ein äußerer Beweis für die Richtigkeit dieser meiner Erfahrung scheint mir auch der Umstand zu sein, daß sich noch lange kein rechter Hunger und Durst nach dem Worte des Lebens eingestellt hat und daß man noch immer um Erfüllung der Weissagung des Propheten an meiner Gemeinde flehen muß: „Siehe, so kommt die Zeit, spricht der Herr, daß ich einen Hunger in das Land schicken werde, nicht einen Hunger nach Brot, noch Durst nach Wasser, sondern nach dem Worte des Herrn zu hören".

Der Kirchenbesuch ist zu Zeiten sehr schwach, die Zahl der Kommunikanten gering, Erbauungsbücher werden nur von wenigen Gemeindegliedern (meistens Zieglern) trotz Aufforderung verlangt. Ob die Abschaffung des alten Gesangbuches, gegen welche sich bisher zahlreiche Stimmen erhoben, ob Verbesserung des Gemeindegesanges in der Kirche, welcher infolge der schlechten Bauart des Gotteshauses und der musikalischen Untüchtigkeit des zeitigen Küsters [...] sehr viel zu wünschen übrig läßt und des schlechten Chorgesanges der Kinder bei Bestattungen, ob der sehr wünschenswerte Neubau der Kirche, ob die beabsichtigte Gründung einer Kleinkinderbewahranstalt von sichtbarem und bedeutendem Segen für die Gemeinde sein wird? Von den im Winter (Advents-, Passionszeit, Silvester, Fortgang der Ziegler) eingerichteten Wochenabendgottesdiensten habe ich bis dahin noch keinen erkennbaren Erfolg wahrgenommen, wie auch — offen bekannt — von alledem, was ich bis jetzt versucht habe, und es hat mich nicht selten ein gewisser Kleinmut angewandelt [...].

Horn, 24. Februar 1868
Pastor Brockhausen

[...] Daß diesem Winter über an manchen Sonntagen, selbst in dem Hauptgottesdienst, das Gotteshaus nicht so zahlreich als sonst besucht worden ist, darf schwerlich aus einer Abnahme des kirchlichen Sinnes erklärt werden, sondern findet genügend seine Erklärung in der ungewöhnlich ungünstigen, stürmischen Witterung, die es dem größten Teile der Landgemeinde und auch den Älteren und Schwächeren der Stadtgemeinde oft fast unmöglich machte, am öffentlichen Gottesdienst teilzunehmen; doch will ich Ew. Hochwürden nicht verhehlen, daß allerdings auch bei uns wie überhaupt im evangelischen Deutschland nicht wenige und nicht gerade die Ungebildetsten und Schlechtesten geringes Interesse für ihre Kirche beweisen und daß sehr zu befürchten steht, daß die Entfremdung von der Kirche von Tag zu Tag größer und allgemeiner werden wird, wenn sich das Kirchenregiment nicht entschließt, der Gemeinde größeren Einfluß auf ihre Angelegenheiten, freie Mitwirkung an ihren Lebensordnungen und Gesetzen einzuräumen, kurz, wenn die Kirche sich nicht neu auf dem allein heilsamen und wohlberechtigten Gemeindeprinzipe reorganisiert.
Mit großer Freude haben wir deshalb den weisen, versöhnlichen Schritt Hochfürstlichen Konsistoriums begrüßt, durch welchen unserer Gemeinde ihr abgesetztes Presbyterium zurückgegeben worden ist und hoffen nun, Hochdasselbe werde nun auch noch weitere Schritte tun und von den Fesseln uns befreien, die unserem Glauben und Gewissen durch Einführung des Heidelberger Katechismus und durch die, wenn auch nicht völlige, doch teilweise Entziehung unseres uns allen so lieben alten Gesangbuches aufgelegt worden sind. Statt, was man doch bei Einführung des Heidelberger Katechismus zu bezwecken vorgab, statt die Glaubensgemeinschaft mit den übrigen reformierten Kirchen dadurch zu fördern, stehen wir ihnen, die selbst in Holland und der Schweiz dies Buch mit einem zeitgemäßen und pädagogisch praktischeren längst vertauscht haben, jetzt ungleich ferner als früher und es liegt gar nicht in dem ursprünglichen Geiste der reformierten Kirche, sich von den übrigen evangelischen Kirchen durch gewisse Glaubensformeln abzuschließen, sondern durch Gewährung möglichst großer Gewissensfreiheit den Hader zu beendigen und eine Union, die jederzeit von allen Edlen sehnlichst gewünscht und eifrigst erstrebt worden ist, endlich herbeizuführen.
Wir verhehlen uns die Schwierigkeiten nicht, welche der Zurücknahme der früheren übereilt erlassenen Verfügungen hinsichtlich der Einführung des Heidelberger Katechismus und des neuen Gesangbuches, die beide schon in vielen unserer Gemeinden weit verbreitet sind, entgegenstehen; aber sie lassen sich überwinden und werden sicher überwunden werden, wenn unsere Kirche die ihr vor zwanzig Jahren verheißene und auch zum größten Teile schon gewährte Freiheit zurückgegeben wird, wenn eine Synodalverfassung eingeführt und sodann die nicht bloß aus Geistlichen, sondern auch

aus Laien zusammengesetzte Synode Vertrauensmänner zur Ausarbeitung eines neuen Lesebuches für den Religions- und Konfirmandenunterricht und eines neuen Gesangbuches wählt. Bis dahin aber unserer Gemeinde und allen anderen, die es wünschen, den ungeschmälerten Gebrauch des alten Gesangbuches zu gestatten, ihr auch nicht zu verwahren, dies letztere, sobald sie das Bedürfnis dazu fühlt, neu wieder für sich abdrucken zu lassen und dahin eine gnädige Erklärung abgeben zu wollen, dies ist meine und aller meiner Kirchenältesten herzlichste, dringendste Bitte.
Ja, es ist hohe, es ist die höchste Zeit, dem deutschen evangelischen Volke eine freie kirchliche Verfassung zu gewähren und dem herrschenden Konfessionalismus und geistlichen Bürokratismus ein Ende zu machen, der es allein verschuldet hat, daß eine solche Gleichgültigkeit und Laulichkeit gegen die Kirche und damit leider auch gegen das Christentum selbst eingerissen ist. So wie sie jetzt beschaffen ist, wird unsere Kirche nicht von dem Vertrauen und der Liebe des deutschen Volkes getragen; es betrachtet sie als eine Anstalt, die ihm fern steht und sich seiner Bedürfnisse seit Jahrhunderten nicht im geringsten angenommen hat; es wirft ihr, welche lediglich Domäne der Theologen geworden ist und alle Mitwirkung des Laienelementes ausgeschlossen hat, mit Recht vor, Ursache nicht bloß des Stabilismus und Rückschrittes, sondern auch des deutschen Partikularismus, der Entkräftung und Parteiung der Nation zu sein. Je länger man dies alte absolute Regiment, die alten engherzigen Formen und Bekenntnisse festhält, je mehr man Kirchlichkeit und Christlichkeit mit verwechselt, je mehr wird von den Aufgeklärten, Gebildeten und Liberalen die Kirche übersehen und ihrem Schicksale, dem gänzlichen Verfalle, gleichgültig preisgegeben, je mehr verliert sie alles Ansehen, weil sie nicht mit dem Volke hält, seinen Kulturbestrebungen nicht entspricht, ja ihnen und den bürgerlichen Rechten und Gesetzen oft geradezu widerspricht. Was aber will aus den Freiheits- und Kulturbestrebungen unserer Zeit werden, wenn man, gleichgültig gegen die Kirche Christi, blind gegen die Wahrheit geworden ist, daß wahre Freiheit nichts anderes als Gebundenheit in Gott und wahre Kultur nichts anderes als die Vergöttlichung des Menschen in Christi, dem Gottmenschen, ist?
Was in Preußen vor einem halben Jahrhundert angefangen war, der Kirche eine freie Verfassung zu geben, den Dogmatismus durch die Union zu ertöten und Liebe zu Gott und zu den Brüdern zur Grundlage des Christentums zu machen, ist durch die konfessionelle Theologie und die Herrschaft der einzelnen Landeskonsistorien verhindert und vereitelt worden. Man hat seitdem, die Kirchlichkeit und Religiosität zu heben, mancherlei Heilmittel, aber meist ganz verkehrt, angewandt; man hat Vertröstungen genug gegeben und in Kleinigkeiten Konzessionen gemacht; aber das alles hat nichts geholfen; gründlich und rasch muß geholfen werden. Möchte das doch geschehen, auch hierzulande und Ew. Hochwürden nach Kräften dazu beitragen; möchte rasch über Bord geworfen werden, was nicht mehr im dem Schiffe der Kirche zu behaupten ist, damit das Tüchtige, das wahrhaft Christliche, die Religion, das Leben in Gott und Jesu Christi, ausbleibt! [...].

Horn, 26. Februar 1868
Pastor Arnold

[...] Wenn die hiesige Gemeide im ganzen bei der Weise und Form des Christentums geblieben ist, welche seit länger als einem Menschenalter in unserem Lande unter der Einwirkung des Rationalismus fast überall herrschend geworden ist und sich [...] mehr als andere Gemeinden ablehnend gegen manches verhält, was in neuerer Zeit auf dem Gebiete des christlichen Glaubens sich geltend gemacht hat, so hat dies teils in der den Ton angebenden am einmal Hergebrachten festhaltenden Stadt Horn, teils darin seinen Grund, daß hier gerade solche, welche scheinbar von einem besonderen Eifer für Religion und Christentum ergriffen zu sein schienen, in sittlicher Hinsicht sich allerlei Blößen gegeben und dadurch gegen die von ihnen vertretene Weise der Frömmigkeit die stärksten Vorurteile erregt haben. Wie es überhaupt billigerweise nicht verlangt werden kann, daß alle ihren Christenglauben gerade in denselben Ausdrücken bekennen und ihr religiös-sittliches Leben durchaus in derselben Gestalt ausprägen, so wird es auch unvermeidlich sein, daß in dieser Hinsicht auch unter den Gemeinden eines Landes Unterschiede stattfinden und man darf deshalb auch auf diejenigen keinen Stein werfen, welche in einem gewissen Gegensatze gegen die neuere vorzugsweise als gläubig geltende religiöse Denkweise an der früheren Gestalt des Christentums festhalten, wie dieselbe seit dem Anfange dieses Jahrhunderts hierzulande auf dem Grunde des ehmaligen Supernaturalismus unter dem Einflusse der rationalistischen Theologie sich herausgebildet hat und zur Zeit bei den meisten unserer Glaubensgenossen noch die herrschende ist. Ist ja nun einmal der Entwicklungsgang unserer Landeskirche ein solcher gewesen, daß die beiden hier gemeinten religiösen Denkweisen jetzt nebeneinander hergehen und wie es scheint, ohne erbittertem Kampf, so daß gegründete Hoffnung vorhanden ist, es werden sich dieselben immer mehr miteinander ausgleichen, indem sie von der neueren Theologie im Gegensatz gegen den Rationalismus wieder erkannten und zur Geltung gebrachten christlichen Wahrheiten nicht ohne heilsame Anregung auf die andere Seite bleiben und sich nach und nach auch dort Bahn brechen werden; aber auch die im Rationalismus enthaltenen Wahrheitskeime — ich denke hier vorzugsweise an das von demselben vertretene, zum Wesen des Protestantismus gehörige Prinzip der Subjektivität wie der Sittlichkeit im Gegensatze gegen eine tote Rechtgläubigkeit oder eine äußerliche Frömmigkeit — auch für unsere Kirche nicht wieder werde verloren gehen. Wenn nicht alles täuscht, so findet ein solcher Angleichungsprozeß zur Zeit auch in unserer Gemeinde statt, und habe ich auch während des zuletzt verflossenen Jahres durchaus den Eindruck bekommen, daß hier gerade solche Predigten am liebsten gehört werden, welche auf Grund der Schrift einfach Zeugnis ablegen von Christo und dem in ihm uns geschenkten Heile.
Auch würde es gewiß hier den größten Anstoß erregen, wenn etwa in der Kirche im Sinne eines Ultrarationalismus die großen Taten Gottes zu unserer Erlösung, die göttliche Würde Christi und seine wundervollen Taten und Schicksale bestritten würden. Wenn gerade in Horn gleichwohl nach wie vor die stärksten Vorurteile gegen das neue Gesangbuch wie gegen den Heidelberger Katechismus herrschen, so dürfte dies weniger in einer antichristlichen Richtung als in gewissen formellen Bedenken in betreff

der zum Teil veralteten Ausdrucksweise und Fassung der genannten Bücher und in sonstigen äußerlichen Verhältnissen seinen Grund haben. Auch dürfte billig darüber zu urteilen sein, wenn unsere Gemeinde nicht gerade zu denen gehört, in welchen man auf den Gebrauch asketischer Schriften und außer dem öffentlichen Gottesdienste veranstaltete Andachtsübungen einen besonders hohen Wert legt und darin, wie es scheint, fast das Wesen des Christentums setzt, da hierüber nun einmal die Ansichten in der evangelischen Kirche verschieden sind und es mannigfach bekannt ist, wie dergleichen bei so manchen am Ende nur bloße Form und äußerer Schein ist [...].

Augustdorf, 13. Mai 1868
Pastor Krecke

[...] Der Unterzeichnete erlaubt sich die gehorsamste Frage, ob unsere reformierte Landeskirche auf die Einführung der Presbyterial- und Synodalverfassung rechnen darf? Presbyterien haben freilich unsere einzelnen reformierten Landesgemeinden. Dieselben werden aber auf unfreie Weise gewählt. Nicht durch die Gemeinde, sondern durch die Prediger nach Rücksprache mit den bleibenden Gliedern des Presbyteriums; und haben die Prediger gewählt, hat die Gemeinde das Amt und das Konsistorium bei der Wahl nichts zu erinnern, dann werden die gewählten Männer bestätigt. Eine solche Wahl aber möchte, was die Gemeinden anbetrifft, eine unfreie sein. Um wie vieles freier ist die Wahl der Gemeindevorsteher für die einzelnen Bauerschaften in unserem Lande! Zudem haben die einzelnen Presbyterien unseres Landes zur Entscheidung bedeutender kirchlicher Fragen kein sonderliches Gewicht in die Waagschale zu legen und stehen ohne gesetzlichen Zusammenhang vereinzelt nebeneinander.
Dagegen fehlt die Synodalverfassung unserer reformierten Landeskirche vollständig und ebenso auch ein Mittelglied zwischen Synode und Presbyterium und würde natürlich bei der Kleinheit unserer reformierten Landeskirche ein Mittelglied genügen. Es würde sich daher als Stufenfolge bei einer neuen Kirchenverfassung herausstellen: Presbyterium, Kreissynode, Landessynode. Von großer Wichtigkeit ist dann weiter, wenn unser Durchlauchtigster Fürst eine freiere Kirchenverfassung wollen sollte, das Verhältnis der freieren oder freien Kirche zum Landesherrn.
Geschehen muß etwas für unsere evangelische Landeskirche insbesondere und für die deutsch-evangelische Kirche im allgemeinen. Mächtige Feinde bedrängen sie rechts und links, der Ultramontanismus und der Materialismus, der weniger gefährliche theoretische und der sehr gefährliche praktische Materialismus oder das Wesen dieser Welt, wie die Heilige Schrift dies ausdrückt. Doch wird unsere evangelische Kirche, sobald man ihr eine freiere Bewegung gestattet, alle ihre Feinde niederwerfen [...].

Schlangen, im September 1868
Pastor Schmidt

Der Pastoralbericht bezweckt, ein Gesamtbild des inneren und äußeren Gemeindezustandes während eines bestimmten Zeitraumes zu geben. Die Hauptbedingung, ein solches einigermaßen treu und der Wirklichkeit entsprechend zu entwerfen, ist der vorurteilsfreie Blick, mit welchem einerseits die Gemeinde und andererseits der Prediger und Seelsorger der Gemeinde, also die eigene Person, betrachtet wird. Es ist nicht zu leugnen, daß der letztere als Verfasser des Pastoralberichts der Gefahr nach der einen oder anderen Seite zu weit zu gehen, zu schön zu färben oder die grellen Farben zu stark aufzutragen ausgesetzt ist. Das Menschen-, auch das Prediger- und Seelsorgerherz ist und bleibt immer ein trotzig und verzagt Ding: wer vermag es bis in die Tiefe zu ergründen? Und nun vollends, wenn es durch mancherlei persönliche und häusliche Ereignisse und Erlebnisse geschlagen und niedergedrückt sich nicht zu der Freudigkeit emporraffen kann, welche zur frischen mutigen und vorurteilsfreien Ausschau auf einen verflossenen Zeitraum erforderlich ist; so mag seiner ganzen Auffassung nur ein sehr bedingter Wert zukommen.

Mag es mit dem Unterzeichneten in angedeuteter Hinsicht bestellt sein wie es wolle; er ist — das muß er von vornherein bekennen — nicht imstande, ein schönes und ansprechendes Gemeindebild zu zeichnen, ja fühlt sich gezwungen, Mißfarben und Mißtöne auf dasselbe aufzutragen.

Die Gemeinde Schlangen stand während des Jahres 1867 in sittlich-religiöser Beziehung ebenso tief wie früher. Die Grundlage aller Frömmigkeit und Sittlichkeit, das Haus- und Familienleben, war und ist in ihr morsch. Diese Morschheit und Verfaultheit ist eine Folge der Fleischeslust, welche alle Stände und Lebensalter zerfressen hat. Fast kein Brautpaar tritt in den Ehestand, ohne vorher unter sich oder anderen Personen ein bzw. mehrere uneheliche Kinder gehabt zu haben, sich allermindestens lange vorher fleischlich vermischt zu haben. Das Schamgefühl in dieser Hinsicht ist so völlig abhanden gekommen, daß weder die Töchter, welche uneheliche Kinder haben, noch deren Eltern vor Fremden und Einheimischen den geringsten Anstoß daran nehmen, daß unverheiratet schwangere Personen sich unbekümmert und frech in der Öffentlichkeit zeigen, z. B. auf Tanzböden herumtreiben und daß gefallene Bräute mit dem Zeichen ihrer Schande sich an ihrem Ehren- oder vielmehr Schmachtage mit Musik zum Tanzlokale bringen lassen und dort vor jung und alt, Kindern und Erwachsenen, ihre Ehren- oder vielmehr Schandtänze machen; selbst trotz dem dem Prediger vor der Kopulation gegebenen Versprechen, ihrer Frechheit nicht noch hierdurch die Krone aufsetzen zu wollen (in einem Falle mußte ich, zuvor von solcher beabsichtigten Hintergehung benachrichtigt, Brautpaar nebst Begleitung von der Kopulation zurückweisen). Jünglinge sowie Jungfrauen mit mehreren unehelichen Kindern von verschiedenen Personen des anderen Geschlechts sind hier zahlreich; ebenso liederliche Mädchen, welche sich in derselben Zeit mit verschiedenen Mannspersonen vermischten. Häuser, und zwar angesehene und wohlhabende, wo sämtlich (in einem Falle bis zu 7) Kinder ein resp. mehrere uneheliche Kinder gezeugt oder geboren haben, sind zu bezeichnen. Die Kinder berufen sich auf die Eltern, die es nicht besser gemacht; die Eltern setzen sich über die Sünde der Kinder hinweg, die sie früher fast alle in der Tat in derselben oder auch größeren Ausdehnung begangen, ja werden ihren Söhnen und Töchtern durch unzüchtige Worte und Scherze zum Fallstrick, wenigstens dadurch, daß sie ihren Söhnen und Töchtern (selbst unerwachsenen) wie auch Dienstboten unbedingte Freiheit zur Teilnahme an den übermäßig häufigen Tanzgelagen geben, bei denen (ich rede nach mir sowohl Anno 1867 als auch in dieser Zeit ausdrücklich gemachten Geständnis-

Die alte Kirche in Schlangen. Tuschzeichnung von Emil Zeiß aus dem Jahre 1874. Die Kirche wurde im Jahre 1877 bis auf den Turm abgebrochen. Die Einweihung der neuen Kirche fand am 30. November 1879 statt.

sen) die meisten Jünglinge und Jungfrauen zu Falle kommen. Die Söhne und Töchter begehen in minderjährigem Alter die Unzuchtssünde planmäßig, um ihre Eltern zur Einwilligung in eine Ehe zu nötigen, — was ihnen freilich um desto seltener gelingt, weil die Familienhäupter an uneheliche Familienglieder gewöhnt sind und ihnen, wie gesagt, der Begriff der Schande und der Sünde in diesem Punkte abhanden gekommen ist. Wie infolgedessen kindliche Pietät und Folgsamkeit, Treue und Gehorsam der Dienstboten, Liebe und Fürsorge für die armen Kinder der Sünde, welche häufig verkommen, Redlichkeit und Ehrlichkeit infolge der in den leichtsinnig geschlossenen Ehen sich einstellenden Not und Bedrängnis verloren geht, Betrug und Meineid, wo es sich um Anerkennung der unehelichen Kinder oder um Alimentation derselben handelt, selbst Abtreiben der Leibesfrucht oder Versuch eines solchen vorkommt, könnte ich Beispiele aus den Erfahrungen der speziellen Seelsorge Anno 1867 anführen [...]. Der Kirchenbesuch könnte besser sein; die Nachmittags- und Abendgottesdienste in der Advents- und Passionszeit werden noch immer zu schwach besucht; die Zahl der Kommunikanten ist gering (Anno 1867: 1068 Personen auf ca. 2300 Gemeindeglieder); der Sonntag ist nicht selten durch unnötige Arbeit als Mähen, dann aber namentlich durch die Überfüllung der sämtlichen Wirtshäuser mit Trinken und Spielen, durch

Lärm und Unordnung, durch Wort- und tätlichen Streit in den Wirtshäusern, durch [...] störendes Umhertreiben der Jugend, vorzüglich im Winter nach Rückkehr der Ziegler, am Abend und des Nachts, durch die schon berührten sittenverderblichen Tanzgelage entweiht.
Neigung zu einer edleren geistigen Beschäftigung, etwa zum Lesen von, ich will nicht etwa allein sagen, Erbauungsschriften, sondern auch selbst von Büchern belehrenden und unterhaltenden Inhalts, wie sie den Gemeindegliedern in der 1866 angelegten Volksbibliothek geboten werden, findet sich nur bei wenigen Personen. Die übrigen, jung und alt, lassen sich an der alltäglichen Arbeit und an der sonntäglichen Leibesruhe und Seelenbetäubung durch das wüste Sinnentreiben genügen.

Man möchte fragen, ob das entworfene Bild nicht wirklich mit zu grellen Farben gemalt sei? Wie anfangs angedeutet, ist ein Prediger nicht immer Herr über seine Gemütsstimmung; so mag diese auch bei mir noch gegenwärtig, wie das Jahr 1867 hindurch, der Art sein, daß ich in der hiesigen Gemeinde alles zu sehr grau in grau sehe; indessen sind es in der Tat immer nur einzelne Lichtblicke, welche das hiesige Gemeindeleben und -treiben erhellen, nur einzelne wenige freundliche Züge, welche das Auge des hiesigen Beobachters angenehm berühren können. Nur wenige Personen und Familien sind anzutreffen, welche das allgemeine und eigene Verderben erkannt zu haben und aufrichtigen Wunsch nach dem Besseren zu hegen scheinen; leider sind aber unter den scheinbar geweckten Gliedern verhältnismäßig viele Heuchler und Selbstgerechte; eine nur zu häufige Verdunkelung der wenigen Lichtblicke.

Bei solcher Sachlage mag's nicht verwunderlich erscheinen, wenn ein Pfarrer der hiesigen Gemeinde bei der Predigt und Seelsorge hauptsächlich das Gesetz treibt als Zuchtmeister auf Christus, daß er seine Bemühungen darauf richtet, die Gemeinde zur Erkenntnis zu bringen, daß eine jede Übertretung der göttlichen Gebote ein Unrecht gegen Gott ist und Gottes Gerechtigkeit herausfordert. Ehe solche Erkenntnis nicht in Fleisch und Blut der Gemeindeglieder übergegangen ist, läßt sich das Evangelium nicht mit Erfolg verkündigen, wird die Frage an taube Ohren gerichtet: „Weißt du nicht, daß dich Gottes Güte zur Buße leitet?“ [...].
Die Leichenreden und -predigten [...] mußten in vielen Fällen mehr Straf- als Trostpredigten, nicht etwa in bezug auf den Wandel des Verstorbenen als vielmehr auf das Leben der Lebendigen, für welche ja auch am Grabe oder Sarge Gottes Wort allein verkündigt wird ober wenigstens beides zugleich sein, schon deshalb, weil mir überhaupt eine jede Beerdigung, zu welcher herkömmlich fast das ganze betr. Dorf eingeladen wird, eine erwünschte Gelegenheit gibt, die Herzen derer, welche selten oder nie das Gotteshaus besuchen, aber beim Anblick einer im offenen Sarge liegenden Leiche wenigstens den Gedanken an Vergänglichkeit, vielleicht auch an Gericht und Ewigkeit einigermaßen zugänglich sind, womöglich zu erwecken.

Die in der Gemeinde bestehenden freien Beichtreden zur Vorbereitung auf die Feier des heiligen Abendmahls finden nicht statt und hiermit fehlt ein nicht zu unterschätzendes Mittel, auf die Einkehr ins eigne Herz und Umkehr desselben hinzuwirken. Ich habe jene Rede, womit eine Verlegung der Vorbereitung auf den Tag vorher verbunden sein müßte, noch nicht einzuführen versucht, da Rütteln am Hergebrachten und Neuerungen in hiesiger Gemeinde immer sehr gewagt sind, wie ich bei Einführung der Abendkirchen, welche keinen großen Anklang, im Gegenteil manchen Widerstand fanden, erfahren habe [...].

Ich hoffe, daß der Lehrer Schierenberg [...] die Wirksamkeit des Predigers in der Gemeinde fördernd unterstützen wird. Zu letzterem Zwecke wäre auch ein fleißigerer Kirchenbesuch des genannten Lehrers, welcher die Wege zu den Wirtshäusern in Kohlstädt und Schlangen keinen Tag, wohl aber den Weg zum Gotteshaus in Schlangen fast jeden Sonntag versäumt, sehr empfehlenswert, da gerade der Kirchenbesuch aus der Schulgemeinde Kohlstädt sehr mangelhaft ist und das böse Beispiel eines Lehrers selbstverständlich sowohl in äußerlichen kirchlichen Dingen wie auch im Lebenswandel gar leicht Nachahmung findet und sich das Volk zu seiner Entschuldigung auf niemanden lieber als auf die Lehrer und Erzieher der Jugend beruft. Außerdem wohnt dem Volke, auch wenn ihm die Erkenntnis der eigenen Vergehen und Sünden verloren gegangen, ein gar feines Gefühl für das Geziemende und Ungeziemende der in einer öffentlichen Stellung befindlichen Personen, auf dem Lande namentlich der Lehrer und Prediger bei, daß diese nicht genug auf ihrer Hut sein können, um kein öffentliches Ärgernis zu geben oder vielleicht gar ohne ihr Wissen anderen zum Gerede oder Gespötte zu werden. Zu meinem ernstlichen Bedauern habe ich den genannten Lehrer schon wiederholt auf gar manches in seinem Leben und Wirken aufmerksam machen müssen, wodurch er Anstoß erregt oder mir gar Grund zur Befürchtung einer schädlichen Einwirkung auf den sittlich-religiösen Zustand der Schulgemeinde Kohlstädt gegeben hat, und kann ich auch in meinem Pastoralbericht als Prediger und Seelsorger der Gemeinde Schlangen nur den Wunsch wiederholen, welchen ich schon in früheren Schulberichten als Aufseher der Schule zu Kohlstädt ausgesprochen habe, daß der genannte Lehrer in seinem eigenen und öffentlichen Interesse bei einer passenden Gelegenheit versetzt werden möchte [...].

Übrigens hält es sehr schwer, den hiesigen Menschenschlag für edlere Vergnügungen empfänglich zu machen und an Stelle der gewöhnlichen Kirmes-, Schützenfest-, Hochzeits- und anderen zahllosen Tanzgelagen gesundere Volksvergnügungen zu setzen, wie z. B. die Ausführung eines allgemeinen Schulfestes auf Hindernisse stieß. Die Menschen kleben am alten, wenn's auch noch so mißbräuchlich und verderblich ist; alles neue, wenn sie auch seinen Segen nicht verkennen können, findet hartnäckigen Widerspruch; so die Errichtung einer Kleinkinderbewahranstalt, welche fast gelungen war, scheiterte am Widerstande namentlich einiger älteren, allen Neuerungen abholden Männern. Für alles, was über den nächsten und alltäglichen Gesichtskreis hinausgeht als z. B. für die Gustav-Adolf-Vereins- und die Missionssache, läßt sich nur sehr schwer Interesse erwecken, woran die Furcht vor Beiträgen und anderen damit verbundenen Ausgaben einen nicht geringen Teil der Schuld trägt [...]. Daß an eine freiwillige Abschaffung des alten Gesangbuchs trotz dem alleinigen Gebrauch des neuen in den Schulen nicht zu denken ist, liegt auf der flachen Hand.

Der Prediger hat überhaupt in allen mehr äußeren Gemeindeangelegenheiten als Gesangbuchssache, Kirchenbau und dergleichen, sowie auch im Verkehr mit den Gemeindegliedern eine reservierte Stellung einzunehmen, wenn er in der Predigt und

Seelsorge mit der nötigen Kraft und Entschiedenheit auftreten will. Kraft und Entschiedenheit sind aber erforderlich zu einer in etwa erfolgreichen Wirksamkeit oder wenigstens zum Gewinnen einigen Einflusses auf die Seelen der Gemeindeglieder.

Außer zu Zeiten sehr scharfen Predigten ist mit Genehmigung des Presbyteriums eine möglichst strenge Kirchenzucht bei Kopulationen und Austeilungen des heiligen Abendmahls durchgeführt. Den gefallenen Brautpaaren wird die Einsegnung in der Kirche verweigert; dieselben haben sich vor der Kopulation beim Prediger zu ernstlichen Vorhaltungen einzufinden. Ebenso stellen sich die Gemeindeglieder, welche sich geschlechtlich oder auch anderswie gröblich vergangen, vor der Teilnahme am heiligen Abendmahl im Pfarrhaus ein und werden erst nach Bekenntnis ihrer Schuld und Bezeugung ihrer Reue zur Feier zugelassen [...].

In einzelnen Fällen häuslicher Uneinigkeit zwischen Eheleuten oder zwischen Eltern und Kindern bzw. Schwiegerkindern gelang es vorübergehend oder dauernd zu versöhnen, in anderen nicht. Im allgemeinen kann von bemerkbaren Erfolgen im großen und ganzen nicht die Rede sein; ob hier und da ein Korn des göttlichen Wortes auf guten Boden gefallen ist, läßt sich an der Frucht noch nicht erkennen; möglich, daß es noch im Keimen begriffen ist.

Einige Erfrischung und Ermutigung trotz mangelndem sichtbarem Erfolg, auf dem hiesigen sterilen Sandboden weiter den guten Samen auszusäen, wird dem Prediger in regelmäßigen Konferenzen mit benachbarten Pastoren und Lehrern, namentlich aus der Paderborner Diaspora [= die Mitglieder einer Kirche und ihre zerstreuten Gemeinden im Gebiet einer andersgläubigen Bevölkerung] geboten, welche zugleich als ein Mittel, auf das Streben der Lehrer im Schulfache und als Gehilfen der Prediger in der Gemeinde, auf die gegenseitige Stellung der Lehrer und Prediger und auf die engere Verbindung und Gemeinschaft der benachbarten lippischen reformierten und preußischen uniert-lutherischen Gemeinden wohltätig einzuwirken, zu betrachten sind. Infolge letzterer engeren Verbindung und Gemeinschaft findet denn auch gegenseitige Vertretung der benachbarten Prediger bei sämtlichen Amtshandlungen statt, welches christlich-brüderliche Verhältnis zwischen den lutherischen Pastoren zu Lemgo und den benachbarten reformierten Predigern zur Zeit meiner Amtsführung in Lieme zu meinem Bedauern gänzlich fehlte. Ein solches Verhältnis entspricht aber auch nach meiner innersten Überzeugung durchaus dem Wesen unserer lippischen reformierten Kirche, welche weit mehr auf Union mit der lutherischen Schwesterkirche als auf streng-reformierten Konfessionalismus hinneigt. Die Lehrunterschiede der melanchthonisch-reformierten und der lutherischen Kirche, an und für sich von keiner wesentlichen Bedeutung, sind außerdem den älteren Gemeindegliedern sowohl in den reformierten als den lutherischen Gemeinden fast völlig unbekannt und es ist vorzüglich in hiesiger Kirche nicht ratsam, die Abweichung der lutherischen von der reformierten Lehre zu scharf zu betonen, da die Glieder der Gemeinde Schlangen und derjenigen zu Lippspringe und Paderborn vielfach verwandt sind oder durch Verheiratung, Umziehen usw. bald der einen, bald der anderen Gemeinde angehören, wie sich auch die zahlreichen Ziegler die Hälfte des Jahres zum größten Teil in lutherischen Parochien aufhalten.

Und somit würde es den bestehenden Verhältnissen hiesiger Gemeinde wohl entsprechen, wenn sich nach Einführung einer etwa der rheinisch-westfälischen nachgebildeten Synodalverfassung unsere Kreissynode der westfälischen Provinzialsynode anschlösse, um, was zur Förderung des kirchlichen Lebens in unserem Lande nicht bedeutungslos sein möchte, einem größeren Kirchenkörper anzugehören. Bei solchem Anschluß bedürfte es keiner Aufgebung der Eigentümlichkeiten unserer lippischen reformierten Kirche. Dieselben ließen sich ebenso, wie es ja faktisch in der Preußischen Union mit ursprünglich vorwiegend reformierten oder lutherischen Parochien ist, beibehalten. Übrigens bestehen jene in Wirklichkeit ja nur, abgesehen von der kalvinistisch gefärbten und darum mit der der milderen Lutheraner verwandten oder übereinstimmenden Abendmahlslehre, in der Einfachheit des liturgischen Elements; es möchte aber nach dem angedeuteten Anschluß gewiß nicht auf Schwierigkeiten stoßen, die jetzige oder eine andere Agende in Gebrauch zu behalten, wie sich auch preußische Geistliche Abweichungen von ihrer Agende erlauben; (wenigstens stellte mir der benachbarte Parochus [= Pfarrer] zu Lippspringe solche bei den Vertretungen desselben sowohl beim Hauptgottesdienst als bei Beerdigungen usw. völlig frei).
Sollte aber eine solche Vereinigung unserer lippischen Kirche mit der westfälischen Provinzialsynode sich nicht sobald ermöglichen lassen, so würde sich mindestens die möglichst baldige Einführung einer Synodalverfassung sehr empfehlen, da sich erst infolge derselben Leben in das Presbyterialwesen bringen und im allgemeinen größere Teilnahme an kirchlichen Angelegenheiten auch unter den gebildeten Ständen erwecken ließe. Ohne Synoden geht den einzelnen Gemeinden und deren Vertretern das Bewußtsein der Zusammengehörigkeit und Gemeinsamkeit ab und wird die Kirche von den Laien mehr als eine Pastoren- denn als eine Gemeindeanstalt betrachtet, was nicht nur dem Geiste der Neuzeit, sondern auch der Einrichtung der Urkirche widerspricht. Soll das Bewußtsein vom allgemeinen Priestertum durchdringen, was zur Hebung der Religiosität und Sittlichkeit in der Gegenwart nicht unwesentlich beitragen möchte, so müssen auch die Laien in den inneren wie äußeren Angelegenheiten der Kirche mindestens ein bescheidenes Wort mitzusprechen haben.

Wüsten, 26. September 1868
Pastor Krücke

[...] Was die Einrichtung des Gottesdienstes betrifft, so schien mir dieselbe, wie sie in unserem Lande gewöhnlich ist, manches zu entbehren, was wir durch die Gewohnheit nicht so empfinden, was aber doch bei einem vollen Gottesdienst notwendig ist. Da mir nun bei meinem Amtsantritte durch den Generalsuperintendenten v. Cölln gesagt wurde, daß jetzt in Beziehung auf die Einrichtung des Gottesdienstes den Pastoren, wenn sie nicht das Maß überschritten, Freiheit gelassen würde, so habe ich mit freudiger Zustimmung des Presbyteriums folgende Einrichtung getroffen: Der Gottesdienst beginnt mit den Worten „Unser Anfang geschehe etc.", sodann folgt Sündenbekenntnis, Bitte, Gebet, Fürbitte (Obrigkeit, Vaterland usw.), Danksagung (1. Tim.2,3), darauf folgt Glaubensbekenntnis und Schriftlektion. Alle diese Dinge scheinen mir notwendigerweise in einen Hauptgottesdienst zu gehören.

Lippische Bäuerin in der Sonntagstracht: Sophie Luise Meier-Solle, geboren im Jahre 1810 auf Krubberg in der Nähe von Bega, gestorben 1891 in Wendlinghausen.

Besonders anstößig war mir aber, daß die Fürbitten in dem Gebete nach der Predigt vorkommen. Alles Statuarische des Gottesdienstes gehört nicht mit zur Predigt und darf sich ihr nicht unmittelbar anschließen, denn in der Predigt muß die Subjektivität des Pastors zur Geltung kommen. Hoffentlich werden bei den erhofften Synoden die pia desideria [= gutgemeinten Wünsche] in dieser Beziehung Berücksichtigung finden, da ich gern sähe, daß eine Übereinstimmung im äußeren Gottesdienst im ganzen Lande wäre. Ich hoffe, daß mit meinen Neuerungen Hochfürstliches Konsistorium einverstanden ist [..].
Das zähe Festhalten am alten, wie es hier sich findet, wie oft kann man es eine Tugend nennen und wie viele Gebrechen bringt es wieder mit sich. Endlich ist es eine Eigenart der Wüstener, sehr vorsichtig im Wort zu sein jedem Angestellten und höher stehenden gegenüber. Zu leicht bildet sich daher der Unbekannte ein, ihre Zustimmung zu haben und hat doch nichts erreicht. Ich glaube, es ist keine so leichte Aufgabe, in Wüsten Pastor zu sein. Auf offene Opposition wird man nicht stoßen, aber jeder hält sich für klug und glaubt, daß er sittlich und religiös der beste sei. Die beiden Laster, gegen welche ganz besonders gekämpft werden muß, sind Unzucht und Trunksucht; auch muß gegen den Geiz Zeugnis abgelegt werden. Zu meiner Freude hat das erstere Laster abgenommen. Das Verhältnis der unehelichen zu den ehelichen Kindern war 1 : 19. Eins, was ich noch hervorheben will, ist die Kinderzucht und die Schulerziehung. Die Kindererziehung ist am schlechtesten bei den kleinen Leuten. Denn ganz abgesehen davon, daß bei ihnen die Kinder in den ersten Lebensjahren nicht die nötige Nahrung und Pflege bekommen und am wenigsten später zum Lernen angehalten werden, werden sie am meisten verzogen und gar nicht an Gehorsam gewöhnt. Es kommen oft die

schrecklichsten Beispiele davon vor, wie die Kinder später keine Ehrfurcht vor ihren Eltern haben und sie im Alter hungern und darben lassen. In der Schule zeigt sich der nachteilige Einfluß des sonst so viele Vorzüge habenden Einzelwohnens. Die Kinder verstehen kein Wort Hochdeutsch, haben blutwenig Anschauungen, sind steif und unbeweglich wie Klötze. Die Lehrer haben sehr viel mit ihnen zu tun. Ich habe mich sehr für die Schulen interessiert und um die Lehrer gekümmert. Vielfach hindernd ist mir dabei in den Weg getreten, daß die Lehrer durchgehends mißtrauisch gegen ihre Pastoren sind.

Ich will hier nur erwähnen, daß ich die Lehrer nötigte, auch schöne weltliche Lieder in der Schule zu üben, weil das das beste Mittel gegen schlechte Lieder ist. Ferner veranlaßte ich die Lehrer, die Kinder zum Spielen zu bringen. Es gab merkwürdigerweise hier fast keine Spiele unter den Kindern. Im Sommer 1867 wurde ein Schulfest gefeiert, das auch guten Erfolg gehabt hat. Die Kinder sollten teilweise nicht daran teilnehmen, weil Spielen Sünde sei. Doch mit viel Mühe gelang es, das Fest zustandezubringen. Als hernach die Leute die ganze Anordnung des Festes sahen, waren sie zufriedengestellt [...].

Falkenhagen, 5. Oktober 1868
Pastor Melm

[...] Ich möchte mir erlauben, den gegenwärtigen Bericht des näheren über verschiedene besondere Punkte und Verhältnisse in dem hiesigen kirchlichen Gemeindeleben zu erstrecken, die teils genereller Natur dasselbe im ganzen berühren und angehen, teils speziell einen einzelnen Fall betreffen, in dem aber religiöser Sinn charakteristisch sich zu erkennen gibt.

1. Zunächst, die Interna anbelangend, kann fortdauernd nicht übersehen und unbeachtet bleiben der Gegensatz, welcher in der Lehrweise, zumeist in der Auffassung und Behandlung religiöser Lehren auf seiten der verschiedenen Elementarschullehrer, in dem hiesigen konfessionell und kirchlich schon immer und mehr als irgend einem anderen im Lippischen geteilten Kirchenspiele leider schon seit so langer Zeit stattfindet: auf der einen Seite die trost- und haltlose Leerheit und Flachheit des schalen vulgären Rationalismus nach der Weise des sog. Protestanten-Vereins, wie z. B. der Lehrer Brand zu Wörderfeld ihn treibt, auf der anderen Seite die Verirrungen und Ausschreitungen religiöser Verstiegenheit in scheinbar positiven, aber mit fanatisch dialektischer Sophistik über die normale Lehre der heiligen Schrift und evangelischen Kirche nach Willkür und Geschmack des eigenen beschränkten Sinns hinausgetriebenen Lehrmeinungen im allgemeinen von der Farbe des Pietismus, versetzt mit Elementen des Mystizismus [=schwärmerische Religiösität: Spottname für die Erweckungsbewegung] und Quietismus [=religiöse Lehre, die das Einswerden mit Gott durch wunsch- und willenloses Sichergehen in seinen Willen erstrebt], zugleich in dem Wahne eigener persönlicher vom heiligen Geiste besonders gewirkter Erleuchtung, Heiligkeit und Unfehlbarkeit, womit dann im Praktischen eine wahrhaft erstaunliche Gewissenslosigkeit, anmaßliches Richten über andere, gegen geordnete Einrichtungen und Autoritäten der Kirche aber dünkelhafte Verachtung, halsstarrige Oppositionssucht und Trachten nach Separa-

tionen und Spaltungen Hand in Hand gehen, zum Hohne der heiligsten Grundlehren christlicher Moral.

Wie soll ein Prediger, ein Seelsorger solchen Diskrepanzen und Unerträglichkeiten extremer Abweichungen von der gesunden evangelischen und kirchlichen Lehre gegenüber sich verhalten? Um die ihm befohlene Gemeinde vor Schaden [...] zu behüten und zu bewahren, darf und kann er unmöglich dazu schweigen! Der Küster Rieke hier z. B. hat, wie auch der letzte diesseitige Schulbericht vom vorigen Frühjahr mit dem dazu gehörigen Protokolle vom 25. April des Jahres näher nachweist, die Kinder in der Schule gelehrt: Der Sitz des „himmlischen neuen Jerusalem, wohin wir (nämlich die „Heiligen", „die Christen" in dem besonderen Sinne nach der Sprache und Farbe des Lehrers) einst versetzt werden, um dort in ewiger Seligkeit zu leben", sei der „an sich dunkle Sonnenkörper", „und daher komme es auch, daß dieser, umgeben mit einem tiefen Lichtmeere, das, wie die Sonnenflecken bewiesen, an einigen Stellen noch Lücken habe und hinter dem das neue Jerusalem, der Sitz der ewigen Seligkeit der abgeschiedenen Heiligen, sich befinde, unsere Erde nur die übrigen Planeten mit seinem Lichte erleuchte". Sollte und könnte, auch ganz abgesehen von einem solchen Wahnwitz, der ebensowenig irgendwo und nie in der Heiligen Schrift wie irgendwo und nie von einer exakten menschlichen Wissenschaft jemals Vorschub gefunden hat und der darin völlig unerfindbar ist und immer das bleiben wird, womit der Küster Rieke dann aber noch seine eigenen Vorstellungen über Daniel 12,3 und Matth. 13,43 kombiniert, als ob damit das Leuchten unserer Sonne zusammenhinge: so ist es offenbar zugleich in sich selbst eine höchst traurige Irrlehre der Finsternis und eine das Ganze aller christlichen evangelischen Heilslehre negierende Ketzerei zu lehren, der „an sich dunkle Sonnenkörper hinter dem ihn umgebenden Lichtmeere sei der Sitz des neuen Jerusalems, worin die Seligen, nach der Verheißung der Schrift, das ewige Leben haben". Denn erstlich steht ausdrücklich geschrieben, Offenb. 21,23 und 22,5, daß die Stadt (das neue Jerusalem) und die darin wohnen, keiner Sonne und keines Mondes und keiner Leuchte oder des Lichtes der Sonne, ihnen zu scheinen, mehr bedürfen, da, wie Offenb. 21,1 besagt, „der erste Himmel und die erste Erde verging".

Sodann steht fest des Herrn Wort Matth. 24,25: „Himmel und Erde werden vergehen!" Vergl. Hebr. 1,10 - 12; Ps. 102,27; Jes. 51,6. Und endlich: „Wir warten aber eines neuen Himmels und einer neuen Erde", da „die Himmel vom Feuer zergehen und die Elemente vor Hitze zerschmelzen werden", wie 2. Petr. 3,12.13 zu lesen ist; eine apostolische Verheißung, welche durch die gründlichsten und tiefsten wissenschaftlichen Forschungen in den Gebieten der Erd- und Himmelskunde zu unseren Zeiten nur Bestätigung findet, wie auch zu ihrer Zeit berühmteste Autoritäten, z. B. Karl Ritter und Friedrich Hoffmann (der Geograph) und andere klar erkannt und ausgesprochen haben. Es heißt mithin die christliche Lehre von dem ewigen Leben und den Glauben daran aufheben und vernichten, wenn jemand, wie hier der Küster Rieke bei dem Schulexamen in vorigem Frühjahre vor meinen Ohren getan, dieselben an den Bestand des nicht ewigen Sonnenkörpers, wovon uns das Tageslicht kommt und um den die Erde und die übrigen Planeten sich drehen, heften und von demselbigen abhängig sein lassen wollte. So etwas lehren heißt das ganze Lehrgebäude unserer allerheiligsten Religion, wovon die biblische Lehre vom ewigen Leben kundlich groß und eine Grundfeste der Wahrheit ist, von Grund aus zerstören und vernichten! Wie anders soll ich als Prediger und Seelsorger der Gemeinde diese vor dem Gifte einer solchen Irrlehre warnen, wie anders davor behüten, als daß ich offen dagegen auftrete, lehre und zeuge, wo und wie ich kann, solange ein Lehrer wie der Küster Rieke hier Raum hat, dergleichen zu treiben? Daß das aber kein normales Verhältnis sei und immerhin die ernstesten Bedenken bei dem Bau einer Gemeinde, vollends wie der hiesigen, mit sich führe, dies bedarf keiner weiteren Darstellung.

2. Diese Bedenken erscheinen desto ernster, wenn mit dergleichen Halluzinationen, wie solche phantastischen Lehranschauungen und Theoreme vielleicht passend zu benennen sein möchten, auch auf dem Gebiete der Praxis in Führung oder Versäumnis des Dienstes und seiner Obliegenheiten Verfehlungen verschiedenster Art vorkommen und sich jahraus, jahrein vielfach wiederholen. Es ist darüber von hier in Ansehung des Verhältnisses des Küsters Rieke schon so mannigmal Klage geführt worden, daß es nachgerade widerlich ist, noch weiter davon zu reden. Auf eins möge aber noch als auf einen Charakterzug in der Erziehung der hiesigen Gemeindejugend durch ihn aufmerksam gemacht werden, weil die Wirkung davon zu weitgehend und eventuell zu schrecklich sein könnte, um darüber zu schweigen.

Es ist aus Akten bekannt, welchen Groll und Krieg der Küster Rieke seit Jahren gegen sechs schöne schattige Bäume auf dem hiesigen Kirchhofe gehegt und geführt hat. Unter denselben ist ein Walnußbaum, dessen Früchte, wenn es so viele waren, daß es der Mühe wert schien, sie zum Verkauf auszubringen, wiederholt zum besten der Kirche, namentlich behufs Anschaffung neuer Altargeräte, verkauft oder sonst auch wohl auf Weihnachten von mir an Konfirmanden, um diesen eine Freude zu bereiten, verteilt worden sind.

Es liegt aber leider ein, wie man fast glauben sollte, unvertilgbarer böser Trieb in dem Wesen von Schulknaben, Obst, sonderlich Nüsse, wo sie können, an sich zu bringen und selbst unerlaubter Weise von Bäumen, die nicht ihnen gehören und die sie nicht anrühren sollten zu rauben. Dieser Frevel wird, sobald die Nüsse anfangen reif zu werden, nicht selten namentlich von Schulknaben, zuweilen auch von anderen, recht arg an den der hiesigen Kirche gehörigen fraglichen Walnußbäumen verübt, obschon diese der Küster Rieke aus seiner Wohnung stets nahe vor Augen hat und also jederzeit namentlich vor den Angriffen der seiner Aufsicht und Erziehung befohlenen Schuljugend schützen sollte, umsomehr, da ihm keineswegs unbekannt ist, daß die Früchte von dem Baume, so wie bemerkt, benutzt zu werden pflegen.

Aber der Art ist es mit den Gesinnungen des Küsters Rieke bestellt, daß dieser sich gar nichts daraus macht, vielmehr vor seinen Augen und seiner Tür es immer geschehen und gewähren läßt, ohne es zu stören und zu wehren, wenn Schulknaben, sonderlich Konfirmanden, die Nüsse diebischer Weise von den Nußbäumen auf dem Kirchhofe herunterwerfen oder schlagen und sich zueignen. Welch' eine Unsittlichkeit und Gewissenlosigkeit von einem Jugendlehrer! Eventuell, welch' eine Schule für das Zuchthaus! [...].

Das Pfarrhaus in Barntrup. Tuschzeichnung von Emil Zeiß aus dem Jahre 1887. Hier lebte Zeiß als Pastor von 1864 - 1886.

Barntrup, 14. Oktober 1868
Pastor Zeiß

[...] Städtisches Proletariat ist bekanntlich dem pastoralen Wirken am schwersten zugänglich und solches ist in Barntrup vertreten wie in keiner Stadt des Landes. Die verkommenen und verkommenden Handwerker, die vielen Tagelöhner der umliegenden Güter, stolz darauf, Bürger zu sein, bilden eine leicht erregbare Masse. Die Ideen des Jahres 1848 sind in ihnen am lebendigsten bewahrt und zudem gibt es hier eine Persönlichkeit, welche sehr geeignet ist, den Geist jenes Jahres in aller Stille zu nähren und zu schüren [...].
Schon oft hatte ich zu meinem Leidwesen erfahren müssen, wie tief der Aberglaube hier noch im Volke wurzele (in der Stadt selbst wohnt ein Wunderdoktor). Die Leute gehen häufig von hier, in aller Heimlichkeit freilich, zu einem sogenannten Hexenmeister auf der Lehmkuhle bei Lemgo, um sich dort Rat zu holen. Im vergangenen Sommer traten zwei Fälle an die Öffentlichkeit. Auf der Apotheke war eine Magd kurz aufeinander zweimal heftig erkrankt: der Hexenmeister erklärte auf Befragen, daß die Schlafkammer von der Mutter eines Mädchens, das den Platz auf der Apotheke zu bekommen

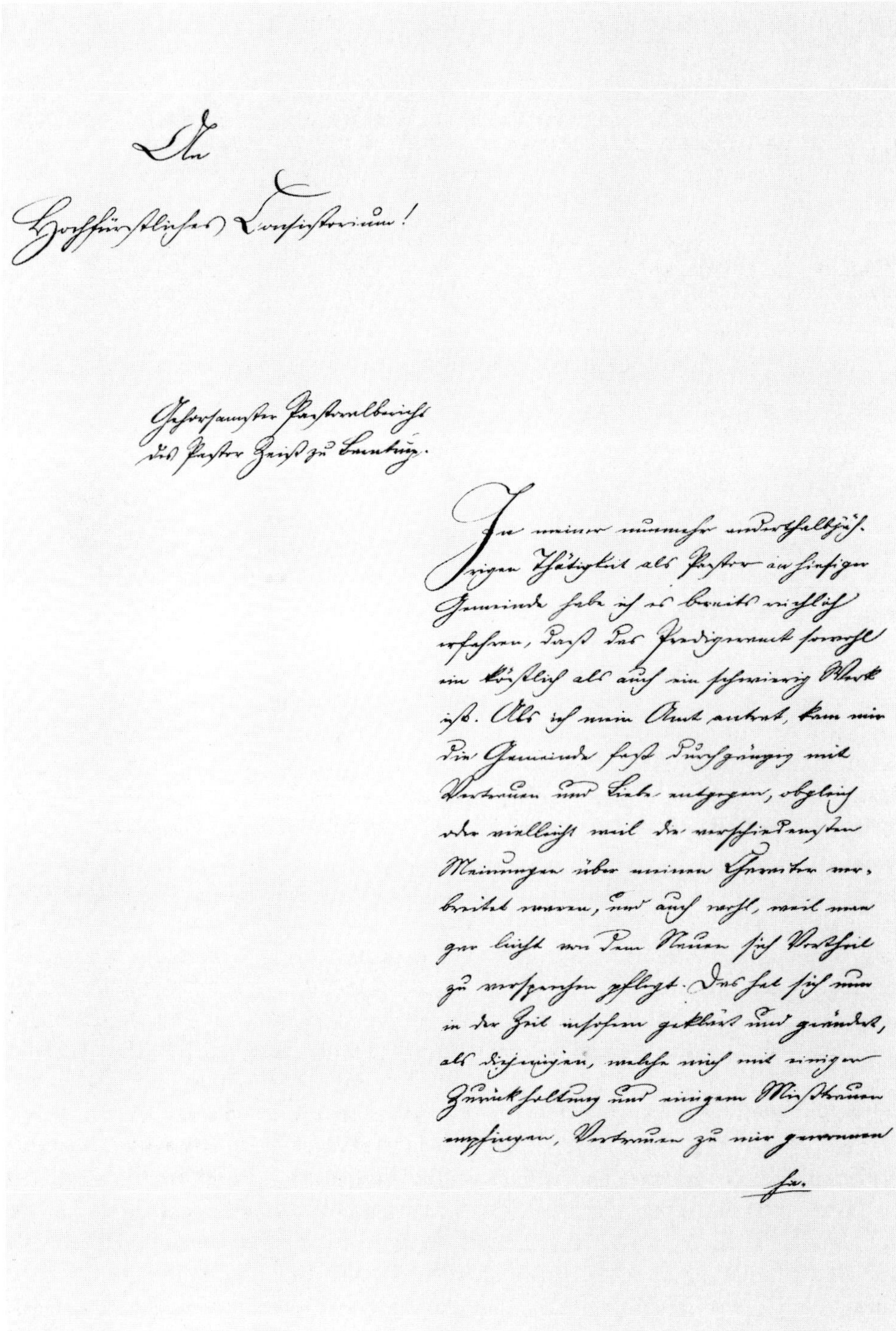

An
Hochfürstliches Consistorium!

Gehorsamster Pastoralbericht
des Pastor Zeiß zu Barntrup.

In meiner nunmehr anderthalbjährigen Thätigkeit als Pastor an hiesiger Gemeinde habe ich es bereits reichlich erfahren, daß das Predigtamt sowohl ein köstlich als auch ein schwierig Werk ist. Als ich mein Amt antrat, kam mir die Gemeinde fast durchgängig mit Vertrauen und Liebe entgegen, obgleich oder vielleicht weil die verschiedensten Meinungen über meinen Charakter verbreitet waren, und auch recht, weil man gar leicht von dem Neuen sich Vortheil zu versprechen pflegt. Das hat sich nun in der Zeit insofern geklärt und gegründet, als diejenigen, welche mich mit einiger Zurückhaltung und einigem Mißtrauen empfingen, Vertrauen zu mir gewonnen haben.

Titelseite eines Pastoralberichtes aus dem Jahre 1867, verfaßt von dem Barntruper Pfarrer Emil Zeiß.

gewünscht, behext sei. Infolge davon wurde es dem Apotheker schwer, eine neue Magd zu finden und die abergläubischen Leute nehmen keinen Abstand, eine ehrbare Witwe, deren Tochter sich einmal auf der Apotheke als Magd angeboten, als die schuldige Hexe zu bezeichnen. Es hat auch Mühe gekostet, die arme Frau zu beruhigen; aber auch die Tochter hatte unter dem Gespräch zu leiden, denn auf dem Gute Wierborn, wo sie diente, kündigten die Mägde, weil sie mit dem Kinde einer Hexe nicht zusammen sein wollten.

Später wurde eine Frau in der Gemeinde geisteskrank; ich besuchte dieselbe lange Zeit hindurch fast täglich, sprach ihr zu und betete für sie; als sich aber das Übel nicht sobald heben will, wird der besagte Hexenmeister um Hilfe angegangen, worauf ich meine Besuche einstellte. Schon mehrmals hatte ich beiläufig in meinen Predigten gegen den verderblichen Aberglauben geredet, nahm dann aber besonders am Reformationsfeste Veranlassung, in Anknüpfung an den ersten Teil des vorgeschriebenen Textes „Heiliget aber Gott dem Herrn in euren Herzen“, kräftig gegen das Unwesen anzukämpfen. Recht wünschenswert würde es sein, wenn dem betreffenden Hexenmeister, der, wie ich weiß, auch in Sonneborn durch seine zweideutigen Antworten große Unannehmlichkeiten hervorgerufen hat, das Handwerk gelegt werden könnte [...].

Sonneborn, 7. August 1869
Pastor Bornebusch

[...] Ich kann mit Dank zu Gott mitteilen, daß stets das beste Einvernehmen zwischen der Gemeinde und mir bis auf diesen Tag bestanden hat. Nicht allein die nötigen Reparaturen an dem alten baufälligen Pfarrhaus sind auf das bereitwilligste von der Gemeinde besorgt, sondern es sind mir auch sonst manche Liebesdienste erwiesen. So haben die Sonneborner z. B. am Tage nach Neujahr mir eine sehr liebe Überraschung bereitet, indem sie ganz ohne mein Wissen mit sämtlichen Pferden des Ortes, 52 an der Zahl, meine 6 Klafter Holz nebst Astreisig auf 14 Wagen mir vor die Tür fuhren; auch haben sie in Rücksicht darauf, daß durch die zahlreiche Auswanderung nach Amerika (54 Personen aus dieser kleinen Gemeinde sind vom 1. Mai 1868 bis zum 15. Juni 1869 fortgezogen) mir ein erheblicher Schaden erwachsen ist, indem etwa 49 Scheffelsaat der Pfarrländereien pachtlos geworden sind, einen Teil meines Ackers gratis bestellt. Da mehrere Kolonatsbesitzer von bedeutendem Grundvermögen ausgewandert sind, und diesen aller Wahrscheinlichkeit nach in den nächsten Jahren noch mehrere folgen werden, so ist der Wert der Ländereien sehr gesunken und kann ich selbst für den allerbilligsten Preis meinen Acker nicht verpachten, wodurch mir jährlich ein Schaden von mindestens 50 Reichstalern erwächst. Wenn ich also infolge einer Aufforderung Hochfürstlichen Konsistoriums das Einkommen dieser Pfarrstelle auf 565 Reichstaler 28 Silbergroschen 1 Pfennig veranschlagt habe am Ende vorigen Jahres, so würde ich es jetzt nur auf höchstens 515 Reichstaler inklusive Wohnung (40 Reichstaler) berechnen können. Ist auch von den Bauern durch die kostenfreie Beackerung eines Teiles der Ländereien ein allzu empfindlicher Verlust dieses Jahr von mir abgewendet worden, so kann ich doch in Zukunft solche Opfer nicht erwarten, ja nicht einmal annehmen.

Sonneborn um 1870. Aquarell von Emil Zeiß.

Es herrscht in der Gemeinde Opferwilligkeit; gern und reichlich werden die Armen unterstützt, freudig ist man bereit zu gegenseitigen Dienstleistungen, von Zank und Uneinigkeit, von Prozessen hört man nur höchst selten und wenden sich die Leute, ehe sie zu einem Advokaten gehen, gewöhnlich erst an den Ortsvorsteher oder Pastor und werden durch diese fast immer die Streitigkeiten beigelegt [...].
Auffallend ist es, daß bei der Kirchlichkeit und dem religiösen Sinne der Gemeinde der Aberglaube so allgemein verbreitet ist. Unter den vielen Fällen, die mir in dieser Hinsicht vorgekommen sind, will ich nur einen anführen: Als im Frühjahr eine Menge Raupen und anderes Ungeziefer sich einfand und die jungen Pflanzen und Blätter vernichtete, kamen einige kalte Nächte und plötzlich waren die Verderben bringenden Gäste verschwunden. Ich machte mehrere, die über den Schaden, den die Nachtfröste angerichtet hatten, klagten, darauf aufmerksam, daß doch auch wiederum die Raupen durch die Kälte ihren Tod gefunden hätten; doch man schüttelte den Kopf und als ich weiter nachforschte, sagte man mir, es habe ein altes Weib aus einem in der Nähe gelegenem Orte, nachts um 12 Uhr 3 Raupen hier vom Kohle genommen und dieselben in den Rauch gehängt; dadurch seien allein die Raupen gestorben. Ich mochte nun gegen diesen Unsinn einwenden, was ich wollte, es half nichts; die Leute taten allerdings endlich, als ob sie von der Torheit ihrer Angabe überzeugt waren, aber ich konnte wohl merken, daß sie im Grunde dachten: die alte Lisbeth hat's doch getan. Bei Krankheiten wenden sich viele eher an einen Wahrsager in Barntrup oder Lemgo, auch an eine „Wickefrau“ in Holzhausen als an einen Arzt.

Außer dem Aberglauben ist's die Unzucht, gegen welche ich in der Gemeinde viel zu kämpfen habe. Selbst die Besitzer der größeren Höfe halten es für keine besondere Schande, wenn ihre Töchter in verbotenem Umgange mit einem Manne stehen, wenn letzterer nur auch ein Kolonat besitzt und sie überzeugt sind, daß die Hochzeit vor der Niederkunft stattfinden wird. Es ist schwer, dieser tief eingewurzelten und so verbreiteten Sünde der Unkeuschheit mit Erfolg entgegenzuarbeiten [...].

Heiden, 28. Februar 1870
Pastor Meyer

[...] Die Gemeinde hat zwölf Bauerschaften, elf dem Amte Lage, eine dem Amte Brake angehörig. Die zwei Bauerschaften Heßloh und Hardissen haben fast lauter größere Kolonate, wenige Anlieger, fast gar keine Arme, keine Juden und kein Wirtshaus und zeichnen sich durch kirchlichen Sinn, Ehrbarkeit und gute Sitten aus. Die Bauerschaft Heiden, welche mehr als ein Viertel der Seelenzahl umfaßt, hat nur 6 größere Kolonen und einige Handwerker; fast alle übrigen sind Ziegler, welche in der Heimat nur während der Wintermonate anwesend sind. Die Pivitsheide hat viele neue Ansiedler in meist ärmlichen Verhältnissen und primitiven Zuständen. In Jerxerheide und Klüterheide, welche nahe bei Detmold liegen, wohnen großenteils Handarbeiter, die nach Detmold auf Arbeit gehen und die übrigen sind fast sämtlich Ziegler. Außerdem liegen noch zwei andere Dorfschaften näher bei Detmold als bei der hiesigen Pfarrkirche und haben nach Detmold bessere Wege, weshalb man häufig in die Kirche der Residenz zu gehen pflegt.

Vor 13 Jahren, zu Steffanns Zeit, haben sich 7 Kolonen und einige Einliegerfamilien exparochieren lassen und gehören seitdem den lutherischen Parochien in Lemgo und Detmold an. Fast ebenso viele haben damals die Erlaubnis von Hochfürstlichem Konsistorio erlangt, die Sakramente in der lutherischen Kirche zu empfangen, ohne unsere Parochie zu verlassen [...].

Das geistliche Leben in der Gemeinde zeigt in verschiedenen Kreisen und bei verschiedenen Gelegenheiten eine sehr verschieden geartete Physiognomie [= äußere Erscheinung]. Zu einem Missionsfeste fanden sich fast mehr Auswärtige als Gemeindeglieder ein, obwohl es das erste in der hiesigen Kirche gefeierte war. Überhaupt ist für die Missions- und Gustav-Adolf-Sache nur geringes Interesse vorhanden. Die ausgetretenen Lutheraner beteiligten sich gern bei einem Erntedankfest oder einer Haushebungsfeier; kommen auch dann und wann wieder zur Kirche. Ihr Verlust ist für die Gemeinde ein wirklicher Verlust, denn das Luthertum ist es nicht, was sie unserer Gemeinde entfremdet hat. Der gediegenste christlich durchgebildetste Mann der hiesigen Gegend ist unter ihnen und ist jetzt Kirchenältester bei Pastor Vorberg in Lemgo. Die Bewohner eines Gehöftes halten sich zu den sektiererischen Hyper-Lutheranern, die in Lieme ihren Versammlungspunkt haben. Verknöcherter Pietismus ist auch vorhanden, aber nur in einem kleinen Bruchteil und ohne eine einflußreiche Persönlichkeit. Ebenso findet sich auch nur in einem mäßigen Bruchteile Inklination [=Neigung] zu Hausmannscher Demokratie. Dagegen findet sich auf manchen Höfen noch kernhafte Schlichtheit und bäuerliche Tüchtigkeit ohne evangelische Erkenntnis, so daß sich da

Die Kirche in Heiden. Bleistiftzeichnung von Emil Zeiß aus dem Jahre 1882.

noch Frucht erhoffen läßt wie auf einem Brachacker. Die Ziegler sind ein buntes Gemisch nach Denkweise, Bildung und Lebensart und fühlen sich nur halb heimisch hier. Und doch ist es dem energischen Nebenlehrer Schneider gelungen, aus 42 Zieglerburschen einen Sängerchor zu bilden, der unlängst recht wacker mehrstimmige Lieder auf einem „Sängerfeste“ vorgetragen hat mit nachfolgendem Tanzvergnügen, wobei es durchweg nobel zugegangen sein soll. Groß ist indes auch die Zahl solcher Familien, für die Kirche und Religion keine Bedeutung mehr haben, wo Hausandacht und sogar Tischgebet vergeblich gesucht wird und denen man nur in Zeiten der Trübsal nahe zu kommen hoffen darf [...].

Gute Predigt- und Gebetbücher, besonders die von Starke und Habermann, sind nach der Lemgoschen Seite hin in vielen Häusern vorhanden, nach der gegenüberliegenden Seite wohl am wenigsten. Gütersloher Monatsblätter werden zahlreich gelesen. Nach guten Volksschriften von Barth, Caspari, Glaubrecht, Ahlfeld, Frommel und ähnlichen, welche leihweise freundlich angeboten sind, war seither noch wenig Nachfrage. In den Wohnstuben finden sich manche gute Bilder, aber darunter auch sehr verwunderliche, besonders viele katholische, die als Präsente aus der Fremde mitgebracht sein mögen [...].

Haustenbeck, 28. März 1870
Pastor Klemme

[...] Manche äußeren Verhältnisse hemmen die geistliche Wirksamkeit des Predigers. Zunächst die seit der Senneteilung progressierende [=fortschreitende] Armut der Gemeinde, vergrößert durch mehrere Mißernten. Seit zwei Jahren sind mehrere Kolonate Schulden halber verkauft; andere sind dem Falle nah.
Die Torf- und Ziegelarbeit in Holland und anderen Ländern, an der sich gegen 140 Männer und junge Leute beteiligen, hat ihre Schattenseite. In der Fremde entbehren sie meist des geistlichen Zuspruchs und des Gottesdienstes. Viele bringen schlechte Sitten mit, vergeuden das sauer verdiente Geld und kennzeichnen sich durch ein äußerst rohes Benehmen. Da auch viele Väter abwesend sind, ist die Erziehung der Kinder, die den Müttern anheimfällt und die Arbeit vollauf haben, sehr mangelhaft [...].
Die Auswanderung nach Amerika hat nicht aufgehört. Seit zwei Jahren sind mehrere Söhne und ganze Familien, ca. 18 Personen nach Missouri, wohin früher Haustenbecker gezogen, ausgewandert. Die Armut und die Schwierigkeit, einen neuen Herd zu gründen, ist meistens die Ursache des Auswanderns. Es mögen 30 heiratsfähige Jünglinge hier sein, die sich des Heiratens enthalten müssen, weil sie nicht auf ausreichenden Verdienst hoffen können; die im fremden Lande wohl bessere Aussicht hätten. Wenn solche Lust haben auszuwandern, sind sie nicht zurückzuhalten, namentlich, wenn sie den nötigen Schritt im Namen des Herrn, der den Samen überall nahe ist, tun [...].

Lemgo, St. Nicolai, 4. Mai 1870
Pastor Kähler

Über dasjenige, was meine Wirksamkeit hemmt oder fördert, habe ich schon mich ausgesprochen [...]. Es geht hier wie an den meisten Orten: die ganze Richtung der Zeit ist der Kirche entgegen; die materiellen Interessen walten überall vor, von ernstem Trachten nach dem Reiche Gottes und nach seiner Gerechtigkeit ist in vielen Häusern wenig zu spüren; die Jungen lernen von den Alten, die Arbeit um das tägliche Brot und um zeitlichen Gewinn, daneben dann und wann einen lustigen Tag oder ein weltliches Vergnügen als die Hauptsache im Leben zu betrachten, die Sorge um das Seligwerden aber als Nebensache. Was soll da der Prediger Großes ausrichten? Die guten Eindrücke, die er durch sein Wort hervorruft, werden nur zu bald im Geräusch des Lebens wieder verwischt und es bleibt eben alles beim alten.
Dabei wird das Gift des Unglaubens und der falschen Lehre nicht mehr im Geheimen und in kleinen Portionen, sondern öffentlich in den Gasthäusern und in den Tagesblättern wie in vollen Schüsseln den Leuten angeboten, die es, als wäre es gesunde Speise, mit Begierde hinnehmen und verschlingen, zumal wenn es von Gelehrten und Hochgebildeten, von Gymnasiallehrern und Beamten ihnen dargereicht wird. Wer solche Speise einmal genossen hat, dem genügt gewöhnlich die einfache Kost des Evangelii nicht mehr. Er zählt sich nun zu den Klugen und Aufgeklärten. Das Wort vom Kreuz ist ihm eine Torheit oder ein Ärgernis und wir Prediger erscheinen ihm entweder als Dunkelmänner oder als Heuchler.

Solcher armen Betrogenen gibt es hier viele. Wenn ich dazunehme, daß in meinem Parochialbezirk Katholiken, Reformierte und Juden in großer Zahl mit den Lutheranern durcheinander wohnen und täglich miteinander verkehren, daß die reformierte Konfession im Magistrate, unter den Lehrern des Gymnasiums und der Bürgerschulen, unter den Advokaten und Ärzten weit mehr als lutherische vertreten ist, daß das Vorurteil, es komme auf die Konfession, ja auf den Glauben gar nicht an, wenn man nur rechtschaffen und ehrbar lebe, fast allgemein verbreitet ist; fürwahr, dann darf ich mich nicht wundern, daß meine Wirksamkeit gegen die mancher anderen Prediger unseres Landes gar sehr in den Schatten und Hintergrund tritt.

Es scheint überdies, als ob manche Fromme meiner Gemeinde noch immer zu der St. Mariengemeinde, die ein besseres Gesangbuch hat und sich ihrer selbst als christliche Gemeinde mehr bewußt ist, sich stärker hingezogen fühlen und mir die Schuld beimessen, daß es bei uns nicht gerade ebenso steht wie dort. Und wahr ist es wohl auch, daß mir die Gabe fehlt, die Leute herbeizuziehen und das Gemeindebewußtsein in ihnen recht zu wecken und lebendig zu erhalten. Das sind aber lauter Dinge, die ich nicht ändern kann. Vielleicht wird es einem anderen nach mir besser gelingen, die Gemeinde in einen blühenden Zustand zu erheben; meine Zeit ist ja bald dahin und meine Kräfte sind verzehrt.

Übrigens hat die Kirchlichkeit nicht abgenommen. Die Gottesdienste werden noch immer ziemlich gut besucht, von vielen durchweg regelmäßig. Man sagt mir von allen Seiten, verhältnismäßig gehen die Städter mehr zu mir in die Kirche als zu Pastor Vorberg, dessen Kirche durch die Landleute gefüllt wird. Die Frauen kommen in weit größerer Zahl als die Männer, welche mit allerlei Vorwänden ihr Wegbleiben zu entschuldigen wissen, hauptsächlich damit, daß das Geschäft es nicht leiden wolle. Nur an den Festtagen sind alle Plätze in der Kirche besetzt. Die Zahl der Kommunikanten hat im Laufe der Zeit immer mehr zugenommen. Viele aber lassen sich in Jahren am Tische des Herrn nicht blicken [...].

In vielen Häusern geht es, Gott sei Dank, ehrbar und ordentlich zu. Insbesondere liegt es den Eltern daran, daß ihre Kinder etwas Tüchtiges lernen und werden diese daher zum regelmäßigen Schulbesuche und häuslichen Fleiße angehalten. Nach der Konfirmation aber ist die Jugend leider zu sehr sich selbst überlassen, besonders an den Sonntagabenden, wo die Jünglinge, Gesellen und Handwerksburschen oft bis in die Nacht auf den Straßen lärmend und tobend einherziehen. Die Zahl der Familien, in denen täglich Hausgottesdienst gehalten wird, möchte nicht groß sein. An den Winterabenden jedoch wird von vielen fleißig in der Bibel und im Gesangbuch gelesen; in manchen Häusern wird auch mittags bei Tische gebetet, wenn auch meistens nur still, denn es laut zu tun hält die meisten eine falsche Scham zurück. Wenn die Zahl der unehelichen Geburten zu einem Urteil über den sittlichen Zustand der Gemeinde berechtigte, so müßte derselbe bei uns nicht gar so schlecht sein, denn es ist im vorigen Jahre nur ein uneheliches Kind getauft worden. Leider aber finden sich unter den Bräuten aus niedrigem Stande häufig solche, die hochschwanger vor den Altar treten. Die lustigen Hochzeiten sind hier freilich nicht gewöhnlich, kommen aber doch mitunter vor und dauern dann bis tief in die Nacht oder gar bis an den anderen Morgen. Die vielen Jahrmärkte

mit Tanz und Gelage, die in der Stadt oder vor dem Tore gehalten werden, die häufigen Vorstellungen von Kunstreitern, Schauspielern usw., die sich eines besseren Zuspruchs zu erfreuen haben als die Gotteshäuser, können auf die herrschende Zucht und Sitte kaum anders als nachteilig wirken.
Das Branntweintrinken bei Handwerkern und Arbeitsleuten scheint nicht abgenommen zu haben; man sieht wenigstens, wie die öffentlichen Schanklokale, besonders am Feierabend, außerordentlich gut frequentiert worden und zu derselben Zeit begegnen einem Kinder, Männer und Frauen mit der Branntweinflasche in der Hand oder unter dem Arme, auch wohl unter der Schürze, häufig genug auf der Straße. Gleichwohl dürfte die Zahl der eigentlichen Trunkenbolde in meiner Gemeinde nur eine sehr geringe sein. Die jungen Leute trinken bei ihren Zusammenkünften meistens Bier, freilich aber zuweilen im Übermaß.
Im allgemeinen hat die Zuchtlosigkeit und das wüste Leben hier noch nicht so um sich gegriffen, wie dies leider in den großen Städten der Fall ist. Zu rühmen ist der Fleiß und der Eifer, mit welchem fast alle darauf bedacht sind, sich ihr tägliches Brot ehrlich zu erwerben, und da es an Gelegenheit zum Verdienst nicht fehlt, so gibt es in meiner Gemeinde nur wenige Arme [...].

Wüsten, 3. Juni 1870
Pastor Krücke

[...] Die Wüstener, obwohl viel individueller als es jetzt meist die modernen Menschen sind, sind urkonservativ sowohl in guter wie in schlechter Beziehung und nehmen daher jede Neuerung zunächst mißtrauisch auf und bleiben lieber beim schlechtem alten als daß sie gutes Neues aufnehmen. Ferner sind sie Leute, die gern bestimmten Autoritäten folgen. Ein Pastor, der die Absicht hat und die Befähigung, könnte sich hier leichter zu einem kleinen Papst machen! Sie lieben daher auch Autoritätspredigten und es ist ihnen nicht lieb, daß ich nicht in dieser Weise predige, sondern den Weg des Beweises aus der Schrift gehe. Aus dieser Art der Wüstener wird sich ihre Stellung gegenüber den kirchlichen Neuerungen schon nach einer Seite hin von selbst ergeben.
Als ich vor 4 Jahren in einer Versammlung des Presbyteriums davon sprach, daß wir in unserer Landeskirche Synoden bedürften und die verschiedenen Gründe anführte, war das erste, was sie anführten: Sie mögen wohl recht haben, aber das Neue ist selten etwas Gutes. Als ich dann gar auseinandersetzte, daß ich das Recht des Landesherrn über die Kirche für einen der größten Übelstände unserer deutsch-evangelischen Kirche hielte, kam ihnen das gar wie ein revolutionäres Wort vor. Jedoch wurde ihnen bei öfterer Besprechung immer mehr die Notwendigkeit kirchlicher Neuerungen ersichtlich und einige Einsichtsvollere sprachen bestimmt aus, daß sie von synodalen Einrichtungen Gutes zur Belebung unserer Landeskirche erwarteten [...].
Durch meine Reise zu den Zieglern in Holland ist mir dann deutlicher die Pflicht der Pastoren und der lippischen Landeskirche den Zieglern gegenüber entgegengetreten. Gewißlich wird eine Mutter, die einige ihrer Kinder in besonderer Gefahr weiß, alles aufbieten, um sie zu bewahren, aber von unserer Landeskirche geschieht für die vielen Ziegler, die in der Gefahr der kirchlichen Verwahrlosung stehen, nichts. Wenigstens

ist das, was geschieht, fast nichts gegen das, was geschehen müßte. Daß hierin ein einzelner, da die Aufgabe viel zu schwer ist, sehr wenig tun kann ist gewiß; würde aber die Sache von der Gesamtheit in die Hand genommen, so ließe sich in Gemeinschaft mit dem Ausschuß für innere Mission viel erreichen. Ich muß gestehen, daß mir das Herz blutet, wenn ich sehe, wie gleichgültig wir noch bei der Sache sind. In diesem Lande besteht 1/3 der Bevölkerung aus Zieglern und ihren Angehörigen. Muß nicht, wenn die Kirche noch so wenig für sie tut, die am meisten mit das seelsorgerliche Nachgehen bedürften, die Schuld ihres Verkommens mit auf sie fallen? Ich werde, wo ich kann, daran erinnern und auf diesen Schaden hinweisen, sollte ich auch nur eine Stimme in der Wüste sein [...].

Horn, 16. Februar 1871
Pastor Brockhausen

Wie der im vorigen Jahr uns aufgedrungene Krieg gegen Frankreich schon gegenwärtig großen Einfluß auf die politische Gestaltung Deutschlands und auf ganz Europa gehabt hat und auch ferner haben wird, so ist er auch nicht ohne bedeutenden Einfluß auf unser sittliches, intellektuelles, religiöses und kirchliches Leben gewesen, hat darin bereits einen großen Umschwung hervorgebracht und wird noch weitere wichtige Veränderungen darin zur Folge haben.
Auch unsere Gemeinde ist unverkennbar davon berührt worden. An und für sich ein Übel und wider Gottes heiligem Willen durch gottlose Menschen verschuldet, konnte derselben natürlich zunächst kein Segen für die Völker sein und lange noch werden wir die Greuel der Verwüstung nachempfinden, welche er für Leiber und Seelen angerichtet hat, wohin besonders auch die Verwilderung der Gemüter, die Verhärtung der Herzen, die mitten in den unmenschlichen Kampf hineingezogen worden sind, gehört; allein auch hier wird wieder offenbar und wird noch immer mehr offenbar werden, daß Gott auch das Böse in der Welt zum Heil zu lenken weiß, daß denen, die Gott lieben, alle Dinge zum besten dienen müssen.
Dies kam mir gleich bei dem Beginn des Krieges zur klaren Anschauung. Einmütiglich versammelte sich meine Gemeinde zu brünstigem Gebet und Flehen vor dem Herrn an dem der Kriegserklärung nachfolgenden allgemeinen Bettage und niemals habe ich das Gotteshaus so voll, so überfüllt gesehen als damals und dann vor einigen Wochen wieder, als nach der Kapitulation der feindlichen Hauptstadt bei der damit eröffneten Friedenshoffung die Glocken zu einer Abendandacht in unserer hellerleuchteten Kirche riefen, bei welcher Gelegenheit auch Dankopfer, eine Kollekte von 42 Reichstalern

Zur Abb. rechts: Am Tage vor der französischen Kriegserklärung gegen Preußen wurden die lippischen Pfarrer mit Rundschreiben vom 18. Juli 1870 zur Abhaltung von Fürbittegottesdiensten verpflichtet, in denen der an der Front stehenden „Söhne unseres Vaterlandes“ gedacht werden sollte. Denn aus fast allen lippischen Gemeinden hatten Männer Gestellungsbefehle erhalten. So waren allein aus dem Kirchspiel Talle über „60 Krieger ins Feld gestellt“ worden, während aus Lemgo — laut Pastor Neubourg — „30 - 40 junge Leute in den Krieg gezogen“ waren. Als der Krieg am 26. Februar 1871 nach nur siebenmonatiger Dauer mit der Kapitulation Frankreichs endete, berichtete Pastor Pothmann aus Talle dem Konsistorium: „Das Interesse an dieser großen Weltbegebenheit war hier ein allgemeines und jeder von unseren Kriegern glänzend erfochtene Sieg und jedes andere ruhmvolle Ereignis in diesem Kriege wurde mit großer Begeisterung und inniger Freude begrüßt“.

Unserem deutschen Vaterlande ist von Frankreich der Krieg aufgezwungen. Die Söhne unseres Vaterlandes eilen sich, in Kampf und Streit für Deutschlands Ehre und Unabhängigkeit zu ziehen; in wenigen Tagen werden sie vor dem Feinde stehen und werden einen heißen Kampf auszukämpfen haben. In solcher ernsten Zeit ist es noch besonders Pflicht, sich gründlich vor dem Herrn zu demüthigen, der den Hoffärtigen widersteht, aber den Demüthigen Gnade gibt, und betende Hände und Herzen zu dem Gott zu erheben, der da spricht: Rufe mich an in der Noth, so will ich dich erretten, so sollst du mich preisen.

Consistorium macht es deshalb den Pastoren des Landes zur Pflicht, die Glieder ihrer Gemeinen zum ernstlichen Gebet und zu anhaltender Fürbitte aufzufordern, und während der Dauer des Krieges allsonntäglich im Gebet nach der Predigt unseres deutschen Vaterlandes fürbittend zu gedenken, seine im Kampfe stehenden Söhne nach Seele und Leib Gottes Barmherzigkeit zu befehlen, den Herrn um seinen gnädigen Schutz und Beistand anzurufen und ihn zu bitten, daß er der Trübsal, die über uns hereingebrochen, eine friedsame Frucht der Gerechtigkeit erwachsen lassen und uns aus Gnaden bald wieder einen schönen Frieden schenken wolle.

Detmold, den 18. Juli 1870.

Fürstlich Lippisches Consistorium.

[illegible]

12 Silbergroschen für die verwundeten und kranken Krieger unserer Gemeinde und alle, die hilfsbedürftig zu uns zurückkehren würden, gesammelt und mir übergeben wurde, nachdem auch schon früher reiche Spenden für unsere Vaterlandsverteidiger mit freudigem Herzen zu wiederholten Malen verabreicht worden waren. Und wie ich höre ist es so überall gewesen, überall hat sich in unserem Ländchen, in unserem ganzen deutschen Vaterlande an der entsetzlichen Kriegsfackel ein heiliges Feuer entzündet und nicht nur den christlichen Freiheitssinn, sondern auch christliche Glaubensfreudigkeit und Bruderliebe mächtig geweckt. Damit sind uns denn sichere Bürgerschaften nicht nur für unseres deutschen Reiches zunehmende Einigkeit und Unabhängigkeit und Wohlfahrt, sondern auch für eine glückliche Zukunft des Reiches Gottes, der christlichen Kirche, gegeben, und schwerlich wird es den Bestrebungen des Jesuitismus mit seiner Infallibilitätserklärung [=Unfehlbarkeitserklärung] des Papstes noch des entzweienden Dogmatismus und sektierenden Hierarchismus, der gleiche Zwecke in unserem evangelischen Volke verfolgt, gelingen, den Geist zu dämpfen und wieder unter sein Regiment gefangen zu nehmen [...].

Heiden, 28. Februar 1871
Pastor Meyer

Es hat sich dem Unterzeichneten immer klarer herausgestellt, wie wohlbegründet die Äußerung eines Kirchenvorstandsmitgliedes war, daß die Dorfschaft Heiden, das Hauptdorf und der Mittelpunkt der Gemeinde, von Kotzenbergs Zeit her ein Sitz des Unglaubens der Gemeinde und der Demokratie gewesen ist [Kotzenberg war von 1848-1853 Pfarrhilfe in Heiden; er quittierte den Pfarrdienst und wurde Kaufmann]. Und daraus ist es erklärlich, daß, wie bei der vorigen Reichstagswahl sowohl auch bei der bevorstehenden, der in Heiden Erkorene Hausmann sein wird [...].
Schon vor Jahren ist es Sitte geworden — die Ursachen mögen hier unerörtert bleiben —, daß die großen Kolonen in den Außendörfern der Gemeinde, welche nahe bei Detmold, Lemgo oder Lage wohnen, ihre Söhne in die Stadtschule und sogar die Mädchen in eine dortige Töchter- oder Nähschule schickten und dann auch diese Kinder in der Stadt konfirmieren ließen. Es liegt auf der Hand, wie sehr bei solchen Familien das Verhältnis zu der eigenen Gemeindekirche gelockert werden muß [...].
Im Rückblick auf das verflossene Jahr tritt in den Vordergrund die Frage: Welche Physiognomie hat die Gemeinde während des Krieges gezeigt? Die Zahl der Mobilge-

Zur Tabelle rechts betr. Nr. 26 (Unglücksfälle).
Im Jahre 1860: Vom Boden gefallen 7, im Wasser ertrunken 2, tot gefunden 6, erschossen 2, durch den Sturz vom Pferde 1, in Folge eines Sturzes vom Wagen 1, unter einem Wagen verunglückt 3, unter einer Tracht Holz verunglückt 1, in Folge von unmäßigem Genuß von Branntwein 1, durch Brandverletzung 1, in einer Mistgrube verunglückt 1, von einem Baumaste erschlagen 1, in einer Mühle verunglückt 1.
Im Jahre 1870: Tot gefunden 5, im Wasser ertrunken 12, vom Boden gefallen 3, durch den Sturz von der Treppe 2, von der Leiter gefallen 1, unter einem Wagen verunglückt 4, von einer Wagendeichsel erschlagen 1, unter den Pferden verunglückt 2, in Folge eines Plaggenbruchs verunglückt 1, erstickt 2, an Brandwunden gestorben 5, durch das Platzen einer Kanone beim Abfeuern verunglückt 1, in Folge von Beinbrüchen 4, erfroren 1, in Folge einer in die Luftröhre gedrungenen Bohne gestorben 1. Vgl. Archiv der Lippischen Landeskirche, Konsistorialregistratur Rep. II Tit. 2 Nr. 2.

Die Verstorbenen in Lippe in den Jahren 1860 und 1870 unter Angabe der Todesursachen	1860	1870
1. Totgeborene	124	166
2. Wochenkinder	145	132
3. An Zähnen und Kinderschürken	198	237
4. An echten Pocken und Blattern	1	3
5. An Masern und Röteln	34	118
6. Am Scharlachfieber	1	36
7. Am Keuchhusten	82	94
8. An der Dörrsucht, der englischen Krankheit, den Mitessern u. Würmern	2	—
9. Frauen in der Geburt	1	4
10. Frauen im Wochenbett	17	30
11. An der Schwindsucht und Auszehrung	420	570
12. An Dumpf, Engbrüstigkeit und Stickfluß	10	37
13. An der Wassersucht	134	141
14. An der Ruhr	5	45
15. Am Schlagfluß	40	34
16. An hitzigen Fieberarten, als hitzigen Haupt- und Brustkrankheiten	490	644
17. An Kolik und Verstopfung	22	18
18. An Bruchschäden	6	7
19. An äußerlichen Schäden als Krebs	36	31
20. An Blutstürzungen	8	8
21. An Gicht und Gliederschmerzen	15	16
22. An der Fallsucht und Epilepsie	10	10
23. An der Bräune und Halsschäden	18	60
24. Am tollen Hundebiß und Wasserscheu	—	1
25. Selbstmörder	12	16
26. Unglücksfälle	30	45
27. An mancherlei Krankheiten	99	160
28. Alterswegen	287	352
29. Durch Mord	—	2
30. Im Kriege gefallen und in Folge der erhaltenen Wunden gestorben	—	38
Gesamtzahl der Verstorbenen:	2247	3055
Gesamtzahl der Geborenen:	3719	4052
Gesamtbevölkerung:	ca. 111 000	

machten wird etwa 80 betragen, also 20 Prozent. Von diesen sind im Felde oder in Lazaretten gestorben 4, also 5 Prozent der Einberufenen. Beim Abmarsch des Bataillons empfingen mehrere Kombattanten [=Kriegsteilnehmer] privatim das heilige Abendmahl und zwar gleich am ersten Mittwoch nach der Mobilmachung, wo alsbald die erste Kriegs-Betstunde in der Kirche unter sehr zahlreicher Beteiligung der Gemeinde gehalten wurde. Seitdem haben diese Kriegs-Betstunden jeden Mittwoch, erst in der Kirche, hernach im Konfirmandensaal, unausgesetzt ihren Fortgang gehabt bis zum Abschluß des Waffenstillstands, wo die Teilnahme nur noch gering war.
Die sehr fleißig betriebene Korrespondenz zwischen den im Felde Stehenden und den Ihrigen hat dem Unterzeichneten manchen Genuß gewährt. Die eingehenden Feldpostbriefe trugen während der Kriegsgefahren durchweg den Grundton einfältigen Gottvertrauens und soldatischer Opferwilligkeit ohne alles Murren; von Roheit kamen kaum einzelne Züge vor, häufig dagegen waren die Äußerungen kindlicher Pietät und warmer Heimatliebe. Einzelne Schreiben zeichneten sich aus durch anschauliche Beschreibungen der Erlebnisse und hatten hier und da wirklich reichen Inhalt. Für hinausgesandte soldatische Bücher und Zeitungsausschnitte kam immer warmer Dank zurück [...].
Über die seit kurzem angeordnete sonntägliche Fürbitte für den Kaiser hat Unterzeichneter noch keine Äußerungen einzelner vernommen, glaubt aber annehmen zu dürfen, daß sich ein Gefühl für die Neugestaltung des Vaterlandes bei den Gebildeten wenigstens schon festgesetzt hat. Die Predigten haben auch nicht umhin gekonnt, die Ereignisse der großen Zeit häufig durch eingestreute Bemerkungen zu beleuchten und zuweilen hat auch die Textwahl sich unmittelbar daran angeschlossen. So war z. B. am Sonntag nach Annahme der Kaiserkrone der Text Psalm 21 und am Sonntage nach der Kapitulation von Paris Jerem. 51,1.10. Soweit scheint die Erwartung berechtigt, daß auch unsere Gemeinde diese große Zeit mit einigem Bewußtsein durchlebt hat [...].

Langenholzhausen, 26. April 1871
Superintendent Krücke

[...] Der Unterzeichnete hielt es für Pflicht, auch seiner Gemeinde nach Kräften die Bedeutung der Zeit nahezubringen und in die durch Ereignisse tief bewegten und erregten Herzen als einen empfänglichen Boden den Samen des göttlichen Wortes auszustreuen. Von dem ersten Sonntage an, wo sich die Kunde von dem so unerwartet über uns hereinbrechenden Kriege verbreitete, hielt er in den Vormittagsgottesdiensten Zeitpredigten, in denen er die gewaltigen Ereignisse in das Licht des Wortes Gottes stellte [...]. Hernach hielt er nur noch bei wichtigen Tatsachen, wie bei dem Fall von Metz und Paris und dem ersten Bekanntwerden des Friedensschlusses, Predigten in bestimmter Beziehung auf die Ereignisse [...].
Es trat der Ernst der Zeit so ganz anders an die Herzen heran wie im Jahre 1866. Es erinnerte gar vieles an das Jahr 1813. Von den Gliedern der Gemeinde, die mit in den Krieg ziehen mußten, wurde der Unterzeichnete gebeten, ihnen vor ihrem Fortgehen das heilige Abendmahl auszuteilen [...]. Und daß man nicht bloß zu Hause sich zu Gott wandte, daß auch im Felde man mit Ihm in den Kampf ging und auch da des Gebetes

nicht vergessen wurde, davon zeugte mancher Brief, der in die Heimat gelangte und manches, was sonst erzählt wurde [...].
Im übrigen ist das kirchliche Leben der Gemeinde im gewohnten Gange weiter gegangen und hat nichts besonderes Bemerkenswertes dargeboten. Es möchte vielleicht noch hervorzuheben sein, daß vor Ausbruch des Krieges wiederum eine größere Zahl nach Amerika auswanderte, die vor ihrer Abreise noch gemeinsam das heilige Abendmahl empfingen. Es haben in den letzten drei Jahren wohl gegen 90 Personen die hiesige Gemeinde verlassen, um jenseits des Meeres eine neue Heimat zu suchen, so daß dieselbe in dieser Zeit nicht zugenommen, sondern ziemlich bedeutend abgenommen hat, wie dies bei Zunahme des Kirchenbesuchs in der Abnahme der Kommunikantenzahl hervortritt. Am stärksten war die Auswanderung in der Bauerschaft Kalldorf, wo sie über 60 Personen betrug; die übrigen kamen aus Langenholzhausen; aus der Bauerschaft Heidelbeck ist keiner ausgewandert [...].

Wüsten, 1. Mai 1871
Pastor Krücke

[...] Der Kirchenbesuch, der in Wüsten 25 bis 36% beträgt, stieg im Sommer zu Anfang des Krieges so, daß oft alle Gänge der Kirche voll standen [...]. Erfreulich war es zu sehen, wie nicht nur bei denen, die Verwandte im Kriege hatten, sondern auch bei den anderen Gemeindegliedern sich zeigte, daß noch die Not unser Volk lehrt, aufs Wort zu merken. Auf dem Dorfe, wo wenige Zeitungen lesen und wo viele den falschen Gerüchten ausgesetzt sind, schien es mir auch keine Entweihung der Kanzel zu sein, wenn sonntäglich in den Abendkirchen ein kurzer Bericht über die Ereignisse auf dem Kriegsschauplatze gegeben wurde.
Da ich durch Bericht über diese Dinge gewissermaßen auf Politik gekommen bin, so scheint es mir nicht überflüssig zu sein, über mein Verhalten bei den Wahlen zum Reichstage zu berichten, da ja leicht in dieser Beziehung falsche Gerüchte über die Tätigkeit des einzelnen Geistlichen verbreitet werden. Mannigfach scheint ja jetzt die Ansicht zu herrschen, daß die Pastoren sich aller Politik gegenüber indifferent [=teilnahmslos] verhalten sollten. Ich muß gestehen, daß ich diese Anschauung für jämmerlich halte und vielmehr dem Grundsatz huldige, nil humanum mihi alienum puto [=ich glaube, daß mir nichts Menschliches fremd ist], gewiß nicht dann, wenn die größten Interessen des Vaterlandes in Betracht kommen. Andererseits, wenn mir auch sehr wünschenswert erscheint, daß einige evangelische Theologen in den Reichstag kommen, da alle Stände und Berufsarten in demselben vertreten sein sollten, halte ich es für sehr verkehrt, wenn dieselben äußere Leiter politischer Parteien oder gar politische Agitatoren sind, da dabei zu leicht das Amt leidet. Sodann scheint mir die Kirche sehr ungeeignet, politische Parteikämpfe in ihr zu besprechen, es sei denn, daß die grundlegenden Gottesordnungen angegriffen werden. Aus diesem doppelten Gesichtspunkte habe ich es für mein Amt nicht unangemessen gehalten, daß ich an politischen Versammlungen in und außerhalb meiner Gemeinde teilnahm und, wo die Gelegenheit sich bot, meine Überzeugung frischweg aussprach und zu begründen suchte. Habe dann aber vermieden, vor der Wahl auch nur in der Predigt auf die Wahl anzuspielen;

habe mich ferngehalten von eigentlicher Wahlagitation. Ich hielt es aber für Pflicht, am Sonntage vor der Wahl nach der Predigt, die Gemeinde daran zu erinnern, daß es Pflicht eines jeden Wählers sei, bei der Wahl zu erscheinen und dann so zu wählen, wie es ein jeder nach fester Überzeugung vor Gott und seinem Gewissen verantworten könne [...].

Lemgo, St. Johann, 5. Juni 1871
Pastor Neubourg

[...] Das wichtigste Ereignis des Jahres war der gewaltige Krieg des geeinigten Deutschlands gegen Frankreich, wichtig nicht bloß für ganz Deutschland, sondern auch für jedes Gemeindeleben. Zum ersten Male fühlten alle, auch die kleinsten Stämme Deutschlands, sich beteiligt an einer großen nationalen Sache und durch Gottes gnädige Fügung einig gegenüber dem Erbfeinde, bei dessen unverschämter Herausforderung zum Kriege überall die höchste Entrüstung laut und der alte Nationalhaß wach wurde. Gottlob, wir konnten die Söhne und manche Väter unserer Gemeinde mit hinausziehen sehen, die blutige Arbeit, den Ruhm und die Wunden dieses Krieges teilen, mitbeten und mitjubeln, aber auch mittrauern.
Unsere Soldaten fochten tapfer am 14. August vor Metz, wo 2 Söhne der Gemeinde fielen, andere verwundet wurden, die teils nachher in Lazaretten starben, teils auf dem Wege der Genesung sind. Ein Simon Holzkämper aus Leese erhielt am 14. August 4 Schüsse, einen quer durch die Brust oberhalb des Magens, einen in den Rücken, einen in den linken Oberarm, einen in den rechten Schenkel. Er gehörte zu den Schwerverletzten des Lazaretts in Courcelles, von wo aus mir der Lazarettpfarrer Nachricht gab. Später kam er ins Barackenlazarett zu Berlin und ist dort auf dem Wege der Heilung. Im ganzen sind 5 teils gefallen, teils an Krankheiten in Frankreich gestorben. Andere Söhne der Gemeinde dienten in anderen Heeresabteilungen, z. B. im X. Arm. C. und machten die großen Schlachten um Metz am 16. und 18. August glücklich mit, andere stehen noch heute vor Paris. Ein Anerbe eines Kolonats, der einzige Sohn kränklicher Eltern, ist seit dem 9. August völlig verschollen und alle Bemühungen, ihn durch Vorgesetzte, öffentliche Blätter etc. ausfindig zu machen, waren vergeblich. So hat der Krieg tief in die Verhältnisse einzelner und in das Leben der ganzen Gemeinde eingegriffen. Besonders niederdrückend war die Zeit der Zernierung [=Belagerung] von Metz, mit der die Krankheiten ausbrachen und die Todesnachrichten sich häuften [...].
Wo der Herr seinen Arm so gewaltig vor der Welt in Gerichten, Züchtigungen und reichen Segnungen offenbarte, wo unter dem Ringen zweier so großer kriegerischer Völker eine neue Zeit anbrach, der französische Kaiserthron rasch in Trümmer sank, die „uneinnehmbare" Weltstadt Paris eine Gefangene wurde und in die Hände der Deutschen fiel, die unter entsetzlichen Verlusten von Sieg zu Sieg fortschritten, wo alle Gemüter von den frohen und schrecklichen Ereignissen erfüllt waren, durfte auch die Kirche nicht schweigen. Deshalb nahm ich in den Predigten, so oft der Text es zuließ, Rücksicht auf die Ereignisse und ihre Bedeutung. Einzelne Perikopen eigneten sich vorzüglich dazu, z. B. 1 Kor. 10, 6-13, das Gleichnis vom barmherzigen Samariter Luk. 10, auf welches die Liebestätigkeit Deutschlands bei Freund und Feind das hellste Licht

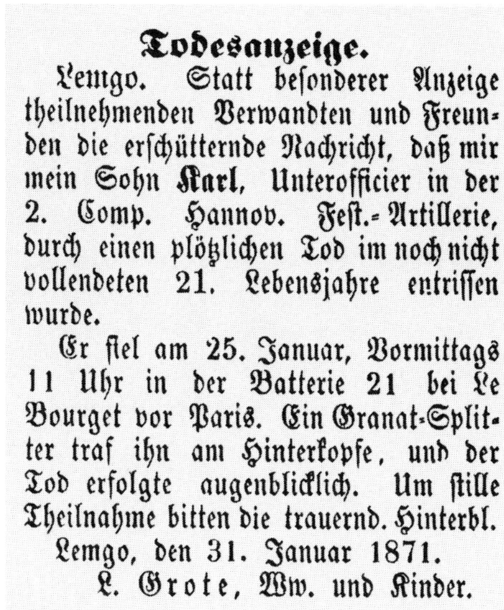

Todesanzeige.

Lemgo. Statt besonderer Anzeige theilnehmenden Verwandten und Freunden die erschütternde Nachricht, daß mir mein Sohn **Karl**, Unterofficier in der 2. Comp. Hannov. Fest.-Artillerie, durch einen plötzlichen Tod im noch nicht vollendeten 21. Lebensjahre entrissen wurde.

Er fiel am 25. Januar, Vormittags 11 Uhr in der Batterie 21 bei Le Bourget vor Paris. Ein Granat-Splitter traf ihn am Hinterkopfe, und der Tod erfolgte augenblicklich. Um stille Theilnahme bitten die trauernd. Hinterbl.

Lemgo, den 31. Januar 1871.

L. Grote, Ww. und Kinder.

Zu den Gefallenen im deutsch-französischen Krieg von 1870/71, die aus Lippe stammten, gehörte der 20jährige Karl Grote aus Lemgo, dessen Tod im Fürstlich Lippischen Regierungs- und Anzeige-Blatt am 2. Februar 1871 angezeigt wurde. Auch andere lippische Gemeinden hatten Gefallene zu beklagen: Nach Blomberg, Lemgo und Talle waren jeweils sechs Kriegsteilnehmer und nach Barntrup und Varenholz jeweils drei von den Kriegsschauplätzen in Frankreich nicht zurückgekehrt. In den ersten sechs Kriegsmonaten waren nach einer für das Jahr 1870 erstellten kirchlichen Statistik 38 Kriegsteilnehmer aus Lippe „im Kriege gefallen oder in Folge der erhaltenen Wunden gestorben". Vgl. Archiv der Lippischen Landeskirche, Konsistorialregister Rep. II Tit. 2 Nr. 2.

warf [...]. Am Bettage bei Ausbruch des Krieges, 27. Juli, wo die Kirche von einer ernstgestimmten Menge dicht besetzt war, predigte ich über Psalm 33, 8-22 unter der Losung: „Wohl dem Volke, daß der Herr ein Gott ist!" [...]. Am 4. September, nach der Kapitulation von Sedan und Gefangennehmung Napoleons III., predigte ich über 1. Samuel 17, 45-53, nach dem Fall von Paris über Offb. Joh.18,4-10 mit dem Thema: „Stark ist Gott der Herr, der sie richten wird" [...].
Die Gottesdienste wurden von der Mehrzahl der Gemeinde während des Krieges fleißig besucht, bis das sehr kalte Wetter eintrat. Um so mehr mußte es auffallen, daß eine große Anzahl gebildeter Gemeindeglieder aus Lemgo, unter ihnen die Lehrer des Gymnasiums, die bis auf zwei zur St. Johanni Gemeinde gehören, sich in dieser großen, ernsten Zeit der Kirche entfremdet zeigten, so daß sie nicht einmal nach den Tagen von Sedan und Paris Neigung fanden, mit der Gemeinde zu feiern. Bei den stets wiederkehrenden Volksaufzügen, Marktreden und sonntäglichen Zusammenkünften auf dem Schützenplatze fehlten diese Herren und Damen nicht. Es ist zu beklagen, daß vielen, die in einflußreichen Stellungen stehen, der religiöse Halt und sittliche Ernst fehlt [...].

Blomberg, 14. September 1871
Pastor Corvey

[...] Im Jahre 1870 kamen wir plötzlich in eine ernste und sorgenschwere Lage durch den Ausbruch des deutsch-französischen Krieges. Nach wenigen beunruhigenden Nachrichten, die anfangs von vielen kaum beachtet wurde, ging plötzlich von Munde zu Munde die Kunde: Die Franzosen haben den Krieg erklärt. Und welch einen Krieg! In drohender Eile zog er wie ein wildes Wetter, wie ein Orkan heran. Schon zogen sich die Feinde an unseren Grenzen zusammen, um über unser deutsches Land herzustürzen. Wir wußten nicht, was kommen würde, und all unser Sinnen und Berechnen war bedeutungslos. Aber das wußten wir, daß der Krieg auch im besten Falle viele

Opfer an Menschenleben kosten und daß er viele Bedrängnisse mit sich bringen würde. Wohl seit langer Zeit waren unsere gottesdienstlichen Versammlungen niemals so zahlreich besucht als während der Dauer der schweren Prüfung und Not, unter welcher mit dem Beginn des Krieges so manches Herz [...] begierig war nach dem Trost des göttlichen Wortes. Am Buß- und Bettage, welchen Hochfürstliches Konsistorium auf den 27. Juli des letzt verflossenen Jahres anberaumt hatte, waren die Gemeindeglieder besonders sehr zahlreich im Gotteshause erschienen, um sich vor dem Herrn [...] in Demut zu beugen und ihn um Schutz und Beistand sowie um den Sieg für unsere deutschen Waffen anzurufen. Und als der Herr in seiner Gnade und Barmherzigkeit die Gebete des deutschen Volkes erhörte und eine Siegeskunde nach der anderen in unser Ohr drang, da nahmen wir Prediger in unseren Predigten wiederholt Veranlassung, die große Kriegstaten zu erwähnen. Wir forderten die Gemeinde auf, dem Herrn in Demut zu danken dafür, daß er die Schrecken und Gefahren des Krieges von den Grenzen unseres deutschen Vaterlandes gnädig abgewandt, besonders auch unsere Gemeinde von den Lasten des Krieges gänzlich verschont und unsere deutschen Heere von Sieg zu Sieg geführt hatte.

Als endlich Anfang März d.J. der heißersehnte und erflehte für unser deutsches Volk so rühmlich und ehrenvolle Friede mit dem übermütigen, durch Gottes Hand tief gedemütigten Erbfeinde abgeschlossen war, hielt ich an dem nächst folgenden Sonntage eine Friedenspredigt. Ich erinnerte in derselben die Gemeinde daran, wie sie bei Ausbruch des Krieges in großen Scharen in das Gotteshaus gegangen, in den Tagen der Not und Gefahr den Herrn um seinen Segen und Beistand angefleht und wie Gott [...] der gerechten Sache zum Siege verholfen und uns den teuren Frieden wieder geschenkt habe [...].

Am 22. März d.J. fand eine besondere offizielle Friedensfeier auf Anregung der fürstlichen Behörde statt. Dieselbe war vom schönsten Wetter begünstigt. Das Fest wurde am Mittag mit Glockengeläut und Choral vom Turme eingeleitet. Um zwei Uhr wurde die gottesdienstliche Feier unter sehr zahlreicher Beteiligung der Gemeinde eröffnet mit dem Lutherliede „Eine feste Burg ist unser Gott“. Ich legte meiner Festrede den Text Ps. 20, 6-10 zugrunde. Ich suchte in derselben zu entwickeln, wie das Friedensfest, das wir im Gotteshause feierten, uns auffordere zunächst zu demütigem Dank gegen Gott für die Abwendung der schweren Gefahren, welche nach erfolgter Kriegserklärung unser deutsches Vaterland von seiten der Feinde bedrohte, für den Sinn der Einmütigkeit, Begeisterung und Opferfreudigkeit, welchen Gott in der Stunde der Gefahr im deutschen Volke geweckt, für die herrlichen Kriegstaten und Siege, welche er unseren Brüdern nach dem Reichtum seiner Macht und Gnade geschenkt [...].

Um sechs Uhr abends fand dann noch eine Festfeier auf dem Marktplatze statt. Die Häuser waren festlich dekoriert, ebenso die Häuser an einzelnen Straßen. Auf dem Marktplatze war eine mit Tannenreisig geschmückte Rednertribüne errichtet. Nachdem die zahlreich versammelte Menge das Lied „Nun danket alle Gott“ angestimmt hatte, bestieg mein Kollege, der Pastor Neubourg, die Tribüne. In fesselnder und ergreifender Rede entwarf er ein lebendiges Bild von den Ereignissen des siegreich geführten Krieges, er verglich die politische Lage und Stellung des deutschen Reiches vor dem

Kriege mit der Größe und weltgebietenden Macht desselben, welche es nach dem glücklich beendeten Kriege einnimmt; der Redner warf dabei einen kurzen Rückblick auf frühere Zeitverhältnisse, bewies aus der Geschichte, wie die Franzosen seit Jahrhunderten als Erbfeinde Deutschlands das Feuer der Zwietracht zwischen den deutschen Fürsten und Völker genährt, wie schöne Provinzen mit räuberischer Hand uns entrissen, Deutschlands Zerrissenheit und Machtlosigkeit herbeigeführt, dasselbe zur Zeit der Freiheitskriege aufs tiefste erniedrigt hatten. Der Redner stellte dann einen Vergleich zwischen den Fürsten, welche die siegreich geführten Freiheitskriege nach der Niederwerfung des Erbfeindes Deutschland geerntet und den herrlichen Resultaten, welches unser deutsches Vaterland nach dem jüngsten ruhmreich geführten Kriege durch die unvergleichliche Tapferkeit der deutschen Krieger an der Spitze durch ein festes Band der Einheit gekräftigt, Deutschland zwei schöne Provinzen, welche ihm einst durch fränkische Raublust genommen, nun zurückerobert und seine Grenzen gegen Westen durch den Besitz von zwei starken Festungen gegen die Angriffe des Erbfeindes dauernd gesichert hätte und schloß seine Rede, indem er die Versammlung zu einem Hoch auf den deutschen Kaiser, dessen Geburtstag mit dem Friedensfeste zusammenfiel, aufforderte, in welches Hoch die durch die treffliche Rede sichtlich gehobene Versammlung kräftig und begeistert einstimmte. Absingen von patriotischen Liedern durch die hiesigen Gesangsvereine, Fackelzug durch die Straßen der Stadt und Illumination der meisten Häuser schloß die schöne Feier.

Der vom Hochfürstlichen Konsistorio auf den 18. Juli d.J. angeordnete Friedensdankgottesdienst war von der Gemeinde wiederum sehr zahlreich besucht.
Obwohl nicht zu verkennen ist, daß die gewichtigen Ereignisse der jüngsten Zeit auf einzelne Mitglieder unserer Gemeinde segensreich eingewirkt und ihren Glauben frisch belebt und gestärkt haben, haben auch viele, sowie die augenblickliche Not vorüber war, durch welche der Herr sie zu sich gezogen hatte, ihres Gottes wieder vergessen. Der besonders in unserer Stadt herrschende Unglaube hat leider! nicht abgenommen. In pharisäischer Werkgerechtigkeit gehen viele ihren eigenen Weg und kümmern sich nicht um Gottes Wort und Predigt desselben.

Es gibt viele Häuser, in denen man nichts mehr weiß von Gebet und Gottes Wort, Häuser, in denen Gottes Namen nur noch in einem Fluch oder in einem Schwur genannt wird. Viele brauchen keinen Gott und Heiland mehr und sind sich selbst genug. Wenn einer es an den Tag legt, daß er noch festhält am Glauben der Väter, so kann er gar leicht dem Spott verfallen. Viele stehen auf der Höhe der modernen Zeitbildung, hassen das Wort Gottes als veraltete Wahrheit, treiben offen ihren Spott damit und ziehen recht tapfer über den Verkündiger desselben los, ungebunden, ungeniert wollen sie sein, von dem eigenen Belenken, von der eigenen Willkür und Weisheit soll alles abhängen. Ich kenne viele Gemeindeglieder aus der Stadt, welche selten am Gottesdienste teilnehmen. Besonders sind es viele Handwerker, welche, statt nach sechstägiger oft harter und anstrengender Arbeit Trost und Erquickung aus dem Worte des Lebens zu holen und frisch gestärkt an ihre Wochenarbeit zu gehen, das Alltagsleben auch auf den Sonntag ausdehnen. Es ist der Geist der Habsucht und Gewinnsucht des irdischen Sinnes und fleischlichen Wesens, wo die vielfach zerstreute und umgetriebene Seele nie zur

Ruhe kommt. Das Stück Geld, das man verdient, ist mehr wert als der Seele Seligkeit; der Zeitgeist, dem man frönt, hat mehr Macht als das Gebet des ewigen Gottes, und so macht man in vielen Häusern besonders unserer Stadtgemeinde den Sonntag zum Werktag und bringt sich selbst mit Weib und Kind, mit Lehrlingen und Dienstboten um Sonntagsruhe und Sabbatfrieden.
Während also ein großer Teil der Stadtgemeinde sich vom Besuch des Gotteshauses fernhält, auch selten oder nie zum Tisch des Herrn geht, um in seinem heiligen Mahle Trost und Stärkung zu suchen für die mühselige und beladene Seele, machen wir Prediger betreffs der Landgemeinde die wohltuende und wahrhaft erquickende Erfahrung, daß sie durch den fleißigen Gebrauch der Gnadenmittel ein reges kirchlich und religiös gesinntes Leben zeigt. Nur bei ganz ungünstigen Witterungsverhältnissen besuchen die Glieder der Landgemeinde seltener das Gotteshaus. Es gehen nämlich im Frühjahr viele Maurer und Ziegler, nachdem sie sich noch einmal im Gotteshaus eingefunden, am Worte des Lebens und am Mahl der Herrn sich erquickt haben, ins Ausland, um dort durch saure Arbeit ihr Brot zu erwerben. Im Herbst kehren sie dann in ihre Heimat zurück und finden sich dann meist regelmäßig sonntäglich im Gotteshaus ein, das in der Fremde oft schmerzlich vermißte und entbehrte Brot des Lebens zu genießen und am Mahl des Herrn Erquickung und Kraft für ihren inwendigen Menschen zu suchen.
In vielen Familien herrscht leider! auch Zank und Streit. Die materiellen Interessen zerreißen in mancherlei Fällen das Band der Familienverhältnisse. Der Streit um das Mein und Dein aus gemeiner Geldgier und Gewinnsucht ist der Krebsschaden, welcher am Glücke vieler Familien zehrt. Habgier ist in vielen Fällen die traurige Ursache häuslichen und ehelichen Unglücks, weil der Mammon, nicht die Liebe sehr oft das Band der Ehe schließt, um es bald wieder zu zerreißen. Ich habe hier wiederholt, aufgefordert oder durch meine Amtspflicht veranlaßt, Frieden zwischen entzweiten Ehegatten oder sonstigen Familiengliedern zu stiften Gelegenheit gefunden, bittere Klagen über getäuschte Hoffnungen und Erwartungen zu vernehmen und dabei die niederbeugende Erfahrung gemacht, daß dauernd Frieden zwischen unversöhnlichen Gemütern zu vermitteln eine schwere Kunst ist, welche man nur durch lange Übung und Erfahrung lernt [...].

Schlangen, 1. November 1871
Pastor Schmidt

Das Jahr 1870 verlief, so ereignisreich es für das Gesamtvaterland war, ohne besondere nennenswerte Ereignisse für unsere Gemeinde; ja, es verlief, abgesehen von den politischen Ereignissen, ruhiger als frühere Jahre.
Das Verhältnis des zeitigen Predigers zu der Gemeinde im ganzen und zu den einzelnen Familien und Personen veränderte sich nicht. Mag ich diesen auch bei verschiedenen Gelegenheiten näher getreten sein; im ganzen stehe ich doch noch nicht zu ihnen in einem engeren Verhältnisse. Zum Teil liegt die Schuld an dem mangelhaften Ansehen der kirchlichen Institution überhaupt in der Gemeinde, welche, abgesehen von mancherlei Verwilderung und Roheit, an und für sich der Kirche ziemlich fremd gegenübersteht. Es geht der großen Mehrzahl jedes geistige Bedürfnis ab. Sie findet ihre völlige

Befriedigung im Materiellen; das „Bete“ usw. verachtet sie, während das „Arbeite“ pflichtgemäß geübt und der Lohn für solche Übung im Wirtshausleben, in Tanzgelagen, in sinnlichen, fleischlichen Genüssen und Übertretungen gefunden wird. Während besonders viele Männer den sonntäglichen Besuch des Gotteshauses für eine lästige — und darum vernachlässigte — Aufgabe betrachten, ist ihnen das Wirtshaus eine teure Stätte, deren Besuch sich ihnen eine Pflicht zu dünken scheint und wo man sie sonntags, Kopf an Kopf gedrängt, bei Branntwein und Karten sitzen sieht, hier die Bauern, dort deren Knechte und anderswo die Ziegler, besonders das erst zum Jünglings- oder Mannesalter heranwachsende Geschlecht. Die Frauen scheinen etwas empfänglicher für das Höhere zu sein, auch das Gotteshaus lieber zu haben; vielleicht zum Teil, weil ihnen das Wirtshaus nach der Sitte außer bei den öffentlichen Tanzlustbarkeiten oder Tanzhochzeiten verschlossen bleibt.

Nur wenn Tod und Todesschrecken nahen, sind manche Seelen bereiter zur Entgegennahme geistiger Kost und fordern geistigen Zuspruch, aber meistens wohl aus Furcht vor dem dunklen Grabe oder vor dem Gericht oder um sich selbst dem Pastor gegenüber in ihrem vermeintlich untadelhaften Lebenswandel zu spiegeln und nach ihrem Tode eine „gute“ (rühmende) Rede zu erhalten. Wie aber aller Selbstruhm und alle Selbstgerechtigkeit eitel ist, so insbesondere unter den Gliedern hiesiger Gemeinde, denn diesen sind fast durchweg die herkömmlichen Lieblingssünden so in Fleisch und Blut übergegangen, daß ihnen das Gefühl, geschweige die Erkenntnis von der Schande derselben für einen Christmenschen abhanden gekommen ist. Das göttliche Wort wurde zwar in den gewöhnlichen sonntäglichen und in außerordentlichen Advents-, Fastengottesdiensten, bei den sog. öffentlichen Beerdigungen, am Krankenbette usw. verkündigt, — wo aber mag ein Krümlein aufgegangen sein auf dem harten dornigsten Acker? Wenn sie überhaupt hören, so lassen sie’s ins eine Ohr hinein, aus dem andern hinausgehen! Findet eine agitatorische Dorfsversammlung statt am Sonntagnachmittag, — da werden die Ohren noch gespitzt und bleibt der Unkrautsamen sicherer im Herzen stecken. Den Prediger lassen sie Gesetz und Evangelium verkünden und die Kirchenzeit äußerlich über sich ergehen, sie geloben wohl Buße und Heiligung, — aber wer bezahlt seine Gelübde? Und so möchte denn eine Kirchenvisitation aus inneren und äußeren Gründen angewiesen sein. Dieselbe wurde denn auch am 26. Juni vom Klassensuperintendenten abgehalten, und es ist zu wünschen, daß die Gemeinde tiefergehende Eindrücke und geistige Anregung durch sie empfangen hat.

Bald nachher konzentrierte sich die Aufmerksamkeit auf die gewaltigen politischen Ereignisse, welche auch die Herzen gewaltig packten. In der Tat schienen die Gemüter jetzt empfänglicher für das Walten des lebendigen Gottes und begehrlicher nach seiner Gnade zu werden. Am 27. Juli wurde unter außergewöhnlich großer Teilnahme ein Buß- und Bettag abgehalten und eine Predigt über Psalm 5, „Unser Gebet in der jetzigen Kriegszeit“, schien einen gewissen Eindruck nicht zu verfehlen, was in den Umständen lag, da ich, wie viele andere Geistliche des Landes, nur wenige Stunden zur Vorbereitung hatte [...]. Am 31. Juli forderte ich nach Anleitung von Ps. 6 um Hilfe für die Verwundeten auf, am 7. August nach Ps. 7 verkündete ich, worauf sich unsere Hoffnung auf Sieg gründete, am 14. August nach Ps. 8 Gottes Herrlichkeit, am 21. nach Ps. 9

unseren Dank über den Untergang der Feinde, gab am 28. dem Schmerz über die Kriegsleiden in der Predigt über Ps. 10 ein Klagelied Ausdruck, in welcher jedoch nicht nur (im 1. Teile) von der Klage, sondern auch im 2. von der Bitte und im 3. von der Hoffnung die Rede war. Was Wunder, daß sich auch im Gotteshause so und weiter auch Herz und Sinn auf das wandte, was in jeder Seele lebte!
Die größere Erregung blieb bis zum Schlusse des Jahres. Gebe Gott, daß das Jahr 1870 nicht nur auf politischem, sondern auch kirchlichem Gebiete, nicht nur für das äußerliche, sondern auch das innerliche Leben unseres Volkes epochemachend sei durch reichen Segen. Daß es die Augen von den speziell kirchlichen Angelegenheiten auf die speziell vaterländischen abzog, lag in der Natur der Sache; indessen auch die vaterländischen konnten Anlaß geben, den durch Gottes Wort gepflanzten guten Keim zu Liebesbestätigung und zum Gottvertrauen — zum gottseligen Wandel — zu befruchten. Möchte auch unserer Gemeinde aus der blutigen Saat eine geistige Segensernte entsprießen! Das walte Gott!

Brake, 31. Januar 1872
Pastor Goedecke

[...] Am Friedens- und Siegesfeste (18. Juni) predigte ich über Exod. 15,1-13. Besondere Gottesdienste auf Anlaß der Siegesnachrichten habe ich nicht gehalten, da ich das, was allenfalls eine Berücksichtigung in der Kirche erlaubte, an passenden Stellen in den Bereich meiner Predigten zog. Besondere Predigten aber auf Veranlassung rein politischer Ereignisse bringen zu leicht die Gefahr mit sich, daß mehr politische Reflexion hinzukommt, als an heiliger Stätte tunlich ist und als eine Gemeinde für dieselbe passend hält. Die Nachrichten über die fortlaufenden Siege des deutschen Heeres in Frankreich nahm unsere Gemeinde mit Freude und Dank auf, wenngleich ein eigentlich deutscher Patriotismus nicht deutlich dabei hervortrat. Eigentümlich, wenn auch nicht unerklärlich, war die Mißstimmung einzelner Demokraten bei den stets wiederkehrenden Siegesnachrichten; es hatte den Anschein, als wenn sie — nur aus Haß gegen Preußens Präponderanz [=Übergewicht] — unseren deutschen Heeren eher Niederlagen als Siege gewünscht hätten [...].
Das Besuchen der Kranken habe ich wie früher regelmäßig fortgesetzt und pflege wöchentlich an einem Nachmittage die dafür nötigen Gänge zu machen. Bei kranken Frauen pflegte mich auch in geeigneten Fällen meine Frau zu unterstützen, eine Hilfe, welche ich nicht gering achten mag und gern auch manchem anderen Prediger empfehlen möchte, denn man erfährt auf diesem Wege mancherlei, was sonst verborgen bleiben würde. Im Frühjahr 1871 traten leider die Pocken, von Lemgo aus importiert, hier in Brake wie in der Bauerschaft Kluckhof auf. Da indes durchgreifende Absperrung der Häuser und auch die vorgeschriebene Vorsicht bei den Beerdigungen beobachtet wurde, gelang es, die anfangs recht heftig auftretende Krankheit eng zu begrenzen und zum Erlöschen zu bringen [...].
Von anderen Epidemien ist unsere Gemeinde gottlob verschont geblieben. Träte jedoch einmal eine solche auf, so würden die Einwohner von Brake, wo viele Häuser kasernenartig eng bewohnt sind, gewiß empfindlich heimgesucht werden, zumal bei den meisten

Einliegern von guten Wohn- und Schlafräumen, von Reinlichkeit und guter Ventilation in demselben kaum das geringste Maß zu finden ist.
Nach dem obigen sehe ich mich jetzt noch veranlaßt, eines anderen in gewisser Hinsicht zu Besorgnissen Anlaß gebenden Mißstandes zu gedenken, nämlich der hier immer weiter um sich greifenden Fabrikarbeit. Ein verhältnismäßig sehr sehr großer Teil der Braker Jugend erwirbt seinen Lebensunterhalt durch Anfertigung von Zigarren. Es sind nicht bloß einzelne größere Lokale da, wo dieselbe betrieben wird, sondern auch manche kleine Wohnungen müssen demselben Zwecke dienen. Die stark mit Nikotin geschwängerte Luft jener Räume — eine Folge der Anfeuchtung des Tabaks — ist unmöglich als der Gesundheit nicht nachteilig anzusehen; das Zusammensein von vielen fast noch dem Kindesalter angehörenden Arbeitern mit älteren, mitunter auch von jugendlichem Leichtsinn nicht ganz freien Arbeitern oder Arbeiterinnen kann ebenfalls nicht als ganz unbedenklich angesehen werden [...].
Da die in den Fabriken arbeitenden jungen Mädchen in gar vielen Fällen weder nähen noch stopfen lernen, so hat meine Frau im vorigen Jahre angefangen, mehreren derselben (zirka 12) an zwei Abenden wöchentlich unentgeltlich Unterricht in jenen notwendigen weiblichen Arbeiten zu geben. Wenn es die Kraft meiner Frau sowie Zeit und Raum zuließen, würde sich obige Zahl leicht noch vermehren lassen, denn es hat den Anschein, daß das Bedürfnis eines solchen Unterrichts auch noch in weiteren Kreisen empfunden wird [...].

Talle, 5. Februar 1872
Pastor Pothmann

Das Jahr 1871 war in politischer und kirchlicher Hinsicht ein höchst merkwürdiges. Es hat den längst ersehnten Frieden gebracht, nachdem der alte Erbfeind in 156 Schlachten geschlagen, sein Übermut gedemütigt und seine Macht gebrochen wurde; es hat zur Zeit der Gefahr die deutschen Völker verbunden sowie das deutsche Kaiserreich wiederhergestellt, so daß man sich der angenehmen Hoffnung wohl hingeben darf, das geeinte Vaterland werde ein Hort der Gesittung und des Volkes Wohl werden. Nicht minder merkwürdig ist aber auch das abgelaufene Jahr in kirchlicher Hinsicht. Das Unfehlbarkeitsdogma, auf dem Konzil zu Rom als solches ausgesprochen, hat die Geister wachgerufen und läßt sich die Tragweite noch nicht absehen.
Die Trennung der Kirche vom Staate ist von neuem angeregt worden und darf man es der weisen Vorsehung Gottes sicher zutrauen, sie werde diesem geistigen Kampf ebenfalls einen herrlichen Sieg verleihen.
An dem ewig denkwürdigen Tage, der vor 56 Jahren schon einmal über Deutschlands Unabhängigkeit und Freiheit entschied, am 18. Juni a.p., wurde auch hier vorgeschriebenermaßen das Friedensfest kirchlich gefeiert. Ich hatte der fraglichen Festbetrachtung Psalm 118, 23 V. 24 zugrundegelegt und zum Thema genommen: Wie können wir das Friedensfest christlich begehen? und diese Frage also beantwortet und ausgeführt: 1. wenn wir den Frieden als eine Wohltat Gottes anerkennen; 2. ihm für denselben danken und 3. uns wegen desselben in dem Herrn freuen. Daß diese Feier nicht ohne Segen gewesen ist, hoffe ich zu Gott. Der Bavenhauser Schuldistrikt veranstaltete seinen

glücklich wieder heimgekehrten Kriegern am 9. Juli a.p. nachmittags ein Heimkehrfest und verband damit zugleich ein Schulfest, wobei ich geeignete Worte sprach. Die Festlichkeit verlief in jeder Weise ganz gut, fand, durch die herrliche Witterung begünstigt, viel Teilnahme und großen Anklang.
Den 6 aus hiesigem Pfarrdistrikt gefallenen Kriegern (ein siebenter ist seit dem 14. August 1870 vermißt) hat die dankbare Gemeinde hierselbst eine erzerne Gedenktafel errichtet, welche am Totenfeste, dem 26. November a.p., nachdem der Hilfsprediger Hunecke über Offenb. Joh. 14,13 „Von der Seligkeit der in dem Herrn Gestorbenen", und zwar 1. worin diese Seligkeit bestehe, 2. wie man derselben teilhaftig werde, geredet hatte, unter beziehender und geeigneter Ansprache am Schlusse der Predigt in hiesiger Kirche aufgestellt wurde [...].
Schließlich habe ich noch gehorsamst zu bemerken, daß ich wegen merklicher Abnahme meiner körperlichen und geistigen Kräfte und wegen meiner vorgerückten Lebensjahre nicht mehr imstande war, meinem Amte in dieser weitläufigen Gemeinde völlig vorzustehen und daß ich, teils um den religiösen Bedürfnissen meiner mir seit 34 Jahren liebgewordenen Gemeinde vollständig Genüge zu leisten, teils mich meiner fast größtenteils unversorgten Familie noch länger zu erhalten, mich ungern genötigt sah, einen ordinierten Gehilfen zu nehmen, dem ich den größten Teil meiner Amtsgeschäfte übertragen könne. Hochfürstliches Konsistorium hat mir auf mein Nachsuchen und auf meine Kosten am 1. Oktober a.p. den Herrn Kandidaten Leopold Hunecke aus Ufeln als solchen hochgeneigtest zugewiesen und ist demselben höheren Orts namentlich die Abhaltung des Gottesdienstes, die Verwaltung der Sakramente, Verrichtung der Kopulationen, der Konfirmandenunterricht, die spezielle Seelsorge, die Besuche der Kranken, Inspizierung der Schulen, Abhaltung der Schulprüfungen, die damit verbundene Berichterstattung sowie Erstattung der jährlichen Pastoralberichte mit dem mir vorbehaltenen Rechte übertragen worden, jede kirchliche Handlung und pfarramtliche Funktion nach Belieben selbst zu verrichten.

Horn, 7. Februar 1872
Pastor Brockhausen

[...] Ich selbst bin mit den Kirchenältesten der Ansicht, daß sich im allgemeinen das kirchliche, religiöse und sittliche Leben in unserer Gemeinde nicht geändert hat, daß es im allgemeinen noch zufriedenstellend ist; kann aber nicht verschweigen, daß der Wohlstand und das Wohlgefühl unserer städtischen und ländlichen Bevölkerung mehr und mehr sinkt und damit auch ernstliche Besorgnisse für die Religiosität und Sittlichkeit erregt.
Die letzte Zählung hat ergeben, daß die Bevölkerung fast aller Orten, namentlich in unserer Stadt, bedeutend abgenommen hat, trotzdem, daß der Geburten überall mehr als der Sterbefälle gewesen sind. Die Auswanderung nach Amerika hat gegen früher zwar nicht zugenommen, wohl aber bleiben jetzt viele derjenigen, die vormals immer im Winter aus der Fremde zu uns heimkehrten, seit einiger Zeit da ganz zurück und nehmen dort, wo größerer Verdienst zu finden ist, für immer ihren Aufenthalt, und

nur die Trägeren, Liederlicheren und Arbeitsunfähigeren verbleiben uns und fallen den Gemeinden mit ihren meist zahlreichen Familien drückend zur Last. Mit dem Betteln namentlich der Kinder dieser teils selbstverschuldet, teils unverschuldet Armen ist es in letzter Zeit so arg geworden, daß wir uns ernstlich nach Mitteln umgesehen haben, diesem heillosen, verunsittlichenden Unwesen zu steuern und es ist von der Armenkommission in Verbindung mit dem hiesigen Magistrate eine Speiseanstalt beschlossen und seit dem 29. Januar d. J. eröffnet worden, in welcher die bedürftigen Kinder (es sind derselben gegenwärtig etwa 46) des Mittags beköstigt werden; doch werden einige Portionen auch an alte Hilfsbedürftige ausgeteilt. Eine Kollekte in hiesiger Stadt hat dazu etwa 50 Reichstaler und eine nicht unbedeutende Quantität Hülsenfrüchte und andere Lebensmittel eingebracht [...]. Seitdem hat nun das Betteln wirklich aufgehört. Ließe sich etwas ähnliches doch auch für die ländlichen Bezirke unserer Gemeinde veranstalten! Veldrom, wo bekanntlich seit vielen Jahren eine Armenspinnschule besteht, kann sich sehr glücklich preisen, da diese Anstalt, welche nicht nur die Kinder speist, sondern sie auch mehrere Stunden nützlich beschäftigt und überwacht, einen höchst segensreichen Einfluß sowohl auf die leibliche als auch auf die geistige Gesundheit der dortigen Jugend übt [...].

Mit großen frohen Hoffnungen wird, wie überall hierzulande, so auch bei uns die in Aussicht stehende Eisenbahn begrüßt, als welche vielen belohnende Arbeit geben und Industrie, Handel und Verkehr mächtig fördern werde; allein davon ist doch nicht alles Heil zu erwarten und nur die Förderung der Intelligenz und Sittlichkeit unseres Lippervolkes kann dasselbe auf eine höhere Stufe auch des leiblichen Wohlseins emporheben. Gottlob! Dies wird auch immer lebhafter sowohl von den gebildeten höheren Ständen als auch von den niedrigen, weniger gebildeten selbst immer lebhafter empfunden, und wie schon in dem vorigen Winter ist auch im gegenwärtigen wieder eine Abend- und Fortbildungsschule in Horn eröffnet, die in erfreulicher Weise von unseren jungen Leuten allabendlich besucht wird. Dieselben zahlen bei ihrem Eintritt ein sehr geringes Honorar und außerdem erhalten die mit dem Unterricht beschäftigten Lehrer auch zur Verteilung unter sich vom hiesigen Magistrate 30 Reichstaler. Ich hoffe, daß diese Einrichtung auch mit der Zeit in allen unseren Landgemeinden Nachahmung findet, wie sie solche bereits in Holzhausen unter dem Lehrer Geise, in Heesten unter dem Lehrer Kleinsorge — von den übrigen Schulen ist mir nichts sicheres bekannt — gefunden hat. Je allgemeiner die Bildung wird, je mehr durch unsere Schulen und andere Anstalten und Verein dafür geschieht, je mehr das Volk einsehen lernt, daß die Bedingung seiner Wohlfahrt Geschicklichkeit, Kenntnis und Sittlichkeit ist, je mehr ihm die Mittel geboten werden, sich diese Güter zu erwerben, um so weniger wird es sein Heil woanders, im Kommunismus und Sozialismus und in gewaltsamer Umwälzung aller bürgerlichen Verhältnisse suchen, wozu so viele jetzt leider geneigt sind.

Wie viel zu der Erreichung dieses Zwecks Staat und Kirche, bürgerliche und kirchliche Gemeindeverwaltung beitragen kann, beitragen muß, steht außer Frage, und was mich selber betrifft, so wird die Volksbildung, wie sie mir immer am Herzen gelegen hat, auch ferner stets am Herzen liegen und werde ich mich bemühen, durch fortgesetzte Lehrerkonferenzen, durch guten Rat im Schulvorstande und selbsterteilten Unterricht, soweit und lange ich es vermag, die Sache weiter zu fördern und habe mich gefreut, daß hier auch in der letzten Zeit der Wunsch unter mehreren strebsamen jungen Bürgern laut geworden ist, einen Bildungsverein und womöglich auch eine damit verbundene Volksbibliothek zu gründen, und werde ich mich der gewünschten Mitwirkung dabei nicht ganz entziehen, um die Bestrebungen dabei zu leiten und durch meinen Einfluß auf rechter Bahn zu erhalten [...].

Brake, 9. Februar 1874
Pastor Goedecke

[...] Schon seit einigen Jahren, etwa seit Beendigung des französisch-deutschen Krieges, scheint eigentümlicher Sinn oder Geist in die unteren Volksklassen eingedrungen zu sein. Ziemlich deutlich gibt sich bald bei der einen, bald bei der anderen Gelegenheit — ich meine damit nicht gerade meine pastoralen persönlichen Erfahrungen — ein Geist des Widerspruchs, der Mißachtung von Gesetz und Recht, ja auch (nach den eigenen Worten eines hiesigen Beamten) der Obrigkeit kund. Damit verbindet sich dann, besonders im politischen Gebiet, eine Verwunderung erregende Unreife des Urteils, eine Verwechslung von Recht und Unrecht, und das nicht bloß bei Leuten der untersten Klasse, sondern auch bei solchen, welche eine bessere Stellung einnehmen. Nimmt man noch hinzu, daß verschiedene Reichstagsgesetze uns Deutschen allerdings wohl in manchen Dingen ein großes Maß persönlicher Freiheiten einräumen, daß andererseits aber die Strafbestimmungen des neuen Strafgesetzbuches in vielen Fällen eher den Weg zu außergewöhnlicher Milde als zu scharfer Ahndung von Vergehen zeigen, so drängt sich unwillkürlich die Frage heran: Werden nicht unsichere, ja äußerst bedenkliche Zustände zu erwarten sein, wenn ausgedehnte Freiheiten fernerhin noch von einer politisch und sittlich unreifen und nie reif werdenden, wohl aber versinkenden Menschenklasse mißbraucht werden dürfen?
Ad [=zu den] Freiheiten erinnere ich z. B. an die jetzt relativ häufig vorkommenden, in jugendlichem Leichtsinn geschlossenen Ehen, deren spätere Folgen sich in einer Zunahme der Verarmung und übermäßiger Belastung der Armen- und Gemeindekassen zeigen werden. Ad milde Strafen weise ich auf die allerdings im Auslande (Westfalen und Rheinland) wegen geringer oder oft ausbleibender Strafen in entsetzlicher Weise zunehmenden Verbrechen gegen Person und Eigentum hin, deren Nachwirkungen mit der Zeit auch in unserem Lande fühlbar sein werden. Es ist ja so weit gekommen, daß man jetzt auf den Straßen Berlins, Kölns etc. seines Lebens nicht mehr so sicher ist, wie es vor 50 Jahren der Wanderer auf den einsamsten Wegen Deutschlands war! Wir scheinen Zuständen entgegenzugehen, wo man christlichen Glauben, religiöse Überzeugung für Heuchelei, gute Sitte für Torheit, das geistliche Amt für eine überflüssige Last halten wird und wo auch der redlichste Berufseifer bei den Geistlichen der evangelischen Kirche erlahmen wird unter dem Druck des Atheismus, der sozialistisch-politischen Agitation und der Brutalität [...].

Hohenhausen, 18. Februar 1874
Pastor Thorbecke

[...] Die Feier vom 2. September 1873, die glänzende Sieges- und Friedensfeier, war auch dieses Mal eine sehr erfreuende und erhabende in hiesiger Gemeinde. Das Fest wurde abends zuvor eingeläutet; der Gottesdienst begann 10 Uhr morgens; ich predigte über Jesaja 44,21-23: Woran soll heute das deutsche Volk besonders gedenken? 1. an den Dienst, dem es Gott schuldig ist; 2. an seine innere Befreiung; und 3. an die Freude und den Jubel überall in den deutschen Landen. Der Gottesdienst war zahlreich besucht; die körperlichen Arbeiten ruhten an dem festlichen Tage. Nachmittags gegen 3 Uhr begann die Schulfeier, welche auf einem geeigneten Platze des Kolons Schnüllemeier hierselbst begangen wurde. Die Kinder, gegen 300, sangen einige Choräle und patriotische Lieder und belustigten sich an allerlei Spielen. Zu leiblicher Erquickung wurden ihnen Kaffee und Weißbrot gereicht, auch mancherlei kleine Geschenke wurden mitgeteilt, besonders denen, die sich in den Spielen ausgezeichnet hatten. Alle Mitglieder des Hohenhauser Schulvorstandes sowie auch viele erwachsene Gemeindeglieder nahmen teil an der schönen Feier. Auf ähnliche Weise wurde in der Schulgemeinde Bentorf gefeiert. Der Amtmann Heldmann hierselbst hielt eine Ansprache an die Kinder der Hohenhauser Schule, worin er auf die hohe Bedeutung dieses Tages hinwies und mit einem Hoch auf den deutschen Kaiser Wilhelm I. schloß, worin alle begeistert einstimmten [...].

Heiden, 27. Februar 1874
Pastor Meyer

Der Druck, welcher über die kirchlichen Verhältnisse des gesamten Vaterlandes gelagert hat nach der kurzen Erhebung, welche durch den großen Krieg veranlaßt war, hat sich auch hier in mannigfacher Weise fühlbar gemacht.

Der Prediger ist nicht mehr so wie früher der Mittelpunkt des Gemeindelebens, weil das Reich Gottes dem Gesamtgefühl der Leute ferner gerückt ist. War es vor Luther der fahrende Spielmann, der die Herzen des Volks in seiner Hand hatte und dann nach Luther 300 Jahre lang der evangelische Prediger, so mag man jetzt wohl sagen: die Zeitungen haben den Prediger und Pastor um einen großen Teil seines Einflusses auf die Herzen des Volkes gebracht.

Wenn auch der Kirchenbesuch in den beiden letzten Jahren in hiesiger Gemeinde nicht abgenommen hat und unter den obwaltenden Verhältnissen, bei der Nähe dreier Städte, ein erfreulicher genannt werden kann, so wird doch mit anderen Ohren gehört. Auf die veränderten Anschauungen, Interessen und Gefahren hat deshalb die Predigt Rücksicht genommen und oftmals ist der Grundton hindurchgeklungen: „Des Menschen Sohn muß viel leiden und verworfen werden von diesem Geschlecht". Für die Kanzel ist mir seither durch Gottes Gnade die frühere Freundschaft und Frische noch geblieben wie auch für den Konfirmandenunterricht; dagegen für die Seelsorge ist die frühere Beweglichkeit jüngerer Jahre nicht ganz mehr da. Das Bedürfnis nach Seelsorge scheint auch geringer zu werden. Bei Armen, Witwen und Betrübten ist noch am ersten Raum dafür; indes auch zu Sterbenden wird der Pastor häufig nicht gerufen.

Gute Gebetbücher sind jedoch fast durchweg in den Häusern, am meisten der „Habermann“ und das „Starkebuch“ und daß die neu gegründeten Familien sie anschaffen, dafür wird bei den Gesprächen mit den Brautpaaren eifrig Sorge getragen.

Auch für die Schule ist das Interesse keineswegs im Erlöschen, wie bei dem gegenwärtigen Zeitgeiste wohl gefürchtet werden könnte. Das hat unlängst auch die Gründung einer neuen Schulgemeinde in Barntrup erwiesen, wo sehr erfreuliche Opferwilligkeit und wärmste Teilnahme bei der Einführung des erbetenen Lehrers Schneider zutage trat. Mein Verhältnis zu den sechs Lehrern ist ein wohltuendes. Die neue Volksschulordnung [=Volksschulordnung vom 18. Oktober 1873] ist mit ihnen in mehreren Konferenzen durchberaten.

Missionsfeste und ein Erinnerungsdankfest im Rückblick auf den großen Krieg, wozu Pastor von Bodelschwingh herübergekommen war, haben erfreuliche Teilnahme gefunden, ebenso auch das jährliche Sedanfest. Aber freilich viel allgemeinere Teilnahme fanden in der vorjährigen Passionszeit mehrere splendide Schützenfeste, wo die Ziegler von ihrem reichen Erwerb ein gut Teil verjubelt haben [...].

Geschlossene engere Kreise von kirchlich Gesinnten, bei denen sich etwa im Winter eine Bibelstunde halten ließe, gibt es in der Gemeinde nicht. Die vor langen Jahren ausgepfarrten Lutheraner, etwa zehn Familien, haben ihren Anhalts- und Einigungspunkt in Lemgo, stehen aber ihren Nachbarn fremd gegenüber und sind, weil isoliert, immer mehr verknöchert [...]. Leider besteht auch ein kirchenfeindlicher Kreis von etlichen großen Grundbesitzern und einigen schnell reich gewordenen Ziegelmeistern. Er bestand schon vor meinem Hierherkommen. Diese Leute besuchen den Gottesdienst nicht, sie sind Hausmanns Freunde und ihr Element ist das Wirtshaus und politische Agitation. Ihr Einfluß auf die Gemeinde scheint sich nicht zu mehren. Bei Sterbefällen habe ich versucht, einigen dieser Familien näherzukommen; sie bleiben fremd und abgeschlossen. Die Sonntagspost ist ihr Evangelium und noch einige Blätter von der äußersten Linken wie die Berliner „Wespen“. Um so erfreulicher ist es, daß doch auch das Gütersloher Monatsblatt in mehr als hundert Familien gelesen wird und daß auch die Konfirmandenkinder gern und zahlreich gute Volksschriften leihweise mit in ihre Häuser nehmen.

Von dem politischen Parteitreiben halte ich mich gänzlich fern und auf der Kanzel wird selbstredend Politik nicht getrieben. Hausmann gilt fast durchweg in der Gemeinde, auch bei manchen Wohlgesinnten, für einen Volksmann, dem man seine religiösen Meinungen nachsehen müsse. Da man von mir weiß, daß ich sein Gesinnungsgenosse nicht bin, so besteht auf diesem Gebiete eine Kluft zwischen mir und der Gemeinde. Vom Fürsten redet man nicht, von der Regierung auch nicht viel. Bei der Reichstagswahl mögen nur wenige Hausmann nicht gewählt haben, ziemlich viele haben in Gleichgültigkeit oder Unentschiedenheit gar nicht gewählt. Über das Regierungsblatt äußerte neulich einer der Wohlgesinntesten: „Das bringt doch so viel wie gar nichts“. Die Ziegler sind in der Winterzeit leider ohne Arbeit und ist zu verwundern, daß im letzten Winter keinerlei Exzesse vorgekommen sind. Ein Singverein des Lehrers Schneider gibt den Ziegelburschen wenigstens etwas heilsame Beschäftigung und man kann nicht sagen, daß sie im allgemeinen verrohten. Die Ziegelmeister, die nur kurze

Zeit als Wintergäste in der Gemeinde sich aufhalten, lassen sich an ihrem Familienleben genügen, für das Gemeindeleben sind sie fast nur wie Atome. Die Voraussicht, daß durch die Freizügigkeit viele junge Zieglerfamilien der Gemeinde entführt werden möchten, scheint sich nicht zu bewahrheiten. Vielmehr früher ins Ausland verzogene Familien kehren zurück und die außerordentlich zahlreichen im letzten Winter getrauten Ehepaare bleiben sämtlich hier. Ob es daran liegt, daß der Lipper doch noch große Anhänglichkeit an seine Heimat hat? [...].

Haustenbeck, 9. Juni 1874
Pastor Sauerländer

[...] Was den Charakter meiner Gemeinde betrifft, so ist sie eine entschieden kirchliche, sofern man den Maßstab der Beurteilung legt an den Kirchenbesuch und an die Teilnahme am heiligen Abendmahle [...]. Sofern ich aber urteile nach der Bestätigung des Christentums im Leben, glaube ich der Gemeinde im allgemeinen nur den Charakter eines primitiven, wenig durchgeistigten und befestigten, ich möchte sagen naiven Christentums beilegen zu dürfen.
Die Sorge um das Irdische dominiert hier so sehr, daß für das Himmlische wenig Zeit übrig bleibt. Ist hier ein Mensch körperlich gesund und hat eben zu leben, so ist er vollkommen zufrieden. Das übrige überläßt er nur voreilig alles dem lieben Gott und wenn es denn einmal eine gute Ernte gegeben hat oder die Ziegler haben ein gutes Geschäft gemacht, so schlagen sie nur zu leicht über die Stränge. Auf der anderen Seite ruft dann die Armut und das Elend einen knechtischen Sorgengeist und innere Abgestumpftheit hervor. Sonst sind die Haustenbecker ein leichter Volksschlag, leicht empfänglich und beweglich im guten wie im bösen Sinne. Aus dieser Überschätzung des Materiellen und ihrer inneren Leichtfertigkeit und Unstetigkeit stammen die Hindernisse, mit denen man hier zu kämpfen hat.
Der Branntwein spielt leider auch hier seine traurige Rolle und in seinem Gefolge gibt es allerlei Zank und Streit, auch wohl grobe Roheit. Aus Holz- und Felddiebstählen machen sie sich nicht leicht ein Gewissen; auch Wilddieberei wird, wenn möglich, ohne Skrupel bei Nacht exerziert. Um die Erziehung ihrer Kinder, namentlich wenn sie erst der Schule entwachsen sind, kümmern sie sich wenig; die Hauptsache ist ihnen, daß ihre Kinder nur schnell und viel verdienen. Sobald die jungen Leute erwachsen sind, heiraten sie und stürmen leichtfertig hastig in die Ehe hinein, ohne die Folgen zu erwägen. Ist dann die Ehe unglücklich und treten allerlei Trübsale ein, dann ist dann das Elend gleich groß. Besonders um das Mein und Dein in Besitz und Ehre entspinnen sich die erbittertsten Streitigkeiten. Etliche Streitigkeiten sind schon Dezennien alt und reichen leider! bis in den Kirchenvorstand hinein, so daß die Mitwirkung des Kirchenvorstandes im Regiment der Gemeinde dadurch sehr beschränkt wird. Sehr zu beklagen ist es auch, daß die gegenwärtigen bürgerlichen Leiter der Gemeinde zu wenig Ernst und Energie zeigen, um die von den Ziegeleien heimgekehrte Jugend bei ihren Wintervergnügen, die leider mit allzu großer Lizenz von Amts wegen gestattet werden, in den rechten Schranken zu halten. Wäre das der Fall, so hätten wir keinen Gendarm

nötig gehabt, dessen Anwesenheit unter jetzigen Verhältnissen im Winter sehr erwünscht ist. Es ist ein großer Übelstand, daß die Ziegler, so sehr sie sich im Sommer abquälen, so wenig im Winter für eine regelmäßige Arbeit zu gewinnen sind [...]. Übrigens will ich gern bezeugen, daß ich auch hier und da echt christliche Naturen unter Alten und Jungen, Gesunden, Kranken und Sterbenden gefunden habe, daß eine „lustige Hochzeit" nur ausnahmsweise vorkommt und daß wir im letzten Kirchenjahre nur ein uneheliches Kind zu verzeichnen hatten. Endlich glaube ich, daß es sehr zum Frieden der Gemeinde diente, wenn der hiesige Küster D., der trotz seiner Treue im Schulamt und Küsterdienst wegen seiner leidenschaftlichen Strenge und der hohen Ansprüche, die er an die armen Kinder Haustenbecks stellt, die Ursache stetiger Nörgeleien und Mißhelligkeiten ist, recht bald von hier an eine andere und hoffentlich gute Stelle versetzt würde [...].

Brake, 13. Februar 1879
Pastor Goedecke

[...] Was Zucht und Sitte in der Braker Gemeinde anbetrifft, so tut man gut, hierbei einen Unterschied zwischen der Dorfschaft Brake und den auswärtigen Bauerschaften zu machen. Im Dorfe Brake gibt es viele Zigarrenfabrikarbeiter beiderlei Geschlechts, darunter sogar auch Kinder, in allen Bauerschaften der Gemeinde aber auch sehr viele Ziegler. Sowohl jene wie diese verdienen relativ viel Geld, wodurch Eltern veranlaßt werden, ihre Kinder schon frühzeitig sowohl in die Fabriken wie auch unmittelbar nach der Konfirmation auf Ziegeleien zu schicken. Wie das Leben auf den Ziegeleien ist, bedarf keiner Beleuchtung; daß es aber ein der Gesundheit nicht nachteiliges Gewerbe sei, kann man auch nicht behaupten. Ich bemerke nur, daß sich in der Braker Gemeinde zwei völlig gelähmte Ziegler und ein teilweise gelähmter befinden und daß ein zirka 14 Jahre alter Knabe auf der Ziegelei rasch vom Typhus weggerafft wurde, ein anderer nach wenigen Monaten mit dem Knochenfraß am Fuße (wegen beständiger Fußerkältungen) heimkehrte.

Von dem Leben in den Zigarrenfabriken hört man wenig. In einer sind — was dem Fabrikherrn zum Lobe gereicht — nur weibliche Arbeiter; bei anderen sind beide Geschlechter vertreten. Eigentümlich ist es, daß unter den männlichen Fabrikarbeitern [...] stets einige eingewanderte Katholiken sind; daß auch geheime Sozialisten sich darunter befinden, glaube ich nicht bezweifeln zu dürfen, bin daher auch in um so größerer Besorgnis, als deren Einwirken auf andere still und unmerklich geschehen wird. Ich vermute sogar, daß diese von sozialistischen Hauptagitatoren in anderen Gegenden mit propagandistischem Zweck hierher gesandt seien. In Lemgo, Uflen und Lage wird es wohl ebenso damit stehen.

Die Fabrikarbeiter führen im ganzen genommen ein ziemlich stilles Leben. Bei Tage (bis 8 Uhr abends) arbeiten sie; zuzeiten machen sie sich aber ein Tanzvergnügen, wobei es, soviel ich weiß, ohne bemerkbare grobe Ausschreitungen zugeht. Vergleicht man indes die Fabrikarbeiter mit den Zieglern, so befürchte ich, daß dieser Vergleich zugunsten der letzteren ausfallen muß. In deren Kreisen gerade scheint ein plumpes oder gar rohes Wesen immer bemerkbarer zu werden, lobenswerte Ausnahmen nicht zu übersehen. Ein winterliches Zieglervergnügen bestand (nach dem Referat des Lehrers Siekmann aus dessem Schulbezirk) etwa aus einer Tanzerei, war begleitet von Trinkereien (Champagner nicht ausgeschlossen) und endigte dann wohl mit einer kräftigen Prügelei. In Brake sind neun Stellen, wo Branntwein verkauft resp. an Gäste verschenkt wird. Leider bemühen sich gerade jetzt dem Vernehmen nach noch zwei ebenfalls um die Konzession zur Gastwirtschaft. Wohin soll das führen, wenn die Vorsteher oder die Behörden diese etwa billigen?

Nach dieser Seite hin liegt auch dasjenige, was man als etwas die pastorale Tätigkeit Hemmendes ansehen darf. Ein gewisser Grad von Derbheit ist vielleicht eine Eigentümlichkeit des niederen Standes unserer lippischen Bevölkerung; wenn aber der Ziegler in guten Sommern Geld verdient hat, im Winter nicht immer Beschäftigung findet, die Branntweinschenke und andere Genossen aber zum Besuche einladen: dann liegt die Versuchung zu nahe, die Derbheit zur Roheit zu steigern und die auf diese Weise erzeugte Stimmung auch weiterhin auszudehnen. Leuten, welche zu dieser Kategorie gehören, ist in konkreten Fällen pastoraliter schwer oder gar nicht mehr beizukommen, wenn man nicht Gefahr laufen will, die Ehre des pastoralen Amtes gefährdet zu sehen.

Nach einer anderen Seite hin wird es auch wohl hier und da mehr heraus zu fühlen als zu hören sein, daß die Ansicht von der Stellung und Bedeutung der Kirche sich auch nicht weniger Stellen seit Einführung des Zivilstandsregisters und Zivilstandsbeamten geändert hat. Während ein gewiß noch wohl größerer Teil der Gemeindeglieder die Einführung der Zivilstandsregister als bei uns unnötig, auch wohl als eine indirekte, wenn auch vielleicht nicht beabsichtigte Herabsetzung der Bedeutung der Kirche und ihrer Diener als einen leidigen Freipaß zur Lossagung von der Religion ansehen mag, in anderen Kreisen wahrscheinlich nicht so. So weit man mit seinen Vermutungen gehen darf — denn dem Pastor werden wohl bestimmte konkrete Äußerungen stets verschwiegen — ist wohl anzunehmen, daß die rohen Elemente die Kirche seit 1876 als diskreditiert ansehen und nur geduldig den Zeitpunkt abwarten, wo sie oder ihre nachfolgende Generation der Kirche den Rücken zuwenden können [...].

Bei dem Artikel „Zucht und Sitte" ist nachträglich auch des bestimmten Gegenteils hiervon zu gedenken. Leider muß ich nämlich bemerken, daß ich im Verlauf des Jahres 1878 viele Paare eingesegnet habe, welche — wie der Augenschein dartut — schon vorher in fleischlichem Verkehr gestanden hatten. Der hierher gehörende Prozentsatz ist leider nicht gering. Traurig ist es auch, daß solche Leute kaum ein Odium trifft; man scheint sich mit der Zeit in den betreffenden Kreisen ganz darüber hinwegsetzen zu wollen; den Pastor gehe das auch nichts mehr an, weil der ja keine Ehen mehr zu schließen habe.

Noch ein weiteres habe ich ad vocem [=zu dem Worte] Zucht und Sitte zu bemerken, wobei ich allerdings über die Grenzen der Braker Gemeinde weit hinaussehe. Seit dem letzten Kriege (oder soll man sagen: seit Einführung des neuesten Kriminalgesetzes?) scheint der Begriff von Zucht und Sitte sich in gewissen Kreisen wesentlich geändert zu haben, d. h. weit laxer geworden zu sein. Das Gebahren einzelner roher Subjekte wird immer dreister, die Klagen über zunehmende Roheit und Unzuverlässigkeit in

Handel und Wandel werden immer häufiger, der Einfluß der Sozialisten ist trotz der neuesten Gesetze nicht aufgehoben, die Achtung vor Gesetz und Obrigkeit — nach eigener Äußerung eines hiesigen Beamten — wahrlich nicht mehr die frühere; das gibt viel zu denken [...].
Die in der Braker Gemeinde seit Anfang 1876 Geborenen sind sämtlich getauft, die Zivilehen sämtlich kirchlich eingesegnet und die betr. Kinder sämtlich konfirmiert [...]. Ob dies jedoch bei allen betreffenden als ein Beweis von ihrer Liebe zur Kirche und deren Ordnungen anzusehen sein dürfte, halte ich noch nicht für ausgemacht. Bei den meisten wird es gewiß so sein; wenn aber ein Sozialist seine Ehe kirchlich einsegnen oder sein Kind taufen läßt, so muß man doch vermuten, daß er dadurch nur dem Odium entgehen und sich nicht offen als Sozialist bloßstellen will. Man wird außerdem auch an das zu denken haben, was unser lippisch-westfälischer Volksstamm ex usu et consuetudine [=aus Sitte und Gewohnheit] tut; er ist einmal gern tenax consuetudinis [=in der Gewohnheit beharrlich].

Schötmar, 13. Februar 1879
Pastor Piderit

[...] Recht erfreulich ist die fleißige Teilnahme am öffentlichen Gottesdienst, die an hohen Festtagen, deren Feier meist noch durch Vorträge eines Gesangvereins und Schülermusikchors, welche der Kantor Küstermann gegründet, gehoben wurde, oft so groß war, daß viele in der über 2000 Sitzplätze enthaltenden Kirche nicht Platz finden konnten und dann auf den Treppen und in den Gängen stehen mußten. Für den kirchlichen Sinn der Gemeinde im allgemeinen zeugt ferner, daß die Zahl der Abendmahlsgäste, welche im verflossenen Jahre 3493 betrug, sich gegen das Jahr vorher um 103 Personen vermehrt hat; dann, daß sämtliche Kinder [...] auch getauft und sämtliche Ehen kirchlich eingesegnet sind.
Es kann außerdem noch erwähnt werden, daß seit einigen Jahren bei beinah allen Beerdigungen das Kommen des Predigers zum Trauerhause verlangt wird, welcher dann neben dem Sarge vor einer zahlreichen Versammlung den Trost des Evangeliums zu verkündigen hat und nachher dem Leichenzuge zum Kirchenhofe sich anschließt. Früher wurde dies sehr selten gefordert und auch nur in besonderen Fällen das Kommen des Predigers zum Kirchhofe gewünscht. Infolge dieser Neuerung wird nun allerdings in dem etwa 6000 Seelen zählenden 1. Pfarrdistrikt meine Arbeitslast sehr vermehrt und die spezielle Seelsorge in den einzelnen Häusern muß freilich darunter etwas leiden, aber solche gottesdienstliche Versammlungen in den Trauerhäusern sind doch auch segensvoll [...].
Doch leider hat es auch an manchem Betrübenden nicht gefehlt und dahin rechne ich zunächst die Zahl der unehelichen Geburten, die sich freilich im letzten Jahre nicht vermehrt, aber auch nicht vermindert hat. Der Grund hiervon liegt nach meiner Ansicht teils darin, daß viele Arbeiter und Arbeiterinnen in die Hoffmannsche Fabrik zusammen auf Arbeit gehen, teils darin, daß viele Ziegelarbeiter im Winter ohne gehörige Beschäftigung sind, häufig in den zahlreichen neu entstandenen Wirtshäusern Tanzgelage halten und sich vielfach müßig umhertreiben. Aber das ist nicht die einzige

Ursache, sondern mitunter kehren auch die auswärts in Bielefeld, Herford usw. dienenden Mägde verführt zurück. Solchem Unwesen gegenüber richtet der Prediger allein mit seinen Ermahnungen und Warnungen nur wenig aus.
Unangenehm und störend ist dann mitunter noch das Treiben einzelner Gemeindeglieder der lutherischen Gemeinde von Bergkirchen, die sich große Mühe geben, Leute zu ihrer Gemeinde herüberzuziehen, was ihnen freilich nur selten gelingt, da gerade in den nach Bergkirchen hin liegenden Distrikten die Kirchenvorsteher besonders treu über die Gemeindeglieder wachen. Immerhin aber treten trotz jenes Treibens, jedoch aus eigenem Drange, mehr Leute von Bergkirchen nach Schötmar zurück als veranlaßt werden, von Schötmar in die Bergkircher Gemeinde einzutreten.
Unangenehm, ja betrübend war es ferner, daß in Schötmar ein Sozialdemokratenverein, welcher aus etwa 65 Mitgliedern, namentlich jüngeren Zigarrenarbeitern bestand, sich bildete. Der Sozialdemokrat Oehme aus Hannover, der in einem hiesigen Wirtshause „Tivoli" Vorträge gehalten, hatte die Gründung dieses Vereins veranlaßt. Gegen dessen Irrlehren wurde aber eifrig in den Versammlungen der Sozialdemokraten selbst durch verschiedene Redner und durch mich in mehreren Predigten von der Kanzel wie durch Verbreitung einiger hundert Exemplare Stöckerscher Vorträge angekämpft, was nicht ganz ohne gute Wirkung blieb, so daß schon vor der Auflösung des Vereins infolge des Reichsgesetzes einzelne Mitglieder ihre Verirrung einsahen [Adolf Stöcker (1835-1909), Hofprediger in Berlin, gründete 1878 die Christlich-Soziale Arbeiterpartei].
Als ein großer Übelstand wird endlich noch mehr und mehr fühlbar, daß durch geringeren Verdienst auf den Ziegeleien und Fabriken die Armut der Gemeindeglieder wächst. Von seiten des Amtsgemeinderates und des Armenvorstandes geschieht, was nur möglich ist, um den Bedürftigen unter die Arme zu greifen; auch sind zu Weihnachten vom hiesigen Vaterländischen Frauen- und Jungfrauen-Verein und von den Töchterschülerinnen viele Arme bekleidet und beschenkt worden, aber die Not in manchen Häusern ist doch noch groß und der kirchliche Einfluß muß doppelt angespannt werden, damit über dem Gedanken an äußere Güter den Gemütern nicht das Gut verloren geht, welches das Herz nicht entbehren kann [...].

Heiden, 21. Februar 1879
Pastor Meyer

Am 3. April dieses Jahres werden's zehn Jahre, daß der Unterzeichnete von Detmold nach Heiden versetzt wurde. Man konnte damals Heiden „Hausmanns Hauptquartier" nennen. In Heiden hielt er im Ellernkruge seine großen Versammlungen und fulminanten Reden, hier forderte er auf, den Heidelberger Katechismus ins Feuer zu werfen, hier hatte er den meisten Zulauf, hier wurde der bekannte Jagdskandal in Szene gesetzt, hier hat man Hausmanns Büste mit Lorbeer bekränzt.
Am Anfang hatte daher der Unterzeichnete mit seinem entschiedenen Zeugnis für die christliche Wahrheit und für den Heidelberger Katechismus keinen leichten Stand. Die drei größten Bauernhöfe kündigten ihm alle Gemeinschaft auf und hielten sich zur Kirche nach Lage oder gingen in gar keine Kirche. In allen Wirtshäusern lag die Sonn-

tagspost aus und noch schlechtere Blätter wurden gelesen. In der Passionszeit wurden großartige skandalöse Schützenfeste gefeiert in einem jüdischen Wirtshause. Bei den Wahlen für Landtag oder Reichstag waren Hausmanns Anhänger die Omnipotenten [=Allmächtigen]. Der renitente [=widerspenstige] Pastor wurde in der Sonntagspost durch Kaspohls Feder mit Lug und Spott begossen.

Gegenwärtig hat die Gemeinde eine etwas andere Physiognomie. Hausmann schlug in seinen letzten Jahren sein Quartier nicht mehr hier auf. Gelesen werden jetzt in der Gemeinde 150 Exemplare des Gütersloher Monatsblatts. Alle Brautpaare mit nur seltenen Ausnahmen schaffen sich zur Aussteuer den „Habermann" oder das „Starkebuch" an. Der Kriegsverein hat unlängst seine Fahne in der Kirche weihen lassen. Die Missionsfeste, zum Teil von Pastor Vorberg auf den Höfen seiner hiesigen Parochianen eingerichtet, werden ziemlich zahlreich besucht. Pastor Palmer hat mit einem Kanzelvortrag über innere Mission beim Kirchenvorstande einigermaßen Verständnis gefunden.

Anfangs wurde es allerdings dem Unterzeichneten nicht leicht, in dieser Gemeinde heimisch zu werden; gegenwärtig ist er's in recht wohltuender Weise geworden. Seine entschiedensten Gegner sind zum großen Teile verdorben oder gestorben und die übrigen bis auf einen verstummt.

Während aller zehn Jahre ist der Kirchenbesuch ein erfreulicher gewesen und hat mit dem zunehmenden Alter des Unterzeichneten, der jetzt im 67. Lebensjahre steht, nicht abgenommen. Auch weite und schmutzige Wege und schlechtes Wetter schrecken nicht ab. Im Winter kommen die Ziegler sehr zahlreich, manche vielleicht aus Langeweile bloß. Da sich der Unterzeichnete einer festen Gesundheit erfreut, so ist Vorlesung einer Predigt durch den Kantor lediglich bei auswärtigen Vakanzpredigten, einmal während einer dreiwöchigen Krankheit und etwa zweimal wegen Verreistseins im Laufe der zehn Jahre vorgekommen. Das Orgelspiel des Küsters Burre ist ausgezeichnet, der Gesang der Gemeinde zuweilen herzerquickend. Das Innere der Kirche hält der Kirchendeche äußerst sauber und würdig, an den Festtagen sorgt der Küster für geziemenden Schmuck. Die Gebäulichkeiten werden aufs beste in Stand erhalten und vom Kirchenhofe ist alles Unziemliche entfernt.

Der Seelsorge kann der Unterzeichnete, da er seit vier Jahren keine Kinder mehr im Hause hat, manche freien Nachmittage widmen. Die meisten Dörfer sind noch leicht erreichbar. Aber die Gemeinde hat zwei weit abgelegene Streifen, den Apenberg und die Pivitsheide, wo das persönliche Dreinsehen nicht mehr dem vorhandenen Bedürfnisse genügt und wo auch Aushilfe durch Presbyter und Lehrer sich nach Wunsch nicht schaffen läßt. Die Pivitsheide, die von alters her unkirchlich und von rohen Sitten war, scheint neuerdings sittlich zu verwildern. Die besseren Pivitsheider sagen selbst, die Hauptschuld an ihrem Verderben trüge die neuere Gesetzgebung mit ihren „nichtsnutzigen Freiheiten", in Folge deren sich ihre früheren zwei Wirtshäuser jetzt zu elf verderblichen Schnapsschenken und Kneipen vermehrt hätten. Zudem sollen in dem benachbarten Lage, wohin die Pivitsheide den meisten Verkehr hat, deren gegen 60 sein. Es liegen in Pivitsheide die Häuser dreier Säufer und zweier Selbstmörder dicht beisammen. Es steht zu befürchten, daß dort auch die Verschmähung der kirchlichen Trauung bald einreißen möchte [...].

Sonneborn, 19. April 1879 Superintendent Zeiß

Seit Mai 1876 habe ich die Gemeinde Sonneborn neben Barntrup zu verwalten und ich muß von vornherein bekennen, daß mir meine Arbeit an derselben fast nur Freude gemacht und Segen gebracht hat. Wirklich sauer ist sie mir nur bei zeitweiser Kränklichkeit geworden, die sich leider seit zwei Jahren bei mir eingestellt hat.
Wenn man dem Charakter und eigentümlichen Wesen der Leute in Sonneborn Rechnung zu tragen versteht, ist mit der Gemeinde recht wohl auszukommen und auch auf dieselbe einzuwirken. Sie bildet darin einen bedeutenden Gegensatz zu Barntrup.
In geschlossenem Dorfe, das in einer Talschlucht eingekeilt liegt, haben die Sonneborner ein naturwüchsiges Wesen bewahrt, sehr wenig beleckt von der modernen Kultur. Es finden sich bei ihnen denn auch die guten und schlechten Seiten, die mit einem solchen Wesen zusammenzuhängen pflegen. Die Anhänglichkeit an das Alte und Hergebrachte ist bei ihnen sehr ausgeprägt. So sind sie denn auch der kirchlichen Sitte und den kirchlichen Ordnungen in allen Stücken treu geblieben [...].
Bei den Sonnebornern gilt die Autorität noch etwas, mithin auch die des Pastors. Sie reden nur von ihrem „Herrn" Pastor und begegnen ihm auf das ehrerbietigste. Für jeden Besuch sind sie recht dankbar [...].
Die Leute in Sonneborn sind derbe, geradeaus, ehrlich und zutraulich, einfach und genügsam, dabei sehr fleißig und sparsam. Es herrscht im Dorfe fast durchweg Wohlhabenheit; besonders bei den kleinen Kolonen. Arme gibt es nur wenige [...].
Betrachtet man die Kehrseite im Wesen der Leute zu Sonneborn, so fällt zunächst die Unreinlichkeit in Straßen und Häusern auf. Das scheint freilich nur etwas Äußerliches zu sein; hängt aber zu natürlich mit der ganzen inneren Eigentümlichkeit zusammen. Die Kranken werden einigermaßen nachlässig verpflegt. Nach Aussagen des Arztes verstehen die Leute überhaupt nicht zu kochen, am wenigsten Krankenkost. Sehr selten wird der Arzt bei Kranken zu Hilfe gerufen. Alte Leute verbieten es geradezu den ihrigen, für sie zum Doktor zu senden.
Das derbe Wesen der Leute steigert sich leicht zu Grobheit und Roheit. Tanzvergnügungen finden im ganzen nur selten statt; gibt's aber einmal eine lustige Hochzeit oder ein Schützenfest, so lassen sich die Teilnehmer auch bis zur Ausgelassenheit gehen. Wirkliche Säufer gibts wenige, aber Gelegenheitstrinker sehr, sehr viele. Da ist es dann auch recht zu bedauern, daß im vorigen Jahre, ganz in der Nähe der Pfarre, ein zweites Wirtshaus sich aufgetan hat. Auch in geschlechtlicher Beziehung lassen sich die Leute gehen, so daß ein Eheleben mit der Verlobung zu beginnen pflegt. Nicht selten kommt es vor, daß Söhne und Töchter, auch von den ersten Kolonen, sich früh miteinander einlassen und verheiraten müssen, daß sie noch viele Jahre getrennt bei ihren Eltern zu verbleiben haben. Daß im vorigen Jahre kein uneheliches Kind geboren ist, ist ein seltenes Vorkommnis.
Die Leute sind ungemein auf ihren Vorteil bedacht. Daher pflegen sie auch zu Geschäften, Einkäufen und dgl. stets den Sonntag zu benutzen. Für kirchliche und christliche Zwecke wird deshalb auch verhältnismäßig wenig beigesteuert [...]. So notwendig die Beschaffung einer neuen Orgel auch ist, die Zustimmung der Gemeindevertretung wird nicht zu erlangen sein [...].

Lemgo, St. Johann, im April 1879
Pastor Theopold

[...] Zunächst nimmt die Stadtgemeinde ungeheuer an Zahl zu. Im Todesjahr des sel. Pastors Schmidt 1862 wurden darin 28 Kinder geboren, im vorigen deren 78. Es sind meist hineinziehende Ziegler, die die Gemeinde vergrößern. Unter diesen herrscht augenblicklich wegen der schlechten Verdienste große Not. So wie nur eine kurze Krankheit vorkommt, haben die meisten kaum noch zu leben. Sie kommen dann zum Pastor. Der ist aber hier in der traurigen Lage, für die Stadtgemeinde keine Armenmittel zu haben. Es ist sehr zu beklagen, daß sogar das Klingelbeutelgeld an die städtische Armenkommission gegeben werden muß. Wie oft muß ich die Worte hören: „Ja Herr Pastor, wenn Sie uns nicht helfen können, an wen sollen wir uns dann wenden?" [...].
Ein neues Element ist in das religiöse Leben durch die Methodisten getreten. Es ist bemerkenswert, daß diejenigen, welche sich zu ihnen halten, teilweise frühere Glieder der Steffannschen freien Gemeinde sind. Die Gefahr einer Separation scheint mir aber vorläufig durchaus nicht vorhanden, da die Erfahrung der Steffannschen Separation noch zu neu ist. Die ganze methodistische Sache schien hier vor einem halben Jahre tot zu sein. Es waren nur einige Weiblein, die sich fester an den methodistischen Prediger geschlossen hatten und die Zahl der Besucher ihrer Andachten war auf 10-15 gesunken. Da ist ein neuer Prediger hierhergekommen, der sogleich eine Sonntagsschule eröffnete, die jetzt von über 100 Kindern besucht wird. Dadurch hat die Sache der Methodisten denn wieder etwas neues Aufsehen gemacht. Ob es angezeigt ist, gleichfalls eine solche Schule zu eröffnen, soll überlegt werden.
Das Zusammenleben mit den Lutheranern ist bekanntlich die Crux der hiesigen Stelle. Ich erkenne an, daß es schwer sein muß, das Zusammenschmelzen seiner Gemeinde zu sehen. Ein solches findet bei der Neustädter Gemeinde ohne Zweifel statt. Dennoch sind die Mittel, wie neue Gemeindeglieder gewonnen werden, nicht immer schön. Es ist mir aber bis jetzt noch glücklich gelungen, einen förmlichen Streit zu vermeiden. Schwer zu ertragen ist es aber doch, wenn man immer und immer wieder hören muß, wie die Lutheraner in unserer Gemeinde umhergehen und den Leuten sagen: „Ihr habt kein rechtes Abendmahl". „Ihr habt keine Symbole". „Die Reformierten hätten besser sollen in Frankreich bleiben usw.". Weil ich gelegentlich versucht habe, meine Gemeinde über diese Sachen aufzuklären, gelte ich für einen Mann, der es gar nicht lassen kann, die arme unschuldige lutherische Kirche anzugreifen. In den Augen der hiesigen Lutheraner ist es ein großes Verbrechen, wenn man sich gegen ihre beständigen Angriffe verteidigt. Nun, vielleicht wird das Wort wahr: si vis pacem, para bellum [=willst du Frieden, sei bereit, Krieg zu führen].
Sehr erfreulich ist der Kirchenbesuch. Derselbe war stets gut. Bei erträglichem Wetter faßt unsere große Kirche die Besucher kaum; doch sind es nicht allein Glieder unserer Gemeinde, welche dann kommen, sondern auch solche aus anderen, welche Besorgungen in der Stadt haben und nun die Kirche gelegentlich besuchen. Unsere Stadtgemeinde dürfte kaum sehr fleißig im Kirchenbesuche sein. Die Gebildeten derselben halten sich z. T. ganz von der Kirche fern [...].

Zirkular des Konsistoriums an die Superintendenten Weerth in Oerlinghausen, Krücke in Langenholzhausen und Zeiß in Barntrup
Detmold, 9. Juni 1879

Sie wollen bei Gelegenheit der diesjährigen Klassenversammlung nachfolgenden Erlaß als unsere Antwort auf die Pastoralberichte vom Jahre 1878 verlesen:
Aus Pastoralberichten für das Jahr 1878 haben wir ersehen, daß der Besuch der Gottesdienste und die Teilnahme an der Feier des heiligen Abendmahles im ganzen recht erfreulich sind; wenn in einzelnen Pastoralberichten darüber geklagt wird, daß aus den Kreisen der städtischen Gemeindeglieder und der sog. Gebildeten der Besuch der Gottesdienste und die Teilnahme an der Feier des heiligen Abendmahles geringer seien, so ist das eine betrübende Erscheinung, die auch an anderen Orten zu Tage tritt und der gegenüber Geduld und Treue im Amte in der Hoffnung zu üben ist, daß auch solche Gemeindeglieder durch Gottes Gnadenführung noch herzugebracht werden. Seelsorgerische Einwirkung und Benutzung jeder bei kirchlichen Handlungen — Taufen, Kopulationen und Beerdigungen — sich darbietenden Gelegenheit werden neben dem Gebet für solche Gemeindeglieder die besten Mittel sein, um eine Besserung zu erzielen.
Erfreulich war es uns durch die Pastoralberichte bestätigt zu finden, daß Taufe und kirchliche Trauung — verschwindende Fälle ausgenommen — überall begehrt und gewährt sind. Daß manche Herren Pastoren dabei durch Verzichtleistung auf die Gebühren Opfer gebracht haben, erkennen wir gern an.
Aus manchen Gemeinden wird mit Recht darüber geklagt, daß häufig bei Beerdigungen die Mitwirkung des Pastors nicht begehrt werde, während andererseits hervorgehoben wird, daß jetzt mehr als früher Leichenreden in den Bauernhäusern begehrt würden. Letzteres verursacht ja allerdings den Herren Pastoren eine vermehrte Arbeitslast, gibt ihnen aber auch in erfreulicher Weise Gelegenheit, das Wort Gottes reichlicher austeilen zu können. Je mehr die Leichenrede im Trauerhause Sitte und Gewohnheit wird, um so mehr werden auch die Fälle abnehmen, in denen die Leichen ohne Mitwirkung des Pastors beerdigt werden. In dieser Beziehung können wir zur Beseitigung des erwähnten beklagenswerten Übelstandes nur wünschen, daß sich die Herren Pastoren zum Halten von Leichenreden anbieten und dies namentlich auch bei Beerdigung von Kinderleichen, deren Begleitung zum Grabe gesetzlich nicht vorgeschrieben ist.
Die Stellung der Herren Pastoren zu ihren Gemeinden, namentlich auch zu den Kirchenvorständen, ist den Pastoralberichten nach im ganzen eine recht gute. Daß einzelne Kirchenvorsteher noch keinen rechten Begriff von den Obliegenheiten ihres Amtes haben und darum ihrem Pastor noch nicht Gehilfen im Amte im biblischen Sinne des Wortes sind, ist ja zu beklagen, kann aber bei der Neuheit der gegenwärtigen Einrichtung nicht überraschen. Es eröffnet sich da den Herren Pastoren ein Gebiet segensreicher Einwirkung.
In einzelnen Pastoralberichten wird darüber geklagt, daß die Mitglieder des Kirchenvorstandes oft zu den Sitzungen zu erscheinen versäumen und der Kirchenvorstand infolgedessen oft nicht beschlußfähig sei. Es ist darauf zu halten, daß die Kirchenvorsteher und Stellvertreter regelmäßig zu den Sitzungen sich einfinden und sich im Falle

der Verhinderung rechtzeitig entschuldigen lassen, damit eventuell der betreffende Stellvertreter zur Sitzung eingeladen werden könne.

Wenn auch die Pastoralberichte im allgemeinen sich über den Stand des religiös-sittlichen Lebens in den Gemeinden günstig aussprechen, so fehlt es doch auch nicht an Klagen, namentlich wird in fast allen Pastoralberichten als ein großer Übelstand die Vermehrung der Wirtshäuser und Schankstellen hervorgehoben. Leider läßt sich bei der Lage der Gesetzgebung hiergegen wenig tun und ist nur durch die spezielle Seelsorge und durch angemessenes Zeugnis von der Kanzel hiergegen zu wirken. Dasselbe gilt von der Entheiligung des Sonntages, über welche in manchen Pastoralberichten geklagt wird.

Aus den Pastoralberichten haben wir gern ersehen, daß die Methodisten nennenswerte Erfolge bei ihrem Wirken in unserem Lande bis jetzt nicht gehabt haben. Wir empfehlen aber ein wachsames Auge auf das gefährliche Treiben dieser Sekte zu richten und bezeichnen es namentlich aus bestimmten Anlässen als ganz ungehörig, daß Mitglieder des Kirchenvorstandes, seien sie Kirchenvorsteher oder Stellvertreter, die Bestrebungen der Methodisten in der einen oder anderen Weise unterstützen und fördern.

In mehreren Pastoralberichten wird mit Recht es als ein großer Übelstand bezeichnet, daß viele Gemeindeglieder bei den Vormittagsgottesdiensten erst während des 2. Gesanges in die Kirche kämen und dadurch Störung verursachten. Ganz wird sich dieser Übelstand bei den weiten Kirchwegen, die viele Gemeindeglieder haben, nicht vermeiden lassen, indessen wird doch immerhin der Kirchenvorstand durch energisches Zeugnis gegen diese Unsitte Besserung zu schaffen vermögen, und empfehlen wir eine eingehende Beratung über die dienlichen Mittel.

Erfreulich war uns, aus den Pastoralberichten zu ersehen, daß die meisten der Herren Pastoren sich die Verbreitung guter Erbauungsbücher angelegen sein lassen und durch die Errichtung von Volksbibliotheken für geeignete Lektüre sorgen. Wir halten letzteres, namentlich in unserer Zeit, den schlechten Presseerzeugnissen gegenüber für wichtig und ersuchen die Herren Pastoren, darauf hinzuwirken, daß die Kirchenvorstände jährlich eine kleine Summe zur Beschaffung guter und lehrreicher Bücher aus den Kirchenkassen bewilligen.

Daß viele der Herren Pastoren Bibelstunden an einzelnen Orten ihrer Gemeinde halten und damit auch hier und da die Austeilung des heiligen Abendmahles an alte und schwache Gemeindeglieder verbinden, ist eine erfreuliche Einrichtung, die gewiß Segen bringt.

Je mehr in unserer Zeit in christfeindlichem Geiste der Versuch gemacht wird, den Gemeinden die Schätze des teuren Wortes Gottes und des lauteren Evangeliums zu rauben, je mehr Unglaube und Materialismus das Haupt erheben, um so mehr ist es die Aufgabe derer, die von dem Herrn Jesu Christo zu dienen an seinem Werke und zu Hirten der Gemeinde berufen sind, durch freimütiges aus dem Geiste Gottes geflossenes Zeugnis auf das Eine hinzuweisen, was Not ist und was allein zum Leben und zum wahren Frieden für Zeit und Ewigkeit helfen kann. Mögen die Herren Pastoren im gläubigen Anblicken zu dem Herrn, der seine Kirche schützt und behütet, ihr Amt treu weiter verwalten; der Segen des Herrn wird ihnen gewiß nicht fehlen.

III. Der Pfarrer auf dem Prüfstand

Die Kirchenvisitationen der Generalsuperintendenten 1839 – 1879

Nach der Kirchenordnung von 1684 gehörte es zu den Aufgaben der Superintendenten, in ihrer Klasse „auf den Zustand der Kirchen und Gemeinden [...] genaue Aufsicht zu tragen“. Diesen Auftrag hatten die drei Superintendenten der Klasse Detmold, Varenholz und Brake wahrzunehmen. Unter ihnen galt der Superintendent in Detmold als primus inter pares, da er zugleich in Personalunion das Amt des Commissarius generalis ecclesiasticus bekleidete: Er stand als Generalsuperintendent an der Spitze der geistlichen Behörde. In dieser Funktion oblag ihm die Aufsicht über sämtliche Pfarrer des Landes, und er hatte vor allem darauf zu achten, daß „jeder vor allen Dingen sich als einen rechtschaffenen Diener Christi seiner Gemeinde zum Vorbild in gesunder Lehre und recht gottseligem untadelhaften erbaulichen Wandel dergestalt darstelle, daß er acht habe auf sich selbst und auf die Herde, über welche der heilige Geist ihn zum Bischof, Lehrer und Hirten gesetzt hat“.

Die Überprüfung der Lebens- und Amtsführung der Pfarrer durch Generalsuperintendent und Superintendenten erfolgte in erster Linie auf dem Wege der Kirchenvisitation. Sie vollzog sich nach einem altüberlieferten Ritus, der im Kapitel 26 der Kirchenordnung von 1684 „Von dem Amt der Superintendenten und Visitation der Kirchen, wann, wo und wie dieselben zu halten“ festgelegt war.

Zur Kirchenvisitation wurde ein mit dem Pastor zuvor abgestimmter „Visitationstag“ angesetzt, da sich an diesem Tag die Gemeinde mit ihren kirchlichen und weltlichen Repräsentanten in der Kirche zu versammeln hatte. Eröffnet wurde das Verfahren mit einer Predigt des Pfarrers über einen Text, „der bei habender Visitation zur Erbauung der Gemeinde sich wohl füge“. Anschließend fand sich die Jugend in der Kirche zum „examen catechismi“ ein, während die Gemeinde „ermahnt“ wurde, „noch eine Weile zusammen zu bleiben, stille zu sein und anzuhören, wie ihre Kinder bestehen oder nicht“. War die Jugend geprüft, trat der Generalsuperintendent mit einer „kurzen beweglichen Ansprache“ vor die Gemeinde. Ihr wurde auf diesem Wege eröffnet, „warum und zu was Ende diese Visitation angestellt und gehalten werde“. Hatten die Gemeindeglieder „in Kirchensachen Streit, Klage oder einiges Anliegen“, so konnten sie sich beim Generalsuperintendenten zur Audienz im Pfarrhaus anmelden. Der morgendliche Gottesdienst wurde dann mit einem Lied beschlossen und die Gemeinde „vom Superintendenten im Segen und Frieden“ entlassen.

Im Anschluß an den Nachmittagsgottesdienst nahm sich der Generalsuperintendent den Pfarrer „allein vor“, indem er mit ihm über die gehaltene Predigt und Katechisation sprach. Sodann konnten dem Pfarrer bis zu 32 Fragen vorgelegt werden, die sich auf die theologische Lehre, die Amtsgeschäfte, den Lebenswandel des Pfarrers und auf sein Verhältnis zur Gemeinde bezogen. Anschließend hatten die bei der Visitation anwesenden weltlichen Repräsentanten der Gemeinde, im besonderen die Kirchenältesten, dem Generalsuperintendenten Rede und Antwort zu stehen, der sich von ihnen Auskunft über den Pfarrer und das kirchliche Gemeindeleben erteilen ließ. Auf diesem Wege gelangte

der Generalsuperintendent zu einem gesicherten Urteil über Pfarrer und Gemeinde. Er faßte dann seine Eindrücke in einem Visitationsbericht zusammen, der an die Regierung adressiert und dem Landesherrn zur Kenntnis gebracht wurde.
Die in der Kirchenordnung von 1684 festgelegten Grundsätze galten auch noch im 19. Jahrhundert als Richtschnur für die Kirchenvisitationen. Offen geblieben war die Frage, in welchem zeitlichen Abstand die Generalkirchenvisitationen zu erfolgen hatten. Dies führte dazu, daß oft jahrzehntelang die Überprüfung der Pfarrer unterblieb. Die überlieferten Visitationsberichte vermitteln deshalb auch nur ein sehr fragmentarisches Bild vom Wirken lippischer Pfarrer und von den kirchlich-religiösen Verhältnissen ihrer Gemeinden in früheren Jahrhunderten.
Die folgenden Berichte beziehen sich vornehmlich auf die Jahre von 1839 bis 1853, als der neu ins Amt berufene Generalsuperintendent Althaus mit der Kirchenvisitation begonnen hatte. Er konnte diese Amtspflicht aber aus gesundheitlichen Gründen nur bedingt wahrnehmen. Als das lippische Kabinettsministerium schließlich am 24. Januar 1856 „an den zu erstattenden Bericht über die Kirchenvisitationen gefälligst erinnerte", mußte das Konsistorium erklären, „daß der Generalsuperintendent Althaus sich im letztverflossenen Jahre durch dauerndes Unwohlsein verhindert gesehen, besagte Visitationen zu halten, hoffentlich aber im Laufe dieses Jahres wieder dazu im Stande sein wird". Das Konsistorium glaubte, die Pastoralberichte der Pfarrer als Äquivalent für die nicht durchgeführten Kirchenvisitationen betrachten zu können, „denn Konsistorium ist insbesondere durch die von den Predigern jährlich zu erstattenden Pastoralberichte mit den kirchlichen Zuständen und Verhältnissen des Landes in näherer Bekanntschaft geblieben und erlaubt sich dasselbe, die genannten Berichte samt den Konzepten der darauf ergangenen Reskripte zur geneigten Einsicht in drei Konvoluten hierbei anzulegen".
Die hier ausgewählten Visitationsberichte aus der Amtszeit der Generalsuperintendenten Althaus (1837-1857), v. Cölln (1860-1865) und Koppen (1869-1886) erscheinen deshalb an dieser Stelle, weil sie gleichsam das Gegenstück zu den Pastoralberichten darstellen: In ihnen wird nicht vorrangig die Gemeinde, sondern der Pfarrer zum Objekt der Betrachtung.

Zitate vgl.: Lippische Kirchenordnung von 1684, in: Landesverordnungen der Grafschaft Lippe, 1. Bd., Lemgo 1779, S. 449 und S. 647f.: ferner: Archiv der Lippischen Landeskirche, Konsistorialregistratur Rep. II Tit. 26 Nr.1.

Zu den Abb. rechts: Sämtliche Generalsuperintendenten, die zwischen 1837 und 1886 an der Spitze des Konsistoriums standen, waren aus der lippischen Pfarrerschaft hervorgegangen. Dabei hatten im 19. Jahrhundert besonders die Pfarrer gute Aussichten, in das hohe Amt berufen zu werden, die in Detmold, der Residenzstadt, ein Pfarramt bekleideten: Sowohl Althaus als auch v. Cölln und Koppen waren zuvor als Pastoren in Detmold tätig gewesen. Eine Ausnahme bildete Weßel, der aus dem Pfarramt in Schötmar in die leitende Stellung berufen worden war.

Die lippischen Generalsuperintendenten von 1837 bis 1886

Georg Althaus (1837–1857)

August von Cölln (1860–1865)

August Weßel (1866–1868)

Adolf Karl Koppen (1869–1886)

Falkenhagen, 11. August 1839*

Seit der Introduktion des Pastors Weßel im Jahre 1821 und der des jetzigen Predigers Melm im Jahre 1835 hatte in der Falkenhager Gemeinde kein kirchlicher Akt der nebenbezeichneten Art [gemeint war die Kirchenvisitation] stattgefunden. Eine Revision des dortigen Standes der Dinge schien umso mehr an der Zeit zu sein, da es mehrfach verlautete, daß der kirchliche Sinn, sofern sich derselbe durch fleißige Teilnahme an dem öffentlichen Gottesdienste kundgibt, wodurch sich früher die Gemeinde auszeichnete, in auffallender Weise nachgelassen habe, und zwar zunächst aus dem Grunde, weil der Pastor Melm in der dortigen großen Kirche nicht verstanden werde.
An nebenbemerktem Sonntage füllte sich die festlich geschmückte Kirche reichlich mit Zuhörern. Der alte Küster Fischer spielte die Orgel noch eben so gut wie früher und begleitete den Gesang einfach und angemessen. Die Orgel ist eine der besseren im Lande und war kurz zuvor durch Möhling gereinigt und gestimmt worden. Die Vorlesung hielt der Prediger nicht vom Altare, sondern von einem Pulte in der Mitte der Kirche, wie dies wegen der bedeutenden Länge der letzteren auch früherhin zu geschehen pflegte. Er trug das Gebet sowohl als den biblischen Abschnitt sehr gehalten, langsam, feierlich und durchaus verständlich vor. Der Vortrag der Predigt hatte ebenfalls etwas sehr gemessenes und für eine freie Rede zu langsames, durch öfteres Einhalten unebenmäßiges; und wiewohl einzelne Stellen sehr stark mit der Stimme hervorgehoben wurden, so fehlte es doch an einer erwünschten Frische und Lebendigkeit und der damit zusammenhängenden freien, leichten Bewegung, welche die Zuhörer anzieht. Auch hatte man Mühe, alles zu verstehen. Die Predigt selbst über den aufgegebenen Text Phil.1,9-11 war mit Fleiß vorbereitet und zeichnete sich dadurch auf eine vorteilhafte Weise aus, daß sie sich durchweg dem Texte anschloß und aus diesem alles hervorgeholt und zurückbezogen wurde. Übrigens war nicht nur das Thema „Das Gebet des Apostels für die Gemeinde" sehr angenehm gefaßt (wie dies der analytischen Predigtform zu eigen ist), sondern auch die Ausführung war zu allgemein und abstrakt, als daß sich eine einfache Landgemeinde dadurch hätte recht angesprochen fühlen mögen. Nimmt man noch dazu, daß Melms ganze Persönlichkeit etwas Starres, Schroffes, wenig Freundliches und Zuneigendes hat, so läßt es sich sehr wohl erklären, wie die Gemeinde nicht das an ihm hat, was sie sonst an ihm haben könnte und sollte und der Mangel eines einigen und traulichen Wechselverhältnisses auch dem Eindruck seiner Predigten schadet. Es ist dies umso mehr zu bedauern, da Melm seinem Verstande und seiner Gesinnung nach unstreitig einer der tüchtigsten Prediger des Landes ist und einen ungemeinen Eifer hat für das Kirchliche überhaupt und den Protestantismus insbesondere.
Der Referent redete dann vor dem Altare zu der Gemeinde und dann zu dem Prediger und suchte namentlich darauf hinzuwirken, daß beide sich näher aneinanderschließen und in ersterer der kirchliche Sinn wieder reger und lebendiger würde. Obgleich das frühere Verhältnis des Referenten zu deren Gemeinde, in welcher er aufgewachsen war und 9 1/2 Jahre als Gehilfe seines seligen Vaters, der von dem Jahre 1791 bis 1819 ihr

* Das Datum bezeichnet den Tag der Kirchenvisitation, über die der Generalsuperintendent wenige Tage später schriftlich Bericht erstattete.

Die langschiffige ehemalige Klosterkirche in Falkenhagen diente in den Tagen der Reformation zunächst der lutherischen und seit Beginn des 17. Jahrhunderts der reformierten Gemeinde als Gotteshaus. Die um die Jahrhundertwende entstandene Aufnahme zeigt die Kirche nach der im Jahre 1896 erfolgten Renovierung. Die Kanzel hatte Kaiser Wilhelm II. im Jahre 1895 gestiftet.

Prediger gewesen, in derselben gearbeitet hatte, nur wenig berührt wurde, so war doch in der Versammlung unverkennbar eine tiefere Bewegung und hoffentlich ist dasjenige, was ihr ans Herz gelegt wurde, nicht leer vorübergegangen [...].
Die Nachmittags-Kirche begann um zwei Uhr und war sehr zahlreich besucht. Die Konfirmierten, mit welchen über einen aufgegebenen biblischen Abschnitt katechisiert wurde, schienen im ganzen gut unterwiesen zu sein, obgleich es dem Prediger, wenn auch nicht an Ernst und Eifer, doch an einer gewissen Leichtigkeit und Lebendigkeit in der Unterredung mit Kindern seiner ganzen Eigentümlichkeit nach mangelt. Es wurde darauf noch zu den Kindern und den Erwachsenen vom Referenten geredet und insbesondere zu fleißiger Teilnahme an dem nachmittägigen Gottesdienste mit Hinweisung auf die Wichtigkeit desselben umso mehr ermahnt, als nach der Äußerung des Predigers diese Teilnahme sehr gering zu sein pflegte.
Nachher erschienen die Schullehrer, unter denen Deppe, Wolf und Ottemeier die tüchtigsten und eifrigsten sein mögen; Habermann in Niese, der niemals etwas Ausgezeichnetes leistete, tut ungeachtet seines Alters nach Kräften das seinige und der Prediger

erklärte sich im allgemeinen mit ihm zufrieden.Der Küster Fischer ist abgängig und leistet als Lehrer wohl nur noch wenig. Dem Schullehrer Müller, der sich nach der Erklärung des Predigers fast um nichts gebessert hat und sich durch häufigen Genuß von Branntwein vollends ruiniert, wenn er auch eigentlicher Trunkenheit bisher nicht bezichtigt werden konnte, wurde in Gegenwart des Predigers und der übrigen Lehrer stark zugeredet und ihm seine Gewissenlosigkeit und bisherige Unverbesserlichkeit mit scharfer Androhung seiner Suspension oder gänzlichen Entsetzung vorgehalten. Da alle bisherigen Maßregeln gegen ihn nicht gefruchtet haben, so schien auch dies wenigstens versucht werden zu müssen, wenngleich der Erfolg sehr zweifelhaft ist [...].
Abends zog sich der Referent mit dem Prediger zurück und redete mit demselben das Nötige über die von ihm gehaltene Predigt und Katechisation sowie über dessen ganzes Verhältnis zu der Gemeinde. Insbesondere wurde derselbe angewiesen, sich der Gemeinde und den einzelnen Gliedern derselben freundlicher und traulicher zu nähern; nicht nur die Kranken, sondern auch die Gesunden fleißiger zu besuchen, um nach und nach in ein näheres persönliches Verhältnis mit ihnen zu kommen und so auch die eigentlichen Zwecke seines Amtes vollständiger von ihnen zu erreichen [...].
Auch die Falkenhager Gemeinde gehört zu denjenigen, in welcher es von Zeit zu Zeit wiederholter Visitationen bedarf.

Bad Salzuflen, 25. August 1839

Seit ungefähr 50 Jahren, zur Zeit des weil. [weiland=ehemaligen] Generalsuperintendenten Ewald, hatte in Uflen keine Kirchenvisitation stattgefunden und auch diesmal war es mehr auf die Schule als auf die kirchliche Angelegenheiten abgesehen gewesen. Da der dortige Magistrat, namentlich die letzteren, eifersüchtig auf jede anderweitige Einmischung so viel als möglich allein und selbständig zu leiten und zu verwalten strebt, so schien es schon aus diesem Grunde sehr an der Zeit zu sein, daß von seiten der geistlichen Oberbehörde einmal wieder eingeschritten und nachgesehen werde.
Der Frühgottesdienst [...] begann um 7 Uhr, und der Rektor Siek hielt über den ihm vorgeschriebenen Text Luk.10,38-42 eine recht gut ausgearbeitete Predigt über das Thema „Bete und arbeite“, indem er die Verbindung, in welcher das eine mit dem andern stehen sollte, nachzuweisen suchte. Der Text war dabei jedoch viel zu oberflächlich behandelt und das Beziehungsreiche und Ansprechende desselben ging in der Ausführung des ziemlich willkürlich daraus abgeleiteten Themas fast unter. Der Vortrag war hinsichtlich des volltönenden Organs des Redenden und auch übrigens recht gut zu nennen. Die Frühkirche wird durchschnittlich etwa von 60 Personen besucht; diesmal war sie bei weitem voller. Der Referent hielt nach beendigter Predigt noch eine Rede am Altare und legte den Versammelten die Hauptpunkte des Textes ans Herz, worauf er sich privatim mit dem Rektor Siek über die von ihm gehaltene Predigt unterhielt und ihm das Nötige bemerkte.
Das Verhältnis des letzteren zu seinen Schulinteressenten ist fast nur als ein zerrissenes und aufgelöstes zu betrachten und nach dem Urteil des betr. Pastors ist keine Aussicht vorhanden, daß es hier wieder besser damit werde. Die Zahl seiner Schüler beschränkt sich auf 3-4, indes bei weitem die Mehrzahl der Eltern ihre Söhne an dem Unterrichte

des Konrektors Weßel teilnehmen läßt. Leider läßt sich von der ganzen Eigentümlichkeit des Rektors Siek, der etwas Starres und Finsteres hat, nicht erwarten, daß, wenn ihm zu seiner Zeit ein Pfarramt übertragen werden sollte, sich zwischen ihm und der Gemeinde ein freundliches, innigeres Verhältnis bilden werde, wie dies doch zu einer gesegneten geistlichen Wirksamkeit fast unerläßlich ist [Siek wurde 1846 Pastor in Sonneborn].

Die Vormittagskirche begann um 10 Uhr und war nicht nur in den Stühlen, sondern auch in den Gängen der Kirche mit Zuhörern angefüllt. Der Gesang war gut, nur das Tempo zu langsam, wodurch das Hebende und lebendig Bewegende mehr oder weniger verloren ging. Es wurde nachher dem Küster als Organisten und dem Kantor Schomeier das Nötige darüber gesagt. Letzterer entschuldigte sich in etwa damit, daß er wegen Heiserkeit, an welcher er für die Zeit wieder litt, den Gesang nicht gehörig habe leiten können. Beide wollten indes auf ein etwas rascheres Tempo bedacht sein.

Die Vorlesung am Altare hielt der Rektor. Pastor Schönfeld predigte über den ihm aufgegebebenen Text Luk.8,4-8 und behandelte das Thema: Wodurch die segensreiche Wirksamkeit der Religion sehr notwendig bedingt sei. Gleich wie das Thema, so hielt sich auch die Ausführung fast zu sehr im allgemeinen und näheres Sichanschließen an den Text wäre erwünscht gewesen. Übrigens war der Vortrag nicht ohne Eindringlichkeit und Lebendigkeit, nur war derselbe von Anfang bis zu Ende zu gleichförmig und auf die Dauer durch Eintönigkeit ermüdend; zum wenigsten fiel die Steigerung an einzelnen Stellen weg, wodurch der Eindruck des ganzen so sehr gewinnt [...].

Auf den Wunsch des Predigers und Magistrats, welcher letztere zum Visitationsmahle eingeladen hatte, reihte sich an den Vormittagsgottesdienst unmittelbar, wie dies auch sonst bei Visitationen gebräuchlich war, die Katechisation, nach welcher der Referent die Feier mit einer Rede an die Jugend und an die Eltern beschloß. Es dehnte sich dadurch indes die Feier etwas über die Gebühr bis 1 Uhr aus und wurde hinterdrein verabredet, daß in wiederholten Fällen eine andere Einrichtung getroffen werden sollte[...].

Weiterhin zog sich Referent mit dem Pastor Schönfeld in dessen Wohnung zurück und redete mit ihm über die gehaltene Predigt und Katechisation sowie über seine ganze Amtsführung.

Pastor Schönfeld ist ohne Zweifel einer unserer begabtesten und gebildetsten Prediger und bewegt sich in seinem Kreise mit Leichtigkeit und Zuversicht; ein gewisses Sichgehenlassen ist indes bei ihm nicht zu verkennen und bei ruhigem angestrengtem Fleiß würde er in seinem Fache und Berufe noch mehr leisten können [...]. Er wurde erinnert, sich seiner Gemeinde in jeder Beziehung eifrig und treu anzunehmen, sich durch den Umgang mit den vornehmeren Gliedern der Gemeinde den Geringeren und Geringsten nicht zu entziehen und auch diese als Hirt und Seelsorger von Zeit zu Zeit nicht nur in kranken, sondern in gesunden Tagen zu besuchen [...].

Hillentrup, 9. August 1840

Seit der Introduktion des Pastors Dreves im Mai 1835 hatte keine Kirchenvisitation in Hillentrup stattgefunden. Am bemerkten Tage begann der Vormittagsgottesdienst um 9 1/2 Uhr. Die Gemeinde war schon bei dem ersten Gesange zahlreich versammelt und wohnte der Feier bis zu Ende in Aufmerksamkeit und andächtiger Stille bei. Das Orgelspiel und der Gesang waren für den, der es anders und besser gewohnt ist, eben nicht erbaulich, indem jenes für die kleine Kirche viel zu stark und dieser zu langsam und schleppend erschien. Es wurde nachher dem Küster das Nötige darüber gesagt und sowohl dieser als der Schullehrer zu Schwelentrup zur Bildung eines kleinen Singchors ermuntert, mit dessen Hilfe letzterer das Vorsingen übernahm, wozu er sich um der guten Sache willen nicht abgeneigt erklärte.
Die Vorlesung am Altare hielt der Pastor Dreves auf eine ansprechende Weise. Sein Organ ist angenehm und kräftig, seine Aussprache rein und deutlich, sein Vortrag ungekünstelt, ruhig, würdig. Es zeigte sich dies auch bei der von ihm gehaltenen Predigt. Letztere würde jedoch nach des Referenten Überzeugung an Eindruck und Wirkung auf die Hörer gewonnen haben, wenn der Vortrag etwas bewegter und lebendiger, frischer und feuriger gewesen wäre. Der Prediger ist darauf hingewiesen; es fragt sich jedoch, ob dies Ruhige und Gemessene des Vortrags ihm nicht schon so zur andern Natur geworden ist, daß er es kaum zu temporieren vermag. Die Predigt selbst hatte ebenfalls einen ruhigen wohl bemessenen Entwicklungsgang, der durchaus durch den Text 1. Thessal. 1,2,3 bestimmt wurde. Die ganze Fassung und Darstellung derselben trug das Gepräge des Biblischen, hielt sich aber fast zu sehr im allgemeinen, außer daß zu Anfang und am Schlusse auf das persönliche Verhältnis des Predigers zu der Gemeinde Bezug genommen wurde. Auch in der Hinsicht ist später dem Prediger das Erforderliche bemerklich gemacht und ihm das Individualisieren und eine mehr konkrete Darstellungsweise der christlichen Wahrheiten empfohlen worden. Er äußerte, daß er sich dessen sonst auch mehr befleißige und es ihm eben für das Mal schwer geworden sei, das Rechte zu treffen. Im ganzen dürfte es keinem Zweifel unterliegen, daß P. Dreves zu den besseren und tüchtigeren Predigern im Lande gehört.
In der alsdann folgenden Rede des Referenten an die Gemeinde und an den Prediger wurde außer dem übrigen, was zu sagen war, besondere Rücksicht auf das durch Prozesse zwischen denen zu Hillentrup und zu Schwelentrup obwaltende Zerwürfnis genommen und zur Liebe untereinander, zur Eintracht und zum Frieden ermahnt. Nach beendigtem Gottesdienst wurde mit den 4 Kirchenältesten sowie mit den Kirchen- und Armendechen über kirchliche Angelegenheiten verhandelt. Es erklärten sich dieselben mit dem Prediger und dessen Amtsführung zufrieden und bezeugten, daß im ganzen ein guter kirchlicher und religiös-sittlicher Geist in der Gemeinde herrsche.
Das Pfarr- und Küsterhaus ist in gutem Zustande. Dasselbe gilt von dem Äußeren der Kirche, die auch im Inneren durch Belegen des Chors und des Hauptganges mit Steinplatten verbessert ist und dadurch, daß das Hauptfenster auf dem Chore mit neuen größeren Scheiben versehen worden, an Licht gewonnen hat. Man erklärte sich bereit, mit den noch nötigen Reparaturen allmählich vorzuschreiten.

Die Kirche in Hillentrup. Tuschzeichnung von Emil Zeiß aus dem Jahre 1863. Die alte Kirche wurde 1899 abgebrochen und durch eine neue Kirche ersetzt, die am 28. März 1900 eingeweiht wurde.
Über Hillentrup entwarf Superintendent Melm aus Falkenhagen nach einer am 9. Juli 1871 von ihm dort durchgeführten Kirchenvisitation dem Konsistorium das Bild von einer wahren Pfarridylle: „Ich war in Hillentrup früher nur einmal, während der Vakanz nach dem Tode des Pastors Dreves sen. bei Winterszeit gewesen. Ich wurde jetzt im Sommer überrascht und erfreut durch die landschaftlich reizend schöne Lage des Dorfs und besonders seiner Kirche und Pfarre mit ihren Umgebungen, die deren jetzigen Inhaber durch Einrichtungen und Anlagen im Haus, Hof und Gärten, soweit es in seinem Vermögen steht, zu würdigen weiß und mit Liebe und Sinn für landschaftliche Schönheit pflegt. Eine ebenso romantisch anmutige Lage einer Kirche und Pfarre wie die zu Hillentrup gibt es im Lippischen wohl sonst nicht. Ich hatte Muße, die Einrichtung und Umgebung derselben noch am Vorabend vor dem Visitationssonntage unter Führung des Pastors Blankenburg, meines alten Schul- und Universitätskameraden, der mit seiner Familie mich herzlich bei sich aufnahm, zu besichtigen.
Am Nordende des in einem nach Süden offenen, engen, mit bewaldeten Bergabhängen umgebenen quellenreichen und fruchtbaren Tale gelegenen, wohlhabenden, mit lebhaften Mühlen versehenen Dorfes, die altertümliche Kirche von romanischer Bauart! Dahinter, als äußerster und höchster Punkt des Dorfes, die Pfarre, zu welcher außen dem sehr wohnlich eingerichteten Pfarrhause noch der sog. Spieker (mit drei bewohnbaren Stuben und zwei Kammern, die der Pastor als Studier-, Konfirmanden-, Bibliothek- und Kirchenregistratur-Stuben benutzt), ferner eine große Landwirtschaftsscheune in bestem baulichen Zustande und dann noch ein separates Stallgebäude und ein Backhaus (Backs) gehören [...]. Darüber hinweg aus den Zimmern des Pfarrhauses und des Spiekers eine überaus liebliche Aussicht auf die Kirche, das Dorf und die umliegenden Berge! Hinter dem Pfarrhause und dessen Vorhofe, nordwärts von beiden, ein geräumiger Baum- und Ökonomiehof mit den schon erwähnten Ökonomiegebäuden. Im Anschluß daran in westlicher Richtung ein Garten, der so groß ist, daß er, bei den Senkungen und Erhebungen seines vortrefflichen Bodens, an einem nach Nordwesten sanft ansteigenden Bergabhange nicht nur den reichlichsten Raum zum Bau des Gemüses aller Art für den Bedarf eines großen Haushalts, sondern auch noch Platz genug gewährt sowohl für darin vorfindliche Anpflanzungen von Obstbäumen in einzelnen Gruppen und Alleen wie auch von Linden, Birken, Tannen usw., unter welchen dann eine ganze Anzahl sinniger Sitz- und Ruheplätze, zum Teil auf Terrassen und Grotten des Gartens umher verteilt sind, deren jeder eine vom andern verschiedene reizende Aussicht in die schöne Landschaft darbietet! Der Hügel, an den dieser Garten, dem sich auch eine mehrere Scheffelsaat große Pfarrwiese anschließt, gelegen ist, wird durch ein volles Kirchen- und Gemeindeholz gekrönt, welches zur Deckung aller Bau-und Reparaturkosten der kirchlichen Gebäude in Hillentrup so ausgiebig ausreicht, daß dazu Steuern von den Kirchspielsgenossen dort überall nicht erforderlich sind.
Von den Reizen dieses kirchlich-pfarrlichen Landschaftsbildes [wurde] es mir wohl erklärlich, wie ein Pastor Dreves sen. einst sich davon so angezogen fühlen konnte, daß er dafür die Pfarre II in Detmold aufgab [...]". Aus: Archiv der Lippischen Landeskirche, Konsistorialregistratur Rep. II Tit. 5 Nr. 4.

Der Nachmittagsgottesdienst begann um 1 Uhr und war fast ebenso besucht als der vormittägige, welches sonst freilich nach der darüber geführten Klage des Predigers keineswegs der Fall ist. P. Dreves katechisierte mit den Letztkonfirmierten sowie mit den Konfirmanden trefflich, lebendig und mit vieler Gewandtheit. Die Kinder scheinen sehr wohl unterrichtet zu sein, wenngleich die diesmalige Katechisation nach einem selbstgewählten Satze des Leitfadens unstreitig vorbereitet war. Der Referent redete dann noch zu den Versammelten, worauf die Gemeinde entlassen wurde.
Nachdem mit den beiden Lehrern noch ein ermunterndes Wort gesprochen war, kamen im Pfarrhaus die Vorsteher und der Bauerrichter von Schwelentrup zu Unterzeichnetem und baten, daß man sie doch von fernerer Benachteilung schützen und die Reparaturen am Küsterhause nicht auf Rechnung der Kirchenkasse vornehmen lassen möge. Es wurde ihnen erklärt, daß streng nach dem Gesetz verfahren, auch in der nächsten Zeit zur Vermeidung von Verwirrungen besondere Schuldechen in der Gemeinde angestellt werden sollten [...].

Lemgo, St. Johann, 19. September 1841

Nachdem sich seit länger als einem Jahre teils durch Gerücht, teils durch schriftliche Eingaben von Mitgliedern der St. Johann-Gemeinde in Lemgo mancherlei Ausstellungen und Beschwerden gegen die Predigtweise und die übrige amtliche Tätigkeit des Pastors Schmidt kundgegeben hatten, schien es angemessen zu sein, durch eine Generalkirchenvisitation sich an Ort und Stelle von dem wahren Stand der Dinge genauer zu unterrichten.
An dem [...] dazu bestimmten Tage versammelten sich in der sehr geräumigen Kirche eine außerordentlich große, dicht zusammengedrängte Menge von Menschen. Mehr oder weniger ist dies auch an gewöhnlichen Sonntagen nach Aussagen der Kirchenältesten der Fall, und wenngleich die Stadtbewohner und Honoratioren in Lemgo selbst sich fast ganz von dem Pastor Schmidt weggewandt haben, weil sie ihn für gar zu überspannt und in pietistischer Richtung befangen halten, so werden doch die eigentlichen Eingepfarrten vom Lande großenteils fortwährend stark von ihm angezogen, gleichwie man aus fremden, näher und entfernter liegenden Gemeinden ihm haufenweise zuströmt. Letzteres wird von den Gegnern des P. Schmidt umso weniger gern gesehen, weil man meint, daß diese aus fremden Gemeinden sich Herandrängenden ihm als die sogenannten Gläubigen und Frommen besonders willkommen seien.
Der Gemeindegesang und das Orgelspiel des Küsters Kreienmeier waren vorzüglich gut; auch herrschte, ungeachtet der Überfülle von Menschen, während des Gebetes und der Predigt eine große Aufmerksamkeit und andächtige Stille. Von dem Vortrage des P. Schmidt, der oft in ein gewaltsames Schreien und exaltiertes Herausstoßen einzelner Kraftstellen ausartet, zuweilen dagegen etwas Mattes und Weinerliches hat, wurde Referent unangenehm affiziert [=erregt], obwohl übrigens nicht zu leugnen ist, daß die unverhältnismäßig lange Kirche ein starkes, angestrengtes Reden, um überall verstanden zu werden, nötig macht.
Ohne Angabe eines Themas zerfiel die Predigt in die aus dem Text Ephes. 4, 1-6 hergeleiteten 2 Hauptteile: 1. der Ermahner und 2. die Ermahnung. Möchte man diese weite,

unbestimmte Disposition, nach Art einer freien Homilie, auch nicht geradezu tadeln, so war es doch ein wesentlicher Mangel, daß das Einzelne, was aus dem Text hervorgehoben wurde, nicht gehörig zu einem in sich zusammenhängenden Ganzen verarbeitet, sondern nur lose und abgerissen nebeneinander gestellt war. Manches trat überdies unbegründet und unvermittelt, polemisch, scharf und schneidend, nicht selten wunderlich und in pietistischer Färbung hervor, ohne daß dadurch wahre Erbauung hätte gefördert werden können. Am wenigsten war die Predigt dazu geeignet, schroffe, religiöse und dogmatische Gegensätze auszugleichen oder gegenseitige Duldung und Eintracht zu bewirken.

Eben dies war das Bestreben des Referenten in seiner Rede an die Gemeinde und an den Prediger, wozu der aufgegebene Text den schönsten, nur vom P. Schmidt nicht benutzten Anlaß gab. Die nach beendigtem Gottesdienste versammelten Kirchenältesten erteilten dem Prediger ein gutes Zeugnis und äußerten, daß es durch ihn in der Gemeinde besser geworden und viele zu einem nüchternen, stillen, ernsten, religiös-sittlichen Leben bekehrt seien. Sie wurden ermahnt, in Gemeinschaft mit dem Prediger den Frieden in der Gemeinde möglichst wieder herzustellen und der Opposition, welche nach ihrer Äußerung nur in einzelnen Wenigen bestände, und sich durch absichtliche Aufreizung einiger Individuen, die sie nicht näher bezeichnen möchten, gebildet habe, nicht schroff entgegenzutreten. Ungeachtet der ausdrücklichen Aufforderung des Referenten an die Gemeinde, daß diejenigen, welche in kirchlichen Angelegenheiten etwas Besonderes vorzubringen haben möchten, sich in der Wohnung des Predigers einzufinden hätten, erschien keiner außer dem eigens vorgeladenen Kolon Krome, mit welchem über die Niederschlagung seines Prozesses mit dem P. Schmidt verhandelt wurde. Da man nach Lage der Sache mit Anlauf von Beschwerdeführern erwarten müßte, so war der Nachmittagsgottesdienst ausgesetzt und es blieb nur noch übrig, mit den Beamten die Obligationen über das Kirchen- und Armenvermögen nachzusehen, worüber ein bereits eingereichtes Protokoll aufgenommen wurde [...].

Schließlich verhandelte Referent mit dem P. Schmidt über seine Amtsführung, namentlich über die Mängel und die tadelnswerte Beschaffenheit der gehaltenen Predigt und des Vortrages derselben. Es geschah dies noch ausführlicher in den nächsten Tagen, als der P. Schmidt verabredetermaßen sich hier beim Referenten einstellte. Infolgedessen hat er versprochen, künftig vorsichtiger und milder zu sein, seine Predigten sorgfältiger auszuarbeiten und in jeder Weise darauf ernstlich Bedacht zu nehmen, daß die Gemeinde in allen ihren Gliedern in rechter Einigkeit des Geistes durch ihn erbaut werde. Der Erfolg scheint jedoch bei der großen Lebendigkeit und Aufgereiztheit des P. Schmidt zweifelhaft zu sein. Vielleicht findet sich in den nächsten Jahren Gelegenheit, ihn in einen kleineren Wirkungskreis und in einfachere Verhältnisse zu versetzen, welches in jeder Beziehung, auch rücksichtlich seiner schwächlichen Körperbeschaffenheit, wünschenswert wäre.

Wöbbel, 14. August 1842

Bei der vom Referenten gehaltenen Kirchenvisitation zu Wöbbel war die Gemeinde zum Vormittagsgottesdienst, der um 9 Uhr begann, zahlreich versammelt. Die Kirche, im Jahre 1699 von dem damaligen Gutsbesitzer v. Donop neu erbaut (nur der Turm der alten Kirche blieb stehen), ist von außen und innen wohl unterhalten und hat hinreichenden Raum für die Gemeinde. Nur die Orgel, die der zeitige Küster Sölter ziemlich gut spielte, befindet sich in schlechtem Stande und es wurde beklagt, daß der Orgelbauer Möhling die Revision und Stimmung derselben nicht wiederholt habe. Nicht minder wäre es wünschenswert, wenn der Altar und die Kanzel eine neue und angemessene Bekleidung erhielten, zu deren Anschaffung durch etwaige freiwillige Beiträge der Kirchenvorstand ermuntert wurde.

Der Gesang der Gemeinde war rein und wohltuend. Die Stimme des Pastors Rohdewald ist im ganzen kräftig, voll und durchdringend und seine Pronunziation deutlich und redet derselbe oft gar zu tief, gedehnt und überfeierlich, besonders bei dem Gebete. An einzelnen Stellen der Predigt hob sich der Vortrag dadurch, daß er rascher vonstatten ging, indes das von Zeit zu Zeit wahrnehmbare Hinsehen auf das Konzept nur wenig stören würde. Mit dem Inhalte der Predigt über den aufgegebenen Text Kol.1,9-14 konnte man im ganzen sehr wohl einverstanden sein und es fehlte ihm nicht an lichtvollen und eindringlichen, das Gemüt entsprechenden und ergreifenden Partien. Nur wurde so vieles [...] erörtert, daß der Faden und Zusammenhang des ganzen auch von dem aufmerksamen Zuhörer schwer zu verfolgen und festzuhalten war. Wäre die Ausführung des Themas „Über das Zunehmen in der Heiligung" (1. Wie das geschehe und 2. Was uns dazu erwecken und stärken solle) einfacher und konziser gewesen, so würde die Predigt, ohne etwas für dieses Mal wesentlich zur Sache Gehöriges auszulassen, nur etwa 3/4 Stunden gewährt haben, statt das sie 5/4 Stunden dauerte und die Zuhörer ermüdete. Gleichwohl erklärten hinterdrein die Kirchenältesten, daß Pastor Rohdewalds Predigten für gewöhnlich noch länger währten und der Vormittagsgottesdienst nicht viel weniger als 3 Stunden, der nachmittags 2 Stunden einnähme, aus welchem Grunde auch der eine wie der andere viel weniger besucht würde als dies sonst der Fall sein möchte. Es wurde dies dem Prediger ernstlich zu bedenken gegeben und er hat es versprochen, die ihm in dieser Hinsicht erteilten Erinnerungen nicht unberücksichtigt zu lassen.

Nachdem Referent zum Schlusse des Vormittagsgottesdienstes noch zu der Gemeinde geredet hatte, wurde mit den Kirchen- und Armendechen und darauf mit den Kirchenältesten das erforderliche verhandelt. Letztere lobten einstimmig die gute Meinung und edle Gesinnung ihres Predigers und beklagten nur das Weitschweifige seiner Vorträge. Zucht und gute Ordnung, namentlich Mäßigkeit im Genusse des Branntweins, habe in der Gemeinde zugenommen; Privatversammlungen zur Erbauung, womit sich leicht geistlicher Stolz von seiten der Teilnehmer an denselben verbinde, fänden bis jetzt nur wenig statt, da sie von dem Pastor nicht empfohlen und unterstützt würden, wohl sei dies aber durch die Gehilfen Brandt und Stivarius geschehen. Es wurde den Ältesten über diesen Punkt das Nötige gesagt, dem sie einstimmig beipflichteten und sich überhaupt als wackere, verständige und gutgesinnte Männer darstellten.

In der Nachmittagskirche, die im Sommerhalbjahre alle 14 Tage gehalten wird, erklärte der Prediger einen selbstgewählten Abschnitt der heiligen Schrift, wobei die Kinder (die Letztkonfirmierten) durch an sie gerichtete Fragen zum Antworten veranlaßt wurden.
Die katechetische Form war dabei größtenteils sehr mangelhaft; nicht nur, daß den Kindern die Antworten meist sozusagen in den Mund gelegt wurden, sondern sie sprachen auch fast jedes Mal alle zugleich. Hierüber sowie über die zu lange Ausdehnung der Unterredung wurde dem Prediger nachher der nötige Vorhalt gemacht.
Nach der durch den Referenten geschlossenen Feier traten noch die Schullehrer zusammen und die neugewählten Schuldechen. Erstere wurden zu fortgesetzter Treue in ihrem Berufe ermuntert und ihnen insbesondere der Religionsunterricht der Kinder ans Herz gelegt. Der Lehrer Bergmann in Belle erscheint noch sehr rüstig und wurde hinsichtlich seines Fleißes und Geschickes vom Prediger gerühmt; Sauerländer in Billerbeck scheint brav zu sein und wird von seinem Schuldistrikte geliebt; der Küster Sölter dagegen dürfte nicht viel mehr zu leisten vermögen. Die Bewohner Schieders erkennen ihre neu angelegte Schule mehr und mehr als eine große Wohltat für ihre Kinder an und sind mit dem Lehrer Kix, welcher nicht gegenwärtig war, zufrieden.
Referent hat aufs neue die Überzeugung gewonnen, daß der Pastor Rohdewald unstreitig zu den achtungswertesten Geistlichen des Landes gehört, der sich auch durch seine theologischen Kenntnisse auszeichnet. Um so mehr ist zu bedauern, daß er mittelst seiner kirchlichen Vorträge die Erbauung der Gemeinde nicht in gleichem Maße zu fördern weiß, wie er dazu übrigens die Tüchtigkeit und den besten Willen hat. So weit dies sein kann, wird jedoch das Mangelnde durch seine Persönlichkeit und namentlich durch seine Wohltätigkeit ersetzt [...].

Lieme, 9. Oktober 1842

Bei der mehrfach zur Sprache gekommenen Kränklichkeit und sonstigen Untüchtigkeit des Pastors Krecke in Lieme schien es wünschenswert, sich an Ort und Stelle von seinen Leistungen als Prediger und seiner Amtsführung überhaupt in Kenntnis zu setzen. An dem zur Kirchenvisitation bestimmten Tage [...] begann der Vormittagsgottesdienst um 10 Uhr. Die in einiger Entfernung von dem Pfarrhaus liegende Kirche gleicht, das auf ihr befindliche Türmchen abgerechnet, äußerlich einem Bauernhaus, ist jedoch im Innern ziemlich gut eingerichtet und im ganzen wohl erhalten. Es würde dieselbe für die frühere, zu der Pfarre zu St. Johann in Lemgo gehörige, erst seit dem Jahre 1727 für sich bestehende, im Laufe der Zeit aber bis auf 1200 Seelen herangewachsenen Gemeinde zu klein sein, wenn sie fleißig besucht würde. Viele Gemeindeglieder besuchen indes die eine oder andere Kirche in Lemgo, so daß an gewöhnlichen Sonntagen die Liemesche Kirche eher an Überfluß als an Mangel des Raumes leiden mag. Mit dem Gesange der für dieses Mal verhältnismäßig zahlreichen Versammlung konnte man im ganzen wohl zufrieden sein, obgleich sich die Orgel in einem schadhaften Zustande befand und der Küster Wöhrmann, der zugleich vorsingt, im Orgelspiel nicht viel zu leisten scheint. Der Pastor Krecke trug das Altargebet aus der Agende und die

Die Kirche in Lieme. Sie wurde im Jahre 1925 abgebrochen und durch einen Neubau ersetzt. Bleistiftzeichnung von Carl Dewitz aus dem Jahre 1882.

biblische Vorlesung, die er freilich in unangemessener Weise nur aus 3 Versen bestehen ließ, recht verständlich und erbaulich vor. Dasselbige würde sich auch von der Predigt sagen lassen, wenn der Prediger frei geredet und nicht durchweg in das vor ihm liegende Konzept gesehen hätte. Es wurde dadurch der Fluß der Rede gehemmt und einem frischen, lebendigen Eindruck auf die Zuhörer, abgesehen von allem anderen, bedeutend geschadet. Die Predigt selbst über den aufgegebenen Text Kol.2,6.7. war ziemlich gut disponiert, auch ließ sich gegen die Ausführung und den Inhalt im wesentlichen nichts erinnern; doch fehlte es dem ganzen zu sehr an innerem Leben, an Kraft und Nachdruck, und nur an einzelnen Stellen, wo auf die falschen Propheten hingeleitet und vor pietistischen Einflüssen gewarnt wurde, hob sich der Vortrag einigermaßen. Die Katechisation am Nachmittag war verständig, die Kinder zeigten sich wohl unterrichtet und die Art und Weise des Predigers in seinem Benehmen mit den Katechumenen verdiente im ganzen Beifall [...].
Kirchenälteste gab es in der Gemeinde nicht; die früher gewesenen und verstorbenen waren nicht durch neue ersetzt. Referent unterredete sich daher über den Zustand der Gemeinde und die Amtsführung des Predigers mit den Kirchendechen. Diese erklärten, daß der Prediger seine Pflicht tue und im allgemeinen keine Klage über ihn geführt werde. Nur selten, wenn er unwohl sei, lasse er den Küster lesen. Übrigens sei es übel,

daß er seine Predigten nicht frei vortrage; auch komme er zu wenig zu den Gemeindegliedern, um durch Privatseelsorge auf sie zu wirken. Pietistische Bewegungen zeigten sich hier und dort in der Gemeinde, wie denn auch in Lieme selbst seit einiger Zeit Privatversammlungen zur Erbauung von einem Schneider gehalten würden [...].
Der Pastor Krecke, mit welchem sich Referent noch besonders besprach, gehört unstreitig zu denjenigen Predigern des Landes, die am wenigsten leisten und rangiert etwa mit Siek in Almena, Theopold in Donop, Arnold in Blomberg, Reinert in Haustenbeck. Da er jedoch wegen körperlicher Schwäche und Kränklichkeit sich zur Pensionierung keineswegs zu eignen scheint und erst 49 Jahre alt ist, auch nicht an gänzlicher Untüchtigkeit zum Predigtamte leidet, so wird man darauf bedacht sein müssen, ihn einigermaßen zu heben und zu regerer Tätigkeit anzufeuern. Wegen des Ablesens seiner Predigten entschuldigte er sich mit seiner gedrückten, sorgenvollen häuslichen Lage und gab den Wunsch zu erkennen, da er schon seit 15 Jahren in Lieme sei und seine Einnahme sich nur auf 400 Reichstaler belaufe, bei vorkommender Gelegenheit verbessert zu werden, wo er alsdann auch mehr leisten werde. Es wurde ihm erklärt, daß er mit letzterem ungesäumt beginnen, seine Predigten namentlich recht fleißig ausarbeiten und sorgfältig memorieren und sich der Gemeinde auch durch Privatseelsorge eifriger annehmen müsse. Er versprach dieses und erklärte sich bereit, in der nächsten Zeit wieder Kirchenälteste anzustellen, die seine Wirksamkeit unterstützen sollten [...].

Hohenhausen, 27. August 1843

Die Kirchenvisitation zu Hohenhausen [...] lieferte ein erfreulicheres Resultat als Referent erwartet hatte. Der Pastor Krüger daselbst scheint zwar, obwohl erst 40 Jahre alt, keine feste Gesundheit zu haben und bedurfte schon mehrmals der Unterstützung in seinem Amte, kann demselben aber jetzt selbst vorstehen und ermangelt ebenso wenig der erforderlichen Tüchtigkeit als eines ruhig fortgehenden Eifers für seinen Beruf. Die von ihm über den aufgegebenen Text Kol.1,9f. ausgearbeitete Predigt war verständlich und erbaulich und wurde einfach, jedoch nicht ohne Wärme und Eindringlichkeit vorgetragen. Das Altargebet und die biblische Vorlesung sowie das Unser Vater sprach er dagegen so schnell und ausdruckslos, daß es kaum möglich war, mit Andacht zu folgen, worüber ihm das Nötige erinnert wurde.
Die Katechisation am Nachmittage war verständig, ließ aber die Herzlichkeit zu sehr vermissen, welches mit der ganzen Eigentümlichkeit des Predigers und der Art und Weise, sich zu bezeigen zusammenhängen mag. Auch hierauf wurde er aufmerksam gemacht und ihm dringend empfohlen, überhaupt mit seiner Gemeinde mehr umzugehen und ihr als Hirt und Seelsorger näherzutreten, als dies seinem eigenen Gedächtnisse zufolge besonders seit den letzteren Jahren geschehen war.
Die Kirche, von außen und innen ziemlich wohl unterhalten, bietet für die Gemeinde, welche 2000 Seelen zählt, zu wenig Raum dar und ist nach der Versicherung des Predigers und der Ältesten an Sonn- und Festtagen stets sehr angefüllt. Nur wenige Gemeindeglieder, namentlich in Bentorf, halten sich zu fremden Predigern, nach Valdorf etc., ohne daß jedoch eine pietistische Richtung in der Gemeinde vorwaltete. Die Kirchenäl-

testen und Dechen erklärten sich mit dem Prediger und seiner Amtsführung wohl zufrieden und versprachen, zur Förderung des Guten in der Gemeinde ferner ihrerseits mitwirken zu wollen [...].
Der Küster Hasselmann ist für sein Alter noch geistig lebendig, verlangt aber mit Recht nach baldiger Unterstützung in seinem Amte, da er für den Augenblick ohne Gehilfen über 200 Kinder zu unterrichten hat. Der Schullehrer Riechemeier ist zwar viel jünger als jener, auch nicht ohne Verstand und allgemeine Bildung, indes er durch seinen schweren Körper und gedrückte häusliche Umstände an reger Tätigkeit gehindert zu werden scheint [...].
Der Prediger, unverheiratet, ist bei einer Einnahme von etwa 600 Reichstalern mit seiner äußeren Lage zufrieden und führt allem Anschein nach eine sehr einfache nüchterne Lebensweise.

Reelkirchen, 4. August 1844

Am 4. als dem zu obenbemerkter Visitation bestimmten Sonntage begann der Vormittagsgottesdienst um 10 Uhr. Die Gemeinde hatte sich zu demselben zahlreich versammelt, gleichwie auch der Beamte von Schieder herübergekommen war. Der Küster Echterling spielte die Orgel leidlich und obwohl nach seiner Aussage manche Melodien unseres Choralbuchs der Gemeinde bisher unbekannt geblieben sind, so wurden doch die bekannten fließend und ohne Anstoß gesungen. Das Altargebet, dessen sich der Pastor Schönfeld bediente, war nicht aus unserer Agende genommen. Auch erschien der Prediger nicht im Chorrock, sondern in der früher gebräuchlichen Amtskleidung. Sowohl bei der Vorlesung als der nachfolgenden Predigt wurde derselbe zwar nicht selten von Husten unterbrochen und konnte seine Stimme nur zwischendurch und mit Anstrengung heben, doch läßt sich bei der in der Kirche herrschenden Stille alles, was er sagte, besonders für die an seinen Vortrag Gewöhnten ziemlich gut verstehen. Bei der Predigt über den vorgeschriebenen Text Luk.8,4 (das Gleichnis vom Sämann) wurde eine Art von Disposition angegeben, die sich aber in der Ausführung kaum wiederfinden ließ. Überhaupt fehlte es im ganzen wie im einzelnen gar zu sehr an einem geordneten Gedankenzusammenhange. In bunter Mischung wurden die verschiedensten Dinge aneinandergereiht und auf eine verwirrende Weise war bald von der Ernte die Rede, bald von den Vögeln unter dem Himmel, bald von dem im Samenkorne verborgenen Keime, von den Kopfhängern, die besser sein wollten als andere, von der glücklichen Rückkehr unseres Erbprinzen usw., worauf ein Liedervers oder ein Bibelspruch folgte oder eine abgerissene Herzensergießung, „daß es doch in der ganzen Welt nichts besseres gebe als Gott und Ewigkeit“. Mitunter wurde nach Art des Ewald'schen Lesebuchs manches in die Bibel hineinphantasiert und bei der Anführung von Bibelstellen nicht selten willkürlich von der Lutherischen Übersetzung abgewichen. Auf solche Weise fehlte es dem Vortrage in jeder Hinsicht an innerer Haltung und kaum erinnert sich Referent, einer Predigt so unbefriedigt zugehört zu haben.
Womöglich noch unbefriedigender und konfuser als die Predigt war die nachmittags gehaltene Katechisation. Angeblich sollte dieselbe nach dem Leitfaden von den Hilfs-

mitteln zu einem christlichen Leben handeln. Auch wurde der erste Satz dieses Abschnittes gelesen, ohne daß weiter etwas davon vorkam, während fast alle dieselben Dinge wieder zur Sprache gebracht wurden, die vormittags in der Predigt berührt waren. Das einzige erfreuliche dabei war, daß von den Kindern mehrere Bibelsprüche recht gut hergesagt wurden. Die Unvollkommenheit seiner Leistungen wird von dem Prediger selbst kaum geahnt und machte derselben auf Befragen kein Hehl daraus, daß er seine Predigten durchweg extemporiert, wie er denn dieselben wahrscheinlich auch in früheren Jahren niemals konzipiert hat. Da er bereits im 81. Lebensjahre und über 34 Jahre im Amt ist, so läßt sich nicht erwarten, daß er es künftig anders treibe, um so weniger, da es ihm zwar nicht an einer gewissen Liebe zu seinem Berufe fehlt, bei seiner großen Lebendigkeit aber tausenderlei Dinge sein Interesse ebenfalls in Anspruch nehmen und ihn die ganze Woche hindurch jahraus, jahrein beschäftigen. Ein tüchtiger Gehilfe wäre dringendes Bedürfnis für die aus 2000 Seelen bestehende Gemeinde. Letztere erklärte sich jedoch nachher durch ihre Repräsentanten, Kirchen-, Armen- und Schuldechen (eigene Kirchenälteste sind nicht angestellt) mit der Amtsführung des Predigers noch wohl zufrieden. Nur um seinetwillen, zur Erleichterung des alten Mannes, der sich zu sehr anstrenge, wünschten sie einen Gehilfen. Der Prediger wollte jedoch, bei nachheriger vertraulicher Unterhaltung, auf die Annahme eines solchen nicht eingehen, da er sich noch kräftig genug fühle, sein Amt selbst zu versehen und das Predigen ihm Bedürfnis sei. Auch die Tochter des Pastors Schönfeld meinte, vorläufig werde man bei seiner großen Eigenheit, die sich nur dann mildere, wenn er einmal nicht wohl sei, darauf verzichten zu müssen, ihm einen Gehilfen aufzunötigen. Übrigens herrscht nach dem Zeugnisse der Dechen in der Reelkircher Gemeinde gute Zucht und Sitte, ein einfaches, stilles, nüchternes Leben, Fleiß und Wohlstand. Auch wird die Kirche ziemlich gut besucht und langjähriger Verkehr sowie das schlichte, zutrauliche Wesen des Predigers scheine diesen der Gemeinde liebgemacht zu haben, so daß man sich fürs erste bei dem gegenwärtigen, wenngleich sehr mangelhaften Stande der Dinge wird beruhigen müssen [...].

Heiden, 22. November 1846

Die Kirche zu Heiden, ihrer Größe und Bauart nach eine der ansehnlichsten und schönsten im Lande, war schon seit vielen Jahren im Innern sehr verfallen und der Erneuerung bedürftig. Letztere wurde im Laufe des vergangenen Sommers vorgenommen und zu allgemeiner Zufriedenheit ausgeführt. Da man inzwischen die gottesdienstlichen Versammlungen im Freien gehalten und die Kirche an 16 Sonntagen zum Gottesdienste nicht hatte benutzt werden können, so schien eine feierliche Wiedereinweihung derselben angemessen zu sein und es wurde dazu Sonntag, der 22. v. M., bestimmt. Referent nahm an dieser Feier teil und verband damit um so mehr die Kirchenvisitation, als solche seit neun Jahren nicht gehalten war.
Der Vormittagsgottesdienst, welchen Pastor Arnold allein, ohne Hilfe seines Sohnes versah, war sehr zahlreich besucht. Das Altargebet und die Vorlesung gleichwie auch die darauf folgende Predigt konnte wegen des weinerlichen Tons, den der Prediger

schon seit langer Zeit angenommen hat und wegen des teilweisen Verlustes der Zähne nicht durchweg verstanden werden. Die Predigt selbst über Ezechiel 36, 26.27 bestand größtenteils aus immer wiederholten Klagen an kirchlichem Sinn in der Gemeinde und aus stets wiederkehrenden Ermunterungen zu einer fleißigeren Teilnahme am öffentlichen Gottesdienste, obgleich nach Anleitung des Textes viel tiefer und umfassender auf innere Erneuerung und Heilung des ganzen Lebens hätte eingegangen werden sollen. Wie jene Klagen schon an sich unerquicklich und unerbaulich waren, so erschienen dieselben um so wunderlicher und unpassender, als der Prediger hintendrein privatim äußerte, daß der Kirchenbesuch keineswegs mehr und mehr abgenommen, sondern gegen früherhin eher zugenommen habe. Referent hielt dann die Einweihungsrede am Altare und legte dabei die Worte 1. Petri 2,5 zugrunde. Es wurde nach beendigtem Gottesdienste mit den Kirchenältesten, den Dechen und den Schullehrern das Erforderliche verhandelt, der Nachmittagsgottesdienst aber wegen der ungünstigen Jahreszeit ausgesetzt [...].
Daß es mit dem Heiden'schen Kirchenwesen ganz nach Wunsch bestellt sei, dürfte sich leider kaum behaupten lassen. Der Pastor Arnold ist kein Mann des Volkes, ebenso wenig als sein Sohn, der ihm als Gehilfe dient. Bei großer Reizbarkeit und Empfindlichkeit fehlt es ihm an rechter Freudigkeit und innerem regem Eifer in seinem Berufe und es möchte nicht zu bezweifeln sein, daß er nach seinen Gaben und Kenntnissen mehr leisten könnte als er tut, wenn er sich nicht mehr oder weniger vernachlässigt hätte [...].

Alverdissen, 9. Oktober 1853

Die Vornahme der [...] zu Alverdissen gehaltenen Kirchenvisitation erschien um so erforderlicher, als der Pastor Petri bei dortiger Gemeinde schon über sieben Jahre lang angestellt ist und derselbe in den zu seiner Zeit mit ihm stattgehabten examinibus pro candidatura und pro ministerio sich zum Predigtamt nur sehr notdürftig vorbereitet zeigte. Aus eben diesem Grunde war auch seine Anstellung in Alverdissen während mehrerer Jahre nur eine provisorische und wurde erst dann zu einer definitiven, als die Gemeinde dies teils ausdrücklich wünschte, teils keine Einsprache dagegen tat. Der Gottesdienst begann am genannten Tage um 10 Uhr vormittags. Die Kirche, deren Neubau im Jahre 1842 vollendet wurde, ist eine der besten und schönsten im Lande, hell, freundlich und wohl eingerichtet. Es bietet dieselbe für die gottesdienstlichen Versammlungen reichlichen Raum dar und es würde ein sehr fleißiger Kirchenbesuch dazu gehören, wenn von den Bewohnern des Fleckens Alverdissen und der eingepfarrten Höfe und Meiereien Ullenhausen, Dudenhausen, Hohe Sonne, Dorotheenthal usw. die Kirche stets gefüllt sein sollte.
Nach dem ersten Gesange der für das Mal zahlreich versammelten Gemeinde trug der P. Petri das Altargebet und die biblische Lektion zwar laut und verständlich vor, aber nicht einfach und natürlich, sondern mit etwas verkünsteltem und forciertem Pathos. Letzteres wurde demnächst noch auffallender bei der Predigt, wo der Vortrag fast durchweg etwas Übertriebenes, zu Lautes und nicht selten Heiseres hatte. Die Predigt selbst über den aufgegebenen Text 1. Petri 4, 10, 11 bewegte sich ihrem Inhalte nach zu sehr in Gemeinplätzen und es wurden absichtlich, ohne daß dazu der Text Anlaß

gab, die Dogmen von der Sünde, von der Buße und vom Glauben wiederholt herbeigezogen. Im übrigen ging die Rede ohne Stocken fort und ob es auch einer höher gebildeten Zuhörerschaft schwer geworden sein möchte, sich an derselben zu erbauen, so fehlte es ihr doch im allgemeinen nicht an einem erbaulichen Element.

Es folgte dann vor dem Altare die Ansprache des Referenten an die Gemeinde, an den Prediger, die Kirchen- und Schulvorsteher, die Repräsentanten usw. Mit letzteren wurde nach dem Ausgange der Gemeinde noch besonders über die kirchlichen Zustände und Verhältnisse verhandelt. Es ergab sich daraus, daß der Kirchenbesuch im ganzen ziemlich gut und der sittliche Zustand der Gemeinde, besonders was Keuschheit, Zucht und Mäßigkeit betrifft, löblich ist. Die Wirtshäuser werden von Einheimischen so gut wie gar nicht frequentiert; der Armen gibt es verhältnismäßig nur wenige; die Geburt unehelicher Kinder gehört zu den Seltenheiten und kommt in manchen Jahren gar nicht vor. Erinnert wurde unter anderem, daß der Pastor oft ungebührlich lange predige und auch am Sonntagnachmittage oft die sogenannte Kinderlehre in ermüdender Art ausdehne. Da letztere wider die gewöhnliche Praxis im vorigen Jahr auch während des Wintersemesters gehalten war, worüber sich nicht nur der Küster wegen der ihm zur Last fallenden Leitung des Gesanges beklagte, sondern womit auch die Majorität der Kirchenvorsteher wegen der sehr geringen Teilnahme der Erwachsenen und wegen des Frierens der Kinder sich nicht zufrieden erklärte, so wurde der Prediger dazu beschieden, daß er während des Winters zwar mit Erwachsenen, die sich etwa dazu einfänden, eine sogenannte Bibelstunde in der Kirche halten könne, die Konfirmanden aber gleichwie den Küster als Orgelspieler von der Teilnahme daran zu dispensieren habe. — Das sittliche und pastorale Verhalten des Predigers fand übrigens von keiner Seite Tadel, gleichwie demselben ein gewisser Eifer für sein Amt nicht abzusprechen ist.

Bei dem Nachmittagsgottesdienste katechisierte der Prediger über einen biblischen Abschnitt in recht geeigneter, ansprechender Weise mit viel mehr Gewandtheit, als ihm früher eigen war. Referent redete dann noch zu den ziemlich zahlreich Versammelten, namentlich zu den Kindern, zu der Jugend und zu den Eltern und schloß die kirchliche Feier des Tages.

An dem folgenden Mahle nahmen außer dem Amtmann auch die Kirchenvorsteher und der Küster teil. Es trat dabei in erfreulicher Art das gute Verhältnis und Vernehmen zutage, in welchem der Prediger zu den betr. Personen steht, wozu teilweise auch die sehr verständige, freundliche und wohlgesinnte Pfarrfrau beitragen mag.

Weiterhin am Tage wurde mit dem Beamten das Kirchenbuch und die Kirchenregistratur nachgesehen und das Nötige bemerkt. Das Pfarrhaus befindet sich in wohnbarem Stande und mehrere zweckmäßige Reparaturen und Verschönerungen sind zum Teil auf Kosten des Predigers ausgeführt, während die Gemeinde zur Abtragung und Verzinsung der durch den Neubau der Kirche kontrahierten Schulden noch für 2-3 Jahre eine bedeutende Steuer aufzubringen hat. Schließlich wurde dem Prediger über seine ganze Amtsführung, besonders hinsichtlich des Fleißes, welchen er auf seine Predigten und den Konfirmandenunterricht zu verwenden und was er dabei in der einen oder anderen Hinsicht zu vermeiden habe, privatim der erforderliche Vorhalt getan. Es dürfte nicht zu bezweifeln sein, daß derselbe nach seinen Kräften fernerhin mit neuem Eifer und ernstem Anliegen seines Amtes warten wird.

Meinberg, 13. November 1853

[...] Am Visitationstage war die Gemeinde sehr zahlreich versammelt. Mit dem Gesange und Orgelspiel konnte man einigermaßen zufrieden sein. Das Altargebet und die biblische Vorlesung wurden von dem Pastor Stockmeyer mit dem ihm eigenen Pathos gehalten. Die Predigt über den aufgegebenen Text Phil.3,12-16 erschöpfte zwar den Inhalt des letzteren keineswegs, war im übrigen aber der Feier des Tages wohl angemessen. Folgende in Reim gebrachte Punkte wurden hervorgehoben: Der Grund, auf dem ich stehe; das Ziel, nach dem ich sehe; der Trost, nach dem ich spähe; der Geist, um den ich flehe. Der Vortrag war, wenngleich nicht durchweg fließend, doch lebendig, kräftig und eindringlich. Nur dürfte es zu beklagen sein, daß der Prediger im Eifer für seinen streng kirchlichen und orthodoxen Standpunkt den Zustand seiner Gemeinde mit etwas zu finsterem Blick ansieht und unter anderem nicht ohne den Schein von Gereiztheit in der Predigt äußerte, daß es seit einer längeren Reihe von Jahren in der Gemeinde nicht besser geworden sei, sondern die Macht des Bösen eher zu- als abgenommen habe. Abgesehen davon, daß sich dies überhaupt schwer bemessen lassen möchte, um so mehr, als sich das Gute mehr im Stillen und Verborgenen bildet, das Schlechte aber stärker in die Augen fällt, so möchte sich auch von jener finsteren Anschauung kein besonders heilsamer Einfluß auf den Prediger und auf seine Wirksamkeit erwarten lassen. Es wurde in dieser Beziehung dem P. Stockmeyer hintendrein privatim der erforderlich scheinende Vorhalt gemacht.
Der Predigt schloß sich die Rede des Referenten an. Nach dem Ausgange der Gemeinde aus der Kirche blieben die Mitglieder des Kirchenvorstandes und des Repräsentanten-Kollegiums zurück, mit welchen über die kirchlichen Gemeindeangelegenheiten verhandelt wurde. An Interesse dafür schien es den betr. Personen nicht zu fehlen, und der Referent legte es ihnen ans Herz, in Gemeinschaft mit dem Prediger durch Wort und Beispiel das Bessere zu fördern. Die früheren Differenzen wegen der Repräsentantenwahl erschienen ganz ausgeglichen und beseitigt, welches sich speziell in erfreulicher Art auch dadurch dokumentiert, daß in letzterer Zeit von den Gemeindevertretern einstimmig der nötige Neubau des Pfarrhauses beschlossen ist und insgesamt zur Ausführung gebracht werden wird.
Am Nachmittagsgottesdienste zeigte keiner große Teilnahme, obgleich derselbe vom Prediger das ganze Jahr hindurch gehalten wird. Für gewöhnlich sollen außer den Kindern nur etwa 20 Personen daran teilnehmen. Die Katechisation ging von einem biblischen Abschnitte aus und wurde weiterhin an den Heidelberger Katechismus, namentlich an die erste Frage und Antwort desselben, geknüpft. Das kirchliche Dogma von der Erlösung und Versöhnung durch Christus wurde ebenso unvermittelt hingestellt, wie es der Katechismus gibt. Übrigens fehlte es an herzlicher und salbungsvoller Ansprache an die Kinder nicht. Mit einer Rede des Referenten an letztere sowie an die Erwachsenen schloß die kirchliche Feier des Tages. Besondere Anliegen von Gemeindegliedern wurden nicht vorgebracht. Der Amtmann Neubourg in Horn, zu

dessen Bezirk Meinberg gehört, wohnte dem Vormittags- und Nachmittagsgottesdienste bei.
Später am Tage unterredete sich Referent mit dem Prediger über seine ganze Amtsführung. Unstreitig läßt es der Pastor Stockmeyer, welcher jetzt seit 24 Jahren der Meinberger Gemeinde vorsteht, nicht an Ernst und Eifer in seinem Berufe fehlen und ist derselbe angelegentlich bemüht, nicht nur durch Predigen und Katechisieren, sondern auch durch Privatseelsorge, Haus- und Krankenbesuche im Segen zu wirken. Auch sein Privatleben hat eine ernste und würdige Haltung, und es hat sich der Prediger ganz besonders durch die Stiftung einer Bewahranstalt für kleine Kinder und einer Spinnschule, beides unter eifriger Mitwirkung der Pfarrfrau, um die Gemeinde ein großes Verdienst erworben. Die Spinnschule, durch welche dem verderblichen Betteln in der Gemeinde gewehrt ist, besteht nur im Winter, die Bewahranstalt für die übrige Zeit des Jahres. Die für beide Institute engagierte Lehrerin und Aufseherin ist, wie Referent Gelegenheit nahm sich davon zu überzeugen, für ihren Beruf in Kaiserswerth trefflich vorgebildet und weiß in ihrer Beschäftigung mit den Kleinen Ernstes und Fröhliches in ansprechender Weise miteinander zu verbinden.
Schließlich wurde noch bemerkt, wie es sich aus der Privatunterredung mit dem Prediger ergab, daß derselbe in den letzten Jahren seine kirchlichen Vorträge nicht mehr konzipiert oder vollständig ausarbeitet, sondern nach bloßer Meditation und einem kurzen Entwurfe extemporiert. Es wurde auf das Bedenkliche dieses Verfahrens hingewiesen, welches er allerdings nicht genügend zu rechtfertigen vermochte. Kirchenbuch und Kirchenregistratur befinden sich in gutem Zustande.

Oerlinghausen, 17. August 1862

Trotz des ungewöhnlich heftigen Regens, welcher in den Frühstunden des 17. Augusts gefallen war, hatte sich zum Gottesdienst um 10 Uhr vormittags eine zahlreiche Versammlung eingefunden. Der Pastor Weerth leitete die Predigt ein durch einige Bemerkungen über die Vergangenheit, wie es gerade an diesem Sonntage 10 Jahre seien, daß er in das Amt an dieser Gemeinde eingeführt worden. Indem er dann verschiedener Prediger gedachte, welche an dieser Stelle gewirkt, erinnerte er auch an die Vorfahren des Unterzeichneten, deren drei hier das Predigtamt verwaltet haben [dies waren Georg Konrad v. Cölln (1765-1789) und dessen Söhne Dietrich (1779-1785) und Ludwig Friedrich August v. Cölln (1789-1797), Großvater, Onkel und Vater des gegenwärtigen Generalsuperintendenten v. Cölln] und kam dann auf den Zweck der Feier.
Dem weiteren Vortrage wurde das Wort Ephes. 4, 11-16 zugrundegelegt und danach von der Erbauung der christlichen Gemeinde geredet. Zunächst wurde nachgewiesen, worin sie bestehe, nämlich, daß sämtliche Seelenkräfte des Menschen von dem göttlichen Elemente durchdrungen und gehoben würden, das Herz, der Verstand, der Wille erwärmt, erleuchtet, geheiligt werden. Zweitens wurde nachgewiesen, wodurch die Erbauung hervorgerufen werde: Die Werke Gottes in der Schöpfung, die Andacht im Gotteshause, Lesen des göttlichen Wortes, Gebet - wirken zur Erbauung. Drittens gab der Prediger Rechenschaft darüber, was in den letzten zehn Jahren zu der Erbauung der Gemeinde geschehen sei. Der Restauration der Kirche und dergleichen wurde

Wilhelm Weerth, geboren im Jahre 1815 als Sohn des lippischen Generalsuperintendenten Ferdinand Weerth (1805-1836), wirkte nach seinem Studium in Jena, Göttingen und Berlin zunächst als Rektor in Horn, seit 1842 als 2. Pfarrer in Oerlinghausen und seit 1845 als 2. Pfarrer in Blomberg. Von 1852-1884 amtierte Weerth als Pastor in Oerlinghausen, seit 1876 zugleich als Superintendent der Klasse Detmold. Er war seiner theologischen Bildung und Überzeugung nach - wie sein Vater - Rationalist, trat aber „als friedliebender Mann nie der Orthodoxie entgegen" (Butterweck).

erwähnt und die ferneren Bemühungen und Opfer für diesen Zweck empfohlen. Dann aber vornehmlich der geistliche Ausbau der Gemeinde durch den Prediger, die Lehrer, die Kirchenvorsteher, die Familienväter und Mütter hervorgehoben; Ermahnungen [...] und Wünsche ausgesprochen.
Der Prediger hielt sich bei der Ausführung durchweg an den Text, den er aufs beste benutzte. Sprache und Vortrag waren klar, kräftig, festlich und herzlich. Der Redner betonte nachdrücklich den positiv christlichen Standpunkt.
Referent folgte bei der sich hier anschließenden Ansprache an die Gemeinde dem Inhalt des Abschnitts Ephes. 1,15-18. Das Gute, was sich in der Gemeinde vorfindet, fordert zur Freude und Dank auf; aber man hat auch Ursache mit dem Apostel zu beten und zu bitten, daß der Gemeinde immer mehr der Geist der Weisheit und der Offenbarung, Erkenntnis der Herzlichkeit des Christenberufes und Übung derselben in der Kraft Gottes und in der Hoffnung des ewigen Lebens verliehen werde. Ein mächtiger Antrieb aber dazu sei die Vergegenwärtigung des Wesens unserer christlichen Gemeinschaft, welche Vergangenheit und Zukunft, Himmel und Erde umfasse und Christum zum Haupte habe. Wir sollen das christliche Erbe, welches wir von unseren Vorfahren empfangen, unversehrt und wirksam überliefern an das folgende Geschlecht und dabei stets unseren Heiland als Vorbild und Lebensspender vor Augen und im Herzen haben.
Die Katechisation wurde gehalten über den Abschnitt vom Worte Gottes im neuen Katechismus [= Heidelberger Katechismus Frage 55 - 60]. Es wurden sämtliche hergehörige Punkte besprochen, namentlich auch der Unterschied von Gesetz und Evangelium und wie beides schon im Alten Testamente gegeben, aber doch nicht in der Vollkommenheit wie im Neuen Testamente. Dann ging der Katechet auch näher ein auf die Frage, wie und wann das Wort Gottes zum Gnadenmittel werde. Alles war klar gedacht, lebendig vorgetragen, den Kindern zum Verständnis gekommen und hatte sie auch interessiert. Die Bibelsprüche wurden sehr gut rezitiert [...].

Nach beendigtem Hauptgottesdienste wurde mit den versammelten Kirchenvorstehern sowie nach der Katechisation mit den Lehrern gesprochen. Die häusliche Andacht ist vielfach außer Übung gekommen; die Ältesten versprachen zur Belebung derselben mitzuwirken [...]. Die Ältesten gehen dem Prediger gern zur Hand, wenn es gilt, Unfrieden in den Ehen zu schlichten oder sonst die Sittenzucht zu üben [...]. Die Zufriedenheit der Gemeindevorsteher mit dem Pastor sprach sich in verschiedener Weise unzweideutig aus [...].

Augustdorf, 7. Mai 1871

[...] Gegen 9 Uhr morgens traf ich in Augustdorf ein. Bald nach meiner Ankunft erschienen die beiden Lehrer der Gemeinde mit den Schülern und Schülerinnen der Oberklasse vor dem Pfarrhause und sangen mit denselben in recht ansprechender Weise den Choral „Allein Gott in der Höh' sei Ehre". Ich drückte nach beendetem Gesang in einigen Worten den Lehrern und Kindern meine Freude über den Gesang aus. Bald nachher erschien der Amtsrat Preuß von Lage, um an der Kirchenvisitation teilzunehmen.
Um 10 Uhr begann das Geläute der Glocken, wir begaben uns in die Kirche; der Weg vom Schulhaus bis zur Kirche war in einfacher aber recht ansprechender Weise von den Kindern mit grünen Birkenbüschen geschmückt. Die Gemeinde war zahlreich im Gottesdienst versammelt. Es machte zunächst einen sehr angenehmen Eindruck, daß auch nicht ein einziger Kirchgänger zu spät kam, was ich noch an keinem der Orte gefunden, wo ich bisher Kirchenvisitation gehalten habe.
Es wurde zuerst Lied Nr. 468 (AG. 394) gesungen, darauf verlas Pastor Krecke Gebet Nr. 11 der Agende und dann Johannes 11, 1-26. Hierauf wurde Lied Nr. 590 (AG. 335) gesungen. Der Gemeindegesang ist im ganzen gut, die Orgel sehr schlecht. Pastor Krecke predigte dann über das ihm als Text vorgeschriebene Evangelium des Sonntages, Joh. 16,5-16. Im Eingang knüpfte er an die vor 9 Jahren gehaltene Kirchenvisitation, welche an demselben Sonntage stattgefunden, an. Der Eingang war etwas abgerissen und voller Gedankensprünge, der Übergang zum Thema unvermittelt. Als Thema stellte der P. Krecke auf: „Einige Tröstungen des Evangeliums in Beziehung auf unsere Toten". Das Thema war allerdings streng genommen nicht textgemäß, der P. Krecke rechtfertigte es später mir gegenüber damit, daß in diesem Frühjahre außergewöhnlich viele Sterbefälle in der Gemeinde vorgekommen seien. Das Thema wurde dann in den beiden Teilen 1. Tröstungen, welche sich auf unsere Toten und 2. Tröstungen, welche sich auf uns selbst beziehen, weiter ausgeführt. Es ist nicht leicht, über die Predigt in der Kürze ein Urteil zu fällen. Sie war gut ausgearbeitet, wurde ruhig und entsprechend vorgetragen, sie war stellenweise geistreich und den Text in überraschend guter Weise benutzend, aber sie war nicht positiv christlich und noch weniger entschieden evangelisch. Es kamen Aussprüche vor, nach denen man hätte schließen können, Krecke sei ein katholischer Geistlicher. Direkte Angriffe auf die positiv christliche Wahrheit kamen in der Predigt nicht vor, aber auch kein Bekenntnis zu derselben. Ich habe unter vier Augen eingehend mit dem P. Krecke über die Predigt geredet und ihm unumwunden meine Meinung gesagt; er hat das freundlich auf- und angenommen.

Nach der Predigt hielt ich dann eine an den Text der Predigt anknüpfende Ansprache an die Gemeinde, in welcher ich den Text zu seinem Rechte kommen zu lassen versuchte. Die Gemeinde folgte der Predigt wie der Ansprache mit einer Ruhe und Aufmerksamkeit, welche ich nicht genug anerkennen kann. Angenehm berührte mich auch die große Ruhe und gute Ordnung, in welcher die Gemeinde nach gesprochenem Segen das Gotteshaus verließ und nach Hause ging.
Nach dem Gottesdienst versammelte sich der Kirchenvorstand um den Altar. Der Kirchenvorstand ist vollzählig, Sitzungen hält er, wenn Gegenstände zur Beratung vorliegen. Der Vormittagsgottesdienst wird, wie angegeben wurde, im ganzen gut besucht, der Nachmittagsgottesdienst jedoch fast gar nicht, so daß er seit vorigem Sommer ausgesetzt ist. Die Teilnahme an der Feier des heiligen Abendmahles ist leider gering, nur höchstens 500 Kommunikanten im Jahre, während es der Seelenzahl nach wenigsten 900 sein müßten. Völlig von der Kirche und dem Sakramente geschieden hat sich kein Glied der Gemeinde.

In den Häusern und Ehen herrscht im ganzen Friede und Eintracht, die Wirtshäuser werden nicht häufig besucht, eigentliche Trunkenbolde soll es in der Gemeinde nicht geben. Mäßigkeit, Sparsamkeit und Arbeitsamkeit seien hervorragende Tugenden der Gemeinde, was auch der anwesende Beamte seinerseits bezeugte. Regelmäßige Hausandacht und Tischgebete sind nur in sehr wenigen Häusern noch üblich; in der Bibel wird aber fleißig in den Häusern gelesen, wie ausdrücklich bezeugt wurde. Die Kirche ist baufällig und schlecht. Die Gemeinde beabsichtigt einen Neubau und wünscht, daß derselbe bis zum Jahre 1875, wo Augustdorf gerade 100 Jahre steht, vollendet sein möge. Ich redete dringend zu, frisch und mit fröhlichem Mute an den Kirchenneubau heranzutreten und habe die begründete Hoffnung, daß es geschehen wird. Jedenfalls würde aber der armen Gemeinde für den Neubau die Erlaubnis zu einer Landeskollekte zu erwirken sein, denn ohne das kann sie den Neubau nicht unternehmen [die neue Kirche wurde am 1. Juni 1876 durch Generalsuperintendent Koppen eingeweiht].
Nach den Verhandlungen mit dem Kirchenvorstand wurden die Kirchenbücher revidiert; sie waren in guter Ordnung, ebenso das Kirchenarchiv [...]. Das Pfarrhaus ist im ganzen in gutem Zustand; die verunglückte Brunnenanlage habe ich in Augenschein genommen [...].
Der Nachmittagsgottesdienst begann dann 1/2 2 Uhr; derselbe war nicht sehr zahlreich besucht, indessen doch viel besser als ich erwartet hatte, denn es waren doch außer den Katechumenen etwa 120 Gemeindeglieder erschienen. Die Katechese knüpfte an die Predigt an und erstreckte sich über Frage 88, 89 und 90 des Heidelberger Katechismus. Die Katechese war recht gut, klar und positiv christlich, sie befriedigte mich sehr. Ich hielt dann eine an die Katechese anknüpfende Ansprache, welche sich namentlich an die Kinder richtete.

Nach dem Nachmittagsgottesdienste wurde dann noch das Erforderliche mit den beiden Lehrern der Gemeinde geredet. Das Verhältnis des Pastors Krecke zur Gemeinde ist ein gutes, er besucht die Kranken und nimmt sich namentlich der Armen treulich an; daß er in großem Segen wirkte, kann man nicht sagen. Seine religiöse Anschauung ist nicht der Art, daß er wahrhaft christliches Leben in der Gemeinde wecken und fördern könnte, er hält aber gute Zucht und Ordnung in der Gemeinde. Ich habe eingehend mit ihm über seine Amtsführung gesprochen und ihn auch dabei entgegenkommend gefunden. Gewiß täte der Gemeinde ein anderer Pastor hochnot, aber an eine Versetzung des P. Krecke kann nicht gedacht werden und seinen Abschied wird er schwerlich bald nehmen.

Haustenbeck, 5. November 1871

In der Gemeinde Haustenbeck wurde Sonntag, den 5. November, Kirchenvisitation gehalten. Ich fuhr am Morgen des genannten Tages nach Haustenbeck und nahm dort auf Wunsch des Pastors Klemme und mit Rücksicht auf die arg gestörten häuslichen Verhältnisse desselben mein Absteigequartier bei dem Küster Deppe. Vor Beginn des Gottesdienstes begab ich mich noch in das Pfarrhaus und redete einiges auf die kirchliche Feier Bezügliche mit dem Pastor Klemme.
Der Gottesdienst begann um 10 Uhr. Anfangs waren nur sehr wenige Gemeindeglieder anwesend; während des ersten und zweiten Gesanges füllte sich jedoch allmählich die Kirche, so daß dieselbe schließlich zahlreich besucht war. Den Übelstand des Zuspätkommens berücksichtigte ich später in meiner Ansprache an die Gemeinde und ermahnte dieselbe, rechtzeitig zum Hause des Herrn zu kommen. Gesungen wurde zuerst — es steht das neue Gesangbuch in ausschließlichem Gebrauche — Lied Nr. 518; Pastor Klemme verlas darauf Gebet Nr. 5 der Agende und 2 Korinther 4, 1-8. Hierauf wurde Lied Nr. 357, 1-5 gesungen. Der Gesang befriedigt im ganzen, die Orgel ist mäßig, wird aber leidlich gespielt. Pastor Klemme predigte dann über den ihm vorgeschriebenen Text Johannes 8,12. Nach einer recht passenden und ansprechenden Einleitung stellte er als Thema hin: Das Amt des Predigers ein Zeugenamt 1. Von wem sollen wir zeugen, 2. Zu welchem Zweck sollen wir zeugen, 3. Wie sollen wir zeugen. Die Disposition war allerdings durchaus nicht textgemäß, doch wurde der Text in der Predigt hinreichend benutzt. Die Predigt war ihrem Inhalt nach biblisch, im 1. und 2. Teil in hohem Grade ansprechend und erbaulich, dem 3. Teil fehlte die rechte Klarheit. Die Gemeinde folgte der Predigt mit großer Aufmerksamkeit, was umsomehr anzuerkennen war, da dieselbe 1 1/4 Stunde dauerte. Pastor Klemme — ohnehin schon sehr schwach und brustleidend — war schließlich ganz erschöpft. Nachdem Lied Nr. 350, 4 gesungen war, hielt ich eine an die Predigt anknüpfende Ansprache an die Gemeinde über das Wort aus der Bergpredigt: „Ihr seid das Licht der Welt". In meiner Ansprache betonte ich namentlich auch, daß ein Christ sich wohl zu hüten habe, damit er nicht Anstoß und Ärgernis gebe. Leider war die Frau Pastor Klemme, die gerade so schweres Ärgernis in der Gemeinde gegeben, nicht in der Kirche; es erschien mir aber gleichwohl angezeigt, vor dem Anstoß- und Ärgernisgeben zu warnen, weil ich nur daran dann die weitere Mahnung, nicht Anstoß und Ärgernis zu nehmen, knüpfen konnte. Nachdem zum Schlusse noch Lied Nr. 352,11 gesungen war, verlas Pastor Klemme einige Bekanntmachungen und sprach dann den Segen. Mir fiel auf, daß er bei dem Sprechen des Segens sich der Form „Der Herr segne uns" bediente; ich sagte ihm das später und er erwiderte, er habe schon immer gefühlt, daß dies nicht die rechte

Form sei; er wollte sich auch in Zukunft der biblischen Form „Der Herr segne dich" bedienen.
Nach Schluß des Gottesdienstes versammelten sich die Mitglieder des Kirchenvorstandes um den Altar [...]. Der Kirchenvorstand bezeugte, daß der Kirchenbesuch im ganzen erfreulich und die Beteiligung der Gemeindeglieder an der Feier des heiligen Abendmahles eine recht zahlreiche sei. Hausandacht und Tischgebet sind leider nur wenigen Familien feste Sitte und Ordnung, doch werde in den Häusern noch fleißig in der Bibel gelesen. Die Kinderzucht lasse sehr viel zu wünschen übrig, ebenso der sittliche Zustand der Gemeinde. Das Wirtshaus werde leider sehr viel, namentlich sonntags, besucht; es käme oft in der Nacht Lärm und allerlei Unfug vor; so sei vor kurzem der Polizeidiener, welcher diesem Unwesen haben steuern wollen, lebensgefährlich verwundet, der Täter bis jetzt unermittelt geblieben. Am schlimmsten sei es mit dem nächtlichen Unfug in der Zeit der Rückkehr der Ziegler.
Der Kirchenvorstand bezeugte, daß der Pastor Klemme die gesunden und die kranken Glieder der Gemeinde sehr fleißig besuche und mit Gottes Wort bediene und erwähnte namentlich anerkennend, daß Pastor Klemme alle Leichen, auch die der Kinder, begleitete und am Grabe Worte der Ermahnung und des Trostes rede [...]. Schließlich kam dann der Kirchenvorstand auf das schwere Ärgernis zu reden, welches die Frau Pastor Klemme gegeben habe. Die Mitglieder des Kirchenvorstandes sprachen sich in durchaus würdiger, echt christlicher Weise über diese traurige Sache aus, forderten aber auch mit aller Entschiedenheit im Interesse der Gemeinde eine Beseitigung dieses Übelstandes. Ich begab mich dann allein ins Pfarrhaus und redete etwa eine Stunde lang mit der Frau Pastor Klemme; ich fand in ihr eine hochmütige, selbstgerechte, an partiellen Wahnsinn leidende Person, die in ihrer Heftigkeit zu dem Äußersten sich fortreißen läßt. Durch Ruhe und Ernst gelang es mir schließlich, von ihr das Versprechen zu erhalten, daß sie in Zukunft allen und jeden Verkehr mit der entlassenen Dienstmagd vermeiden, niemals wieder tätlich gegen ihren Mann werden, sondern Frieden halten und auch in Zukunft über die ihr mißliebigen Gemeindeglieder nicht mehr allerlei Übles sagen wolle. Ich rief dann den Pastor Klemme in die Stube und ließ die Frau in seinem Beisein alle gegebenen Versprechungen noch einmal wiederholen. Er reichte ihr darauf die Hand und sprach einige herzliche Worte; die Frau nahm aber weder seine Hand, noch erwiderte sie seine Worte, wie sie denn auch meinen Abschiedsgruß unbeantwortet ließ. Meiner Ansicht nach muß die Frau in nächster Zeit in einer Heilanstalt untergebracht werden, was ich auch dem Pastor Klemme gesagt habe.
Mit ihm redete ich dann noch das Erforderliche über seine Predigt und Amtsführung, wobei mir seine Einfachheit und Demut in wohltuender Weise entgegentrat. Klemme ist ein treuer, fest im Glauben stehender Pastor, der mit den ihm verliehenen Kräften und Gaben gewissenhaft arbeitet [...]. Der großen körperlichen Schwachheit und Hinfälligkeit des Pastors Klemme wegen hatte ich bestimmt, daß ein Nachmittagsgottesdienst nicht stattfinden sollte.

Schwalenberg, 14. September 1879

[...] Der Vormittagsgottesdienst, zu welchem sich die Gemeinde zahlreich eingefunden, begann 10 Uhr morgens mit Lied Nr. 321 (AG. 273) Vers 1-3. Pastor Zeiß verlas dann Gebet Nr. 2 der Agende und Luk. 15,11-32. Nachdem Lied Nr. 333 (AG. 276) Vers 8-11 gesungen, predigte er über den ihm vorgeschriebenen Text Luk. 17,11-19 Evangelium des Sonntags. Nach einer passenden Einleitung stellte er als Thema hin: Möchte der Heiland zu einem jeden von uns täglich sagen können: Stehe auf, dein Glaube hat dir geholfen: 1. Warum soll dieser Wunsch der höchste Wunsch unseres Lebens sein? 2. Wann wird es uns gelingen, daß dieser Wunsch erfüllt wird? Die Predigt war gut ausgearbeitet, wohl memoriert und wurde mit Wärme, wenn auch stellenweise mit verkehrtem Pathos, vorgetragen. Zur Erbauung der Gemeinde war sie geeignet, wenn sie auch die tieferen Heilswahrheiten des Evangeliums nicht zum vollen Ausdrucke brachte. Verfehlt war namentlich, daß der Text selbst viel zu wenig zu seinem Rechte kam, selbst nicht im zweiten Teile, wo dies nach der Disposition doch hätte geschehen können. Referent hielt eine an die Predigt anknüpfende Ansprache über denselben Text und ging auf denselben im einzelnen ein. Der Gottesdienst wurde bald nach 12 Uhr mit dem Segen des Herrn geschlossen.

Nachdem mit den Lehrern der Gemeinde das Erforderliche geredet war, folgten die Verhandlungen mit dem Kirchenvorstande. Der Vormittagsgottesdienst wird im ganzen gut besucht; zum Nachmittagsgottesdienste, in welchem mit der bei den beiden letzten Konfirmationen konfirmierten Jugend katechisiert wird, kommen nur wenige Gemeindeglieder. An der Feier des heiligen Abendmahles nahmen ca. 1400 Gemeindeglieder jährlich teil, was bei 2500 Seelen kein sehr gutes Verhältnis ist. Offenbare Verächter der Gottesdienste und des Abendmahles sind nicht in der Gemeinde. Der Sonntag wird äußerlich im ganzen gut geheiligt, innerlich könnte dies mehr geschehen. In den Häusern herrscht im ganzen Frieden und Eintracht. Erfreulicherweise hat der Besuch der Wirtshäuser abgenommen. Auch ist über Trunksucht durchaus nicht zu klagen [...].

Der Nachmittagsgottesdienst begann um 2 Uhr. Es war Prüfung der Konfirmanden angesetzt und bestimmte Referent auf Wunsch des Pastors Zeiß in der Kirche als Gegenstände der Prüfung die Fragen 1, 29 und 31 des Heidelberger Katechismus. Daß die Prüfung ein recht erfreuliches Resultat geliefert, kann nicht behauptet werden; die Antworten der Kinder waren stellenweise recht schwach, aber die Fragestellung auch vielfach eine ganz verfehlte. Der Referent hielt eine Ansprache über 2. Timoth. 3,14 und schloß 3/4 4 Uhr die Kirchenvisitation mit Gebet und dem Segen des Herrn.

Mit dem Pastor Zeiß redete der Referent unter vier Augen ernstlich und eingehend über Predigt und Amtsführung. Pastor Zeiß hat den besten Willen, ist rührig und eifrig, aber es fehlt ihm die gehörige Vertiefung in Gottes Wort, die rechte Stetigkeit und Nachhaltigkeit in dem Wirken. Seine Sehkraft hat in bedauerlicher Weise abgenommen; er kann nur noch unter Benutzung eines starken Vergrößerungsglases lesen, und es ist zu bewundern, daß er noch so weitläufige Berichte an die Behörde erstattet.

Aus: Archiv der Lippischen Landeskirche, Konsistorialregistratur Rep. II Tit. 5 Nr. 3.

Die Kirchengemeinden in Lippe
und ihre evangelischen Einwohner
im Jahre 1863

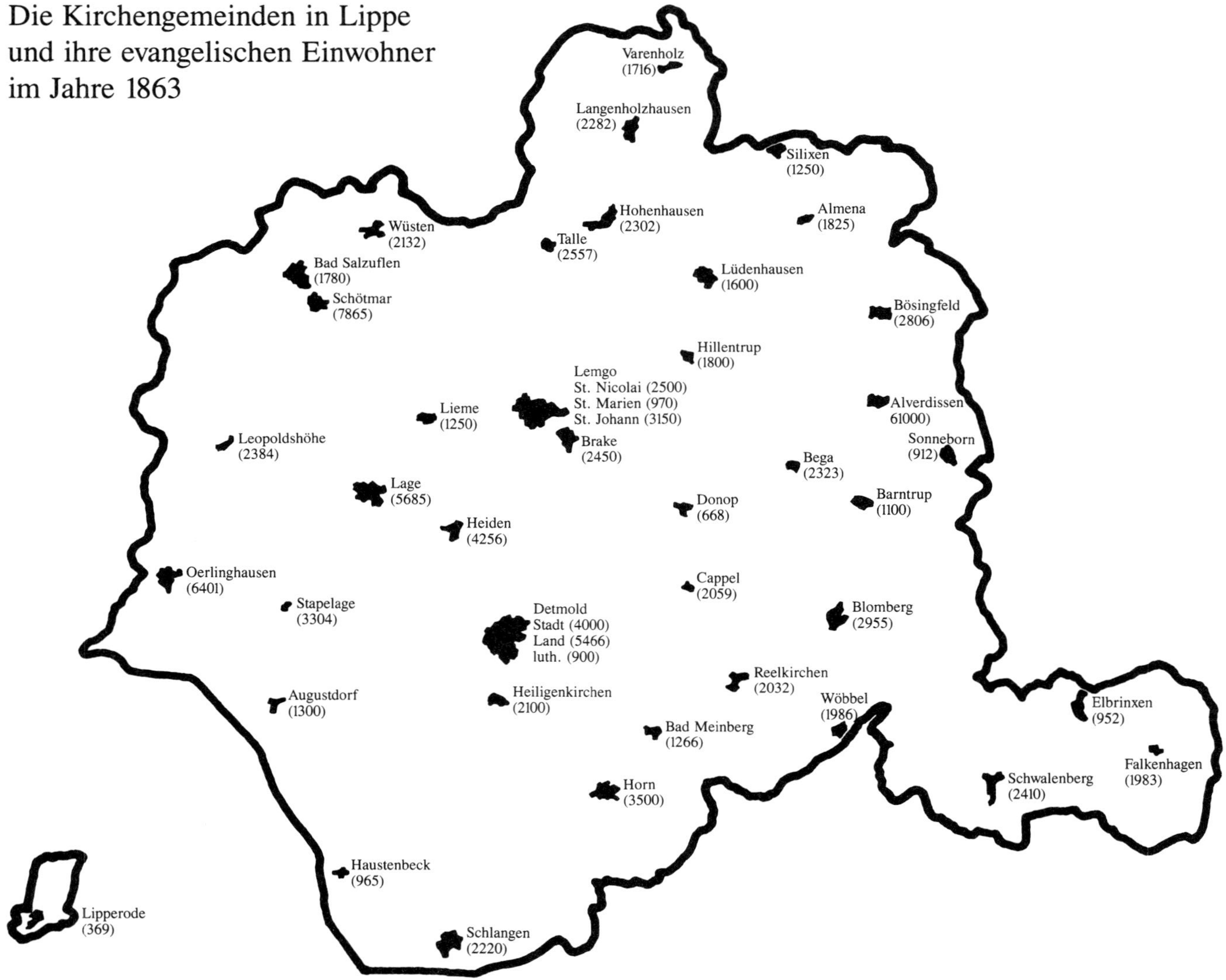

IV. „Theologische Färbungen und Schattierungen..."

Die kirchlichen Richtungen in Lippe im Urteil des Falkenhagener Pastors Melm (1854)

Mit der Regentschaftsübernahme des Fürsten Leopold III. im Jahre 1851 vollzog sich ein für das Land verhängnisvoller politischer Kurswechsel, durch den die wiedererstarkten Kräfte der Reaktion zur Regierung gelangten. Die politischen Absichten, die sie verfolgten, konzentrierten sich auf das Ziel, die „Märzerrungenschaften" aus dem Jahre 1848 zu beseitigen und die alten ständischen Rechte wiederherzustellen. Auf die Durchsetzung dieses Programms hatte der Regent seine Regierungsinstanzen verpflichtet, an deren Spitze seit 1853 der aus Hildburghausen gebürtige Kabinettsminister Dr. Laurenz Hannibal Fischer stand. Fischer, der die politischen Anschauungen des Fürsten uneingeschränkt teilte, galt als ein Apostel des Konservatismus, als ein fanatischer Gegner der Volksherrschaft und überzeugter Anhänger des Legitimitätsglaubens und des Monarchismus. Er betrachtete es als seine politische Mission, die im Jahre 1848 verkündeten sogenannten Grundrechte des deutschen Volkes zu liquidieren und die aus ihnen hervorgegangenen gesetzlichen Verordnungen zu annullieren.

Sein politisches Glaubensbekenntnis hatte der Minister gegenüber dem Falkenhagener Pastor Melm auf die Formel gebracht: „Von dem Grundsatz ausgehend, daß Förderung der Religiosität im Staate der Haupthebel aller staatlichen Vollkommenheit ist, habe ich die Ordnung der Angelegenheiten als die erste Grundlage betrachtet, auf welche sich meine Tätigkeit richten muß, um zum Wohle des Landes segenbringende Früchte mir versprechen zu dürfen".

In dem Falkenhagener Pastor glaubte der Minister nicht nur einen „treuverbündeten Genossen im Kampf gegen die Zügellosigkeit und Autoritätsverkennung" gefunden zu haben, sondern zugleich einen jener Männer, „deren politische Gesinnung und wissenschaftliche Befähigung mich zum Vertrauen berechtigt", denn, so bekannte Fischer, „wenn ich in meinen früheren Philippiken gegen die Revolution meine Entrüstung gegen das unwürdige Benehmen der protestantischen Geistlichkeit scharf genug zu geißeln mich aufgefordert fand, so habe ich in Ihrer Handlungsweise einen Gegenbeweis getroffen, der mich zur aufrichtigen Abbitte und Ehrenerklärung verpflichtet [...]. Ew. Hochwürden haben damals die Dinge ganz richtig mit rechtem Namen bezeichnet". In der Tat war Melm aus dem Kreis der Pfarrer als einziger hervorgetreten, der mit offener Kritik die 48er Vorgänge angeprangert und das Konsistorium getadelt hatte, weil dieses sich „nicht rasch genug [...] beeilen konnte, das wuchernde Unkraut der Demokratie auch auf den Boden der Kirche zu verpflanzen".

Nach der Auffassung des Ministers kam es jetzt auf kirchlichem Gebiet darauf an, mit Hilfe einer sorgfältigen Revision der Kirchenordnung von 1684 „die bestehenden Gebrechen an Haupt und Gliedern" gründlich zu heilen. Um diese „Reform" durchzusetzen, galt es für den Minister, über das kirchlich-religiöse Leben, nament-

lich aber über die innerlippischen kirchlichen Auseinandersetzungen und theologischen Fronten aus zuverlässiger Quelle unterrichtet zu sein.
Von dem Falkenhagener Pastor Melm erbat er sich deshalb „eine historische Darstellung des Ganges der hier im Lande stattgefundenen kirchlichen Revolution", ergänzt durch eine „von subjektiver Wahrhaftigkeit geleitete Charakteristik der dabei aufgetretenen Hauptakteure von oben bis unten". Der Minister verbürgte sich „mit der Versicherung eines ehrlichen Mannes", die Informationen wie ein „strenges Staatsgeheimnis" zu behandeln. Auf seine eigene theologische Überzeugung anspielend gab Fischer zu erkennen, „im Gebiete des Dogmatismus nicht zu der orthodoxen Richtung" zu gehören; er nahm für sich „die evangelische Freiheit der eigenen Forschung" in Anspruch und bat — mit Blick auf sein Amt — um Verständnis, „wenn ich auch der rationalistischen Seite Rechnung tragen muß, denn ein Staatsmann, dem die Sorge für ‚allerlei Volk' zugewiesen ist, darf sich zwar nicht auf den Standpunkt des religiösen, aber doch des konfessionellen Indifferentismus [= Gleichgültigkeit (gegenüber bestimmten Lehren)] notwendig stellen".
Die vom Kabinettsminister mit Schreiben vom 17. Februar 1854 erbetene gutachtliche Stellungnahme wurde von dem Falkenhagener Pastor Melm am 9. März erstattet. In seinem Bericht „Über die Lage der Kirche im Lippeschen" schilderte Melm die kirchliche Entwicklung seit dem Jahre 1837, als der Detmolder Pastor Althaus dem Generalsuperintendenten Weerth im Amt gefolgt war. Der Wechsel in der Leitung des Konsistoriums habe eine Zäsur in der Geschichte der lippischen Kirche bewirkt. Denn anders als unter Althaus habe sich die Kirche in der Ära Weerth (1805 - 1836) „in einer sehr günstigen Lage" befunden. Melm führte dies auf die achtungsgebietende Persönlichkeit des Generalsuperintendenten Weerth zurück, die „durch persönliche Tugenden und Sittenstrenge hervorragte". Zwar sei Weerth der „noch fast ausschließlich herrschenden rationalistischen Richtung in der Theologie zugetan" gewesen, aber „er war dies mit so viel Humanität, mit einer solchen Weitherzigkeit und Selbstüberwindung, und er besaß dabei eine so hohe wissenschaftliche Bildung, eine so tiefe Kenntnis der politischen und kirchlichen Gesellschaftsverhältnisse, er war ein so vorsichtiger, weiser, die Kirche und ihre altehrwürdigen Ordnungen liebender und sie hochhaltender Kirchenoberer, daß er stets nur diese namentlich die Kirchenordnung von 1684 und nicht die etwaige Richtung seiner theologischen Privatansichten für die Kirche und ihre Diener als Richtschnur anerkannt und befolgt wissen wollte".
Diese Situation habe sich mit der Amtsübernahme des Generalsuperintendenten Althaus grundlegend geändert. Seit dem Jahre 1837 sei die Kirche „nach und nach in eine Lage geraten, welche die treuen Anhänger derselben mit tiefem Kummer und Schmerz, mit Wehmut und Klagen erfüllt hat und welche schon seit vielen Jahren weit hinaus über die Grenzen unseres Landes als ein schweres Ärgernis in der evangelischen Gesamtkirche betrachtet wird, der die Zustände im Lippeschen leider nicht anders als ein Chaos von Unordnung erscheinen können".
Die Gründe für die vermeintlichen Mißstände führte Melm auf die betont liberale, namentlich aber auf die in theologischen Grundsatzfragen schwankende Haltung der

geistlichen Oberbehörde zurück, die den Streit um das Bekenntnis und die Bekenntnisschriften ausgelöst und gefördert und „gegenüber der wissenschaftlichen Begründung und kirchlichen Ordnung und Autorität des Wortes Gottes [...] das Gebaren der demokratisch-radikalen Richtung mit Kopfzahl-Majoritäten" akzeptiert habe. Dadurch, daß die Repräsentanten der geistlichen Oberbehörde den „Geist von 1848" in die Kirche hätten strömen lassen und die „demokratisch-revolutionäre Gesetzgebung" auf kirchlichem und schulischem Gebiet zur Geltung gebracht hätten, seien „diejenigen, welche den Ansichten des kirchlichen Radikalismus und Demokratentums entgegen waren und die gegen die dazu führenden Maßnahmen des Konsistoriums für die Kirche, ihr Bekenntnis, ihre Lehre, ihre Zucht und Ordnung als Zeugen auftraten, der heftigsten Mißliebigkeiten dieser hohen Behörde verfallen". Dem Konsistorium sei deshalb anzulasten und es habe zu verantworten, daß die Pfarrerschaft — und mit ihr auch Teile der Gemeinde — jetzt in verschiedene theologische Lager gespalten sei.

In dem Bemühen, die „Hauptakteure" in den noch andauernden kirchenpolitischen Auseinandersetzungen zu bezeichnen, kam der Falkenhagener Pastor in seinem Bericht zu einer kirchen- wie personalgeschichtlich aufschlußreichen Bestandsaufnahme, in der er vor allem die Pfarrer und zum Teil auch die Lehrer, insoweit sie hervorgetreten waren, nach ihrem theologischen Standort in fünf Gruppen kategorisierte.

In der Gruppe I erfaßte Melm die „Bekenntnistreuen", die kirchlich und politisch Konservativen, die das monarchische Prinzip und das „von Gottes Gnaden" als verbindliche Wahrheit anerkannten und „deren Panier Christus ist". Zur Gruppe II wurden die Anhänger jener Lehren gezählt, die im Menschen das Maß aller Dinge erblickten, die religiös und politisch „Aufgeklärten", die sich in göttlichen wie weltlichen Angelegenheiten zum Prinzip der Volkssouveränität bekannten. Zu den Repräsentanten dieser Gruppe rechnete Melm den amtierenden Generalsuperintendenten Althaus, den Konsistorialrat Böhmer und den Detmolder Pastor v. Cölln, der — wie Melm glaubte erkannt zu haben — die christliche Erlösungslehre als unhaltbar betrachtete. Aus diesen beiden Gruppen rekrutierten sich laut Melm die „Hauptheerabteilungen in unserer Kirche".

Der Gruppe III ordnete Melm die „Pietisten" und „Separatisten" zu, die religiös Überspannten im Lande, die sich „ohne Beruf dazu, für berufene Propheten des göttlichen Worts" hielten, die Melm als Feinde der kirchlichen Ordnung bezeichnete. Unter der Gruppe IV führte der Falkenhagener Pastor die politisch Konservativen auf, die „absoluten Monarchisten", die aber im Gebiet der Kirche als Liberale aufträten. Zur Gruppe V zählte Melm die „Unentschiedenen" und „Schwankenden", die sich aufgrund ihrer gemäßigten Haltung einer eindeutigen Typologisierung entzögen.

Diese verschiedenen theologischen Richtungen beschrieb Melm in ihrer spezifischen „Färbung und Schattierung", wobei er dem Kabinettsminister unverblümt zu verstehen gab, daß die von der Regierung in Aussicht gestellte Kirchenreform „ohne Veränderungen im Personal der Kirche" nicht mit Erfolg durchzuführen sei.

„Über die Lage der Kirche im Lippeschen . . .“

Von Pastor Melm aus Falkenhagen (9. März 1854)

[...] Fragt man nach dem derzeitigen Stande des kirchlichen Lebens im Lande überhaupt, forscht man, wie dasselbe in verschiedenen Richtungen und Persönlichkeiten im Lippeschen sich färbt und darstellt, so muß man wohl eingestehen, daß Fremde, die unsere Zustände als besonnene, nachdenkende Zuschauer von außen her betrachten, nicht ganz unrecht haben, wenn sie unsere Kirche als ein Chaos, als ein „Sodom“ bezeichnen, wie Referent es zu verschiedenen Malen und noch kürzlich gehört hat, wo alles durcheinander, in Unordnung und Verworrenheit geraten ist. Denn die Verwirrung zeigt sich in der Nähe in der Tat so groß, daß es sehr schwer hält, die einzelnen Elemente des kirchlichen und religiösen Lebens im Lande und die Mischungen der sich vielfach einander durchkreuzenden und trübenden Richtungen desselben klar zu unterscheiden und bis in die einzelnen Persönlichkeiten zu verfolgen. Eine Schilderung derselben dürfte daher vor der Hand nur als ein Versuch anzusehen sein und als solcher auf genaues völliges Zutreffen in allen Beziehungen keinen unbedingten Anspruch machen, da dieser Versuch vielmehr manchen späteren Berichtigungen und Ergänzungen unterliegen könnte, um so mehr, da dem Referenten die Masse der Spezialakten über die verschiedenen Kirchspiel- und Schulbezirke des Landes nicht zugänglich ist.
Man wird aber mit Grund annehmen können [...], daß unsere Kirche an einem sehr großen und tiefen Risse leidet und infolge davon fast mehr einem Haufen von Schutt und Trümmern als einem hoch und hehr gebauten heiligen Tempel Gottes ähnlich sieht. Auf demselben kann man dann im allgemeinen die dabei Beteiligten nach zwei Hauptrichtungen oder Heerlagern mit zwei entgegengesetzten Panieren oder Feldzeichen unterscheiden; aber zwischen beiden und um den Kern derselben herum lagert und gruppiert sich in größeren oder kleineren Scharen eine Menge von allerlei Volk mit allerlei hin- und herwehenden Fahnen und Fähnlein.
Jene beiden Hauptabteilungen bestehen:
1. Auf der einen Seite aus solchen, welche gern wollten, daß die Kirche gebaut würde und hoch und herrlich dastünde auf dem alleinigen Grunde Christus nach dem Wort Gottes, Alten und Neuen Testaments, in Konformität mit dem symbolischen Bekenntnis und Lehrtypus unserer Kirche und ihrer Ordnung, unter gütlicher Autorität. Man kann sie als die bekenntnistreuen konservativen Glieder resp. Diener der Kirche bezeichnen, deren Panier Christus ist, wahrhaftiger Gott und wahrhaftiger Mensch, erhöhet am Kreuz und zur Rechten der Majestät Gottes, unser und aller Menschen einziger Erlöser, Versöhner und Seligmacher. Im allgemeinen sind die Bekenntnistreuen in der Kirche in gleichem Grade an konservativ gesinnt in Angelegenheiten des Staates und halten fest an dem „von Gottes Gnaden“ eben so sehr für den Staat als für die Kirche.

2. Ihnen gegenüber steht das Heer der Kritisierer, der Gegner und Bestreiter der göttlichen Autorität, die sowohl in bürgerlichen wie in kirchlichen Sachen keine andere gelten lassen wollen als die subjektive menschliche Autorität, welche naturgemäß nach dem jeweiligen Stande der auf- und abwogenden Einsichten, Ansichten, Absichten, Begierden und Zeitmeinungen unter Menschen niemals eine beständig dauernde, sondern nur eine immer wandelbare und sich selbst vernichtende, revolutionäre sein kann, wie sehr sie sich selbst auch hiergegen zu schützen suchen möge, sei es unter dem Mantel der Wissenschaft, Weisheit und Macht oder gemeiner Popularität und Buhlerei mit dem gemeinen Menschenverstand und -haufen. Das Panier der Angehörigen dieser Richtung und Farbe ist: Souveränität des Menschen, d. i. Souveränität in göttlichen und weltlichen Dingen. Es ist der destruktive Radikalismus, die demokratische Revolution, die Verneinung des „von Gottes Gnaden", die Verwerfung der göttlichen Autorität, die Vernichtung der heiligen Ordnung in Kirche und Staat und dagegen die Aufrichtung und Anwendung der Kopfzahl-Majoritäten, der menschlichen Willkür und Tyrannei zu unsäglichem Verderben.

3. Außer jenen beiden Hauptheerabteilungen in unserer Kirche gibt es viele, welche mit denen sub. Nr. I ursprünglich und der Generalrichtung nach zwar harmonierten, aber in Wahrheit doch davon abgewichen, in der Wirklichkeit und Praxis zum Teil sogar auf die Seite der Gegner sub Nr. II geraten sind, obwohl sie es nicht meinen und ganz anders vorgeben. Sie sind ausgegangen von denen sub. Nr. I, aber sie sind nicht bei ihnen geblieben, haben nicht zu ihnen gehalten. Das ist die Menge jener Pietisten und Separatisten und religiös Überspannten im Lande, die sich für die ausschließlich wahren Christen, für die vollendeten Wiedergeborenen, für die vom heiligen Geiste unmittelbar Erleuchteten, für Heilige, für die rechten und unfehlbaren Ausleger der heiligen Schrift und, obwohl ohne Beruf dazu, für berufene Propheten des göttlichen Worts, für Richter über kirchliche Ordnungen, kirchliche Ämter und Diener, für Richter über Lebende und Sterbende halten; die da meinen, Gottseligkeit sei ein Gewerbe und haben den Schein eines gottseligen Wesens, aber seine Kraft verleugnen sie (Tim. 6,5.2; Tim. 3,5); die jede Erheiterung des Lebens und zerstreuende Freude zur Erholung in geselligem Frohsinn und volkstümlichen Vergnügen für Sünde halten. Sie sind Feinde der kirchlichen Ordnung, teilweise bis zur förmlichen Separation von der Kirche und ergeben [...] der Volkssouveränität im Gebiete des Kirchenwesens, wie auf der Gegenseite die ungläubigen Demokraten in ihrer Weise, da diese Art, in dem Dünkel, unter dem ungläubigen Einflusse des heiligen Geistes zu stehen, im Grunde nur ihrem eigenen menschlichen Sinne und Willen, wenn er auch noch so verkehrt ist, göttliche Autorität beimißt: so verfällt sie, sofern ihren Interessen die nach Gottes Wort und Ordnung hergestellten Einrichtungen der Kirche und des Staats entgegenstehen, je nach Veranlassung und Gelegenheit gewöhnlich von einem Extrem auf das andere und verbündet sich, ähnlich wie es schon zur Zeit der Reformation von den Wiedertäufern in Münster zwischen den religiösen Fanatikern und radikalen Kommunisten geschah, mit den radikalen Demokraten und Kirchenfeinden. Fälle dieser Art sind seit 1848 in unserem Lande mehrfach zum Vorschein gekommen, einmal sogar in auffallender Wei-

se in der Synodal-Kreis-Versammlung zu Blomberg. Daher erklärt sich dann auch die Erscheinung, daß nicht selten solche, welche früher als radikale Revolutionäre eine Rolle spielten, plötzlich die Farbe wechselten und zu den Pietisten übergingen. Daher erklärt es sich, daß besonders unter den Schullehrern, wie es namentlich in der Falkenhagener Gemeinde an den Tag kam, eine feindselige Konspiration der pietistisch-fanatisch und der kommunistisch-demokratisch Gesinnten gegen die Kirche, ihre Ordnung, ihre Ämter und Diener um sich griff. Daher erklären sich allerlei andere der Wiedertäuferei und Quäkerei ähnliche Erscheinungen im Lande, z. B. in Mackenbruch, Kirchspiel Oerlinghausen. Daher erklärt es sich, daß in Lemgo und daherum, auf dem Boden der sog. „deutschen Grundrechte" und gegen die ausdrückliche Grundregel der Augsburgischen Konfession Art. XIV jene sog. freie Gemeinde des Pastors Steffann erwachsen konnte, welche zwar realiter eine konfessionstreue Lutherische sein will, aber formaliter, schon allein wegen des fundamental entgegenstehenden Artikels XIV der Augsburger Konfession und der Errichtung nur auf den deutschen Grundrechten, sowie auch wegen noch anderweiter abnormer Einrichtungen als eine nach Ordnung und Recht der Kirche bestehende Gemeinde nicht gelten kann, vielmehr, solange sie sich nicht gliedlich irgend einen der bestehenden kirchlichen Organismen einfügt und unterordnet, als eine demokratisch revolutionäre Gemeinde angesehen werden muß, nicht minder wie allerdings andererseits das gegenüberstehende extreme Verfahren, wodurch die Gemeinde seit langem vorbereitet und endlich provoziert wurde und als ein radikal-konfessions-, kirchenordnungs- und rechtswidriges antievangelisches bezeichnet werden muß.
4. Des weiteren gibt es viele in unserem Lande, die sich nach ihrer religiösen Meinung für gut konservativ und loyal im Gebiete staatlicher und bürgerlicher Verhältnisse halten und hier vielleicht absolute Monarchisten und Autoritätsmänner sein möchten; aber im Gebiete der Kirche huldigen sie der äußersten Lizenz und wollen gar keine Autorität, selbst nicht die des Wortes Gottes in der heiligen Schrift über den religiösen Glauben und das sittliche Leben anerkennen. Diese Erscheinung hat ohne Zweifel ihren Grund entweder in der Unklarheit und Unvollständigkeit des eigenen sittlichen Verhaltens oder auch in beidem zugleich, denn sonst könnte ein solcher Widerspruch nicht stattfinden. Er ist unter dem großen Haufen sehr weit verbreitet.

Weil aber die Menschen nur dann auf dem Gebiete der staatlichen und bürgerlichen Verhältnisse unter allen Umständen als treu und unverbrüchlich ergeben der unter göttlicher Autorität und nach Gottes Gesetz von oben hergegebenen Ordnung sich bewähren können, wenn sie auch im Gebiete der Kirche und kirchlichen Lebens solcher göttlichen Autorität, wie in der heiligen Schrift uns gegeben und in der Lehre und Ordnung der Kirche angenommen ist, sich unterziehen, so erklärt es sich daher, daß in Zeiten der Aufregung und Krisis unzählige, welche sonst in staatlicher Beziehung und im bürgerlichen Leben ein Verhalten zeigten schlecht und recht, plötzlich eine Schwenkung machten und, wo nicht geradewegs übergehen in das Lager der kirchlichen und staatlichen Radikalen und Revolutionäre, doch der Übermacht dieser entweder weichen oder anheimfallen. Hierin liegt der große und allgemeine Schaden bei uns. Weil sie in dem Glauben und Leben nach Gottes heiligem Wort

und Gesetz nicht recht und fest gegründet waren, so fielen sie ab und weihen oder huldigten gar der Demokratie und Revolution!
5. Noch eine fünfte Klasse ist zu unterscheiden. Dazu gehören alle die, welche zwar im allgemeinen die Aufrechthaltung der Kirche und kirchlicher Einrichtungen, Lehre und Sitten wollen und derselben das Wort reden, mehr oder weniger auch in biblischer Sprache, vielleicht mit Liebe und Eifer und gutem Willen der Autorität der heiligen Schrift sich zu unterwerfen. Aber sie bringen es nicht bis zur klaren Erkenntnis und Ergründung der Sache, bis zum lebendigen entschiedenen standhaften Glauben, der in Gottes Wort sich gefangen gibt und in der Liebe aushält bis ans Ende, nicht bis zum offenen, freien, freudigen Bekennen desselben in der Furcht Gottes ohne Menschenfurcht und Ansehen. Man könnte sie die Unentschiedenen, Schwankenden nennen, dem Scheine nach Gemäßigte. Sie sind es meistens auch im Gebiete der politischen Verhältnisse. Sie fügen sich. Sie werden, wenn die Umstände danach sind, vielleicht ehrlich und gern am liebsten zu denen sub Nr. I halten. Aber sie fürchten sich vor den Menschen. Sie schicken sich in der Zeit. Die Sorgen dieser Welt und allerlei Unkraut hemmen und erdrücken die Kraft des göttlichen Worts bei ihnen. Sind es Prediger, so verbauen und versäumen sie leicht, wie man zu sagen pflegt. Und wenn die Zeit danach ist, so trifft bei ihnen — und ihrer sind viele — am Ende vielfach dasselbe ein, was von jenen sub IV zum Schluß bemerkt ist.
Wie mannigfach nun die Färbung und Schattierung der Richtungen ist, welche aus dem Durcheinander der hier angezeigten fünf Hauptgruppen im Gebiete unserer Kirche entstehen, das läßt sich im allgemeinen schwerlich, wenigstens nicht ohne überaus große Weitläufigkeit beschreiben. Und da das Spiel der Lichter und der Schatten unter denen, welche zu der einen oder anderen Klasse gezählt werden mögen, ein überaus bewegliches ist, so wird danach auch der Spielraum zu bemessen sein, welcher für die Gruppierung der verschiedenen Persönlichkeiten vorausgesetzt werden muß, wenn sie hier [...] nach den unterschiedenen fünf Hauptgruppen klassifiziert und bezeichnet werden unter den Nummern I, II, III, IV, V.

Zu der Gruppe der sub Nr. I bezeichneten Richtung zählt Referent sich selbst, nicht aber etwa in dem Sinne eines starren unbeweglichen Festhaltens an dem Buchstaben der aufgerichteten Symbol- und Kirchenordnung und noch weniger in dem der Pietisten, denen er vielmehr fern steht, sondern in dem Sinne, wie es von ihm in der Schrift „Kirchlicher Kampf im Fürstentum Lippe und kirchliche Zeugnisse und Verwahrungen aus demselben von einigen evangelischen Predigern zur Kunde gebracht, Bremen 1842“ und in der Schrift „Urkunden zur Beurteilung der kirchlichen Verhältnisse im Fürstentum Lippe, Leipzig 1845“ ausgedrückt ist.

Der Hauptrichtung nach kommen, wie Referent glaubt, mit ihm im allgemeinen und der Reihe nach am nächsten überein: die Pastoren Rohdewald zu Brake, Stockmeyer zu Meinberg, Begemann zu Cappel, Weßel zu Schötmar, Schmidt zu Lemgo, Henrici zu Barntrup, Krücke zu Langenholzhausen, Meyer zu Wüsten, Petri zu Alverdissen, Klemme zu Haustenbeck, Kandidat Krücke zu St.Nicolai in Lemgo.
Mehr oder weniger findet sich unter diesen aber eine Schattierung von den Farben des Pietismus. Um dieselben näher zu charakterisieren und bei dem letzten unter

ihnen anzufangen, so ist dieser in seinen Manieren freundlich ansprechend, in seinen Ansichten vielfach mystisch unklar, abnorm und absprechend, in seinen Verfahren so deformiert, wie fein und schlau seinen Vorteil berechnend, ein Charakter, der zur Zeit noch manche Bedenken erregt: Klemme ist eckig und unbeholfen. Petri, ein ehrlicher, etwas seltsamer verworrener Sonderling von schwachen Gaben. Meyer, ein exaltierter Gefühlsmensch von zart und schöntuenden Manieren, rührig und vorschnell, ohne die Gabe scharfer Unterscheidung und unklar. Krücke in Langenholzhausen ähnlich, doch weniger unternehmend, vielmehr schwach und furchtsam, aber höchst gutmütig und treu. Henrici, ein gutmütiger Lebemann mit religiösem Pathos; Schmidt, populär, beweglich beredt, aber nicht tief und gründlich. Weßel, klar und geschäftskundig, aber ängstlich zögernd in weiteren Kreisen. Begemann, in früheren Jahren ein religiös und politisch Radikaler, danach eine zeitlang ein Unklarer, z. B. in der Synodal-Kreis-Versammlung zu Blomberg mehrfach mit den Radikalen gegen das Zentrum stimmend, jetzt aber durch die Zucht vieler Kämpfe zu immer hellerer Klarheit der Erkenntnis und des Glaubens gekommen, begabt und beredtsam, doch noch nicht frei von pietistischen Fehlern. Stockmeyer, voll Humor und begabt, das Rechte zu treffen, in Geduld ausdauernd, aber oft ohne Grund auf seinen Sinn sich steifend und im beschränkten Kreise des Wissens gegen Fremdes sich verschließend. Rohdewald, wissenschaftlich und gelehrt, weitherzig, großmütig und aufopferungsfähig, ein treuer Verwalter der ihm anvertrauten Pfarre, gewissenhaft, aber unerträglich weitläufig und umständlich bis zum Überdruß, sich verklausulierend und verhäkelnd, stets verspätend, dadurch unpraktisch und nicht selten schadend. Melm endlich, klar und scharf nach Gründlichkeit strebend, beharrlich und treu im Glauben, Lehre und Zucht, dem erkannten Rechten und Wahren sich willig beugend, dem Unrecht, auch wenn es in der Übermacht ist, steif entgegen, aber voll von schwer bezwingbaren Leidenschaften, die leicht manchen Fehl und manches Leid verursachen, daher vorsichtig, mißtrauisch, in der Ruhe phlegmatisch zögernd, in der Ausführung entschlossen, rasch und bis zur Erschöpfung tätig, jede edle Kunst und Kultur mit Freuden anerkennend und liebend, ein Freund der Wissenschaften, besonders der Naturwissenschaften, Geographie, Geognosie [= Erdgeschichte], Botanik, Mathematik, Physik und Astronomie, aber viel zu schwach und arm an Kräften und Mitteln, um so vieles nur als Dilettant und mit Fleiß treiben zu können.

Mehr oder weniger werden zu der Richtung der Klasse I Pastor Dr. Heinrichs in Detmold und Pastor Arnold zu Wöbbel zu rechnen sein und zwar beide wie Pastor Melm ohne alle pietistische Färbung; Heinrichs vielmehr mit einem wenigstens früher oft zu sehr sich gehenlassenden Weltsinn; Arnold, gelehrt und sarkastisch, mit einer zu der Richtung Nr. V hinneigenden Unentschiedenheit und überhaupt einer changierenden, unklaren und unzuverlässigen Farbe.

Zu denen, welcher dieser kirchlichen Gruppe den Grundzügen des Glaubens nach angehören, möchten auch der Pastor Steffann zu Lemgo und die, welche zu ihm halten, sich zählen lassen, wenn nicht die sub III berührten Bedenken entgegenständen, durch welche die auffallende Erscheinung ihre Erklärung findet, daß Steffann und seine ansehnlichsten Anhänger, z. B. Prorektor Dr. Clemen in Lemgo und Assessor Petri in Brake, zur Zeit entschieden dem Zurückgehen auf die Landständische Verfassung von 1836 entgegen sind.

Unter den Schullehrern gehören wohl nur einzelne zu dieser Klasse Nr. I, etwa Fricke in Meinberg, Dornheim in Barntrup, Deppe in Schötmar und vielleicht noch einige andere; wenigstens sind dem Referenten mehrere nicht namentlich bekannt, da die meisten vielmehr, die ihrer Farbe nach dahin zu gehören scheinen, sowie man sie genau kennenlernt, sich als zu der Klasse III Gehörige charakterisieren.

Unter dem weltlichen Beamtenpersonal des Landes ist keiner bekannt, der entschieden auf der Seite von Nr. I stände, außer Oberförster Kemper in Oesterholz unter den vornehmeren Patriculiers [= Privatleuten] mögen ihr einige zugetan sein, ohne offen hervorzutreten. Unter den Ärzten etwa der Medizinalrat Hose zu Ufeln. Unter den mittleren und niederen Ständen des Volks der noch treu kirchlich gesinnte Kern desselben mit mehr oder weniger Klarheit und Lebendigkeit.

Zu der Klasse Nr. II muß man nach allem Bekannten und Vergangenen leider vor allem die beiden Mitglieder Konsistorio, Generalsuperintendent Althaus und Konsistorialrat Böhmer, zählen und eben diesem höchst traurigen Umstande hauptsächlich die Verwüstung und den Verfall unserer Kirche zuschreiben. Akta liefern vielfältigsten Beweis. Außerdem ist es bekannt, daß Generalsuperintendent Althaus bei Gelegenheit einer kirchlichen Festlichkeit in Silixen unter mehreren Diozösan-Geistlichen ein förmliches Lebehoch auf den inhaftierten Demokraten und Revolutionär Waldeck in Berlin ausbrachte, daß ferner unter dem Namen des Generalsuperintendenten Althaus für die Witwe des erschossenen Robert Blum zu Kollekten im Lande öffentlich aufgefordert wurde und gegen den Referenten selbst beeiferte sich im Sommer 1851 der Generalsuperintendent Althaus persönlich zu demonstrieren: Die Gemeinschädlichkeit und Greuel der stehenden Militärmacht in unseren Monarchien [...], die Vorzüglichkeit der republikanischen Verfassung und namentlich nordamerikanischer Zustände und Formen für unsere Staaten und Familien, die Abgeschmacktheit und Unzuverlässigkeit des Titels „von Gottes Gnaden“ für unsere Fürsten, wogegen die Staatslenker vielmehr vom Volke gewählt werden möchten wie der Präsident der damaligen französischen Republik.

Der Konsistorialrat Böhmer seinesteils behauptete nach 1848 gegen den Referenten persönlich, daß Johannes Ronge, da dieser doch längst als ein bodenloser Feind nicht nur der katholischen, sondern auch der evangelischen Kirche und Lehre sich ausgewiesen hatte, ein epochemachender Kirchenreformator, ein Luther ähnlicher Glaubensheld sei und als solcher, ja vielleicht als ein noch größerer, einst erkannt würde. Die nächste Stelle neben den geistlichen Mitgliedern Konsistorii nimmt hier der Pastor von Cölln zu Detmold ein. Nicht nur stellte derselbe früher in einer Predigerkonferenz zu Detmold, aus welcher er hinterher ausschied, zum großen Anstoß der mehrsten Mitglieder derselben, aber unter Assistenz des Generalsuperintendenten Althaus und weiland Superintendenten Volkhausen, die Behauptung auf: „Es lasse sich geschichtlich zwar wohl die Auferstehung, nicht aber der Tod Jesu nachweisen, ebenso lasse Christi Himmelfahrt ferner die Lehre von den Engeln, wie sie die

Bibel darstelle, und die Abstammung des menschlichen Geschlechts von einem Menschenpaare und was damit in der Lehre von der Erlösung in Zusammenhang stehe, d. h. die ganze evangelische Erlösungslehre, sich nicht behaupten. v. Cölln war es auch, der gemeinschaftlich mit Volkhausen zuerst bei uns in skandalösester Weise das Demokratenprinzip der Kopfzahl-Majorität in kirchlichen Glaubens- und Lehrsachen in Anwendung brachte (vide „Kirchlicher Kampf. . . ", S. 17-23). Und von Cölln war der Präsident des revolutionären Landtags, welcher das Schulgesetz vom 11. Dezember 1849 und andere Gesetze seines Schlages gebar, dessen Aufkommen, nächst den Herren Konsistorialen, hauptsächlich ihm zur Last fällt [...]

Derselben Fahne folgen mit großen Scharen die beiden Klassikalsuperintendenten Zeiß und Clüsener, welche vor allen den von Cölln-Volkhausenschen Demonstrationen mit Kopfzahl-Majoritäten für den „Leitfaden" im Jahre 1841 sich anschlossen, wenn auch Clüsener im übrigen mehr der Richtung Nr. I zugetan sein mag. Zu jener Fahne halten die Pastoren Knoll zu Reelkirchen, Weerth zu Oerlinghausen, Brockhausen zu Horn, Zeiß zu Schwalenberg, Krecke zu Augustdorf, Reinert zu Almena, Waisenhauslehrer Krecke zu Barntrup, Pastor Kulemann zu Lemgo, Kandidat Kotzenberg daselbst (wenigstens früher), Pastor Falkmann zu Lipperode; ferner die Hauptlehrer am Seminar, Dresel und Weerth, einige Lehrer an den Gymnasien zu Lemgo und Detmold und der größte Teil unserer Volksschullehrer, vornehmlich Bornemeyer zu Barntrup, Tappe zu Pivitsheide, Kenter zu Lage, Meier zu Helpup, Ottemeier zu Rischenau, Dubbert zu Elbrinxen, Wolf zu Wörderfeld, Koch zu Hummersen, die drei Schullehrer des Kirchspiels Schötmar zweiter Pfarre und andere mehr mit dem ganzen Heer des vornehmen und niedrigen demokratisch gesinnten Pöbels.

Leider läßt es sich nicht verkennen und verbergen, daß eben derselben Richtung auch ein großer Teil der höheren und niederen Zivilbeamten des Landes zugetan ist und daß dieses namentlich bei Mitgliedern des hohen Regierungskollegiums der Fall ist, denn sonst würde Hochdasselbe nicht in dem Grade, wie Akten ausweisen, den bezüglichen Konsistorialmaßnahmen gegen alle darüber geschehenen Schriften und Einreden von Predigern und anderen beigepflichtet, sondern längst Abhilfe der wohlgegründeten Klagen geschafft haben.

Den Haufen dieser Männer machen in und außer dem Lager der sog. freien Gemeinde, die den kirchlichen Ordnungen und Formen abgeneigten im Lande umherwohnenden Pietisten und Dissénters [= Andersdenkende] aus, unter denen durch ihre Feindseligkeit und Widersetzlichkeit gegen die geordneten Ämter und Diener der Kirche besonders eine Anzahl Schullehrer und Küster sich verschiedentlich hervortun und unter Gleichgesinnten Anhang suchen oder nach Befinden auch mit denen der Abteilung II sich verbünden, wie namentlich im Kirchspiel Falkenhagen im Jahre 1848 usw. geschah. Dahin gehören Küster Rieke zu Falkenhagen, Schullehrer Vehmeier zu Niese, Rieke zu Brakelsiek, Sauerländer zu Billerbeck, Küster Kasemeier zu Augustdorf und noch mehrere andere anderswo. Die Extravaganzen dieser Klasse würden jedoch wahrscheinlich nicht vorhanden sein, ohne das Vorhergehen derjenigen der Klasse II. Nun aber suchen sie sich einerseits mit diesen und ande-

rerseits mit denjenigen, welche in der Klasse I der pietistischen Richtung sich zuneigen, mannigfach zu amalgamieren [= verbinden], insbesondere durch das Missionswesen, während sie denen der Klasse I äußerst feindlich sich bezeigen, bei welcher dies nicht gelingen will.
Diejenigen, welche von den Zivilbeamten des Landes und Ärzten nicht zu denen der unter Nr. IV Bezeichneten angehören. Zu eben derselben werden gerechnet werden müssen: Die Mehrzahl der Adeligen und Domänenpächter, eine Menge vermögender Geschäftsleute und Particuliers und eine große Anzahl der begüterten Bauern. Der Richtung dieser Klasse wird vielleicht am liebsten die übrige Geistlichkeit des Landes sich anschließen, wenn auch einige davon zwischen dieser und einer anderen schwanken oder zur Zeit es mit der Übermacht der Abteilung Nr. II halten möchten, was bei manchen allerdings mehr oder weniger der Fall ist, z. B. bei Pastor Cronemeyer in Schötmar, Grupe in Leopoldshöhe, Neubourg und Hovedissen in Blomberg, Thorbecke in Ufeln, Seiff in Stapelage, Kandidat Menke in Lüdenhausen, bei übrigens redlicher und in mancher Hinsicht recht fruchtbringender pastoraler Tätigkeit. Eben dieser Richtung gehören die Landeseinwohner, vielleicht der Mehrzahl nach an, und unter den Schullehrern einige der Besseren und Vernünftigeren als Deppe in Blomberg, Stolte in Heiligenkirchen, Stolte in Stapelage, Schöber in Lage, Kix in Schieder, Lüdeking in Oerlinghausen, Müller in Sabbenhausen, Echterling in Reelkirchen, Düstersiek in Nienhagen [...]
Um den unsere Kirche korrumpierenden Sauerteig und damit das sie zerspaltende verderbende Unwesen und sie verwüstende Unkraut los zu werden und dann ohne traditionelle Fortpflanzung desselbigen vom Boden altanerkannter Ordnung und Autorität aus zu heilsamen Reformen zu gelangen, würde zuvörderst zurückzugehen sein auf vor 1837 bestandene kirchliche Ordnung der Staatsverfassung [...].

Zitate und Quelle: Staatsarchiv Detmold, L 75 VI Abtlg.1 Nr.13; ferner: Hans Beyer, Grundlinien der lippischen Kirchenpolitik 1848 -1854, in: Lippische Mitteilungen aus Geschichte und Landeskunde, 26. Bd., Detmold 1957, S. 171-209.

PERSONENREGISTER

ORTSVERZEICHNIS